Emmanuel Macron

Président de la République française

Liste alphabétique par département de Mesdames et Messieurs

les députés à l'Assemblée nationale*

© Assemblée nationale

* Liste établie en juin 2019

AIN

Damien Abad
Les Républicains
Ain

Xavier Breton
Les Républicains
Ain

Charles de la Verpillière
Les Républicains
Ain

Olga Givernet
La République en Marche
Ain

Stéphane Trompille
La République en Marche
Ain

AISNE

Aude Bono-Vandorme
La République en Marche
Aisne

Jean-Louis Bricout
Socialistes et apparentés
Aisne

Marc Delatte
La République en Marche
Aisne

Julien Dive
Les Républicains
Aisne

Jacques Krabal
La République en Marche
Aisne

ALLIER

Jean-Paul Dufrègne
Gauche démocrate et républicaine
Allier

Bénédicte Peyrol
La République en Marche
Allier

Laurence Vanceunebrock-Mialon La République en Marche *Allier*

ALPES-DE-HAUTE-PROVENCE

Delphine Bagarry
La République en Marche
Alpes-de-Haute-Provence

Emmanuelle Fontaine-Domeizel
La République en Marche
Alpes-de-Haute-Provence

ALPES-MARITIMES

Marine Brenier
Les Républicains
Alpes-Maritimes

Bernard Brochand
Les Républicains
Alpes-Maritimes

Éric Ciotti
Les Républicains
Alpes-Maritimes

Loïc Dombreval
La République en Marche
Alpes-Maritimes

Éric Pauget
Les Républicains
Alpes-Maritimes

Cédric Roussel
La République en Marche
Alpes-Maritimes

Michèle Tabarot
Les Républicains
Alpes-Maritimes

Laurence Trastour-Isnart
Les Républicains
Alpes-Maritimes

Alexandra Valetta Ardisson
La République en Marche
Alpes-Maritimes

ARDÈCHE

Fabrice Brun
Les Républicains
Ardèche

Hervé Saulignac
Socialistes et apparentés
Ardèche

Michèle Victory
Socialistes et apparentés
Ardèche

ARDENNES

Pierre Cordier
Apparenté au groupe Les Républicains
Ardennes

Bérengère Poletti
Les Républicains
Ardennes

Jean-Luc Warsmann
UDI, Agir et Indépendants
Ardennes

ARIÈGE

Michel Larive
La France insoumise
Ariège

Bénédicte Taurine
La France insoumise
Ariège

AUBE

Valérie Bazin-Malgras
Les Républicains
Aube

Grégory Besson-Moreau
La République en Marche
Aube

Gérard Menuel
Les Républicains
Aube

AUDE

Danièle Hérin
La République en Marche
Aude

Alain Perea
La République en Marche
Aude

Mireille Robert
La République en Marche
Aude

AVEYRON

Anne Blanc
La République en Marche
Aveyron

Stéphane Mazars
La République en Marche
Aveyron

Arnaud Viala
Les Républicains
Aveyron

BAS-RHIN

Laurent Furst
Les Républicains
Bas-Rhin

Antoine Herth
UDI, Agir et Indépendants
Bas-Rhin

Patrick Hetzel
Les Républicains
Bas-Rhin

Thierry Michels
La République en Marche
Bas-Rhin

Frédéric Reiss
Les Républicains
Bas-Rhin

Bruno Studer
La République en Marche
Bas-Rhin

Vincent Thiébaut
La République en Marche
Bas-Rhin

Sylvain Waserman
Mouvement Démocrate et apparentés *Bas-Rhin*

Martine Wonner
La République en Marche
Bas-Rhin

BOUCHES-DU-RHÔNE

Saïd Ahamada
La République en Marche
Bouches-du-Rhône

Cathy Racon-Bouzon
La République en Marche
Bouches-du-Rhône

Valérie Boyer
Les Républicains
Bouches-du-Rhône

Bernard Deflesselles
Les Républicains
Bouches-du-Rhône

DÉPUTÉS DE L'ASSEMBLÉE NATIONALE

Bouches-du-Rhône, Calvados, Cantal, Charente, Charente-Maritime, Cher, Corrèze, Corse-du-Sud

Pierre Dharréville
Gauche démocrate et républicaine
Bouches-du-Rhône

Éric Diard
Les Républicains
Bouches-du-Rhône

Mohamed Laqhila
Mouvement Démocrate et apparentés
Bouches-du-Rhône

Alexandra Louis
La République en Marche
Bouches-du-Rhône

Jean-Luc Mélenchon
Président du groupe La France insoumise
Bouches-du-Rhône

Monica Michel
La République en Marche
Bouches-du-Rhône

François-Michel Lambert
Libertés et Territoires
Bouches-du-Rhône

Anne-Laurence Petel
La République en Marche
Bouches-du-Rhône

Claire Pitollat
La République en Marche
Bouches-du-Rhône

Bernard Reynès
Les Républicains
Bouches-du-Rhône

Guy Teissier
Les Républicains
Bouches-du-Rhône

Jean-Marc Zulesi
La République en Marche
Bouches-du-Rhône

CALVADOS

Fabrice Le Vigoureux
La République en Marche
Calvados

Laurence Dumont
Socialistes et apparentés
Calvados

Sébastien Leclerc
Les Républicains
Calvados

Christophe Blanchet
La République en Marche
Calvados

Bertrand Bouyx
La République en Marche
Calvados

Alain Tourret
La République en Marche
Calvados

CANTAL

Jean-Yves Bony
Les Républicains
Cantal

Vincent Descoeur
Les Républicains
Cantal

CHARENTE

Jérôme Lambert
Socialistes et apparentés
Charente

Sandra Marsaud
La République en Marche
Charente

Thomas Mesnier
La République en Marche
Charente

Sur les 577 députés de l'Assemblée nationale, la classe d'âge la plus représentée est celle des 50-60 ans avec 181 représentants. Elle devance les 40-50 ans (156).

CHARENTE-MARITIME

Jean-Philippe Ardouin
La République en Marche
Charente-Maritime

Olivier Falorni
Libertés et Territoires
Charente-Maritime

Raphaël Gérard
La République en Marche
Charente-Maritime

Didier Quentin
Les Républicains
Charente-Maritime

Frédérique Tuffnell
La République en Marche
Charente-Maritime

CHER

François Cormier-Bouligeon
La République en Marche
Cher

Nadia Essayan
Mouvement Démocrate et apparentés *Cher*

Loïc Kervran
La République en Marche
Cher

CORRÈZE

Christophe Jerretie
La République en Marche
Corrèze

Frédérique Meunier
Les Républicains
Corrèze

CORSE-DU-SUD

Paul-André Colombani
Libertés et Territoires
Corse-du-Sud

Jean-Jacques Ferrara
Les Républicains
Corse-du-Sud (2A)

Le Bureau composé de 22 membres (le président de l'Assemblée nationale, 6 vice-présidents, 3 questeurs et 12 secrétaires), exerce une compétence générale sur l'organisation et le fonctionnement de l'Assemblée.

CÔTE-D'OR

Yolaine de Courson
La République en Marche
Côte-d'Or

Rémi Delatte
Les Républicains
Côte-d'Or

Fadila Khattabi
La République en Marche
Côte-d'Or

Didier Martin
La République en Marche
Côte-d'Or

Didier Paris
La République en Marche
Côte-d'Or

CÔTES-D'ARMOR

Hervé Berville
La République en Marche
Côtes-d'Armor

Éric Bothorel
La République en Marche
Côtes-d'Armor

Bruno Joncour
Mouvement Démocrate et apparentés
Côtes-d'Armor

Yannick Kerlogot
La République en Marche
Côtes-d'Armor

Marc Le Fur
Les Républicains
Côtes-d'Armor

CREUSE

Jean-Baptiste Moreau
La République en Marche
Creuse

DEUX-SÈVRES

Delphine Batho
Non inscrit
Deux-Sèvres

Guillaume Chiche
La République en Marche
Deux-Sèvres

Jean-Marie Fiévet
La République en Marche
Deux-Sèvres

DORDOGNE

Philippe Chassaing
La République en Marche
Dordogne

Jean-Pierre Cubertafon
Mouvement Démocrate et apparentés
Dordogne

Michel Delpon
La République en Marche
Dordogne

Jacqueline Dubois
La République en Marche
Dordogne

DOUBS

Éric Alauzet
La République en Marche
Doubs

Frédéric Barbier
La République en Marche
Doubs

Fannette Charvier
La République en Marche
Doubs

Annie Genevard
Les Républicains
Doubs

Denis Sommer
La République en Marche
Doubs

DRÔME

Emmanuelle Anthoine
Les Républicains
Drôme

Mireille Clapot
La République en Marche
Drôme

Célia de Lavergne
La République en Marche
Drôme

Alice Thourot
La République en Marche
Drôme

ESSONNE

Laëtitia Romeiro Dias
La République en Marche
Essonne

Stéphanie Atger
La République en Marche
Essonne

Nicolas Dupont-Aignan
Non inscrit
Essonne

Marie Guévenoux
La République en Marche
Essonne

Franck Marlin
Les Républicains
Essonne

Pierre-Alain Raphan
La République en Marche
Essonne

Robin Reda
Les Républicains
Essonne

Marie-Pierre Rixain
La République en Marche
Essonne

Francis Chouat
Apparenté au groupe
La République en Marche
Essonne

Cédric Villani
La République en Marche
Essonne

EURE

Séverine Gipson
La République en Marche
Eure

Fabien Gouttefarde
La République en Marche
Eure

Claire O'Petit
La République en Marche
Eure

Bruno Questel
La République en Marche
Eure

Marie Tamarelle-Verhaeghe
La République en Marche
Eure

EURE-ET-LOIR

Guillaume Kasbarian
La République en Marche
Eure-et-Loir

Olivier Marleix
Les Républicains
Eure-et-Loir

Laure de La Raudière
UDI, Agir et Indépendants
Eure-et-Loir

Philippe Vigier
Président du groupe Libertés et Territoires
Eure-et-Loir

FINISTÈRE

Erwan Balanant
Mouvement Démocrate et apparentés
Finistère

Richard Ferrand
La République en Marche
Finistère

Jean-Charles Larsonneur La République en Marche *Finistère*

Sandrine Le Feur
La République en Marche
Finistère

Didier Le Gac
La République en Marche
Finistère

Annaïg Le Meur
La République en Marche
Finistère

Graziella Melchior
La République en Marche
Finistère

Liliana Tanguy
La République en Marche
Finistère

GARD

Philippe Berta
Mouvement Démocrate et apparentés *Gard*

Annie Chapelier
La République en Marche
Gard

Anthony Cellier
La République en Marche
Gard

Gilbert Collard
Non inscrit
Gard

Françoise Dumas
La République en Marche
Gard

Olivier Gaillard
La République en Marche
Gard

GERS

Gisèle Biémouret
Socialistes et apparentés
Gers

Jean-René Cazeneuve
La République en Marche
Gers

GIRONDE

Florent Boudié
La République en Marche
Gironde

Bérangère Couillard
La République en Marche
Gironde

Alain David
Socialistes et apparentés
Gironde

Dominique David
La République en Marche
Gironde

Pascal Lavergne
La République en Marche
Gironde

Catherine Fabre
La République en Marche
Gironde

Véronique Hammerer
La République en Marche
Gironde

Sophie Mette
Mouvement Démocrate et apparentés *Gironde*

Sophie Panonacle
La République en Marche
Gironde

Éric Poulliat
La République en Marche
Gironde

Loïc Prud'homme
La France insoumise
Gironde

Benoit Simian
La République en Marche
Gironde

HAUT-RHIN

Olivier Becht
UDI, Agir et Indépendants
Haut-Rhin

Jacques Cattin
Les Républicains
Haut-Rhin

Bruno Fuchs
Apparenté au groupe
Mouvement Démocrate
et apparentés *Haut-Rhin*

Jean-Luc Reitzer
Les Républicains
Haut-Rhin

Raphaël Schellenberger
Les Républicains
Haut-Rhin

Éric Straumann
Les Républicains
Haut-Rhin

HAUTE-CORSE

Jean-Félix Acquaviva
Libertés et Territoires
Haute-Corse (2B)

Michel Castellani
Libertés et Territoires
Haute-Corse (2B)

HAUTE-GARONNE

Joël Aviragnet
Socialistes et apparentés
Haute-Garonne

Pierre Cabaré
La République en Marche
Haute-Garonne

Monique Iborra
La République en Marche
Haute-Garonne

Jean-Luc Lagleize
Mouvement Démocrate
et apparentés
Haute-Garonne

Sandrine Mörch
La République en Marche
Haute-Garonne

Sébastien Nadot
Non inscrit
Haute-Garonne

Mickaël Nogal
La République en Marche
Haute-Garonne

Jean-François Portarrieu
La République en Marche
Haute-Garonne

Élisabeth Toutut-Picard
La République en Marche
Haute-Garonne

Corinne Vignon
La République en Marche
Haute-Garonne

HAUTE-LOIRE

Isabelle Valentin
Les Républicains
Haute-Loire

Jean-Pierre Vigier
Les Républicains
Haute-Loire

HAUTE-MARNE

Bérangère Abba
La République en Marche
Haute-Marne

François Cornut-Gentille
Les Républicains
Haute-Marne

HAUTE-SAVOIE

Virginie Duby-Muller
Les Républicains
Haute-Savoie

Frédérique Lardet
La République en Marche
Haute-Savoie

Marion Lenne
La République en Marche
Haute-Savoie

Véronique Riotton
La République en Marche
Haute-Savoie

Xavier Roseren
La République en Marche
Haute-Savoie

Martial Saddier
Les Républicains
Haute-Savoie

HAUTE-SAÔNE

Barbara Bessot Ballot
La République en Marche
Haute-Saône

Christophe Lejeune
La République en Marche
Haute-Saône

HAUTE-VIENNE

Sophie Beaudouin-Hubiere
La République en Marche
Haute-Vienne

Jean-Baptiste Djebbari
La République en Marche
Haute-Vienne

Marie-Ange Magne
La République en Marche
Haute-Vienne

DÉPUTÉS DE L'ASSEMBLÉE NATIONALE

Hautes-Alpes, Hautes-Pyrénées, Hauts-de-Seine, Hérault, Ille-et-Vilaine, Indre

HAUTES-ALPES

Pascale Boyer
La République en Marche
Hautes-Alpes

Joël Giraud
La République en Marche
Hautes-Alpes

HAUTES-PYRÉNÉES

Jeanine Dubié
Libertés et Territoires
Hautes-Pyrénées

Jean-Bernard Sempastous
La République en Marche
Hautes-Pyrénées

HAUTS-DE-SEINE

Bénédicte Pételle
La République en Marche
Hauts-de-Seine

Jean-Louis Bourlanges
Mouvement Démocrate et apparentés
Hauts-de-Seine

Céline Calvez
La République en Marche
Hauts-de-Seine

Frédérique Dumas
UDI, Agir et Indépendants
Hauts-de-Seine

Elsa Faucillon
Gauche démocrate et républicaine
Hauts-de-Seine

Isabelle Florennes
Mouvement Démocrate et apparentés
Hauts-de-Seine

Christine Hennion
La République en Marche
Hauts-de-Seine

Constance Le Grip
Les Républicains
Hauts-de-Seine

Jacques Maire
La République en Marche
Hauts-de-Seine

Jacques Marilossian
La République en Marche
Hauts-de-Seine

Laurianne Rossi
La République en Marche
Hauts-de-Seine

Thierry Solère
La République en Marche
Hauts-de-Seine

Florence Provendier
La République en Marche
Hauts-de-Seine

HÉRAULT

Nicolas Démoulin
La République en Marche
Hérault

Coralie Dubost
La République en Marche
Hérault

Jean-François Eliaou
La République en Marche
Hérault

Christophe Euzet
La République en Marche
Hérault

Philippe Huppé
La République en Marche
Hérault

Emmanuelle Ménard
Non inscrit
Hérault

Patricia Mirallès
La République en Marche
Hérault

Muriel Ressiguier
La France insoumise
Hérault

Patrick Vignal
La République en Marche
Hérault

ILLE-ET-VILAINE

François André
Apparenté au groupe La République en Marche
Ille-et-Vilaine

Florian Bachelier
La République en Marche
Ille-et-Vilaine

Thierry Benoit
UDI, Agir et Indépendants
Ille-et-Vilaine

Christine Cloarec
La République en Marche
Ille-et-Vilaine

Mustapha Laabid
La République en Marche
Ille-et-Vilaine

Gaël Le Bohec
La République en Marche
Ille-et-Vilaine

Gilles Lurton
Les Républicains
Ille-et-Vilaine

Laurence Maillart-Méhaignerie
La République en Marche
Ille-et-Vilaine

INDRE

Nicolas Forissier
Les Républicains
Indre

François Jolivet
La République en Marche
Indre

INDRE-ET-LOIRE

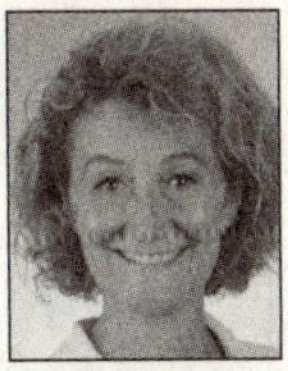

Sophie Auconie
UDI, Agir et Indépendants
Indre-et-Loire

Philippe Chalumeau
La République en Marche
Indre-et-Loire

Fabienne Colboc
La République en Marche
Indre-et-Loire

Daniel Labaronne
La République en Marche
Indre-et-Loire

Sabine Thillaye
La République en Marche
Indre-et-Loire

ISÈRE

Caroline Abadie
La République en Marche
Isère

Marie-Noëlle Battistel
Socialistes et apparentés
Isère

Émilie Chalas
La République en Marche
Isère

Jean-Charles Colas-Roy
La République en Marche
Isère

Élodie Jacquier-Laforge
Mouvement Démocrate
et apparentés *Isère*

Catherine Kamowski
La République en Marche
Isère

Monique Limon
La République en Marche
Isère

Marjolaine Meynier-Millefert La République
en Marche *Isère*

Cendra Motin
La République en Marche
Isère

Olivier Véran
La République en Marche
Isère

JURA

Danielle Brulebois
La République en Marche
Jura

Marie-Christine Dalloz
Les Républicains
Jura

Jean-Marie Sermier
Les Républicains
Jura

LANDES

Lionel Causse
La République en Marche
Landes

Fabien Lainé
Mouvement Démocrate
et apparentés
Landes

Boris Vallaud
Socialistes et apparentés
Landes

LOIR-ET-CHER

Stéphane Baudu
Mouvement Démocrate
et apparentés
Loir-et-Cher

Pascal Brindeau
UDI, Agir et Indépendants
Loir-et-Cher

Guillaume Peltier
Les Républicains
Loir-et-Cher

LOIRE

Julien Borowczyk
La République en Marche
Loire

Dino Cinieri
Les Républicains
Loire

Valéria Faure-Muntian
La République en Marche
Loire

Régis Juanico
Apparenté au groupe
Socialistes et apparentés
Loire

Jean-Michel Mis
La République en Marche
Loire

Nathalie Sarles
La République en Marche
Loire

LOIRE-ATLANTIQUE

Aude Amadou
La République en Marche
Loire-Atlantique

Anne-France Brunet
La République en Marche
Loire-Atlantique

Yves Daniel
La République en Marche
Loire-Atlantique

Audrey Dufeu Schubert
La République en Marche
Loire-Atlantique

Sarah El Haïry
Mouvement Démocrate et
apparentés
Loire-Atlantique

Sophie Errante
La République en Marche
Loire-Atlantique

DÉPUTÉS DE L'ASSEMBLÉE NATIONALE

Loire-Atlantique, Loiret, Lot, Lot-et-Garonne, Lozère, Maine-et-Loire, Manche, Marne, Mayenne

Yannick Haury
La République en Marche
Loire-Atlantique

Sandrine Josso
La République en Marche
Loire-Atlantique

Valérie Oppelt
La République en Marche
Loire-Atlantique

Mounir Belhamiti
La République en Marche
Loire-Atlantique

LOIRET

Jean-Pierre Door
Les Républicains
Loiret

Marianne Dubois
Les Républicains
Loiret

Claude de Ganay
Les Républicains
Loiret

Caroline Janvier
La République en Marche
Loiret

Richard Ramos
Mouvement Démocrate et apparentés
Loiret

Stéphanie Rist
La République en Marche
Loiret

LOT

Aurélien Pradié
Les Républicains
Lot

Huguette Tiegna
La République en Marche
Lot

LOT-ET-GARONNE

Olivier Damaisin
La République en Marche
Lot-et-Garonne

Alexandre Freschi
La République en Marche
Lot-et-Garonne

Michel Lauzzana
La République en Marche
Lot-et-Garonne

LOZÈRE

Pierre Morel-À-L'Huissier
Apparenté au groupe UDI, Agir et Indépendants
Lozère

MAINE-ET-LOIRE

Philippe Bolo
Mouvement Démocrate et apparentés
Maine-et-Loire

Nicole Dubre-Chirat
La République en Marche
Maine-et-Loire

Stella Dupont
La République en Marche
Maine-et-Loire

Denis Masséglia
La République en Marche
Maine-et-Loire

Matthieu Orphelin
Non inscrit
Maine-et-Loire

Laetitia Saint-Paul
La République en Marche
Maine-et-Loire

Jean-Charles Taugourdeau
Les Républicains
Maine-et-Loire

MANCHE

Stéphane Travert
La République en Marche
Manche

Philippe Gosselin
Les Républicains
Manche

Sonia Krimi
La République en Marche
Manche

Bertrand Sorre
La République en Marche
Manche

MARNE

Valérie Beauvais
Les Républicains
Marne

Charles de Courson
Libertés et Territoires
Marne

Éric Girardin
La République en Marche
Marne

Aina Kuric
La République en Marche
Marne

Lise Magnier
UDI, Agir et Indépendants
Marne

MAYENNE

Géraldine Bannier
Mouvement Démocrate et apparentés
Mayenne

Yannick Favennec Becot
Libertés et Territoires
Mayenne

Guillaume Garot
Socialistes et apparentés
Mayenne

Sur les 577 députés de l'Assemblée nationale, 228 sont des femmes.

MEURTHE-ET-MOSELLE

Thibault Bazin
Les Républicains
Meurthe-et-Moselle

Caroline Fiat
La France insoumise
Meurthe-et-Moselle

Laurent Garcia
Apparenté au groupe Mouvement Démocrate et apparentés *Meurthe-et-Moselle*

Carole Grandjean
La République en Marche
Meurthe-et-Moselle

Xavier Paluszkiewicz
La République en Marche
Meurthe-et-Moselle

Dominique Potier
Socialistes et apparentés
Meurthe-et-Moselle

MEUSE

Émilie Cariou
La République en Marche
Meuse

Bertrand Pancher
Libertés et Territoires
Meuse

MORBIHAN

Jean-Michel Jacques
La République en Marche
Morbihan

Nicole Le Peih
La République en Marche
Morbihan

Paul Molac
Libertés et Territoires
Morbihan

Jimmy Pahun
Apparenté au groupe Mouvement Démocrate et apparentés *Morbihan*

Hervé Pellois
La République en Marche
Morbihan

Gwendal Rouillard
La République en Marche
Morbihan

MOSELLE

Christophe Arend
La République en Marche
Moselle

Belkhir Belhaddad
La République en Marche
Moselle

Fabien Di Filippo
Les Républicains
Moselle

Brahim Hammouche
Mouvement Démocrate et apparentés *Moselle*

Richard Lioger
La République en Marche
Moselle

Ludovic Mendes
La République en Marche
Moselle

Isabelle Rauch
La République en Marche
Moselle

Nicole Trisse
La République en Marche
Moselle

Hélène Zannier
La République en Marche
Moselle

NIÈVRE

Perrine Goulet
La République en Marche
Nièvre

Patrice Perrot
La République en Marche
Nièvre

NORD

Ugo Bernalicis
La France insoumise
Nord

Alain Bruneel
Gauche démocrate et républicaine
Nord

Guy Bricout
UDI, Agir et Indépendants
Nord

Anne-Laure Cattelot
La République en Marche
Nord

Sébastien Chenu
Non inscrit
Nord

Paul Christophe
UDI, Agir et Indépendants
Nord

Béatrice Descamps
UDI, Agir et Indépendants
Nord

Jennifer De Temmerman
La République en Marche
Nord

Christophe Di Pompeo
La République en Marche
Nord

Dimitri Houbron
La République en Marche
Nord

Christian Hutin
Apparenté au groupe Socialistes et apparentés
Nord

DÉPUTÉS DE L'ASSEMBLÉE NATIONALE

Nord, Oise, Orne, Paris

Sébastien Huyghe
Les Républicains
Nord

Charlotte Lecocq
La République en Marche
Nord

Vincent Ledoux
UDI, Agir et Indépendants
Nord

Brigitte Liso
La République en Marche
Nord

Catherine Osson
La République en Marche
Nord

Valérie Petit
La République en Marche
Nord

Laurent Pietraszewski
La République en Marche
Nord

Adrien Quatennens
La France insoumise
Nord

Fabien Roussel
Gauche démocrate et républicaine
Nord

Francis Vercamer
UDI, Agir et Indépendants
Nord

OISE

Pascal Bois
La République en Marche
Oise

Carole Bureau-Bonnard
La République en Marche
Oise

Olivier Dassault
Les Républicains
Oise

Maxime Minot
Les Républicains
Oise

Agnès Thill
La République en Marche
Oise

Pierre Vatin
Les Républicains
Oise

Éric Woerth
Les Républicains
Oise

ORNE

Jérôme Nury
Les Républicains
Orne

Véronique Louwagie
Les Républicains
Orne

Joaquim Pueyo
Socialistes et apparentés
Orne

PARIS

Laetitia Avia
La République en Marche
Paris

Pierre-Yves Bournazel
UDI, Agir et Indépendants
Paris

Claude Goasguen
Les Républicains
Paris

Olivia Gregoire
La République en Marche
Paris

Benjamin Griveaux
La République en Marche
Paris

Stanislas Guerini
La République en Marche
Paris

Brigitte Kuster
Les Républicains
Paris

Anne-Christine Lang
La République en Marche
Paris

Gilles Le Gendre
Président du groupe
La République en Marche
Paris

Mounir Mahjoubi
La République en Marche
Paris

Sylvain Maillard
La République en Marche
Paris

Danièle Obono
La France insoumise
Paris

George Pau-Langevin
Socialistes et apparentés
Paris

Pierre Person
La République en Marche
Paris

Hugues Renson
La République en Marche
Paris

Pacôme Rupin
La République en Marche
Paris

Marielle de Sarnez
Mouvement Démocrate et apparentés
Paris

Buon Tan
La République en Marche
Paris

PAS-DE-CALAIS

Bruno Bilde
Non inscrit
Pas-de-Calais

Brigitte Bourguignon
La République en Marche
Pas-de-Calais

Marguerite Deprez-Audebert
Mouvement Démocrate et apparentés *Pas-de-Calais*

Pierre-Henri Dumont
Les Républicains
Pas-de-Calais

Bruno Duvergé
Mouvement Démocrate et apparentés
Pas-de-Calais

José Evrard
Non inscrit
Pas-de-Calais

Daniel Fasquelle
Les Républicains
Pas-de-Calais

Marine Le Pen
Non inscrit
Pas-de-Calais

Jacqueline Maquet
La République en Marche
Pas-de-Calais

Ludovic Pajot
Non inscrit
Pas-de-Calais

Jean-Pierre Pont
La République en Marche
Pas-de-Calais

Benoit Potterie
La République en Marche
Pas-de-Calais

PUY-DE-DÔME

André Chassaigne
Président du groupe Gauche démocrate et républicaine
Puy-de-Dôme

Michel Fanget
Mouvement Démocrate et apparentés
Puy-de-Dôme

Christine Pires Beaune
Socialistes et apparentés
Puy-de-Dôme

Valérie Thomas
La République en Marche
Puy-de-Dôme

Laurence Vichnievsky
Mouvement Démocrate et apparentés
Puy-de-Dôme

PYRÉNÉES-ATLANTIQUES

Vincent Bru Apparenté au groupe Mouvement Démocrate et apparentés
Pyrénées-Atlantiques

David Habib
Socialistes et apparentés
Pyrénées-Atlantiques

Jean Lassalle
Non inscrit
Pyrénées-Atlantiques

Florence Lasserre-David
Mouvement Démocrate et apparentés
Pyrénées-Atlantiques

Jean-Paul Mattei
Mouvement Démocrate et apparentés *Pyrénées-Atlantiques*

Josy Poueyto
Mouvement Démocrate et apparentés
Pyrénées-Atlantiques

PYRÉNÉES-ORIENTALES

Louis Aliot
Non inscrit
Pyrénées-Orientales

Sébastien Cazenove
La République en Marche
Pyrénées-Orientales

Laurence Gayte
La République en Marche
Pyrénées-Orientales

Romain Grau
La République en Marche
Pyrénées-Orientales

RHÔNE

Yves Blein
La République en Marche
Rhône

Bruno Bonnell
La République en Marche
Rhône

Blandine Brocard
La République en Marche
Rhône

Anne Brugnera
La République en Marche
Rhône

Danièle Cazarian
La République en Marche
Rhône

Jean-Luc Fugit
La République en Marche
Rhône

Thomas Gassilloud
La République en Marche
Rhône

DÉPUTÉS DE L'ASSEMBLÉE NATIONALE

Rhône, Sarthe, Savoie, Saône-et-Loire, Seine-et-Marne, Seine-Maritime

Cyrille Isaac-Sibille
Mouvement Démocrate et apparentés
Rhône

Hubert Julien-Laferriere
La République en Marche
Rhône

Anissa Khedher
La République en Marche
Rhône

Bernard Perrut
Les Républicains
Rhône

Thomas Rudigoz
La République en Marche
Rhône

Jean-Louis Touraine
La République en Marche
Rhône

Patrice Verchère
Les Républicains
Rhône

SARTHE

Jean-Carles Grelier
Les Républicains
Sarthe

Pascale Fontenel-Personne
La République en Marche
Sarthe

Marietta Karamanli
Socialistes et apparentés
Sarthe

Sylvie Tolmont
Socialistes et apparentés
Sarthe

Damien Pichereau
La République en Marche
Sarthe

SAVOIE

Émilie Bonnivard
Les Républicains
Savoie

Typhanie Degois
La République en Marche
Savoie

Patrick Mignola
Président du groupe Mouvement Démocrate et apparentés
Savoie

Vincent Rolland
Les Républicains
Savoie

SAÔNE-ET-LOIRE

Josiane Corneloup
Les Républicains
Saône-et-Loire

Benjamin Dirx
La République en Marche
Saône-et-Loire

Raphaël Gauvain
La République en Marche
Saône-et-Loire

Rémy Rebeyrotte
La République en Marche
Saône-et-Loire

Cécile Untermaier
Socialistes et apparentés
Saône-et-Loire

SEINE-ET-MARNE

Stéphanie Do
La République en Marche
Seine-et-Marne

Olivier Faure
Socialistes et apparentés
Seine-et-Marne

Jean-Michel Fauvergue
La République en Marche
Seine-et-Marne

Christian Jacob
Président du groupe Les Républicains
Seine-et-Marne

Patricia Lemoine
UDI, Agir et Indépendants
Seine-et-Marne

Rodrigue Kokouendo
La République en Marche
Seine-et-Marne

Valérie Lacroute
Les Républicains
Seine-et-Marne

Aude Luquet
Mouvement Démocrate et apparentés
Seine-et-Marne

Jean-François Parigi
Les Républicains
Seine-et-Marne

Michèle Peyron
La République en Marche
Seine-et-Marne

Jean-Louis Thiériot
Les Républicains
Seine-et-Marne

SEINE-MARITIME

Damien Adam
La République en Marche
Seine-Maritime

Xavier Batut
La République en Marche
Seine-Maritime

Christophe Bouillon
Socialistes et apparentés
Seine-Maritime

Sébastien Jumel
Gauche démocrate et républicaine
Seine-Maritime

Stéphanie Kerbarh
La République en Marche
Seine-Maritime

Agnès Firmin Le Bodo
UDI, Agir et Indépendants
Seine-Maritime

Jean-Paul Lecoq
Gauche démocrate
et républicaine
Seine-Maritime

Sira Sylla
La République en Marche
Seine-Maritime

Annie Vidal
La République en Marche
Seine-Maritime

Hubert Wulfranc
Gauche démocrate
et républicaine
Seine-Maritime

SEINE-SAINT-DENIS

Patrice Anato
La République en Marche
Seine-Saint-Denis

Clémentine Autain
La France insoumise
Seine-Saint-Denis

Marie-George Buffet
Gauche démocrate
et républicaine
Seine-Saint-Denis

Sylvie Charrière
La République en Marche
Seine-Saint-Denis

Éric Coquerel
La France insoumise
Seine-Saint-Denis

Alexis Corbière
La France insoumise
Seine-Saint-Denis

Bastien Lachaud
La France insoumise
Seine-Saint-Denis

Jean-Christophe Lagarde
Président du groupe
UDI, Agir et Indépendants
Seine-Saint-Denis

Stéphane Peu
Gauche démocrate
et républicaine
Seine-Saint-Denis

Alain Ramadier
Les Républicains
Seine-Saint-Denis

Sabine Rubin
La France insoumise
Seine-Saint-Denis

Stéphane Testé
La République en Marche
Seine-Saint-Denis

SOMME

Stéphane Demilly
UDI, Agir et Indépendants
Somme

Jean-Claude Leclabart
La République en Marche
Somme

Emmanuel Maquet
Les Républicains
Somme

Barbara Pompili
La République en Marche
Somme

François Ruffin
La France insoumise
Somme

TARN

Philippe Folliot
La République en Marche
Tarn

Jean Terlier
La République en Marche
Tarn

Marie-Christine Verdier-Jouclas
La République en Marche
Tarn

TARN-ET-GARONNE

Sylvia Pinel
Libertés et Territoires
Tarn-et-Garonne

Valérie Rabault
Présidente du groupe
Socialistes et apparentés
Tarn-et-Garonne

TERRITOIRE DE BELFORT

Ian Boucard
Les Républicains
Territoire de Belfort

Michel Zumkeller
UDI, Agir et Indépendants
Territoire de Belfort

VAL-DE-MARNE

Jean-Jacques Bridey
La République en Marche
Val-de-Marne

Gilles Carrez
Les Républicains
Val-de-Marne

Luc Carvounas
Socialistes et apparentés
Val-de-Marne

Frédéric Descrozaille
La République en Marche
Val-de-Marne

Albane Gaillot
La République en Marche
Val-de-Marne

Guillaume Gouffier-Cha
La République en Marche
Val-de-Marne

DÉPUTÉS DE L'ASSEMBLÉE NATIONALE

Val-de-Marne, Val-d'Oise, Var, Vaucluse, Vendée, Vienne

Michel Herbillon
Les Républicains
Val-de-Marne

Jean François Mbaye
La République en Marche
Val-de-Marne

Mathilde Panot
La France insoumise
Val-de-Marne

Maud Petit
Mouvement Démocrate et apparentés
Val-de-Marne

Laurent Saint-Martin
La République en Marche
Val-de-Marne

VAL-D'OISE

Dominique Da Silva
La République en Marche
Val-d'Oise

Nathalie Elimas
Mouvement Démocrate et apparentés
Val-d'Oise

Fiona Lazaar
La République en Marche
Val-d'Oise

Naïma Moutchou
La République en Marche
Val-d'Oise

Zivka Park
La République en Marche
Val-d'Oise

François Pupponi
Libertés et Territoires
Val-d'Oise

Cécile Rilhac
La République en Marche
Val-d'Oise

Antoine Savignat
Les Républicains
Val-d'Oise

Aurélien Taché
La République en Marche
Val-d'Oise

Guillaume Vuilletet
La République en Marche
Val-d'Oise

VAR

Valérie Gomez-Bassac
La République en Marche
Var

Émilie Guerel
La République en Marche
Var

Geneviève Levy
Les Républicains
Var

Jean-Louis Masson
Les Républicains
Var

Fabien Matras
La République en Marche
Var

Sereine Mauborgne
La République en Marche
Var

Philippe Michel-Kleisbauer
Mouvement Démocrate et apparentés
Var

Cécile Muschotti
La République en Marche
Var

VAUCLUSE

Julien Aubert
Les Républicains
Vaucluse

Jean-Claude Bouchet
Les Républicains
Vaucluse

Jean-François Cesarini
La République en Marche
Vaucluse

Marie-France Lorho
Non inscrit
Vaucluse

Adrien Morenas
La République en Marche
Vaucluse

VENDÉE

Stéphane Buchou
La République en Marche
Vendée

Patricia Gallerneau
Mouvement Démocrate et apparentés
Vendée

Pierre Henriet
La République en Marche
Vendée

Philippe Latombe
Mouvement Démocrate et apparentés
Vendée

Martine Leguille-Balloy
La République en Marche
Vendée

VIENNE

Jean-Michel Clément
Libertés et Territoires
Vienne

Sacha Houlié
La République en Marche
Vienne

Jacques Savatier
La République en Marche
Vienne

Nicolas Turquois
Mouvement Démocrate et apparentés
Vienne

VOSGES

Gérard Cherpion
Les Républicains
Vosges

Jean-Jacques Gaultier
Les Républicains
Vosges

Christophe Naegelen
UDI, Agir et Indépendants
Vosges

Stéphane Viry
Les Républicains
Vosges

YONNE

Michèle Crouzet
La République en Marche
Yonne

Guillaume Larrivé
Les Républicains
Yonne

André Villiers
UDI, Agir et Indépendants
Yonne

YVELINES

Didier Baichère
La République en Marche
Yvelines

Jean-Noël Barrot
Mouvement Démocrate et apparentés
Yvelines

Aurore Bergé
La République en Marche
Yvelines

Yaël Braun-Pivet
La République en Marche
Yvelines

Florence Granjus
La République en Marche
Yvelines

Nadia Hai
La République en Marche
Yvelines

Marie Lebec
La République en Marche
Yvelines

Bruno Millienne
Mouvement Démocrate et apparentés
Yvelines

Béatrice Piron
La République en Marche
Yvelines

Natalia Pouzyreff
La République en Marche
Yvelines

Michèle de Vaucouleurs
Mouvement Démocrate et apparentés *Yvelines*

Michel Vialay
Les Républicains
Yvelines

Quinzième législature

Les groupes politiques sont constitués au minimum de 15 députés et jouent un rôle majeur dans le fonctionnement de l'Assemblée nationale. Ainsi :
- les présidents de groupe siègent à la Conférence des présidents ;
- les commissions sont composées en proportion de l'importance numérique des groupes ;
- le temps de parole est distribué en fonction de l'effectif des groupes.

Groupe	Membres	Membres apparentés	Total
La République en Marche	303	3	306
Les Républicains	99	5	104
Mouvement Démocrate et apparentés	40	6	46
UDI, Agir et Indépendants	27	2	29
Socialistes et apparentés	25	4	29
La France insoumise	17	0	17
Libertés et Territoires	16	0	16
Gauche démocrate et républicaine	16	0	16
Total groupes	543	20	563
Non inscrits (NI)	14	0	14
Total des sièges pourvus		577	
Sièges vacants		0	
Total des sièges		577	

DÉPARTEMENTS D'OUTRE-MER

GUADELOUPE

Justine Benin
Apparentée au groupe Mouvement Démocrate et apparentés *Guadeloupe*

Max Mathiasin
Apparenté au groupe Mouvement Démocrate et apparentés *Guadeloupe*

Olivier Serva
La République en Marche
Guadeloupe

Hélène Vainqueur-Christophe
Socialistes et apparentés
Guadeloupe

GUYANE

Lénaïck Adam
La République en Marche
Guyane

Gabriel Serville
Gauche démocrate et républicaine *Guyane*

DÉPUTÉS DE L'ASSEMBLÉE NATIONALE

Martinique, Mayotte, Réunion, Nouvelle-Calédonie, Polynésie française, St-Barthélemy et St-Martin, St-Pierre-et-Miquelon, Wallis-et-Futuna et les Français établis hors de France

MARTINIQUE

Manuéla Kéclard-Mondésir
Gauche démocrate et républicaine *Martinique*

Serge Letchimy
Apparenté au groupe Socialistes et apparentés
Martinique

Josette Manin
Apparentée au groupe Socialistes et apparentés
Martinique

Jean-Philippe Nilor
Gauche démocrate et républicaine
Martinique

MAYOTTE

Ramlati Ali
La République en Marche
Mayotte

Mansour Kamardine
Les Républicains
Mayotte

RÉUNION

Ericka Bareigts
Socialistes et apparentés
Réunion

Nathalie Bassire
Apparentée au groupe Les Républicains
Réunion

Huguette Bello
Gauche démocrate et républicaine
Réunion

David Lorion
Les Républicains
Réunion

Nadia Ramassamy
Apparentée au groupe Les Républicains
Réunion

Jean-Hugues Ratenon
La France insoumise
Réunion

Jean-Luc Poudroux
Apparenté au groupe Les Républicains
Réunion

COLLECTIVITÉS D'OUTRE-MER ET NOUVELLE-CALÉDONIE

NOUVELLE-CALÉDONIE

Philippe Dunoyer
UDI, Agir et Indépendants
Nouvelle-Calédonie

Philippe Gomès
UDI, Agir et Indépendants
Nouvelle-Calédonie

POLYNÉSIE FRANÇAISE

Moetai Brotherson
Gauche démocrate et républicaine
Polynésie française

Maina Sage
UDI, Agir et Indépendants
Polynésie française

Nicole Sanquer
UDI, Agir et Indépendants
Polynésie française

ST-BARTHÉLEMY ET ST-MARTIN

Claire Guion-Firmin
Apparentée au groupe Les Républicains
St-Barthélemy et St-Martin

ST-PIERRE-ET-MIQUELON

Stéphane Claireaux
La République en Marche
St-Pierre-et-Miquelon

WALLIS-ET-FUTUNA

Sylvain Brial
Libertés et Territoires
Wallis-et-Futuna

FRANÇAIS ÉTABLIS HORS DE FRANCE

Pieyre-Alexandre Anglade
La République en Marche
Hors de France

Samantha Cazebonne
La République en Marche
Hors de France

Paula Forteza
La République en Marche
Hors de France

Anne Genetet
La République en Marche
Hors de France

M'jid El Guerrab
Libertés et Territoires
Hors de France

Meyer Habib
UDI, Agir et Indépendants
Hors de France

Alexandre Holroyd
La République en Marche
Hors de France

Amal-Amélia Lakrafi
La République en Marche
Hors de France

Roland Lescure
La République en Marche
Hors de France

Frédéric Petit
Mouvement Démocrate et apparentés
Hors de France

Joachim Son-Forget
Apparenté au groupe UDI, Agir et Indépendants
Hors de France

« *Lune d'argent fait temps clair.* »

Ça s'est passé

Le 1er janvier 1920

L'écrivain américano-russe Isaac Asimov voit officiellement le jour (la date précise de sa naissance est inconnue). C'est une grande figure de la science-fiction « classique », avec ses livres sur les robots.

L'ÉNIGME DE LA MACHINE À COUDRE

EPISODE 1

Le destin d'Alice Barbosi, jeune styliste trentenaire, bascula fin novembre 1990, après la réception d'un colis énigmatique qu'elle alla chercher au bureau de poste le plus proche de son domicile, dans le XXe arrondissement de Paris. Au fait, je tiens à vous préciser que tout ce que je vais vous raconter est véridique. Même s'il a fallu parfois que je me corne la page – que je me pince la peau, si vous préférez – pour être sûr que je ne rêvais pas ! (Je vous prie d'excuser par avance mes quelques écarts de langage.) Mais pour commencer : qui est Alice Barbosi ? Voilà sa silhouette telle que je peux vous la croquer : une brune pétillante aux cheveux courts avec de grandes créoles argentées ondulant jusque sur les épaules, trois fossettes au moment du sourire, un menton volontaire, bref, une fille de son temps au regard qui bouge et pense vite. La vie n'avait pas été tendre avec Alice. Après le décès tragique de ses parents dans un accident de voiture alors qu'elle n'avait que 6 ans, elle avait été élevée aux alentours de Collioure par sa grand-mère paternelle d'origine portugaise. Du côté maternel, aucun ascendant connu, sa mère étant malheureusement orpheline. Très tôt, Alice avait eu la passion des tissus, attirée par le chatoiement de leurs couleurs. Elle avait la conviction que son arme de chiffon lui permettrait non seulement de se battre dans la vie, mais aussi de gagner. À 28 ans, après son école de stylisme à Paris, Alice s'était effectivement distinguée dans le milieu de la mode grâce à une création étonnante : le « vêtement arlequinade », né de sa passion pour le peintre Picasso. Ce costume était unisexe et celui ou celle qui le portait pouvait, selon son humeur du jour, en changer la couleur grâce à un traitement chimique particulier du textile inventé par Alice. L'idée avait germé dans la rue – le goût populaire ne s'y trompe jamais – et cet article se vendait aujourd'hui comme des petits pains. Mais… pardon, je manque à tous mes devoirs, je ne me suis même pas encore présenté !

(À suivre le mois prochain)

Jeudi 2 janvier

Saint Basile – On fête aussi les Adélard, Macaire, Stéphanie

Le soleil se lève à **8 h 44** et se couche à **17 h 05**

« *Si l'hiver est chargé d'eau, l'été n'en sera que plus beau.* »

Rétro Vermot

Un enfant hésite à ouvrir le portail de sa voisine à cause du chien qui monte la garde. « Entre, mon petit ! N'aie pas peur ! Tu ne connais pas le proverbe "Chien qui aboie ne mord pas" ? – Si, M'dame. Mais votre chien, vous êtes sûre qu'il le connaît aussi ? »

Les déserts exceptionnels

Salar d'Uyuni, le plus grand désert de sel du monde

Sur les hauts plateaux de Bolivie, à 3 658 m d'altitude, le plus grand désert de sel du monde s'étend sur 10 500 km². Né de l'évaporation du lac Minchin, ce salar révèle des paysages époustouflants de blancheur craquelée, à l'horizon infini, constitués d'une couche de sel de 40 à 120 m d'épaisseur. Aucun arbre ou buisson ne pousse ici et la surface plane semble presque joindre le ciel. Rares exceptions, des îlots de cactus et coraux, autrefois sous-marins, surgissent çà et là à travers la plaine. C'est la zone la plus froide de Bolivie, il peut y faire jusqu'à –20 °C la nuit ! Et contrairement à ce que l'on pourrait penser, il pleut dans ce désert, notamment entre décembre et février. L'ancien lac semble alors renaître, transformant les plaines immaculées en miroir aveuglant. Les habitants de la région travaillent dans les mines de sel que renferme le salar – environ 60 milliards de tonnes estimées et 25 000 tonnes extraites chaque année – et utilisent aussi cet or blanc pour bâtir leurs habitations. Autre ressource précieuse exploitée dans le sous-sol du salar, le lithium. Uyuni est d'ailleurs le plus grand gisement de lithium du monde, avec 5,5 millions de tonnes estimées. Un véritable trésor...

Verbes régionaux

ABALIR

En occitan, le verbe « abalir » est utilisé autant dans le sens d'élever que dans celui de tenir. Élever des enfants, des animaux, mais aussi faire pousser des plantes ou des cultures dans les champs ; tenir bon dans l'adversité, oser affronter quelqu'un, résister aux températures extrêmes... Il faut donc comprendre abalir dans le sens plus global de « pérenniser ».

Au poil !

La barbe doit-elle être autorisée dans les prisons ? Ne riez pas, cette question très sérieuse a été débattue en 2014 à la Cour suprême des États-Unis, certains membres du DOC (*Department of Corrections*) arguant que les barbus pouvaient plus facilement se déguiser après une évasion et éventuellement utiliser leur toison pour dissimuler des armes. Il a donc été statué qu'une barbe de 1,2 cm serait admise pour raisons religieuses, et pas un poil de plus, à l'exception du Texas, État dans lequel on n'applique pas cette règle, jugée trop tolérante... Il faut dire que les Texans sont plus réputés pour leurs chapeaux et leurs barbecues que pour leur tolérance !

Étymolo-quiz...

Quel est le sens de la locution grecque *hairesis* qui a donné notre mot « hérésie » : « enfer » ou « choix » ?

Réponse : choix.

« *Sainte-Geneviève ne sort point si Saint-Marcel ne la rejoint.* »

Devinette

Qui suis-je ?

Légère et gracieuse,
Moelleuse et luxueuse,
Sur la feuille je cours,
ou trône dans les atours.

Une plume

DRÔLE DE NOM POUR UNE VILLE !

Baby

Aux confins de la Seine-et-Marne et de l'Yonne, la commune de Baby compte seulement une cinquantaine d'habitations et il y a longtemps qu'aucun « bébé » n'y est né ! Pourtant, ces terres agricoles sont habitées depuis l'Antiquité, comme l'atteste l'étymologie du nom issu de Babbius, propriétaire romain. Transformé en Babic puis Babix, il est devenu Baby à la Révolution.

ILS ONT DIT

« L'alcool est le pire ennemi de l'homme. Mais la Bible nous enseigne d'aimer nos ennemis. »

Frank Sinatra

AUX ORIGINES DES JEUX OLYMPIQUES

Au temps de la Grèce antique, on ne rigolait pas franchement avec le règlement. Ainsi, lorsqu'on dit que les Jeux antiques étaient interdits aux femmes, à l'exception d'une prêtresse et de quelques vierges, ce n'était pas une plaisanterie : les contrevenantes risquaient en punition d'être jetées du haut du mont Typaion ! Une seule femme put contrevenir à cette règle sans en subir les conséquences : Kallipateira. En 440 avant J.-C., cette fille, sœur et tante de champions olympiques, accompagna son fils, coureur à pied qu'elle entraînait, dans l'enceinte des Jeux, déguisée en homme. Lorsque son fils remporta la course, elle sauta de joie et perdit son déguisement. Par respect pour les illustres origines sportives de sa famille, on lui épargna exceptionnellement la punition normalement prévue. Mais on demanda dès lors à tous les athlètes et entraîneurs de se dévêtir pour entrer dans le stade : plus de vêtements, plus de problème !

Champions de la lose

Roy Sullivan est un cas unique dans les annales de l'histoire météorologique. Cet habitant de Virginie, décédé en 1983, a été frappé sept fois par la foudre au cours de sa vie (une chance sur trois cent milliards). Ce record ahurissant défie toutes les lois statistiques puisque la probabilité d'être foudroyé une fois dans sa vie est de moins de un sur un million ! Cette attraction pour le moins frappante de Roy pour la foudre commença en 1942 : alors qu'il se promenait non loin d'un relais téléphonique, la foudre est soudainement tombée pour ensuite remonter vers Roy. Bilan : un gros orteil carbonisé. Nouveau foudroiement en 1969, cette fois en sortant de sa voiture. Roy y perdit cheveux et sourcils. Paratonnerre malgré lui, le ranger américain fut encore foudroyé en 1970, 1972, 1973, 1974 et 1975. Et il s'en sortit miraculeusement à chaque fois. C'est par un coup de feu que Roy Sullivan mit lui-même fin à ses jours... à cause d'un coup de foudre amoureux qui avait mal tourné !

Samedi 4 janvier

Saint Odilon – On fête aussi les Fata, Oringa

Le soleil se lève à **8 h 43** et se couche à **17 h 07**

« *Quand janvier entre doux comme un agneau, il sort comme un taureau.* »

Brèves régions

Eure/Les charités

Les charités sont des confréries créées au Moyen Âge, par exemple dès 1017 à Broglie et 1080 à Menneval, nées de la nécessité d'ensevelir les morts et de la volonté de donner aux funérailles une solennité, marquant ainsi le passage de la vie terrestre à une autre vie. Au fil des siècles, leur rôle s'est diversifié et elles sont aujourd'hui des associations principalement dédiées à l'aide sociale. Actuellement, le département de l'Eure compte 122 charités en activité, qui se réunissent régulièrement, soit dans les congrès tous les 5 ans comme à Bourg-Achard en 2012, soit dans des rassemblements annuels.

LES VILLES DE BOURGOGNE

O	M	A	D	E	B	S	T	E	L	Y	A	G	C
M	V	W	O	E	N	D	D	N	N	W	E	H	A
V	V	X	A	A	R	R	I	G	A	S	A	U	A
Q	N	U	H	U	A	R	A	G	N	L	X	K	X
L	N	U	F	B	P	H	E	O	O	O	A	E	D
E	O	L	T	F	C	Z	L	N	N	I	V	T	M
L	J	N	E	U	I	L	S	N	N	O	N	I	M
R	O	T	G	C	A	U	E	E	N	O	G	A	S
M	I	E	E	V	R	D	V	E	N	E	T	U	B
A	G	D	A	S	I	E	H	G	N	S	N	X	L
C	N	G	A	J	R	C	U	N	L	R	C	E	A
O	Y	O	O	S	S	E	E	S	U	X	H	R	N
N	N	N	Y	H	U	S	X	O	O	F	G	R	Z
E	K	W	K	G	S	Y	T	P	J	T	P	E	Y

Solution page 28

AUTUN
AUXERRE
AUXONNE
AVALLON
BEAUNE
BLANZY
CHAGNY
CHALON-SUR-SAÔNE
CHENÔVE
DECIZE
DIGOIN
DIJON
GUEUGNON
JOIGNY
LE CREUSOT
LONGVIC
LOUHANS
MÂCON
MIGENNES
MONTBARD
NEVERS
SENS
TALANT
TONNERRE
TOURNUS

Expressions d'hier décryptées

Amiénois, mangeurs de noix

En 1597, les troupes espagnoles faisaient le siège d'Amiens. Au matin du 11 mars, des soldats déguisés en paysans firent mine de renverser par mégarde un tombereau de noix devant la porte de la ville. Les Amiénois se précipitèrent pour les ramasser et le reste de la troupe entra dans la ville par la porte opposée. La ville fut prise en une demi-heure.

BLASON

Le blason des ducs de Lorraine représentait une bande de gueules posée en diagonale sur fond d'or avec trois alérions d'argent. Sachant qu'un alérion est un petit aigle sans bec ni pattes, représenté montrant son estomac, les ailes étendues, on peut se demander quel est le rapport avec le duché. Il s'agit en fait d'un jeu de mots, « alérion » étant l'anagramme de Lorraine ! (Voir code couleur en dernière page.)

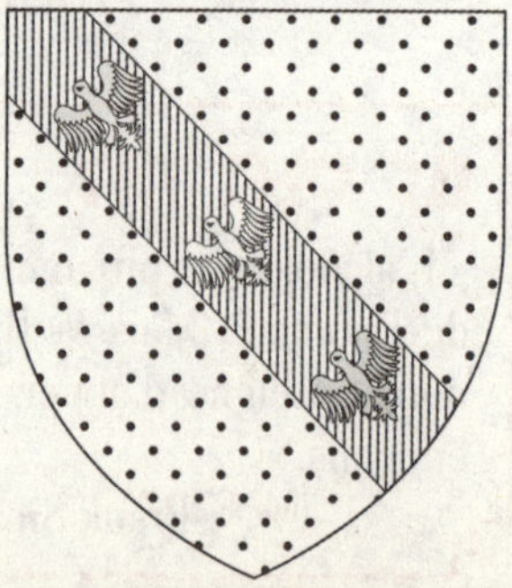

Le soleil se lève à
8 h 43
et se couche à
17 h 08

Dimanche **5 janvier**

Saint Édouard – On fête aussi les Eddy, Eddie

Épiphanie

« *Taille de Saint-Édouard fait les bonnes poires.* »

Pièges de l'orthographe

Vingt et cent

Évoquer le prénom Vincent est le meilleur moyen mnémotechnique pour se souvenir que les adjectifs numéraux sont invariables, sauf vingt et cent. Toutefois, ils ne prennent la marque du pluriel que s'ils sont multipliés ET non suivis d'un autre adjectif numéral. On écrira donc « quatre-vingts » mais « quatre-vingt-un », évitant ainsi de mauvaises liaisons à l'oral.

LES GRANDS DE LA PETITE REINE

Si les organisateurs font de leur mieux pour trouver de nouvelles montagnes, le col du Tourmalet est aujourd'hui presque systématiquement au programme du Tour de France. S'il reste l'un des cols les plus difficiles des Pyrénées, la difficulté des coureurs à le gravir aujourd'hui n'a rien en commun avec ce qui attendait les coureurs ayant inauguré ce col en 1910, alors qu'il n'était encore parcouru que de chemins et que les coureurs n'avaient qu'un pignon fixe sur leur vélo… Lors de cette ascension, un seul coureur dans le peloton, Gustave Garrigou, a réussi le phénoménal exploit de réaliser toute la montée sur son vélo, sans jamais mettre pied à terre. À l'arrivée de l'étape, après 14 heures (!) de chevauchée épique, le gagnant Octave Lapiz va lancer aux organisateurs (qu'il accusait de mettre les coureurs dans des situations impossibles pour le plaisir du public) : « Vous êtes des assassins ! » Tout était dit.

Pimpon !

ANECDOTES DE POMPIERS

Appel au 18 d'une femme agacée : « Oui, bonjour, mon mari est sous respirateur artificiel. Mais comme c'est très bruyant, je voudrais savoir si je peux le débrancher la nuit, le temps de dormir ? » Bien dormi, Chéri ?

M. Galle,
couturier,
a le plaisir de vous annoncer
la naissance de son fils

MARTIN

Houah ah ah oh oh

NOUVEAUX COMIQUES

Blanche Gardin

« Je suis la seule femme nommée l'année de l'affaire Weinstein… C'est l'histoire de ma vie : le jour où j'ai un prix, il n'a aucune valeur. » C'est avec cette formule, lâchée alors qu'elle recevait un Molière, que le grand public a découvert Blanche Gardin. La quadragénaire affûte son humour noir et décapant, influencé par Louis C.K., star du stand-up newyorkais depuis quinze ans. Repérée en 2006 par Karl Zéro, Blanche Gardin a intégré le Jamel Comedy Club, puis a rapidement enchaîné les rôles dans des séries et au cinéma. Mais c'est bien sur scène que son humour demeure le plus percutant, desprogien pourrait-on dire parfois : « Un mourant n'est pas une personne de bonne compagnie. On ne peut pas vivre en bonne intelligence avec un mourant. Un bon mourant est un mourant mort. » Cruel mais hilarant.

« *L'hiver apprivoise homme, femme et bête.* »

Les animaux de compagnie des présidents

Chien de président, ce ne doit déjà pas être une vie trop difficile, mais alors chien de président à la retraite, imaginez un peu ! Et pourtant, parfois, les fonctions de la République manquent aussi à nos ex-premiers toutous ! La preuve avec Sumo, le bichon maltais des Chirac, que Bernadette a dû confier à une ferme de province car, dit-elle, « les jardins du palais lui manquaient trop » et il avait commencé à avoir des comportements agressifs après le déménagement. Le luxe, c'est pour la vie !

L'abbé Pierre

Charade
Classique

Mon premier remet d'aplomb.
Mon deuxième tire sur la corde.
Mon troisième est une vibration qui se propage.
Mon quatrième a quitté la scène.
Mon tout est une friandise française.

(CALE - HISSE - ONDE - EX)
CALISSONS D'AIX

Ça, c'est fait... divers

C'est l'un des « portraits » les plus célèbres au monde. Des dizaines de milliers de visiteurs se pressent chaque année au musée d'Orsay pour l'admirer. Un œuvre majeure, scandaleuse, exécutée par Gustave Courbet au cours de l'été 1866. L'Origine du monde, *le célèbre nu dont la reproduction est censurée sur Facebook, vient de délivrer sa plus vieille énigme, un secret dissimulé par le peintre, mort en 1877. Grâce à l'écrivain Claude Schopp, on connaît enfin l'identité du modèle qui posa pour Gustave Courbet. Dans un courrier d'Alexandre Dumas fils à George Sand, l'auteur de* La Dame aux camélias *mentionne son nom : la jeune femme s'appelait Constance Quéniaux. Ancienne danseuse à l'Opéra, elle avait 34 ans en 1866. Devenue courtisane, elle était également la maîtresse de Khalil-Bey, diplomate ottoman, grand collectionneur et... commanditaire de* L'Origine du Monde. *Pour le musée d'Orsay, l'identité du modèle est désormais certaine à 99,9 %. D'autant qu'un autre élément corrobore la découverte de Claude Schopp : à la mort de Constance, en 1908, on a trouvé chez elle un tableau de Courbet représentant un bouquet de fleurs. Sur le côté gauche de la composition figurent des iris, tulipes et primevères et, sur le côté droit, des camélias rouges et blancs, « les fleurs des courtisanes » depuis Dumas. Au centre, une plante grasse tend une corolle rouge épanouie et ouverte. Un clin d'œil. Devenue une bourgeoise respectable, Constance s'est installée à Cabourg où elle s'est occupée d'orphelins. Loin de son Origine...*

Histoire cochonne

Grimod de La Reynière raconte cette anecdote dans son célèbre *Almanach des gourmands* publié sous l'Empire. Alors qu'un moine s'apprêtait à découper un cochon de lait rôti, trois convives qui dînaient avec lui annoncèrent : « Prenez garde ! Nous vous traiterons comme vous allez traiter ce cochon : si vous lui coupez un membre, il vous en arrivera autant ! » Sans s'effrayer, le religieux fit alors à l'animal ce qu'il est conseillé de faire à certaines volailles de Bresse avec son doigt pour s'assurer de leur origine avant d'annoncer : « Messieurs, je vous prie de bien vouloir m'en faire autant ! »

« *Mois de janvier a quatre bonnets.* »

ILS ONT DIT

« L'amour, c'est comme le potage : les premières cuillerées sont trop chaudes, les dernières sont trop froides. »

Jeanne Moreau

Brèves régions

Alpes-de-Haute-Provence/La « cité des 4 reines »

La « cité des 4 reines » est le surnom de la commune de Forcalquier, dans les Alpes-de-Haute-Provence. Cette ville, située à égale distance du Rhône, des Alpes et de la mer, entre la montagne de Lure et le Luberon, est ainsi baptisée car l'un de ses comtes, Raymond Bérenger IV de Provence, unit chacune de ses quatre filles à un roi. Marguerite épousa Louis IX, roi de France ; Éléonore se maria avec Henri III, roi d'Angleterre ; Béatrice convola avec Charles Ier d'Anjou, roi de Sicile puis de Naples, et Sancie s'unit avec Richard de Cornouailles, roi des Romains.

ÉLÉMENTAIRE !

Enquêteurs célèbres

Aujourd'hui, faire appel à des « profileurs » pour établir un profil précis et comprendre la psychologie des tueurs en série est une méthode courante, appliquée à tous les cas importants. Mais il a fallu attendre 1956 pour qu'un policier américain ne lance vraiment la discipline en l'utilisant pour arrêter le *Mad Bomber* (le « bombeur fou »). Entre 1940 et 1956, ce fou d'explosifs a terrorisé New York en posant des bombes dans divers lieux publics et a provoqué la police en envoyant des lettres anonymes. James Brussel, psychiatre spécialiste de la criminalité, s'est alors penché toute une nuit sur ces lettres pour établir le profil du tueur. Ses conclusions : un ancien employé de la compagnie d'électricité de la ville, Européen de l'Est venant du Connecticut, paranoïaque, asocial et célibataire. Il a même affirmé que, lors de son arrestation, le *Mad Bomber* serait vêtu d'un costume trois pièces avec double boutonnage. Bingo : son analyse a permis à la police d'arrêter George Metesky, qui correspondait parfaitement au profil décrit par Brussel !

L'ALIMENTATION EN ÉLECTRICITÉ DES GARES POSE QUESTION

CLASHS D'ARTISTES

La rivalité entre **Tupac Shakur** et **Notorious B.I.G.** a marqué l'histoire du rap au milieu des années 1990. Assassinés à six mois d'intervalle, tous deux symbolisent la tension East Coast/West Coast de l'époque. Concurrents, les deux hommes commencent par se « respecter » comme on dit dans le milieu, mais en 1994, Tupac a survécu miraculeusement à une fusillade. Très vite, il est convaincu que Biggie a commandité l'attaque, ce que celui-ci nie formellement. Les deux hommes se livrent dès lors une guerre des mots à travers leur rap.
En 1996, Tupac est assassiné à Las Vegas. Six mois plus tard, alors qu'il est le suspect numéro 1 dans ce crime, Biggie est assassiné à son tour. On accuse des proches de Tupac. Près de 25 ans après, le mystère perdure...

Mercredi **8 janvier**

Saint Lucien – On fête aussi les Gudule, Lucienne, Luciana

Le soleil se lève à **8 h 42** *et se couche à* **17 h 11**

« *Pour janvier, garde un écu entier.* »

Rétro Vermot

Un homme discute avec son chirurgien :
« Pensez-vous que je survivrai à cette opération ?
– Oui, mais en toute franchise, je ne vous le conseille pas. »

NOVLANGUES & JARGONS

Dans le langage disons « normal », lorsqu'on parle d'un courant « disruptif », on désigne un courant électrique qui « traverse un isolant en l'altérant provisoirement ou durablement ». Une définition on ne peut plus claire… Mais dans le monde merveilleux des startups, le mot est employé à toutes les sauces pour décrire une idée, une initiative ou une entreprise en rupture avec les usages habituels. « Innovant » était en vacances ?

Perles de sportifs

Victoire sur pilotis

Qui l'a dit ? Didier Deschamps, juste avant la Coupe du monde 2018, après qu'Emmanuel Macron a « réclamé » la victoire de la France : « Oh là là, mais je suis au pilotis, là ! » On n'en veut pas à Didier, il a ramené la coupe malgré ses lacunes en français !

AVENTURIERS DE L'IMPOSSIBLE

Nadir Dandoune, des cités aux sommets

L'aventure et les hauts sommets sont-ils des clubs réservés aux nantis ? C'est une critique qu'on entend souvent à propos de l'alpinisme, et pourtant… L'histoire folle de Nadir Dandoune tend à prouver le contraire ! Ce jeune du 93 (prononcez neuf trois) qui a grandi dans les cités s'est en effet mis en tête, en 2008, d'atteindre le sommet du monde, l'Everest, sans aucune expérience préalable ou presque. Pour parvenir à intégrer une expédition, Nadir Dandoune a tout simplement menti sur son « CV » d'alpiniste. Petit mensonge ou risque inconscient ? Toujours est-il que notre baratineur des sommets a accompli son rêve en portant les couleurs de sa cité jusqu'au point le plus haut du monde. Une aventure époustouflante adaptée au cinéma en 2017 dans L'Ascension*, de Ludovic Bernard.*

Expressions du potager

Il ramène sa fraise !

Ou plutôt : « Le v'là qui ramène encore sa fraise ! » C'est-à-dire : il intervient à nouveau dans la discussion de façon intempestive et inopportune. Une manière de dire : « Ferme-la un peu ! » Céline l'illustre avec maestria dans *Mort à crédit* : « Ils avaient plus de crocs pour bouffer, tellement qu'ils étaient vermoulus, ils avaient fourgué leurs lunettes… Ils ramenaient encore leur fraise ! » De distingués linguistes (qui ont un peu tendance à la ramener) affirment que « fraise » est mis pour « tête ». Mais ramener sa tête ?... C'est bizarre ! Et la fraise n'évoque guère le melon ! En fait, comme sa couleur l'indique, le fruit écarlate désigne plutôt le blair, le tarbouif, le tarin… En bon français, le pif – éventuellement vermillonné au pifton (ou pinard). Nouvelle traduction donc : ramener sa fraise, c'est fourrer son vilain nez dans la causerie. Mieux vaut évidemment aller aux fraises, c'est-à-dire se bécoter sous les frondaisons, d'autant que la « fraise », c'est aussi la bouche vermeille, et même, encore plus joliment, le bout du téton.

« Neige qui tarde à fondre en attend une qui tombe. »

Perles de sportifs

Plus ou moins

Qui l'a dit ? Michel Seydoux, ancien dirigeant de club de foot, à propos des droits de retransmission télé.
La perle : « Certains aimeraient avoir un montant relativement semblable pour plus. D'autres voudraient avoir un montant relativement plus pour plus. Moi je suis pour le plus avec le plus, mais pas le plus égal le moins n'égale pas plus. » Et pourquoi pas…

Mêlez-vous de vos affaires

Si, aujourd'hui, le Texas est un symbole du *way of life* américain, il n'en a pas toujours été ainsi. Le territoire texan appartenait à l'origine au Mexique, avant de devenir le 28e État des États-Unis d'Amérique à la suite de son annexion pure et simple par les Américains en 1845. Annexion fortement soutenue par les colons américains qui ne supportaient pas les lois mexicaines, comme celle interdisant l'esclavage. Le Mexique voulut se défendre en menant une guerre, mais il la perdit en même temps que le Texas. Caramba !

Pan Pan !

Perles de policiers

Repenti : « Allô, oui, bonjour, j'ai frappé ma femme, je voudrais savoir si je peux déposer plainte contre moi-même, parce qu'elle ne veut pas le faire. »

Recette de cuisine

Tarte au fromage

Pour 4 pers. 15 min de préparation 25 à 30 min de cuisson

Pour la pâte :
300 g de farine
½ cuil. à café de sel
150 g de beurre à température ambiante
8 cl d'eau

Pour la garniture :
1 belle cuil. à soupe de moutarde
4 tranches d'emmental
4 œufs
20 cl de crème liquide
75 g de gruyère râpé
Sel, poivre

Dans une terrine ou un saladier, mélangez la farine et le sel. Ajoutez le beurre et pétrissez entre vos doigts jusqu'à obtenir une consistance de semoule grossière. Versez l'eau tout doucement et travaillez la pâte jusqu'à obtenir la consistance souhaitée.
Préchauffez le four à 200 °C (th. 6-7). Étalez la pâte au rouleau à pâtisser et foncez un moule à tarte. Piquez la pâte à divers endroits à l'aide d'une fourchette, puis étalez la moutarde au fond. Disposez les tranches d'emmental les unes à côté des autres sur la moutarde.
Cassez les œufs dans un saladier. Battez-les à la fourchette avec la crème et le gruyère puis assaisonnez, salez et poivrez. Versez l'appareil dans le moule à tarte sur les tranches d'emmental et enfournez pour 25 à 30 minutes de cuisson.

Conseils : si vous êtes pressé, utilisez une pâte à tarte toute prête du commerce.

Problèmes de maths du certificat d'études

Un grossiste réceptionne un wagon-citerne de 80 hl de vin achetés 120 F l'hectolitre. Il paie en sus les droits de régie (25 F/hl), le transport par chemin de fer (18 F/100 kg) et la mise en citerne par pompage qui revient à 30 F. Il y a 20 l de perte au cours de cette opération.

Question : Si l'on considère qu'un litre de vin pèse 1 kg, quel est le prix de revient d'un litre de ce vin mis en citerne ?

Réponse : 1,64 F.

Vendredi 10 janvier

Saint Guillaume – On fête aussi les Billy

Le soleil se lève à **8 h 42** *et se couche à* **17 h 14**

« *S'il fait beau à la Saint-Guillaume, il y aura plus de blé que de chaume.* »

Ça s'est passé

Le 10 janvier 1920

La Société des Nations, ancêtre de l'ONU, se réunit pour la première fois à Londres pour ratifier le traité de Versailles, signé le 19 juin 1919.

Charade

À tiroirs

Mon premier fait la manche.

Mon second dissimule la vérité.

Mon troisième donne un coup de pied.

Mon quatrième est généreux.

Mon cinquième évolue dans l'eau.

Mon tout est un écrivain français humaniste de la Renaissance.

FRANÇOIS RABELAIS. Mon premier est Fran car Fran quête (Franquette). Mon second est Çoi car Çoi farde (Soiffarde). Mon troisième est Ra car Ra botte (Rabote). Mon quatrième est Be car Be donne (Bedonne). Mon cinquième est Lai car Lai nage (lainage).

Solution mots mêlés [p. 22]

O	M	A	D	E	B	S	T	E	L	Y	A	G	C
M	V	W	O	E	N	D	D	N	N	W	E	H	A
V	V	X	A	A	R	R	I	G	A	S	A	U	A
Q	N	U	H	U	A	R	A	G	N	L	X	K	X
L	N	U	F	B	P	H	E	O	O	O	A	E	D
E	O	L	T	F	C	Z	L	N	N	I	V	T	M
L	J	N	E	U	I	L	S	N	N	O	N	I	M
R	O	T	G	C	A	U	E	E	N	O	G	A	S
M	I	E	E	V	R	D	V	E	N	E	T	U	B
A	G	D	A	S	I	E	H	G	N	S	N	X	L
C	N	G	A	J	R	C	U	N	L	R	C	E	A
O	Y	O	O	S	S	E	E	S	U	X	H	R	N
N	N	N	Y	H	U	S	X	O	O	F	G	R	Z
E	K	W	K	G	S	Y	T	P	J	T	P	E	Y

~~VRAI~~ ou FAUX ? Les *fake news* de l'histoire

Des *fake news* à l'infox

Depuis fin 2018, la commission d'enrichissement de la langue française préconise le terme infox (mélange d'info et intox) plutôt que *fake news*, anglicisme popularisé depuis l'élection de Donald Trump à la tête des États-Unis. Ceci dit, le terme français est aussi flou que l'anglais : infox et *fake news* peuvent désigner tout aussi bien des informations fausses diffusées de manière volontaire, pour un canular par exemple, que des erreurs journalistiques diffusées « de bonne foi ». Tels des virus, ces contre-vérités se répandent vite et massivement via les réseaux sociaux. Méfiance donc.

Monstres célèbres

Godzilla

À l'origine, ce monstre imaginé dans les années 1950 devait être issu du croisement d'une baleine (*kujira* en japonais) et d'un gorille (*gorira*). Finalement, Godzilla (*gojira*) évoque plutôt un hybride de deux dinosaures : le tyrannosaure et le stégosaure. Réveillé par des essais nucléaires dans le Pacifique, il quitte son antre aquatique pour terroriser les habitants de Tokyo. Ce géant de plusieurs dizaines de mètres de haut (et qui pèse des milliers de tonnes) a une arme redoutable : il souffle un feu atomique. Mais son statut évolue au fil du temps et des œuvres qui le mettent en scène. Il lui arrive même d'aider l'humanité à lutter contre… d'autres monstres !

Autant de raisons de se réjouir

Vivre plus longtemps et en meilleure santé

Grâce à l'amélioration des conditions de vie et d'hygiène, aux progrès de la médecine et à l'éducation, nous vivons bien plus longtemps que nos ancêtres, et en meilleure santé… surtout si nous avons une alimentation saine et équilibrée, et que nous pratiquons régulièrement des activités physiques et intellectuelles. Ces dernières années, face aux nouvelles menaces globales (pollution, changement climatique), nous bénéficions en outre d'un mouvement de fond qui vise la qualité, le naturel, dans un souci écologique et durable. Les cheveux blancs et les rides seront bientôt fiers de se montrer ! Réjouissons-nous !

Le soleil se lève à **8 h 41** et se couche à **17 h 15**

Samedi **11 janvier**

Saint Paulin – On fête aussi les Salvia, Hortense

« Si sec est le mois de janvier, heureux est le fermier. »

BLASON

Il n'y a pas que des éléments réels qui constituent les « meubles » des blasons. Depuis la nuit des temps, l'héraldique a accordé une large place à l'imagination avec, notamment, un incroyable bestiaire fantastique. On trouve, par exemple, dans les armes des Bettembourg du Luxembourg, un griffon, animal mi-aigle mi-lion, bien avant qu'il devienne l'hippogriffe d'Harry Potter. (Voir code couleur en dernière page.)

Brèves régions

Deux-Sèvres/ Denfert-Rochereau

Pierre Philippe Denfert-Rochereau, surnommé « le Lion de Belfort » est un pur Poitevin ! Cet officier supérieur et député français, devenu célèbre pour avoir dirigé la résistance du siège de Belfort durant la guerre franco-allemande de 1870, est né le 11 janvier 1823 à Saint-Maixent-l'École, dans le département des Deux-Sèvres.

Les « Cruella » de l'histoire

Messaline la tueuse

L'impératrice Messaline n'avait qu'une vingtaine d'années quand elle fut assassinée, en 48 après J.-C. Épouse de Claude, empereur de Rome, elle avait une réputation sulfureuse, qui lui valut le surnom d'*augusta meretrix*, « la putain impériale ». Mais si nous parlons d'elle ici, c'est pour sa cruauté : elle ordonna de nombreuses exécutions, avec la complicité de Narcisse, esclave affranchi par Claude et fidèle à ce dernier. Ainsi furent éliminées les épouses légitimes des amants de Messaline et leurs maîtresses. Elle était sans pitié pour ceux qui lorgnaient sur ses richesses. Sénèque fut exilé sur son ordre. Le sort finit par se retourner contre elle après son idylle avec Caius Silius, qui la convainquit de l'épouser. Elle fut alors exécutée, sur ordre de… Narcisse.

MALADIES ÉTRANGES

Avez-vous déjà entendu parler de cette étrange affection qui se fait appeler du nom barbare de « triméthylaminurie » ? Aussi très justement appelée « syndrome de l'odeur du poisson pourri » et liée à un défaut de production d'une enzyme par le corps, cette maladie des plus originales se traduit par une odeur corporelle qui ressemble à celle du poisson avarié. Malheureusement pour ces malades (et, plus généralement, leur entourage !), il n'existe à ce jour aucun remède efficace. Les médecins ne peuvent que leur conseiller de couvrir l'odeur avec des déodorants et des parfums. On peut ajouter à cela qu'ils peuvent se camoufler en choisissant une carrière de poissonnier !

Dimanche 12 janvier

Sainte Tatiana – On fête aussi les Tania, Tanagra, Césarine

Le soleil se lève à **8 h 41** *et se couche à* **17 h 16**

MOTS FLÉCHÉS

Cloison décorée d'icônes / Fait des provisions		Populaire / Source de calculs		Unité d'éclairement / Prise	L	Épingler		Vide		Matière de pot / Marteau de charpentier	G	Livre
		U		É	U			Démarre / Maure			R	
Examens / D'un orifice	O	R	A	U	X	Faire silence / Essences					E	R
		I		E	Sauce maghrébine / Attrapai	H	A	R	I	S	S	A
Souffle / Bout de sucre		N		Constellation / Passagers clandestins		U					Poule d'eau	
		E	Hésite / Épanouit	T		I				Accord espagnol / Patrimoine	S	I
Priver		Produit / Sévit		E		L			Reposes / Liquide vital			
		F		N		E	R	Entres en jeu / Suite de pas				
Dessins / Liquidai	S	E	P	I	A	S	Coupe le souffle / Ester					
		S		A	I	Théâtre / Fait la loi	O	D	E	O	N	Fait preuve de maîtrise
Entrepris	Possessif / Fixité	S	E	S	Inquiéter / Tombe à pic	A	L					R
O	S	A	I	Aplomb / Particule élémentaire	F	L	E	G	M	E	Lâchais un gaz	A
Bouche-trou	T	Sèche / Réduisit le volume	E	M	A	C	I	E	E	Soleil chinois / Se mettras à table	R	I
L	U	T	Points d'arrêt / Feu rouge	E	L	A	N	S	Celui de l'âne fait ralentir / Donne un coup de fouet	D	O	S
Caprice / Bamboche	P	A	S	S	A	D	E	Évite de répéter / Trompe	D	I	T	O
F	E	S	T	O	I	E	Livre spirituel / Classe pour petits	C	O	R	A	N
Portons / Étoffe	U	S	O	N	S	Poteau	C	O	P	A	I	N
D	R	A	P	Catégorique	E	X	P	R	E	S	S	E

SOLUTION PAGE 36

« Quand janvier arrive, jette tes navets à l'âne. »

ILS ONT DIT

« Deux choses sont infinies : l'univers et la bêtise humaine. Mais, en ce qui concerne l'univers, je n'en ai pas encore acquis la certitude absolue. »

Albert Einstein

Jacques Brel

Argot-quiz...

Vrai ou faux : le mot « thune » existait déjà au XVIIe siècle.

Réponse : vrai. Il signifiait alors « aumône ».

Nos régions ont du talent

Si on doit choisir une région lorsqu'on nous dit « frite », il n'y a pas à tergiverser 107 ans : c'est bien sûr notre Chnord national qui vient sur le bout de la langue. Et la réputation n'est pas sans mérite, comme le prouve ce record du monde établi en 2009 par deux restaurateurs des Hauts-de-France qui ont tiré d'une patate gigantesque une frite de 34 cm ! Pour la cuire en respectant la tradition (deux fois dans de la graisse animale), il fallut mobiliser une saumonière, les friteuses traditionnelles étant trop petites…

[L'actu] Pizza militaire

Ce n'est certes pas un événement pour la gastronomie mondiale, mais c'est bien une victoire pour les bidasses américains qui attendaient goulûment la nouvelle : après cinq années de recherche, la pizza aux *pepperoni* intègre les rations alimentaires de combat de l'armée américaine, les MRE, « *Meals Ready-to-Eat* » (rations prêtes à manger), souvent rebaptisées « *Meals Refused by Everyone* » (rations refusées par tout le monde) par les soldats. Évidemment, cette pizza militaire n'a pas grand-chose en commun avec celle confectionnée par un pizzaïolo napolitain. À sa décharge, pour intégrer l'ordinaire des troupes, elle devait respecter un cahier des charges plutôt strict : la pizza devait rester mangeable pendant au moins trois ans, résister aux températures extrêmes, supporter une chute de 30 m, etc. D'après les nutritionnistes de l'armée, ce sont la conservation de la pâte et surtout son « croustillant » qui leur ont posé le plus de problème dans l'élaboration. Interrogé par le *New York Times*, un pizzaïolo star de Boston a estimé qu'elle avait la saveur d'une pizza… surgelée. Ce qu'admet volontiers l'armée américaine qui indique : « Ces pizzas sont faites pour être mangées quand vous êtes trempé, quand vous avez froid et quand vous êtes affamé. Elles sont meilleures dans ces conditions. » On en salive d'avance…

De l'or dans la voix

Pour les amateurs de musique, le nom de Farinelli est un mythe qui a traversé les siècles. Né à Andria le 24 janvier 1705 et mort à Bologne le 16 septembre 1782, celui qui est devenu le plus célèbre des castrats avait une voix en or massif, et des goûts du même ordre. La légende raconte qu'il était si capricieux qu'il menait une vie impossible à tous ceux qui voulaient le mettre en scène. On dit même qu'à la vue du cadeau que lui fit Louis XV pour le remercier de chanter à sa cour – un pauvre coffre rempli d'or et de diamants –, le castrat se serait plaint ! Comme quoi, on peut ne pas en avoir et les casser quand même !

Mardi 14 janvier

Sainte Nina – On fête aussi les Odoric

Le soleil se lève à **8 h 39** *et se couche à* **17 h 19**

« *L'hiver, sitôt qu'il est trop beau, nous promet un été plein d'eau.* »

Pièges de l'ortograxe (corrigé : h, ph)

Ne pas confondre nombre et place

L'accord d'un adjectif numéral se fait dans un décompte mais pas pour désigner un rang. Ainsi, on peut compter « quatre-vingts voies » dans une grande gare, mais la dernière sera la « voie quatre-vingt », sans accord car il s'agit de sa place. De même, la première page d'un journal pourra être la « Une », mais restera toujours la « page un ».

Mon Trésor (public) !

Les impôts, quelle barbe ! Vous ne pensez pas si bien dire… En 1704, au cœur de la Russie impériale, le tsar Pierre Ier, dit le Grand, décida d'instaurer un impôt sur… la barbe ! Tous les barbus qui entraient ou sortaient d'une ville devaient s'acquitter d'un droit sur la barbe, allant d'un demi-kopeck pour les paysans à quelques centaines pour les nobles ! Bien évidemment, les religieux étaient exonérés de cette taxe poilante…

CHIFFRES CROISÉS

	A	B	C	D	E	F	G	H	I
1					■				
2				■					■
3			■					■	
4				■			■		
5	■		■			■			
6		■			■				
7				■					■
8					■				
9								■	

Solution page 38

Horizontalement

1. Un cinquième de 130 multiplié par 288, auquel on soustrait le nombre de péchés capitaux. (130 x 11) auquel on ajoute l'âge atteint par un octogénaire.
2. 454 x (130 ÷ 65). (130 – quatre douzaines)^2 – 1.
3. 50 % de 130. (130 x le nombre d'années de mariage des noces d'argent) + (130 ÷ 5) + (130 ÷ le nombre de jours dans une décade) + le nombre de la troisième pièce des centimes d'euros.
4. (130 x 2) – ([(130 ÷ 5) x 2] – (130 ÷ 65)). $\sqrt{100}$ + le diviseur de 130 avec lequel on obtient 5 + 2. 130 – (11^2 – $\sqrt{81}$).
5. 40 % de 130. $1^2 + 2^2 + 5^2 + 10^2$.
6. 130 – 6^2. 130 x le nombre d'arrondissements de Paris.
7. (92 560 ÷ 130) – 130. (_____ _____ lieues sous les mers (Jules Verne) ÷ 4) + (130 x 3).
8. (130 x 7) + (130 – 2^2). Le nombre de degrés de 45 angles droits moins le nombre de degrés de la moitié d'un angle droit.
9. 130^3.

Verticalement

A. Trois fois ((130 x 20) + [(130 ÷ 5) x 2] + (130 ÷ 65)). (130 x 50) + le nombre de mois dans une année.
B. 201^2 + (130 – 15). (130 x 6) + l'autre nom du jeu de cartes le blackjack.
C. [(130 ÷ 10) – (130 ÷ 65)] multiplié par le nombre de planètes dans le système solaire.
10 000 – [(130 x 5) + (130 – le n° du département de la Corrèze)].
D. 40 % de 130 + le nombre de choses dans une paire. 130 – [(130 ÷ 2) – (2/5 x (130÷26))].
E. (130 x 7^2) – (130 + 2^3).
F. 1928 – 130. Résultat de la deuxième définition du 6 horizontal auquel est déduit le résultat de la deuxième définition du 5 horizontal multiplié par deux.
G. (130 x 4) + le nombre par lequel vous venez de multiplier 130. 130^2.
H. Un dixième de 130. 130 x 100.
I. Nombre de minutes dans 130 heures. (130 ÷ 26) x 11.

Le soleil se lève à **8 h 39** et se couche à **17 h 20**

Mercredi **15 janvier**

Saint Rémi – On fête aussi les Rachel, Racilia, Mortimer

« C'est l'hiver, les arbres sont en bois. »

Jules Renard

Chiffres et expressions

Zéro plus zéro égale… la tête à Toto !

Qui n'a pas dessiné, dans ses cahiers d'écolier, des figures utilisant chiffres et opérateurs de calcul ? La ressemblance des « 0 » avec les yeux humains, du signe « + » avec le nez et du signe « = » avec la bouche a donné naissance à cette expression populaire où apparaît le contour du visage dans le résultat qui englobe l'opération.

Brèves régions

Pyrénées-Atlantiques/ Le patois sifflé

Sur les flancs de la Montagne Verte, près d'Eaux-Bonnes, les bergers béarnais ont pris l'habitude de communiquer par des sifflements. Au fil des siècles, les nuances de ce mode de communication ont permis de construire un vocabulaire élaboré, constituant un dialecte à part entière. Les experts estiment que ce langage sifflé peut être entendu jusqu'à 14 km.

[L'actu] Grosse bête à plumes

Il se prénomme titan de Vorombe (*Vorombe titan*). C'est officiellement l'oiseau le plus gros du monde selon une étude publiée dans la revue *Royal Society Open Science*. Son poids : entre 530 et 730 kg pour un spécimen adulte en pleine forme, soit autant qu'une girafe ! Le résultat de cette étude vient clore un siècle de polémique pour savoir qui était le plus gros, le précédent record étant établi depuis 1894 par *Aepyornis titan*, un autre oiseau-éléphant. Originaire de Madagascar, le titan de Vorombe et ses cousins mastodontes à plumes ont peuplé la grande île pendant plusieurs dizaines de millions d'années. Tous ont disparu il y a moins d'un millier d'années après une nouvelle vague de migration humaine… Beaucoup trop lourds pour voler, ces oiseaux-éléphants constituaient des proies faciles et un met de choix pour les nouveaux arrivants.

INVENTIONS INSOLITES

Heureusement que, dans notre monde à la créativité sans limites, il existe des inventeurs astucieux pour penser aux problèmes des femmes et y répondre avec des produits toujours plus sophistiqués censés faciliter la vie de ces dames ! En revanche, on se demande qui a bien pu avoir cette idée et, pire encore, qui a bien pu signer un chèque pour la commercialiser… Cette idée, c'est celle du masque à visière en plastique, commercialisé en 1970 et destiné aux femmes déjà maquillées qui auraient besoin de prendre une douche sans faire couler leur précieux mascara. Pas sûr qu'il s'en soit vendu des millions, mais comme on dit, c'est l'intention qui compte !

« *Prépare pour Saint-Marcel tes graines nouvelles.* »

Rétro Vermot

Un homme très nerveux se précipite dans le cabinet de son médecin. Il articule à grand-peine : « Docteur, j'ai une carotte qui pousse dans mon oreille gauche !
– C'est vraiment surprenant, observe le médecin.
– Oui, d'autant plus que j'avais semé des épinards ! »

Verbes régionaux

EMBUGNER

Depuis la région de Saint-Étienne, dans la Loire, jusque dans les Hautes-Alpes, « embugner » est employé couramment pour signifier que l'on a eu un petit accrochage en voiture qui a laissé des traces. Formé sur le mot ancien « bugne » qui était synonyme de coup, reçu notamment dans une bagarre, il est aujourd'hui exclusivement dédié aux enfoncements de carrosserie.

Perles de sportifs

Toison d'or

Qui l'a dit ? Franck Ribéry, champion des terrains et des perles. La perle : « Il faut que je redore mon blouson. » Un rendez-vous à la teinturerie d'après-match, peut-être ?

AU PEIGNE FIN !

Du Ve au VIIIe siècle, sous les premiers rois de France de la dynastie des Mérovingiens, le cheveu, aussi bien masculin que féminin, était avant tout un signe de noblesse. Pas question donc pour les femmes de l'élite de couper ne serait-ce qu'un centimètre de leur toison qui descendait souvent jusqu'aux fesses et même au-delà, en affirmation de leur place dans la société. Pour la même raison – et quelques autres d'ordre pratique, sûrement –, les femmes du peuple, paysannes, filles et épouses de serfs portaient le cheveu court et sans chichi. La moisson et autres travaux de ferme n'incitent pas à porter des tresses d'un mètre de long…

LOISIRS TENDANCE

Se gaver de séries

Regarder des séries à la télévision ou sur le Net fait partie des loisirs les plus courants. Le *binge-watching* consiste à regarder le maximum d'épisodes en un minimum de temps, quitte à y consacrer une ou plusieurs journées d'affilée. Afin de remédier au côté chronophage de cette pratique, certains ont trouvé la parade : il suffit de visionner sa série préférée… en accéléré ! En augmentant 1,3 fois la vitesse de lecture, les dialogues restent intelligibles sans que les voix des personnages soient ridiculisées. On gagne une dizaine de minutes par épisode, ce qui est loin d'être négligeable !

« *Les pauvres ont la glace en hiver ; les riches, en été.* »

Ça s'est passé Le 17 janvier 1920

Paul Deschanel devient président de la République. Il chute d'un train en marche le 23 mai et démissionne de son poste le 20 septembre en raison de troubles mentaux.

Étymolo-quiz…

Quel est le sens de la locution latine *esucare* qui a donné notre mot « essuyer » : « enlever la suie » ou « extraire le suc » ?

Réponse : extraire le suc.

Invisibles : les petites mains du pouvoir

Si vous êtes invité à un événement officiel ou à une réception à l'Élysée, vous avez doublement de la chance : non seulement vous allez côtoyer le gratin, mais en plus vous recevez une invitation unique réalisée au moins en partie à la main par les calligraphes du service Dessin-Impression, qui est en charge du travail de calligraphie, de création et de diffusion de documents officiels de la présidence. Un vrai travail d'artiste au service de la mondanité !

LES GRANDS DE LA PETITE REINE

L'affection, l'amour même, du public français (et belge) pour les coureurs cyclistes est incontestable. Et comme dans toutes les histoires d'amour, les cyclistes ont depuis le début du siècle leur petit surnom, souvent du à l'une de leurs caractéristiques physiques ou mentales. Parmi les plus célèbres, on trouve bien sûr Poupou, pour Raymond Poulidor — chouchou du public mais que la première marche du podium boudait —, le cannibale, pour Eddy Merckx — surnommé ainsi pour sa faim de victoire —, le blaireau, pour Bernard Hinault, le shérif, pour Francesco Moser, l'intello, pour Laurent Fignon, le Ricain, pour Greg LeMond, l'aigle de Tolède, pour Federico Bahamontes, le gitan, pour Roger De Vlaeminck et, bien sûr, le campionnissimo, champion des champions, pour la légende italienne Fausto Coppi.

EMBALLAGES PLASTIQUES

LES GRANDS ILLUSIONNISTES

Le premier de tous ?

Il y a plus de 4 000 ans, un certain Dedi de Dedsnefu aurait réussi à « recoller » la tête d'un canard, d'une oie et d'un bœuf fraîchement décapités ! L'illusionniste vivait sous le règne du fameux Khéops, commanditaire de la plus grande des pyramides de Gizeh (qui, soit dit en passant, recèle encore bien des mystères que d'aucuns considèrent comme relevant de la magie pure…). Épaté, le pharaon lui aurait demandé de reproduire ce tour avec un être humain. Mais Dedi de Dedsnefu était loin d'être fou et refusa de tenter ce qui lui semblait impossible (on peut en déduire que, probablement, le tour précédent nécessitait deux canards, deux oies et deux bœufs !). L'histoire ne dit pas si le roi fut vexé de ce refus, mais ce tour de passe-passe est resté dans les annales.

Samedi 18 janvier

Sainte Prisca – On fête aussi les Priscilla, Gwendal, Messaline

Le soleil se lève à **8 h 36** *et se couche à* **17 h 25**

« *Bonne est la neige qui tombe en saison.* »

Chiffres et expressions

Un « tiens » vaut mieux que deux « tu l'auras »

Issue de la fable de La Fontaine « Le petit poisson et le pêcheur », cette expression signifie qu'il ne faut pas quitter le certain pour l'incertain. Si tu « tiens » un petit poisson, il vaut mieux le conserver et s'en contenter plutôt que de le rejeter à l'eau et espérer le rattraper quand il aura grossi, dans un futur hypothétique.

Pan Pan !

PERLES DE POLICIERS

« Bonjour, ce serait pour une commande de nuggets…
– Vous vous êtes trompé de numéro, Monsieur. Ici, c'est le 17.
– Ah bon ? Y a pas de poulets ici peut-être ? »

Ha! Ha! Ha!

Un lundi matin, Jonathan et Kévin, deux adolescents, se retrouvent devant les portes de leur lycée. Jonathan est hyper excité :
« Samedi, j'ai été invité à une fête et c'était vraiment génial. La maison des parents du gars qui m'a invité est délirante ! Ils ont même des toilettes en or massif !
– T'exagères pas un peu, là ? lui rétorque Kévin.
– Non, je te jure ! Leurs WC sont en or ! Si tu veux, après les cours, on passe là-bas et tu pourras vérifier par toi-même ! »
En fin d'après-midi, les deux ados se retrouvent comme prévu et se rendent au fameux domicile. Arrivé devant, Jonathan sonne à la porte. Une dame d'une cinquantaine d'années ouvre et Jonathan dit :
« Bonjour Madame, je suis désolé de vous déranger, mais il y avait une fête chez vous samedi et mon ami ne croit pas que vous ayez des WC en or. »
La dame le dévisage un instant, puis crie à l'intérieur de la maison :
« Gilbert, je crois que j'ai trouvé le cochon qui a fait dans ton trombone ! »

Solution mots fléchés [p. 30]

[p. 30]

	I		O		L		A		E		G	
E	C	U	R	E	U	I	L		P	A	R	T
	O	R	A	U	X		P	A	U	S	E	R
A	N	A	L	E		H	A	R	I	S	S	A
	O	T	E		P	E	G	A	S	E		H
O	S	E		T	I	T	U	B	E		S	I
	T		D	E	N	R	E	E		G	I	S
C	A	R	E	N	C	E	R		S	E	R	S
	S	E	P	I	A	S		A	P	N	E	E
R	E	G	L	A	I		O	D	E	O	N	
		N	O	S		A	L	A	R	M	E	R
O	S	A	I		F	L	E	G	M	E		A
	T		E	M	A	C	I	E	E		R	I
L	U	T		E	L	A	N	S		D	O	S
	P	A	S	S	A	D	E		D	I	T	O
F	E	S	T	O	I	E		C	O	R	A	N
	U	S	O	N	S		C	O	P	A	I	N
D	R	A	P		E	X	P	R	E	S	S	E

130 – Cent-trente – CXXX

C'est, d'après son dernier décompte, le nombre de films que Jean-Louis Trintignant a tournés au cours de sa carrière d'acteur entamée, après quelques figurations, avec *Si tous les gars du monde* de Christian-Jaque en 1956. La même année, le jeune homme timide, passionné d'Apollinaire et de Prévert, obtient la consécration internationale, en même temps que sa partenaire à l'écran – et bientôt davantage – Brigitte Bardot, avec le « scandaleux » *Et Dieu… créa la femme* de Roger Vadim, réalisateur et mari (bientôt ex) de BB. Quand on l'interroge sur ses 130 films, cette icône du cinéma français explique qu'il en a probablement tournés… 100 de trop ! Pas sûr que ses millions de fans partagent son avis. À noter : 130, c'est également le nombre de films tournés par l'inoubliable Jeanne Moreau au cours des sept décennies de sa fabuleuse carrière.

« *Sécheresse de janvier, richesse de février.* »

ILS ONT DIT

« Cette année, j'ai pris la résolution d'arrêter de vieillir. J'ai même pas tenu une seconde, tu parles d'une volonté ! »

Jean-Marie Gourio

TROP BIO POUR ÊTRE VRAI !

Le Chiffre

1 417 mètres

C'est désormais un nouveau record de longueur : celui de la file de hot-dog la plus longue au monde enregistrée par le *Guinness World Records*. L'exploit, réalisé par des volontaires, s'est déroulé à Zapopán, près de Guadalajara, au Mexique. Plus de 10 000 *perros calientes* ont été confectionnés pendant 4 heures pour battre ce record qui pulvérise le précédent, détenu par des Japonais, et qui s'établissait à seulement 325,66 m. Comme pour toutes les compétitions internationales, les règles sont strictes : chaque hot-dog doit contenir une saucisse, être assaisonné d'au moins deux sauces et sa taille ne doit pas dépasser 18 cm. C'est précis ! Et bien sûr, comme pour toute discipline, il faut de l'entraînement : l'équipe mexicaine s'est préparée pendant un an ! En présence de 2 000 spectateurs, la dégustation finale a duré 10 minutes.

CITOYENS EXTRAORDINAIRES

Si vous voyiez un enfant en détresse au quatrième étage d'un immeuble, que feriez-vous ? Difficile à dire, n'est-ce pas ? Pour Mamoudou Gassama, un Malien né en 1996, il n'a pas fallu un long temps de réflexion. N'écoutant que son courage, le jeune homme a escaladé la façade d'un immeuble parisien pour sauver un enfant de 4 ans agrippé à un balcon au-dessus du vide. Son acte héroïque, immortalisé en vidéo par des passants, lui valut de recevoir les honneurs, la nationalité française qui lui était jusque-là refusée, et d'être reçu par le président de la République. Depuis ce jour, il est régulièrement cité dans des chansons populaires et a été reçu sur de nombreux plateaux de télévision. Un véritable héros moderne !

PROBLÈMES DE MATHS DU CERTIFICAT D'ÉTUDES

Un bassin circulaire mesure 8,40 m de diamètre. Tout autour, et à 0,63 cm du bord, on fait cimenter une allée circulaire de 1,40 m de large. Le travail revient à 5 F le m². Sur la bordure intérieure de l'allée, on fait poser une grille dont le prix de revient est de 2,50 F le m².

Question 1 : Quelle est la surface du bassin ?
Question 2 : Quelle est la surface comprise entre l'allée et le bassin ?
Question 3 : À combien revient la totalité des travaux ?

Réponse 1 : Surface du bassin : 55,4 m².
Réponse 2 : Surface non cimentée : 17,8794 m². Surface de l'allée : 48,664 m².
Réponse 3 : Dépense totale 319,22 F.

Lundi 20 janvier

Saint Sébastien – On fête aussi les Bastien, Fabien, Fabienne

Le soleil se lève à **8 h 35** et se couche à **17 h 28**

« *Les vieillards et les oiseaux affrontent chaque année le même problème : passer l'hiver.* »

Sacha Guitry

Les animaux de compagnie des présidents

Le domaine de la Boisserie était le fief du général de Gaulle, auquel peu de visiteurs avaient accès. Et même pour ceux-ci, pas question de se balader librement ! Le seul, selon le général, à avoir un accès illimité et libre à toutes les pièces était Grigri, son chartreux, qui faisait ainsi bien des jaloux. La raison de ce privilège ? Grigri était avant tout un fameux chasseur de souris, et le laisser vagabonder était le meilleur moyen de s'assurer que ces petites bêtes laissent le domaine tranquille.

Solution chiffres croisés [p. 32]

7	4	8	1		1	5	1	0
9	0	8		6	7	2	3	
6	5		3	2	9	4		7
2	1	0		3	8		1	8
	6		5	2		1	3	0
6		9	4		2	6	0	0
5	8	2		5	3	9	0	
1	0	3	6		4	0	0	5
2	1	9	7	0	0	0		5

[L'actu] Réserve céleste

Depuis l'été dernier, la France compte une réserve naturelle supplémentaire, la plus grande d'Europe dans son genre. Et si on n'y dénombre, à ce jour, aucune espèce vivante, elle « abrite » des milliers voire des milliards de corps célestes. Désormais, le parc national des Cévennes est en effet labellisé « Réserve internationale de ciel étoilé » (RICE). C'est la deuxième réserve de ce type en France, cinq ans après celle qui entoure l'observatoire du pic du Midi. La nouvelle zone de protection du ciel nocturne s'étend sur 3 560 km^2, dont 938 km^2 en cœur, presque neuf fois la superficie de Paris. Une RICE comprend toujours une région centrale, le cœur, où la noirceur du ciel doit être préservée au maximum. Dans la zone périphérique, administrations, entreprises et particuliers s'engagent à le protéger sur le long terme en limitant l'éclairage artificiel. Les critères d'obtention du label RICE attribué par l'International Dark-Sky Association (IDA) sont extrêmement contraignants. Depuis son lancement en 2001, seuls treize territoires ont d'ailleurs été classés sur l'ensemble du globe. La pollution lumineuse liée à l'activité humaine doit y être quasi inexistante. Avec une population permanente inférieure à 1000 habitants, le « cœur » cévenol, déjà consacré réserve de biosphère par l'Unesco depuis 1985, offre un environnement nocturne exceptionnellement préservé. De l'avantage d'être un « désert » français…

Brèves régions

Essonne/Le pont des Templiers à Longjumeau

En visitant Longjumeau, dans l'Essonne, on peut voir le pont dit « des Templiers » construit au XIIIe siècle. Bâti dans le style roman, il enjambe de trois arches le Rouillon, affluent de l'Yvette, et mesure une quarantaine de mètres de longueur. Les historiens s'accordent à dire qu'il est le plus vieux pont de l'Île-de-France. Une croix templière aurait existé à son extrémité, attestant de la présence de l'ordre chevaleresque. Ce pont est situé à la sortie de Balizy, hameau de Longjumeau, en bordure du lotissement Le Clos de la Commanderie.

> « *Pourquoi faire simple quand on peut faire compliqué ?* »
>
> *Jacques Rouxel, proverbe Shadok*

Secrets des chansons mythiques

On peut écrire des chansons à succès sans pour autant être un grand écrivain. Gilles Thibaut, qui a écrit la chanson *Les Chiens de paille* pour notre Johnny national, en est la preuve. Dans la chanson sortie en 1975, Johnny évoque un événement qui se serait passé « fin août, début juillet ». Un petit problème de chronologie qui n'empêcha pas le succès et de la chanson, et du chanteur. À votre avis, erreur ou malice ?

Étymolo-quiz...

Quel est le sens original de la locution latine *hiatus*, qu'on utilise telle quelle en français : « ouverture » ou « cassé » ?

Réponse : ouverture.

VERMOT'ROSCOPE

VERSEAU *(21 janvier – 19 février)*

Caractère

Novateur, inspiré, inventif, avant-gardiste, communicatif, indépendant, humaniste, original, anticonformiste, clairvoyant, lucide, idéaliste, sentimental, aérien, adaptable, aventureux, autoritaire, pessimiste, désinvolte, nerveux, angoissé.

Le message des astres

Jupiter, Saturne et Pluton vous permettront de mieux cerner vos aspirations, surtout sur la fin de l'hiver. Fin juin, Mars viendra vous soutenir jusqu'à la fin décembre. Profitez de ces influx planétaires pour relancer votre situation ou multiplier les projets et les loisirs.

Vie relationnelle

Si la première partie de 2020 vous trouve plus calme et plus casanier, l'arrivée du printemps vous verra gagner en sociabilité. Vous aurez envie de sortir et accepterez les invitations que l'on vous proposera. Ce sera une excellente période pour aller vers les autres et pour élargir vos horizons amicaux.

Amour

En couple, cette année, certains auront besoin de se retrouver et de passer plus de temps ensemble. 2020 sera parfaite pour avoir des loisirs communs et pour faire des projets qui vous permettront de pimenter votre quotidien. Saisissez toutes les occasions qui vous permettront de surprendre votre moitié. Célibataire, vous vivrez bien votre situation et n'éprouverez pas le besoin de faire une rencontre.

Famille

C'est une année qui sera pleine de rebondissements. Vous devrez vous attendre à des hauts et des bas dans vos relations avec vos proches. Pour certains, 2020 offrira l'occasion de remettre à plat vos échanges et de trouver des solutions à certaines problématiques devenues pesantes.

Quotidien et vitalité

Tout au long de l'année, vous gérerez parfaitement bien votre temps et votre énergie. Vous saurez faire face aux grandes échéances de 2020 sans difficulté. Vous vivrez à votre rythme et vous saisirez toutes les occasions de préserver votre équilibre de vie. Pour certains, ce sera l'année parfaite pour pratiquer une activité sportive qui participera à votre épanouissement. Pour d'autres, pensez méditation et menez une vie saine.

Budget

Votre situation sera stable et équilibrée. Rassuré et confiant, vous resterez zen en toutes circonstances. Devant la bonne tendance de vos comptes, vous terminerez 2020 très optimiste.

Comment optimiser votre année

C'est en prenant du recul que vous parviendrez à bien vivre les grands moments de l'année. En 2020, le regard que vous porterez sur les événements et les personnes fera beaucoup.

Mercredi 22 janvier

Saint Vincent – On fête aussi les Anastase

Le soleil se lève à **8 h 33** et se couche à **17 h 31**

« *Quand la lune chevauche en janvier, autant de gelée en mai.* »

Perles de sportifs

Qui l'a dit ? Bernard Laporte, spécialité régionale à lui tout seul. La perle : « Bon, les gars, on oublie pas la règle des trois P : Pousser, Plaquer, Courir. » OK coach, super moyen mnémotechnique, merci !

Argot-quiz…

De quelle langue vient le mot d'argot « clebs » ?

Réponse : de l'arabe.

Nos régions ont du talent

Se faire « la bise » est une tradition française qui peut mettre mal à l'aise nos amis étrangers. D'autant que, là où ça se corse, c'est qu'en fonction de la région où l'on se trouve, on ne fait pas le même nombre de bises ! Ainsi, bien qu'une grande partie du territoire en fasse deux, le Finistère n'en fait qu'une, le Massif central, la Drôme, l'Hérault, le Gard, l'Ardèche et le Vaucluse en veulent trois et on en compte quatre en Vendée, dans l'Aube, l'Yonne et la Haute-Marne. En cas de doute, serrez la main !

Houah ah ah oh oh

Nouveaux comiques

Ary Abittan

« Depuis que je suis enfant, mon seul objectif, c'est de distraire, de faire rire et de partager avec le public ! » Natif de Sarcelles, Ary Abittan n'a pas atterri par hasard dans l'humour. Fan du *Benny Hill Show*, il a écrit ses premiers sketchs à 20 ans. Dix ans de petites salles parisiennes plus tard, sa carrière décolle. En 2007, il fait la première partie de Gad Elmaleh et obtient son premier rôle au cinéma. Depuis, il enchaîne les films et s'est notamment démarqué dans *Qu'est-ce qu'on a fait au Bon Dieu ?*, la comédie à succès qui l'a véritablement installé comme acteur comique. Ary Abittan n'en oublie pas la scène pour autant et continue d'entretenir avec son public un lien qui ressemble à une séance d'auto-psychanalyse délirante bourrée d'autodérision : « Les femmes ne vont pas voir ailleurs, c'est ailleurs qui vient les voir ! »

Monstres célèbres

Les harpies

Une tête de femme, un corps de rapace, une odeur de fennec et, surtout, un caractère de cochon : c'est ainsi que l'on peut décrire en quelques mots les harpies, trois redoutables sœurs (quatre selon certains auteurs), filles d'Électre et de Thaumas, issues de la mythologie gréco-romaine. Leur activité principale ? Exprimer la colère des dieux en dévastant tout sur leur passage. Invulnérables, elles utilisent leurs puissantes serres et leurs ailes pour capturer des humains. Insatiables, elles volent de la nourriture ou la souillent de leurs excréments. Dégoûtant !

« *Quand la pluie vient de bise, elle perce la chemise.* »

BLASON

Le maréchal Jean de Brosse (1375-1433), qui fut compagnon de Jeanne d'Arc, appartient à une illustre famille bourbonnaise dont le blason se décrit ainsi :« d'azur, à trois brosses d'or liées de gueules ». Les « brosses » ne sont en l'occurrence utilisées ni pour les vêtements, ni pour les chaussures, ni pour les cheveux. En ancien français, elles désignaient des gerbes de blés. (Voir code couleur en dernière page.)

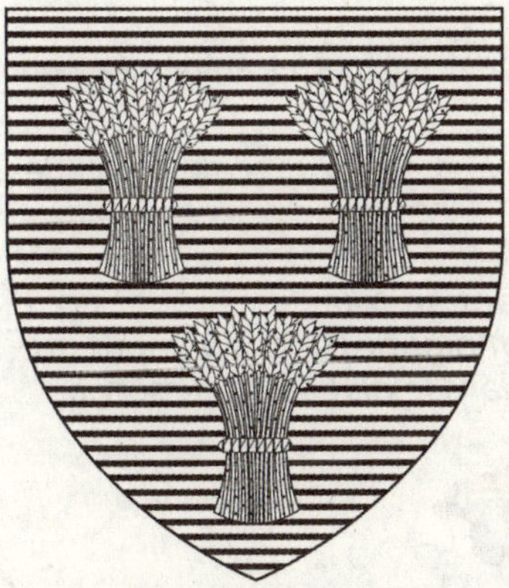

h ph
Pièges de l'ortogra~~f~~e

Milliers, millions et milliards

Contrairement à ce que l'on pourrait croire, millier, million et milliard ne sont pas des adjectifs, mais des noms. Cette particularité conduit à deux règles orthographiques : d'une part, ils s'accordent toujours au pluriel ; d'autre part, ils n'interdisent pas l'accord d'un adjectif numéral qui les précède comme dans « quatre-vingts millions ».

Histoire cochonne

Selon une légende chinoise, vers le Ve siècle, une nuit de Nouvel An, l'Empereur de jade, divinité taoïste, invita tous les animaux de la Terre. Douze d'entre eux se déplacèrent : le rat, le buffle, le tigre, la chèvre, le dragon… et, arrivé le dernier, le cochon. Pour les remercier, le dieu instaura une année en l'honneur de chaque animal et décréta que chaque personne hériterait des caractéristiques de son année de naissance. Ainsi, si vous êtes né en 1911, 1923, 1935, 1947, 1959, 1971, 1983, 1995, 2007 ou 2019, vous êtes donc Cochon. Rien de grave ! Dans l'horoscope chinois, ce sont des personnes honnêtes, patientes, sociables, généreuses et même… délicates !

二千二十 2020 année du RAT

2020, l'année du rat

Coincé entre le cochon et le bœuf, le rat est susceptible de passer inaperçu, d'autant qu'il pourrait tout aussi bien s'agir d'une souris, les deux étant désignés par le même idéogramme (鼠, *shŭ*) ! Mais le plus petit animal du calendrier chinois n'est pas le moindre. C'est en effet le premier à apparaître dans le zodiaque chinois, place qu'il obtint… par la ruse ! Associé à l'eau et au yang, c'est donc un animal symboliquement positif puisqu'on lui attribue à la fois l'intelligence, la séduction, la chance et la prospérité. En revanche, comme en Occident, le rat est… rat ! Sa radinerie est de notoriété publique. En 2020, le rat est de métal, signe de confiance accrue. C'est donc une bonne année qui s'annonce pour lui ! Une année qui commence le 25 janvier et se termine le 11 février 2021. À vos calendriers ! (Voir aussi p. 43.)

« *Neige de janvier vaut du fumier.* »

Brèves régions

Mayenne/Pas de foie gras au volant

Un Russe a été interpellé en janvier 2018 par les policiers de Laval, préfecture de la Mayenne, au volant de son véhicule alors qu'il conduisait « en position dangereuse ». Il était en effet en train de visionner un film sur son ordinateur portable posé sur le tableau de bord, tout en dégustant un plateau de toasts au foie gras ! Inconscience ou pari stupide ? Qu'elle qu'en soit la raison, il fut contraint de verser une amende de 750 € pour pouvoir repartir avec son véhicule.

Charade

Répétitive

Mon premier est égal à 25 %.
Mon second est égal à 15 minutes.
Mon troisième est un format de bouteilles de vin et de champagne.
Mon quatrième est un quatrième.
Mon tout est une spécialité bretonne.

QUATRE-QUARTS

Recette de cuisine

Veau tomates, olives et anchois

Pour 4 pers. — 15 min de préparation — 1 h de cuisson

- 8 tendrons de veau
- 2 gousses d'ail
- 20 cl de vin blanc
- 1 grosse boîte de tomates pelées
- 100 g d'olives vertes
- 20 cl de fond de veau
- 1 petit tube de crème d'anchois (ou anchois en boîte, selon votre goût)
- 1 bouquet d'herbes de votre choix (persil, thym, romarin ou bouquet garni)
- 1 bouquet de persil (pour servir)
- Huile d'olive
- Sel, poivre

Préchauffez le four à 200 °C (th. 6-7). Pelez et hachez l'ail. Dans une poêle chaude avec de l'huile d'olive, faites dorer la viande à feu vif. Ajoutez l'ail, puis déglacez au vin blanc. Quand le mélange bout, ajoutez les tomates, les olives, le fond de veau, les anchois et les herbes. Salez et poivrez.

Versez la poêlée dans un plat allant au four et enfournez pour 45 minutes.

Saupoudrez ce plat de persil ciselé et servez avec du riz ou des pâtes.

Conseil : utilisez une poêle allant au four.
Variante : faites revenir des champignons et des oignons grelots, puis ajoutez cette poêlée dans le plat avant de servir.

Aventuriers de l'impossible

Carlos Coste : à pleins poumons !

Pour lister le palmarès de records et d'exploits de Carlos Coste, mieux vaut prendre une grande inspiration. C'est d'autant plus approprié quand on sait que Carlos Coste est l'un des apnéistes contemporains les plus célèbres ! Premier homme de l'histoire de la discipline à franchir les 100 m de profondeur en immersion libre, puis en poids constant, il a également, au cours de sa carrière, battu, tenu, puis récupéré nombre de records en poids constant, variable et en immersion libre. Victime d'un AVC en 2006 lors d'une plongée d'entraînement, Carlos Coste trouvera tout de même la force de revenir sur le devant de la scène de la discipline à peine 3 ans plus tard. Voilà une histoire qui ne manque pas de profondeur !

« *Le jour de Saint-Paul, l'hiver se rompt le col.* »

Rétro Vermot

Une petite fille à sa grand-mère :
« Dis, Mémé, t'as quel âge ?
– Oh... Je suis si vieille que je ne m'en souviens plus.
– Tu n'as qu'à regarder dans ta culotte, voyons ! Dans la mienne, c'est écrit "4 ans" sur l'étiquette. »

Loisirs tendance

Kokedama, késaco ?

Par ses sonorités, le mot *kokedama* vous évoque le Japon ? En effet, c'est bien du pays du Soleil-Levant que cette activité créative, qui date du début des années 1990, est originaire. À ne pas confondre avec l'ikebana, qui est de manière générale l'art de la composition florale, le kokedama est aussi un art végétal. Le mot désigne littéralement la « sphère de mousse », que l'on utilise comme support pour faire pousser une plante, comme si elle était sur un petit monde. Élégant et facile d'entretien, un kokedama peut être suspendu, tel un astre. Dans un pays où les surfaces au sol des maisons sont faibles, c'est un précieux moyen d'optimiser l'espace !

Ils ont dit

« Quelle est la plus grande qualité d'un enfant ? Son absence. »

Jean-Louis Fournier

Autant de raisons de se réjouir

Reprendre ses études à tout âge

Changer complètement de métier après avoir eu ses enfants, passer son bac à 60 ans, suivre une formation pour le simple plaisir d'apprendre... Il n'y a plus d'âge pour reprendre ses études, et de moins en moins de carrières tracées d'avance. Les universités du troisième âge connaissent un grand succès. Mais plus encore les Moocs (Massive Open Online Courses), ces formations en ligne ouvertes à tous, que l'on peut suivre chez soi et à son rythme. Cela permet enfin à chacun, quelles que soient ses contraintes de vie, de suivre des cours de qualité dans un domaine qui l'intéresse, et potentiellement d'obtenir une qualification en la matière. On aurait tort de ne pas en profiter !

Inventions insolites

C'est un vrai problème : vous êtes fumeur, et lorsque vous souhaitez vous en griller une petite sur la terrasse du bureau, vous vous rendez compte qu'il pleut des hallebardes ! Comment faire, donc, pour profiter de votre pause et de votre cigarette, toutes deux bien méritées ? Qu'à cela ne tienne, il vous suffit de vous munir de cette invention totalement essentielle commercialisée en 1954 : le parapluie à cigarette sur lequel se fixe votre précieux bâtonnet de nicotine et qui vous permettra de fumer au sec. Pour ceux qui se poseraient la question : non, le fumeur n'est pas abrité, le minuscule parapluie est prévu uniquement pour la cigarette. Invention totalement essentielle !

Horoscope chinois

RAT

Caractère : Débrouillard, intelligent, malin, rusé, vif, rapide, réactif, observateur, curieux.

Les grandes tendances de l'année

Attendez-vous à une année particulièrement intense, et ce, quels que soient les domaines. Vous devrez déployer des trésors d'énergie pour venir à bout de toutes vos obligations. De septembre à fin novembre, engagez-vous, multipliez les entreprises et les loisirs, faites des choix, prenez des décisions concrètes. D'octobre à novembre, en couple, misez sur le dialogue.

Dimanche 26 janvier

Sainte Paule – On fête aussi les Paola, Pauline, Paulette

Le soleil se lève à **8 h 29** *et se couche à* **17 h 37**

« *Huit jours de neige, c'est une mère. Plus, une belle-mère.* »

130 – Cent-trente – CXXX

130, c'est la somme totale dépensée chaque année par les Européens en produits alcoolisés, selon les dernières statistiques de l'UE, et ce, en milliards de dollars ! Et ce chiffre ne tient pas compte de la consommation dans les restaurants, hôtels et discothèques ! Plus précisément, cela représente une dépense moyenne par an et par Européen de 250 €, soit l'équivalent du budget alloué aux médicaments, et plus encore que les sommes consacrées à la protection sociale ou à l'éducation. Les habitants des pays baltes sont les plus gros buveurs, l'alcool représente même 5,6 % des dépenses annuelles du foyer en Estonie. En n'y consacrant que 1,7 % de leur budget chaque année, les Français apparaissent comme beaucoup plus sobres, à peine au-dessus de la moyenne européenne (1,6 %).

Verbes régionaux

RAGOUILLER

Le verbe « ragouiller » a plusieurs significations. Dans l'est de la France, il signifie « avoir la nausée », au sens propre comme au figuré, c'est-à-dire également « en avoir marre ». Plus au nord, il est synonyme de « patauger », « agiter de l'eau en faisant du bruit ». On le trouve également en Louisiane, où « ragouiller » consiste à faire un ragoût avec les restes.

NOVLANGUES & JARGONS

Voilà la situation : vous recevez votre neveu qui vient de trouver un poste au service marketing d'une grande entreprise. Quand vous lui demandez ce qu'il fait exactement, il vous explique qu'il « implémente » la nouvelle stratégie de la boîte. Mais qu'est-ce que cela peut bien vouloir dire ? Tout simplement qu'il est chargé de la mise en place de ladite stratégie. Pour ne pas lui montrer que vous n'avez pas compris, demandez-lui plutôt d'aller implémenter le couvert, ça lui fera les pieds !

~~VRAI~~ ou FAUX ? Les *fake news* de l'histoire

L'âne peintre

Et le soleil s'endormit sur l'Adriatique : tel est le nom d'une toile exposée au Salon des indépendants de 1910, à Paris, qui fit beaucoup parler d'elle. Ce tableau fut présenté comme l'œuvre d'un certain Joachim-Raphaël Boronali, qui prétendait, par voie de presse, appartenir à un nouveau mouvement pictural : l'excessivisme. Il s'agissait en fait d'un canular monté par l'écrivain et journaliste Roland Dorgelès : la toile avait été peinte… par un âne. Et sous contrôle d'huissier ! Le journaliste souhaitait ainsi se moquer de l'orgueil démesuré de certains artistes peintres. Ce fut une réussite !

Lundi 27 janvier

Sainte Angèle – On fête aussi les Angie

« *Sainte-Angèle brise la glace, si elle ne la brise, elle l'embrasse.* »

CLASHS D'ARTISTES

Ce 27 janvier 1687, l'Académie française se réunit pour célébrer la guérison du Roi-Soleil. Un poème signé Charles Perrault, *Le Siècle de Louis le Grand*, provoque un véritable tollé. Le conteur rend hommage aux progrès artistiques, scientifiques et techniques de son siècle et se montre irrévérencieux avec les auteurs antiques. Un sacrilège pour Boileau, Racine, La Fontaine et La Bruyère qui considèrent les Anciens comme référents artistiques indépassables. La « querelle des Anciens et des Modernes » est ouverte. Elle va se prolonger durant des années, se propager en Europe, à travers des débats, pamphlets, des brouilles… Le 30 août 1694, Perrault et Boileau s'embrassent en guise de réconciliation, mais leur querelle est entrée dans l'histoire…

ILS ONT DIT

« La fidélité n'est pas plus naturelle à l'homme que la cage ne l'est au tigre. »

George Bernard Shaw

[L'actu]

Couches anti-fontes

Et si on consolidait la calotte glaciaire pour l'empêcher de fondre à cause du réchauffement climatique ? Et si on construisait au fond des océans de gigantesques murs à la base des glaciers pour éviter qu'ils glissent et s'effondrent sur eux-mêmes inexorablement ? Selon une étude publiée dans *Cryosphere*, la revue de l'Union européenne des géosciences, la solution est envisageable. Cela pourrait retarder la fonte de la glace au Groenland et en Antarctique pendant des siècles. Les chercheurs ont développé leur idée en utilisant le glacier Thwaites, dans l'Antarctique occidental, l'une des calottes glaciaires les plus menacées. La fonte de ce glacier pourrait être la plus grande – et unique – source d'augmentation du niveau de la mer, entraînant une hausse de 3 m. Avec ces constructions sous-marines de 300 m de long en forme de buttes, les scientifiques affirment qu'on pourrait empêcher cet effondrement avec une probabilité de 30 %. La certitude que les habitants des Maldives voient leurs îles englouties au cours des prochaines décennies est, elle, toujours de 100 %.

Vous êtes sûr, Docteur ?

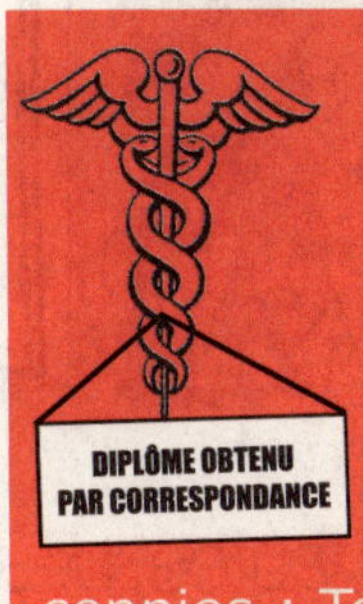

Avec l'omniprésence de l'énergie atomique, on sait aujourd'hui tous les dangers que comporte l'exposition à la radioactivité. Pour s'en convaincre, il n'y a qu'à jeter un œil aux nombreux scandales de ces dernières décennies : Tchernobyl, Fukushima, et bien d'autres encore. Mais en 1930, lorsqu'un laboratoire du nom de Radithor présente son nouveau produit miracle, *Soleil éternel*, personne ne semble choqué. Sa recette : de l'eau infusée… au radium radioactif ! Le créateur de ce remède hors du commun prétendait qu'il guérissait tout, des troubles digestifs aux maladies endocriniennes en passant par l'impuissance. Ce même créateur mourra quelques années plus tard… irradié. Ça, pour une surprise !

Mardi **28 janvier**

Saint Thomas d'Aquin – On fête aussi les Gentile, Tom

Le soleil se lève à **8 h 26** *et se couche à* **17 h 40**

« *Il vaut mieux être fou avec tous que sage tout seul.* »

Chiffres et expressions

Avoir la boule à zéro

L'expression qui désigne un crâne complètement rasé est en fait un pléonasme ! En effet, la « boule » désigne la tête sans cheveux comme dans une autre expression : « la tête en boule de billard ». Le « zéro » évoque, lui, le tracé du chiffre auquel ressemble la tête sans cheveux. C'est donc la forme du crâne rasé qui a donné naissance à cette formule.

Invisibles : les petites mains du pouvoir

Si l'on doit être une chose et une seule lorsqu'on est président, c'est bien ponctuel ! Imaginez alors l'importance qu'ont les 320 horloges et pendules qui ornent le palais de l'Élysée ! C'est une maîtresse horlogère qui, à elle seule, entretient et remonte ces mécanismes qui appartiennent à l'histoire et au patrimoine de France. Certains sont vieux de plus de 300 ans, mais fonctionnent encore comme des coucous suisses. Le signe d'une invasion helvète à l'Élysée ?

[L'actu] Un métier de chien

À Dallas, au Texas, le *MUTTS Canine Cantina* est un restaurant spécialement aménagé, comme son nom l'indique, pour les propriétaires de chiens. Pendant que leurs maîtres dégustent un steak ou sirotent une bière à l'intérieur, les toutous peuvent s'égayer, sans laisse, dans un vaste parc spécialement aménagé à cet effet. Afin de fidéliser cette clientèle canine, l'établissement a eu l'idée d'embaucher un cajoleur de chiens. Son travail est de « caresser les jeunes chiens afin qu'ils se sentent bien ». Un job à temps partiel, certes, mais plutôt bien rémunéré (100 dollars/heure), qui doit aider les animaux de compagnie à « devenir des habitués ». En même temps que ceux qui les accompagnent et règlent l'addition. Dans le genre « initiative qui ne manque pas de chien », la startup RescueTime propose depuis peu la location à la journée de… chiots ou de chatons ! La boule de poils coûte 79 dollars par jour. Il est possible de prendre un abonnement pour des prêts réguliers ou de réserver son chiot quelques heures seulement, à l'occasion d'un anniversaire ou d'une petite sortie. Comme d'aller prendre un verre à la *MUTTS Canine Cantina*, par exemple…

Les fautes des grands écrivains

Il est impensable d'imaginer Voltaire faisant des fautes d'orthographe… Et pourtant ! Lorsqu'on se représente un instant le volume de son œuvre et de sa correspondance, la chose semble être assez inévitable. La preuve avec cet extrait d'une lettre parue dans le recueil *Lettres inédites* : « Mon cher philosofe […], je m'imagine que le termomètre de votre apartement est comme le mien, tout près de l'eau bouillante. » Allez, par gentillesse, disons que c'est la chaleur étouffante qui a fait écrire au grand écrivain ces « petites » fautes qui piquent sérieusement les yeux…

Le soleil se lève à **8 h 25** et se couche à **17 h 42**

Mercredi **29 janvier**

Saint Gildas – On fête aussi les Sulpice

« *Janvier d'eau chiche fait le paysan riche.* »

Perles de sportifs

Une équipe électrique

Qui l'a dit ? Bernard Laporte, ancien entraîneur de rugby et ministre des Sports. La perle : « Aujourd'hui les gars, il n'y a pas de joueurs de l'équipe B, pas de joueurs de la première. On est un groupe électrogène ! » On parie que ça va faire des étincelles sur le terrain !

Mêlez-vous de vos affaires

Les plus grands « hacks » ou piratages ne sont pas causés par des technophiles avertis, mais par des utilisateurs négligents. Ainsi, en 2016, lorsque John Podesta, le directeur de campagne d'Hillary Clinton reçoit un email de Google lui demandant de changer son mot de passe, il n'hésite pas et clique sur le lien qui lui est présenté. Pas de chance, cet email était un faux envoyé par des hackers russes, qui purent ensuite avoir un accès illimité aux mails, ô combien sensibles, de cet homme clé de la campagne Clinton. Les plus suspicieux diront même que c'est grâce à cette brèche de sécurité que Trump put remporter l'élection.

Trouvailles scientifiques incongrues

Sérendipité ou zadigacité ?

Ces deux termes sont relatifs à des découvertes ou inventions faites de manière inattendue, voire accidentelle. Ils semblent bien étranges, ne trouvez-vous pas ? Ne cherchez plus dans vos souvenirs scolaires un préfixe latin serendip-. « Sérendipité » est un calque de *serendipity*, mot anglais forgé au XVIIIe siècle en référence à Serendip, le nom persan du Sri Lanka, dont sont originaires les héros d'un conte du XVIe siècle. Dans celui-ci, les princes de Serendip obtiennent de multiples récompenses sans jamais les avoir cherchées, grâce à d'étranges circonstances mettant en scène aussi bien leur intelligence que le hasard. Ce conte, qui connut un grand succès à l'époque, inspira Voltaire pour l'écriture de *Zadig ou la Destinée*. D'où le mot « zadigacité », contraction de « Zadig » et « sagacité », conçu en 2008 par le Français Jean-Louis Swiners.

Rébus bande dessinée

MONDEBALADE

Balade au bout du monde

Mots intraduisibles

Vous aimez vous réchauffer au coin du feu l'hiver, mais vous ne savez pas comment exprimer votre contentement ? Alors, il faudra vous tourner vers le mot norvégien, *peiskos*. Vu le nombre d'heures que les Norvégiens doivent passer près de la cheminée pour échapper au froid, c'est assez peu étonnant qu'ils en aient tiré un vocabulaire spécifique !

Le soleil se lève à **8 h 24** *et se couche à* **17 h 44**

« *Prends garde à la Sainte-Martine, car souvent l'hiver se mutine.* »

Brèves régions

Gard/La brandade nîmoise

Les habitants de Nîmes les plus chauvins disent que la véritable recette de la brandade de morue est née dans leur ville. Mais attention, aucune pomme de terre n'entre dans la composition de la brandade nîmoise, qui consiste simplement en une purée de morue mélangée vigoureusement avec du lait et de l'huile d'olive pour parvenir à une quasi-émulsion. Le nom viendrait d'ailleurs du verbe provençal *brandar*, qui devient *brandada* au participe passé, c'est-à-dire « remuée ».

Secrets des chansons mythiques

Lorsqu'on écoute la chanson *Hotel California* du groupe Eagles sortie en 1976, on a l'impression qu'on nous parle d'un petit bout de paradis, accueillant et douillet, qui recueille tous ceux qui s'y présentent… En réalité, le groupe fait référence à un centre de désintoxication californien dans lequel un certain nombre de rock stars des années 1970 ont séjourné plus ou moins longtemps. Un peu moins glamour et bucolique !

Ha! Ha! Ha!

Un homme sort d'un bar en titubant. Manifestement, sa soirée a été plus qu'arrosée. Arrivé au parking, il lui faut dix bonnes minutes pour retrouver sa voiture et encore dix autres pour retrouver ses clés, non sans être tombé à trois reprises dans l'intervalle. Garés à proximité, des policiers observent toute la scène.

Une fois à l'intérieur de sa voiture, l'homme tente de mettre en marche le moteur, mais il cale à chaque fois. Ses amis sortent à leur tour du bar, s'approchent, cognent à sa vitre et lui souhaitent une bonne nuit. Affalé sur son siège, hilare, il ouvre la fenêtre et leur répond en bafouillant avant d'entonner *La Marseillaise*. Finalement, une demi-heure après, il réussit à démarrer son véhicule et commence à rouler.

Les policiers allument immédiatement leur gyrophare et le bloquent avec leur voiture. Ils s'approchent de notre homme et lui demandent de souffler dans un alcootest. Surprise ! Zéro ! Notre homme n'a pas une goutte d'alcool dans le sang ! Interloqués, les policiers l'interrogent :

« Qu'est-ce qui vous arrive ? Pourquoi avez-vous autant de difficultés à rejoindre votre voiture, à trouver vos clés, puis à démarrer ?»

L'homme leur répond, avec un sourire ironique :

« Eh bien, ce soir, c'était à mon tour de faire semblant… pour laisser le temps aux autres de partir tranquillement !»

Mon Trésor (public) !

Pour lutter contre le chômage, tous les gouvernements successifs ont eu leur recette — pas toujours efficace si l'on en croit les chiffres actuels. L'une de ces initiatives, en 1948, consistait tout simplement à taxer l'oisiveté : toute personne masculine de moins de 60 ans n'ayant pas eu d'activité professionnelle l'année précédente lui permettant de subvenir à ses besoins pouvait se voir taxée de 50 000 francs ! Heureusement, cette taxe absurde ne fut jamais appliquée.

« *Notre pays est la seule nation au monde où il y a autant de problèmes qu'ailleurs.* »

George Bernard Shaw

Mots qui changent de sens

Savez-vous ce que fait quelqu'un qui « fait l'assiette » ? En ancien français, cela signifiait « ne rien faire ». En effet, avant de devenir un rond de porcelaine dans lequel on met la nourriture, le mot « assiette » avait un sens bien plus large. L'expression « faire assiette » signifiait « s'installer », sens que l'on retrouve encore aujourd'hui dans le monde de l'équitation où l'on décrit l'assise en selle, la bonne installation du cavalier, par le mot « assiette ».

Pimpon ! ANECDOTES DE POMPIERS

Un voisin concerné, mais pas expert en médecine : « Je vous téléphone pour avoir des nouvelles de mon voisin. On me dit qu'un médecin est venu hier soir et que vous l'avez transporté ensuite à la morgue. Alors, dites-moi, c'est grave ce qu'il a ? » Non, ça devrait s'arranger...

Expressions du potager

Les carottes sont cuites !

Aujourd'hui, les carottes sont cuites à tout propos, pour tout ce qui est fichu, perdu, naze, cramé… ou cuit ! Mais pourquoi mêler les carottes à la débâcle ? On sait que cette racine ne se ramollit pas si facilement. Alors que son compère le navet s'attendrit en quelques minutes, il faut compter une bonne demi-heure, et parfois davantage, pour que la rétive carotte d'hiver, la grosse carotte de conservation, se laisse pénétrer par les dents de la fourchette. Aussi, quand on fait mitonner un ragoût, quand la carotte est cuite, peut-on être sûr que la viande l'est aussi. Et par un glissement quelque peu morbide, « les carottes sont cuites » a sous-entendu, à l'origine, que le moribond dont on parlait était sur le point d'y passer : sa viande était cuite ! L'expression, apparue au XVIIIe siècle, a sans doute perdu aujourd'hui cette connotation macabre, mais si on vous dit que vos carottes sont cuites, c'est peut-être que l'on insinue que vous n'êtes pas loin d'aller manger les pissenlits par la racine !

QUE DIT UNE BOUTEILLE DE BOISSON PÉTILLANTE QUI VEUT S'AMUSER UN PEU ?

Ha ! Ha ! Ha !

Cette blague nous a été proposée par Monsieur Berthomé, fidèle lecteur.

Au cours d'une soirée ayant pour thème « Les clés pour mieux vivre », un conférencier précise que l'être humain possède dix intelligences dont en voici quelques exemples : l'intelligence visuelle, temporelle, spatiale, etc.
Alors, en plein débat avec le public, un participant en conclut qu'il dispose d'une intelligence spatiale extraordinaire. On lui demande pourquoi : « Parce que ma femme me dit souvent que je suis dans la lune ! »

Samedi 1er février

Sainte Ella – On fête aussi les Viridiana, Sibert

Le soleil se lève à **8 h 21** *et se couche à* **17 h 47**

« *Janvier de glace fait le pont, février qui passe le rompt.* »

L'ÉNIGME DE LA MACHINE À COUDRE

EPISODE 2

Je suis un très vieux monsieur, né le 1er janvier 1886. Si je vous écris « comment vas-tu… yau de poêle ? », ça vous dit quelque chose ? Oui ? Non ? Mon calembour fétiche ! Je ne peux me retenir, si fier que je suis d'en être l'auteur. Vous le trouverez à la page du 11 septembre 1896 de *l'Almanach Vermot*. Almanach Vermot, c'est moi. Almanach est mon prénom, et Vermot mon nom. Cela vous étonne que je m'adresse à vous ? Sachez que, comme les maisons, les livres ont une âme et sont des narrateurs hors pair. Et dans cette histoire-là, j'ai tout vu ! Ou presque… Mais commençons par le début : ce fameux colis réceptionné en novembre 1990 par un matin de brouillard. Alice, titillée par la curiosité, déchire sans crier gare son carton d'emballage au beau milieu du trottoir. Et là, elle découvre une couverture lie-de-vin avec un dessin énigmatique, quelques branches de gui (ou de houx, peut-être ?), un tissu enrubanné autour du bouquet avec une date, 1898, et une inscription : Almanach Vermot (c'est moi, vous voyez, je n'ai pas été bien long à faire mon apparition). Ce nom ne dit strictement rien à Alice Barbosi. Ce n'est pas de sa génération, je comprends et, en même temps, je suis à la limite de me sentir vexé… Elle me feuillette, tombe sur une publicité de « la pelle à huîtres détachant l'huître de sa coquille et recueillant l'eau de mer, en vente dans toutes les bonnes bijouteries », qui la laisse perplexe, des conseils domestiques aussi pour que les souliers vernis ne se craquent pas avec l'arrivée de l'hiver… Alice lève les yeux au ciel, se dit qu'il s'agit probablement d'une erreur, s'agace d'avoir perdu son temps à courir à La Poste, s'apprête à me refermer quand, soudain, sur ma page de garde, elle déchiffre cette inscription manuscrite à l'encre violette qui l'arrête net et lui fait battre le cœur : « Pour toi Alice, prenons enfin le temps de nous reconnaître, Célia Tomrev. » Elle a beau chercher dans les moindres recoins de sa mémoire, elle ne connaît aucune Célia Tomrev.

(À suivre le mois prochain)

« *À la fête de la Chandeleur, les jours croissent de plus d'une heure.* »

Brèves régions

Finistère/Les Gavottes

Qui ne connaît pas les Gavottes, ces crêpes d'une finesse extrême, roulées sur elles-mêmes et séchées ? Elles virent le jour à Quimper en 1886 après une… étourderie ! En effet, une cuisinière nommée Marie-Catherine Cornic préparait des crêpes dentelles tout en s'affairant à la réalisation d'autres plats. Elle laissa trop cuire une crêpe qui se dessécha mais, plutôt que de la jeter, elle la croqua et en apprécia beaucoup le croustillant. Les Gavottes étaient nées !

Recette de cuisine

Crêpes à la fleur d'oranger

Pour 4 à 6 pers. 20 min de préparation 2 h de repos
2 à 3 min de cuisson par crêpe

- 250 g de farine
- 1 pincée de sel
- 3 œufs entiers
- 50 cl de lait
- 60 g de beurre fondu
- 1 cuil. à soupe d'arôme de fleur d'oranger
- 1 cuil. à soupe de rhum (facultatif)
- 1 sachet de sucre vanillé
- Huile neutre pour la cuisson

Versez la farine et le sel dans un saladier. Creusez un puits et cassez les œufs entiers au centre. Mélangez au fouet en versant le lait petit à petit. Ajoutez ensuite le beurre fondu, l'arôme (et éventuellement le rhum) et le sucre vanillé. Mélangez jusqu'à ce que la préparation soit homogène : la pâte obtenue doit avoir une consistance liquide légèrement épaisse. Laissez reposer 2 heures. Au terme de ce repos, faites chauffer une poêle antiadhésive avec un peu d'huile neutre sur feu moyen. Versez une première louche de pâte et laissez cuire 2 minutes : dès que la pâte commence à prendre, retournez la crêpe et laissez-la dorer 1 minute sur l'autre face.

Conseil : bien que la quantité de rhum soit faible et que l'alcool s'évapore à la cuisson, vous pouvez aussi ne pas en mettre. Vos crêpes seront tout aussi délicieuses !

Devinette

Qu'est-ce que c'est ?

On peut l'avoir chaud,
Mais on peut le glacer,
D'encre pour l'anxiété,
Bleu pour le hobereau.

Le sang - Avoir le sang chaud (ardent, irascible), glacer le sang de quelqu'un (causer de l'effroi, de la peur), se faire un sang d'encre (se faire du souci), avoir du sang bleu (noble, aristocrate).

Le Chiffre

2,5 mètres

Si, au Mexique, on aime aligner les hot-dogs, en France, on empile les biscuits. La Chanteracoise, dernière « biscotterie » artisanale, installée à Saint-Léon-sur-l'Isle en Dordogne, a érigé il y a quelques mois la plus grande tour du monde confectionnée avec des langues de chat. Plusieurs essais et techniques ont été nécessaires pour construire un édifice tout en biscuit mesurant près de 2,5 m. Un exploit qui, malheureusement, n'a pas été enregistré par le *Guinness World Records*, la biscotterie ayant choisi de ne pas homologuer sa tour. En 2016, la Chanteracoise s'était déjà attaquée à un autre défi : la fabrication de la plus grosse biscotte du monde.

« *S'il ne pleut ni ne neige à la Saint-Blaise, en mars le froid en prendra à son aise.* »

Pièges de l'ortografe

Adjectif verbal ou participe présent ?

Quelle est la différence entre « fatiguant » et « fatigant », « communiquant » et communicant » ? Les premiers sont des participes présents et les seconds des adjectifs verbaux. Pour les distinguer, outre l'orthographe dans ces cas particuliers, il suffit de tenter de les mettre au féminin. Si c'est possible, c'est qu'il s'agit d'adjectifs.

MÊLEZ-VOUS DE VOS AFFAIRES

Avant d'être celle des attentats contre le World Trade Center à New York en 2001, le 11 septembre était déjà une date noire dans l'histoire des États-Unis. En effet, en 1973, le coup d'État au Chili d'Augusto Pinochet contre Salvador Allende eut lieu le 11 septembre, avec un (gros) coup de main des Américains. L'un voulait une « voie chilienne vers le socialisme » et l'accession à tous aux ressources du pays, l'autre s'est fait une spécialité de l'assassinat d'opposants et de l'oppression de son peuple. Devinez lequel était soutenu par les États-Unis…

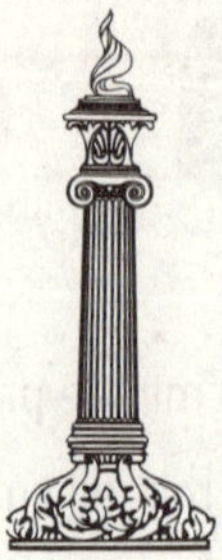

AUX ORIGINES DES JEUX OLYMPIQUES

Dans l'Antiquité, les jeux Olympiques étaient un événement intercités qui réunissait des athlètes venus de contrées parfois en guerre les unes contre les autres. Pour éviter les problèmes liés aux dissensions internes à la Grèce, il fut donc décidé qu'une trêve sacrée serait instaurée pendant toute la durée des Jeux. Un disque d'Iphitos, sur lequel était gravé le texte proclamant la trêve sacrée, était conservé dans le temple de la déesse Héra, puis sorti et montré à tous avant le début des festivités. Pendant cette période où les athlètes devaient se déplacer dans le pays, il était bien sûr impensable pour une cité de monter une opération militaire contre une autre. De même, les condamnations à mort étaient suspendues, ainsi que le travail de la justice. Le moment rêvé pour les hors-la-loi qui pouvaient alors agir en toute impunité !

VERS LA SUPPRESSION DES CAISSES DANS LES SUPERMARCHÉS

Les « Cruella » de l'histoire

Horripilante Agrippine

Agrippine, voilà une femme prête à tout pour que son fils accède au pouvoir ! Ce dernier, le fameux Néron, courait le risque de voir le trône de Rome lui passer sous le nez, car sa mère n'était que la quatrième épouse de l'empereur Claude. Son demi-frère Britannicus, fils de Messaline, était plus légitime et populaire. Pour favoriser Néron, Agrippine ne trouva rien de mieux que d'assassiner son impérial mari, en faisant appel à une empoisonneuse gauloise, Locuste. Une fois Claude éliminé, Néron demanda à Locuste de tuer Britannicus. Puis il tenta aussi de faire occire Agrippine elle-même, mère quelque peu étouffante et qui n'était pas si prête que cela à le laisser gouverner. Mais il échoua à trois reprises ! Finalement, en 59, un coup de glaive abrégea la vie de cette génitrice sans scrupule.

« *Février, le mois le plus court, et le pire de tous !* »

BLASON

Les armes des princes d'Orange montrent un cornet d'azur sur fond d'or. Le cornet est un instrument à vent semblable à l'olifant utilisé par Roland à Roncevaux. Sa présence ici est due à l'ancêtre qui fonda la dynastie, Guillaume d'Orange, dit « au court nez » en raison de la forme de son appendice nasal. Du court nez au cornet, il n'y a qu'un pas, franchi par les héraldistes. (Voir code couleur en dernière page.)

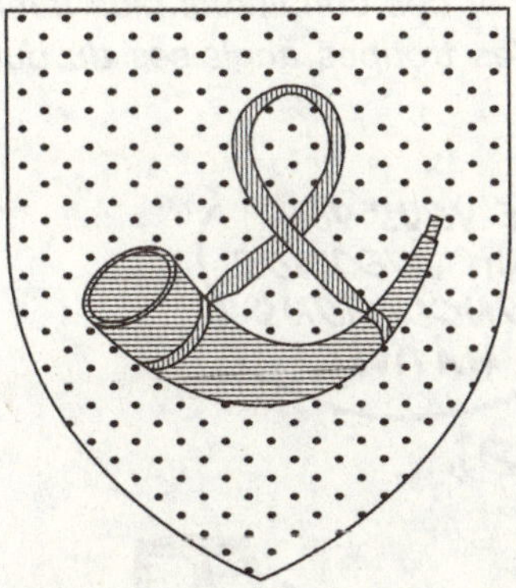

Chiffres et expressions

Avoir deux cordes à son arc

Chacun sait qu'un arc ne compte qu'une corde. C'est pourquoi celui qui l'utilise ne peut tirer que dans une seule direction à la fois. S'il avait eu deux cordes, l'arc aurait été plus efficace pour lutter contre les ennemis. L'expression imagée montre l'avantage qu'il y a à avoir des connaissances diversifiées pour se sortir d'une situation complexe.

AVENTURIERS DE L'IMPOSSIBLE

Sarah Marquis : la nature dans la peau

La Suissesse Sarah Marquis est née en 1972 et a toujours aimé se trouver dans la nature, grimper aux arbres, regarder les nuages, scruter les insectes, reconnaître les plantes… Ses premières aventures, à 7 ans, consistaient en de grandes parties de « chasse » à la limace dans le jardin familial. Plus tard, à 17 ans, elle partit seule explorer la Turquie à cheval… sans savoir monter ! Une aventure en appelant une autre, elle explora ensuite les terres les plus reculées du monde et se lança dans des expéditions complètement folles : elle parcourut les États-Unis du nord au sud, soit 4 260 km, en 4 mois et 6 jours ; elle traversa 14 000 km de bush australien en affrontant seule tous les dangers qui s'y cachaient (et en revenant avec un dingo sauvage, devenu son compagnon de route apprivoisé) ; elle relia à pied, en solitaire, la Sibérie à l'Australie, en passant par le désert de Gobi… La liste de ses exploits est longue et l'admiration qu'elle suscite bien méritée. Chapeau bas, madame Marquis !

Les fautes des grands écrivains

Si tout écrivain peut à l'occasion laisser échapper quelques petites erreurs, le véritable génie, lui, n'en commet aucune. Non, il invente des mots, tout au plus. C'est le privilège du génie, et c'est ainsi qu'on pourrait défendre notre cher Honoré de Balzac en lisant dans son roman *Eugénie Grandet* la phrase suivante, si douloureusement fautive : « La compatissance et la tendresse d'une jeune fille possèdent une influence vraiment magnétique. » Aïe, génie ou pas génie, ça pique quand même un peu à la lecture ! Mais faisons preuve de « compatissance » avec le pauvre homme qui, sans aucun doute, a fait du mieux qu'il a pu.

« *Neige de février fuit comme un lévrier.* »

Verbes régionaux

ABOCHER

Ce verbe très ancien a disparu du français au XVIIIe siècle, mais reste utilisé dans les différentes langues locales du Jura et de la région lyonnaise. Il trouve son origine dans le mot « bouche » et signifie littéralement « tomber en avant sur la bouche ». Cette chute faciale provoquant de gros dégâts, le verbe a pris le sens plus général de détériorer, endommager.

Pimpon !

ANECDOTES DE POMPIERS

Économies de bouts de chandelle : « Nous sommes une famille de quatre personnes, tous non fumeurs. Est-ce qu'on doit quand même installer un détecteur de fumée ? » Exit les soirées familiales au coin du feu ?

SUDOKU DIFFICILE

3	9	1	4			2		
	7			5			6	
		4						8
			8			3		4
2		5			3			
7						8		
	4			2			9	
		3			6	5	4	1

Solution page 61

Ça, c'est fait... divers

Depuis deux siècles, on nous ment ! Si Napoléon a perdu à Waterloo le 18 juin 1815, ce n'est pas parce que les forces de la coalition étaient supérieures en nombre et mieux reposées, ni à cause de l'attitude de Grouchy ou à la suite de plusieurs erreurs de Ney, voire de défauts dans les communications ! Non, la grande responsable de la débâcle et par ricochet de la fin de l'Empire est... une éruption volcanique en Indonésie. Dans un article publié dans la revue Geology, le géologue Matthew Genge explique en effet que l'éruption du Tambora, le 5 avril 1815 en Indonésie, aurait entraîné une météo anormalement pluvieuse de l'autre côté du globe, en Europe. Ces pluies diluviennes auraient mis en grande difficulté l'armée de Napoléon, transformant le futur champ de bataille en champ de boue, un bourbier qui aurait empêché une utilisation optimale de l'artillerie par les Français. Une météo et des conditions plus familières, presque habituelles, pour les troupes anglaises du duc de Wellington.

AUTANT DE RAISONS DE SE RÉJOUIR

Les bienfaits d'Internet

Certes, le Web est associé à la notion de virus, de piratage, de colportage de *fake news*, etc. Mais globalement, cette technologie nous apporte beaucoup plus de joies que de soucis. Dans tous les domaines de la vie quotidienne ou professionnelle, nous pouvons y trouver des outils pertinents et adaptés à nos besoins. Que ce soit pour consulter la météo, le programme télé, regarder des vidéos, des tutoriels, prendre rendez-vous chez le médecin, faire ses courses et se les faire livrer, communiquer, chercher une maison, se cultiver, jouer ou suivre une recette de cuisine, les possibilités sont infinies et il ne tient qu'à nous d'en inventer d'autres !

Jeudi 6 février

Saint Gaston – On fête aussi les Dorothée, Doris, Melvin

« *À la Saint-Gaston, surveille tes bourgeons.* »

Ça s'est passé Le 6 février 1820

Les premiers esclaves noirs américains affranchis quittent les États-Unis pour s'installer en Afrique de l'Ouest, sur les terres de ce qui deviendra le Liberia.

IL Y A 130 ANS

C	P	I	C	H	R	I	S	T	I	E	C	K
R	X	A	R	A	S	M	F	N	C	O	C	R
I	Q	D	S	P	I	A	O	O	L	R	E	V
K	X	L	T	T	R	D	L	L	A	W	D	G
C	C	M	A	C	E	L	A	E	O	A	A	E
S	P	R	E	U	O	R	C	H	N	T	H	N
A	I	V	A	D	R	D	N	W	O	G	O	E
V	O	T	I	M	E	E	L	A	O	K	R	V
L	C	I	T	D	S	G	L	G	K	X	A	O
I	K	S	N	I	J	I	N	L	R	G	O	I
D	P	U	E	R	N	A	B	A	U	E	I	X
O	O	I	S	G	V	G	M	A	L	A	D	H
W	I	I	A	V	W	Y	O	M	I	N	G	A

Solution page 60

Cherchez les mots qui manquent dans les définitions. Ils sont cachés dans la grille ci-dessus. Vous les trouverez horizontalement, verticalement ou diagonalement, de droite à gauche, de gauche à droite, de haut en bas ou de bas en haut, dans les deux sens de lecture. La lettre initiale de chaque mot et son nombre de lettres sont indiqués.

1. L'ingénieur français, Clément **A**_ _ _, parvient à décoller du sol sur une distance de plus de 40 m à bord d'un aéroplane baptisé *L'Éole*.
2. Démission de Otto von **B**_ _ _ _ _ _ _ de ses fonctions de chancelier de l'Empire allemand due aux divergences de point de vue d'Otto avec le nouvel empereur Guillaume II.
3. Naissance d'Agatha **C**_ _ _ _ _ _ _, surnommée « la reine du crime ».
4. Décès de Carlo **C**_ _ _ _ _ _, l'auteur des *Aventures de Pinocchio*.
5. Naissance de Dwight D. **E**_ _ _ _ _ _ _ _ _, surnommé « Ike ». Il fut le 34e président des États-Unis.
6. Naissance de Charles de **G**_ _ _ _ _, qui fut président de la République française de 1959 à 1969.
7. Naissance de Maurice **G**_ _ _ _ _ _ _, qui écrivit le roman *Raboliot*.
8. Entrée de deux nouveaux États dans l'Union américaine : **I**_ _ _ _ et **W**_ _ _ _ _ _
9. Naissance de Fritz **L**_ _ _, un réalisateur qui fut le premier à porter à l'écran le docteur Mabuse.
10. Naissance de Stan **L**_ _ _ _ _. Il forma un célèbre duo avec Oliver Hardy.
11. Naissance de Howard Phillips **L**_ _ _ _ _ _ _ _ _, écrivain américain qui créa le *mythe de Cthulhu*.
12. Naissance de Groucho **M**_ _ _, qui tourna plusieurs films avec ses frères Chico et Harpo.
13. Naissance de Viatcheslav Mikhaïlovitch **M**_ _ _ _ _ _, le bras droit de Joseph Staline. Il est l'un des fondateurs de la *Pravda*. Un célèbre cocktail lui doit son nom.
14. Naissance de Vaslav **N**_ _ _ _ _ _ _, un danseur et chorégraphe russe d'origine polonaise.
15. Naissance de Boris **P**_ _ _ _ _ _ _ _ _, auteur du roman *Le Docteur Jivago*.
16. Naissance de Roger **S**_ _ _ _ _ _ _, homme politique socialiste français, ministre de l'Intérieur du gouvernement Blum qui mit fin à ses jours après avoir été accusé d'avoir déserté pendant la Première Guerre mondiale.
17. Décès de **S**_ _ _ _ _ _ Bull, chef de tribu des Sioux. Il affronta Custer lors de la bataille de Little Bighorn.
18. Décès de Vincent **v**_ _ **G**_ _ _, peintre célèbre qui peignit entre autres *Les Tournesols*.
19. Le massacre de **W**_ _ _ _ _ _ Knee où l'armée des États-Unis tua entre 150 et 300 Amérindiens de la tribu Lakota Miniconjous.

Vendredi 7 février

Sainte Eugénie – On fête aussi les Aodren

Le soleil se lève à **8 h 12** et se couche à **17 h 57**

« *Quand il tonne en février, monte tes barils au grenier.* »

ILS ONT DIT

« La bêtise a deux manières d'être : elle se tait ou elle parle. La bêtise muette est supportable. »

Honoré de Balzac

Les animaux de compagnie des présidents

La plupart des présidents ont des animaux de compagnie « classiques », mais certains se démarquent parfois en tissant des liens avec des compagnons moins banals, quoique tout aussi attachants. Citons l'exemple de Bébé, l'un des canards des jardins de l'Élysée, qui avait tapé dans l'œil du président Jules Grévy (1879-1887). Ce dernier s'y était attaché et venait le nourrir discrètement dès qu'il le pouvait. Non mais, il n'était pas un peu coin-coin, ce président ?

Étymolo-quiz...

Le mot « sport » partage son origine latine avec quel autre mot : « apport » ou « déportation » ?

Réponse : déportation. La racine commune des deux mots est *deportare*, qui signifiait « divertir », « transporter » et également « déporter ».

[L'actu] L'ancêtre

Animal ? Amibe ? Lichen ? Autre ? Depuis des décennies, les chercheurs hésitaient pour classifier le *Dickinsonia*, être vivant ovale et plat de quelques dizaines de centimètres qui peuplait le fond des océans il y a un demi-milliard d'années. Une équipe de l'Université nationale d'Australie (ANU) vient d'apporter la preuve, selon elle décisive, que cette créature, sans bouche ni intestins ni anus, était un animal, ce qui consacre du même coup le *Dickinsonia* comme le plus ancien animal connu. Publiée dans la prestigieuse revue *Science*, son étude se fonde sur l'analyse des vestiges de molécules récupérées sur des fossiles, alors qu'en général, les paléontologues étudient la morphologie pour déduire le type. Or, les chercheurs australiens ont retrouvé des molécules exclusivement animales : une forme de cholestérol. À vrai dire, depuis 2015 et la publication de plusieurs études allant dans ce sens, l'hypothèse animale s'avérait de plus en plus probable. Et certains spécialistes estiment que, si ce travail est remarquable et important, ce n'est peut-être pas « le graal de la paléontologie », comme le déclare l'université.

1454 Gutenberg imprime le premier livre

Brèves régions

Aisne/Château-Thierry et La Fontaine

C'est à Château-Thierry que naquit le célèbre Jean de La Fontaine. La maison où il vit le jour, située dans une rue étroite bordée de maisons anciennes au pied du vieux château, est aujourd'hui transformée en musée à sa gloire. Bâtie en 1559, elle est classée au titre des monuments historiques et abrite de nombreux trésors. Mais malheureusement, ni meubles, ni objets ayant appartenu à La Fontaine ne sont parvenus jusqu'à nous. On sait néanmoins que le fabuliste y vécut de 1621 à 1676 et que c'est ici qu'il écrivit de nombreuses fables, mais aussi des contes érotiques, beaucoup moins connus, que le visiteur découvrira sur place.

Le soleil se lève à **8 h 11** et se couche à **17 h 58**

Samedi **8 février**

Sainte Jaqueline – On fête aussi les Jacotte, Jackie, Effie

« *Le mois de février est bon agnelier.* »

CLASHS D'ARTISTES

En 1968, Andy Warhol échappe de peu à la mort. Deux balles lui ont traversé le corps. Valerie Solanas, une militante féministe radicale, lui a tiré dessus, davantage par rancœur que par conviction idéologique en vérité : la jeune femme reproche à l'inventeur du pop art de mépriser un scénario qu'elle lui a proposé. Pire, l'artiste a perdu le seul exemplaire ! Lors du procès, Andy Warhol refuse de témoigner et restera hanté par l'affaire jusqu'à sa mort en 1987. Valerie Solanas décède l'année suivante. Ironie du sort, son scenario est retrouvé par hasard, en 2000. Son titre ? *Up Your Ass*. Prémonitoire…

C'est tragique !

En plus de suivre des règles d'écriture précises dont Aristote nous a fait parvenir quelques bribes dans sa *Poétique*, les tragédies grecques étaient présentées au public selon un ensemble de coutumes où rien n'était laissé au hasard. Pour le choix des comédiens, on les divisait en trois catégories de rôles : les protagonistes étaient ceux qui incarnaient les personnages de premier plan, les deutéragonistes les personnages secondaires et les tetragonistes les troisièmes rôles. La répartition était faite par l'archonte, un dirigeant politique et culturel, qui ne pouvait choisir que des hommes adultes. C'est qu'il en faut, des règles, pour souffrir tragiquement !

PROBLÈMES DE MATHS DU CERTIFICAT D'ÉTUDES

Un commerçant achète 125 kg de café à 6,80 F/kg sur lesquels on lui fait une remise de 4 %. Il en vend 45 kg à 8,40 F/kg, puis 31 kg à 8 F/kg et 25 kg à 7,60 F/kg.

Question : À quel prix au kilo doit-il vendre le reste pour faire un bénéfice total de 180 F ?

Réponse : 7,50 F/kg.

Trouvailles scientifiques incongrues

Braves moisissures !

S'il y a un domaine où la sérendipité se manifeste souvent, c'est bien celui de la médecine, avec pour cas d'école la découverte de la pénicilline par le Britannique Alexander Fleming en 1928. Avant de partir en congés d'été, ce biologiste réputé, mais désordonné, oublia de mettre au frais ses cultures de staphylocoques. À son retour, des moisissures avaient envahi les boîtes de Petri. Heureusement, plutôt que de jeter le tout à la poubelle, il regarda de plus près le phénomène et constata que des champignons avaient tué les bactéries ! Sentant qu'il tenait là une découverte importante, il étudia les spores et mit au point le premier antibiotique. Il fut récompensé du prix Nobel de médecine en 1945, avec Howard Walter Florey et Ernst Boris Chain, qui œuvrèrent sur la production à grande échelle de la pénicilline.

Dimanche 9 février

Sainte Apolline – On fête aussi les Ansbert, Tyliann

Le soleil se lève à **8 h 09** *et se couche à* **18 h 00**

« *Dans la marine, on ne fait pas grand-chose, mais on le fait de bonne heure.* »

Jacques Rouxel, proverbe Shadok

Rétro Vermot

Dans une petite école, la maîtresse demande :
« Qui peut me dire ce qui est le plus près de nous, l'Angleterre ou la Lune ? »
Le petit Pierre, tout de suite :
« La Lune, bien sûr !
– Ah oui ? Et comment en es-tu si sûr ?
– Ben… la Lune, on peut la voir d'ici, l'Angleterre non ! »

Houah ah ah oh oh NOUVEAUX COMIQUES

Rémi Gaillard

« C'est en faisant n'importe quoi qu'on devient n'importe qui ! » Sa formule – qui est aussi son crédo humoristique – est aussi célèbre que lui. Rémi Gaillard, c'est un peu le « grand-père » de l'humour vidéo sur Internet ! Ce Montpelliérain a commencé à réaliser et à poster ses petits films sur la Toile en 1999. Adepte du burlesque, Rémi Gaillard a dépoussiéré le concept de la caméra-cachée avec ses impostures souvent costumées, parfois outrancières et toujours absurdes, comme cette séquence devenue « culte » où, déguisé en Pac-Man, il transforme un supermarché en jeu vidéo de taille réelle. Totalement absent du petit écran, ce pitre cumule plus de 1,5 milliard de vues sur YouTube !

HOROSCOPE CHINOIS

BUFFLE

Caractère : Posé, calme, méthodique, réfléchi, contemplatif, têtu, nerveux.

Les grandes tendances de l'année

Saturne, Jupiter et Pluton « marcheront » à vos côtés et vous permettront de faire face à toutes les situations. D'aucuns recouvreront force, vitalité et volonté et d'autres se sentiront tout simplement mieux dans leurs baskets. Le printemps 2020 donnera l'occasion à certains d'améliorer leur quotidien et leur cadre de vie. Tout au long de l'année, les échanges seront à l'honneur.

Champions de la lose

Wilmer Mac Lean est un épicier et un propriétaire terrien tranquille de Manassas (État de Virginie, aux États-Unis) quand la guerre de Sécession commence en juillet 1861. Manque de chance, la bataille de Bull Run, début des hostilités militaires entre le Nord et le Sud, débute précisément sur sa plantation. Réquisitionnée par les Confédérés, sa maison est ravagée par les canons de l'Union. Un an plus tard, rebelote pour la deuxième bataille de Bull Run, qui se solde par 3 500 morts. Mac Lean estime alors qu'il est grand temps de déménager sa famille et son négoce à l'abri des combats. En 1863, il s'installe à 200 km au sud, dans le comté d'Appomattox. Mauvaise pioche ! En avril 1865, c'est justement là que nordistes et sudistes décident de s'étriper pour la dernière fois. Et c'est bien sûr chez ce brave Wilmer que le général Robert Lee, commandant suprême des armées confédérées, signe sa reddition. Sans que cela n'apporte un peu de paix à Mac Lean : après la cérémonie, sa maison a été pillée et saccagée. La poisse !

Dans cette grille, les mots déclencheurs sont des anagrammes. Vous devez donc d'abord résoudre chaque anagramme pour compléter la grille.

MOTS FLÉCHÉS

AEEEI-LORVT / LES GOURS		UMA / IOTA		SA / SENTI		TORT / ITEREE		SPI		RODEUR / PERSIL		EETT
								POTS / NIVALE				
TATE / AVE					ETOILER / DESSINE							
			TIEDE / RIEL						URT / BEEOS			
RELIAI / TU							VIREO / CHARS					
		ABCEE-ILNS / VELUE										ELISE
EOV / ICTERE				RISEES / SERAC							FELER	
						SAN / AGITEE				IF / EERRTU		
UR / AEEH-HILNT			SIRE / EIIRRT					RUEE / ENDE				
									ERE / INNOU			
ER	SRE / AAEEGGL				LA MAXE		LUDES / AITON					
		EMANE-RENT / EELNOR										LAINEE
ILE / AEEG-LNTT				ORIGAN / ANELS							IILNO	
								ELOI / BAIS				
REGAL / APO						NIA / RAT				IL / CIR		
			AAISX / LA						CEI / RA			
LANGER / LESER							BORNA					
					NAITREZ							

SOLUTION PAGE 65

« Quand février commence en lion, il finit en mouton. »

TU M'EN DIRAS TANT

"Si la natation est bonne pour la ligne, pourquoi les baleines sont-elles si grosses ?"

Robert Mitchum

Solution mots mêlés [p. 55]

C	P	I	C	H	R	I	S	T	I	E	C	K
R	X	A	R	A	S	M	F	N	C	O	C	R
I	Q	D	S	P	I	A	O	O	L	R	E	V
K	X	L	T	T	R	D	L	L	A	W	D	G
C	C	M	A	C	E	L	A	E	O	A	A	E
S	P	R	E	U	O	R	C	H	N	T	H	N
A	I	V	A	D	R	D	N	W	O	G	O	E
V	O	T	I	M	E	E	L	A	O	K	R	V
L	C	I	T	D	S	G	L	G	K	X	A	O
I	K	S	N	I	J	I	N	L	R	G	O	I
D	P	U	E	R	N	A	B	A	U	E	I	X
O	O	I	S	G	V	G	M	A	L	A	D	H
W	I	I	A	V	W	Y	O	M	I	N	G	A

1. ADER
2. BISMARCK
3. CHRISTIE
4. COLLODI
5. EISENHOWER
6. GAULLE
7. GENEVOIX
8. IDAHO et WYOMING
9. LANG
10. LAUREL
11. LOVECRAFT
12. MARX
13. MOLOTOV
14. NIJINSKI
15. PASTERNAK
16. SALENGRO
17. SITTING
18. VAN GOGH
19. WOUNDED

Au poil !

La barbe est un atout masculin de la plus haute importance, bien qu'elle soit soumise aux variations et changements de la mode et des époques. Mais sa symbolique, elle, traverse les âges, et on associe encore souvent, dans l'inconscient collectif, la pilosité faciale avec la virilité. Pour preuve, on appelle en anglais les femmes qui prétendent sortir avec un de leurs amis gays voulant passer pour hétérosexuel une *beard*, une barbe. Comment faire lorsque l'ami en question est déjà barbu ? On donne notre langue (imberbe) au chat !

LOISIRS TENDANCE

Trop bien découpé !

Moins connu que l'origami, le kirigami a toutefois un lien de parenté avec ce dernier. Si l'origami est l'art du pliage de papier, le kirigami est celui du découpage. Les puristes distinguent toutefois le kirigami, qui peut lui-même comporter certains pliages, du kirie, qui n'en implique aucun. Transformer une simple feuille de papier en véritable œuvre d'art simplement par le jeu des pleins et des vides nécessite tout autant de patience que de minutie dans le geste. Réservée aux adultes et aux ados du fait de l'utilisation d'objets coupants (cutters), cette pratique artistique donne des résultats superbes.

[L'actu] Culotte de bûcheron

« En France, on n'a pas de pétrole, mais on a des idées », proclamait une ancienne publicité gouvernementale en faveur des économies d'énergie. Et parfois, des idées en apparence simples peuvent ressembler à une (petite) révolution. C'était peut-être l'ambition de la société Solidur, spécialiste des équipements de protection individuelle pour l'extérieur installée à Barenton (Manche), lorsqu'elle a mis au point un pantalon de protection pour les utilisateurs de tronçonneuses. Destiné aux professionnels comme aux particuliers, ce pantalon anti-coupures est le plus performant au monde. Avec ses neuf couches de protection, il peut arrêter une chaîne de tronçonneuse lancée à 100 km/h. L'entreprise voit les commandes affluer du monde entier : bûcherons canadiens, élagueurs italiens, paysagistes allemands, collectivités territoriales françaises et jardiniers du dimanche prudents… tous veulent leur pantalon « Authentic Classe 3 » !

« *On croit souvent qu'un appartement est haut de plafond, alors qu'il est bas de plancher.* »

Pierre Dac

Mon Trésor (public) !

Pour trouver les niches fiscales de notre pays, il suffit souvent de chercher nos spécialités. Par exemple, tous les produits de la mer étaient soumis jusqu'en 2012 à une taxe systématique de 2 %. Cela concernait les poissons, les mollusques et les crustacés. Seules exceptions notables, nos bonnes vieilles moules et huîtres, consommées en quantité et toutes deux signatures culinaires régionales de la plus haute importance. Il faut savoir quoi acheter pour ne pas faire de l'État un poisson gras !

Solution sudoku [p. 54]

3	9	1	4	6	8	2	5	7
8	7	2	1	5	9	4	6	3
6	5	4	2	3	7	9	1	8
1	6	9	8	7	5	3	2	4
4	3	7	9	1	2	6	8	5
2	8	5	6	4	3	1	7	9
7	1	6	5	9	4	8	3	2
5	4	8	3	2	1	7	9	6
9	2	3	7	8	6	5	4	1

Expressions du potager

Tu me cours sur le haricot !

Énigmatique, non ? Mais l'expression s'éclaire quand on sait que le haricot désigne l'arpion, le pinglot, c'est-à-dire le pied. Il s'agit là, peut-être, d'argot des tranchées. Est-ce la forme du pied qui a fait penser à la graine, ou celle du gros orteil pointant par le trou de la chaussette ? Quant à « tu me cours », c'est une forme ancienne, qui vient de « courir sus » (aux Anglais, par exemple). Par ailleurs, si les Poilus de 1914-1918 ont vécu la fin des haricots, cette dernière expression est nettement plus ancienne. On la doit peut-être aux matelots car, quand les vivres venaient à manquer dans la cambuse, on doublait le « cap fayot » avec des haricots (ou gourganes) à tous les repas. En effet, comme les lentilles et les fèves, le haricot, alias fayot (terme venant du latin *phaseolus* par l'intermédiaire du provençal *faiol*), est un plat de pauvres, de ceux qui travaillent pour des haricots, c'est-à-dire pour trois fois rien, pour pas tripette ! D'où la réflexion désabusée de Céline dans *Voyage au bout de la nuit* : « Des haricots la vie » (dans l'expression, l'article est élidé).

Brèves régions

Côte-d'Or/La naissance du kir

Si c'est bien le chanoine Félix Kir, maire de Dijon et député de la Côte-d'Or de 1945 à 1968, qui a fait connaître cet apéritif en le commandant régulièrement au bar de l'Assemblée nationale, il n'en a pas la paternité. Son invention est en effet due à l'erreur d'un cafetier confondant la bouteille de bourgogne aligoté avec celle de vermouth. Le nouveau mélange a plu au palais du consommateur et a régulièrement été reproduit jusqu'à parvenir au chanoine. La réputation du kir a, depuis un demi-siècle, largement dépassé les limites du département de la Côte-d'Or, mais se consomme toujours avec modération.

Le soleil se lève à **8 h 03** et se couche à **18 h 07**

« *Février pluvieux, mars hâleux, riches laboureux.* »

Ça s'est passé

Le 13 février 1820

Le duc de Berry est assassiné par Louis-Pierre Louvel, qui veut mettre fin à la lignée des Bourbons. Mais la duchesse, enceinte, donnera naissance au futur comte de Chambord.

Nos régions ont du talent

En termes de spécialités régionales, on ne peut pas dire que Paris soit la plus riche des régions, mis à part peut-être ses champignons du même nom. Mais il est une tradition étrange, non culinaire, qui n'appartient qu'aux Parisiens : le quart d'heure de retard. Surnommé « quart d'heure parisien », il consiste à autoriser les Parisiens à se présenter à tous leurs rendez-vous avec un quart d'heure de retard (au moins). Quand on n'a pas de terroir, on a du retard !

Pan Pan !

Perles de policiers

Efficacité des forces de l'ordre : « Notre petit garçon avait disparu et on vient de le retrouver. Rien qu'en vous appelant ! »

Les grands de la petite reine

Dans le sport professionnel, les arrivées les plus légendaires sont généralement celles qui se jouent à un cheveu. Le cyclisme ne fait pas exception à cette règle. C'est pourquoi tous les amateurs de vélo se souviennent de cette incroyable arrivée du Tour de France qui se joue à si peu entre le Français Laurent Fignon, chouchou du public, coureur et homme exceptionnel, et son rival américain Greg LeMond. Au départ de la dernière étape, un contre-la-montre en arrivant sur les Champs Élysées, Fignon affiche 50 secondes d'avance sur son poursuivant. Mais l'Américain effectue un chrono phénoménal, qui lui permet non seulement de rattraper le maillot jaune, mais de l'en dépouiller pour seulement… 8 secondes au classement général. Rapporté à la longueur totale de l'épreuve cette année-là, à savoir 3 257 km, cela représente une avance d'environ 80 m !

PREMIERS DÉPARTS EN VACANCES

Au peigne fin !

Du XIe au XIIIe siècle, grande époque du catholicisme frénétique et de la dévotion bigote à tout-va, la chevelure féminine est passée d'un ornement signe de noblesse à un instrument de tentation diabolique qu'il fallait à tout prix dissimuler pour éviter la damnation. C'est pourquoi, durant cette période, les femmes du monde portaient le voile, qui était souvent souple et fin, sans décorations excentriques. Sous ce voile, religieuses et laïques étaient bien souvent… rasées. Ainsi, aucun risque de se faire désirer inopinément – et diaboliquement, bien sûr ! – par un homme qui aurait aperçu une mèche rebelle. Ouf, l'honneur était sauf ! Le style, un peu moins…

« *Février souffle et tue le merle dans son nid.* »

BLASON

Certains « meubles » symboliques de l'héraldique sont difficilement compréhensibles parce que leur forme a changé de nos jours. Ainsi en est-il de la ruche, aujourd'hui cubique et sans âme, autrefois conique et chargée de symboles. Sur les blasons, la ruche représente à la fois l'architecture et l'organisation sociétale. On la voit ici sur les armes de la famille Lourdet. (Voir code couleur en dernière page.)

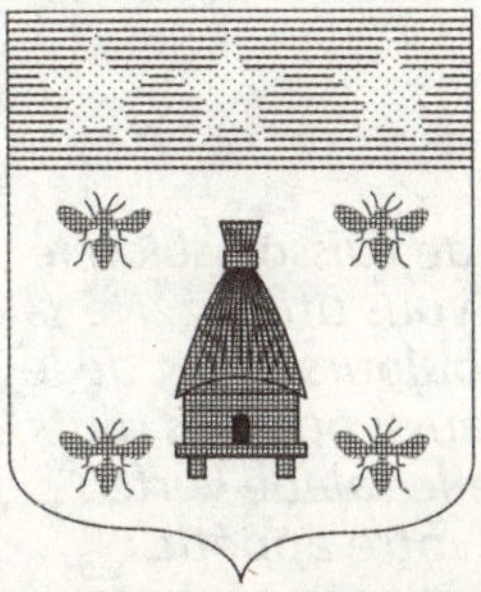

{ Mots qui changent de sens }

Avant de vous plaindre de ressentir une « gêne », pensez à l'origine étymologique du mot : avant de devenir celui que l'on connaît, « gêne » qualifiait au XIIIe siècle une torture infligée à quelqu'un dans le but de lui extorquer un aveu. Ce n'est que plus tard, après quelques modifications, qu'il prit son sens actuel. Imaginez un peu les victimes de cette torture, si on leur avait dit : « Là où il y a de la gêne, il n'y a pas de plaisir… » Effectivement, il ne devait pas y en avoir beaucoup, du plaisir !

INVENTIONS INSOLITES

Tous les amateurs de camping le savent bien, il n'y a rien de plus énervant qu'une envie pressante qui arrive alors qu'on est bien au chaud, emmitouflé dans son sac de couchage après une bonne journée passée en plein air ! Rien que l'idée d'affronter l'extérieur est une torture mentale, et le faire un véritable supplice. Car c'est tout un processus d'en sortir, puis d'y entrer à nouveau une fois l'affaire faite. Heureusement pour les fainéants, la technique moderne a permis de trouver une solution à portée de tous : le sac de couchage avec jambes séparées ! Ainsi, vous pouvez réaliser l'exploit de rester bien au chaud dans votre duvet tout en vous dirigeant d'un pas décidé vers les toilettes du camping. L'ingéniosité humaine n'a aucune limite, surtout lorsqu'il s'agit du confort !

Histoire cochonne

Justin Bridou ! Voilà un assemblage qui fleure bon le terroir français. Apparues sur les étals des supermarchés et à la télévision à la fin des années 1970, ces charcuteries ont conquis l'estomac des familles françaises en quelques années. Le béret, la moustache et le costume du sieur Bridou qui s'affiche sur les étiquettes inspirent confiance. Dans les spots, la bonhommie et le parler du charcutier rassurent. Justin, c'est de l'authentique, du traditionnel. Mais Justin Bridou, c'est surtout un nom commercial auquel un habitant de Rumilly (Haute-Savoie) a longtemps prêté ses traits. Créé par le groupe agro-alimentaire français Aoste, la marque a depuis été rachetée par une multinationale américaine, puis par une holding chinoise. Mais le saucisson est toujours fabriqué à Aoste. Le terroir est sauf !

« *La grippe, ça dure huit jours si on la soigne, et une semaine si on ne fait rien.* »
Raymond Devos

Brèves régions

Paris/Et si c'était Nanterre ?

On a longtemps eu coutume de penser que l'île de la Cité, au cœur de Paris, était le berceau de la civilisation avant l'arrivée des Romains. De récentes fouilles effectuées à Nanterre remettent en question cette théorie. En effet, on a mis au jour un large espace d'urbanisation d'une quinzaine d'hectares dans cette commune de la banlieue ouest. Peut-être est-ce ici, que s'installèrent les premiers habitants du Bassin parisien.

Recette de cuisine

Œufs cocotte lardons-oignon-champignons

Pour 4 pers. 15 min de préparation 15 min de cuisson

- 1 oignon blanc
- 100 g de lardons
- 1 petite boîte de champignons de Paris
- 10 cl de crème fraîche
- 4 cuil. à soupe de gruyère râpé
- 4 œufs frais bio ou de plein air
- Sel, poivre

Préchauffez le four à 200 °C (th. 6-7). Pelez et émincez l'oignon. Dans une poêle, faites revenir les lardons, puis ajoutez l'oignon. Laissez dorer avant d'ajouter les champignons égouttés.

Dans 4 petites cocottes (ou ramequins) individuelles, déposez 2 cuillerées à soupe de crème fraîche, puis répartissez dans la poêlée. Cassez 1 œuf dessus, parsemez de fromage et enfournez pour 6 à 7 minutes de cuisson.

Salez et poivrez avant de servir.

Conseils : veillez à adapter le temps de cuisson selon le four et la matière du ramequin que vous utilisez. Ne salez pas l'œuf avant la cuisson, salez-le toujours avant de le servir ; cette recommandation vaut aussi pour les œufs au plat. Servez ces œufs avec une belle salade verte ou des tagliatelles, en fonction de votre appétit.

Monstres célèbres

King Kong

Le roi des singes a été créé pour les besoins d'un film américain sorti en 1933 initialement intitulé *La Huitième Merveille du monde*. Au début du projet, King Kong est originaire d'une île mystérieuse, Skull Island, où des hommes et des bestioles rescapés de la préhistoire vivent tranquilles à l'écart du monde moderne avant d'être dérangés par des explorateurs cupides. La scène finale est restée culte : le monstre escalade à mains nues l'Empire State Building, fraîchement inauguré à l'époque. Mortellement touchée par les balles d'un avion, la bête s'écroule, tandis que la blonde qu'il tenait captive se console dans des bras moins velus.

Ils ont dit

« Une histoire d'amour, c'est comme un match de foot, faut bien qu'elle ait une mi-temps... On se repose, on se regarde, et puis après ça repart... »

Bertrand Blier

« *S'il neige à la Saint-Onésime, la récolte est à l'abîme.* »

DE L'OR DANS LA VOIX

Quel rapport entre le football et l'opéra ? Luciano Pavarotti, pardi ! En effet, le ténor, né en 1935 à Modène, rêvait de devenir footballeur. Heureusement pour les amoureux de musique, il abandonna son rêve pour en poursuivre un autre. C'est notamment grâce à lui que de nombreux foyers modestes d'Italie et du monde entier peuvent découvrir l'opéra, auparavant réservé aux élites culturelles. Car en plus d'être un talent reconnu par ses pairs, il se produisit aux côtés des plus grandes stars de la pop comme Bon Jovi, Queen, Céline Dion, Bryan Adams, ou même les Spice Girls. C'est ce qui s'appelle couvrir du terrain !

[L'actu] Cannabis et crustacés

Soucieux de limiter la souffrance animale, un restaurant de Southwest Harbor, au États-Unis, fait fumer du cannabis aux homards avant de les ébouillanter. « L'animal va être tué, explique la propriétaire de l'établissement, Charlotte Gill. C'est beaucoup plus humain de le faire en douceur. » La méthode mise au point par la restauratrice consiste à placer le crustacé dans un bocal fermé rempli d'eau. La fumée du cannabis est ensuite soufflée à l'intérieur. Cet acte permettrait de détendre les homards, qui ressentiraient moins la douleur, et rendrait leur chair plus tendre et savoureuse. Les effets de la marijuana sur les homards n'ayant jamais été étudiés et le THC – cannabinoïde psychoactif qui a pour effet l'apaisement – n'étant pas hydrosoluble, la restauratrice se fonde sur son ressenti et sa propre expérience de la fumette. Charlotte Gill détient en effet une licence pour cultiver du cannabis. À des fins thérapeutiques, évidemment.

MONTÉE DES EAUX :
COMME TOUJOURS, ON A TOUT PRÉVU !

Solution mots fléchés [p. 59]

	E		M		A		T		P		D	
G	L	O	U	S	S	E	R		S	P	O	T
	E	T	A	T		T	O	L	I	E	R	E
E	V	A		E	D	I	T	E		R	U	T
	A	I	L	I	E	R		V	O	I	R	E
U	T		I	N	S	E	C	A	R	I	E	
	O	V	E		S	E	R	I	E	S		L
T	I	E	R	C	E		A	N	S		F	I
	R	U		R	I	E	S		E	U	R	E
H	E	L	I	A	N	T	H	E		R	E	E
		E	R	S		I		D	U	E	L	S
R	E		R	E	M	A	N	E	N	T	E	
	L	E	I		A	G	O	N	I	R		A
G	A	N	T	E	L	E	T		O	E	I	L
	G	R	E	L	A		A	I	N		L	I
P	A	O		A	X	A	I	S		C	I	E
	G	L	A	N	E	R		B	A	R	O	N
R	E	E	L	S		T	Z	A	R	I	N	E

Vous êtes sûr, docteur ?

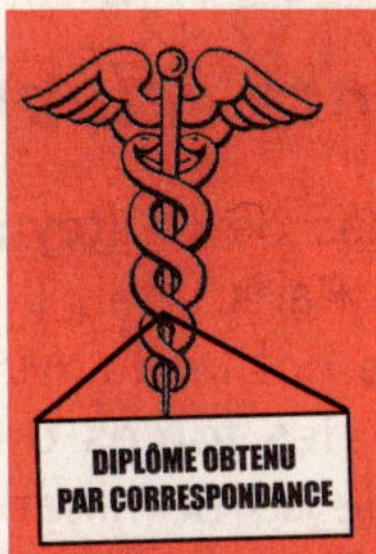

Si, dans quelques contrées exotiques, il peut parfois encore être consommé sous forme de viande, le chien est considéré aujourd'hui dans la plupart des régions du monde comme un animal exclusivement domestique. Mais dans son livre *Le chien et ses vertus de médicaments* paru en 1910, le docteur Cabanès réservait un tout autre programme à Médor. Selon ses études, le principal intérêt du chien était avant tout médical. Grâce à de la poudre de crâne de chien, exit les ulcères ! La cervelle, elle, était selon Cabanès un antidote contre les « manies », et les yeux s'ingéraient dans l'optique (vous l'avez ?) de traiter tout type de problèmes ophtalmiques. Bien évidemment, toutes ces allégations n'étaient que charlatanisme : tout le monde sait qu'il vaut mieux manger les chats !

Lundi **17 février**

Saint Alexis – On fête aussi les Loman, Théodule, Fintan

Le soleil se lève à **7 h 56** *et se couche à* **18 h 13**

« *L'hiver nous fait plus de mal que l'été ne nous fait du bien.* »

Rétro Vermot

Une femme qui promène ses chiens croise un petit garçon.
« Veux-tu caresser mes saint-bernard ? »
Le petit garçon répond : « Je veux bien, mais je ne m'appelle pas Bernard ! »

Étymolo-quiz...

Quel mot français est dérivé du latin *terga vertere*, qui signifie « tourner le dos » ?

Réponse : tergiverser.

Charade

Je suis un mot de 11 lettres

Mes deuxième, troisième, quatrième, cinquième et sixième lettres donnent un vernis.

Mes première, deuxième, dixième et onzième lettres donnent un furoncle.

Mes deuxième, troisième, huitième et neuvième lettres donnent un liquide nutritif.

Mes première, deuxième, cinquième et septième lettres donnent une association dont les membres ont des goûts, des intérêts ou un but communs.

Sans mes deuxième, quatrième, cinquième, sixième, huitième, neuvième, dixième et onzième lettres, je suis un taxi anglais.

Avec toutes mes lettres, je suis un fromage fabriqué en Bourgogne à partir de lait de chèvre.

CLAQUEBITOU : LAQUE, CLOU, LAIT, CLUB, CAB

~~VRAI~~ ou FAUX ? Les *fake news* de l'histoire

Les avions renifleurs

800 millions de francs, c'est la somme extorquée à Elf Aquitaine et à la France, alors dirigée par Valéry Giscard d'Estaing et son Premier ministre Raymond Barre, après l'achat d'avions équipés d'un dispositif censé détecter… des nappes de pétrole. C'était entre 1975 et 1979, juste après le premier choc pétrolier, ce qui explique pourquoi l'invention intéressait l'État français à son plus haut niveau. Pour prouver l'efficacité de leur système, les deux escrocs, l'Italien Aldo Bonassoli et le Belge Alain de Villegas, diffusaient sur l'écran de leur soi-disant « radar de détection » des vidéos conçues à partir de données obtenues… chez Elf !

ÉLÉMENTAIRE !
Enquêteurs célèbres

Gabriel Nicolas de La Reynie, premier lieutenant général de police de Paris, était l'ancêtre de notre actuel préfet de police. Ce noble du XVIIe siècle fut en effet le premier coordinateur des forces de police de Paris, comprenant à l'époque de sa nomination quatre organes : les commissaires du Châtelet, les archers et exempts du guet, la compagnie du Lieutenant criminel et la prévôté de l'Île. En plus de la réorganisation de la police parisienne, « La Reinie » était connu pour avoir éradiqué la « cour des Miracles » et mis en place un réseau d'indicateurs surnommés « mouches » (qui ont donné « mouchards ») ou « moutons », selon qu'ils étaient libres ou en prison. Mais ce n'est pas tout, car, étant juge et procureur, La Reinie intervint aussi dans de nombreux procès, dont ceux, bien connus, de l'affaire des poisons et du complot de Lautréamont. Sous sa garde, Paris était considéré comme la ville la plus propre d'Europe. Circulez, y'a rien à voir !

« *Huit jours de neige, fumure ; huit jours de plus, pourriture.* »

Chiffres et expressions

Dormir sur ses deux oreilles

Il n'est malheureusement pas possible, physiquement, de dormir sur ses deux oreilles ! L'expression montre avec exagération combien un sommeil pourrait être profond si on n'entendait absolument rien. Le dormeur étant à ce point isolé de l'extérieur, aucune perturbation sonore (et donc, symboliquement, aucun souci) ne viendrait troubler son sommeil.

TU M'EN DIRAS TANT

"Celui qui a des ennuis ne peut pas les prendre perpétuellement au sérieux."

Charlie Chaplin

CITOYENS EXTRAORDINAIRES

D'habitude, lorsqu'on entend parler des « jeunes de banlieue » au journal télévisé, le ton est plutôt alarmant. Mais pour une fois, l'histoire de trois adolescents, Samir, Stéphane et Amor, vient embellir le portrait de cette jeunesse souvent décriée. En juillet 2018, les trois garçons aperçoivent de la fumée noire s'échapper d'une des tours de leur cité. Ni une, ni deux, ils s'élancent sans hésiter dans l'immeuble pour porter secours aux résidents, sans oublier toutefois d'appeler les pompiers. Ils tapent à toutes les portes, prévenant du feu ceux qui en ignoraient encore l'existence, et aident les personnes âgées à sortir pour se mettre à l'abri. Les pompiers, arrivés sur place quelques minutes après, ont assuré que leur bravoure avait sans aucun doute sauvé de nombreuses vies.

LES MARCHÉS BOURSIERS S'ENFLAMMENT POUR LE CANNABIS MÉDICAL

LES GRANDS ILLUSIONNISTES

Le physicien du roi

Il ne fut pas toujours bon être magicien, surtout à une époque où l'on risquait le gibet ou le bûcher pour actes de sorcellerie... Le Suisse Louis Comte (1783-1859) faillit en faire les frais quand des paysans voulurent le brûler vif. Heureusement, outre ses talents d'illusionniste, l'homme possédait un autre don, celui de la ventriloquie : imitant des voix d'outre-tombe, il échappa de justesse aux flammes. Il mena ensuite une belle carrière et fut même très officiellement nommé « physicien du roi » après avoir rendu Louis XVIII en personne béat d'admiration. Parmi ses tours les plus remarquables, citons celui dans lequel il faisait sortir de son chapeau... un bébé ! C'était son fils, Charles, qui venait tout juste de naître dans un appartement accolé au théâtre où il se produisait !

Mercredi 19 février

Saint Gabin – On fête aussi les Gabia, Philothée, Quodvultdeus

Le soleil se lève à 7 h 52 et se couche à 18 h 16

« *Jamais février n'a laissé pousser la feuille au groseillier.* »

ILS ONT DIT

« Les bonnes résolutions nous procurent des émotions stériles, jouissance qui a un certain charme pour les faibles. C'est tout ce qu'on peut dire en leur faveur. Ce ne sont que des chèques tirés dans une banque où l'on n'a pas de compte ouvert. »

Oscar Wilde

[L'actu]

Rajeunissement exigé !

C'est inédit dans l'histoire de la justice néerlandaise et peut-être mondiale. Emile Ratelband, coach en développement personnel, est venu déposer devant le tribunal d'Arnhem une requête pour rajeunir de 20 ans. Né le 11 mars 1949, il a souhaité que sa date de naissance soit officiellement modifiée pour être fixée au 11 mars 1969. Voici comment il a défendu ses motivations face à des magistrats perplexes : « Je me sens jeune, je suis affuté, et je veux que ceci soit reconnu légalement, car je me sens abusé, lésé et discriminé par mon âge. » À la barre, le septuagénaire a indiqué avoir cherché, en vain, à suspendre ses droits à la retraite vieillesse, s'estimant vexé de pouvoir en bénéficier. Pour appuyer sa démarche, l'homme a affirmé que son médecin avait déterminé, après plusieurs examens, que son âge biologique se situait aux alentours de 40-45 ans. Épaulé par un pénaliste renommé, Emile a considéré sa demande « tout à fait légitime », au même titre que celle des personnes unisexes, qui peuvent être inscrites en tant que telles sur leur passeport aux Pays-Bas. « Nous pouvons aujourd'hui choisir notre travail, notre genre, nos orientations politique et sexuelle. Nous avons même le droit de changer de nom. Alors pourquoi ne pas avoir le droit de changer d'âge ? » Débouté de sa demande, le septuagénaire qui ne voulait pas fêter son anniversaire a décidé de faire appel.

Mots intraduisibles

Vous vous sentez peut-être attaché à un lieu au point que, quand vous vous y rendez, vous éprouvez un puissant sentiment d'appartenance. Malheureusement, il n'existe pas de mot en français qui puisse exprimer simplement ce mélange de nostalgie et d'attachement. Pour le faire, il vous faudra vous tourner vers l'allemand qui emploie l'intraduisible *Heimat*.

Histoire cochonne

Si les témoignages de chiens secourant leurs maîtres sont fréquents, on a découvert que les cochons pouvaient eux aussi faire preuve d'altruisme. En 1998, en Pennsylvanie, Lulu, un cochon nain vietnamien a sauvé sa maîtresse, Jo Ann, victime d'une crise cardiaque. L'animal est sorti de la maison, s'est allongé en travers de la route et, lorsqu'un automobiliste s'est arrêté, il l'a conduit auprès de Jo Ann. Depuis, plusieurs études ont montré que les cochons sont capables de nous comprendre, et même de préférer un être humain à leurs congénères, selon les souvenirs qu'il a de lui.

« *Tout peut arriver dans la vie, et surtout rien.* »

Michel Houellebecq

Pimpon !

ANECDOTES DE POMPIERS

Dormez tranquille, vos enfants sont entre de bonnes mains : « Bonjour, c'est le collège Jules Ferry. On a un gamin qui est tombé au gymnase. Apparemment, il s'est lustré l'épaule. » Au moins, il est propre !

Les fautes des grands écrivains

Le pléonasme est la hantise des amoureux de la langue française, qui frissonnent lorsqu'ils entendent ou lisent une répétition inutile qui n'a pas lieu d'être (en voici une pour mettre à l'épreuve leur tolérance !). Oui mais voilà, cette aversion ne met personne à l'abri. Comme Stendhal, qui écrit dans *Le Rouge et le Noir* : « C'est ce que je demande, s'écria-t-elle, en se levant debout. » On espère que l'auteur était assis pour lire son livre une fois l'impression (et l'erreur) faite !

VERMOT'ROSCOPE

POISSONS *(20 février – 20 mars)*

Caractère

Insaisissable, intuitif, sensible, romantique, doux, tendre, adaptable, réservé, calme, compréhensif, sociable, opportuniste, inspiré, créatif, mystérieux, gourmand, ambivalent, multifacettes, hypersensible, irrationnel, hypocondriaque, angoissé, fuyant.

Le message des astres

La valse planétaire entre Neptune, Jupiter, Saturne, Pluton et Uranus sera une aubaine pour vous. Attendez-vous à faire de belles rencontres ou à explorer des horizons nouveaux et enrichissants.

Vie relationnelle

Vous l'aurez compris, c'est la bonne année pour aller vers les autres, lier connaissance et accepter les invitations et les sorties que l'on vous proposera. D'un bout à l'autre de 2020, votre cercle amical s'élargira et vous épanouira.

Amour

À deux, la période sera idéale pour les projets. Le printemps et l'hiver seront propices au dialogue et vous aurez l'occasion de resserrer les liens qui vous unissent. Profitez-en pour régler vos petites problématiques et mettre les choses à plat. Exprimez mieux vos sentiments ou essayez d'être plus à l'écoute de votre partenaire. Célibataire, c'est une belle année qui vous permettra de vous sentir moins seul. Pour certains, entre mars et avril, vous serez amenés à vous rapprocher d'un ami.

Famille

Le printemps et l'été seront les meilleures saisons pour vous rapprocher de vos parents ou de vos enfants. La complicité sera à son comble et l'épanouissement ira de pair. Cette période pourrait être marquée par de très bonnes nouvelles (naissance, mariage…). Sachez accueillir ces bonnes énergies.

Quotidien et vitalité

2020 saura satisfaire votre curiosité et votre soif d'inconnu. Croquez la vie à pleines dents et multipliez les projets et les entreprises diverses. Pour certains, il sera même question de voyages ou de vacances qui vous requinqueront. De février à mi-avril, vous fuirez la monotonie et serez en quête de fantaisie. Vous profiterez de cette période pour vous ouvrir à d'autres émotions et horizons.

Budget

Si vous serez modéré durant le premier semestre, passé l'été, vous vous lâcherez. Attention aux rappels de votre banque. Ainsi, à partir de juillet, vous devrez faire preuve de vigilance.

Comment optimiser votre année

C'est en restant optimiste et dynamique que vous réussirez à dépasser les moments les moins évidents de 2020. Pour beaucoup, tout résidera dans votre attitude, votre manière d'être ou de faire.

« *L'argent ne fait pas le bonheur de celui qui n'en a pas.* »

Rétro Vermot

Le voisin d'en face a l'air si louche que les parents du petit Pierre ont pris l'habitude de plaisanter à son sujet en l'appelant « le pervers ». Un soir, Pierre dit à sa mère qui rentre du travail : « Tu sais, le pervers n'était pas là aujourd'hui, mais je crois bien que j'ai vu la mère verte ! »

TU M'EN DIRAS TANT

"Des chercheurs qui cherchent, on en trouve. Des chercheurs qui trouvent, on en cherche."

Charles de Gaulle

NOVLANGUES & JARGONS

Assez logiquement, quand une entreprise ne peut pas tout faire elle-même, elle externalise certains de ses processus de production. Jusque-là, tout va bien. Oui, mais nous sommes en 2018 ! La nouvelle génération de managers 2.0 rechigne à employer des mots du siècle dernier et n'hésite pas à les remplacer par leur exact équivalent anglais, quand ils n'en inventent pas tout simplement un autre. Exit donc l'externalisation, et bonjour « l'outsourcing ». C'est exactement la même chose, mais en jeune, donc forcément mieux…

Brèves régions

Sarthe/Léo Delibes, le Sarthois

Léo Delibes, compositeur français créateur de l'inoubliable valse de Coppélia, est né à Saint-Germain-du-Val (aujourd'hui agglomération de La Flèche, département de la Sarthe) le 21 février 1836. Son père meurt alors qu'il n'est qu'un jeune enfant et c'est son oncle maternel, l'organiste Antoine Édouard Batiste, qui va prendre sous son aile le petit Léo et lui permettre de suivre des études musicales. Avec un tel parrainage, une mère artiste et un grand-père haute-contre à la chapelle impériale de Napoléon Ier, Delibes avait tous les atouts en main pour réussir dans la musique.

AVENTURIERS DE L'IMPOSSIBLE

Matt Guthmiller : le pilote-né

Certains adolescents passent leur temps rivés sur des écrans, d'autres ont plutôt la tête dans les étoiles. L'Américain Matt Guthmiller est de cette seconde catégorie. Né en 1994, il a à peine 20 ans lorsqu'il devient le plus jeune pilote à boucler un tour du monde en avion en 1 mois et 14 jours. Le jeune prodige de l'aviation a passé près de 180 heures dans son Beechcraft Bonanza de 1981 et a franchi 23 étapes dans 15 pays sur 5 continents. Exploit dans l'exploit, son vol le plus long lors de ce périple a duré plus de 16 h 30, amenant Matt et son avion des îles Samoa à Hawaï sans escale ! Depuis, le jeune prodige a accumulé les diplômes prestigieux et fait (encore) le tour du monde pour raconter son histoire à un public fasciné.

« *Mauvaise herbe croît toujours, même en hiver.* »

二千二十 2020 année du RAT

Le joueur de flûte de Hamelin

Le 26 juin 1284 — la date est précise ! —, la ville allemande de Hamelin, située en Basse-Saxe, est envahie par les rats. Un joueur de flûte propose de dératiser la cité en échange d'une coquette somme. Face à l'ampleur du désastre, les habitants acceptent son aide. Au son de sa flûte, le musicien entraîne avec lui tous les rats, complètement hypnotisés, jusqu'à une rivière, la Weser, où ils se noient en masse. Mais il n'est finalement pas récompensé, les habitants d'Hamelin ayant renoncé à leur engagement. Pour se venger, ce dernier utilise sa flûte pour attirer cette fois-ci les enfants de la ville vers un lieu qui diffère selon les versions. Mais la chute est la même : on ne revit jamais ces derniers. Cette légende a été adaptée par les fameux frères Grimm dans leur conte *L'Attrapeur de rats*.

Verbes régionaux

EMPIERGER(S')

C'est plus en Champagne-Ardenne qu'on utilise le verbe « s'empierger ». Bien que d'origine locale, il est entré en 2017 dans le dictionnaire français et qualifie le moment où un promeneur distrait se prend les pieds dans quelque chose, cette entrave le conduisant à la chute. S'empierger, c'est donc trébucher, se tendre un piège à soi-même !

Les animaux de compagnie des présidents

De nos jours, tous les présidents qui entrent en fonction ont ou adoptent un chien en début de mandat. Non seulement cela leur fait un peu de compagnie pour les longues soirées électorales, mais c'est surtout une bonne opération de communication ! Le premier à avoir initié cette tradition est Valéry Giscard d'Estaing, qui fit la une de *Paris Match* en 1974 en compagnie de son braque de Weimar, Jugurtha. La première dame n'était pas disponible ?

Problèmes de maths du certificat d'études

Un marchand de bétail achète 15 bœufs à 1 250 F pièce et 24 moutons à 165 F l'unité. Il les nourrit pendant 4 mois, ce qui lui coûte 12 F par bœuf et 7 F par mouton. Il les vend ensuite, et à cause d'une baisse des cours, il perd 80 F sur le prix de revient d'un bœuf.

Question : Sachant que la perte totale s'élève à 1 560 F, calculer le prix de vente total et le prix de vente d'un mouton.

PV total : 21 498 F. PV d'un mouton : 157 F

Dimanche 23 février

Saint Lazare – On fête aussi les Milburge

Le soleil se lève à **7 h 45** et se couche à **18 h 23**

« *On dit qu'à la Saint-Lazare, on plante les épinards, mais les cornichons à la Saint-Léon.* »

Pan Pan !

PERLES DE POLICIERS

Cœur brisé pragmatique :
« Oui, bonjour, j'ai une urgence : ma femme est partie, il faut me la retrouver, j'ai besoin d'elle pour traire les vaches ! »

Invisibles : les petites mains du pouvoir

S'il vous prend l'envie d'écrire une lettre au président de la République, sachez que tout courrier de moins de 20 g peut être mis à la boîte sans timbre (oui, comme pour le père Noël !). Votre lettre sera lue par le service de la correspondance présidentielle, qui vous adressera une réponse dans les deux mois. Sauf si c'est une lettre d'insultes ou de menaces, qui sera signalée à la police. Les lettres de détresse, quant à elles, sont envoyées à un service spécial pour un contact immédiat.

Étymolo-quiz…

Quel mot français est dérivé de la locution arabe *sifr* : « souffre » ou « zéro » ?

Réponse : zéro.

Ha! Ha! Ha!

Un homme dîne seul dans un restaurant chic. Une très belle rousse est assise à la table voisine. Il la surveille discrètement sans oser aller lui parler. Soudain, elle éternue et son œil de verre est éjecté en direction de son voisin. Celui-ci l'attrape au vol et le lui rend. Terriblement gênée, la rouquine s'excuse et lui propose de le rejoindre pour le dîner. Ils terminent donc le repas ensemble, puis vont au cinéma avant d'aller prendre un verre dans un bar. Ils discutent, rient, partagent leurs rêves. Après avoir tout payé, elle lui propose de venir chez elle pour un dernier verre. Il accepte et reste toute la nuit. Le lendemain matin, tandis qu'elle prépare un petit déjeuner copieux, l'homme, enchanté de voir à quel point tout a été parfait et à quel point cette femme est incroyable, lui dit :
« Tu sais, tu es vraiment la femme parfaite ! Est-ce que tu es aussi gentille avec tous les hommes que tu rencontres ?
– Oh non ! répond la rousse, toi, tu m'as vraiment tapé dans l'œil ! »

MALADIES ÉTRANGES

Ah, quel plaisir que la retraite, et avec elle les joies de la tranquillité et du repos, et enfin, la possibilité pour les couples retraités de passer du temps à deux, sans avoir à se soucier des obligations professionnelles ! Oui, mais... On estime qu'au Japon, 60 % des femmes sont atteintes d'une maladie bien étrange que l'on nomme tout simplement le « syndrome du mari retraité ». Les symptômes de cette maladie, qui touche exclusivement les femmes dont le mari approche de la retraite, sont l'anxiété, le stress et des signes de dépression parfois très prononcés. Certains experts arguent que c'est la perspective de devoir prendre soin de leur conjoint oisif qui peut provoquer cette maladie. Seuls remèdes : médicaments ou divorce. Quel choix sympathique !

« *À la Saint-Modeste, repique tes choux s'il t'en reste.* »

Ça s'est passé Le 24 février 1920

Adolf Hitler présente pour la première fois son programme en 25 points, qui révèle son idéologie nazie, à un public réuni dans une grande brasserie de Munich.

DES ARMES SUISSES CIRCULENT EN LIBYE...

Nos régions ont du talent

En Auvergne, une tradition régionale étrange, mais désormais révolue, voulait qu'un berger qui apercevait un loup en train de dévorer l'une de ses brebis se devait de s'introduire une poignée de ses propres cheveux dans la bouche (oui, oui) afin de ne pas perdre la parole. Une autre astuce pour éloigner le mauvais sort dans la région consistait à enduire l'encadrement de la porte d'entrée des maisons de graisse de loup. « Sonnez, puis lavez-vous les mains avant d'entrer ! »

ILS ONT DIT

« Les gens sobres sont la réincarnation de chameaux, alors que les alcooliques sont la réincarnation d'éponges de mer. »

Professeur Choron

Le Chiffre 558 000,00 dollars

C'est la valeur record atteinte en 2018 par une bouteille de romanée-conti de 1945 lors d'une vente aux enchères organisée par la maison Sotheby's, à New York. Cette bouteille à l'étiquette tachée est l'une des 600 bouteilles produites en 1945, juste avant que le Domaine de la Romanée-Conti n'arrache les vignes pour les replanter ensuite. La maison de vente en attendait dix-sept fois moins, estimant la bouteille de son très grand – peut-être le plus grand – vin de Bourgogne à « seulement » 32 000,00 dollars. Le précédent record qui datait de 2007 concernait un Château Mouton Rothschild, millésime 1945 également, adjugé à 310 700 dollars. Et il s'agissait d'un jéroboam. Ce qui met le litre de rouge à un prix tout de suite plus raisonnable…

LOISIRS TENDANCE

La « planche à rame »

Le surf vous a toujours fait rêver, mais vous manquez de témérité ? Pourquoi ne pas essayer le paddle, un sport de glisse moins extrême, mais qui muscle tout autant. *Paddle* est le nom non pas de cette planche de surf géante, mais de la pagaie que l'on utilise pour se propulser. Popularisé par des célébrités en vacances, le paddle fait désormais partie des activités nautiques auxquelles on peut facilement s'adonner en bord de mer ou sur un lac. Le plus dur ? Se mettre debout dessus ! Ensuite, il est plus facile de garder sa position qu'avec une planche à voile, mais gare aux coups de soleil !

« *Œuf de février, œuf de fumier.* »

DRÔLE DE NOM POUR UNE VILLE !

Gras

C'est en Ardèche, dans le Bas-Vivarais, que se situe la commune de Gras. Ses habitants, qui n'ont pas une corpulence supérieure à la normale, ne s'appellent pas les « Gras » et les « Grasses », mais les « Grassiens » et « Grassiennes ». Le nom de Gras, autrefois Grads, viendrait de « gradins », évoquant les plateaux descendant en marches depuis les monts d'Ardèche.

Mon Trésor (public) !

D'une manière générale, notre très chère direction des impôts n'aime pas trop que l'on paie en retard. Mais estimez-vous heureux de ne recevoir que des lettres de relance et des majorations ! Au XVIIe siècle, le cardinal Mazarin avait instauré une loi stipulant que tous les retardataires au paiement de la taille (impôt versé par les paysans en échange de la protection de leur seigneur) seraient directement jetés en prison. Résultat : 23 000 incarcérations. Ça fait des économies de timbre…

MONSTRES CÉLÈBRES
Dracula

L'archétype des suceurs de sang a été créé par l'écrivain britannique Bram Stoker en 1897. Mais ce n'est pas le premier des vampires : déjà Jules Verne en mettait un en scène dans *Le Château des Carpathes* (1892). Le comte de Dracula vit dans un château lugubre en Transylvanie, où il commet de nombreux meurtres pour assouvir son inextinguible soif de sang. Ce personnage livide aux canines qui suscitent l'admiration des dentistes ne possède ni ombre ni reflet, sent le moisi, déteste l'odeur de l'ail et perd tous ses pouvoirs dès que le jour se lève… Pour le tuer, le choix est aussi restreint que macabre : un coup de pieu dans le cœur, une balle bénite dans le corps ou bien la décapitation.

BLOCAGE DES GILETS JAUNES

LES GRANDS DE LA PETITE REINE

Si, en cyclisme, le jaune est plutôt de bon augure, en amour, il en est tout autrement, puisque c'est la couleur associée à l'infidélité. Avec cette anecdote croustillante, les deux se rencontrent ! En 1932, le coureur leader du Tour, André Leducq, est invité chez un notable d'une ville-étape. Mais lors du dîner, la femme du maître des lieux n'a de cesse de « faire du pied » au cycliste. Joueur, Leducq suit la femme à la fin du dîner, lorsqu'elle propose de lui montrer la maison… Son ami Marcel Bidot, futur entraîneur de l'équipe de France, ayant compris ce qui se trame, se fait un devoir d'occuper le mari naïf pendant la visite, et va même plus loin, puisqu'il parvient, par ruse, à lui faire porter du jaune avant que les amants ne reviennent. Double ironie de l'histoire, Leducq finit aussi son Tour en jaune cette année-là…

*« Vigne taillée en février,
le raisin emplit le grenier. »*

NOVLANGUES & JARGONS

Si, un jour, en traînant dans les couloirs d'une entreprise, vous entendez « c'est plutôt tricky comme approche, je prends le lead sur la propale. Tu m'envoies les slides ? », ne paniquez pas, tout va bien se passer. Il s'agit ici d'un exemple de novlangue à l'utilité douteuse voulant dire : « Notre approche est risquée, je prends la direction de notre offre commerciale. Tu m'envoies la présentation ? » Oui, on sait, ils auraient pu le dire comme ça, mais cela aurait manqué de « modernité inspirationelle ».

Charade

Classique

Mon premier se trouve sous la croûte.

Mon deuxième est une compagnie pétrolière.

Mon troisième est l'extrémité d'un aimant.

Mon quatrième est une déclaration de peste.

Mon cinquième est en tête de référendum.

Mon tout est un auteur-compositeur-interprète français qui cultive une apparence singulière.

MICHEL POLNAREFF (MIE - SHELL - PÔLE - NA - RÉF)

C'est tragique !

De prime abord, en lisant les grandes tragédies grecques, on peut penser que le but est de faire subir à un héros malchanceux ou maladroit tous les malheurs possibles et imaginables dans une démarche plus sadique que littéraire. Et pourtant, la dernière partie d'une tragédie – selon les règles fixées par Aristote – se doit d'être une « catharsis », c'est-à-dire un moment où le public ressent un sentiment de pitié ou de peur après la chute du héros. Selon le philosophe, cette notion est essentielle pour donner à réfléchir. C'est pourquoi tous les héros de tragédies antiques ne « méritent » pas vraiment leur sort.
Un peu vicieux, mais diaboliquement efficace !

[L'actu] Histoire d'eau (minérale)

Cette petite mésaventure arrivée à une ressortissante belge montre que la circulation des marchandises en Europe, y compris entre voisins, est un peu moins aisée qu'on pourrait l'imaginer. Habitante d'une commune frontalière, la dame avait pris l'habitude, comme beaucoup de ses compatriotes, d'aller faire ses courses dans un supermarché de Louvroil (Nord). Il y a quelques mois, de retour d'emplettes en France, elle est arrêtée par la douane volante belge qui, après examen de la marchandise achetée chez les Ch'tis, lui inflige une amende de 414 euros ! Son tort : avoir rapporté 400 bouteilles d'eau minérale. La consommatrice a eu beau expliquer qu'elle avait fait le plein pour elle et sa famille parce que l'eau minérale coûte 30 % moins cher de l'autre côté de la frontière, les gabelous n'ont rien voulu entendre. Ils lui ont rappelé cette règle européenne méconnue, et donc rarement respectée : pour un produit de consommation courante comme l'eau minérale, on ne « rapporte d'un autre pays de l'Union que des quantités conformes à sa consommation personnelle ». Quatre cents litres d'eau, c'était donc trop ! Et pour les Français qui voudraient rapporter de la bière belge, sachez que le maximum est fixé à 110 litres.

Le soleil se lève à **7 h 37** et se couche à **18 h 29**

« *Si février ne févrotte, mars marmotte.* »

Rétro Vermot

Un gros fumeur explique à un collègue :
« À la maison, nous avons divisé par deux notre consommation de tabac.
– Félicitations ! Comment avez-vous fait ?
– Eh bien, ma femme a arrêté de fumer. »

TU M'EN DIRAS TANT

"Le point commun entre tous les hommes que j'ai aimés? Moi!"

Jeanne Moreau

INVENTIONS INSOLITES

Alors qu'avant, il n'existait pas d'alternative au travail manuel lorsqu'on voulait accomplir quelque chose, nous avons désormais la chance (ou la malchance, c'est selon) de vivre à une époque où il existe un objet inutile pour toutes les situations. Et bien sûr, nul besoin d'être manuel, il suffit de commander ce qu'on souhaite en un clic et le tour est joué ! Un artefact parfaitement loufoque arrive chez vous. Celui-ci s'adresse à tous ceux qui en ont marre des biscottes qui cassent et des tranches de pain qui se trouent le matin quand on les beurre. Vous vous reconnaissez ? Alors, foncez vite acheter cette incroyable invention : du beurre en stick, à l'image de la colle pour écolier. Finies les mains sales, les biscottes qui éclatent et les miettes partout. Merci qui ?

Brèves régions

Haute-Corse/ Le marin russe

Le 27 février 1862, des témoins se présentent à la mairie de Talasani pour déclarer avoir découvert en bord de mer, au lieu-dit Stagnolo, « le cadavre d'un individu inconnu, de sexe masculin, taille d'un mètre soixante centimètres, habillé d'une veste de drap bleu fermée et doublée de tartan en laine à carreaux bleus et rouges, d'un pantalon de drap de même couleur que la veste, d'une chemise bleue à petites raies jaunes et blanchâtres, d'une paire de chaussettes en laine dont une tire sur le blanc et l'autre sur le noir ». L'homme n'a sur lui « ni argent ni objet » et « on suppose d'après son habillement qu'il était marin faisant partie de l'équipage du bâtiment russe qui a fait naufrage dans le courant du mois près de l'embouchure du Golo ».

Histoire cochonne

Si se débarrasser d'un homme, plus ou moins trépassé, en le jetant à manger à des cochons demeure une pratique courante dans la mafia, le scaphisme a, lui, semble-t-il disparu. Le « supplice de l'auge », mis au point par les Perses et décrit par Plutarque, consistait à enfermer la victime entre deux mangeoires à cochons en laissant sa tête, ses bras et ses jambes sortir, l'ensemble étant enduit de miel. Les mouches ne tardaient pas à s'inviter au festin, jusqu'à dévorer le supplicié qui mourrait lentement dans sa propre décomposition. Les anciens Perses avaient la réputation d'être des gens raffinés…

« *Ne crains pas l'année bissextile, mais plutôt celle d'avant et celle d'après.* »

CLASHS D'ARTISTES

Défenseur mémorable du capitaine Dreyfus, Émile Zola est lui-même accusé de trahison et victime d'attaques virulentes, bien avant « l'affaire », à cause des Rougon-Macquart. En 1887, la sortie de *La Terre* provoque la furie de cinq écrivains, qui signent un manifeste dans *Le Figaro*. Ils accusent le maître d'être « descendu au fond de l'immondice ». Zola ne répliquera jamais publiquement, se contentant de préciser, avec malice, qu'il ne connaît aucun des auteurs. Et vous, Paul Bonnetain, Lucien Descaves, Gustave Guiches, Paul Margueritte et J.-H. Rosny, vous connaissez ?

ILS ONT DIT

« Le seul moment où les enfants ne donnent pas de soucis, c'est quand on les fait. »

Patrick Sébastien

Expressions du potager

J'ai la cerise !

J'ai la poisse, la mouise, la débine ! Pas de bol, quoi… Et pourtant, c'est joli les cerises, ça brille, on s'en fait des boucles d'oreilles… On dirait des porte-bonheur. Mais la cerise a pour cousine proche la guigne, petite, rouge, sucrée et à longue queue, qui a la malchance d'être quasi homonyme de « guignon », un mot venant d'un temps fort reculé et signifiant « clin d'œil », qui renvoie au clin d'œil des sorcières, c'est-à-dire au mauvais œil. Et depuis le Moyen Âge, avoir le guignon, c'est précisément avoir le mauvais œil ! Le pauvre Rutebeuf a ainsi chanté son *guignon d'hiver* et Molière a joliment qualifié un fâcheux de « porte-guignon ». Par la suite, on a peu à peu oublié le mauvais œil pour faire peser la responsabilité de la malchance sur le pauvre fruit, la guigne. Et plus récemment, on est passé de la guigne, qui se fait rare sur les marchés, à la cerise – une scoumoune plus moderne ! Il y a même des malheureux qui non seulement ont la cerise, mais qui – cerise sur la gâteau ! – se la font péter !

AUTANT DE RAISONS DE SE RÉJOUIR

Accoucher… et profiter de la vie

Combien de fois, en lisant la biographie de femmes ayant vécu à une autre époque, tombe-t-on sur les expressions « morte en donnant le jour à… » ou bien « morte en couches » ? On a parfois tendance à oublier combien l'accouchement peut être un moment critique dans la vie d'une femme, celui où elle se sent probablement le plus vulnérable. Mais aussi celui où, autrefois, elle avait de gros risques de mourir. La mortalité maternelle a heureusement bien diminué depuis le XVIIIe siècle : on comptait alors, en France, 10 décès pour 1 000 naissances, contre 10 pour 100 000 aujourd'hui. Cent fois moins ! C'est encore trop, bien sûr, mais nous pouvons quand même nous réjouir de cet immense progrès.

Samedi 29 février

Saint Auguste – On fête aussi les Antoinette

Le soleil se lève à **7 h 33** et se couche à **18 h 33**

« *Je suis née une année bissextile, un 29 février, et mon anniversaire a lieu tous les quatre ans. Cela me donne au moins l'impression de ne pas vieillir.* »
Michèle Morgan

~~VRAI~~ ou FAUX ? Les *fake news* de l'histoire

La tour Eiffel est en vente !

En 1925, dans un article évoquant le coût exorbitant pour la Ville de Paris de l'entretien de la tour Eiffel, un journaliste se demandait si le monument n'allait pas finir par être vendu. L'Américain Victor Lustig reprit l'idée à son compte pour mettre en place une arnaque faramineuse : vendre la tour Eiffel à des ferrailleurs ! Il réussit ainsi à convaincre André Poisson d'acheter les 7 300 tonnes de fer puddlé de la tour Eiffel et de lui verser un pot-de-vin pour remporter le marché face à d'hypothétiques concurrents. Le ferrailleur berné en fut si honteux qu'il ne porta même pas plainte.

Secrets des chansons mythiques

Avant de danser un slow sur la chanson *Every Breath You Take* du groupe The Police, mieux vaut se pencher d'un peu plus près sur les paroles, qui n'ont pas grand-chose de romantique… Selon le chanteur Sting lui-même, c'est une « chanson perverse sur la surveillance et le contrôle qu'on exerce sur une autre personne, sur la présence étouffante que l'on fait subir à l'être aimé et qui transforme l'amour en une torture réciproque ». En effet, on a déjà vu plus romantique !

Ça, c'est fait… divers

C'est le quotidien pyrénéen L'Indépendant *qui, il y a quelques mois, a révélé et permis de résoudre une affaire commencée par l'enlèvement d'une fillette de 6 ans en… 1959 ! À l'époque, Michèle vit avec son frère André, de deux ans son cadet, et leur mère à Perpignan. Cette dernière est séparée depuis quelque temps de leur père, un militaire kabyle. Les deux enfants sont d'ailleurs nés en Algérie alors française. En 1959 donc, le père enlève sa fille devant le domicile maternel avant de disparaître. Rapidement, les policiers acquièrent la conviction que l'homme est retourné en Algérie. Mais sur place, la situation dégénère et, pour les autorités, il y a plus urgent que de se lancer dans la recherche d'une fillette kidnappée par son père. Bientôt, la guerre éclate, puis c'est l'indépendance du pays. Malgré les appels à témoins réguliers de sa mère dans la presse au cours des années qui suivent, Michèle restera introuvable. Pendant presque six décennies ! Jusqu'à ce nouvel appel lancé par André, son frère, dans les colonnes de* L'Indépendant *en 2018 et relayé via Facebook. Michèle s'est reconnue. Depuis 1962, elle vivait en Bourgogne ! Après son kidnapping, ramenée de force par son père en Algérie, l'enfant avait fugué à plusieurs reprises avant d'être placée dans des familles d'accueil. Rapatriée en France après l'indépendance algérienne, Michèle avait grandi dans des foyers de la DDASS. Peu à peu, elle avait fini par « oublier » sa mère et son frère, son père, lui, étant décédé en 1964. Presque 60 ans après avoir été brutalement séparée, la fratrie s'est enfin retrouvée. « C'est comme si on s'était quittés une semaine plus tôt », s'est réjoui André. Une semaine qui en compte tout de même plus de 3 000…*

Argot-quiz…

Que désignent les « badigoinces » : les lèvres ou les oreilles ?

Réponse : les lèvres.

« *Pluie à la Saint-Aubin,*
eau plus chère que le vin. »

Perles de sportifs

Rêveur qui s'emmêle les pinceaux

Qui l'a dit ? Amaury Leveaux, nageur.

La perle, à l'annonce de la mort de Nelson Mandela : « I have a dream. » Ok Amaury, l'intention est belle, mais ce n'est pas le bon bonhomme !

L'ÉNIGME DE LA MACHINE À COUDRE

EPISODE 3

À peine Alice a-t-elle claqué la porte de son appartement qu'elle entend son portable sonner. Une voix professionnelle : « Oui, bonjour Madame Barbosi, Monsieur Dumont, notaire. » La suite de la conversation s'avère tellement surprenante que les informations lui arrivent dans le désordre, comme un puzzle. Elle comprend que c'est lui, le notaire, qui lui a envoyé l'almanach… Les dernières volontés de Célia. Elle a mis fin à ses jours à 95 ans en avalant une surdose de médicaments. Elle a désigné Alice comme héritière. « Mais attendez, je ne connais personne qui porte ce nom dans ma famille ! », s'écrie-t-elle, époustouflée par l'annonce. Célia Tomrev n'apparaît sur aucun registre d'état civil, lui explique le notaire. Peut-être un pseudonyme… Quand Alice raccroche, son regard parcourt immédiatement le Post-it qui lui a servi de planche de salut pendant cet entretien surréaliste. Y est inscrit : aller en Dordogne impérativement le 3 décembre pour découvrir la maison que me lègue Célia Tomrev. Le 3 décembre ! C'est-à-dire… demain ! Mais quel était ce jeu un brin cruel et autoritaire orchestré du côté des limbes par la vieille dame ? Pourquoi ne lui donnait-elle aucun indice sur le lien qui pouvait exister entre elles ? Cette question de l'identité remuait chez Alice des sentiments douloureux. Et si elle refusait ? Si elle n'allait pas demain dans la maison de Dordogne ? Alice enlève ses boucles d'oreilles créoles et se sert un thé chaud, tout en compulsant à nouveau mes pages d'une main distraite. En octobre, un détail retient pourtant son attention : une de mes illustrations a été découpée, à côté d'une recette à base de lard pour se protéger de la rouille. Cette béance ne serait-elle pas une manière de lui désigner une direction ? Alice se dit qu'il doit bien exister des archives où trouver l'almanach original. Elle peut y passer demain matin avant de prendre son train pour la Dordogne. Car la curiosité est trop forte et Alice est décidée : elle prendra ce train.

(À suivre le mois prochain)

Lundi **2 mars**

Saint Charles le Bon – On fête aussi les Charlton, Chad, Jaoua

Le soleil se lève à **7h29** *et se couche à* **18h36**

« *Quand on ne travaillera plus le lendemain des jours de repos, la fatigue sera vaincue.* »

Pierre Dac

Verbes régionaux

ENTRUCHER(S')

En Champagne, quand on avale quelque chose de travers, on dit qu'on «s'entruche». Il semblerait que ce verbe local se soit formé sur la base du mot trachée. Ainsi, tout obstacle, comme de la nourriture ou de la boisson, qui fait fausse route et vient temporairement entraver notre respiration sans aller jusqu'à l'étouffement vient nous «entrucher».

Secrets des chansons mythiques

Mais quel est donc ce fameux «Teen Spirit» évoqué par Nirvana dans la chanson *Smells Like Teen Spirit* et repris en chœur par les adolescents (et des adultes) du monde entier? Serait-ce, comme on le croit généralement, le parfum de la rébellion adolescente? Presque! Le «Teen Spirit» est en fait une marque de déodorant très prisée des jeunes Américains dans les années 1980. Qui aurait cru que la rébellion adolescente commencerait… sous les aisselles?!

Ça, c'est fait… divers

Dans l'univers des trafics et de la contrefaçon, tous les produits sont susceptibles d'attirer les escrocs. Ainsi, bien loin des classiques produits de luxe, parfums, vêtements et autres jouets, un gang, récemment démantelé à Paris et dans sa banlieue proche, s'était spécialisé dans le trafic de fausses tours Eiffel miniatures destinées aux touristes. Le réseau opérait entre la Chine et la France via des intermédiaires gabonais, qui faisaient transiter une partie de la marchandise par la Belgique pour brouiller les pistes. Après plusieurs mois de filatures, les enquêteurs ont réussi à enregistrer une transaction entre intermédiaires et grossistes dans la zone d'import-export asiatique d'Aubervilliers, en Seine-Saint-Denis. Lors des perquisitions qui ont suivi dans plusieurs hangars du secteur, plus de 20 tonnes de tours Eiffel miniatures contrefaites ont été découvertes pour une valeur estimée de 800000 euros. Ces mini-tours Eiffel, qui ne respectaient pas les normes de fabrication européennes, étaient destinées, pour une bonne partie, aux boutiques de souvenirs. Non seulement ces échoppes vendaient des produits en toc, mais en plus ceux-ci étaient faux!

Monstres célèbres
Méduse

Le portrait effrayant de Méduse ne se résume pas à sa chevelure entièrement constituée de serpents! Cette monstruosité est aussi dotée d'une mâchoire évoquant celle des vampires, d'une langue pendante et d'yeux exorbités pouvant pétrifier quiconque ose croiser son regard. Fille de Gaïa (la Terre) et de Pontos (l'Océan), elle fait partie d'un trio de sœurs infernales, les Gorgones. Sthéno et Euryale sont moins célèbres qu'elle, mais ont un avantage : elles sont immortelles. Méduse, elle, finit décapitée par un certain Persée… Ouf!

« En mars, quand il fait beau, prends ton manteau. »

Rétro Vermot

Deux hommes discutent sur le Champ-de-Mars : « Quand on regarde la tour Eiffel, on se sent vraiment peu de chose !
– Surtout quand on est réellement peu de chose ! »

h ph
Pièges de l'ortografe

Bon après-midi

Faut-il souhaiter que l'après-midi soit « bon » ou « bonne » ? Aucun dictionnaire n'a tranché entre féminin ou masculin et la littérature donne des exemples d'emplois diversifiés chez les plus grands auteurs… Toutefois, l'Académie française rappelle que le mot « midi » est masculin et que ce n'est pas l'adverbe de temps « après » qui va le faire changer de genre !

0 2 0 BINAIRO

Cette grille ne contient que des 0 et des 2.
Il y a autant de 2 et de 0 sur chaque ligne et sur chaque colonne.
Il n'y a pas plus de 2 chiffres identiques côte à côte.
2 lignes ou colonnes ne peuvent être identiques.

		0				2	2
2				2			
	0	0			0		
		2	0	2	0		
	0						2
	0		0			0	
				2			
			0	2			

Solution page 86

Les déserts exceptionnels

Atacama, le désert le plus aride du monde

C'est au nord-est du Chili, à quelque 4000m d'altitude, que s'étend ce désert volcanique, dont certains secteurs n'ont jamais connu une seule goutte de pluie! Composé de volcans enneigés, d'étendues de sel et de lagunes minérales, Atacama présente un visage lunaire extraordinaire qui fascine les voyageurs. Sa terre rougeâtre est transpercée par endroits de geysers assourdissants, ou de lacs aux eaux turquoise, habités par des flamants roses. Outre ces gracieux volatiles, des équipes de scientifiques parcourent ces terres inhospitalières tout au long de l'année. La clarté du ciel d'Atacama et les conditions climatiques hors du commun – une aridité et un ensoleillement record – ont conduit à l'installation d'une petite dizaine de stations de recherche. Le point culminant, le volcan Licancabur (6000m d'altitude), est notamment étudié pour ses similarités climatiques avec Mars – en particulier par rapport au lac qui occupe son cratère. D'autres sites sont célèbres pour leurs conditions d'existence exceptionnelles, comme la vallée de la Lune, coupée du monde, ou les quatre-vingts geysers d'El Tatio. À découvrir également: les vestiges d'habitations quechua, une culture andine ancestrale, aujourd'hui disparue.

Nouveaux comiques

Houah uh uh uh uh

Jeff Panacloc

À l'instar de Rémi Gaillard qui a dépoussiéré les « caméras cachées », Jeff Panacloc (l'envers de son vrai nom Colcanap) a dynamité la ventriloquie tant il excelle dans l'art délicat de l'illusion vocale ! Sa marionnette star, le singe Jean-Marc, est bigrement plus féroce et grossière que ses aïeux *seventies* Nestor le Pingouin de David Michel ou Tatayet de Michel Dejeneffe. Hyperactif et sans limite, Jean-Marc est incontrôlable, y compris pour son manipulateur. Autoproclamé « roi de la vanne », son humour féroce n'épargne personne. Le duo Jean-Marc/Jeff Panacloc fait un sacré Guignol !

Mercredi 4 mars

Saint Casimir – On fête aussi les Casimo

Le soleil se lève à **7h25** et se couche à **18h39**

« *Si l'on n'a pas vu de mauvais temps en février, on le verra en mars.* »

Chiffres et expressions

Brûler la chandelle par les deux bouts

Avant l'invention du pétrole et de l'électricité, on s'éclairait avec des bougies dont la cire était très coûteuse. On prenait donc soin de n'utiliser ces chandelles qu'avec parcimonie. L'expression est née pour qualifier ceux qui gaspillent inutilement quelque chose de valeur. On pourrait dire aussi « jeter l'argent par les fenêtres ».

BLASON

La ville d'Oxford abrite la plus ancienne université du monde anglo-saxon. Elle n'a pourtant pas choisi ce symbole pour son blason puisqu'on voit sur celui-ci un bœuf traversant une rivière. Les eaux peuvent être celles de la Tamise. Mais pourquoi un bœuf ? Il faut décomposer le nom d'Oxford et en traduire les éléments pour comprendre que *ox ford* signifie « gué du bœuf ». (Voir code couleur en dernière page.)

[L'actu] Ara qui rit ? Non, qui rougit !

Après les homards qui planent (voir au 16 février), des perroquets qui rougissent d'émotion ! Des chercheurs français ont publié, dans la revue de référence *PLOS One*, une étude conduite sur cinq aras du zoo de Beauval, dans laquelle ils indiquent avoir rigoureusement observé le phénomène. Les perroquets rosissent, pour être exact. Cela signifie que leur face est momentanément plus vascularisée, un changement observé sur les photographies et films enregistrés par les scientifiques. Et en même temps qu'ils rougissent, les aras ébouriffent les plumes de leur cou pour faire une couronne autour de la tête, signe d'une émotion positive selon les chercheurs. L'expérience est limitée par le petit échantillon : seulement cinq volatiles. Et elle ne permet pas de se prononcer formellement sur la raison du rougissement. Mais ces travaux posent des jalons qui permettront de « mieux comprendre la sensibilité des oiseaux ». Pour Aline Bertin, chargée de recherche à l'INRA qui a dirigé l'expérience : « On n'imagine pas que l'oiseau puisse avoir un monde émotionnel aussi complexe qu'un primate, un chien ou un chat. » Et pourtant… Allez, à partir de maintenant, vous ne regarderez plus les poules et les dindes comme avant !

Invisibles : les petites mains du pouvoir

On n'y pense que rarement, mais savez-vous combien de personnes travaillent chaque jour à l'Élysée ? La réponse est… plus de mille ! Parmi ce millier de petites mains, on trouve tous les métiers, du plus prestigieux de tous au plus commun. Pour la plomberie, par exemple, pas question de faire appel à la société du coin ! C'est un plombier dédié qui est détaché en permanence au « château » pour y assurer la maintenance et les réparations. En voilà un qui doit avoir de solides tuyaux politiques !

« *C'est en mars que le printemps chante et que les rhumatismes commencent.* »

Mon Trésor (public) !

Faire un enfant, ce n'est pas seulement une initiative personnelle, c'est aussi un acte citoyen qui permet de soutenir la natalité nationale et de booster l'économie. À tel point qu'en 1938, les jeunes couples français qui n'avaient pas d'enfant dans les années suivant leur mariage se voyaient réclamer une « taxe de compensation familiale », mise en place par le gouvernement Daladier pour soutenir la croissance du pays et son repeuplement à la suite de la Grande Guerre. À quand l'acte sexuel notarié ?

LE NID DE PIE

	R	R	O	T	H	E	R	A		R	I	D	E
B	P	A	X	I	A	N	L	K	N	T	I		R
L	T	A	P	T	R	E		D	M	C	O		F
L	C			R	A	H	R	B	R	T	A	A	K
P	A	O	M	R			B	E	C	L	C	E	P
A	S	T	I	Y	T	T	R	E	C	H	S	X	T
U		U	S	Q	O	E	S	R	A	I	L	P	X
	N	L	A	E	N		A	R	A	U		E	N
T	N	U	N	I	D	P		T	T	I	T	N	E
T	E	S	T	R	O		N	M	D	T	L	N	T
E	K		H	U	O	O	C	E	E	U	O	L	I
	G	S	R	E	M	U	E	C	H	I		U	E
U	D		O		H	C		U	V	R	E	A	
Q	R	D		T	R	E	M	E	N	T	A	O	B

Solution page 89

Le groupe de lettres « PIE » a été remplacé par l'image de l'oiseau : Tous les mots de la liste sont distincts dans la grille, c'est-à-dire qu'aucun mot n'est complètement inclus dans un autre.

CASPIENNE
CHARPIE CHIPIE
CLAPIER
COPIE ECTOPIE
ÉPIER ÉPIEU
ESTROPIÉ HARPIE
HIPPIE IMPIE
MISANTHROPIE
MYOPIE PAPIER
PAUPIETTE
PIÉCETTE PIED
PIÉDESTAL PIÈGE
PIÉMONTAISE
PIÉRIDE PIERRAILLE
PIERROT
PIETÀ PIÉTINER
PIÉTON
PIÈTREMENT
PIEUVRE POURPIER
RÉCIPIENT ROUPIE
SAPIENCE
THÉRAPIE TOUPIE
TRÉPIED
UTOPIE

Charade

Classique

Mon premier est une petite nappe d'eau.

Mon deuxième est un petit siège.

Mon troisième est donc utile.

Mon quatrième porte une couronne.

Mon tout est un champion de boxe français.

MARCEL CERDAN (MARE - SELLE - SERT - DENT)

HOROSCOPE CHINOIS

TIGRE

Caractère : Bon vivant, dynamique, intelligent, impulsif, instinctif, combatif, stratège, colérique.

Les grandes tendances de l'année

Février et mars vous inciteront à faire le point sur vous ou sur une situation. Profitez-en pour vous fixer de nouveaux objectifs. Pour beaucoup, 2020 sera mise sous le signe de la famille. Ce sera l'occasion de vous rapprocher de vos enfants, de vivre des moments forts (naissance, mariage…), voire de vous réconcilier avec certaines personnes.

« *À la Sainte-Colette commence à chanter l'alouette.* »

Étymolo-quiz...

Le mot latin *potio* a donné deux mots dans notre langue : « potion » et… « potage » ou « poison » ?

Réponse : poison.

MÊLEZ-VOUS DE VOS AFFAIRES

Quand un gouvernement aide à fomenter un coup d'État dans un pays étranger, l'idée est que cela ne laisse pas (trop) de traces. Peut-être des généraux américains ont-ils oublié ce détail en écrivant dans un rapport du Pentagone à propos d'une tentative de coup d'État au Sud Viêt Nam en 1963 : « Nous avons maintenu un contact clandestin avec eux au cours de la planification et de l'exécution du coup d'État, cherché à réviser leur plan opérationnel, et proposé un nouveau gouvernement. » Niveau discrétion, on a vu mieux !

ILS ONT DIT

« L'alcool, il y a deux versions. Soit c'est un ennemi qui te veut du bien mais qui te fait du mal, soit c'est un ami qui te veut du mal mais qui te fait du bien. »

Jacques Dutronc

Recette de cuisine

Cookies

Pour 4 à 6 pers. 15 min de préparation 10 min de cuisson (environ)

120 g de beurre à la fleur de sel
100 g de farine
50 g d'amandes ou de noisettes en poudre
50 g de sucre
1 sachet de levure
1 œuf
1 tablette de chocolat (noir ou lait)

Préchauffez le four à 180 °C (th. 6). Faites fondre le beurre. Mélangez la farine, la poudre de noisettes ou d'amandes, le sucre et la levure. Creusez un puits au centre et cassez l'œuf. Versez le beurre fondu et mélangez bien jusqu'à obtenir une pâte homogène.
Concassez le chocolat et incorporez les morceaux dans la pâte.
Sur une plaque tapissée de papier sulfurisé, déposez de belles cuillerées de pâte bien espacées.
Enfournez pour 7 à 8 minutes de cuisson. Arrêtez le four et laissez les cookies dedans, porte entrouverte, pendant 3 ou 4 minutes.
Laissez tiédir avant de déguster.

Conseil : ces cookies se conserveront plusieurs jours dans une boîte hermétique.
Variantes : vous pouvez remplacer la farine par un mélange de 50 g de fécule de maïs et de 50 g de farine de riz, ou panacher les 3.

Le Chiffre

3 380 mètres

C'est la distance parcourue à la nage, les mains et les pieds liés, par le Bulgare Yane Petkov. Instructeur de natation, le sexagénaire, qui s'était fait ravir son record de 2 030 m par un pêcheur indien en 2013, a réussi cet exploit sur le lac d'Ohrid, à la frontière de la Macédoine et de l'Albanie. Le visage hors de l'eau, le Bulgare a parcouru la distance en trois heures. Petite précision pour celles et ceux qui voudraient tenter l'expérience : Yane Petkov avait non seulement les mains et pieds liés mais, en plus, il était enfermé dans un sac. Certes, il était en permanence surveillé par une équipe médicale, mais quand même !

Samedi 7 mars

Sainte Félicité – On fête aussi les Perpétue, Nathan, Ethan

« *Mars sec et chaud remplit caves et tonneaux.* »

DRÔLE DE NOM POUR UNE VILLE !

Camarade

Camarade est l'une des communes les plus étendues de l'Ariège, arrosée par un ruisseau éponyme, affluent de l'Arize. Ses habitants ne sont ni les Copains ni les Camarades, mais les Camareaux. Ces deux noms sont formés à partir du latin *camara*, qui se traduit par « chambre ». Le dolmen érigé sur la commune ou encore des grottes voisines sont sans doute à l'origine de ce nom.

ILS ONT DIT

« La bêtise est aussi dangereuse en temps de paix que l'étaient les nazis pendant la guerre. » José Artur

{ Mots qui changent de sens }

Avant de désigner des contenus audiovisuels divisés en épisodes, le mot « série » servait en ancien français à figurer un lieu et un moment où les femmes se retrouvaient pour tisser et travailler. On considère généralement que le mot était employé jusqu'au XVe siècle dans le sens de « veillée », mais avec une connotation uniquement féminine. La série est-elle l'ancêtre des premières réunions non mixtes ?

LES GRANDS DE LA PETITE REINE

De nos jours, tous les coureurs cyclistes sur route professionnels sont équipés de vélos possédant des cassettes de 11 pignons, parfois même 12, et de deux plateaux à l'avant, leur offrant une palette complète de « braquets » pour faire face à toutes les situations et topographies. Mais pendant près de 30 ans, les coureurs du Tour de France n'ont utilisé que des vélos à pignon unique et fixe. Difficile d'imaginer aujourd'hui aborder la moindre montée sans pouvoir changer de vitesse ! Et pourtant… l'intégration de cette invention au peloton n'a pas été évidente : les organisateurs du Tour de France ont autorisé l'utilisation d'un dérailleur pour les amateurs dès 1924, mais ont refusé ce « déloyal avantage » aux pros, qui ont dû patienter encore plus de 10 ans…

LA CONNAISSANCE EST-ELLE UNE ARME ?

Les « Cruella » de l'histoire

La Jeanne d'Arc britannique

Au Ier siècle, Prasutagos, roi du peuple britannique des Iceni, légua une partie de son royaume à sa femme Boadicée, et le reste aux Romains. Il espérait en retour bienveillance et protection. Mais Rome s'empara de toutes les richesses du territoire ! Boadicée eut la mauvaise idée de protester : elle fut battue et ses filles furent violées. Pour se venger, elle souleva une armée contre les légions romaines. Sans pitié, elle fit massacrer tous ceux qui n'avaient pas quitté Londres. On évoque 70 000 à 80 000 morts. Elle se montra particulièrement cruelle avec les femmes romaines, qu'elle faisait pendre, puis empaler, nues et les seins mutilés. Elle-même mourut en 61, vers l'âge de 30 ans. On ne sait si ce fut de maladie ou bien en se suicidant avant d'être capturée par les Romains, qui finirent par mater la rébellion.

Dimanche 8 mars

Saint Jean de Dieu – On fête aussi les Humphrey, Ryan, Pons

Le soleil se lève à 7h17 et se couche à 18h45

Journée des droits de la femme

« Quand en mars il pleut, autant que tu peux sois heureux. »

Invisibles : les petites mains du pouvoir

Le 8 mars 2018, à l'occasion de la Journée internationale des droits des femmes, le député François Ruffin a rendu un hommage peu banal aux femmes de ménage « invisibles » de l'Assemblée nationale. Ces petites fées des logis parlementaires, qui s'occupent des appartements et chambres de fonction des députés et de leurs équipes, œuvrent souvent dans des conditions difficiles : contrats à temps partiel, salaires de misère, horaires décalés… Pourquoi, demande François Ruffin, ne bénéficieraient-elles pas des mêmes avantages que les autres salariés de l'Assemblée nationale ? Si les députés ont des draps propres, leur conscience ne l'est peut-être pas autant…

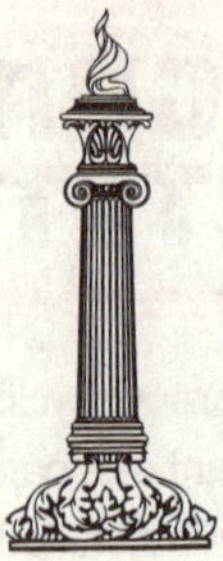

AUX ORIGINES DES JEUX OLYMPIQUES

Après avoir accumulé un retard assez aberrant, le sport féminin semble avoir le vent en poupe ! Et, enfin, les sponsors, les diffuseurs et les organisateurs commencent à considérer sérieusement les performances féminines. Même les Grecs de l'Antiquité, peuple misogyne par excellence, faisaient mieux que nous. En effet, si les jeux Olympiques étaient exclusivement réservés aux hommes, les femmes avaient leur propre compétition, les jeux Héréens, du nom de la déesse Héra, qui se tenaient deux semaines après les Jeux masculins. Hormis les distances adaptées et la présence de femmes dans l'arène, les jeux Héréens n'étaient pas très différents de leurs cousins masculins, surtout en ce qui concerne les performances impressionnantes des athlètes. Pierre de Coubertin, autre misogyne notoire qui affirmait que l'alliance du muscle et du cerveau était l'apanage des hommes, avait sûrement oublié ce fait en laissant de côté, lors de la première édition de ses jeux Olympiques modernes, plus de la moitié de la population mondiale…

LE RAS-LE-BOL DES FRANÇAIS

ILS ONT DIT

« L'avenir de l'homme est la femme. Elle a la couleur de son âme. »

Louis Aragon

CITOYENS EXTRAORDINAIRES

En 1789, un texte fondamental paraît, que vous connaissez forcément puisqu'il s'agit de la Déclaration des droits de l'homme et du citoyen. En rupture totale avec la monarchie et le système parfaitement inégal de répartition des droits qui avait cours jusque-là, le texte oublie pourtant un aspect non négligeable de l'égalité des citoyens : l'égalité homme-femme. C'est Olympe de Gouges, considérée comme la mère du féminisme moderne, qui compense ce manque en publiant deux ans plus tard sa Déclaration des droits de la femme et de la citoyenne, réclamant des droits égaux pour les femmes dont, déjà, le droit de vote. Il faudra malheureusement attendre plusieurs siècles pour que son idée soit justement considérée, mais l'intention est déjà bel et bien là !

Solution binairo [p. 81]

0	2	0	2	0	0	2	2
2	0	2	0	2	2	0	0
2	0	0	2	0	0	2	2
0	2	2	0	2	0	2	0
2	0	0	2	0	2	0	2
2	0	2	0	0	2	0	2
0	2	0	2	2	0	2	0
0	2	2	0	2	2	0	0

Le soleil se lève à 7h15 et se couche à 18h47

Lundi 9 mars

Sainte Françoise – On fête aussi les Fanny, Alvère, Botolf

« Quand il tonne en mars, on peut dire "hélas". »

Argot-quiz...

Que veut dire « charcler » : mourir ou assassiner ?

Réponse : assassiner.

FONTE DES GLACES :
L'AIDE HUMANITAIRE S'ORGANISE.

Brèves régions

Allier/C'est à Moulins qu'est née Coco

Gabrielle Chanel quitte en 1900 le couvent d'Aubazine, en Corrèze, pour rejoindre les chanoinesses de l'institution Notre-Dame de Moulins. À 18 ans, elle est placée par les religieuses à la Maison Grampayre, dont l'enseigne arbore : « À Sainte-Marie, soieries, dentelles et rubans. » Gabrielle y accueille la clientèle, réalise les ventes, prend les commandes et effectue des retouches. C'est notamment grâce à cette dernière activité, dans laquelle elle excelle, qu'elle se fait remarquer pour devenir quelques années plus tard « Coco Chanel », icône de la mode.

ILS ONT DIT

« Le secret du bonheur en amour, ce n'est pas d'être aveugle, mais de savoir fermer les yeux quand il le faut. »

Simone Signoret

INVENTIONS INSOLITES

À une époque où la consommation de boissons sucrées n'a jamais été aussi importante (il se boit environ 250 milliards de litres de Coca-Cola® par an dans le monde !), l'eau est plus que jamais l'option saine lorsqu'il s'agit de se désaltérer. Mais pour le service marketing d'une grande marque d'eau japonaise, le simple fait que l'eau soit la boisson la plus hydratante et la moins calorique ne suffit pas à faire décoller les ventes. Qu'à cela ne tienne, voilà que ces petits génies proposent au monde un nouveau produit révolutionnaire, qui est disponible au pays du Soleil-Levant depuis quelques années déjà : l'eau « light ». Oui, vous avez bien lu. L'argument commercial de la marque est que cette eau contient des peptides spéciaux qui la rendraient encore plus saine que les autres eaux minérales du marché.

130 – Cent-trente – CXXX

130, c'est le nombre de véhicules qu'une quadragénaire a méticuleusement rayés pendant près de six mois à Royan (Charente-Maritime). Concentrées sur quelques rues autour du marché de la célèbre station balnéaire, ces dégradations ont créé un début de psychose auprès des habitants du quartier, installant un climat de suspicion et de tension entre voisins. Après plusieurs mois d'enquête et de surveillance, les policiers ont fini par appréhender la coupable en flagrant délit de détérioration. Placée en garde à vue, celle-ci a expliqué aux agents éberlués qu'elle avait décidé de s'en prendre aux voitures « les plus brillantes », car c'était « les véhicules utilisés par les insurgés ». Après quelques vérifications, il s'est avéré que cette dernière avait déjà sévi en 2010 à Saintes. Récidiviste mais surtout dérangée, la femme a finalement été internée d'office.

Mardi 10 mars

Saint Vivien – On fête aussi les Simplice

Le soleil se lève à **7h13** *et se couche à* **18h48**

« *Qui prête à rire n'est jamais sûr d'être remboursé.* »
Raymond Devos

Ça s'est passé Le 10 mars 1920

Un artiste prolifique (écrivain, peintre, musicien, acteur) voit le jour à Ville-d'Avray. Il s'agit de Boris Vian, qui aura une vie aussi remplie que brève : il mourra à 39 ans à peine.

Rétro Vermot

Un Écossais lit un livre à la lumière d'un bougeoir. Toutes les 2 minutes, il se lève, souffle la bougie, revient s'asseoir, se relève et rallume la bougie.
« Qu'est-ce que tu fabriques ? demande sa femme qui tricote près de lui.
– J'économise la lumière... Tu peux très bien tricoter dans le noir et, moi, je n'ai pas besoin de lumière pour tourner la page ! »

[L'actu] La revanche de Pluton

Déchu de son statut de planète en 2006, au grand dam de nombreux astronomes qui continuent de la considérer comme telle, Pluton pourrait bien devenir le « dernier monde habitable du système solaire », selon le spécialiste Caleb Scharf. Le Britannique, directeur du Centre d'astrobiologie multidisciplinaire de l'université Columbia, fonde sa théorie sur l'évolution du Soleil. Selon lui, notre étoile pourrait gonfler sous l'effet de l'épuisement de l'hydrogène qui compose 75 % de sa masse. Jusqu'à multiplier par 100 sa propre surface. Mercure et Vénus seraient désintégrées. Puis, à cause du manque d'hélium cette fois, le Soleil devrait gonfler pour atteindre « jusqu'à des milliers de fois les dimensions solaires actuelles ». La Terre et Mars seraient dévorées à leur tour. En revanche, la petite Pluton pourrait, elle, bénéficier du phénomène ! À sa surface, la température de l'objet stellaire, principalement composé de roches et de glace de méthane, pourrait passer de -230 °C à... 27 °C ! Et le réchauffement des matières qui la composent pourrait entraîner des conditions favorables à la vie. Un bien bel espoir, mais ce n'est pas pour tout de suite... Disons pas avant 4 ou 5 milliards d'années !

SUPPRESSION DE LA TAXE D'HABITATION POUR TOUS

SUDOKU DIFFICILE

6				2	3			9
				5				
5	8							3
9	7							6
				3	7			
		2	4					
2				9	8		5	
1					5		6	
		7		6			1	

Solution page 97

Problèmes de maths du certificat d'études

Un marchand de grains achète, une première fois, 285 hl de blé à 36 F le quintal. Lors d'une seconde transaction, il en achète une quantité égale aux 2/3 de la première, à 37 F le quintal. Lors d'une troisième visite, il en achète au prix de 38 F le quintal un poids égal aux 6/5e de celui du second achat.

Question 1 : Calculer le prix de revient total en sachant qu'un double dal de blé pèse 15 kg.

Question 2 : Le marchand revend tout son blé à un prix unique et fait un bénéfice total de 2 151,75 F. Quel est le prix de vente du quintal de blé ?

Réponse 2 : 41 F
Réponse 1 : 19465,50 F

« *Saint-Euloge voit les jeunes lapins à l'auge.* »

Argot-quiz...

Que fait quelqu'un qui « s'esbigne » ?

Réponse : il fuit.

Nos régions ont du talent

C'est bien connu, les Bourguignons ne font jamais rien comme tout le monde. La preuve en est cette tradition de Noël qui perdure encore aujourd'hui : celle du père Janvier. Bien mal nommé puisqu'il passe en décembre récompenser les enfants sages, pendant que son compère, le père Fouettard, passe, lui, pour punir les polissons. Une fois leur soulier rempli, les enfants se réunissent et font du porte à porte pour souhaiter à tous « bonne année, bonne santé et le paradis à la fin de vos jours ». En voilà une délicate attention !

Solution mots mêlés [p. 83]

C'est tragique !

Tout le monde connaît la tragédie grecque, c'est entendu, puisqu'elle est assez généralement étudiée à l'école. Mais connaissez-vous le sens étymologique du mot lui-même ? Du grec *tragôidia*, il est la combinaison de *tràgos* (bouc) et de *ôidê* (chant). Une tragédie est donc littéralement « le chant du bouc ». Sur les origines du terme, plusieurs théories s'affrontent, dont la plus répandue et la plus communément admise par les historiens de la tragédie est que le chant du bouc qu'on mène à l'autel sacrificiel représente la plainte du héros tragique, soumis à un destin funeste qu'il ne peut combattre. Séduisant, non ?

Expressions du potager

J'ai pas un radis !

S'il est plein de vitamines, le radis n'a jamais été considéré comme aphrodisiaque. Toutefois, sa forme lui a valu de désigner ce que l'on appelle gentiment le zizi, surtout celui des petits garçons étant donné ses dimensions, mais aussi parfois celui des grands, en guise de moquerie. Dans cette catégorie du p'tit oiseau, la concurrence est rude chez les fruits et les légumes, mais le radis tire sa petite épingle du jeu face au cornichon, au concombre, à la banane, au salsifis, au poireau ou à l'asperge. Quant au radis noir, on le trouve dans le champ ecclésiastique, non pour désigner la flamberge des clercs, mais le curé lui-même, dans la vieille tradition anti-calotine. Néanmoins, n'avoir pas un radis, ce n'est pas souffrir d'une virilité défaillante, mais être dépourvu d'oseille, de fraîche, d'artiche. Pourquoi ? Le radis pourrait-il être creux comme une bourse vide ? Non, c'est parce qu'il ne vaut pas grand-chose : des nèfles ! Dans les années 1880, on appelait « radis » la pièce d'un sou. D'où la verte réplique de Courteline : « Flûte ! Vous m'agacez ! Allez vous faire lanlaire. Vous n'aurez pas un radis ! »

« *Quand la mer gronde sourdement, fermez vos portes, braves gens.* »

NOVLANGUES & JARGONS

Lors de votre prochain entretien d'embauche, si vous voulez être dans le coup, ne dites surtout pas que vous êtes quelqu'un de volontaire et que vous aimez travailler en équipe. Ces arguments éculés et souvent choisis par défaut sont devenus trop «has been» (ringard)! Préférez dire que vous êtes un «go and getter drivé par le teamwork». C'est exactement la même chose, mais vous gagnerez des points de coolitude supplémentaires!

Verbes régionaux

ROUMÉGUER

Toute la région Occitanie, de la Gascogne au Languedoc, connaît le verbe «rouméguer» qui signifie «râler». En revanche, dans les deux tiers du nord de la France, personne n'utilise ce mot, qui est pourtant bel et bien entré dans le dictionnaire de la langue française. On entend dans la sonorité du mot les borborygmes de celui qui rumine sa colère, ronchonne ou bougonne.

AVENTURIERS DE L'IMPOSSIBLE

Jordan Romero, le plus jeune alpiniste de l'extrême

Il y a des parents qui «couvent» leurs enfants de peur qu'ils n'attrapent un rhume, et d'autres, au contraire, qui semblent ne pas craindre de les exposer à des températures extrêmes. Lorsque Paul Romero et Karen Lundgren décident de monter au sommet de l'Everest en 2010, ils sont accompagnés de leur fils, Jordan, âgé de seulement… 13 ans! Cet exploit fait du jeune aventurier alpiniste le plus jeune conquérant de la montagne la plus haute du monde. Jordan, passionné de montagne depuis sa plus tendre enfance, ne s'est pas arrêté à cet exploit puisqu'il est devenu, à l'âge de 15 ans, la plus jeune personne à avoir gravi les plus hauts sommets des sept continents : le Kilimandjaro en Afrique (gravi à 9 ans), l'Elbrouz en Europe, l'Aconcagua en Amérique du Sud, le Denali en Amérique du Nord, le Puncak Jaya en Océanie, l'Everest en Asie et le massif Vinson en Antarctique.

COMMENT ÉVITER LA DISPARITION DE LA PRESSE PAPIER ?

Brèves régions

Ardennes/Rocroi, porte de la France

Aujourd'hui située aux proches abords de la symbolique frontière belge, la cité de Rocroi a eu un passé glorieux qui a forgé l'architecture de son centre-ville. En 1555, c'est Henri II, roi de France et fils de François Ier, qui fait bâtir la première enceinte de fortifications pour protéger la frontière de Champagne d'éventuelles attaques espagnoles conduites par Charles Quint. Pour les travaux de cette cité militaire, on trace alors 10 rues qui forment une étoile depuis la place centrale, permettant aux soldats de la garnison d'accéder rapidement à leurs postes. De nos jours, Rocroi est une des deux seules villes européennes à avoir conservé son plan d'origine très caractéristique.

MOTS FLÉCHÉS

Nef transversale
Clôturaient
Vin coulant
Bugle
Virtuose
Dévoré
Coulait à Byzanoo
Jeta un froid
Société
Infuse
Acquis
Pâle
Avocates
Aime le plein air
C'est l'impossible
Rendre slave
Son coup ne fait pas mal
Comme Django Reinhardt
Feint de louer
Vérifiée
Avant la matière
Grésiller
Échange
Éteint le feu
Coin des brebis
Dénombra
Particule subatomique
Rivière du Dorset
Auteur
C'est de l'or
Peut être plate
Emballage
Tête de turcs
Tenaille de forgeron
Proche
Tel le serf
En marge
Rendu
Joie
Après le CP
Annexe
Nettoie
Bon ou mauvais
Zèbre
Se lança
Digne de foi
Corrigerons
Rien
Peut être civil
Contrariais
Malhonnête
Déchet liquide
Dirigées
Ferai l'affaire
Élégance
Donne de l'air
Cloche
Faiblesse du fils d'Isaac
Absorbés
Xénon
Plancher des vaches
Gaz toxique
Point commun
Dévidoir
Suit le courant
Précède Paul
Veille sur Belfort
Paris s'y trouve
Plaies
Voit rouge

SOLUTION PAGE 95

Le soleil se lève à **7 h 05** *et se couche à* **18 h 54**

« *Une petite gelée purifie toujours l'air un peu.* »

DE L'OR DANS LA VOIX

Enrico Caruso est une icône de l'opéra italien. Très prolifique, il enregistra plus de 290 titres entre 1902 et 1920. Mais en plus de sa voix exceptionnelle qui lui fit tenir le rôle de premier ténor du Metropolitan Opera de New York, il est également célèbre pour avoir été le tout premier chanteur à vendre un million de disques avec *Vesti la giubba* tirée de l'opéra de Ruggero Leoncavallo, *Paillasse*, en 1904.

Malala Yousafzai

Pièges de l'ortografe (h, ph)

Être censé

Bien qu'ils se prononcent de la même manière, il ne faut pas confondre les adjectifs « censé » et « sensé ». Si on revient à leur étymologie, le premier signifie « jugé » ou « évalué » ; le second pourrait être remplacé par « judicieux ». En utilisant ces synonymes à leur place, vous écrirez sans faute « les paroles sensées de cet homme censé ne pas oublier la loi ».

CLASHS D'ARTISTES

Stars des années 1960-1970, Claude François et Johnny Hallyday entretenaient une rivalité redoutable pour le titre de numéro 1 de la chanson française. Cet antagonisme se doublait d'une grande animosité entre les deux hommes, qui se détestaient dans la vie. Johnny et Cloclo ne cessaient de s'observer, de s'épier. Selon le rockeur disparu en décembre 2017, l'interprète de *Comme d'habitude* séduisait ses ex-petites amies par jalousie : « C'était le circuit, tu savais que, si tu sortais avec moi, tu pouvais ensuite te faire Cloclo », expliquait-il en 2013. Pour se venger, l'idole des jeunes draguait des claudettes !

Champions de la lose

Son palmarès : 35 accidents, 40 fractures, 1895 jours à l'hôpital, 1095 jours de plâtre, 3 comas, 3 traumatismes crâniens et 6 mois de paralysie. Son nom ? Jean-François Daraud, alias Monsieur Scoumoune ! Depuis qu'à l'âge de 5 ans, le natif de Cauterets est tombé dans une cuve à vin, la poisse s'est définitivement installée dans sa vie. Cycliste pendant les années 1980, il est rapidement considéré comme le coureur le plus malchanceux du peloton. Un jour, il manque de mourir en s'étouffant après avoir avalé la tétine d'un bidon de ravitaillement. Il y gagne son surnom. Une autre fois, alors qu'il est à Lourdes pour conjurer le mauvais sort, un car le renverse : arrivé devant la grotte miraculeuse sur ses deux jambes, il en repart en fauteuil roulant ! Après 40 ans de blessures et gnons en tous genres, Jean-François Daraud tente d'exorciser sa malchance en publiant un livre sur son cas. Il devient un temps la coqueluche des talk-shows télévisés, ce qui requinque un peu notre homme qui tente d'exploiter sa petite notoriété dans la politique. Mais la loi des séries continue : candidat à trois reprises, sous trois étiquettes différentes, il a été battu trois fois. Quand on a la poisse…

« *Il faut toujours un hiver pour bercer un printemps.* »

Rétro Vermot

Un brave homme s'adresse à sa voisine : « Savez-vous que votre chien aboie toute la nuit ? – Je sais, mais ce n'est pas grave, car il dort toute la journée ! »

BLASON

C'est aux Baléares que se trouve Manacor, sur l'île de Majorque. Ville natale du joueur de tennis Rafael Nadal, son blason est un mauvais rébus. Une main tient un cœur qui semble arraché, libre adaptation des mots espagnols *mano*, pour la main, et *corazón*, pour le cœur. Une création qui, il faut l'avouer, n'est pas des plus heureuses tant graphiquement que symboliquement. (Voir code couleur en dernière page.)

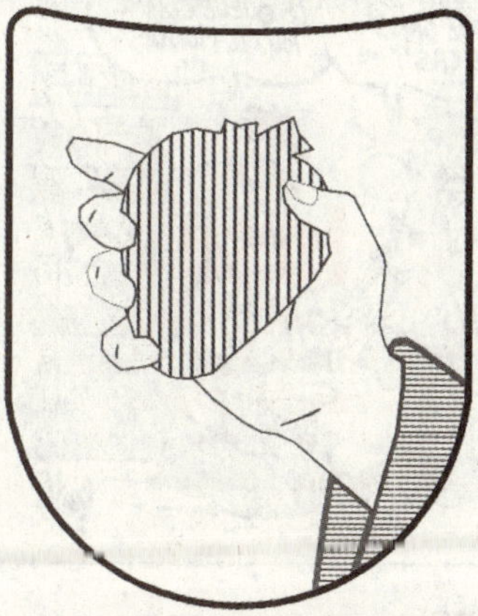

ILS ONT DIT

« Le monde est peuplé d'imbéciles qui se battent contre des demeurés pour sauvegarder une société absurde. »

Jean Yanne

GRANDS VOYAGEURS

Alexandra David-Néel, exploratrice de l'Orient

Tibétologue, écrivaine et exploratrice, Alexandra David-Néel a passé sa vie là où on ne l'attendait pas. Née à Saint-Mandé en 1868, la jeune femme voyage seule très tôt. Elle se convertit au bouddhisme à l'âge de 21 ans et se destine à une carrière d'orientaliste. Elle s'installe en Inde en 1910, où elle rencontre le dalaï-lama et s'initie au yoga. Les années suivantes, elle séjourne successivement au Tibet, au Japon, en Corée, en Chine et en Mongolie. En 1924, elle parvient à s'infiltrer deux mois incognito à Lhassa, alors interdite aux étrangers, et devient la première Européenne à réaliser cet exploit. Durant les décennies qui suivent, l'exploratrice poursuit ses études orientales et signe de nombreux récits de voyage. Elle passe la dernière partie de sa vie en France, à Digne, où elle publie plusieurs ouvrages. À sa mort, en 1969, elle laisse derrière elle un précieux fonds documentaire et s'affirme comme l'une des figures du féminisme du XXe siècle.

AUTANT DE RAISONS DE SE RÉJOUIR

Saveurs d'ailleurs

Parmi les plaisirs associés à un voyage à l'étranger, celui de découvrir des spécialités culinaires locales – et souvent de s'en régaler – est l'un des plus intenses. Mais il n'est plus nécessaire d'avoir les moyens de partir loin pour vivre un véritable dépaysement sensoriel. C'est l'un des bons côtés de la mondialisation : pouvoir savourer chez soi toutes les cuisines du monde. Une simple promenade parmi les allées d'un marché, ou dans les rayons d'une épicerie spécialisée ou d'un supermarché, nous permet d'acheter ces goûts d'ailleurs. Gingembre, coriandre, carambole, papaye… tous les aliments exotiques sont à portée de main. Et nos papilles s'en réjouissent !

Lundi 16 mars

Sainte Bénédicte – On fête aussi les Eusébie, Héribert

Le soleil se lève à **7h01** *et se couche à* **18h57**

« Soleil de mars, rhumes tenaces. »

Étymolo-quiz...

Donnez le comparatif et le superlatif dérivés du mot latin *magnus*.

Réponse : majeur et maximum.

[L'actu] Des Celtes ès têtes

Les historiens romains de l'Antiquité l'affirmaient. Des archéologues et chimistes français viennent de le démontrer : nos ancêtres les Gaulois embaumaient les têtes de leurs ennemis avant de les exposer devant leurs maisons ou sur les fortifications des villages. C'est la conclusion d'une récente étude menée par l'université de Montpellier, celle d'Avignon et le CNRS publiée dans le *Journal of Archaeological Science*. Les analyses effectuées sur des fragments de restes humains retrouvés au Cailar, dans le Gard, non loin d'Aigues-Mortes, sont formelles : «Une partie des échantillons analysés par spectroscopie contient des biomarqueurs de résine de conifères et des molécules de composés aromatiques obtenus uniquement lorsqu'on chauffe la résine d'arbres appartenant à la famille des pinacées, notamment le cèdre. Il s'agit donc d'un traitement volontaire, correspondant à celui décrit dans les sources littéraires antiques», explique Réjane Roure, chercheuse qui a codirigé l'étude. «Quant aux têtes des ennemis les plus renommés, ils les embaument avec de l'huile de cèdre et les conservent soigneusement dans une caisse», rapporte le chroniqueur Diodore de Sicile, contemporain de César et d'Auguste, à propos des pratiques rituelles des Celtes. Dans ses *Commentaires historiques*, le Grec Strabon précise que les Gaulois exhibaient parfois ces têtes devant leurs hôtes, comme symbole de puissance, et qu'ils refusaient de les rendre, «même en échange de leur poids en or». Si la pratique de la décollation des têtes suivie de leur exhibition publique témoignent de mœurs un tantinet barbares, celle de la thanatopraxie est plus flatteuse pour la réputation de nos ancêtres : en embaumant les têtes, les Gaulois voulaient non seulement «embellir» leurs trophées, mais aussi les conserver le plus longtemps possible, tout en diffusant une odeur agréable… Un 3 en 1, en quelque sorte!

Charade

Répétitive

Mon premier a six défenses.
Mon deuxième a six quenottes.
Mon troisième a six molaires.
Mon quatrième a six crocs.
Mon cinquième a six incisives.
Mon sixième a six chocottes.
Mon septième a six canines.
Mon huitième a six chicots.
Mon neuvième a six mâchelières.
Mon dixième a six prémolaires.
Mon tout est un rebelle.

DISSIDENT : DIX-SIX-DENTS

Chiffres et expressions

Nager entre deux eaux

Les «deux eaux» dont il est question ici ne sont pas l'eau douce et l'eau salée! «Nager entre deux eaux», c'est s'aventurer dans une zone où les courants sont forts. L'expression qualifie donc à l'origine le bon barreur qui assure la route de son bateau entre des courants contradictoires, ou l'excellent nageur qui lutte contre les forces de la nature.

« Mars gris, avril pluvieux font l'an fertil et plantureux. »

Les fautes des grands écrivains

Dans sa nouvelle *La Patronne* parue dans la revue *La Lanterne*, Guy de Maupassant écrit ceci : « Je sortis et j'entrai dans une brasserie où j'absorbais deux tasses de café et quatre ou cinq petits vers pour me donner du courage. » Plusieurs explications sont possibles : soit il était entomophage (le fait de manger des insectes), soit il adorait les ambiances du genre *Koh-Lanta*… Ou alors, et c'est sûrement la véritable explication, c'est tout simplement une erreur de l'écrivain, due peut-être à une très légère surconsommation de certains breuvages alcoolisés… Loin de nous l'idée de lui en vouloir, d'autant qu'il n'est pas le seul écrivain génial à être porté sur la bouteille ! On ne va tout de même pas lui chercher des verres…

Brèves régions

Jura/Hôtel franco-suisse

À La Cure, dans le Jura, l'hôtel Arbez, dit « franco-suisse », porte bien son nom. Il s'agissait autrefois d'une épicerie sur la partie suisse et d'un bar sur la partie française. Ces deux commerces ont été réunis en un seul établissement, qui présente aujourd'hui la particularité d'être traversé par la frontière séparant notre pays de celui des Helvètes. L'histoire ne dit pas où sont versés les taxes et les impôts…

Ha! Ha! Ha!

Nous sommes dans une petite ville de province vers 1 heure du matin. Un homme d'une cinquantaine d'années avance en titubant sur le trottoir. Une voiture de police passe à proximité. Après l'avoir observé pendant quelques instants, les agents arrêtent leur véhicule, en descendent et s'approchent de l'homme. L'un d'entre eux lui demande :

« Bonsoir Monsieur, c'est une simple vérification, car vous ne semblez pas aller très bien. Avez-vous besoin d'aide ?

– Non, ça va aller, répond l'homme en bafouillant.

– Mais pourquoi êtes-vous encore dans la rue à cette heure de la nuit ?

– Je vais à un séminaire sur les effets néfastes de l'alcool, lui explique avec difficulté le quinquagénaire.

– Est-ce que vous vous moquez de nous ?, s'exclame le policier. Qui pourrait avoir l'idée d'organiser un séminaire à cette heure avancée de la nuit ?

– Ma femme… à la maison… »

Solution mots fléchés [p. 91]

[p. 91]

	T		G		M		B		F		I	
G	R	I	L	L	A	G	E	A	I	E	N	T
	A	V	O	U	E	E	S		L	U	N	E
P	N	E	U		S	L	A	V	I	S	E	R
	S		G	I	T	A	N		A		E	N
O	E	I	I		R		T	A	L	C		E
	P	R	O	T	O	N		P	E	R	E	
S	T	O	U	R		E	A	U		A	G	A
		N		O	F	F		R	E	C	R	U
I	C	I		C	E		L	E	C	H	E	
	O	S	A		R	A	I	E	R	O	N	S
C	R	E	D	I	B	L	E		E	T	A	T
	V		D	O	L	O	S	I	V	E		R
D	E	P	I	T	A	I	S		I	R	A	I
	A	U	T	A	N		E	R	S		X	E
A	B	R	I		C	L		A	S	P	E	
	L	I	O	N		U	L	C	E	R	E	S
T	E	N	N	E	S	S	E	E		E	S	T

« *Ciel vêtu de laine, eau peu lointaine.* »

Ça s'est passé En mars 1820

Après l'assassinat du duc de Berry, des lois restreignant la liberté de la presse sont votées, annonçant le retour de la censure et l'obligation de demander une autorisation préalable avant de diffuser un journal.

LES GRANDS ILLUSIONNISTES

Le premier « prestidigitateur »

Le nom de Jules de Rovère (1797-1864) ne vous dit probablement rien : il est en effet surtout connu des puristes. C'était un contemporain du grand Jean-Eugène Robert-Houdin : les deux hommes se côtoyèrent dans les années 1830. En revanche, vous connaissez assurément un mot de son invention : prestidigitateur. C'est en 1819 qu'il forgea ce terme pour se démarquer de la concurrence et se détacher des termes physicien et escamoteur, alors usuels mais quelque peu péjoratifs. Le prestidigitateur, c'est celui qui fait preuve d'une grande agilité de ses doigts pour manipuler des cartes, des dés ou tout autre objet susceptible de disparaître ou de réapparaître de manière surprenante. Outre sa passion pour l'illusionnisme, Jules de Rovère en avait une pour des engins nouveaux : les aérostats !

MÊLEZ-VOUS DE VOS AFFAIRES

Hitler, un grand humanitaire qui s'ignorait ? C'est en tout cas ce qu'il a voulu faire croire lorsque, dans les premiers temps de sa politique expansionniste, il a lancé ses troupes à l'assaut de la Tchécoslovaquie. Conquête ? Que nenni ! Il s'agissait, selon les dignitaires nazis, d'une « intervention humanitaire » pour venir en aide aux populations tchécoslovaques. Si on ne connaissait pas la fin de l'histoire, le prétexte prêterait presque à sourire…

MALADIES ÉTRANGES

Au panthéon des maladies réelles mais particulièrement étranges, le délire d'illusion des sosies de Capgras a de quoi figurer en bonne place, si ce n'est même à la première ! Ce trouble psychiatrique fait croire aux gens qui en sont atteints que l'intégralité de leur entourage familial, amical et professionnel, a été remplacée par une armée de sosies qui prétendent être réels, mais ne sont que le fruit d'une machination extérieure. Ils sont ainsi persuadés de n'avoir en face d'eux que des imposteurs et peuvent alors réagir de manière violente pour se protéger. C'est une maladie associée à la paranoïa et pour laquelle il n'existe pas encore de remède efficace connu. Peut-être un lecteur d'empreintes digitales pour se rassurer quand on croise un ami ?

Adam Creuze
Chirurgien dentiste

Consultations sur rendez-vous

« Pour Saint-Joseph, l'hirondelle va et vient. »

Expressions d'hier décryptées

Être de la vache à Colas

Née au XVIIIe siècle, cette expression désignait un protestant. L'histoire raconte que la vache de Nicolas Pannier, un vigneron d'Orléans, échappa à la surveillance de son gardien et se retrouva au beau milieu d'une célébration du culte réformé. Les assistants, croyant à une provocation des catholiques, tuèrent la bête et s'en partagèrent les morceaux.

Pimpon !

ANECDOTES DE POMPIERS

Dilemme éthique : « Je m'excuse de vous déranger, mais je suis sur l'autoroute en direction de Bayonne. Je suis sur la bande d'arrêt d'urgence. Je viens de m'apercevoir que j'ai oublié mon fils à la station-service. Est-ce que je fais marche arrière ou bien vous me le ramenez ? »

Solution sudoku [p. 88]

6	1	4	8	2	3	5	7	9
7	2	3	6	5	9	8	4	1
5	8	9	7	4	1	6	2	3
9	7	1	5	8	2	4	3	6
4	6	5	9	3	7	1	8	2
8	3	2	4	1	6	7	9	5
2	4	6	1	9	8	3	5	7
1	9	8	3	7	5	2	6	4
3	5	7	2	6	4	9	1	8

Brèves régions

Savoie/Le pays de l'Opinel

C'est à Saint-Jean-de-Maurienne que naquit l'Opinel. Ce petit couteau savoyard porte le nom de son inventeur, Joseph Opinel, né en 1872. Son grand-père forgeait des clous et son père était taillandier. À l'âge de 18 ans, Joseph souhaitait inventer un outil qu'il puisse fabriquer avec les techniques modernes. Contre l'avis de son père, qui aimait le travail artisanal et se méfiait des machines, il réussit le défi qu'il s'était lui-même lancé et inventa l'indispensable petit couteau de poche. Ainsi, contrairement à une idée reçue, l'Opinel n'a jamais été produit artisanalement.

ÉLÉMENTAIRE !
Enquêteurs célèbres

De Louis Lépine, on retient surtout le concours du même nom qui récompense chaque année les inventeurs et inventions de tout poil. Mais ce n'est pas la seule chose notable que Lépine ait créée. En effet, préfet de son état, l'homme a légué un héritage important dans le domaine policier. C'est lui, par exemple, qui créa en 1912 la brigade criminelle, la brigade fluviale, ainsi que la brigade cycliste. C'est lui également qui équipa les policiers des célèbres bâtons blancs et sifflets à roulette. Ingénieux, il créa même une brigade « Berlitz », dont les membres, formés à l'école linguistique du même nom, avaient pour mission de renseigner les touristes étrangers perdus dans Paris. Parmi ses « inventions » policières, on trouve aussi les avertisseurs téléphoniques publics, la création de sens giratoires, de sens uniques et de passages piétons, les chiens sauveteurs... Prolifique, vous avez dit ?

« Jamais pluie au printemps ne passe pour mauvais temps. »

ILS ONT DIT

« Les enfants illuminent vraiment un foyer : ils n'éteignent jamais les lumières ! »

Michel Galabru

Mon Trésor (public) !

Vous aimez les fruits et les légumes frais et en consommez régulièrement comme il est conseillé ? Alors, on espère que vous n'aimez pas trop la logique ! Car figurez-vous que les fruits et les légumes produits localement sont soumis à une taxe spéciale que ceux venant de l'étranger évitent allègrement. Vous paierez donc moins cher un fruit qui a pris l'avion qu'un fruit récolté à côté de chez vous. Une initiative bourrée d'intelligence que l'on doit à l'Union européenne et à ses règles de libre concurrence…

Ça s'est passé

En 1820

À Nice, le révérend britannique Lewis Way finance les travaux de construction d'un chemin longeant le littoral, rebaptisé en 1860 « la promenade des Anglais ».

MONSTRES CÉLÈBRES
Nessie

L'Écosse est réputée pour ses cornemuses, son whisky, ses châteaux, ses lacs… et son monstre. Depuis les années 1930, les rumeurs vont bon train concernant cette étrange créature, sorte de diplodocus aquatique, qui vivrait dans les eaux sombres du Loch Ness, se laissant de temps à autre furtivement observer. Faut-il préciser qu'il s'agit fort probablement d'un canular ? L'idée initiale revient à un directeur de cirque qui a flairé un bon coup marketing à faire, face aux réactions de la population après qu'il a fait baigner ses éléphants dans le lac. Certains médias, comme souvent, ont tôt fait de déformer la réalité pour en faire le scoop de l'année… Le tour est joué !

二千二十 2020 année du RAT

Des égouts aux étoiles

Si Mickey est la plus célèbre des souris, le plus célèbre des rats est probablement, du moins pour les jeunes générations, Rémy, le héros du dessin animé *Ratatouille* (Pixar, 2007). Dans ce long métrage d'animation dont l'action se déroule à Paris, un jeune rat d'égout passionné de gastronomie (n'oublions pas, le rat a l'odorat fin !) fait tout ce qu'il peut pour sortir du monde parallèle dans lequel vivent ses congénères. Guidé par ses prédispositions de fin gourmet et vouant une admiration sans bornes au chef étoilé Auguste Gusteau — double hommage à Auguste Escoffier et à Bernard Loiseau —, il se révèle excellent cuisinier et finit par devenir chef d'un restaurant. Pour cela, il parvient à communiquer avec un jeune commis maladroit, Alfred, qu'il « téléguide » en restant caché sous sa toque. Un rat très malin et très créatif !

« *À la Sainte-Clémence, les moutons prennent du ton.* »

Pan Pan!

PERLES DE POLICIERS

Suspicieux : « Bonjour, je suis inquiet, ma femme est rentrée du supermarché en me disant qu'elle avait acheté de la mort aux rats et qu'elle allait se faire un thé… »

{ Mots qui changent de sens }

Si l'on vous dit que vous avez les yeux glauques, ne vous énervez pas tout de suite ! Peut-être que la personne qui vous dit cela vous fait un compliment : le sens originel du mot vient du grec *glaukos*, lequel désignait la couleur vert pâle. Certains auteurs grecs n'hésitaient d'ailleurs pas à l'employer pour parler de « mer glauque » ou « d'yeux glauques ». Ce n'est que dans les années 1970, par association fautive, que le terme a pris sa connotation négative.

ILS ONT DIT

« Il vaut mieux se taire et être pris pour un fou, que de l'ouvrir et ne laisser aucun doute à ce sujet. »

Mark Twain

VERMOT'ROSCOPE

BÉLIER *(21 mars – 20 avril)*

Caractère

Dynamique, entreprenant, volontaire, passionné, entier, impulsif, créatif, combatif, rapide, curieux, franc, direct, héroïque, conquérant, séducteur, infatigable.

Le message des astres

En 2020, cela ne rigolera pas. Jupiter, Saturne et Pluton viendront vous titiller, surtout à partir de juillet. Attendez-vous à devoir changer vos habitudes et à faire face aux imprévus.

Vie relationnelle

Cette année, vous attendrez beaucoup de vos amis ou de vos proches. De mai à juillet, vous aurez envie de vrai et de sincérité. Beaucoup se rapprocheront des personnes qui leur semblent indispensables.

Amour

En couple, vous serez en quête de passion et vous chercherez à rompre avec les habitudes. D'un bout à l'autre de 2020, vous trouverez les moyens et les idées pour pimenter votre relation. Dès juillet, vous aurez besoin d'action et serez le moteur de votre couple. Ainsi, vous initierez de nombreux projets. Célibataire, vous serez indépendant et parfois solitaire durant le premier semestre, mais sur le second, vous reprendrez en main votre vie sentimentale. Attention toutefois à ne pas vous lancer dans une relation qui ne vous correspondra pas. Montrez-vous sélectif et surtout prudent.

Famille

2020 vous verra resserrer les liens avec certains proches. Pour quelques-uns d'entre vous, ce sera la bonne année pour vous réconcilier avec un parent ou un enfant. Vous remettrez donc les compteurs à zéro et la communication fera son grand retour. Ce sera la période idéale pour clore un chapitre et en entamer un autre.

Quotidien et vitalité

Il se peut que certains d'entre vous aient l'impression de courir après le temps ou d'évoluer dans l'urgence. Tout au long de l'année et surtout à partir de juillet, vous devrez vous accorder du temps afin de vous ressourcer, de pratiquer une activité et de vous préserver du stress. Pour certains, vous serez plus attentif à la manière dont vous gérerez votre capital énergétique.

Budget

Pas de gros problèmes de ce côté-là. Vous parviendrez à bien gérer votre argent et à mieux cibler vos achats. Pour certains, vous aurez même la possibilité de vous libérer d'un engagement financier ou de retraduire une situation plus équilibrée.

Comment optimiser votre année

C'est en étant ouvert sur le monde que la vie vous sourira. Ainsi, si vous souhaitez que la chance vous accompagne tout au long de l'année, vous devrez faire preuve d'une grande curiosité. Reconnectez-vous avec votre âme d'enfant.

« Pour bien manger en Angleterre, il faut prendre le petit déjeuner aux trois repas. »
Somerset Maugham

Mots intraduisibles

En plus d'être imprononçable, le mot *mamihlapinatapai* n'est pas simple à traduire. Tiré du yagan, une langue amérindienne parlée au Chili et en Terre de Feu, il décrit une situation que l'on a tous vécu et se définit par « un regard partagé entre deux personnes dont chacune espère que l'autre va prendre l'initiative de quelque chose que les deux désirent mais qu'aucun ne veut commencer ». Et on dit que le français est une langue riche !

Rétro Vermot

Un malade qu'on vient d'opérer se réveille dans une chambre complètement noire.
« Ne vous en faites pas, lui dit l'infirmière. Le chirurgien m'a fait baisser les stores parce que la maison d'en face est en train de brûler. Il craignait qu'en voyant les flammes à votre réveil, vous puissiez penser que l'opération n'avait pas réussi. »

[L'actu] Aides aux devoirs

Si les Écossais sont souvent considérés (à tort, bien entendu !) comme pingres, l'air humide des lochs rend certains d'entre eux démesurément prodigues. Pour aider sa fille étudiante admise à l'université de St Andrews, l'une des plus anciennes et des plus prestigieuses du Royaume-Uni, un milliardaire indien a embauché douze personnes. Professeurs particuliers dans plusieurs disciplines, mais aussi chauffeur privé, valet, femmes de chambre, cuisinier et… trois gouvernantes se consacrent ainsi au bien-être et à la réussite de la jeune femme pendant les quatre années de sa scolarité. L'enfant gâtée et ses chaperons sont bien sûr logés dans une villa de luxe. Rigoureusement sélectionnés et hautement qualifiés – on s'en doute –, les employés reçoivent en moyenne un salaire annuel de 30 000 livres sterling (33 700 euros). Et tous ont obligation d'ouvrir les portes à la demoiselle. Pour ne pas la distraire dans ses études, sans doute…

Au poil !

Les représentations historiques peuvent être trompeuses, surtout quand elles sont perçues des millénaires plus tard. Par exemple : en voyant les représentations d'époque des pharaons de l'Égypte antique sur les fresques, les statues et les masques mortuaires, on pourrait penser qu'ils étaient tous barbus, ou au moins pourvus d'un long bouc. Et pourtant, en réalité, les hauts dignitaires égyptiens étaient, pour la plupart, totalement imberbes, ou faisaient en sorte de le rester. Les longs boucs triangulaires qu'on voit sur les masques mortuaires et autres peintures étaient ajoutés après coup, et ce, que le pharaon en question soit homme ou femme…

Le soleil se lève à **6h46** et se couche à **19h08**

Lundi 23 mars

Saint Victorien – On fête aussi les Rebecca, Justog

« *S'il pleut à la Saint-Victorien, on ne ramassera que du foin.* »

Chiffres et expressions

En rester comme deux ronds de flan

Dans le langage d'autrefois, le « flan » désigne une pièce de monnaie. Quand on est très étonné d'une situation, on ouvre la bouche et on écarquille les yeux si grand qu'ils deviennent tout ronds et ressemblent à une grosse pièce de monnaie. Notre étonnement extrême nous laisse donc « comme deux ronds de flan » face à celui qui nous regarde.

ILS ONT DIT

« La femme des uns fait le bonheur des autres. »

Pierre Desproges

Charade

Charade-piège ou pseudo-charade

Mon premier joue du banjo.
Mon second fait son nid.
Mon troisième se trouve dans le quartier des Halles.
Mon quatrième se fait des idées.
Mon tout est un chanteur français qui a popularisé le rock 'n'roll dans l'Hexagone.

JOHNNY HALLYDAY
(JO - NIS - HALLES - IDÉES)

Brèves régions

Cher/L'écluse des Lorrains

L'écluse des Lorrains est la dernière écluse ronde qui subsiste en France dans son état d'origine. Construite sur la commune d'Apremont-sur-Allier, il fallut six ans de 1835 à 1841 pour réaliser ce magnifique ouvrage d'art qui permettait aux bateaux descendant l'Allier de rejoindre le réseau de canaux du centre de la France. Au début du XXe siècle, la baisse du cours de l'Allier sous le niveau du sas d'entrée rendit inutilisable l'écluse. Fonctionnelle pendant près d'un siècle, celle-ci est aujourd'hui abandonnée pour la navigation et sert de prise d'eau pour alimenter le canal latéral à la Loire jusqu'à Briare. À quelques kilomètres à peine de l'écluse des Lorrains se trouve un autre monument dédié à la navigation fluviale et remarquable par ses proportions : le grand pont-canal du Guétin.

AVENTURIERS DE L'IMPOSSIBLE

Robert Peary : à quelques encablures près...

Depuis qu'il est admis que la Terre est ronde (n'en déplaise à certains « platistes » qui persistent à penser le contraire), les pôles exercent une fascination quasi magnétique sur les hommes, et d'autant plus sur les aventuriers. Robert Peary est de ceux-là. Son nom est resté dans l'histoire comme celui du premier homme à avoir jamais atteint le pôle Nord. En 1909, lors de sa huitième expédition, l'explorateur américain atteint ainsi le pôle à pied, avec son second, quatre guides inuits et un simple traîneau tiré par des chiens en guise de support technique. Peu importe que des relevés modernes montrent que Peary a en fait raté le pôle d'environ 30 km ; l'exploit, étant donné l'époque à laquelle il a été accompli, mérite sans aucun doute de rester dans les annales.

Le soleil se lève à **6h44** et se couche à **19h10**

« *Autant de brumes en mars, autant de fruits en mai.* »

Pimpon !

ANECDOTES DE POMPIERS

Accident prévisionnel et taxi gratuit : « Combien ça coûterait pour qu'une ambulance de chez vous vienne nous chercher dimanche matin, vers 7 heures, à la sortie du *Macumba* ? »

BLASON

En héraldique, une anille constitue un motif composé de deux « C » entrecroisés et mis dos à dos. C'est aussi une sorte d'agrafe qui permet de garder solidaire une pierre dans laquelle une faille s'est insinuée. Mais, pour certains, ce symbole peut également figurer la lettre « H » et donc représenter l'initiale d'un patronyme sur un blason, comme pour la famille Habert. (Voir code couleur en dernière page.)

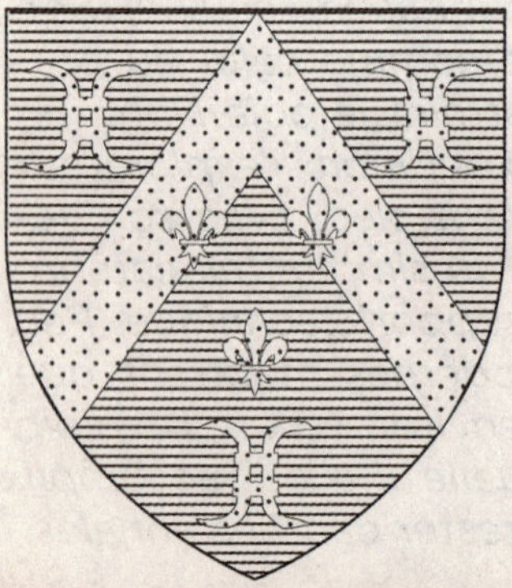

Trouvailles scientifiques incongrues

Mauvaise vue, mais tant mieux !

L'Américain Wilson Greatbatch conçut dans les années 1950 le premier pacemaker implanté « longue durée » : avec sa batterie au mercure, il avait une autonomie de deux ans, alors que les précédents modèles ne tenaient que quelques mois. Sauf que... ce fut à une méprise de l'inventeur que ce pacemaker dut son succès. En effet, lorsqu'il monta son appareil, Greatbatch se trompa en confondant deux composants électroniques miniatures, qui se distinguaient uniquement par des bandes de couleur. Il utilisa ainsi une résistance de 1 million d'ohms au lieu de celle initialement prévue de 10000 ohms. Cette confusion eut une heureuse conséquence : le circuit fut beaucoup moins gourmand en énergie ! Si Greatbatch avait rendu visite quelques jours plus tôt à son ophtalmo ou simplement nettoyé ses lunettes, les insuffisants cardiaques auraient dû patienter encore plusieurs années...

Problèmes de maths du certificat d'études

Un fermier part à la foire avec 250 F. Il y vend 6 porcelets à 115 F pièce, 7 agneaux, 1 porc gras de 160 kg à 2,30 F/kg.

Il achète au syndicat agricole 600 kg de pommes de terre de semence à 35 F le quintal et, chez un entrepreneur, 20 sacs de ciment à 5,20 F pièce, 15 sacs de chaux à 4,80 F pièce et 500 tuiles à 54 F le cent. L'entrepreneur fait à ce bon client une remise de 5 % sur le montant total de sa facture.

Question 1 : Combien le fermier a-t-il dépensé pour ses achats ?

Question 2 : Sachant qu'il revient chez lui avec 1409,30 F, quel est le prix de vente d'un agneau ?

Réponse 2 : 105 F
Réponse 1 : 633,70 F

« S'il gèle le 25 mars, les prairies diminuent d'un quart. »

Verbes régionaux

BOCHAILLER

À l'origine, on utilisait le verbe bochailler pour évoquer le travail d'un mauvais boucher qui coupait la viande sans soin, charcutant littéralement toutes les pièces qui lui étaient confiées. Il n'est plus employé aujourd'hui que dans les parlers de la Savoie où il a pris un sens dérivé pour qualifier quelqu'un qui travaille superficiellement, en dilettante.

Les animaux de compagnie des présidents

Avoir un chien, c'est bien. Avoir un chien bien éduqué, c'est mieux ! C'est ce qu'a dû se dire Nicolas Sarkozy quand, lors de son mandat, il lui a fallu payer près de 10 000 euros de réparations pour les dommages causés par ses chiens et par ceux de sa femme aux décorations présidentielles… Les trois chiens du couple avaient un goût particulier pour les accoudoirs de fauteuils napoléoniens, qu'ils mâchouillaient avec entrain !

Vous êtes sûr, Docteur ?

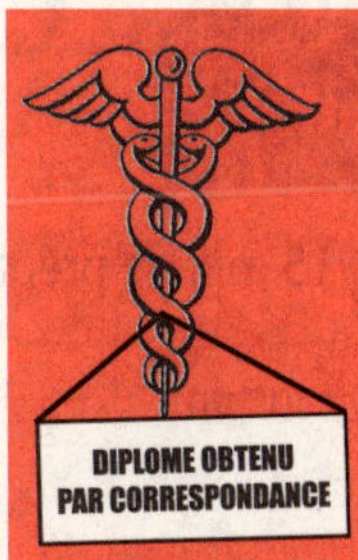

FUMER TUE. Voici ce qu'on peut désormais lire en lettres capitales et grasses sur tous les paquets de cigarettes et de tabac vendus dans le commerce. Et, de fait, cette affirmation est d'une solidité scientifique à toute épreuve, maintes fois démontrée. Cependant, au XVIIe siècle, on avait une toute autre vision du tabac, bien plus positive, et même médicale. Il était par exemple recommandé, pendant les épidémies de peste, de faire fumer les enfants dans les salles de classe afin d'éviter la propagation du terrible virus ! Plus tard, au début du XXe siècle, on n'hésitait pas à utiliser un mélange de feuilles de tabac brûlées et de lanoline pour soigner plaies, ulcères et autres affections peu ragoûtantes. « Tonton, pourquoi tu tousses ? – Je me soigne ! »

INVENTIONS INSOLITES

L'être humain est une bête complexe, et particulièrement paradoxale, qui n'hésite jamais à aller à l'encontre de ses propres intérêts. La preuve ? Alors que nous vivons à une ère où les écrans s'invitent absolument partout, un fléau frappe les routes : la conduite avec un téléphone dans la main. Que ce soit pour envoyer un message, regarder un itinéraire ou même parfois tout simplement pour regarder des vidéos amusantes, ce comportement hautement dangereux est à l'origine de très nombreux accidents. Une situation intolérable qui nécessitait des inventions fortes. C'est raté, puisque celle dont nous allons vous parler va à l'encontre de la sécurité même : il s'agit d'un bureau que l'on fixe sous le volant de sa voiture afin d'y poser son ordinateur portable… Ou comment risquer sa vie et celle des autres avec un plus grand écran !

Jeudi **26 mars**

Sainte Larissa – On fête aussi les Ludger, Lara

Le soleil se lève à **9h40** *et se couche à* **19h13**

« *Le 25 mars passé, plus de bois dois amasser.* »

Pan Pan!

PERLES DE POLICIERS

Tête en l'air : « Oui, bonjour, police ? Ma carte ne rentre pas dans le distributeur de billets, ce doit être un dispositif frauduleux… Ah non ! J'ai inséré ma carte Vitale… »

Brèves régions

Côtes-d'Armor/La Côte de granit rose

La Côte de granit rose est une particularité de la région du Trégor qui séduit immédiatement tous les touristes. Elle tient sa couleur d'impuretés appelées hématites (oxyde de fer), qui ont été mélangées au feldspath lorsque la roche s'est formée. Ces fusions de minéraux sont rares et n'arrivent que quand les températures sont comprises entre 800 et 900 °C. C'était il y a 300 millions d'années, à une époque où le climat n'incitait guère aux bains de mer…

ILS ONT DIT

« Les résolutions sont comme les anguilles ; on les prend aisément. Le diable est de les tenir. »

Alexandre Dumas fils

Recette de cuisine – Parmentier de saumon

Pour 4 pers. 15 min de préparation 1 h de cuisson (environ)

500 g de pavés de saumon
20 cl de lait
30 g de beurre

Pour la purée de pommes de terre :
900 g de pommes de terre bintje
1 pincée de noix de muscade râpée
100 g de gruyère râpé
Sel, poivre

Pelez les pommes de terre, mettez-les dans une casserole et couvrez-les d'eau froide. Portez à ébullition, salez et laissez cuire 25 minutes, jusqu'à ce que les pommes de terre soient tendres.
Pendant ce temps, faites cuire les pavés de saumon à la vapeur (ou dans une casserole d'eau bouillante) pendant 10 minutes. Coupez-les en petits morceaux et disposez-les au fond d'un plat à gratin.
Préchauffez le four à 180 °C (th. 6). Passez les pommes de terre au presse-purée ou écrasez-les à la fourchette. Répartissez le beurre en petits cubes dans la purée (plus le beurre incorporé est froid, plus la purée sera lisse, fine et onctueuse). Ajoutez la muscade, le sel et du poivre.
Recouvrez le poisson avec la purée. Saupoudrez de fromage avant d'enfourner pour 30 minutes de cuisson.

~~VRAI~~ ou FAUX ? Les *fake news* de l'histoire

Des armes plus invisibles que massives

En mars 2003, une coalition menée par les États-Unis attaquait l'Irak, qui représentait un danger en abritant des armes de destruction massive. C'était en tout cas le constat transcrit dans un rapport présenté par les Américains au Conseil de sécurité de l'ONU. Or ce rapport était mensonger : après la première guerre du Golfe (1990-1991), le programme nucléaire irakien avait été abandonné et les armes biologiques et chimiques avaient été détruites. En 2013, le général Colin Powell, secrétaire d'État en 2003, finit par reconnaître qu'il n'y avait « pas un gramme » d'armes de ce type ! Ce qui est sûr, en revanche, c'est que plus de 180 000 civils sont morts pendant le conflit…

« Mars venteux, verger pommeux. »

Perles de sportifs

Hein ?

Qui l'a dit ? Mamadou Sakho, footballeur.

La perle : « Comme je le dis souvent, le football, c'est un éternel reprouvement. » On ne sait pas ce que ça veut dire, mais c'est d'accord !

Secrets des chansons mythiques

On dit que derrière tout grand homme se cache une femme. Mais l'inverse est parfois vrai aussi ! Par exemple, si l'on vous dit « Lucio », il y a fort à parier que vous ne saurez pas de qui l'on parle. Si on vous dit « Il venait d'avoir 18 ans » ? Eh oui, Lucio, un jeune Romain qui partagea l'intimité de Dalida et lui redonna goût à la vie après sa tentative de suicide en 1967, est le bel amant que la chanteuse évoque dans sa chanson. Elle tomba même enceinte de lui, mais choisit d'avorter, ce qui la rendit stérile. C'est fou tout ce qu'il peut y avoir dans une chanson !

[L'actu] Distributeur de rillettes

Envie de rillettes à n'importe quelle heure de la nuit ? Direction Le Mans : depuis un an, un distributeur automatique de la célèbre préparation culinaire régionale est installé place des Comtes-du-Maine, dans le centre de la ville. C'est la vénérable charcuterie *Wiest* qui a eu l'idée de ce distributeur de rillettes accessible 24 heures sur 24. « Il y a 4 ou 5 ans, on avait eu l'idée de mettre un distributeur à la gare du Mans avec nos spécialités, cela n'avait jamais abouti, mais c'est resté dans mon esprit », a expliqué aux médias Émilie Goupille, la gérante de la charcuterie. L'agrandissement de son magasin lui a permis de concrétiser, en partie, son projet, avec l'installation de ce distributeur de rillettes juste à côté. Détail amusant : la charcuterie *Wiest* est connue depuis 75 ans pour… sa choucroute et ses produits alsaciens !

Houah ah ah oh oh NOUVEAUX COMIQUES

ALEXANDRE ASTIER

Depuis quinze ans, Alexandre Astier dispense son humour unique sur scène et à l'écran. Son écriture ciselée, joyeux mélange d'absurde, de stupidité et d'érudition, s'est imposée avec la série désormais culte *Kaamelott*, parodie télé de la légende des chevaliers de la Table ronde. Mais Alexandre Astier a également osé un spectacle drôle sur Jean-Sébastien Bach et même une *Exoconférence* scientifique désopilante, saluée par les astrophysiciens, qui lui a valu un astéroïde à son nom. Compositeur, comédien, réalisateur et scénariste, il s'est récemment frotté à une icône nationale avec l'adaptation d'Astérix en film d'animation. Deux galops d'essai couronnés de succès, qui laissent espérer aux fans un *Kaamelott* au cinéma. « Ne commencez pas à noyer la peau de l'ours avant d'avoir vendu le poisson », dirait son Perceval !

Samedi 28 mars

Saint Gontran – On fête aussi les Jeanne-Marie, Venturino

Le soleil se lève à **6h36** *et se couche à* **19h16**

« *Lune rousse sur la semence a toujours grande influence.* »

{ Mots qui changent de sens }

Lorsqu'on achète une nouvelle voiture, il arrive qu'on nous complimente sur ce bolide « rutilant ». Oui mais voilà, le sens de ce mot tel que nous l'employons aujourd'hui n'a plus grand-chose à voir avec son sens originel, qui voulait simplement dire « rouge éclatant ». C'est une association d'idées quelque peu saugrenue qui a donné à « rutilant » un sens bien plus large dans le langage commun, alors que la littérature conserve encore sa définition de base.

Pièges de l'ortogra~~f~~e (h / ph)

Complexe, compliqué et difficile

Le mot « complexe » renvoie à des éléments multiples, imbriqués les uns dans les autres, alors que « compliqué » évoque l'idée d'entrave. Difficile, quant à lui, rappelle la pénibilité, les efforts et le chagrin. Ainsi, une personnalité sera plus complexe que compliquée, la circulation plus compliquée que complexe et la perte d'un proche, difficile.

AUTANT DE RAISONS DE SE RÉJOUIR

Des maladies presque oubliées

Grâce à la mise en place de campagnes de vaccination de grande envergure, des maladies qui faisaient autrefois des ravages dans le monde entier sont aujourd'hui quasiment éradiquées. Prenons le cas de la poliomyélite. Deux vaccins ont été créés vers 1950, mais 30 ans plus tard, plus de 350 000 enfants étaient encore touchés chaque année. En 1988, l'Organisation mondiale de la santé a lancé une campagne internationale : 6 ans plus tard, la polio était éradiquée du continent américain, puis en 1997 de la zone pacifique occidentale (dont la Chine), en 2002 de l'Europe et en 2014 du Sud-Est asiatique (dont l'Inde). Que des bonnes nouvelles !

[L'actu] L'autobus à impériale

Au début des années 1970, les jeunes téléspectateurs anglais, américains et français s'amusaient des espiègleries d'une bande de gamins qui avait installé son QG dans un vieux *double-decker* abandonné. Cinquante ans plus tard, deux grands gamins du Nord, Pierre et Cédric, ont eux aussi voulu redonner vie à un vieux bus à impériale anglais en le transformant en hôtel… roulant ! Acheté 15 000 euros, évidemment en Angleterre, leur autobus rouge à deux étages est équipé d'une terrasse sur le toit, d'une chambre-double plus huit lits de type capsule au premier étage, et enfin, en bas, d'un grand salon, d'une cuisine et d'une salle de bains, sans oublier la cabine du chauffeur. Avec leur « Chill Bus Hôtel », les deux nordistes ont prévu d'organiser des *road-trips* à travers l'Europe en commençant par le littoral français, l'Espagne et le Portugal. Des vacances insolites à coup sûr !

« *Quand siffle le merle, l'hiver est fini.* »

Rébus bande dessinée

TROYEN
TROYEN
TROYEN ←

Le Dernier Troyen

Nos régions ont du talent

« Faute de grive, on mange des merles », dit la sagesse populaire. « Et si on mangeait les deux ? », répondent les Corses ! En effet, la terrine de merle et la terrine de grive sont deux spécialités corses un peu moins connues que la charcuterie ou le fromage, mais tout aussi fameuses. Jusque dans les années 1980, c'est une conserverie artisanale qui en était le porte-étendard, les conserves *Corsica*, tenue par la famille Alessandri. Aujourd'hui, le plat se fait plus rare, mais a toujours une bonne place sur les tables de retour de chasse.

ILS ONT DIT

« Il ne faut pas désespérer des imbéciles. Avec un peu d'entraînement, on peut arriver à en faire des militaires. »

Pierre Desproges

Ça, c'est fait... divers

Plusieurs centaines de victimes, des corps mutilés, des têtes sectionnées, des années d'enquêtes, de fausses pistes, Scotland Yard sur les nerfs, une psychose qui s'empare de Londres, les tabloïds qui l'alimentent à grand coup de photos chocs, de descriptions atroces et de témoignages bouleversants de proches des victimes… De maîtres des victimes, plus exactement, car l'affaire qui a agité la capitale anglaise et qui vient enfin d'être résolue concerne des chats. Pendant des années, des centaines de mistigris londoniens ont en effet été massacrés sans que l'on sache ni par qui ni pourquoi. Pendant trois ans, des enquêteurs ont examiné toutes les pistes envisageables, y compris celle d'un tueur en série de félidés. Des dizaines d'autopsies et des centaines de prélèvements ont été réalisés. Deux éléments ont particulièrement intrigué les enquêteurs de Scotland Yard : il n'y a jamais eu de témoin et aucun modèle de comportement n'a été identifiable. Mais les preuves disponibles, notamment l'ADN et les images de vidéosurveillance, ont fini par parler. Ces centaines de chats ont en partie été victimes des… renards ! En effet, ces derniers pullulent à Londres. Mais les résultats de l'enquête montrent qu'en réalité, les renards, plus charognards que prédateurs, n'ont qu'une responsabilité limitée dans le carnage. Le grand coupable est l'automobiliste ! Le renard n'est intervenu qu'après. Élémentaire…

Expressions d'hier décryptées

Avoir la berlue

Quand on voit des mirages, qu'on se fait des illusions, on dit qu'on a « la berlue ». Au Moyen Âge, on employait le mot « bellue » pour désigner un éblouissement. Dès le XVIe siècle, le terme a muté en « berlue », qui n'est plus aujourd'hui employé que dans cette très ancienne expression évoquant l'étourdissement visuel, au sens propre, mais aussi au sens figuré.

Lundi **30 mars**

Saint Amédée – On fête aussi les Amadeus, Amédine, Malon

Le soleil se lève à **7 h 31** *et se couche à* **20 h 19**

« *Souvent, la Saint-Amédée de mars est la plus belle journée.* »

Étymolo-quiz…

Le mot allemand *wehr*, qui signifie « vieilli », a aussi donné un autre mot en français. Lequel : « guerre » ou « vair » ?

Réponse : guerre.

Secrets des chansons mythiques

Lorsqu'on écoute la très belle chanson *L'Aigle noir* de Barbara, sortie en 1970, on est tout de suite frappé par la poésie et l'imagerie sombre qui s'en dégagent. Mais que peut bien symboliser cet aigle noir ? C'est la chanteuse elle-même qui donna la réponse dans ses mémoires posthumes, avouant que la chanson avait été écrite pour parler de l'inceste dont elle avait été victime enfant. Cette glaçante révélation donne encore plus de noirceur à cet aigle étrange…

ILS ONT DIT

« Une chambre d'enfant à ranger, c'est une vie à construire. »

Daniel Pennac

LES GRANDS DE LA PETITE REINE

Quelle place donner au surnaturel dans le sport ? Difficile de répondre, mais chaque sportif a ses croyances, d'autant plus dans le cyclisme, sport superstitieux s'il en est. Jacques Anquetil, coureur de légende et champion au palmarès incroyable, ne faisait pas exception en matière de superstition, ayant même avoué avoir sollicité plusieurs « mages » lors de sa carrière. Ce fut le cas en 1964, où on lui prédit un accident lors de la 15e étape entre Andorre et Toulouse. Pour conjurer le sort, Anquetil profita de la journée de repos à Andorre pour faire bombance, puisqu'il était sûr de ne pas finir le lendemain. Après une mauvaise nuit, il eut pourtant comme seul problème celui d'une digestion lourde, qu'il parvint à surmonter pour dépasser tous ses concurrents dans une descente kamikaze de l'Envalira. Résultat : pas d'accident et une victoire du Tour cette année-là. Méfiez-vous des charlatans…

LOISIRS TENDANCE

Le Bujo : mon mien journal à moi

Avez-vous remarqué comme l'optimisation de l'espace et du temps est devenue un must dans tous les domaines ? De même, la créativité et l'affirmation de soi sont à la mode. Le Bullet Journal, Bujo pour les connaisseurs, se trouve exactement à la croisée de ces deux tendances. Ce simple carnet sert à la fois à nous aider à ne pas oublier ce que l'on doit faire — comme tout agenda ! —, mais aussi à mener à bien les différents projets de vie que l'on s'est fixés. C'est également une sorte de journal intime du fait de son ultra-personnalisation, en fonction des besoins et ressentis de son créateur-utilisateur. Montre-moi ton Bujo, je te dirai qui tu es !

Le soleil se lève à 7 h 29 et se couche à 20 h 20

Mardi 31 mars

Saint Benjamin – On fête aussi les Acace, Balbine

« Mars frappe avec la queue, avril avec la tête. »

AU PEIGNE FIN !

Trotula de Salerne, une célèbre femme médecin italienne du XIe siècle dont les écrits très complets sur la médecine et la beauté sont parvenus jusqu'à nous, donnait ce conseil aux femmes de son époque qui voulaient se teindre les cheveux en brun : « D'abord, appliquer un onguent fait avec un petit lézard vert sans la tête ni la queue, revenu dans l'huile. Tout de suite, prendre des pommes de chêne, les chauffer dans l'huile, les pulvériser, et mélanger avec du vinaigre et un ingrédient noircissant provenant de la Gaule. » Simple, non ? Allez, qui, parmi nos lectrices, se lance dans une teinture à la mode napolitaine du XIe siècle ?

ILS ONT DIT

« Aliéné : fou de bonne famille. »
Philippe Bouvard

Brèves régions

Lozère/Un bivouac souterrain

À Saint-Chély-du-Tarn, petit village de la Lozère situé en plein cœur des Gorges du Tarn, une activité originale est proposée aux touristes en mal de nature et de sensations fortes. Débarrassés de leurs montres et de leurs smartphones pour être coupés de la vie moderne et de la temporalité, ils sont accompagnés dans des cavités souterraines pendant de longues heures de marche. Allant de surprises en émerveillements, ils finissent par atteindre une grotte où ils vont passer la nuit dans une obscurité et un silence absolus. De retour à l'extérieur le lendemain, certains avouent avoir totalement perdu la notion du temps.

Expressions du potager

Cornichon !

Le cornichon se fait rare, non ? Sauf peut-être dans les jambon-beurre, dont il rehausse toujours le goût – ou l'assure à lui seul tant le jambon est devenu fade… Mais l'exclamation « quel cornichon ! » semble en voie de disparition. Dommage, car il y avait un incontestable plaisir à se faire traiter de cornichon. Avec sa terminaison en « chon », c'est presque un mot doux, apparenté à godichon ou à cruchon – versions masculines de godiche et de cruche, mais en plus gentil. L'injure (soft) « cornichon ! » se réfère directement au jeune concombre, promis au bain de vinaigre. Et pourquoi « cornichon » ? Peut-être une référence à corne… et à cornard ! Est cornichon celui qui se laisse tromper ! Mais ce sens s'est estompé il y a longtemps. On trouve le mot chez Balzac avec le simple sens de bêta : « Gros cornichon ! », lance la cousine Bette. Mais c'est notre cher capitaine Haddock qui lui donne tout son éclat dans *Coke en stock,* avec un superbe « bougre d'extrait de cornichon ».

Mercredi 1er avril

Saint Hugues – On fête aussi les Valéry, Agapé, Konwal

Le soleil se lève à **7 h 27** et se couche à **20 h 22**

« Je ne ris pas de la plaisanterie que vous faites, mais de celle que je vais faire. »

Jules Renard

L'ÉNIGME DE LA MACHINE À COUDRE

EPISODE 4

Aux archives, rue du Dragon, la documentaliste Madame Beaumont, intriguée par son histoire, écoute Alice d'une oreille attentive : « Ce nom-là, Célia Tomrev, c'est bizarre, ça me dit quelque chose… Mais je suis désolée, pas moyen de me souvenir où je l'ai entendu… » Elle désigne d'un œil gourmand le rayonnage où mes originaux sont conservés, serrés par des élastiques rouges et mis sous plastique. « Allez-y, ils sont à vous… Ce n'est pas souvent qu'on nous fait cette demande, un jeune homme est venu une fois, un historien je crois, qui faisait des recherches sur les illustrateurs. Vous savez, c'est une vraie mine d'or ces almanachs, un peu comme la caverne d'Ali Baba ! Vous me direz ce que vous en pensez, mais moi, je trouve ça plutôt émouvant. » Oui, émouvant, c'est le terme. Alice ne s'y attendait pas. Je la surprends. Entre mes saints du jour, mes blagues, les cartes postales de villages de France, les photos du front et les tours de magie de Robert Houdin – j'ai toujours été fier de les avoir chez moi –, elle se retrouve comme happée par cette texture du quotidien qui fait toute ma saveur. Entre guerre et paix, il lui semble voir défiler les jours, mais aussi des destins humains. Elle en oublierait presque la raison de sa visite : ma page béante de l'année 1898… « Ah, la voilà ! » La recette à base de lard pour se préserver contre l'attaque de la rouille… Grâce à cet indice, elle reconnaît l'emplacement. La fameuse illustration manquante se trouve à la page du 9 novembre : elle représente une publicité humoristique pour la machine à coudre New Home, toujours imitée jamais égalée, où on voit une femme en robe à faux-cul qui recoud le pantalon à même la peau d'un homme qui a les jambes allongées sur la machine, la tête pendante, avec cette légende : n'importe où, n'importe quand. Qu'est-ce que cela pouvait bien vouloir dire ? Dubitative, Alice prend le dessin en photo, puis prend congé de la documentaliste, après avoir récupéré ses coordonnées et lui avoir promis de la tenir au courant. Son train l'attend, direction Périgueux.

(À suivre le mois prochain)

« En mars, quand il tonne, chacun s'en étonne ; en avril, s'il tonne, c'est une nouvelle bonne. »

Chiffres et expressions

Deux poids, deux mesures

C'est la Révolution qui unifia sur tout le territoire nos mesures de longueur, de volume et de poids grâce au système décimal. On mit ainsi fin à des différences notables entre les régions car, auparavant, une même mesure pouvait avoir des valeurs différentes d'un lieu à l'autre. Sous le même nom, on pouvait alors trouver « deux poids, deux mesures ».

Charade

Classique

Mon premier porte la signature de l'expéditeur.
Mon deuxième est un moyen de transport.
Mon troisième est un poème lyrique.
Mon quatrième soutient le navire.
Mon cinquième est un divertissement.
Mon sixième est un meuble de rangement électronique.
Mon tout est un personnage d'une pièce du théâtre français.

CYRANO DE BERGERAC (CIRE - ÂNE - ODE - BER - JEU - RACK)

Houah ah ah oh oh NOUVEAUX COMIQUES

Fabrice Éboué

En quinze ans de carrière, Fabrice Éboué s'est imposé comme l'un des meilleurs comiques du stand-up en France. Son humour décapant n'a pratiquement pas de limites. Dans ses sketchs, le Franco-Camerounais évoque la religion, le racisme, l'égalité, l'immigration, l'homosexualité… Indigné mais décontracté, parfois absurde, souvent ironique et cinglant, Fabrice Éboué n'épargne personne : « Le féminisme, c'est pas seulement des femmes autoritaires ou des mal-baisées, c'est aussi des lesbiennes ! » Ah oui, quand même… En 2009, sa formule n'avait pas beaucoup fait rire les concernées. Outre la scène, l'humoriste s'est également lancé dans le cinéma. Il a notamment écrit, interprété et réalisé le savoureux *Case départ* en 2011 et *Coexister* en 2017.

GRANDS VOYAGEURS

Anita Conti, défenseuse des mers

Anita Conti (1899-1997) est la première femme océanographe française. Passionnée par le monde de la mer, et celui de la pêche en particulier, elle embarque très jeune sur les bateaux qui quittent le port d'Oléron. Photographe et écrivaine talentueuse, elle devient par la suite correspondante de presse et raconte les campagnes de pêche qu'elle suit au quotidien. En 1939, elle navigue en Arctique et constate la surexploitation des océans. Cette prise de conscience deviendra l'œuvre de sa vie. Elle se consacre dès lors à la préservation de la richesse halieutique et au soutien des populations locales. Parmi ses batailles, elle améliore les techniques de conservation du poisson, invente des systèmes de capture sélectifs, défend l'aquaculture et se bat contre la malnutrition des populations locales de pêcheurs. À la fin de sa vie, Conti publiera plusieurs ouvrages dédiés aux conséquences de l'activité humaine sur l'océan.

Vendredi 3 avril

Saint Richard – On fête aussi les Nicétas, Sixte, Dick

Le soleil se lève à **7 h 23** *et se couche à* **20 h 25**

« *Avril venteux rend le laboureur joyeux.* »

Verbes régionaux

BOTAR

Si, en espagnol, le verbe botar peut aujourd'hui être traduit par « jeter », il n'a pas le même sens en occitan, où il signifie « bouder » ou « faire la tête ». L'explication de cette différence est simple, le premier provient de l'ancien français « bouter », c'est-à-dire « repousser », et le second a une souche commune avec la bouche, que l'on ferme quand on boude.

0 2 0 BINAIRO

Cette grille ne contient que des 0 et des 2.
Il y a autant de 2 et de 0 sur chaque ligne et sur chaque colonne.
Il n'y a pas plus de 2 chiffres identiques côte à côte.
2 lignes ou colonnes ne peuvent être identiques. Le chiffre dans chaque zone pointillée est égal à la somme des chiffres de la zone correspondante.

0	2		2		2
	4		2		
2	0		2	2	
	2			4	
4		2		2	0
4		0			

Solution page 117

HOROSCOPE CHINOIS

CHAT ou LAPIN

Caractère : Émotif, mystérieux, attaché à votre confort, indépendant, indécis, rêveur, imprévisible, doux, attentionné.

Les grandes tendances de l'année

2020 sera une belle année pour améliorer votre cadre de vie, ce qui occasionnera certaines dépenses. Sur le premier trimestre, votre vie amoureuse sera protégée par les astres. Profitez-en pour vous rapprocher de votre moitié ou pour venir à bout d'un problème qui vous pesait. Le printemps, quant à lui, sera parfait pour multiplier les activités.

DISPARITION DES BILLETS DE 500 EUROS

Expressions du potager

Il a du sang de navet !

Au XVIIIe siècle, les tisserands sont appelés « navets » parce qu'ils ne sortent jamais de leur atelier et qu'ils sont blancs comme leurs draps ! Plus tard, on qualifie de « pâle comme un navet » une personne anémiée et, tout naturellement, parce que la peur donne une face blême, on fait le lien entre le légume à chair blanche et le manque de courage. Comble de malchance pour le légume, au XIXe siècle, on appelle champ de navets le cimetière des condamnés à mort d'Ivry, puis tous les cimetières, comme en témoigne Georges Brassens dans *Les Quat'z'arts* : « Quand je suis ressorti de ce champ de navets, l'ombre de l'ici-gît pas à pas me suivait. » C'est triste ! Le navet n'aurait-il vraiment aucune vertu roborative ? Rabelais, dans *Gargantua*, pour se moquer du pape Jules II, évoque un personnage transi de froid que l'on tente de réconforter : « On l'eschauffa d'ung parfum de naveau. » Las, la vérité oblige à dire qu'il ne s'agit pas de sels ni de sent-bon. Le légume était réputé favoriser les flatulences et le parfum de naveau est évidemment celui des pets !

« *À la Saint-Isidore, si le soleil dore, le blé sera haut et chenu, mais le pommier sera nu.* »

Rétro Vermot

Au tribunal :
« Comment pouvez-vous escroquer les gens qui vous font confiance ? demande le président.
– Ben, avec les autres, y'a pas moyen », répond l'accusé.

ILS ONT DIT

« Avec toutes les saloperies qu'il y a dans l'alimentation, heureusement qu'il nous reste l'alcool pour oublier qu'on mange. »

Laurent Ruquier

BLASON

La famille Colonna, célèbre dynastie romaine, affiche sur son blason une colonne… mais pas n'importe laquelle. Jésus-Christ y aurait été attaché pour subir la flagellation, épisode de sa Passion. Elle fut rapportée de Palestine en 1223 par le cardinal Jean, qui en fit son emblème et en prit le nom. Une couronne fut ajoutée par la suite sur les armes, au-dessus de la colonne. (Voir code couleur en dernière page.)

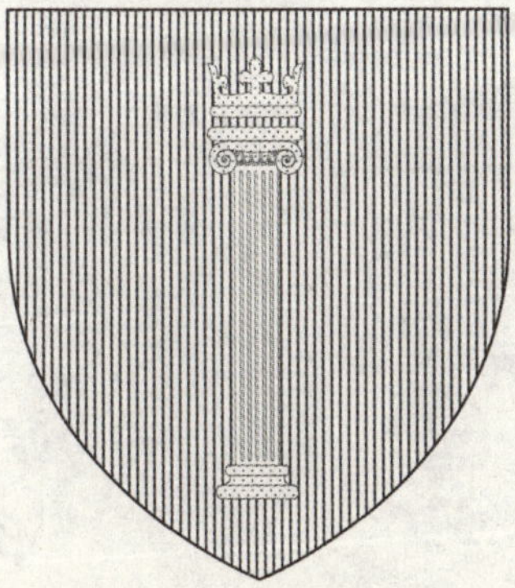

INVENTIONS INSOLITES

Si vous avez déjà fait de longues files d'attente pour assister à un concert ou à un événement très couru, vous le savez : cela peut être particulièrement éprouvant physiquement. On a vu plus agréable que rester debout à piétiner pendant des heures, parfois dans le froid ou sous la pluie, en avançant à la vitesse de l'escargot. Pour ceux qui, prévoyants, apportent une chaise ou un tabouret, ce n'est pas beaucoup mieux, puisqu'il faut se lever pour l'avancer toutes les deux minutes. Et puis, que faire de la chaise une fois l'attente terminée ? Bref. Heureusement que les inventeurs japonais sont là pour nous proposer LA solution : la « chaise de file d'attente » automatisée qui détecte toute seule quand la queue avance et qui vous fait avancer en roulant jusqu'à l'entrée, avant de revenir toute seule à l'arrière de la file pour s'offrir à un autre client… Il fallait l'inventer !

JOUR DE PROMO AU SUPERMARCHÉ…

Histoire cochonne

Tout le monde connaît l'histoire des trois petits cochons Naf Naf, Nif Nif et Nouf Nouf de Walt Disney (*Fifer*, *Fiddler* and *Practical Pig* en anglais), apparus sur les ecrans en 1933. Pourtant, ce conte est beaucoup plus ancien puisqu'il se transmet de génération en génération depuis le Moyen Âge ! On en trouve même des variantes en Angleterre, en Espagne ou encore dans le Tyrol italien. Pendant cette période, « le Grand Méchant Loup » était une réalité pour les communautés villageoises qui exorcisaient leurs peurs à travers ces histoires. Pour la première version imprimée des *Trois Petits Cochons*, il faudra attendre 1842 et la publication des *Nursery Rhymes and Nursery Tales* de James Halliwell-Phillipps, un lettré spécialiste de Shakespeare.

Dimanche 5 avril

Sainte Irène – On fête aussi les Irina

Rameaux

Le soleil se lève à **7 h 19** et se couche à **20 h 28**

« *Le 5 avril, le coucou chante, mort ou vif.* »

Rébus bande dessinée

Les Femmes en blanc

Clashs d'artistes

Pamela Anderson, pomme de discorde entre deux de ses ex ! Tommy Lee du groupe Mötley Crüe, qui l'a épousée en 1995, et Kid Rock, chanteur de rap-country, qui a partagé la vie de la sauveteuse d'*Alerte à Malibu* au début des années 2000. Pendant des mois, les deux ex n'ont cessé de se provoquer à travers leurs déclarations. Jusqu'à ce soir de 2007 où ils en sont venus aux mains lors des Video Music Awards. Le prétexte ? Tommy Lee avait momentanément piqué la place de Kid Rock. Leur bagarre a conduit les deux énervés au poste de police pour le reste de la soirée. Pamela, elle, convolait momentanément avec un autre…

[L'actu]

Mayo givrée

Après la pizza militaire et le distributeur à rillettes (voir au 27 mars), l'année de l'idée alimentaire improbable se poursuit, en Écosse cette fois, avec la commercialisation d'un produit particulièrement audacieux : la glace parfum mayonnaise. C'est un artisan de Falkirk, ville des Central Lowlands, qui a eu la « bonne » idée. Déjà connu pour ses créations souvent insolites, l'ingénieux glacier arrive ex-æquo avec son confrère irlandais, qui a lancé il y a quelques mois une glace parfum ketchup ! À quand la glace aux rillettes en France ? Inconcevable, dites-vous ? Deux éleveurs laitiers de la Sarthe ont justement lancé une douceur glacée parfumée rillettes. Miam…

Aventuriers de l'impossible

Stéphanie Gicquel : marathonienne de l'extrême

« On naît tous aventuriers » est la devise de Stéphanie Gicquel et le titre de son livre sorti en 2018. Mais dans son cas, c'est un peu plus vrai que dans d'autres. Au tableau de chasse de cette aventurière de l'extrême, on trouve le premier marathon couru par une Française autour du pôle Nord par -30°C. On a froid pour elle ! Mais ce n'est pas tout : accompagnée de son mari, Stéphanie Gicquel a également réussi à entrer dans le livre Guinness World Records *en réalisant en 2015 la plus longue expédition à ski exécutée en Antarctique… sans voile de traction ! Le couple a en effet parcouru 2 045 km en 74 jours, en skiant entre 8 et 16 heures par jour, malgré les conditions extrêmes, le vent et les températures avoisinant les -50°C. On naît peut-être tous aventuriers, mais encore faut-il le devenir !*

LOI ALIMENTATION : LES ENSEIGNES DEVRONT FAIRE AU MOINS 10 % DE MARGE

« Chagrin d'enfant passe aussi vite qu'une averse au mois d'avril. »

Ça s'est passé Le 6 avril 1520

Le peintre et architecte italien Raphaël, à qui l'on doit *La Transfiguration* et *L'École d'Athènes*, contemporain de Michel-Ange et de Léonard de Vinci, meurt le jour de son 37e anniversaire.

Les « Cruella » de l'histoire

Immonde Frédégonde

Frédégonde tua pas mal de monde pour devenir reine de France et mettre sur le trône son fils Clotaire II. Servante de la reine Audovère, épouse du roi Chilpéric Ier, elle parvient à écarter cette dernière par un stratagème : la convaincre de devenir marraine de sa propre fille. Ce que la reine ignorait, c'est que cela lui interdisait l'accès au lit du roi (un père ne pouvant pas alors s'unir avec la marraine de son enfant). Ce n'était rien comparé à la suite : Frédégonde la fit poignarder pour épouser Chilpéric Ier. Pour ne pas être en reste, elle décida aussi la mort de son gendre, celle d'un évêque, celle du roi lui-même… la liste est trop longue pour tenir ici ! Après la mort de Frédégonde, en 597, Clotaire II reprit le flambeau en faisant sauvagement assassiner la principale rivale de sa mère, Brunehaut.

Mon Trésor (public) !

En Allemagne, les contribuables sont soumis à un drôle de questionnaire sur leur déclaration d'impôts, qu'ils doivent remplir chaque année : il leur est demandé, de but en blanc, s'ils sont membres d'une religion. Si la réponse est oui, alors ils doivent s'acquitter d'un impôt religieux, équivalent à environ 9 % de l'impôt sur le revenu. Pour y échapper ensuite, les religieux repentis doivent même se rendre devant un tribunal pour arguer de leur perte de foi. Les voies du Trésor sont impénétrables…

AUX ORIGINES DES JEUX OLYMPIQUES

Aujourd'hui, pour entretenir la flamme olympique auprès du public amateur de toujours plus de changement, le Comité international olympique élargit à chaque édition la liste des sports présents aux Jeux. Pourtant, à l'origine, l'éventail d'épreuves proposées par les Jeux antiques était très limité. Lors des premières olympiades, une seule épreuve était présentée : la course à pied sur une distance de 190 m. Plus tard, on y ajouta d'autres épreuves : le diaulos, course de 380 m environ, la course en armure, le lancer de disque et de javelot, le saut en hauteur, des courses de chars, de la lutte, de la boxe et du pancrace, un sport de combat très violent où tout était permis, ou presque : interdiction de mordre… et d'arracher les yeux de son adversaire. Quand même !

Argot-quiz…

Que signifie l'expression « danser devant le buffet » : avoir faim ou être séduit ?

Réponse : avoir faim.

« *Il vaut mieux pomper, même s'il ne se passe rien, que de risquer qu'il se passe quelque chose de pire en ne pompant pas.* »

Jacques Rouxel, proverbe Shadok

Perles de sportifs

Ça, c'est sûr !

Qui l'a dit ? Renaud Lavillenie, perchiste français recordman.
La perle : « On ne va pas vendre la charrue avant d'avoir les bœufs. » En effet, il ne vaut mieux pas…

NOVLANGUES & JARGONS

Comme tous les milieux, celui de l'entreprise possède son propre langage et sa propre novlangue. Mais au cours des dernières années, l'immersion d'anglicismes dans toutes nos phrases a bouleversé le paysage du langage en entreprise et introduit une ribambelle de nouvelles notions qui peuvent paraître plus obscures les unes que les autres. Parmi elles, nous trouvons « input », qui signifie tout simplement « avis ». Quant à l'utilité de ce nouveau mot, on n'a pas vraiment… d'input.

Recette de cuisine

Salade de quinoa au saumon

Pour 4 à 6 pers. 15 min de préparation 10 min de cuisson
30 min à 1 h de réfrigération

500 g de quinoa
120 g de saumon fumé
3 tomates
Sel, poivre

Pour la sauce :
2 citrons verts (jus)
20 cl de lait de coco
1 racine de gingembre

Faites cuire le quinoa comme indiqué sur le paquet (10 minutes dans un gros volume d'eau bouillante salée). Puis laissez gonfler quelques minutes. Égouttez-le, passez-le sous l'eau froide, puis égouttez-le à nouveau. Laissez-le refroidir le temps de préparer la suite.
Coupez le saumon en lanières. Lavez les tomates et coupez-les en dés.
Préparez la sauce : dans un saladier, pressez les citrons, versez le lait de coco et râpez le gingembre.
Versez le quinoa froid dans un grand saladier, ajoutez le saumon et les tomates, puis versez la sauce par-dessus. Salez, poivrez et remuez bien, avant de placer au frais pour 30 minutes à 1 heure.

Variante : pour les petits budgets, utilisez de la truite fumée, elle remplace très bien le saumon en salade.

MONSTRES CÉLÈBRES

La bête du Gévaudan

En trois ans, de juin 1764 à juin 1767, une centaine de personnes, surtout des femmes et des enfants, sont attaquées, souvent mortellement, par un mystérieux et monstrueux animal solitaire dans la région du Gévaudan (Lozère). S'agissait-il d'un loup ? C'est ce que l'on pensa pendant longtemps, d'autant que les attaques cessèrent après que deux gros spécimens furent tués. Mais le loup vit en meute et s'attaque rarement à l'homme. D'autres pistes ont alors été évoquées : celle d'un tueur en série, celle d'un gros chien équipé d'une armure et dressé par un sadique pour tuer… Le mystère demeure.

« Avril doux est le pire de tout. »

Pan Pan ! PERLES DE POLICIERS

Dans un rapport de police : « Nous avons donc pu constater qu'il n'y avait rien à constater. » Un vrai travail d'investigation…

MÊLEZ-VOUS DE VOS AFFAIRES

Associer ses forces à celles d'un allié, c'est bien. Le faire pour poursuivre un but noble, c'est mieux. Ce n'était pas vraiment le cas quand, au Congo en 1960, les gouvernements et agences de renseignements belges et américains se sont alliés pour chasser le premier ministre Patrice Lumumba du pouvoir. Alors que l'armée belge œuvrait sur le terrain, la CIA lui fournissait, ainsi qu'aux forces congolaises, des informations cruciales, comme la localisation de Lumumba en fuite, qui fut assassiné en 1961. Main dans la main (sale) !

Solution binairo [p. 112]

(0) 0	(2) 0	2	(2) 2	0	(2) 2
0	(4) 2	2	(2) 0	2	0
(2) 2	(0) 0	0	(2) 2	(2) 0	2
0	(2) 0	2	0	(4) 2	2
(4) 2	2	(2) 0	2	(2) 0	(0) 0
(4) 2	2	(0) 0	0	2	0

PROBLÈMES DE MATHS DU CERTIFICAT D'ÉTUDES

Un épicier en gros achète 32 quintaux de riz livrés en sacs de 50 grammes et 12 fûts de 60 litres d'huile chacun. Dans son entrepôt, 4 sacs de riz se sont avariés et sont donc invendables. Il est obligé de vendre le reste 112,50 F le sac en subissant une perte de 0,31 F par kilo de riz vendu.

Question 1 : Quel est le prix d'achat d'un sac de 50 kg ?

Question 2 : Il vend son huile en faisant un bénéfice de 0,29 F par litre. Le prix de vente total étant de 8802 F, calculer le prix d'achat d'un litre d'huile.

Réponse 1 : 120 F.
Réponse 2 : 2,56 F.

LES NOMS D'HABITANTS DE VILLES FRANÇAISES

H	C	W	Q	M	I	G	Q	Q	T	D	X	L	S
B	I	T	E	R	R	O	I	S	I	X	E	H	I
L	H	N	L	T	P	A	A	O	M	X	C	F	O
E	S	V	X	O	I	G	N	H	S	I	A	U	N
S	C	N	N	M	A	Y	T	N	Y	S	D	X	A
O	S	O	E	T	S	C	E	E	N	S	U	E	T
I	T	N	H	I	R	I	M	I	J	S	R	E	S
S	D	O	E	E	C	P	L	Z	I	P	C	N	H
D	I	N	M	I	C	A	L	A	D	O	I	S	D
S	S	O	O	M	V	L	N	L	B	S	E	U	I
F	I	R	D	A	N	O	V	R	U	I	N	N	F
S	B	D	D	L	N	I	X	L	A	O	S	P	Z
E	D	U	Z	E	E	S	E	E	I	P	A	F	R
S	N	I	S	S	E	M	J	S	L	A	S	N	J

Solution page 124

AGATHOIS (Agde)
AVALINS (Val-d'Isère)
BITERROIS (Béziers)
BLÉSOIS (Blois)
CADURCIENS (Cahors)
CALADOIS (Villefranche-sur-Saône)
DIONYSIENS (Saint-Denis)
DUNOIS (Châteaudun)
ÉBROÏCIENS (Évreux)
FUXÉENS (Foix)
LEXOVIENS (Lisieux)
MELDOIS (Meaux)
MÉLUSINS (Lusignan)
MESSINS (Metz)
PALOIS (Pau)
PONOTS (Le Puy-en-Velay)
RÉMOIS (Reims)
SCÉENS (Sceaux)
SÉNONAIS (Sens)
SPARNACIENS (Épernay)
STANOIS (Stains)

« Bourgeon qui pousse en avril met peu de vin au baril. »

Rétro Vermot

Chez le médecin :
« Vous êtes solide comme un roc. Croyez-moi, vous enterrerez votre femme, vos enfants et tous vos amis !
– Vous dites ça pour me faire plaisir. »

Les fautes des grands écrivains

En français, certaines règles de grammaire et de conjugaison ne sont pas des plus faciles à retenir. La preuve en est que même des écrivains célèbres s'emmêlent parfois un peu les pinceaux, ou plutôt la plume. Ainsi, dans *La Peste*, Albert Camus écrit-il : « Il est distrait au volant de son auto et laisse souvent ses flèches de direction levées, même après qu'il ait effectué son tournant. » Eh non, cher Albert, aussi peu intuitive que soit la règle, elle impose d'utiliser systématiquement l'indicatif à la suite de « après que » !

ILS ONT DIT

« L'intelligence artificielle se définit comme le contraire de la bêtise naturelle. »

Woody Allen

Citoyens extraordinaires

Le mouvement des suffragettes, qui œuvra dans les années 1910 et 1920 pour que le droit de vote soit accordé aux femmes anglaises, est connu de tous ceux qui ont un tant soit peu étudié l'histoire. Le nom de son initiatrice, Emmeline Pankhurst, un peu moins. Pourtant nommée parmi les 100 personnalités les plus importantes du XXe siècle, la créatrice de l'Union sociale et politique des femmes (WSPU) a en effet eu un impact considérable sur la place des citoyennes dans l'Empire britannique. C'est notamment grâce à elle et à son combat que les femmes britanniques âgées de plus de 30 ans ont pu obtenir le droit de vote en 1918, droit qui fut ensuite élargi — moins d'un mois après la mort de Pankhurst — à toutes les femmes majeures de 21 ans. Merci Madame !

二千二十 2020 année du RAT

Les rats et la peste

Si le rat souffre d'une réputation si mauvaise auprès des humains, c'est avant tout parce qu'il est associé à la transmission de maladies, parmi lesquelles l'une des plus terrifiantes de l'histoire : la peste. Celle-ci est provoquée par la bactérie *Yersinia pestis*. L'épisode le plus tragique, celui de la « peste noire », a tué entre un tiers et la moitié de la population européenne en 5 ans (1347-1352) ! Dans les faits, le rat est injustement accusé car, d'après de récentes études, il apparaît que ce rongeur n'est pas le principal vecteur de la peste. Les plus grands responsables seraient les puces et les poux, qui auraient allègrement transmis la maladie d'un individu à l'autre. Les rats n'auraient eu qu'un rôle secondaire dans cette grande tragédie.

« Au mois d'avril, toute bête change de poil. »

Étymolo-quiz…

Quel est le sens du mot latin *minister* qui a donné « ministre » : « serviteur » ou « chef de guerre » ?

Réponse : serviteur.

Nos régions ont du talent

Fait à partir de pommes fortes en tanin, le cidre est une spécialité bretonne et normande réputée dans le monde entier. Ce que l'on sait moins, c'est qu'avant d'atterrir dans ces régions, le cidre a pas mal voyagé… Né en Méditerranée dans l'Antiquité et nommé *chekar* par les Hébreux et *sikera* par les Grecs, il fut d'abord implanté au Pays basque avant de trouver le chemin des tables normandes et bretonnes grâce aux marins basques qui l'utilisaient comme boisson de prévention contre le scorbut. Chauvinisme et histoire ne vont décidément pas ensemble !

ILS ONT DIT

« Ta grève des trains, elle était blonde ou brune ? »

Élie Kakou

[L'actu] Ticothèque

L'Institut national de la recherche agronomique (Inra), à Champenoux (Meurthe-et-Moselle), a lancé il y a quelques mois une collecte d'un genre unique. L'institut demande en effet aux particuliers de lui expédier… des tiques ! Objectif : constituer une « tiquothèque » afin de mieux connaître l'acarien à huit pattes suceur de sang, potentiellement vecteur de maladies, dont la borréliose de Lyme (25 000 nouveaux cas par an en France). Initiée dans le cadre du projet Citique, cette collecte doit permettre de dresser une cartographie des tiques piqueuses et de déterminer les différents agents infectieux transmis par ce parasite. Plusieurs milliers de spécimens ont d'ores et déjà été expédiés à l'Inra, qui propose des kits de collecte contenant une pince à tique et un tube de stockage aux particuliers et aux professionnels qui souhaitent enrichir la banque de données. En parallèle, Signalement tique, une application pour smartphone, a été lancée, en partenariat avec le ministère de la Santé et l'Agence nationale de sécurité sanitaire de l'alimentation, de l'environnement et du travail (Anses). Entre juillet 2017 et avril 2018, 4 198 piqûres sur des humains ont été signalées, le plus souvent dans les massifs forestiers (53 %), mais aussi dans les jardins privés (27 %). Pas complètement toquée, cette tiquothèque !

Secrets des chansons mythiques

« La femme qui est dans mon lit n'a plus 20 ans depuis longtemps, les seins si lourds de trop d'amour… », chantait Serge Reggiani en 1966. Mais de qui peut-il bien parler dans cette chanson intitulée *Sarah* et écrite à sa demande par Georges Moustaki ? La réponse risque de vous étonner : il s'agit d'Édith Piaf, avec laquelle Georges Moustaki eut une aventure lorsqu'il avait 23 ans et elle 42. La chanson française est une grande famille…

ALMANACH VERMOT 2020

Samedi 11 avril

Saint Stanislas – On fête aussi les Gemma, Stanley, Godeberte

Le soleil se lève à **7 h 07** *et se couche à* **20 h 36**

Vendredi Saint

MOTS FLÉCHÉS

Triangulaire / Lit

Inconnu / Drôle de pensées

Déduire / On ne peut l'effeuiller

Bien apporté

Pièce d'eau / Célibataires

Fruit explosif / Donne la goutte

Dégoutter

Statuettes / Donne des plaques

Contrôle / Vendra

Deux suivent la queue / Tête chaude

Oxyde d'uranium / Donc

Contractais

C'est C / Dominais

A bon bec / Ruisselât

Comics aux USA / A ses mystères

Guillaume Tell

Infinitif / A prêté serment

Clarence / Habitant du Sahara

Gardiennes / Paralysé

Plâtre gâché / Cuite

Il y en a chez les hommes ou chez les femmes

A bon dos / Dressai

Nervi / Plume au chapeau

A lu l'ana / Faux

Sur le pot / Qualifie un rouleau

Portent la bavette

Rêveurs / Autodestruction

Précèdent les autres / Épargné

Sous la croûte / Remorqueur

Cabriolet

Oppressif / Cytise

Charles Martel en fut un

Concentrer / Mesure

Registre / Échange de biens

Bois d'œuvre / Revêtement

Nécessaire / Variété de pomme

Unités roumaines

Sarrasin / Queue de merlan

Distance chinoise / Botte

Être contre / Tonné

Crisse sur le tableau

SOLUTION PAGE 128

« *À la Saint-Jules, mauvais temps n'est pas installé pour longtemps.* »

Expressions d'hier décryptées

Tuer la poule aux œufs d'or

C'est au Grec Ésope et au fabuliste Jean de La Fontaine que nous devons cette expression. Tous deux racontent l'histoire d'un paysan dont une poule faisait la richesse en pondant des œufs en or. Estimant qu'il ne s'enrichissait pas assez vite, le paysan tua l'animal, croyant à tort que son ventre était rempli d'œufs. Son avidité le conduisit à sa perte.

Devinette

Qui suis-je ?

Je relie deux bords,
ou permets un accord.
Je sers de plancher,
ou permets de chômer.

Un pont

ILS ONT DIT

« Avoir des petits-enfants ne signifie pas qu'on est vieux. Mais ça veut dire qu'on est marié à une grand-mère. »

Fernandel

LES GRANDS DE LA PETITE REINE

Remonter sur le vélo, pédaler et comprendre ensuite… C'est ce que fait Bernard Thévenet ce jour d'août 1972 lors d'une chute violente dans la descente des pentes du col d'Aubisque, dans les Pyrénées. À peine relevé, le voilà qui empoigne son vélo, remonte dessus et repart. Roulez jeunesse ! Sauf que le pauvre ne sait absolument pas ce qu'il fait là, ni où il est, ni même quelle course il est en train de disputer. Il trouve alors dans sa poche la fiche cartonnée avec les informations sur l'étape du jour et les différents cols au programme. Problème : il ne sait pas si le col d'Aubisque est déjà passé ou non. Tout en roulant du mieux qu'il peut, il interroge d'autres concurrents, qui pensent à une blague, mais qui finissent par le renseigner. Thévenet parvient finalement à reprendre ses esprits et finit l'étape, puis le Tour ! Quand on n'a pas de tête, on a des jambes…

Au poil !

À Babylone, la capitale de l'Empire mésopotamien qui régna sur une partie du monde pendant de nombreux siècles, une tradition pileuse était au cœur du pouvoir : le roi se devait, au moment de son couronnement, d'être « pur », c'est-à-dire rasé de près. Le mot « rasé » pouvait d'ailleurs être utilisé pour désigner la consécration d'un souverain. En revanche, les élites babyloniennes avaient le droit, et ne s'en privaient pas, de porter de belles barbes ornementales, tressées ou décorées de bijoux. Certains peuples assyriens avaient même pour coutume de collectionner les moustaches de leurs ennemis et de les exposer comme trophées de guerre. Sympathique décoration…

Lundi 13 avril

Sainte Ida – On fête aussi les Karadeg

Le soleil se lève à 7 h 03 et se couche à 20 h 39

Lundi de Pâques

« *Celui qui doit être pendu à Pâques trouve le Carême bien court.* »

Étymolo-quiz...

Quelle est l'origine latine de « virulent » : *virus* ou *virulentis* (« poison ») ?

Réponse : virulentis.

Invisibles : les petites mains du pouvoir

Sommelier est déjà un métier prestigieux, mais sommelier de l'Élysée, voici qui frise les sommets ! Imaginez la responsabilité que représente le fait de choisir les vins que les invités étrangers dégusteront… Ce poste, qui est d'ailleurs tenu depuis 2007 par une sommelière, doit respecter quelques règles : n'avoir aucune bouteille de vin étranger en stock, acheter du vin à toutes les régions productrices et recevoir les vignerons pour goûter tous les vins. Et… garder les bouteilles les plus prestigieuses pour les invités de marque !

Pimpon ! Anecdotes de pompiers

Papa, ou maman, bobo : « Mon père se déplace avec difficulté depuis qu'il s'est cassé le col de l'utérus l'année dernière. »

[L'actu] Pas trop catholique ?

La technologie a parfois quelque chose de miraculeux ! C'est certainement ce qu'ont voulu un peu trop croire les autorités catholiques de Sydney, en Australie, en cherchant à « moderniser » la quête dans la cathédrale Sainte-Marie. Leur idée divine : mettre en place une quête électronique avec paiement sans contact par l'intermédiaire d'une carte de crédit ou d'un smartphone. « Plusieurs paiements de 10 dollars peuvent être effectués en tapant une fois avec votre carte avec plusieurs secondes entre chaque transaction », a même détaillé l'église dans un communiqué annonçant l'innovation bénie. Une bonne action qui n'a pas vraiment trouvé grâce aux yeux — et à la bourse, — de nombreux paroissiens. Plusieurs d'entre eux se sont plaints de l'aspect vénal du nouvel outil, qui nécessite un don minimal obligatoire de 10 dollars. Quatre églises parisiennes viennent elles aussi d'adopter la quête 2.0. Mais avec un don minimal de 2 euros…

~~VRAI~~ ou FAUX ? Les *fake news* de l'histoire

Supprimés et effacés

Si les retouches photos permettent d'embellir la réalité en faisant disparaître les rides et autres disgrâces physiques, elles peuvent aussi servir à effacer jusqu'au souvenir de personnes indésirables… Ce procédé fut notamment employé par de grandes personnalités politiques, réputées pour leur manie de faire le ménage autour d'elles. Staline, Hitler, Mao ou Castro, entre autres exemples, usaient de tels stratagèmes et ce, bien avant l'apparition du numérique. Des *fake news* très visuelles ! Mais ce n'est rien à côté des millions de personnes que certains d'entre eux ont fait réellement disparaître de la surface de la Terre…

LES AVENTURES DE RIRI, FIFI et LOULOU

« *Bourgeons de Saint-Valérien, le fruit n'est pas loin.* »

Chiffres et expressions

Trois petits tours et puis s'en vont

L'expression remonte au Moyen Âge, lorsque nos ancêtres se retrouvaient dans les foires. Les « tours » sont les déambulations entre les marchands. Le premier tour permet d'avoir un aperçu des produits à acheter, le deuxième vise à comparer les prix et le troisième à conclure une affaire. Il ne restait plus ensuite qu'à rentrer chez soi.

C'est tragique !

Antigone, dont Jean Anouilh nous a offert une version célèbre présentée en 1944 et inspirée du mythe antique de Sophocle, a tout du personnage tragique. Fille de la relation incestueuse d'Œdipe et de Jocaste (ça commence bien), elle voit mourir ses deux frères, Étéocle et Polynice (de mieux en mieux). Le roi Créon, son oncle, refuse à Antigone le droit d'enterrer Polynice, accusé de trahison (un type bien). Malgré son interdiction, elle se rend en secret aux portes de la cité où se trouve le cadavre de son frère et tente de l'ensevelir avant de se faire arrêter. Elle est condamnée par Créon à être enterrée vivante (rien que ça). Sa mort entraîne le suicide d'Hémon, fils du roi, ainsi que celui de son épouse. C'est ce que l'on appelle un *strike* tragique !

Charade

À tiroirs

Mon premier meurtrit.
Mon second tourne en dérision.
Mon troisième est dans les bras de Morphée.
Mon quatrième tue à coups de pierres.
Mon cinquième subsiste.
Mon tout est un grand couturier français.

CHRISTIAN DIOR. Mon premier est Cris, car Cris taie (Cristal). Mon second est Ti, car Ti raille (Tiraille). Mon troisième est An, car An dort (Andorre). Mon quatrième est Di, car Di lapide (Dilapide). Mon cinquième est Or, car Or dure (Ordure).

LES GRANDS ILLUSIONNISTES

Le père de la magie moderne

Le fameux Jean-Eugène Robert-Houdin (1805-1871) aurait dû embrasser une carrière juridique. Il fut même un temps clerc de notaire. Mais il s'était passionné dès son plus jeune âge pour la mécanique de précision, qu'il avait découverte à travers le métier de son père, horloger, avant de se spécialiser dans la création d'automates et de les exploiter en tant qu'illusionniste. Après être « monté » à la capitale, il ouvrit un théâtre de magie à Paris, dont il conçut tous les mécanismes, s'inspirant des découvertes scientifiques et techniques les plus récentes, notamment dans les domaines de l'électricité et de l'électromagnétisme. Quand la science et l'illusion se rencontrent…

Mercredi 15 avril

Saint Paterne – On fête aussi les Basilice, César

Le soleil se lève à **6 h 59** *et se couche à* **20 h 42**

« *Avril pluvieux et mai venteux ne rendent pas le paysan disetteux.* »

BLASON

La merlette est un petit oiseau qui symbolise sur les blasons les ennemis vaincus. C'est pourquoi elle est représentée mutilée, n'arborant ni pattes ni bec et toujours de profil. À l'origine, seuls les Croisés pouvaient faire figurer des merlettes sur leurs armes. C'est le cas de celles de la famille Domart qui se lisent : « d'argent au chevron de gueules accompagné de trois merlettes de sable ». (Voir code couleur en dernière page.)

ILS ONT DIT

« Si le théâtre avait dû faire comprendre aux gens la réalité de la bêtise, Molière y serait arrivé avant nous. »

Coluche

Solution mots mêlés [p. 117]

H	C	W	Q	M	I	G	Q	Q	T	D	X	L	S
B	I	T	E	R	R	O	I	S	I	X	E	H	I
L	H	N	L	T	P	A	A	O	M	X	C	F	O
E	S	V	X	O	I	G	N	H	S	I	A	U	N
S	C	N	N	M	A	Y	T	N	Y	S	D	X	A
O	S	O	E	T	S	C	E	E	N	S	U	E	T
I	T	N	H	I	R	I	M	I	J	S	R	E	S
S	D	O	E	E	C	P	L	Z	I	P	C	N	H
D	I	N	M	I	C	A	L	A	D	O	I	S	D
S	S	O	O	M	V	L	N	L	B	S	E	U	I
F	I	R	D	A	N	O	V	R	U	I	N	N	F
S	B	D	D	L	N	I	X	L	A	O	S	P	Z
E	D	U	Z	E	E	S	E	E	I	P	A	F	R
S	N	I	S	S	E	M	J	S	L	A	S	N	J

AUTANT DE RAISONS DE SE RÉJOUIR

Jeu sur ordonnance

Jouer est bon pour la santé, c'est prouvé ! Cela favorise le développement de multiples capacités cognitives. Et c'est aussi valable pour les jeux vidéo. Bien que certains d'entre eux présentent un caractère violent qui suscite le débat et que le risque d'addiction aux écrans est réel, nombreux sont les jeux qui, dans une ambiance loin d'être anxiogène, nous permettent à la fois de nous détendre et de stimuler notre cerveau. Jouer à plusieurs, c'est encore mieux : le jeu devient un véritable tisseur de lien social. Alors ne remisez plus au placard vos jeux de société, invitez plutôt vos amis ou vos voisins à des parties endiablées !

ÉLÉMENTAIRE !

Enquêteurs célèbres

Un ancien bagnard devenu policier ? Si, de nos jours, cela semble assez difficile, au XVIIIe siècle, Eugène-François Vidocq a parfaitement réussi sa reconversion professionnelle ! Vagabond, arnaqueur, roi de l'évasion et du déguisement, notre futur policier n'était pourtant pas franchement destiné à faire régner l'ordre, mais plutôt à le troubler... Après avoir visité de nombreux bagnes français, il décida de se ranger des calèches et de devenir indicateur pour la police. Habile et maître dans l'art du travestissement, il prit du grade jusqu'à diriger, à partir de 1811, la brigade de sûreté de la police, au sein de laquelle il développa les méthodes d'infiltration des milieux criminels. Loué par les préfets sous les ordres desquels il travailla, l'ancien bagnard monta ensuite une agence de détectives, spécialisée dans l'adultère. Pas bête pour un homme.

« À la Saint-Benoît, de chanter le coucou a droit, à moins qu'il ne soit mort de froid. »

Rétro Vermot

« Comment voulez-vous que je lutte contre mes 60 ans ? Ils sont soixante et je suis seul. »

Mots intraduisibles

Avez-vous déjà entendu parler du *sisu* finlandais ? Non ? Jusqu'à ce jour, nous non plus, on l'avoue sans difficulté. Ce mot parfaitement intraduisible, devenu concept national, se rapproche de notre « résilience », avec une nuance : le *sisu* est une sorte de courage national, une valeur partagée et capitale pour le peuple finlandais, qui donne à celui qui la possède la ressource et la ténacité pour faire face à l'adversité et aux événements négatifs de la vie, soit à un niveau personnel, soit collectivement.

ILS ONT DIT

« Tous les êtres humains pensent. Seuls les intellectuels s'en vantent. »

Philippe Bouvard

[L'actu]

Pigeons fraudeurs

Après les perroquets qui rougissent (voir au 4 mars), des pigeons qui trichent ! Les oiseaux dont il est question dans cette affaire chinoise, voyageurs de leur état, sont plutôt les complices (et victimes) involontaires de deux fraudeurs, bien humains, eux. Lors d'une course de pigeons voyageurs, ces tristes individus ne l'ont pas joué à la loyale : ils ont embarqué en douce avec leurs colombidés dans un TGV pour gagner du temps. Et leur plan, mûri pendant un an, a fonctionné : leurs pigeons ont décroché les quatre premières places. Mais rapidement, le chrono ahurissant réalisé par les volatiles a intrigué les arbitres et d'autres concurrents ont réclamé une enquête. Pour camoufler leur tricherie, les deux hommes ont tué les oiseaux avant de déclarer qu'ils renonçaient à leur récompense. Ce n'était pas suffisant pour la justice. Les deux hommes ont été condamnés à trois ans de prison avec sursis pour fraude.

AU PEIGNE FIN !

Une croyance commune à la Renaissance voulait que l'intelligence des femmes soit corrélée à la largeur de leur front. Naturellement, pour paraître plus intelligente, les femmes mondaines ont alors commencé à utiliser des « astuces » pour forcer la nature, comme s'épiler le front par l'application d'un mélange d'orpiment (sulfure naturel d'arsenic) et de chaux vive. Pour empêcher la repousse du poil, rien de plus simple : il suffit d'entretenir la peau fraîchement épilée en y appliquant du sang de chauve-souris, de l'urine d'âne, de la crotte de chat séchée, ou d'autres produits carrément toxiques, comme le suc de ciguë, la céruse, le mercure ou le plomb. Il faut mourir pour être belle ?

Vendredi 17 avril

Saint Anicet – On fête aussi les Anicette, Marianne

Le soleil se lève à **6 h 55** *et se couche à* **20 h 45**

« *Homme d'avril, fier comme un coq, femme d'avril ne tient que par un fil.* »

Argot-quiz...

Quelle profession exerce le « merlan » ?

Réponse : coiffeur.

Les animaux de compagnie des présidents

Le lien qui se crée entre un chien et son maître est indéfectible et très profond. Et il n'y a aucune raison pour que ce soit différent dans le cas d'un chien de président. Baltique, la chienne labrador noire de François Mitterrand, l'a magnifiquement démontré le jour des obsèques de son maître : elle a attendu devant l'église pendant toute la cérémonie, ne voulant pas quitter celui qu'elle aimait tant. Depuis ce jour, Baltique est une héroïne populaire : sa statue a été dressée dans la ville natale de François Mitterrand et le chanteur Renaud lui a dédié une chanson. Une vraie vedette !

LA MALBOUFFE PERTURBE LE CERVEAU DES ADOS...

ILS ONT DIT

« À quoi bon s'agiter ? On est toujours plus jeune que l'année prochaine. »

Grégoire Lacroix

Trouvailles scientifiques incongrues

Un aspirateur sachant aspirer

Dans les années 1970, James Dyson, précurseur en matière de partage des tâches ménagères, passait chez lui l'aspirateur (c'était peut-être la première fois de sa vie, mais ça l'histoire ne le dit pas). Constatant qu'au fur et à mesure que le sac se remplissait de poussière, l'aspirateur perdait en puissance d'aspiration, il décida d'inventer un système plus efficace. L'idée géniale lui vint en passant par hasard à côté d'une scierie, qui utilisait pour séparer les poussières... un appareil cyclonique. Une dizaine d'années et une foule de prototypes plus tard, l'aspirateur sans sac était né et la marque Dyson devint leader sur le marché. Le Britannique n'en était pas à son coup d'essai : il avait déjà inventé la Ballbarrow, une brouette tout-terrain.

Vous êtes sûr, Docteur ?

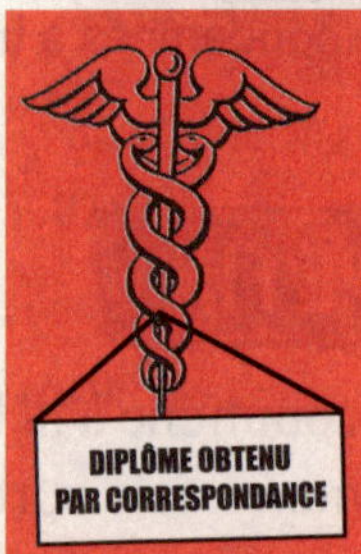

Alors qu'au XVIIIe siècle, la médecine dite moderne explore tous azimuts dans l'espoir de découvrir de nouveaux remèdes et de faire avancer la recherche médicale, l'une des dernières trouvailles a particulièrement le vent en poupe : utilisée par tous les médecins et disponible en vente libre chez tous les bons apothicaires, l'eau de mille-fleurs est une potion censée guérir l'asthme, les rhumatismes et même la goutte. Une bonne idée, direz-vous, si le produit tient ses promesses ! En examinant d'un peu plus près sa composition, rien n'est moins sûr. L'ingrédient principal de cette eau au nom si poétique n'est autre que... l'urine de vache ! À n'utiliser bien sûr qu'en cas de très fortes pluies !

« *Vigne grêlée, vigne fumée.* »

Perles de sportifs

La blessure qui fait plaisir

Qui l'a dit ? Un entraîneur anonyme de rugby.
La perle : « Mon joueur a une fellation du ménisque. » C'est grave, Docteur ?

NOVLANGUES & JARGONS

Vous recevez un mail de votre patron, qui vous demande de finir un travail important d'ici jeudi EOB. Vous êtes d'accord sur le principe, mais un détail vous chiffonne… Que signifie EOB ? C'est tout simplement l'acronyme anglais de « *end of business* », que l'on peut traduire par « fin de journée ». Votre patron veut donc que vous lui rendiez ce travail pour jeudi fin d'après-midi. Et voilà, le temps de comprendre, vous êtes déjà en retard ! C'est pas beau la modernité ?

ILS ONT DIT

« Selon les spécialistes, il ne faut jamais frapper ses enfants quand on est en colère. Quand alors ? Quand on nage dans le bonheur ? »
Helen Rowland

Le Chiffre

86 %

C'est le pourcentage des poissons pas très écolo que vous achetez en supermarché ! Plus précisément, selon l'UFC-Que Choisir qui a mené l'enquête auprès de plusieurs enseignes, le cabillaud, la sole ou le bar proposés sont pêchés selon des méthodes non durables ou dans des stocks surexploités. Pour l'association de consommateurs qui a visité 1 134 poissonneries de grandes surfaces, le résultat est sans appel : « La grande distribution n'a aucune politique d'approvisionnement durable pour les trois espèces étudiées. » Or, trois quarts des achats de poissons frais et autres produits de la mer des consommateurs français sont réalisés dans la grande distribution. En outre, dans deux tiers des cas, l'étiquetage lui-même pose problème, les mentions obligatoires sont « absentes, fantaisistes ou trop vagues ». Quant à l'information sur les méthodes de pêche, elle est absente pour un poisson sur quatre !

Brèves régions

Pas-de-Calais/Le phare de Caligula

Imaginez une tour de 40 m de haut érigée sur la falaise de Boulogne-sur-Mer, dans le Pas-de-Calais, à l'emplacement actuel de la statue équestre du général San Martin… C'est ici que fut construit par les Romains en l'an 39, sur ordre de l'empereur Caligula, un phare monumental dont les feux devaient briller toutes les nuits comme à Alexandrie. Cet édifice, aussi appelé « tour d'Ordre », fut restauré par Charlemagne en 811, puis par les Anglais en 1544 et utilisé jusqu'en 1644, où il disparut dans l'érosion de la falaise. S'il n'en reste rien aujourd'hui, des cartes postales du début du XXe siècle montrent que certains vestiges du phare de Caligula étaient encore présents à cette époque.

Dimanche **19 avril**

Sainte Emma – On fête aussi les Garnier, Timon, Verny

Le soleil se lève à **6 h 51** *et se couche à* **20 h 48**

« *Au mois d'avril, plante l'oignon comme un fil ; au mois de mai, regarde si tu veux, il sera gros comme un pieu.* »

Ça s'est passé

Le 19 avril 1920

Le navigateur Jules Dumont d'Urville est témoin de la découverte d'une statue sur l'île grecque de Milos, une œuvre aujourd'hui exposée au Louvre : *la Vénus de Milo*.

Pièges de l'ortogra~~f~~e (h / ph)

Davantage d'avantages

Écrit en un seul mot, « davantage » est un adverbe qui indique une quantité supérieure. En revanche, le mot « avantage » précédé de l'article élidé « de » est synonyme d'intérêt. En le remplaçant par ce mot, vous lèverez toute ambiguïté sur l'orthographe à utiliser. Si la phrase garde son sens, c'est qu'il faut écrire « d'avantage », sinon « davantage ».

Solution mots fléchés [p. 120]

	T		O		O		D		W		G	
G	R	A	B	A	T		O	S	C	A	R	S
	I	N	S	P	E	C	T	E		L	E	U
P	L	A	C	E	R	A		U	R	A	N	E
	A		U	T		C	A	L	A	M	A	R
A	T	T	R	A	P	A	I	S		B	D	
	E	R		L	I	O	N		O	I	E	S
P	R	O	F	E	S		S	T	U	C		U
	A	N	E		S	B	I	R	E		R	I
E	L	A	N	C	A	I		A	S	S	I	S
		I	N	A	T	T	E	N	T	I	F	S
E	S	S	E	S		U	N	S		M	I	E
	U		C	O	E	R	C	I	T	I	F	
G	I	G		A	X	E	R		O	L	I	M
	C	E	D	R	E		E	T	U	I		A
L	I	N	O		M	A	U	R	E		L	I
	D	E	S	A	P	P	R	O	U	V	E	R
R	E	T	E	N	T	I		C	R	A	I	E

Nouveaux comiques

Houah ah ah oh oh

Mathieu Madénian

Fils d'un vendeur de pneus arménien et d'une mère assistante sociale, Mathieu Madénian a débuté comme avocat, mais a très peu exercé, préférant, à 25 ans, se tourner vers la comédie. En 2003, il fait ses premières armes comme voix off dans *Un gars, une fille* sur M6 – série qui a lancé la carrière de Jean Dujardin et d'Alexandra Lamy. En parallèle, il écrit, puis joue sur scène son premier one-man-show *Tout va bien se passer*. Dès lors, son accent catalan, sa verve corrosive et son regard impertinent sur l'actualité l'ont propulsé comme l'un des humoristes chroniqueurs chouchou de la télévision. Son destin aurait pu s'arrêter net le 7 janvier 2015 : collaborateur de *Charlie Hebdo*, il devait assister à la conférence de rédaction hebdomadaire du journal satyrique. Une panne de réveil lui a sauvé la vie.

130 – Cent-trente – CXXX

C'est la distance en kilomètres qu'un chat a parcouru à travers l'Angleterre en étant coincé dans le moteur d'une Ford Focus. Le matou tigré, qui s'était caché dans le système de ventilation du véhicule, a voyagé de Stevenage à Clacton-on-Sea, sans que la famille qui partait en vacances à la mer ne s'en aperçoive. C'est seulement arrivé à destination que le chauffeur a remarqué la présence de l'intrus. Coincé, affaibli et mal en point, le félin a dû être désincarcéré par des spécialistes. L'animal n'étant pas tatoué, la famille a décidé de le baptiser Ford, en hommage à son odyssée. Et en attendant de lui trouver une famille d'accueil, elle lui a offert écuelle et coussin. Et une caisse de transport pour ses prochaines virées à la mer !

« *Entre un coup de poing sur le nez donné par un ennemi et le même donné par un ami, il n'y a pas grande différence. Surtout si le nez n'est pas à vous.* »

Pierre Dac

Mon Trésor (public) !

Pour trouver de nouveaux impôts, l'État réfléchit en permanence et ne manque pas de créativité. Comme en 1893, où il fut mis en place en France un impôt sur les pianos d'un montant de 10 francs par piano dans un foyer. La « logique » à l'origine de cette taxe : les gens qui ont un piano doivent forcément être fortunés... Les seuls chanceux pouvant pianoter sans payer étaient les professeurs de musique, les musiciens professionnels et, allez savoir pourquoi... les marchands de vin !

ILS ONT DIT

« Une fois, c'est pas tromper, je suis désolé... c'est comparer ! »

Franck Dubosc

[L'actu] Ceci n'est pas un poisson (d'avril)

Des ex-guérilleros sud-américains reconvertis en écoguides dans les forêts françaises. Improbable mais vrai ! Le parc naturel régional des Landes de Gascogne va former d'anciens combattants des Forces armées révolutionnaires de Colombie (FARC) au métier de guide forestier. Soutenu par les ministères des Affaires étrangères, de l'Environnement et le conseil régional de Nouvelle-Aquitaine, le dispositif, initié et financé par l'ONU, vise à permettre à plusieurs ex-guérilleros de se réinsérer dans la société colombienne en leur offrant, notamment, des emplois de « gardiens » de la forêt amazonienne. Et cela passe donc, pour cinq d'entre eux, par une formation à la protection de l'environnement dans la forêt landaise. Si les conditions climatiques, la topologie ou encore les faunes et flores n'ont a priori pas grand-chose en commun entre les deux parties du globe, c'est surtout la méthodologie en matière de préservation des espaces naturels mise en œuvre par le parc régional qui motive les anciens combattants. Établi pour aider à la pacification de la Colombie, ce programme qui veut transformer de féroces guerriers en gentils écolos a déclenché une petite guérilla en France, plusieurs élus de Nouvelle-Aquitaine estimant que le dispositif revenait à financer le terrorisme !

-Malaise dans les hôpitaux

{ Mots qui changent de sens }

Aujourd'hui, il nous arrive d'être « subjugués » devant la beauté de quelqu'un ou de quelque chose. Cela revient à dire qu'on est abasourdis par cette beauté. Et pourtant, si l'on s'intéresse à l'origine latine du mot, on découvre que *subjugare* signifie « être sous le joug de », « être soumis à ». Nulle séduction dans ce sens originel, mais au contraire une vraie idée de domination politique et militaire.

Mardi 21 avril

Saint Anselme – On fête aussi les Anceline, Lancelot

Le soleil se lève à **6 h 47** et se couche à **20 h 51**

« *Tel temps à la Saint-Anselme, tel temps pendant une semaine.* »

DE L'OR DANS LA VOIX

Le nom de Maria Malibran vous est peut-être inconnu, pourtant c'est celui de l'une des plus grandes voix du XIXe siècle ! Née en 1808 et morte en 1836, sa courte vie fut remplie de succès. Elle fut l'idole du public parisien, qui raffolait alors du chant lyrique du Théâtre-Italien, dont elle était rapidement devenue la star. On dit même que c'est elle qui a popularisé le terme « diva » pour évoquer ces chanteuses au talent aussi marqué que leur personnalité.

Rétro Vermot

Julien n'aime pas prendre sa douche. Ses parents se bagarrent avec lui tous les jours pour qu'il se lave. Un de leurs amis qu'ils n'avaient pas vu depuis longtemps dit au petit Julien :
« Oh ! Comme tu as grandi !
– Bien sûr, on m'arrose tout le temps. »

UNE ÉQUIPE DE RÉFUGIÉS PARTICIPERA AUX J.O. DE TOKYO

VERMOT'ROSCOPE

TAUREAU (21 avril – 21 mai)

Caractère

Observateur, terre à terre, concret, organisé, volontaire, déterminé, voire buté, résistant, travailleur, sensible, sensuel, bon vivant, épicurien, fidèle, fiable, sincère, ambitieux.

Le message des astres

C'est une année particulièrement intéressante qui se profile à l'horizon. Si vous devez changer de vie, modifier vos habitudes, déménager, voyager ou remettre les compteurs à zéro, les astres s'allient pour vous accompagner dans cette période d'évolution ou encore de transition.

Vie relationnelle

Vous n'aurez pas le temps de vous ennuyer. Tout au long de 2020, les sorties et les invitations vous permettront de pimenter votre quotidien. De nouvelles rencontres et de nouvelles amitiés viendront ensoleiller votre année et vous donneront l'occasion de bousculer certaines de vos habitudes.

Amour

À deux, ces douze prochains mois seront parfaits pour donner un nouvel élan à votre relation. Les projets et les initiatives seront les bons outils pour ne pas tomber dans les habitudes. Ainsi, vous devrez déborder de fantaisie pour pimenter votre vie conjugale. Célibataire, certains auront l'occasion de clôturer un chapitre de leur vie amoureuse. 2020 vous incitera à passer à autre chose. Faites fi du passé et tournez-vous vers le futur, qui s'annonce très prometteur.

Famille

Vous aurez tendance à manquer de souplesse et d'ouverture d'esprit lors de certains de vos échanges, à moins que vous n'ayez du mal à reconnaître vos torts. 2020 vous incitera à faire beaucoup plus d'efforts pour parvenir à mieux vous comprendre.

Quotidien et vitalité

Attendez-vous à être débordé, et ce, quoi que vous fassiez. Entre vos loisirs, vos tâches courantes et les autres domaines de votre vie, vous n'aurez pas le temps de vous tourner les pouces. Heureusement, vous pourrez compter sur une résistance hors pair. Mais vous devrez quand même penser à vous préserver en vous octroyant des moments de pauses réguliers qui vous permettront de recharger vos batteries.

Budget

Certains de vos projets vous inciteront à faire quelques dépenses, notamment au printemps. La rigueur s'imposera. Tout le reste de l'année, vous saurez garder la maîtrise de votre budget et mieux cibler vos achats.

Comment optimiser votre année

Vous devrez surfer sur la vague du changement qui est en cours. Ne refusez pas d'évoluer ou de vous remettre en question. Embrassez cette période de transition avec sérénité. Acceptez-la et faites-la vôtre.

« *Si trente et un jours avril avait, personne ne s'en plaindrait.* »

Étymolo-quiz...

Quel est le sens du mot latin *patior* qui a donné notre « passion » : « vénérer » ou « souffrir » ?

Réponse : souffrir.

Mots qui changent de sens

De nos jours, on dit de tout et de rien que c'est « formidable », en donnant au mot une connotation fortement positive. Cependant, son étymologie est bien différente. Emprunté au latin *formidabilis* qui veut dire « redoutable » et qui est dérivé de *formido* (peur, effroi), notre « formidable » avait donc originellement une forte connotation négative. La prochaine fois qu'on vous dit que vous êtes formidable, inquiétez-vous, cela veut peut-être dire que vous faites peur !

ILS ONT DIT

« L'estomac a deux fonctions. Il contient votre dîner et, ce qui n'est pas le moins important, sert à retenir votre pantalon. »

Groucho Marx

LOISIRS TENDANCE

Des plantes à l'eau

Le « regrowing » n'a rien à voir avec le « groove ». Cette activité consiste à faire repousser (*regrow*) des légumes ou herbes aromatiques sans potager, en les plongeant à moitié dans un verre d'eau, avant de les replanter. Une technique hors sol que nous avons probablement tous expérimenté au moins une fois lorsque nous étions enfants avec un noyau d'avocat ! Mais très rares sont ceux qui ont mangé le fruit de ce patient passe-temps. Beaucoup, en revanche, ignorent que l'on peut en faire autant avec tout un tas d'autres végétaux. Un moyen simple et économique de verdir son intérieur !

Recette de cuisine

Gâteau magique au citron vert

Pour 6 pers. — 20 min de préparation, 3 h de repos — 50 min de cuisson

- 2 citrons verts non traités
- 130 g de beurre
- 4 œufs
- 120 g de sucre
- 120 g de farine
- 50 cl de lait
- 1 pincée de sel

Préchauffez le four à 150 °C (th. 5). Dans un bol, râpez le zeste d'un citron et pressez les deux. Faites fondre le beurre. Cassez les œufs et séparez les blancs des jaunes.

Battez les blancs en neige ferme avec le sel.

Fouettez ensuite les jaunes avec le sucre. Versez le beurre fondu, le jus de citron et le zeste dans les jaunes sucrés, puis la farine et le lait. Mélangez bien à l'aide d'un batteur électrique.

Incorporez les blancs aux jaunes très délicatement avec une maryse et en procédant en plusieurs fois.

Versez la pâte dans un moule tapissé de papier sulfurisé et enfournez pour 50 minutes de cuisson.

Laissez refroidir, puis placez au frais durant 3 heures.

Conseils : le gâteau magique s'appelle ainsi, car il présente après cuisson 3 textures différentes. Sous une croûte dorée, sa pâte superpose une couche fondante et une couche aérienne.

« *À la Saint-Georges, sème ton orge.* »

DRÔLE DE NOM POUR UNE VILLE !

Dangers

Située dans l'Eure-et-Loir, la commune de Dangers tire son nom du vieux français, où le mot « danger » avait pour sens « domination ». Vers 1250, on trouve le nom du lieu sous la forme « Dangiers », puis « Danguay » en 1541. Refusant d'être les « Dangereux », les habitants sont restés longtemps sans gentilé. En 2012, ils ont choisi par référendum de s'appeler les Dangeois.

Brèves régions

Alpes-Maritimes/ Le mort vivant

En septembre 2017, lorsque Georges, un habitant de Nice, demande le renouvellement de son passeport pour partir en voyage aux États-Unis avec son épouse, l'administration le lui refuse. Motif invoqué : Georges est mort, comme l'indique la mention marginale sur son acte de naissance ! Il lui faudra engager une procédure pour faire constater qu'il s'agit d'un simple homonyme, qui n'a ni les mêmes parents ni la même date de naissance.

Expressions du potager

Quelle poire !

C'est-à-dire quel jobard, quel cave, quel gogo, quel pigeon ou même… quelle pomme ! L'origine de ce trait mortifiant ne remonte pas à la célèbre poire louis-philipparde, la charge humoristique de Charles Philipon et Daumier, parue dans *La Caricature* en 1832, qui montre la grosse bouille du roi des Français se métamorphosant en Doyenné du Comice et qui fait plutôt allusion à la mollesse et à la lourdeur du monarque. La poire qui nous occupe ici vient sans doute de l'argot des trottoirs parisiens de la fin du XIXe siècle, celui des filous, des aigrefins et des entôleurs qui guettaient le péquenot fraîchement débarqué pour le soulager en douceur et en profondeur de sa fraîche, de son oignon et de ses breloques, et qui le cueillaient d'une main, comme une poire mûre. Leur coup fait, les vide-goussets se fendaient évidemment la poire, expression qui reste aujourd'hui nettement plus populaire que se fendre la pêche, la pipe, la gueule, la tronche et même la bille, ou tout autre rotondité évoquant la caboche.

LANCEMENT DE LA TÉLÉCONSULTATION DE DOCTOLIB

MONSTRES CÉLÈBRES
Smaug le doré

Le Seigneur des anneaux, chef-d'œuvre de J. R. R. Tolkien, regorge de personnages hauts en couleur. Protagoniste crucial de *Bilbo le Hobbit*, Smaug est un dragon géant au corps rougeâtre qui se prélasse dans l'immense tas de richesses qu'il s'est approprié sur le mont Solitaire. Il menace la réussite de la quête des héros du fait de sa possible alliance avec Sauron, le grand méchant de la saga. Heureusement, le capitaine Bard en vient à bout en lui décochant une flèche qui atteint l'unique point vulnérable dans l'armure de pierres précieuses qui protège son poitrail.

« Avril pluvieux fait mai joyeux. »

Ça s'est passé

Le 24 avril 1920

Pour la première fois, le drapeau olympique est hissé, à l'occasion des jeux d'Anvers (ceux de 1916 prévus à Berlin ayant été annulés à cause de la guerre).

Pièges de l'ortographe

L'accord des couleurs

Faut-il accorder les adjectifs de couleur ? La réponse est oui, uniquement si ces adjectifs ne désignent pas une chose à l'origine. En revanche, s'il s'agit de noms utilisés comme adjectifs (marron, rose, orange), ils deviennent invariables, de même que si la couleur est exprimée par deux adjectifs. Une chevelure sera donc blonde, mais les cheveux seront blond foncé ou marron.

[L'actu]

Déprimant pour les primates

Vous l'ignorez certainement, mais ce 24 avril est la Journée mondiale des animaux dans les laboratoires. Une initiative officielle, reconnue par les Nations Unies, au cours de laquelle les associations antivivisection tentent de sensibiliser le public à la souffrance et aux traitements réservés à des centaines de milliers de cobayes de tout poil (chien, chat, lapin, singe…) utilisés chaque année pour la recherche scientifique. Si, depuis 2010, dans l'Union européenne, les expériences sur les animaux sont plus strictement encadrées, voire de plus en plus limitées lorsqu'il s'agit de nos cousins les primates, aux États-Unis, la situation s'est dégradée. Alors que les National Institutes of Health avaient promis en 2015 « d'éliminer les expériences controversées sur les singes », selon leurs propres chiffres, l'utilisation de primates comme cobayes dans les centres de recherche américains a augmenté de 22 % aux cours des trois dernières années. L'an passé, plus de 76 000 primates ont été utilisés par des laboratoires privés ou publics. Il s'agit du seul groupe animal à connaître un taux d'utilisation plus fort qu'il y a dix ans. Le macaque rhésus a le triste privilège d'être devenu une « star » des laboratoires, notamment pour la mise au point de traitements contre la maladie d'Alzheimer.

Brèves régions

Creuse/La cité internationale de la tapisserie

Inaugurée en 2016, la Cité internationale de la tapisserie est installée à Aubusson, capitale mondiale de cet art décoratif. Son musée montre combien, depuis près de six siècles, la tapisserie est une activité vivante. Utilisées autrefois pour leurs vertus isolantes, les tapisseries ornaient les murs des châteaux et réduisaient les « pertes caloriques » dans les pièces. Aujourd'hui célébrée par un grand nombre d'artistes contemporains, la tapisserie d'Aubusson est à la fois un art et un savoir-faire inscrit par l'UNESCO au patrimoine culturel immatériel de l'humanité.

Saint Marc – On fête aussi les Marcia, Clarence, Ermin, Héribald

Le soleil se lève à **6 h 40** et se couche à **20 h 57**

« *Saint-Georges cueille les cerises, Saint-Marc les vend.* »

Pimpon ! Anecdotes de pompiers

L'amour à la montagne : « J'ai fait une chute à ski hier. Depuis, j'ai une douleur intercoïtale. »

Les fautes des grands écrivains

Autre erreur notable d'Albert Camus (promis, nous n'avons rien contre Camus, bien au contraire !), bien qu'à sa décharge, il s'agisse encore d'une règle régulièrement bafouée par une majorité de gens, et donc d'une faute souvent cautionnée par l'usage, quoique grammaticalement fausse. En effet, toujours dans son roman *La Peste*, Camus écrit : « Dans toutes les armées du monde, on pallie généralement au manque de matériel par des hommes. » Raté, Albert, puisqu'on ne pallie pas « à », mais on pallie tout court. L'intransitivité a ses raisons que la raison populaire ignore, et certains grands écrivains aussi…

Ça, c'est fait… divers

Un couple du Massachusetts a eu la mauvaise surprise de découvrir quelques semaines après son mariage que son officiant de cérémonie était un escroc sans licence et que leur union n'était pas officielle. Pourtant, l'accusé était agréé sur Internet et avait même été nommé « meilleur officiant » du comté de Newport par un média local. Les « mariés » ont découvert le pot aux roses en allant chercher leur certificat de mariage, lequel était inexistant. Après avoir déposé plainte, le couple a partagé son expérience sur une chaîne locale et les réseaux sociaux. D'autres victimes se sont alors manifestées. James Stern – c'est son nom – a finalement été interpellé. Et comme par hasard, son casier judiciaire était déjà long comme le bras ! Il a non seulement présidé plusieurs dizaines de cérémonies en se faisant passer pour un juge de paix, mais il profitait aussi des festivités de mariage pour voler les cartes de paiement des demoiselles d'honneur. La totale !

Brèves régions

Yonne/La fosse Dionne

La ville de Tonnerre, dans l'Yonne, s'est construite autour d'elle. La fosse Dionne est une source qui fait jaillir à l'air libre les eaux d'écoulements souterrains. Avec un débit de 300 litres par seconde, c'est une attraction qui est restée longtemps mystérieuse en raison du bleu de son eau et de sa profondeur insondable. Plusieurs personnes ont trouvé la mort en voulant explorer son mystère. On sait aujourd'hui que le réseau naturel qui l'alimente s'étend jusqu'à plus de 40 km. Un magnifique lavoir a été aménagé autour de la source au XVIIIe siècle et l'ensemble est classé au titre des monuments historiques depuis 1920.

« *Rouge vespre et blanc matin est la joie du pèlerin.* »

CLASHS D'ARTISTES

C'est l'une des guerres des mots les plus sanglantes de la musique pop depuis 10 ans. Elle a officiellement commencé lors d'un concert à Paris en 2009. Ce soir-là, après une énième bagarre, les deux leaders du groupe Oasis, les frères Noel et Liam Gallagher, ont décidé de se séparer. Rivaux au sein de leur groupe, grisés par leur mode de vie « *sex, drug and rock'n'roll* », les deux frangins sont incapables de gérer leur différend, sauf par les coups et l'invective. Leur séparation, drame pour les inconditionnels de Wonderwall, n'a pourtant guère apaisé les tensions entre le cadet et son aîné. À la guerre, comme Gallagher !

ILS ONT DIT

« Selon les statistiques, une personne sur cinq est déséquilibrée. S'il y a quatre personnes autour de toi et qu'elles te semblent normales, c'est pas bon ! »

Jean-Claude Van Damme

Champions de la lose

Son nom évoque l'incompétence militaire et c'est sûrement le pire général en chef de la Grande Guerre, le seul à n'avoir pas été élevé au rang de maréchal. Robert Nivelle a été commandant en chef des armées pendant six mois, après Joffre. Encore obscur colonel en 1914, après vingt-cinq années de service, ce polytechnicien a connu en deux ans une promotion accélérée grâce à quelques victoires ponctuelles. Son assurance à toute épreuve, ses appuis politiques et la promesse d'une offensive rapide et décisive le consacrent ainsi généralissime en décembre 1916. C'est à ce titre qu'il conçoit et dirige la calamiteuse bataille du Chemin des Dames au printemps 1917. Son attaque éclair censée couper les lignes allemandes, « l'offensive Nivelle », vire au fiasco sanglant et à la débâcle. En guise d'avancée foudroyante, l'armée française n'a pas bougé d'un pouce et 200 000 soldats ont été sacrifiés. Nivelle est surnommé « le boucher ». Les mutineries de poilus se multiplient et, le 15 mai, le fier stratège est remplacé par Pétain et expédié à Alger où il finira la guerre, désavoué et loin des champs de bataille.

~~VRAI~~ ou FAUX ? Les *fake news* de l'histoire

Un monument à la gloire d'un inconnu

En 1913, des députés et des sénateurs reçoivent une lettre leur demandant d'adhérer à un comité de soutien pour l'érection et l'inauguration d'un monument à la gloire d'Hégésippe Simon. On va célébrer le centenaire de la naissance, à Poil (*sic* !), dans la Nièvre, de cet « éducateur de la démocratie ». Vingt-cinq parlementaires se font piéger – à l'époque, faut-il le rappeler, Internet n'existe pas… Un député soupçonneux mène toutefois quelques recherches en bibliothèque et se rend compte de la supercherie. Ce canular est l'œuvre du journaliste Paul Birault, pour se moquer de la crédulité des hommes politiques. Pari gagné !

Lundi 27 avril

Sainte Zita – On fête aussi les Anthime, Floribert, Konwen

Le soleil se lève à **6 h 36** *et se couche à* **21 h 00**

« *À la Sainte-Zita, le froid ne dure pas.* »

Verbes régionaux

FROUILLER

Directement hérité du latin fraus qui a donné en français le mot « fraude », le verbe « frouiller » est utilisé en Rhône-Alpes pour dire frauder ou tricher. Il s'applique à toutes sortes de fourberies, de la plus grave avec le citoyen malhonnête qui « frouille le fisc » jusqu'au jeu de cartes, plus anodin, où le tricheur abuse de son adversaire en « frouillant ».

LES GRANDS ILLUSIONNISTES

Le confiseur

Philippe Talon (1802-1878) avait toujours rêvé d'être confiseur. Après avoir tenté sa chance à Paris et à Londres, il se rendit à Aberdeen, en Écosse. Sans plus de succès. Il proposa alors au directeur du théâtre de la ville – lui aussi peu fréquenté –, d'organiser une loterie les jours de spectacle : chaque billet donnait droit à quelques bonbons, le gagnant du gros lot recevant encore plus de gourmandises. En outre, à la fin de la pièce, il exécutait un numéro comique mettant en scène quelques tours de magie. Le succès fut immédiat. Celui que l'on surnomma « Monsieur Philippe » prit l'habitude de porter un costume de mage (longue robe et chapeau pointu) et d'utiliser des automates. Il continua d'organiser ses généreuses loteries pour augmenter l'attractivité de ses spectacles, qui connurent un grand succès dans toute l'Europe.

MÊLEZ-VOUS DE VOS AFFAIRES

L'intervention américaine en Amérique du Sud pour contrer la menace communiste, une histoire révolue ? Pas tant que ça, à en croire un article du *New York Times* du 12 septembre 2018, qui dit que « l'administration Trump a organisé, au cours de cette année, des réunions secrètes avec d'anciens officiers militaires rebelles du Venezuela. Ils auraient envisagé des stratégies pour renverser le président Nicolás Maduro, selon des responsables américains qui ont participé aux pourparlers ». *Bis repetita…*

AUTANT DE RAISONS DE SE RÉJOUIR

Se libérer d'un traumatisme

Vivre un événement traumatisant (agression, catastrophe…) entraîne un défaut du traitement des informations associées, qui forment alors une sorte de nœud bloqué dans le cerveau émotionnel pendant des mois, des années… Une thérapie récemment mise au point permet de remettre de l'ordre dans tout cela ! C'est l'EMDR, l'intégration neuro-émotionnelle par les mouvements oculaires : par des mouvements des yeux similaires à ceux opérés pendant la phase paradoxale de notre sommeil, il devient possible d'archiver des informations, d'en faire des souvenirs – mauvais certes, mais avec lesquels il est alors plus facile de prendre ses distances !

Le soleil se lève à **6 h 34** et se couche à **21 h 02**

Mardi **28 avril**

Sainte Valérie – On fête aussi les Vital, Valéria, Chanel

« *Je ne vais pas à la messe, car elle est à l'heure de l'apéritif.* »
Georges Courteline

LES GRANDS DE LA PETITE REINE

De nos jours, les scandales de dopage font hélas partie du paysage du cyclisme professionnel. 2007 fut à cet égard une année particulièrement sombre avec, comme nom symbolique, celui de Michael Rasmussen. Alors que de lourds soupçons pesaient sur lui et que de nombreux coureurs d'autres équipes avaient été exclus du Tour pour contrôles positifs, le Danois s'amusait des critiques et ne se privait pas de quelques performances carrément suspectes, comme dans le col d'Aubisque où il plaça des accélérations qui ne laissaient planer que peu de doute. À tel point que son équipe, Rabobank, décida alors d'exclure elle-même son coureur, pourtant porteur du maillot jaune ! La banque danoise avait peur, en effet, que la victoire de son champion ne lui fasse trop de mauvaise publicité. Circulez, y'a rien à gagner !

Pan Pan !

PERLES DE POLICIERS

Scandale : « Bonjour, je vous appelle parce que j'ai commandé ma pizza il y a plus de 45 minutes et elle n'est toujours pas arrivée. Je voudrais porter plainte ! »

Nos régions ont du talent

Si on vous demande de choisir un animal emblématique de Béziers, on peut parier que vous ne choisirez pas le chameau. Et pourtant, le chameau de Béziers est une tradition séculaire que l'on fête encore le jour de Saint-Aphrodise, le 28 avril. La légende raconte que ce premier évêque de la ville était arrivé d'Égypte à dos de chameau avant de se faire couper la tête par des idolâtres. Son chameau fut recueilli et soigné par les habitants et devint l'emblème de son martyr. Depuis, on fait défiler dans les rues de Béziers un chameau (souvent mécanique) à la Saint-Aphrodise.

AVENTURIERS DE L'IMPOSSIBLE

Edmund Hillary : le premier sur le toit du monde

Dans le monde de l'alpinisme, certains noms restent à jamais gravés dans le marbre de l'exploit. C'est le cas de Sir Edmund Hillary, alpiniste et explorateur néo-zélandais qui est le premier homme, avec le sherpa Tensing Norgay, à avoir atteint le sommet de l'Everest, le 29 mai 1953. Pour cela, il sera le premier citoyen néo-zélandais de l'histoire à apparaître de son vivant sur des billets de banque, verra un ressaut de l'Everest prendre son nom et obtiendra même la citoyenneté honorifique népalaise. Après son décès en 2008, son œuvre caritative auprès du peuple sherpa se poursuit et son héritage reste une pierre angulaire de l'histoire de l'alpinisme.

« Chêne qui pèle en avril, pèle deux fois. »

Chiffres et expressions

Aux quatre coins du monde

Bien sûr, seuls les objets comportant des angles peuvent avoir des « coins », ce qui n'est pas le cas de notre planète. Toutefois, dans notre représentation planisphérique, le monde s'inscrit dans un rectangle parfait. Pour désigner quelqu'un qui voyage beaucoup, on aime à l'imaginer partant aux lointaines extrémités, aux « quatre coins du monde ».

MALADIES ÉTRANGES

Raiponce n'est pas uniquement une princesse légendaire et l'héroïne d'un dessin animé signé Disney. C'est aussi le nom, bien que joli, d'une bien étrange et désagréable manie. Le « syndrome de Raiponce » désigne en effet une maladie consistant en l'accumulation de cheveux dans l'estomac de personnes qui en souffrent. Vous me direz, ces cheveux n'arrivent pas tout seuls, dans l'estomac... Et vous aurez raison. Le syndrome de Raiponce est avant tout la conséquence d'une autre maladie, plus courante celle-ci, la trichophagie, dont les personnes atteintes ont pour habitude irrépressible de manger leurs cheveux après les avoir arrachés de leur tête, parfois par poignées. On parie que ces personnes n'ont pas peur d'arriver comme un cheveu sur la soupe !

Les animaux de compagnie des présidents

Qu'ont en commun certains chiens de Jacques Chirac, Nicolas Sarkozy et François Hollande ? Eh bien figurez-vous que c'est la même personne qui les leur a offerts ! En effet, François Lubrina, vétérinaire québécois et élu consulaire outre-Atlantique, s'est mis en tête de fournir un chien à tous les présidents français. Mais Emmanuel Macron ne s'est pas laissé influencer et a refusé l'offre de François Lubrina. Dealer de chien de président, en voilà un hobby étrange…

Brèves régions

Moselle/Le macaron de Boulay

Moins connu que le biscuit de Reims, le kougelhopf, la dragée de Verdun ou la madeleine de Commercy, le macaron de Boulay n'en reste pas moins une magnifique spécialité sucrée de la région. Imaginé en avril 1854 par le pâtissier Binès Lazard et son épouse en la ville de Boulay-Moselle, ce petit gâteau rond, craquelé sur le dessus, est d'une jolie couleur beige clair. Il se compose d'amandes, de sucre et de blancs d'œufs, sans colorants ni conservateurs. Il a été très apprécié par les têtes couronnées et les grands de ce monde comme le roi George VI, le général de Gaulle ou encore l'écrivain André Maurois. Sa réputation a ainsi fait le tour du monde. Très moelleux, il peut être conservé plusieurs semaines dans un réfrigérateur.

« *À la Saint-Robert, tout arbre est vert.* »

Perles de sportifs

Élémentaire

Qui l'a dit ? Patrice Évra, footballeur.
La perle : « Il faut rendre César à César. » C'est quand même pas compliqué à comprendre !

Invisibles : les petites mains du pouvoir

Quand on est l'homme le plus haut placé du pays, le maître-mot quand on reçoit est bien évidemment de faire bonne impression. Pour cela, rien de tel que quelques fleurs. Enfin, quand on dit « quelques » fleurs… Dans le cas de l'Élysée, c'est en vérité un peu plus. Les quatre fleuristes en charge de la décoration florale du palais n'ont rien de moins pour ce faire qu'un budget annuel de plus de 200 000 euros ! Assez pour redonner au bâtiment adjacent des Champs-Élysées son côté champêtre d'antan ?

ILS ONT DIT

« Partir, c'est mourir un peu... Mais mourir, c'est partir beaucoup. »

Alphonse Allais

INVENTIONS INSOLITES

Si le sort des mères de famille n'est pas encore tout rose aujourd'hui, il faut avouer que la société a beaucoup évolué et que les pères, d'une manière générale, s'investissent bien davantage dans les tâches ménagères et l'éducation des enfants qu'ils ne le faisaient autrefois. Cependant, on est encore loin du partage égal des tâches. Pour ceux qui voudraient y accéder, il existe une invention merveilleusement insolite des années 1930 qui peut vous y aider : le porte-bébé de couple. Le principe ? Une balançoire en tissu dans laquelle est installé l'enfant, et une longue bretelle de chaque côté : une pour maman et une pour papa. Peut-être pas la plus pratique, mais sans aucun doute la plus égalitaire des façons de porter bébé ! Cela dit, faites quand même attention aux poteaux et autres obstacles en l'utilisant !

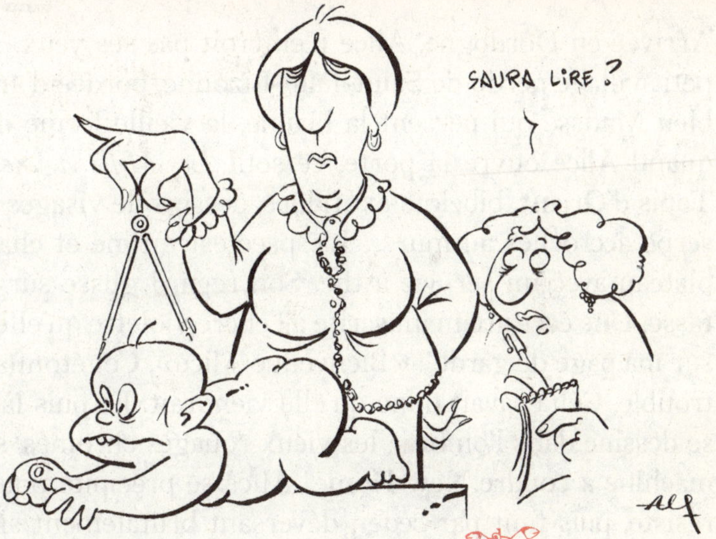

Histoire cochonne

Le comédien Jean-Claude Dreyfus est atteint de suidéphilie ! Une drôle de manie dont il a tiré il y a quelques années un succulent ouvrage : *Du Cochon considéré comme l'un des beaux-arts*. Bougeoirs, jardinières, brosses à ongles, gravures, pions d'échecs, théières, jeux de cartes et, bien sûr, tirelires constituent une collection de « cochonneries » impressionnante chez l'inoubliable boucher de *Delicatessen* ! Parmi ses centaines d'objets figure notamment le tableau offert par Pierre à Thérèse dans *Le père Noël est une ordure*. Côté record, depuis dix ans, la suidéphile Anne Langton (Royaume-Uni) et ses 17 000 babioles, figurines, peluches et autres tirelires consacrées au porc sous toutes ses formes, restent indétrônables.

« *En mai, fais ce qu'il te plaît.* »

L'ÉNIGME DE LA MACHINE À COUDRE

EPISODE 5

Arrivée en Dordogne, Alice n'en croit pas ses yeux. Nichée dans la campagne du petit village perdu de Saint-Paul-Lizonne, bordée d'arbres fruitiers, avec ses volets bleu Matisse qui percent la brume, la vieille ferme de Célia a un charme fou. Et quand Alice ouvre la porte, ce sont *Les Mille et une Nuits* qui tombent sur elle! Tapis d'Orient, bibelots exotiques, dessins de visages masculins comme taillés à la serpe accrochés au mur… L'espace est intime et chargé. Sur une table basse, un plateau avec un service à thé. Son regard glisse sur un petit papier à côté d'une tasse. Une écriture manuscrite à l'encre violette qu'elle reconnaît bien, la même que sur ma page de garde : « Bienvenue Alice ». Cet étonnant message d'outre-tombe la trouble. Célia savait donc qu'elle viendrait. Et puis là, soudain, sous l'escalier, elle se dessine dans l'ombre : les vieux rouages chromés, son pédalier, sa courroie… la machine à coudre New Home! Alice se précipite pour ouvrir le tiroir. Le meuble résiste, puis finit par céder, déversant brutalement sur le sol la masse de papiers qui en bloquait l'ouverture : des articles de presse la concernant, un de ses cahiers d'écolière qu'elle pensait avoir jeté… Alice est touchée, mais ne comprend pas. Célia la connaissait-elle? La suivait-elle? Sur le dessus des documents, comme rescapée, une de mes légendes découpée, datant de l'année 1917 : « Distractions sur le front, Femme de la "danse à la bougie", venue du cirque d'hiver pour distraire les soldats ». À quelle photo pouvait bien correspondre cette légende? Alice téléphone illico à Madame Beaumont, la documentaliste, qui pourra sûrement la renseigner. Après dix minutes de recherche du fameux almanach de 1917, Madame Beaumont reprend le combiné téléphonique. Alice perçoit un soupçon de panique dans sa voix : « Écoutez, Madame Barbosi, je suis confuse, impossible de remettre la main sur l'almanach de 1917. Je sais qu'il n'y a pas eu de parution entre 1943 et 1946, mais je suis sûre qu'il n'y a eu aucune interruption pendant la guerre de 1914-1918. Est-ce que l'original a été volé? Ou perdu par quelqu'un? J'espère que ce n'est pas moi lors d'un classement… »

(À suivre le mois prochain)

Le soleil se lève à
6 h 28
et se couche à
21 h 08

Samedi 2 mai

Saint Boris – On fête aussi les Antonin, Athanase, Flamine

« *À la Saint-Antonin, le malin vend son vin.* »

Pièges de l'ortographe

Continuer de ou continuer à ?

Quand une action débute et se poursuit dans le temps, il faut choisir « continuer à ». À l'inverse, si l'action montre la persévérance dans une habitude, vous écrirez « continuer de ». Vous direz ainsi : « Il a continué à manger alors que son assiette était vide » et « Il a continué de manger alors qu'il n'avait plus de dents depuis longtemps ».

0 2 0 FUTOSHIKI

Cette grille ne contient que des 0 et des 2.
Il y a autant de 2 et de 0 sur chaque ligne et sur chaque colonne.
Il n'y a pas plus de 2 chiffres identiques côte à côte.
2 lignes ou colonnes ne peuvent être identiques.
Il faut respecter les signes d'inégalité entre les cases.

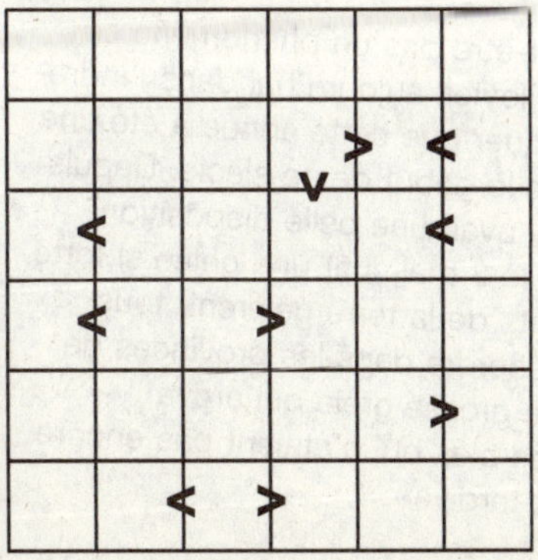

Solution page 145

Recette de cuisine

Poulet à l'ail et purée maison

Pour 4 à 6 pers. 10 min de préparation 1 h 55 de cuisson

Pour le poulet :
1 tête d'ail
1 gros poulet fermier
1 bouquet garni
4 cuil. à soupe d'huile d'olive
50 cl de bouillon de légumes
Sel, poivre

Pour la purée de pommes de terre :
900 g de pommes de terre bintje
20 cl de lait
30 g de beurre bien froid
1 cuil. à café de sel fin
Poivre

Préchauffez le four à 200 °C (th. 6-7). Pelez et émincez l'ail. Placez le poulet dans un plat avec l'ail et le bouquet garni. Salez, poivrez et versez l'huile d'olive. Enfournez pour 1 h 30 de cuisson en arrosant régulièrement le poulet avec le bouillon de légumes.
Pendant ce temps, pelez les pommes de terre, mettez-les dans une casserole et couvrez-les d'eau froide. Portez à ébullition, salez et laissez cuire 25 minutes, jusqu'à ce que les pommes de terre soient tendres.
Une fois cuites, passez les pommes de terre au presse-purée ou écrasez-les à la fourchette. Ajoutez le lait et le beurre coupé en petits cubes. Assaisonnez et mélangez bien.
Sortez le poulet du four et servez avec la purée et l'ail confit.

HOROSCOPE CHINOIS

DRAGON

Caractère : Pétillant, vif, passionné, idéaliste, avant-gardiste, intuitif, clairvoyant, franc, honnête, charmant, sociable, communicatif, autoritaire.

Les grandes tendances de l'année

Attendez-vous à une année intense où vous devrez aller chercher au fond de vous l'énergie dont vous avez besoin pour faire face à vos diverses obligations. Malgré une belle résistance et un beau dynamisme, vous n'échapperez ni au stress ni à la fatigue. Pensez à prendre soin de vous, surtout durant le second semestre.

Dimanche **3 mai**

Saint Philippe et Saint Jacques le Mineur – On fête aussi les Ophélie

Le soleil se lève à **6 h 26** *et se couche à* **21 h 09**

« *Le mois de mai de l'année décide la destinée.* »

Chiffres et expressions

La semaine des quatre jeudis

De nos jours, le repos hebdomadaire des écoliers est fixé au mercredi. Mais il y a quelques années, c'était le jeudi qui était le jour de la semaine chômé pour les élèves. C'est ainsi que les plus malicieux d'entre eux rêvaient d'une semaine où ils ne travailleraient pas beaucoup, celle des « quatre jeudis », qui n'arrivait malheureusement jamais.

Clashs d'artistes

Au XXIe siècle, il n'est pas rare qu'un contentieux personnel entre deux stars dégénère et que les protagonistes en viennent aux mains, sans se soucier des nombreux paparazzis qui les épient. C'est ce qui est arrivé en 2014, à Ibiza, entre le héros du *Seigneur des anneaux*, l'acteur Orlando Bloom, et Justin Bieber, le chanteur pour midinettes. Les coups sont partis alors que les deux hommes dînaient dans le même restaurant. Filmée par des dizaines de témoins, leur bagarre est le résultat d'une vieille inimitié sur fond de jalousie réciproque : alors qu'Orlando était encore marié avec le top modèle Miranda Kerr, celle-ci aurait flirté avec Justin après un défilé. Une fois divorcé, Bloom avait été aperçu avec Selena Gomez… l'ex-petite amie de Bieber. Manifestement, les deux hommes sont rancuniers.

Charade

Classique

Mon premier est un lieu de repos.

Mon second est un personnel familier.

Mon troisième marque le point de départ.

Mon quatrième ferme les yeux à demi pour mieux voir.

Il y a quatre saisons dans **mon cinquième**.

Mon sixième reçoit des balles.

Mon tout est l'un des terminus de la ligne 4 du métro de Paris.

PORTE DE CLIGNANCOURT (PORT - TE - DE - CLIGNE - AN - COURT de tennis)

Brèves régions

Indre-et-Loire/Dérèglement climatique en 1698

Le dérèglement climatique n'est peut-être pas un phénomène si récent… Fin 1698, le curé de Saint-Flovier, aujourd'hui dans l'Indre-et-Loire, rappelait qu'il « est à remarquer que cette année a été une des plus froides qui ait passé depuis le début de ce siècle. Depuis le commencement du printemps, il y avait une belle disposition pour tous les fruits de la terre mais, le 3 mai, il fit une gelée si forte que les vignes et tous les autres fruits de la terre gelèrent, tous sans exception. Ce qui fit encore désordre dans les provinces de Touraine et de Berry fut un orage de grosse grêle qui arriva le 3 septembre et fit égrener tous les blés qui n'étaient pas encore moissonnés parce que l'année était tardive ».

« *Mariage de mai fleurit tard ou jamais.* »

Ça s'est passé Au printemps 1820

Le physicien danois Hans Christian Ørsted constate qu'il existe une relation entre l'électricité et le magnétisme, ce qui inspirera les travaux d'Ampère sur l'électromagnétisme.

Expressions d'hier décryptées

Ils se confessent comme les cordeliers de Metz

Lorsqu'il voulut prendre Metz en 1555, Charles Quint s'allia aux cordeliers du lieu. Surpris dans leur complot par le gouverneur de la ville, les moines furent enfermés dans un cachot en attendant leur exécution. Mais au lieu de se confesser, ils rouèrent de coups leur père supérieur qui les avait conduits dans cette mésaventure.

Ils ont dit

« Il nous faut des fous désormais. Voyez où les sains d'esprits nous ont menés ! »
George Bernard Shaw

Aux origines des jeux olympiques

La longévité des athlètes modernes est aujourd'hui une donnée centrale sur laquelle se penchent tous les experts. En effet, sauf exceptions, les exigences du sport de haut niveau sont telles que rares sont les sportifs pouvant briller sur plus de deux ou trois olympiades. Ce fait n'est pas nouveau et était d'autant plus vrai dans la Grèce antique, où l'espérance de vie était bien moins étendue que la nôtre. Mais comme toujours, il existe des exceptions… Ce fut le cas de Léonidas de Rhodes, déifié pour ses exploits sportifs : non seulement il fut vainqueur du stadion (une course à pied de 190 m environ), du diaulos (un double stadion) et de la course en armure, mais il reproduisit aussi cet exploit sur quatre olympiades, soit sur 16 ans ! Jeannie Longo n'a qu'à bien se tenir…

Nouveaux comiques

Houah ah ah oh oh

Gaspard Proust

Découvert par le public à travers ses chroniques télévisées féroces et parfois trash, Gaspard Proust est un « sniper de l'humour ». Pourtant, rien ne semble prédisposer ce Slovéno-Suisse à devenir l'un des meilleurs représentants de l'humour noir en France : diplômé de HEC Lausanne, celui-ci commence comme… gestionnaire de fortune. Peu motivé par ce travail, le jeune homme va rapidement l'abandonner pour l'écriture de textes humoristiques. Il monte son premier spectacle, *Sous-développé affectif*, en 2007, qui rencontre le succès auprès du public et obtient très vite des récompenses dans les festivals. Depuis, il enchaîne les one-man-show et le cinéma lui tend les bras. Avec son ton monocorde et son ironie piquante, Gaspard Proust rappelle parfois l'immense Pierre Desproges. Une jolie comparaison !

Le soleil se lève à **6 h 23** et se couche à **21 h 12**

« Sainte-Judith voit pinson au nid. »

BLASON

Il y a de nombreux blasons qui montrent un léopard. Le premier à arborer cet animal dans ses armes fut sans doute le duc Guillaume de Normandie en raison de son surnom : le Bâtard. En effet, selon Pline l'Ancien, le léopard est un animal bâtard, issu d'une lionne fécondée par une panthère mâle. Aujourd'hui, la région Normandie conserve ce blason, mais avec deux léopards. (Voir code couleur en dernière page.)

Verbes régionaux

GÔNER

Le verbe «gôner» n'a aucun rapport avec le gone, ce gamin de Lyon, dont l'étymologie vient du grec gonos signifiant «enfant». Ici, dans le Morvan où il est utilisé, le verbe «gôner» est une forme péjorative de vêtir. Son origine se trouve dans l'ancien mot français «gonne», c'est-à-dire habit sans valeur. Quelqu'un de «mal gôné» est habillé de piètre manière.

Expressions du potager

Marre de faire le poireau !

Droit comme un «I» et impassible, le poireau semble un prodige de patience, de flegme et de persévérance. Le légume lui-même est l'un des plus anciennement consommés, avec ses proches cousins botaniques, l'ail et l'oignon. Pourtant, ce n'est qu'au XIXe siècle que l'on commence à planter son poireau, première forme de l'expression, qui donnera «un poireau», pour désigner une sentinelle ou un planton (qui, précisément, reste planté comme… un piquet!). Un siècle plus tard apparaîtra le joli verbe poireauter, qui rend possible de beaux dialogues légumiers et amoureux comme: «Tu m'a fait poireauter une heure! – Désolé mon chou! – Tu me prends pour une poire, ou quoi?» Mais dans le domaine amoureux, le poireau a d'autres lettres de noblesse, conférées notamment par le Panurge de Rabelais, qui évoque «la nature des poireaux, desquels nous voyons la tête blanche et la queue verte, droite et vigoureuse». Mais il paraît que ce n'est pas pour cette raison que les Gallois ont adopté le poireau comme emblème national!

LOISIRS TENDANCE

Jouer à s'échapper

L'aventure-réflexion a longtemps été cantonnée à l'univers du jeu vidéo ou de la télévision, avec des émissions comme *Fort Boyard*. Désormais, chacun peut tenter de s'échapper d'une pièce close après avoir résolu des énigmes et des casse-tête, décadenassé des coffres fermés à triple tour… le tout en moins d'une heure chrono! Tel est le principe de l'Escape Game. Si cette activité ludique et conviviale peut être pratiquée chez soi avec un système de cartes et quelques accessoires, des salles dédiées fleurissent un peu partout en France. Ambiance magie pour les plus petits et zombies pour les ados, il y en a pour tous les goûts!

« *Au jour de Sainte-Prudence, s'il fait du vent, les moutons dansent.* »

Brèves régions

Marne/ Le nom le plus long

La commune de France dont le nom est le plus long se trouve dans la Marne. Il s'agit de Saint-Remy-en-Bouzemont-Saint-Genest-et-Isson, avec 45 signes (38 lettres et 7 tirets). Elle ne compte pas une population en proportion, puisque n'y résident que 600 individus.

Pimpon!

ANECDOTES DE POMPIERS

Reconnaissance bien placée : « J'appelle pour remercier vos collègues qui ont participé au décès de mon épouse hier après-midi. Ils ont été remarquables. Ça fait du bien dans ces circonstances. »

Solution futoshiki [p. 141]

0	2	0	2	2	0
2	0	0	2 >	0 <	2
0 <	2	2	∨ 0	0 <	2
0 <	2	2 >	0	2	0
2	0	0	2	2 >	0
2	0 <	2 >	0	0	2

Ça, c'est fait... divers

Reconnu coupable de 78 meurtres, Mikhaïl Popkov est désormais le pire tueur en série de l'histoire récente en Russie. Déjà condamné en 2015 à la prison à vie pour le meurtre de 22 femmes, il a écopé l'année dernière de la même peine pour 56 meurtres supplémentaires commis entre 1992 et 2007. Surnommé « le maniaque d'Angarsk », cet ancien policier assassinait ses victimes la nuit à la hache ou au marteau. Il commençait par les inviter à monter dans sa voiture – les insignes de police devant certainement rassurer les victimes –, puis violait certaines d'entre elles, avant de les assassiner. Il abandonnait ensuite les corps dans des bois, des cimetières ou au bord des routes après un nettoyage minutieux de la scène de crime. Autoproclamé « nettoyeur purgeant la ville », le serial killer a été jusqu'à participer aux investigations concernant certains de ses crimes pour détourner les soupçons. Les enquêteurs envisageaient en effet qu'un policier puisse en être le coupable, en raison du « nettoyage » caractéristique effectué après chaque meurtre. Il a finalement été arrêté en 2012 à Vladivostok après un prélèvement d'ADN effectué à grande échelle dans la région d'Irkoutsk et du lac Baïkal, en Sibérie. En plus de sa double peine de prison à vie, sa retraite de policier lui a été retirée. Ce qui est la moindre des choses !

Mon Trésor (public) !

« Fais du bien à Bertrand... » dit un dicton qu'on ne terminera pas par respect pour nos lecteurs. En 1356, le roi Jean le Bon est capturé par les Anglais, qui réclament une rançon. Pas d'autre solution pour récupérer le souverain que de taxer directement le peuple, en instaurant une taxe sur les marchandises et un fouage calculé par famille. Une fois libéré grâce à ces impôts spéciaux, le bon Jean tombe sous leur charme et les rend permanents. Il ne peut pas juste dire « merci » ?

Le soleil se lève à **6h19** et se couche à **21h15**

« *À la Sainte-Gisèle, prends garde s'il gèle !* »

Nos régions ont du talent

Si l'on vous dit gaufre, vous pensez sûrement à la Belgique. Pourtant, cette spécialité est également très présente en Champagne-Ardenne, où elle est liée à Noël. Avant de se rendre à la messe de minuit, la coutume veut que l'on déguste des gaufres en famille et qu'on laisse les enfants se disputer le «ramédon» ou «petit Jésus», à savoir la dernière gaufre de la fournée, incomplète mais supposée porter chance à celui qui la mange.

Étymolo-quiz...

De quelle discipline vient le mot « aberration » : de l'astronomie ou de la marine ?

Réponse : de l'astronomie. Une aberration était à l'origine l'écart dû au mouvement de la Terre entre la direction apparente d'un astre et sa direction réelle.

ILS ONT DIT

« L'esprit, me disait un homme d'esprit, ce n'est que la bêtise en mouvement ; et le génie, c'est la bêtise en fureur. »

Paul Valéry

LES PRODUITS LAITIERS

S	A	K	S	E	L	E	B	I	B	R	R	E	Y
A	E	C	C	M	A	A	U	J	M	K	L	C	A
U	E	K	R	D	A	T	O	U	E	L	O	B	O
O	H	T	A	E	S	N	R	F	I	T	A	R	U
R	C	N	T	H	M	E	T	A	T	M	B	I	R
T	F	J	G	O	S	E	C	A	E	R	E	F	T
J	R	U	O	O	B	K	G	L	N	E	Y	E	E
M	O	F	T	N	E	E	L	L	N	A	A	K	I
D	M	C	B	R	C	E	L	I	A	E	R	L	S
O	A	K	R	H	S	H	E	L	M	C	I	Y	S
L	G	U	E	S	O	S	E	E	I	I	E	P	A
H	E	E	I	A	A	B	R	E	V	A	D	E	L
B	S	A	Y	C	E	C	D	A	C	K	C	A	K
E	F	V	N	N	E	R	R	U	E	B	A	B	R

Solution page 151

Tous les mots de la liste sont distincts dans la grille, c'est-à-dire qu'aucun mot n'est complètement inclus dans un autre.

AYRAN BABEURRE
BEURRE
BIBELESKÄS CAILLE
CAILLEBOTTE
CASÉINE
COTTAGE CHEESE
CRÈME
CRÈME GLACÉE
DOUGH FAISSELLE
FROMAGE
JONCHÉE KÉFIR
LACTOSÉRUM LAIT
LASSI LEBEN
MILK-SHAKE RAYEB
SKYR SMÂNTÂNĂ
VIILI YAOURT

Histoire cochonne

Quelquefois appelée Saint-Boudin, la Saint-Cochon n'est pas mentionnée sur votre calendrier. Elle n'a d'ailleurs pas de date fixe. Certaines régions, comme l'Auvergne ou la Bresse, la célèbrent en janvier ou en février, d'autres festoyant au printemps, d'autres encore en novembre. Si les dates de ces agapes et leur organisation varient, la Saint-Cochon débute traditionnellement par l'abattage d'un porc et se termine par la dégustation de cochonnailles sous toutes leurs formes. Jadis, on engraissait un verrat spécialement pour l'événement, celui-ci étant destiné à la consommation annuelle de la famille. Le jour J, découpé en jambon et en côtelettes, transformé en boudins et en saucissons, l'affreux porc devenait saint Cochon !

« *En mai, fleurs au verger font de l'automne la destinée.* »

Argot-quiz…

De quelle langue vient le mot d'argot « dar » : anglais ou arabe ?

Réponse : de l'anglais *hard* en verlan.

Mots qui changent de sens

Rassurez-vous, si vous êtes « stupide », ce n'est pas forcément de votre faute ! Au XVIe siècle, ce dérivé de *stupefere* (qui a également donné « stupéfait »), était employé pour décrire quelqu'un qui se trouvait immobile, sous le choc, et dans l'incapacité temporaire de réfléchir. De temporaire, cet état de stupidité est progressivement devenu permanent, pour être assimilé finalement à la bêtise pure et simple. Tant d'évolution de la langue, ça nous laisse… stupides !

Rébus bande dessinée

N
N E
A T
E T
J E

Jeannette Pointu

二千二十 2020 année du RAT

Sainte Gertrude, priez pour nous !

Née en 625, Gertrude de Nivelles est morte au cours de sa trente-troisième année, comme Jésus-Christ. Cette religieuse belge a pris la suite de sa mère à la tête de l'abbaye de Nivelles, autour de laquelle s'est développée la ville du même nom. Gertrude a eu la réputation de faire fuir les rats et les souris, mais aussi — ceci explique sans doute cela —, de pouvoir communiquer avec les chats, dont elle est d'ailleurs la sainte patronne. On la représente souvent avec des chats grimpant le long de sa tunique. Et certains prononcent ces mots pour faire fuir les rongeurs : « Rats, rates et souris, souvenez-vous que sainte Gertrude est morte pour vous… Au nom du grand Dieu vivant, je vous conjure de vous en aller hors de mes bâtiments et héritages, et d'aller au bois dans un délai de trois jours ! »

LES MAISONS DE RETRAITE

MALADIES ÉTRANGES

Savez-vous ce qu'est le syndrome de la main étrangère ? Contrairement à ce que l'on pourrait penser de prime abord, cette maladie bizarre n'est pas liée à un membre coupé ou à la sensation d'avoir une main étrangère sur soi. C'est encore plus étrange que cela ! Les personnes qui souffrent de cette affection psychologique heureusement rare sont persuadées que l'une de leurs mains ne leur appartient pas, et qu'ils n'ont aucun contrôle sur elle, comme si elle avait une conscience propre. C'est ainsi qu'on peut voir des patients atteints de ce syndrome se mettre des claques ou subir les comportements « anormaux » de leur main incontrôlable, comme des mains aux fesses, des gestes obscènes, ou toutes sortes de choses faciles à vivre…

Samedi 9 mai

Saint Pacôme – On fête aussi les Paciane

Le soleil se lève à **6h16** et se couche à **21h18**

« *Mai sans roses rend l'âme morose.* »

Devinette

Qui suis-je ?

Importune est mon éruption,
Bienvenue est mon éclosion,
Tantôt moyen d'assemblage,
Tantôt la bête noire
d'un certain âge.

Un bouton

NOVLANGUES & JARGONS

Quand on est « au top du game entrepreneurial », on ne peut pas dire les choses comme tout le monde. Plutôt donc que de dire simplement qu'une stratégie est prête à être appliquée, les gros cerveaux, qui sont les leaders du monde de l'entreprise d'aujourd'hui, préféreront dire que « c'est dans le pipe » (prononcez bien évidemment « païpe », à l'américaine, pour être plus classe), en référence à un pipeline imaginaire dans lequel circuleraient les idées. « Chérie, le rôti est prêt ? – C'est dans le pipe ! »

ILS ONT DIT

« L'intelligence, c'est pas sorcier, il suffit de penser à une connerie et de dire l'inverse. »

Coluche

AVENTURIERS DE L'IMPOSSIBLE

Lindbergh : l'homme-avion

Si aujourd'hui, relier Paris à New York est un « exploit » à la portée de tous grâce à l'aviation commerciale, il n'en a pas toujours été ainsi. Imaginez un peu en 1927, alors que l'aviation n'en était encore qu'à ses balbutiements, le courage qu'il fallut à Charles Lindbergh pour grimper dans son célèbre monoplan Spirit of Saint-Louis. Parti de New York le 20 mai 1927 à bord de cet avion à la pointe de la technologie de l'époque — mais qui ne semble aujourd'hui être qu'un véritable coucou fait de bric et de broc —, il atterrit à Paris après 33 heures et 30 minutes de vol. Un exploit quand on sait que, 12 jours plus tôt, deux aviateurs tentant la traversée en sens inverse avaient disparu en mer. La légende de « l'aigle solitaire » était née...

Trouvailles scientifiques incongrues **Bizarre Kevlar**

Dans les années 1960, l'ingénieure chimiste américaine Stephanie Kwolek, qui travaillait chez DuPont, eut pour mission de concevoir un matériau destiné à alléger la composition des pneus de voiture, afin de réduire la consommation en carburant. Lors de ses recherches, elle mit au point plusieurs échantillons de polymères, dont un qui ne ressemblait à rien, une sorte de fibre synthétique jaunâtre... Une fois de plus dans l'histoire de la sérendipité, heureusement que cet échantillon-là ne passa pas directement à la poubelle : il s'avéra que cette substance était à la fois beaucoup plus légère que l'acier et cinq fois plus résistante ! Baptisé Kevlar, ce matériau, commercialisé dès 1971, trouva ainsi de multiples applications, notamment dans la conception de vêtements de protection (gilet pare-balles, gants de sécurité, etc.).

« *Pendant le joli mois de mai, couvre-toi plus que jamais.* »

Rétro Vermot

« Figure-toi, dit le petit Louis à son copain, que j'ai inventé un produit antipuces formidable !
– Et qu'est-ce qu'il a de particulier, ton produit ?
– Avec ça, ce sont les puces qui se grattent ! »

Les animaux de compagnie des présidents

Peut-on résoudre les conflits internationaux grâce à nos amis les bêtes ? C'est peut-être ce que pensait Nikita Khrouchtchev, chef de l'État soviétique, lorsqu'il offrit en 1962 une chienne nommée Strelka à la famille du président Kennedy. Mais attention, Strelka n'était pas n'importe quelle chienne : elle était l'une des seules à avoir voyagé… dans l'espace ! Un autre chien des Kennedy s'accoupla avec elle, donnant ainsi naissance à des chiots d'union américano-soviétique. La guerre froide n'en fut pas finie pour autant, mais l'histoire est mignonne !

Pan Pan !

PERLES DE POLICIERS

Dans un rapport de police : « L'homme niant toute culpabilité, nous l'avons arrêté… » On ne sait jamais !

[L'actu]

Lit de bombe

Auriez-vous l'idée de vous allonger sur un obus pour éviter qu'il explose ? Non ? C'est pourtant ce qu'a fait un habitant de la région de Limbourg (Pays-Bas) en restant dans cette position pendant plusieurs heures jusqu'à l'arrivée des démineurs. L'homme ayant trouvé la bombe dans son jardin en faisant des travaux, il a d'abord décidé de la recouvrir de sable. Mais, entendant l'engin siffler, il s'est immédiatement couché dessus. Puis, le sifflement s'étant arrêté, il n'a plus osé bouger. Par chance, il avait son téléphone portable sur lui et il a donc pu joindre les secours. Les unités d'élimination d'engins explosifs du ministère de la Défense (EOD) venant de loin, il a dû patienter quatre heures allongé dans le froid avant de pouvoir être libéré de sa position délicate. Issu de la Seconde Guerre mondiale, l'engin s'est révélé totalement inoffensif et sans aucun explosif. « Il est strictement déconseillé de se coucher sur un obus. La meilleure chose à faire lorsqu'on tombe sur un engin explosif, c'est de s'éloigner et d'appeler la police » ont tenu à rappeler les autorités. L'inconscient a souhaité que son identité ne soit pas révélée…

Brèves régions

Orne/Le point de France

Les dentelières de la ville d'Argentan ont été mises à l'honneur dès le début du XVIIIe siècle. En effet, impressionné par la finesse de leur travail, Louis XV choisit leur dentelle pour son sacre, pour le drap de lit de son mariage, puis pour toute sa chambre. Adoptée ensuite par la reine pour sa toilette et par le dauphin pour son mariage, la dentelle d'Argentan devint « le point de France », employé pour les garde-robes des rois et des reines de France, ainsi que de ceux d'Espagne.

Lundi 11 mai

Sainte Estelle – On fête aussi les Stella, Ansfrid, Gengoux

Le soleil se lève à **6 h 14** et se couche à **21 h 20**

« *S'il pleut pour la Saint-Gengoux, les porcs auront de glands leur sâoul.* »

Pièges de l'ortographe

Le verbe faire

Au participe passé, le verbe faire s'accorde toujours en fonction du complément d'objet direct, sauf s'il est suivi d'un infinitif. On dira donc : « Les fautes que j'ai faites dans mon article », mais « Les fautes que j'ai fait corriger dans mon article », ou encore « Une tarte que nous avons faite avec des prunes » et « Une tarte que nous avons fait cuire ».

DRÔLE DE NOM POUR UNE VILLE !

Boulot

Malgré son nom, la commune de Boulot n'est pas la capitale du travail. Néanmoins, elle est en pleine expansion, puisqu'elle a multiplié sa population par cinq en un demi-siècle en raison de sa proximité avec Besançon. Le nom de Boulot ne vient pas de l'arbre bouleau, c'est un dérivé de « boule », au sens de gros et rond, comme on dit d'une personne qu'elle est « boulotte ».

Le Chiffre

58 000

C'est le nombre hallucinant d'infractions au code de la route en deux semaines enregistrées à Acquetico, un petit village du nord de l'Italie, près de la frontière avec la France. Excédés par la vitesse excessive des nombreux véhicules qui traversent quotidiennement leur village, les 120 habitants ont demandé à leur maire d'installer un radar d'essai pendant 15 jours pour pousser les autorités à intervenir. Et le résultat s'est avéré pire que les pires prévisions : selon les relevés, la moitié des voitures qui ont traversé Acquetico pendant la période test ont roulé à une vitesse excessive. Plus grave, les 20 conducteurs pour lesquels le dépassement de la vitesse autorisée était le plus important (jusqu'à 135 km/heure au lieu des 60 km/heure !) circulaient en pleine journée. Absence de dos d'âne, asphalte idéal, chaussée large… ce tronçon est, il est vrai, une invitation à la vitesse. Il est même « parfait pour organiser des courses de motos », selon le maire du village. Oups… pas exactement l'argument qui va calmer les excités du champignon !

~~VRAI~~ ou FAUX ? **Les *fake news* de l'histoire**

L'attentat de la rue de l'Observatoire

En octobre 1959, François Mitterrand, alors sénateur de la Nièvre, échappe de peu à un attentat perpétré contre lui rue de l'Observatoire, à Paris : sa voiture est criblée de balles, mais il a le temps d'en sortir, de s'enfuir et de se réfugier sous une porte cochère à proximité. Cela aurait été ballot qu'il en soit mort, puisque c'est précisément lui qui a fomenté cet attentat pour remonter sa cote de popularité alors en berne ! Officiellement, l'extrême droite a porté le chapeau, mais aujourd'hui encore, les tenants et les aboutissants de cette affaire ne sont pas clairs, Mitterrand ayant peut-être été manipulé… par l'extrême droite !

« Les trois saints au sang de navet, Mamert, Servais et Pancrace, sont bien nommés les saints de glace. »

Chiffres et expressions

Entre quatre yeux

Quand on a besoin d'avoir une explication franche, il est d'usage de se retrouver face à face et de se regarder dans les yeux en guise de sincérité. Une paire d'yeux regardant une autre paire, cela fait quatre yeux. L'expression « se regarder entre quatre yeux » est souvent déformée par la liaison « quatre z'yeux », qui permet d'éviter le hiatus entre « e » et « y ».

Perles de sportifs

Quand la compétition donne le sein

Qui l'a dit? Christophe Moreau, ancien cycliste.

La perle : « Ça va donner une course allaitante. » Oui, enfin attention aux glissades quand même!

Solution mots mêlés [p. 146]

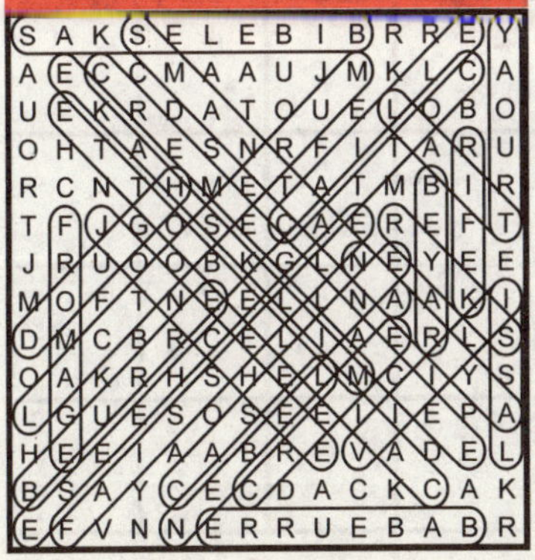

Les déserts exceptionnels

Antarctique, le désert de tous les superlatifs

Immense étendue gelée, l'Antarctique est le plus froid et le plus grand désert du monde. Avec 14 millions de km² et un record de température de -93,2°C, cette région est unique. Composé exclusivement de glace et d'icebergs, le quatrième continent de la planète est baigné par l'océan Austral. La couche de glace qui le forme, appelée « inlandsis », est d'une épaisseur variable, de 1300 à 5000m selon les secteurs. Autre record: l'Antarctique est aussi le continent le plus élevé du monde, avec une altitude moyenne de 2300m et une chaîne montagneuse qui sépare en deux son territoire. Malgré son climat très rude, la banquise n'est pas dépourvue de faune et de nombreux oiseaux et poissons y résident. Quelques cétacés évoluent également le long de ses côtes. La flore, en revanche, y est rare et seules quelques espèces de mousses et d'algues survivent sur ces plaines frigorifiées. Cet environnement hors du commun fascine les explorateurs et attire l'installation de nombreuses bases scientifiques. Parmi les recherches menées, il y a bien sûr les grandes variations provoquées par le changement climatique et l'étude de nombreuses météorites retrouvées encastrées dans la glace.

EDF SE LANCE DANS LES SERVICES À DOMICILE

Ha! Ha! Ha!

Cette blague nous a été proposée par Monsieur Berthomé, fidèle lecteur

N'étant plus en capacité de remplir ses hautes fonctions après de nombreux scandales sexuels (ses érections se déclenchent à n'importe quel moment), Monsieur X décide de changer radicalement de métier. Il s'oriente ainsi vers la commercialisation de pianos. Le succès est immédiat grâce à des démonstrations spectaculaires permettant d'avoir deux pianos pour le prix d'un! En effet, à chaque fois que notre vendeur se rapproche du clavier d'un piano droit, celui-ci se transforme immédiatement en piano… à queue!

Mercredi 13 mai

Sainte Rolande – On fête aussi les Servais, Fatima, Orlanda

Le soleil se lève à 6 h 11 et se couche à 21 h 23

Les mots déclencheurs en majuscules sont des anagrammes. Les mots en minuscules sont des définitions.

MOTS FLÉCHÉS

- RUSE-RAIENT / POILANTE
- INTER / Asiatique
- ETOC / ECLAT
- Trouba-dour / Rapport de cercle
- RETENTI
- Gorge / Raniment
- ERRE
- ARTS
- Religieux / CANEES
- N'a pas les pieds sur terre / SPI
- En toutes lettres / A les mots pour rire
- TRIE / Après coup
- Posé d'aplomb / RECITE
- Merluchon
- Des clous ! / ROMAN-CA
- Donnai un coup de fer
- MC
- TRUAND
- Coup de chance
- ARC
- Bien pour bien / SUBIRAS
- RE / RECRIVE
- Avion léger / TARTE
- CAR / CEDERAS
- ECALAIT / Dépravé
- EGRU-GEONS
- SINGE / Forme d'avoir
- ROSEZ
- CIRERAIT / Cavalière
- On le plaque / Soutiendrai
- Modulation musicale / Sujets
- Formai / Noble ou rapace
- LA
- Appel / LICE
- Étape
- ADN / Commé-moration
- Cs
- Est à l'étude / Tel quel
- ELFE / RAB
- Ria / À l'étude
- NI
- IRE / ULCERES
- ESTAMPAI
- RENIE

SOLUTION PAGE 158

« *Cèpes de mai tueraient père et mère.* »

Étymolo-quiz...

Quel mot français vient de l'expression latine signifiant « chose publique » ?

Réponse : république (*res publica*).

NOVLANGUES & JARGONS

Vous recevez un mail d'un collègue qui vous invite à un « workshop », mais comme vous ne parlez pas anglais, vous ne savez pas quoi répondre... Serait-ce un piège ? Rassurez-vous, pas du tout ! C'est très simple, vous êtes ici en présence de la version novlangue du mot – ô combien trop commun pour l'univers des start-up – « atelier » ou « réunion ». Mais oui, l'anglais, c'est tellement plus classe !

ILS ONT DIT

« Est-il imaginable que Dieu ait pu, par rancune, créer l'homme à son image dans le seul but de le rendre fou ? »

Edgar Allan Poe

[L'actu]

Étude de ca... ca !

« Aucun parent ne devrait rechercher dans les excréments de son enfant pour prouver la récupération d'un objet. » Telle est la conclusion d'une étude très sérieuse, publiée récemment dans le réputé *Journal of Paediatrics and Child Health* (journal de la pédiatrie et de la santé infantile). Et les pédiatres qui signent ces travaux sont d'autant mieux placés pour l'affirmer qu'ils ont eux-mêmes servi de cobayes à leur expérience : chacun d'entre eux a ingéré une tête de Lego et a attendu de voir quand elle réapparaîtrait. Cela impliquait évidemment la vérification minutieuse de toutes leurs selles à compter de l'ingestion. Les médecins-chercheurs ont pu établir qu'en moyenne, le temps nécessaire pour qu'une tête de Lego traverse les intestins était de 1,71 jour. Personne n'a eu de complications au cours de l'étude, mais l'un des cobayes n'a jamais retrouvé son Lego... « Si un enfant ne semble pas être dérangé par ce qui vient d'être avalé, vous pouvez vous détendre : les Lego ne sont pas des objets pointus et tranchants, et il est peu probable qu'ils obstruent le tractus gastro-intestinal », concluent ainsi les pédiatres. Qui précisent néanmoins : « Si vous craignez qu'un corps étranger soit coincé dans ses voies respiratoires, vous le saurez rapidement, car l'enfant va s'étouffer et bégayer. Dans ce cas, appelez les urgences ! » Merci du conseil !

L'ALCOOLOREXIE : BOIRE PLUS POUR SAUTER DES REPAS ET MAIGRIR

Invisibles : les petites mains du pouvoir

Si l'Élysée a l'une des plus belles caves du pays, l'hôtel de Matignon, situé à deux pas, n'a pas grand-chose à lui envier. Son chef de cave, qui est traditionnellement un officier de marine, a ainsi à sa portée les vins et champagnes français les plus prestigieux. En 2004, par exemple, le chef a pu servir à la reine Élisabeth II un vin blanc de Touraine issu des rares vignes préphylloxériques plantées sous le Second Empire ! L'un des rares vins qui n'aient pas été embouteillés sous le règne de la souveraine ?

Vendredi **15 mai**

Sainte Denise – On fête aussi les Primel, Primaël, Privelin

Le soleil se lève à **6 h 08** *et se couche à* **21 h 26**

« À la Sainte-Denise, le froid n'en fait plus à sa guise. »

C'est tragique !

Bérénice, en tant qu'héroïne de tragédie, a eu un peu plus de chance que ses collègues. En effet, dans la version de Racine de 1670 devenue célèbre, ni elle ni aucun autre personnage ne meurt. C'est déjà pas mal ! Cela n'évitera pas à la pauvre reine de Judée de subir son lot de tourments : amoureuse de l'empereur Titus, elle se voit rejetée par ce dernier en raison de sa religion, pendant qu'Antiochus cherche à la séduire. Comme toute bonne tragédie, même sans la mort des héros, *Bérénice* se termine sur leur désarroi total et le non-aboutissement de leurs amours. Racine, plus clément que les tragédiens grecs ? Pas sûr…

ILS ONT DIT

« La jeunesse, on doit la vivre quand on est vieux, c'est le seul moment où elle reste acceptable. »

Henri Salvador

ÉLÉMENTAIRE !
Enquêteurs célèbres

Rendu célèbre par une série télévisée des années 1970, puis grâce à un film français avec la star Clovis Cornillac, Claude Faivre est un personnage mythique de la police française. Mythique par ses actions, et notamment la création des fameuses brigades mobiles, surnommées « brigades du Tigre » – en référence à Clemenceau, dont le surnom populaire était « le Tigre » –, mais aussi par son mystère, car on ne sait finalement que peu de choses sur cet acharné de travail, discret et ne supportant pas l'échec. Reste pourtant gravé dans la mémoire collective son fait d'armes le plus célèbre : l'arrestation à Nogent, le 15 mai 1912, des membres de la terrible « bande à Bonnot » après un affrontement dantesque entre des centaines de policiers en armes et les deux chefs de la bande, qui tinrent le siège pendant près de 24 heures. Attention aux varices tout de même !

INVENTIONS INSOLITES

En ces temps de réseautages sociaux intempestifs, chacun partage avec tout le monde ses moindres faits et gestes, ou presque. Mais parmi ces partages, combien sont réellement utiles ? Avez-vous vraiment envie de savoir en temps réel que votre voisin est à la boulangerie, ou que votre belle-sœur fait du shopping ? Mais heureusement pour vous, voici une invention qui va tout bouleverser : le décapsuleur connecté. Le principe est simple : à chaque fois que vous utilisez ce décapsuleur pour ouvrir une bière, il prévient les amis que vous voulez, en leur envoyant une notification du type « X est en train d'ouvrir une bière » et en leur communiquant votre position GPS pour les inviter à vous rejoindre. Enfin une information en temps réel intéressante et utile !

Le soleil se lève à **6h07** et se couche à **21h27**

Samedi **16 mai**

Saint Honoré – On fête aussi les Germier, Brendan

« *Hirondelle volant haut, le temps reste beau.* »

Ça s'est passé Le 16 mai 1920

Déjà béatifiée en 1909 par le pape Pie X, Jeanne d'Arc, « la pucelle d'Orléans », est canonisée. Cela se passe sous le pontificat de Benoît XV.

DASSAULT AVIATION LIVRE SON PREMIER RAFALE AU QATAR

BLASON

En Suède, à Örnsköldsvik, le blason créé pour la ville en 1894 nous aide à décomposer le toponyme : *Örn* se traduit en français par aigle, *sköld* désigne les armes au sens de blason, et *vik* signifie baie en suédois. On a donc représenté ici un aigle portant un écu au-dessus de la mer. Il est néanmoins permis de douter qu'il s'agisse de la véritable étymologie du nom. (Voir code couleur en dernière page.)

[L'actu]

Boisson classée X

Depuis quelques années, une boisson aphrodisiaque fait fureur dans les officines de Zambie et des pays voisins. Commercialisé par la société Revin Zambia Ltd, le SX Energy Natural Power a un surnom sans équivoque : « Sept heures » ! Selon son étiquette, ce dopant sexuel contient, comme la plupart de ses concurrents naturels, des extraits de gingembre et de Tongkat Ali, deux plantes aux vertus aphrodisiaques bien connues de la pharmacopée. Sauf que, après le malaise cardiaque d'un adepte en Ouganda, qui s'était plaint également d'avoir subi une érection longue de six heures, les autorités sanitaires de Kampala ont procédé à des analyses de la boisson. Leur verdict : celle-ci contient du sildénafil, la molécule du Viagra ! Le gouvernement ougandais a ordonné l'interdiction de ce remède prétendument aux plantes et la saisie de tous les lots importés sur son territoire. Le voisin zambien a demandé à la société locale qui le produit d'ajouter un avertissement sur les bouteilles. Une mise en garde qui a surtout permis au fabricant de vanter l'efficacité scientifique de son produit !

DE L'OR DANS LA VOIX

Qu'il est difficile de se faire un nom lorsqu'un autre talent exceptionnel existe en même temps que le sien dans le même domaine ! Et pourtant, Renata Tebaldi, contemporaine de la Callas, n'a pas eu de mal à faire reconnaître sa grande voix, qui lui valut le surnom de « *Lirico Spinto* », que l'on peut traduire par « lyrique poussé ». Sa rivalité supposée avec la Callas est née en avril 1950, quand cette dernière dut remplacer la Tebaldi, tombée malade. Son timbre pur avait ses partisans, tout comme la voix particulière et expressive de la Callas avait les siens. À chacun sa diva !

ILS ONT DIT

« Certains croient que le génie est héréditaire ; les autres n'ont pas d'enfants. »

Marcel Achard

Dimanche 17 mai

Saint Pascal – On fête aussi les Pamphalon, Restitute, Tudon

Le soleil se lève à **6 h 05** *et se couche à* **21 h 28**

« *S'il tonne au jour de Saint-Pascal, sans grêle, ce n'est pas un mal.* »

Secrets des chansons mythiques

On sait que Serge Gainsbourg a écrit la chanson *La Javanaise* en 1963 après une nuit festive et très arrosée passée chez la chanteuse Juliette Gréco. Ce que l'on sait moins, c'est que cette nuit fut, au grand dam du chanteur, parfaitement chaste. C'est d'ailleurs pour cela que Gainsbourg dit dans la chanson : « J'avoue, j'en ai bavé, pas vous, mon amour. » Ou comment transformer l'échec amoureux en réussite artistique !

LES GRANDS DE LA PETITE REINE

Lors de la grand-messe du Tour de France, si les coureurs occupent bien sûr le devant de la scène, c'est tout un écosystème qui se met en marche. La caravane publicitaire est l'un de ses composants essentiels, et le public aussi. Parmi cette foule d'anonymes venus se presser sur les routes du Tour, certains sont même devenus de véritables légendes. C'est le cas de Didi Senft, un concepteur de vélos allemand d'une soixantaine d'années. Son nom ne vous dit probablement rien. Pourtant, vous l'avez forcément aperçu à la télé au moins une fois si vous regardez la Grande Boucle. Car celui qu'on appelle « El Diablo » s'est fait depuis 1992 une spécialité de se déguiser chaque année en diable rouge, fourche à la main, et de courir à côté des coureurs. Peut-être essaie-t-il d'échanger leur âme contre une belle victoire ?

ÉDUCATION : LES TERMES CHANGENT, L'ESSENTIEL RESTE.

Verbes régionaux

SŒUPRE

C'est en patois forézien, parlé dans la partie centrale de l'actuel département de la Loire, que l'on utilise le verbe « sœupre », qui appartient au troisième groupe en matière de conjugaison. Il est en cela semblable au verbe français « savoir », par lequel on peut le traduire. Le verbe latin sapere est à l'origine des deux formes, l'une conservant le « p » d'origine.

Brèves régions

Bouches-du-Rhône/La reine d'Arles

Le titre de « reine d'Arles » n'a été créé qu'en 1930 et n'a rien de monarchique. Imaginée à l'occasion du 100e anniversaire de l'écrivain Frédéric Mistral, cette distinction honore de jeunes Arlésiennes choisies tous les trois ans pour leurs connaissances en histoire, littérature, architecture, arts, traditions et langue provençale. Une fois couronnée, à la manière de Miss France, la reine d'Arles est la représentante officielle de la culture, de la langue et des traditions du pays d'Arles. Elle joue ainsi un rôle dans les manifestations culturelles de la région et participe à la réception d'hôtes de prestige reçus par la ville. L'actuelle reine d'Arles s'appelle Naïs Lesbros. Elle a été élue le 1er mai 2017 et transmettra sa couronne au printemps de cette année 2020.

Lundi 18 mai

Saint Éric – On fête aussi les Eris, Genséric, Gens, Potamon

« *Haricots de Rogations rendent à foison.* »

ILS ONT DIT

« Il est idiot de monter une côte à bicyclette, quand il suffirait de se retourner pour la descendre. »

Pierre Dac

Argot-quiz...

Que signifie « pélo » : « mec » ou « argent » ?

Réponse : mec. Mais orthographié « pélaud », il signifie argent !

Charade

Répétitive

Une graminée fournissant un pâturage médiocre est **mon premier.**

Une plante rhizomateuse de la famille des Valérianacées est **mon second.**

L'indien est une espèce de mon second et est **mon troisième.**

Un des plus anciens parfums orientaux connus est **mon quatrième.**

Le celtique est une plante alpestre au parfum capiteux et est **mon cinquième.**

Un petit cours d'eau au sud du département de la Moselle, qui se jette dans la Seille à Marsal, est **mon sixième.**

Mon tout est un personnage de la mythologie grecque.

NARCISSE : NARD-SIX

GRANDS VOYAGEURS

Pierre Loti, officier et homme de lettres

Cet officier de marine est célèbre pour ses nombreux romans, inspirés de ses voyages. Pierre Loti, né Julien Viaud en 1850, grandit dans une famille de notables à Rochefort. Après une éducation classique, il entre à l'École navale et commence à voyager. Il dessine ses rencontres et ses découvertes, puis les couche sur le papier. Tahiti et l'île de Pâques le fascinent, presque autant que la Turquie, qui restera sa destination de prédilection. Son roman *Aziyadé* s'inspire de la relation amoureuse interdite qu'il eut avec une jeune femme turque enfermée dans un harem. Quelques années après la publication de son grand succès *Pêcheur d'Islande*, il entre à l'Académie Goncourt, puis à l'Académie française. Durant la seconde partie de sa vie, il mène plusieurs campagnes en Chine, au Japon et à Constantinople, mais il est mis à la retraite avant de pouvoir s'engager dans la Première Guerre mondiale. Il meurt à Hendaye en 1923.

QUELLE DIFFÉRENCE ENTRE HUMOUR ET MOQUERIE ?

Histoire cochonne

Le célèbre cabaret du *Cochon amoureux*, installé à l'époque au 20 de l'actuelle rue Cujas, à Paris, fut l'un des hauts lieux de la « bohème » des années 1860-1880. On dit que Gustave Courbet, Gérard de Nerval, des poètes et, bien sûr, tous les étudiants du quartier s'y retrouvaient le soir. Selon la légende, le nom de « cochon amoureux » fut donné au cabaret après une histoire d'amour insolite : chaque jour, un cochon venait regarder par la fenêtre la jolie serveuse de l'estaminet. Des heures durant, il la contemplait, ronflant de plaisir. Mais un jour, la jeune femme quitta le cabaret. Au bout d'un mois, ne voyant pas revenir l'objet de son amour, l'animal mourut de tristesse devant l'établissement… qui prit alors ce nom.

« L'année sera des plus mauvaises si les trois jours des Rogations sont mouillés. »

Chiffres et expressions

Chercher le mouton à cinq pattes

Bizarrerie de la nature, le mouton à cinq pattes existe, mais est rare. Ainsi, tenter de découvrir quelque chose d'extraordinaire, voire d'impossible, c'est « chercher le mouton à cinq pattes ». Déjà, en 1557, Jean Le Bon signale, dans son recueil *Proverbes et adages françois*, une expression équivalente : « Chercher cinq pieds en un mouton. »

Recette de cuisine

Cheesecake léger et facile

Pour 6 pers. — 20 min de préparation — 2 ou 3 h de réfrigération — 40 min de cuisson

250 g de mascarpone
250 g de fromage blanc au lait entier
60 g de sucre
2 œufs

Pour la base :
150 g de sablés bretons
50 g de beurre fondu

Pour le coulis :
500 g de framboises (surgelées ou fraîches)
1 citron (jus)
25 g de sucre

Préchauffez le four à 150 °C (th. 5).
Préparez le coulis : à l'aide d'un mixeur, réduisez en purée les framboises avec le jus du citron et le sucre.
Préparez la base : réduisez les biscuits en miettes, puis en poudre à l'aide d'un mixeur. Ajoutez ensuite le beurre fondu et mélangez bien pour qu'il se répartisse uniformément. Tassez le mélange obtenu au fond d'un moule à charnière (ou d'un cercle à pâtisserie).
Mélangez au batteur électrique le mascarpone, le fromage blanc et le sucre. Ajoutez les œufs sans trop fouetter la préparation, puis versez dans le moule et enfournez pour 40 minutes de cuisson.
À la sortie du four, laissez tiédir, puis réservez au frais quelques heures.
Avant de servir, retournez le moule sur un plat de service. Versez le coulis sur le cheesecake et servez sans attendre

Variante : essayez ce cheesecake avec un coulis de mangue.

Solution mots fléchés [p. 152]

	A		R		C		M		E		G	
A	N	T	I	L	O	P	E		T	S	A	R
	T	H	E	A	T	I	N		R	E	V	E
S	E	A	N	C	E		E	P	E	L	E	E
	R	I	T	E		A	S	S	I	S		R
A	I	E		T	I	N	T	I	N		C	
	E		M		C	A	R		T	R	O	C
D	U	R	A	N	T		E	R		U	L	M
	R	A	C		E	C	L	A	T	A	I	
E	S	C	A	D	R	E		S	E	I	N	G
		C	R	I	E	R	A	I	T		O	R
Z	E	R	O	S		V	I	B	R	A	T	O
	C	O	N	S	T	I	T	U	A	I		G
D	U	C		O	H	E		S		D	A	N
	Y		C	L	E	R	C		F	E	L	E
C	E	S	I	U	M		A	B	E	R		U
	R	I	E		E	M	P	A	T	A	I	S
R	E	C	L	U	S	E		R	E	I	N	E

Problèmes de maths du certificat d'études

Un épicier achète, à 2,65 F du litre, un fût plein d'huile d'arachide d'un poids total de 80 kg. Le fût vide pèse 1/10e du poids total.

Question 1 : Le litre d'huile pesant 0,9 kg, combien l'épicier paie-t-il ?

Question 2 : Il met l'huile en bouteilles de 50 cl qu'il achète, vides, 15 F le cent. Les autres frais s'élèvent à 0,08 F par bouteille. Sachant qu'une bouteille pleine est vendue 1,75 F, calculer le bénéfice réalisé par l'épicier.

Réponse 1 : 212 F
Réponse 2 : 31,20 F

« Si vous semez fèves aux Rogations, soyez certains qu'elles rouilleront. »

NOVLANGUES & JARGONS

« Peux-tu me caller ASAP pour un feedback du brainstorm ? », affiche narquoisement votre écran. Une chose est sûre : votre patron a besoin de quelque chose. Mais de quoi ? Heureusement, le *Vermot* est là pour vous aider à déchiffrer ce charabia et obtenir votre promotion : il veut tout simplement que vous l'appeliez (caller, de *call* en anglais = appeler) rapidement (ASAP = *as soon as possible*, c'est-à-dire « aussi vite que possible », en anglais) pour lui faire un compte rendu (feedback) de la réunion de réflexion (brainstorm). Voilà, vous pouvez respirer, tout est sous contrôle…

ILS ONT DIT

« Il y a des femmes dont l'infidélité est le seul lien qui les attache encore à leur mari. »

Sacha Guitry

Champions de la lose

Faut-il ranger Frane Selak dans la catégorie des hommes les plus malchanceux du monde ou, au contraire, dans celle des plus chanceux ? Le cas de ce professeur de musique croate est une aberration statistique. En 1962, il survit à un déraillement de train qui fait 17 victimes ; l'année suivante, alors qu'il prend l'avion pour la première fois, son appareil s'écrase. Bilan : 19 morts, mais seulement quelques égratignures pour Selak. Quatre ans plus tard, son autobus termine sa route dans un fleuve. Quatre passagers périssent noyés. Selak est indemne. En 1970, sa voiture prend feu pendant qu'il conduit, mais il parvient à s'en extraire avant son explosion. Nouvel incendie du moteur en 1973. Là encore, le Croate s'en sort miraculeusement. Quelques années plus tard, il passe sous les roues d'un bus, mais ses blessures sont superficielles. Enfin, en 1994, Selak percute un camion dans un virage de montagne. Sa voiture est précipitée dans le ravin, mais Selak est éjecté au dernier moment. Depuis, sa vie est apparemment plus calme. En 2003, Selak a même gagné 800 000 euros à la Loterie nationale ! Ce qui a fait dire à certains que Frane Selak est « l'homme le moins chanceux le plus chanceux du monde ».

Les fautes des grands écrivains

Si Internet a, de toute évidence, facilité les communications entre les gens, il est un domaine qu'il n'a pas franchement amélioré : la maîtrise de l'orthographe et de la grammaire. L'une des fautes les plus courantes est aussi l'une des plus affreuses : le remplacement de « se » par « ce », ou inversement. Mais déjà bien avant Internet, certains auteurs confondaient les deux. Ainsi, Alexandre Dumas, monument de la littérature française, écrit dans *Vingt ans après* : « Un remords traversait l'esprit de d'Artagnan, quoique son cœur ce fût fort racorni. » Un pour tous, tous pour l'orthographe !

Jeudi 21 mai

Saint Constantin – On fête aussi les Second

Ascension

Le soleil se lève à 6 h 01 et se couche à 21 h 34

« *S'il pleut à l'Ascension, tout va en perdition.* »

Brèves régions

Nord/Le petit musée de la gaufre

À Houplines, dans le département du Nord, l'artisan-gaufrier Jean-François Brigant a eu l'idée de créer le premier musée de la gaufre dans un ancien café-restaurant. Dans ce cadre traditionnel aux murs de briques, le visiteur peut découvrir d'anciens feux flamands rénovés et une impressionnante collection de gaufriers aux motifs des plus variés. Considérée comme le plus ancien biscuit du monde, cette gaufre n'a rien à voir avec celle de Liège, en Belgique, plus large et épaisse. Au cours de cette visite, on découvre tous les secrets de la vraie gaufre du Nord et de sa confection.

[L'actu]

Pas de peau !

Au Mexique, des archéologues ont mis au jour le premier temple dédié au « dieu des écorchés », Xipe Totec. Associée à la fertilité, aux cycles agricoles et à la guerre, la divinité était principalement célébrée par des sacrifices humains. Lors du « Tlacaxipehualiztli » (qui signifie « mettre la peau de l'écorché » en nahuatl), l'une des fêtes aztèques les plus importantes, on dépeçait plusieurs victimes à la gloire de Xipe Totec sur un autel consacré à cet usage. Les prêtres se « revêtaient » de la peau des sacrifiés avant d'aller la déposer dans des petites cavités. Découvert dans la zone archéologique de Ndachjian-Tehuacán, ce temple, qui mesure 12 m de long pour 3,5 m de haut, aurait été utilisé entre 1000 et 1250 après J.-C. Parmi les découvertes, trois sculptures en pierre volcanique : deux crânes d'environ 70 cm et un buste couvert de peau de sacrifice, à l'image de Xipe Totec, « notre seigneur l'écorché ». Découverte macabre mais importante pour la connaissance de la culture aztèque !

ILS ONT DIT

« Il y a à peu près autant d'imbéciles en Angleterre qu'en France, mais l'imbécile anglais est un imbécile tout court, tandis que l'imbécile français est un imbécile qui raisonne. »

George Meredith

~~VRAI~~ ou FAUX ? Les *fake news* de l'histoire

La graisse plus nocive que le sucre ?

Depuis 1967, on nous a fait croire qu'en matière d'alimentation, le sucre vaut mieux que le gras. Trois scientifiques de la prestigieuse université d'Harvard ont en effet été corrompus par le lobby du sucre pour publier des articles alertant sur les dangers de la consommation d'acides gras saturés et minimisant ceux liés à celle de sucre. Or, si l'excès de gras n'est pas bon pour notre organisme, le sucre aurait des effets encore plus désastreux ! Actuellement, l'apport préconisé par l'UE est de 90 g de sucre par jour, alors que l'OMS estime qu'il vaudrait mieux, pour notre santé, nous limiter à 25 g.

« *En essayant continuellement, on finit par réussir. Donc plus ça rate, plus ça a de chances de marcher.* »

Jacques Rouxel, proverbe Shadok

Pimpon !

ANECDOTES DE POMPIERS

Hypercondriaque et pas frileux : « C'est pas méchant. Ça saigne quasiment pas. C'est vraiment un petit trou de balle. On peut à peine y mettre un doigt ! »

Invisibles : les petites mains du pouvoir

Lorsque nous, simples civils, avons l'occasion de visiter des bâtiments officiels, ils sont ceux qui attirent le regard : les huissiers et leur drôle d'habit orné d'une chaîne ne sont pourtant pas là que pour la curiosité ou l'apparat. Ces garants du protocole escortent, annoncent les visiteurs et font passer les messages aux élus lors des séances à l'Assemblée. Plus pratique que de se faire passer des petits papiers soi-même !

ILS ONT DIT

« Si la méchanceté n'existait pas, il n'y aurait aucun mérite à être gentil. »

Philippe Geluck

VERMOT'ROSCOPE

GÉMEAUX (22 mai – 21 juin)

Caractère

Communicatif, curieux, ouvert d'esprit, observateur, inventif, intelligent, opportuniste, adaptable, vif, rapide, bon vivant, pétri d'humour, intuitif, cérébral, changeant, caméléon, surprenant, insaisissable, aérien, désinvolte, ambigu, infantile, nerveux, voire angoissé.

Le message des astres

Les trois maîtres de l'année, Jupiter, Saturne et Uranus, vous inciteront à aller chercher au fond de vous l'énergie et les moyens dont vous avez besoin pour affronter les grandes échéances de 2020. Certains auront même l'occasion de se redécouvrir ou d'exploiter des capacités latentes.

Vie relationnelle

Durant les six premiers mois, vous éprouverez le besoin de vous retrouver et de vous isoler. Vous serez plus distant, moins disponible. Vos amis se poseront beaucoup de questions. Le second semestre vous trouvera plus extraverti, plus communicatif et plus enclin aux échanges, ainsi qu'aux sorties.

Amour

En couple, vous saurez prendre la vie comme elle vient et vous vous laisserez porter par les événements ; ce sera votre manière de bien appréhender les événements de l'année. D'avril à juillet, vous vous sentirez plus proche de votre moitié. En août, vous serez en quête de douceur, de partage et de bonne humeur. Célibataire, vous aurez envie d'autre chose et vous aspirerez à rompre avec un passé. Le printemps sera idéal pour booster votre vie amoureuse et faire une rencontre.

Famille

Les premiers mois de 2020 seront parfaits pour réussir à mieux comprendre votre entourage. Ce sera la période idéale pour recevoir ceux que vous aimez et partager du bon temps avec eux. Passé le printemps, vous serez satisfait par la qualité de vos échanges. L'écoute et le partage seront à l'honneur, ce qui vous fera du bien.

Quotidien et vitalité

Vous pourrez compter sur une belle énergie durant une grande partie de 2020. Vif, entreprenant et dynamique, vous multiplierez les projets. Ainsi, vous devriez venir à bout de toutes vos obligations sans grande difficulté. Attention toutefois à penser à faire quelques pauses, histoire de vous ressourcer durant le printemps, cela vous permettra de vous préserver.

Budget

Vous ferez des bonnes affaires. Vous serez amené à faire un investissement ou vous vous libérerez d'un crédit ou d'un prêt.

Comment optimiser votre année

Pour bien vivre 2020, vous devrez éviter de faire des plans sur la comète. Restez terre à terre, mais ne vous empêchez pas de rêver.

Samedi 23 mai

Saint Didier – On fête aussi les Guibert, Bili

Le soleil se lève à **5 h 59** *et se couche à* **21 h 36**

« *Quand les fèves sont en fleur, les fous sont en vigueur.* »

AU PEIGNE FIN !

Contrairement à ce que l'on pourrait penser en considérant son usage moderne, le terme « blond vénitien » ne qualifie nullement une couleur de cheveux naturelle, mais une couleur artificielle très prisée des Vénitiennes de la Renaissance. Pour l'obtenir, elles utilisaient *l'arte biondeggiante* (l'art du blondissement), qui consistait simplement à recouvrir les cheveux d'une mixture nommée *bionda* et pour laquelle chaque maître coiffeur avait sa recette, puis à faire prendre le soleil quelques heures à leur chevelure à l'aide d'un chapeau sans calotte et à très larges bords, d'où sortaient les cheveux par le dessus. C'est de cette mode que nous vient le blond vénitien.

130 – Cent-trente – CXXX

C'est en degrés Celsius l'amplitude thermique enregistrée sur Terre le 23 mai 2015, la plus forte à ce jour d'après les statistiques de l'Organisation météorologique mondiale. Ce jour-là, il a fait 50 °C au Pakistan et -80 °C à Vostok en Antarctique, soit une différence de 130 °C ! Pour dénicher l'amplitude maximale annuelle au même endroit du globe, il faut se rendre à Verkhoïansk, en Sibérie. Dans cette petite bourgade de Iakoutie, on peut passer de +35 °C au plus fort de l'été à -65 °C au cœur de l'hiver, soit une différence de… 100 °C ! Et que dire de ce très violent changement thermique en un jour mesuré en 1916, à Browning, dans le Montana. Cette année-là, en 24 heures, entre le 23 et le 24 janvier, la température a chuté de 56 °C, passant de 7 °C à… -49 °C. Rappelons qu'à ce jour, l'amplitude thermique la plus forte jamais relevée en France s'élève à 38 °C et qu'elle a été relevée le 13 janvier 1968 à Mouthe dans le Doubs, la commune battant le même jour le record hexagonal de la température la plus basse, avec un -37 °C.

NOUVEAUTÉ : LES PREMIERS SMARTPHONES À ÉCRANS PLIABLES

AUTANT DE RAISONS DE SE RÉJOUIR

On peut tout comprendre… ou presque

Vous pensez ne pas être doué(e) pour les langues étrangères ? Pourtant, avec une bonne méthode, de la régularité et de la persévérance, vous pourriez rapidement vous débrouiller dans certaines, car oui, votre cerveau en est capable, et à tout âge ! Qu'à cela ne tienne, peut-être n'aurez-vous bientôt même plus besoin de fournir cet effort : les logiciels de traduction automatique ont tant progressé ces dernières années que, par un simple copier-coller, ils nous aident à comprendre l'essence d'un texte (à défaut de ses subtilités). On peut même légitimement se poser la question de savoir si les générations futures auront besoin de suivre des cours de langue…

ILS ONT DIT

« La bêtise est quelque chose d'inébranlable ; rien ne l'attaque sans se briser contre elle. »

Gustave Flaubert

Le soleil se lève à **5h58** et se couche à **21h37**

Dimanche **24 mai**

Saint Donatien – On fête aussi les Rogatien, Zoël, Maël, Servilio

« *Qui a la fièvre au mois de mai, le reste de l'an est sain et gai.* »

Pièges de l'ortografe

La préposition « en »

Si vous écrivez « j'ai obtenu ce document en mairie » ou « je suis passé en caisse », il y a de fortes chances pour que vous froissiez l'Académie française… En effet, les formes utilisant « en » sont incorrectes dans ce cas. On peut « mettre des légumes en boîte » ou « des plantes en pot » mais il faut plutôt dire : « J'ai obtenu ce document à la mairie. »

Mots intraduisibles

L'empathie, c'est bien. Le *fargin*, c'est mieux ! Ce mot parfaitement intraduisible en français vient du yiddish et peut se comprendre comme une sorte de dérivé uniquement joyeux de notre empathie. Faire preuve de *fargin*, c'est ressentir une joie véritable, sans arrière-pensée, lorsqu'il arrive quelque chose de bien à un autre que soi. Dommage que la langue française n'ait pas créé un mot de cette trempe !

Houah ah ah oh oh

NOUVEAUX COMIQUES

Nicole Ferroni

Ex-professeure de SVT et adepte des réseaux sociaux, Nicole Ferroni, comme de nombreux humoristes de sa génération, a été révélée par l'émission *On n'demande qu'à en rire* sur France 2. Elle y a multiplié les sketchs entre 2011 et 2014, avant d'enchaîner avec des chroniques matinales sur France Inter. Avec son débit de mitraillette, cette native de Casablanca y donnera pendant 3 ans son point de vue décapant sur l'actualité, un joyeux mélange d'absurde et d'indignations. Depuis, Nicole Ferroni a fait plusieurs incursions dans des séries télévisées et au cinéma. Elle est l'auteure d'*Améliore ta vie pourrie* (Le Cherche Midi), un pastiche des livres de développement personnel, dans lequel elle distille humour, colère et engagement pour la planète.

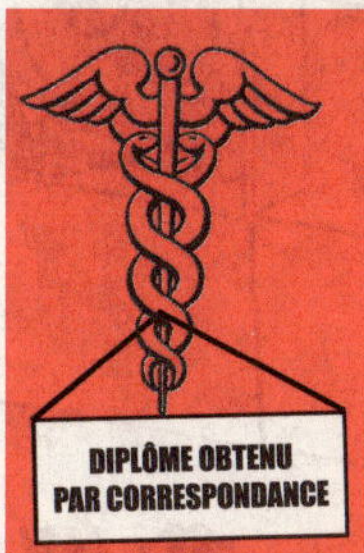

Vous êtes sûr, Docteur ?

Si le mot « ecstasy » fait aujourd'hui plutôt référence à une drogue festive prise par la jeunesse pour danser toute la nuit, l'histoire de sa molécule principale, le MDMA — de son nom complet 3,4-métyllène-dioxy-N-méthamphétamine — est bien éloignée de la fête et a pour origine, comme beaucoup de drogues synthétiques, la recherche médicale et militaire. Créée pendant la Première Guerre mondiale pour inciter les soldats à monter au front, elle fut ensuite intégrée aux tiroirs des pharmacies comme simple coupe-faim. Imaginez un peu la tête des ménagères cherchant à perdre un peu de poids après y avoir goûté… On peut être sûr que la fidélité des clients était plutôt forte ! La molécule ne fut interdite à la vente que bien des décennies plus tard, en 1986.

Lundi 25 mai

Sainte Sophie – On fête aussi les Bède, Sonia

Le soleil se lève à **5 h 57** *et se couche à* **21 h 38**

« *La rosée de mai fait tout beau ou tout laid.* »

Brèves régions

Vaucluse/ Le mur de la peste

En 1720, une épidémie de peste débuta en Provence avec l'arrivée, le 25 mai à Marseille, du *Grand Saint-Antoine*, un navire marchand en provenance de Syrie. En moins de deux ans, la maladie se répandit et fit de nombreuses victimes. Pour protéger les territoires pontificaux d'Avignon et le Comtat Venaissin qui étaient encore épargnés, on construisit un rempart en pierre sèche dans les monts de Vaucluse. Le long de ce mur de la peste, des guérites accueillaient des gardes qui interdisaient le passage à quiconque.

ILS ONT DIT

« Le rôle de l'État est, dit-on, de faire régner la justice. Oui, certes, mais... on peut avoir l'impression qu'en France, le rôle de la justice est de faire régner l'État. »

Patrick Font

AVENTURIERS DE L'IMPOSSIBLE

Nellie Bly : Phileas Fogg au féminin

Le tour du monde en 80 jours de Phileas Fogg, tout le monde connaît. Mais celui de Nellie Bly vous dit-il quelque chose ? Cette journaliste-aventurière a pourtant de quoi faire pâlir le héros de Jules Verne, puisque son tour du monde à elle s'est bouclé en 72 jours ! Alors qu'elle propose le projet à son rédacteur en chef, au New York Times, ce dernier refuse de financer : « Vous êtes une femme, vous n'y arriverez pas ! » Ah bon ? Qu'à cela ne tienne, voilà notre Nellie partie en 1889, bien décidée à prouver à ce macho ce dont elle est capable. Bateaux, montgolfières et trains l'amènent alors de New York à Londres, puis à Amiens, de Suez à Singapour, puis à Hong Kong, à Yokohama, à San Francisco et de retour à New York, où une foule compacte l'attend pour la célébrer. On laisse le mot de la fin à Nellie : « Mon périple est la preuve que le sexe "faible", quand il est doté d'un esprit sain et d'un corps sain et est libéré des carcans habituels, peut rivaliser avec les hommes les plus brillants. » Et toc !

Au poil !

En religion, c'est un acquis, on ne rigole pas avec grand-chose. Il n'y a donc pas de raison pour que la pilosité faciale fasse exception et soit un sujet pris à la légère par les différentes autorités religieuses. Dans le Lévitique, la règle est on ne peut plus claire : « Tu ne couperas pas les coins de ta barbe. » (Lévitique, 19, 27.) Illustration célèbre de ce dogme : le refus du roi David de recevoir des émissaires qui avaient eu leur barbe coupée par des ennemis, tant que leurs poils n'auraient pas repoussé. On espère qu'ils n'avaient pas d'informations trop urgentes à lui communiquer, parce que, selon la pilosité de chacun, cela pouvait prendre un peu de temps...

« *Mars venteux, avril inconstant, mai pluvieux rendront le fermier bien content.* »

Rétro Vermot

« Je dois constater, mon cher, qu'aujourd'hui, il y a une quantité extraordinaire de gens qui mettent le nez dans mes affaires.
– Et pourquoi ne les en empêchez-vous pas ?
– Je ne peux pas, je fabrique des mouchoirs ! »

- Hiiiiiiii ! On ne peut pas se parler, nos bulles sont vides !
- Calme-toi, voyons ! Tout ce qu'on dit est écrit sous le dessin...

Étymolo-quiz...

Que signifie le mot latin *albus* qui a donné notre « album » : « blanc » ou « recueil » ?

Réponse : blanc.

[L'actu] Parc à thème

Certains voyageurs, peut-être blasés, comparent parfois la magie de Venise à celle… de Disneyland ! Ce parallèle entre la Sérénissime et le royaume de Mickey est forcément cruel pour la cité vénitienne aux seize siècles d'histoire, dont dix comme l'une des plus grandes puissances économiques d'Europe. Pourtant, la cité des Doges s'est peu à peu transformée, en une « ville musée », tant elle est submergée par un flot touristique permanent – 30 millions de visiteurs chaque année ! Parallèlement, Venise a perdu 70 % de ses habitants en 50 ans. Pour limiter le phénomène, mais surtout pour essayer de financer une partie des sommes astronomiques liées au nettoyage, à l'entretien et à la sécurité de la « reine de l'Adriatique », la municipalité a instauré une taxe pour visiter le centre historique. Ainsi, pour apprécier le Grand Canal et ses gondoles, la place Saint-Marc, le palais des Doges, le pont des Soupirs, etc., les touristes doivent désormais passer à la caisse. Sauf s'ils dorment au moins une nuit sur place ! En effet, ce « ticket d'entrée » est réservé aux visiteurs qui ne restent qu'une journée. En les taxant, les édiles locaux espèrent dissuader ces millions de « touristes éclair », auxquels ils reprochent de ne pas consommer assez dans la cité par rapport aux coûts des nuisances qu'ils occasionnent. L'idée de taxer ces touristes pas assez rentables – ou peut-être pas assez fortunés pour se payer une nuit d'hôtel dans l'une des villes les plus chères d'Europe – intéresse beaucoup Florence…

Secrets des chansons mythiques

Mistral gagnant est l'une des chansons les plus connues du chanteur rebelle Renaud. Ce que l'on sait moins, c'est qu'il n'avait pas prévu de l'inclure dans l'un de ses albums. C'est sa femme qui lui posa un ultimatum après avoir entendu, presque par hasard, la fameuse chanson : « Si tu ne la mets pas sur l'album, je te quitte ! » S'exécutant, Renaud ajouta donc *Mistral gagnant* sur son septième disque, qu'il nomma d'ailleurs ainsi. Ce que femme veut…

« *Averse de mai a plus de pouvoir que dix arrosoirs !* »

Perles de sportifs

Architecture

Qui l'a dit ? Luis Fernandez, entraîneur et ex-footballeur.

La perle : « C'est la porte ouverte à toutes les fenêtres. » De là à dire qu'il a des courants d'air dans le cerveau…

Nos régions ont du talent

Spécialité marseillaise par excellence, la bouillabaisse contient dans son nom l'intégralité de sa recette : faire bouillir, puis laisser abaisser. Ce que l'on sait moins, c'est que cette recette est un mets de luxe et non un plat populaire, car il est composé de plusieurs poissons, nobles ou non, dont l'accumulation a forcément un coût : la rascasse, le rouget barbet, la vive, le saint-pierre, le congre, la daurade, le merlan, la baudroie ou la gallinette. Méfiez-vous donc lors de votre prochain séjour marseillais : une bouillabaisse vraiment pas chère est forcément suspecte !

Citoyens extraordinaires

Le nom de Shirin Ebadi ne vous dit peut-être rien, mais, au Moyen-Orient, cette citoyenne exceptionnelle est considérée comme la figure de proue du droit des femmes. Lauréate du prix Nobel en 2003 pour son travail en faveur des droits des Iraniennes, elle apparaît également en 2004 dans le classement des 100 femmes les plus influentes du monde présenté par le magazine *Forbes*. Cela n'empêchera pas cependant le régime iranien de lui voler et le trophée de son Nobel et l'argent qui l'accompagnait, que Shirin Ebadi destinait à des associations œuvrant pour le droit des femmes iraniennes… Une citoyenne qui, selon le comité du Nobel, « n'a jamais tenu compte des menaces contre sa propre personne ». L'appeler « héroïne » aurait été plus court, mais tout aussi adéquat !

Les « Cruella » de l'histoire

Diable d'impératrice !

Wu Zetian (624-705) fut la seule et unique impératrice régnante de toute l'histoire de la Chine, ce qui n'est pas rien ! Elle fonda sa propre dynastie, celle des Zhou, et s'autoproclama « empereur Shengshen ». Pour accéder au trône, elle n'y est pas allée de main morte. Elle a d'abord tué de ses propres mains son premier bébé, une petite fille, qui aurait freiné son accession au pouvoir. Elle s'est ensuite débarrassée de plusieurs rivales afin de passer du statut de concubine à celui de favorite de l'empereur Gaozong. Elle a fait éliminer des conseillers et ministres de l'empereur soucieux de son ascendance de plus en plus forte sur ce dernier, lequel finit par mourir dans d'obscures circonstances… Entre-temps, elle avait même fait assassiner deux de ses propres fils, susceptibles de lui prendre la place. Et Zhou !

« *Soleil de la Saint-Germain nous promet du bon vin.* »

ILS ONT DIT

« Quoi que vous fassiez, vous vous apprêtez à devenir, pour vos enfants, un vieux con. Le mieux est de l'accepter le plus tôt possible. »

Alexandre Astier

Invisibles : les petites mains du pouvoir

Quand on pense à la décoration de l'Élysée, on pense aux vieilles tapisseries et au charme un peu désuet de l'ancien faste. Mais les décors sont souvent refaits, et par des décorateurs modernes de renom, s'il vous plaît. Dernière nomination en date, Isabelle Stanislas, recrutée en 2018 pour refaire quatre salons de réception. Exit les motifs vieillots et place à un mélange de couleur et de sobriété. Ou comment faire entrer un vieux palais de plain-pied dans le XXIe siècle !

Pan Pan !

PERLES DE POLICIERS

Dans un rapport de police : « L'homme, qui était aussi sourd que son épouse, ne semblait pas s'entendre très bien avec elle. » À une bonne blague, on dit toujours « ouïe ».

Expressions du potager

Va donc, eh, patate !

Un langage de charretier, certes, mais que n'employaient pas les charretiers, puisque cette belle apostrophe a été créée par l'automobiliste pour exprimer son ire, et jalousement conservée depuis ! Qui l'a inventée ? Elle figurait (dit-on) dans la première mouture du code du permis ! En ce qui concerne « va donc », c'est clair, cela veut dire : « Bouge ! », « embraye ! », « dégage ! » Mais pourquoi patate ? Un synonyme de cornichon, peut-être ? Ou une allusion à la lourdeur, à l'inertie d'une grosse « pomme de terre » (dénomination pour le moins bizarre et curiosité du français), appliquée au pilote de la 4 chevaux (alias 4 pattes) ou de la deudeuche plantée au milieu du carrefour ? Ou encore une manière délicate de suggérer que le conducteur adverse a un fond « paysan » – la patate ayant naturellement le cul terreux ? Mais le tubercule, gonflé à bloc, a d'autres facettes puisqu'on peut mettre facilement une patate, que l'on a parfois la patate, et que l'on dit même, avec extensions culinaires, « j'ai la frite », « purée de nous z'ôtres » et « patati et patata ». Très inspirante, la patate !

MONSTRES CÉLÈBRES

Exogorth & co

Voilà le plus gros ver solitaire de l'univers ! À moins qu'il ne s'agisse d'une couleuvre albinos de l'espace ? Le doute est permis. Quoi qu'il en soit, ce géant mou, qui vit sur un astéroïde, appartient à la faune de la saga *Star Wars*. Il a pour cousin éloigné le Shai-Hulud, ver des sables géant de *Dune*, un roman de Frank Herbert (1965). On trouve aussi des invertébrés bien gloutons dans la paisible ville de Perfection, qui a donc au moins un défaut (*Tremors*, 1991). Sans oublier la mémorable créature de *Men in Black 2* (2002) : un ver monstrueux dont la tête est surmontée… d'une adorable petite fleur. Poétique !

Le soleil se lève à **5h53** *et se couche à* **21h43**

« *Les gelées de la lune rousse ruinent plantes et pousses.* »

ILS ONT DIT

« En amour, les jeunes veulent être fidèles et ne le peuvent pas. Les vieillards veulent être infidèles et ne le peuvent pas davantage. »
Oscar Wilde

{Mots qui changent de sens}

Dans notre langue, il est certains glissements de sens des mots qui sont assez difficilement compréhensibles. C'est le cas par exemple du mot « alternatif », que l'on trouve dès le XIVe siècle pour désigner quelque chose « qui vient tour à tour », qui « alterne ». Comment, de là, en est-on venu au sens moderne qui sert à qualifier tout ce qui n'est pas d'une mouvance principale ? Nous faisons appel à vous, chers lecteurs !

Sylvie Kohl
Agente forestière

01 02 03 04 05

[L'actu] Toujours plus gros

Ce n'est pas une énorme surprise : les Américains sont de plus en plus gros… Ou plutôt, comme le souligne le Centre national des statistiques sanitaires, « une augmentation linéaire importante dans le poids a été constatée à travers le temps à la fois chez les hommes et chez les femmes ». S'appuyant sur des examens physiques de 47 000 Américains de plus de 20 ans, l'organisme précise que le poids moyen, le tour de taille et l'indice de masse corporelle (IMC) ont augmenté chez les adultes entre 1999 et 2016. D'après les données, en 2000, un Américain pesait en moyenne 86 kg et une Américaine 74 kg. En 2015, ils affichaient respectivement 89,8 kg et 77 kg. Sur la même période, le tour de taille des hommes s'étirait, pour passer de 99 cm à 102 cm, et celui des femmes prenais 5 cm et se situait à 98 cm. Aujourd'hui, aux États-Unis, 40 % des adultes sont considérés comme obèses. Ils n'étaient « que » 20 % en 2000. Rien ne va plus…

Brèves régions

Meurthe-et-Moselle/Aux origines de la croix de Lorraine

La croix de Lorraine, symbole de la France libre, était appelée auparavant croix d'Anjou. Elle figurait en effet dans la symbolique des ducs d'Anjou, devenus ducs de Lorraine à partir de 1431. En héraldique, cette croix dite « archiépiscopale » ou « croix patriarcale » se trouvait dans les blasons des archevêques. Elle s'imposa à Charles de Gaulle en opposition à la croix gammée nazie lorsqu'il était colonel du 507e régiment de chars de combat de 1937 à 1939. La croix à double traverse apparaissait déjà dans l'insigne de ce corps et ce fut le vice-amiral Émile Muselier, dont le père était originaire de Lorraine, qui proposa d'en élargir le symbole à toute la France libre dès 1940.

« *De la belle femme et de la fleur de mai, en un jour s'en va la beauté.* »

ILS ONT DIT

« Ou cet homme est mort, ou ma montre est arrêtée. »

Groucho Marx

CLASHS D'ARTISTES

Jules César Scaliger, grammairien de Vérone et ami de Nostradamus, était autant réputé pour sa grande érudition que pour son orgueil démesuré. Colérique, il eut notamment une terrible dispute avec Érasme en 1528. La cause : Cicéron, mort quinze siècles plus tôt. Ou plutôt un pamphlet signé Érasme dans lequel, d'après le rhétoricien, l'auteur se moquait du fanatisme de certains… Un double coup de poignard pour Scaglier, qui adulait Cicéron et qui, en réaction, hurla au « triple parricide », multiplia les invectives contre « l'ivrogne » Érasme et publia deux textes contre lui. Cruelle humiliation : toute sa vie, l'illustre humaniste bâlois resta convaincu que ces écrits étaient signés sous pseudonyme.

INVENTIONS INSOLITES

Quand il s'agit de mettre toute son inventivité au service de la guerre, il semble que l'être humain parvienne toujours à repousser les limites de la technique. L'évolution de l'armement a d'ailleurs plus progressé ces cent dernières années que pendant tout le reste de l'histoire de l'humanité. Mais jusque-là, malgré l'ingéniosité déployée, il restait un souci majeur : les armes à feu ne tiraient qu'en ligne droite. (Mal)heureusement, ce problème fait déjà partie du passé, puisqu'il y a quelques années, l'armée israélienne a présenté un fusil au canon pivotant, qui peut tirer jusqu'à un angle de 90°. Le fusil à tirer dans les coins est donc né. Ne manque plus que son cousin, le fusil à tirer en arrière, et le tour sera complet !

LES GRANDS DE LA PETITE REINE

« Il n'y a que les mauvais voleurs qui se font prendre », dit-on. Jean Robic, coureur français surnommé « tête de cuir » et vainqueur du Tour en 1947, est l'illustration parfaite de ce dicton. Ce pied nickelé de la triche, handicapé par son poids plume de grimpeur, en avait assez de se faire rattraper par tous les concurrents plus lourds que lui dans les descentes, après les avoir tous semés dans les montées. Il décida donc, lors du Tour de 1953, de fabriquer un bidon lesté de plomb et de se le faire passer par un complice en haut du col du Tourmalet afin de descendre plus vite. Mais il n'avait pas anticipé que le centre de gravité du vélo s'en trouverait forcément changé, et il chuta lourdement après quelques virages. Arrivé en bas, ne trouvant pas son directeur sportif, il lança le bidon à un spectateur, qui ne s'attendait pas à recevoir… 9 kg ! On a déjà vu plus discret et efficace…

Dimanche 31 mai

Sainte Pétronille – On fête aussi les Pierrette, Perrine

Le soleil se lève à **5 h 52** et se couche à **21 h 45**

Pentecôte - Visitation

« *Lune rousse vide bourse.* »

Les animaux de compagnie des présidents

Que faire lorsqu'une recrue du président se met à uriner sur le tapis en pleine réunion ? La virer ? Difficile quand le coupable n'est autre que Nemo, le labrador noir d'Emmanuel Macron… Alors que le président discutait avec des ministres, Nemo en a profité pour « arroser » une cheminée en marbre qui avait la malchance de traîner là. On savait que la politique consistait à marquer son territoire, mais quand même !

LES GRANDS ILLUSIONNISTES

Le roi de l'évasion

Ehrich Weisz (1874-1926) était un Américain d'origine hongroise, plus connu sous le surnom d'Harry Houdini qu'il avait choisi en hommage au Français Jean-Eugène Robert-Houdin, dont il avait consciencieusement étudié l'œuvre. Rapidement devenu maître en « escapologie », c'est-à-dire en art de s'évader, il mit la police de Chicago au défi, en 1898, en parvenant à sortir d'une cellule de prison en moins d'une demi-heure : il avait pour cela dissimulé un passe-partout… dans son œsophage ! Son tour le plus célèbre consistait à sortir sans dommage d'une malle pleine d'eau et cadenassée. Au cours de sa carrière, Houdini a aussi essayé de démystifier ceux qui se faisaient passer pour des spirites. Pourtant, il faisait partie des proches du créateur de Sherlock Holmes, Arthur Conan Doyle, fan de spiritisme et absolument convaincu de détenir de vrais pouvoirs paranormaux !

Verbes régionaux

BOUJOUTER

Issu de Normandie, le verbe « boujouter » est entré récemment dans le dictionnaire de la langue française. En écoutant simplement la sonorité de ses syllabes, on comprend qu'il signifie « dire bonjour » dans un sens très amical et, par extension, « embrasser » ou « se faire la bise ». Il découle naturellement du « boujou » utilisé par les Normands pour « bonjour ».

LOISIRS TENDANCE

Les arbres vous soignent

De plus en plus de citadins ressentent le besoin de ralentir, de revenir aux sources en se rapprochant de la nature, de ses odeurs, de ses bruits et de son rythme. La sylvothérapie consiste plus particulièrement à profiter du bien-être que nous procure la forêt : se promener dans un sous-bois, fouler un tapis de feuilles mortes ou bien enlacer un arbre tout en s'enracinant soi-même dans le sol, rien de tel pour se ressourcer. Maintenant que des études scientifiques ont révélé que la sylvothérapie est bonne pour la santé et rend plus heureux, il serait dommage de se priver de ses bienfaits auxquels il est si simple d'accéder !

« *Pluie à la Saint-Révérien, belles avoines mais maigre foin.* »

L'ÉNIGME DE LA MACHINE À COUDRE

EPISODE 6

À peine l'archiviste a-t-elle raccroché qu'Alice entend teinter une vieille cloche à la grille du jardin. En jetant un œil par la fenêtre, elle découvre la figure avenante d'un jeune homme, vêtu d'un costume noir sobre et portant une vieille sacoche en cuir dans la main droite. Sans doute un commercial qui vient vanter les mérites d'une encyclopédie ou d'un cru du vignoble voisin…

« Bonjour Madame, je me présente, Laurent Gillod. Madame Tomrev m'avait donné rendez-vous ce matin. Je suis bien à son domicile ?

– Oui, mais… vous n'êtes pas au courant ? Elle est décédée il y a trois jours.

– Ah… pardon, toutes mes condoléances… Je suis désolé de vous avoir dérangée en ces circonstances.

– Attendez, Monsieur, est-ce que vous connaissiez Célia Tomrev ?

– Connaître est un bien grand mot. Disons que je l'avais eue plusieurs fois longuement au téléphone.

– À quel sujet ?

Sur le seuil de l'entrée, le jeune homme s'explique tant bien que mal.

– Excusez-moi, je ne sais pas trop par où commencer. Je suis en train d'écrire une thèse d'histoire autour du *Vermot*, j'ai passé beaucoup de temps aux archives… et j'ai découvert que Madame Tomrev a été la seule femme à travailler à l'almanach, de 1918 à 1950, en tant qu'illustratrice mais incognito, sous un pseudo masculin. Une femme qui non seulement dessinait, mais en plus faisait preuve d'humour. À cette époque-là, ça faisait beaucoup !

– Mais comment avez-vous fait le rapprochement ?

– Après avoir recensé tous les pseudos des illustrateurs, dont certains sont bien connus comme Maurice Radiguet qui signait RAD – père de Raymond, l'auteur du *Diable au corps*, vous connaissez peut-être ? –, je n'ai pas réussi à identifier un certain Léo. C'est ainsi qu'après enquête, j'ai découvert Célia derrière Léo. Et voilà, je devais justement ce matin m'entretenir avec elle pour recueillir son témoignage.

– Vous ne voulez pas entrer ? J'aimerais vous montrer quelque chose… »

(À suivre le mois prochain)

Mardi 2 juin

Sainte Blandine – On fête aussi les Alcide, Erasme, Nicéphore

Le soleil se lève à **5 h 50** *et se couche à* **21 h 47**

« Prépare autant de tonneaux qu'en juin seront de jours beaux. »

Chiffres et expressions

Terminer en cinq sec

Cette vieille expression remonte au XVIIIe siècle, où le jeu de cartes l'écarté était en vogue. Une manche se jouait en cinq points et, lorsqu'un joueur avait gagné sans espoir de revanche pour les autres, les points étaient « secs ». La partie se terminait « en cinq sec », d'où l'expression qui nous est restée pour évoquer quelque chose de rondement mené.

Perles de sportifs

Sport et pêche en haute verve

Qui l'a dit ? Éric Cantona, la plus « grande gueule » des anciens footballeurs français.
La perle : « Quand les mouettes suivent le chalutier, c'est parce qu'elles pensent qu'on va leur jeter des sardines. » On n'aurait pas mieux dit.

Rébus bande dessinée

TÊPLOMBTE

Du plomb dans la tête

[L'actu]

4 ans

C'est la durée pendant laquelle un jeune couple de Chinois a essayé d'avoir, en vain, un enfant avant de découvrir qu'ils faisaient l'amour… dans le mauvais sens ! C'est une gynécologue, consultée par les deux jeunes gens désespérés, qui a découvert le problème et leur a proposé une solution. Lors de la consultation, la spécialiste s'est aperçue avec stupéfaction que la jeune femme était encore vierge. Après un entretien, celle-ci a fini par comprendre que le couple n'avait que des rapports anaux depuis son mariage. À l'origine du « malentendu » ? Leur méconnaissance absolue de la physiologie féminine et des mécanismes de reproduction. Le médecin leur a donc expliqué comment procéder pour essayer d'avoir un enfant et leur a offert un manuel d'éducation sexuelle. Trois mois plus tard, la jeune femme, âgée de 24 ans, est tombée enceinte. En Chine, les questions liées à la sexualité restent totalement taboues dans les lycées et les universités.

Brèves régions

Seine-Maritime/Le plus petit fleuve de France

Tout le monde sait que la Seine se jette dans la mer dans le département de… la Seine-Maritime ! Mais on ignore trop souvent que le mot « fleuve » qualifie globalement tout cours d'eau qui se jette dans la mer. Il y en a des centaines, voire des milliers, dans tous les départements côtiers de notre pays. Certains mériteraient d'être connus, d'autres ont à peine le débit d'un ruisseau, mais le plus court des fleuves de France s'appelle la Veules. Il prend sa source à 20 m d'altitude sur la commune de Veules-les-Roses et ne parcourt que 1 149 m avant de se jeter dans la Manche. Sur son trajet, il a néanmoins le temps d'irriguer des cressonnières, d'alimenter un moulin et de border agréablement de nombreuses maisons.

« Vent du nord, beau temps. Vent du midi, pluie. Vent du sud-est, tempête. Vent du sud-ouest, orage. »

Ça s'est passé

En 1420

Tómas de Torquemada vient au monde. Confesseur d'Isabelle de Castille, c'est surtout un homme redouté par tous : il est le premier Grand Inquisiteur espagnol.

SUDOKU MOYEN

1 2 3

		1					8	
3		6	5				7	
7	4			2				
	9	4				3		
		5			9			
1							5	
	7							
			3	9	2			7
			1			5	3	

Solution page 177

Verbes régionaux

COURATER

Dans une région qui va du Lyonnais à la Suisse romande en passant par le Dauphiné, on emploie le verbe « courater » pour parler de quelqu'un qui ne tient pas en place, qui a la manie de bouger. C'est un dérivé du verbe courir, auquel on a ajouté un diminutif au sens péjoratif. Celui qui « courate » ne court pas vraiment, il n'avance pas et dérange ceux qui l'entourent.

130 – Cent-trente – CXXX

C'est le nombre de jours pendant lesquels l'Italienne Stefania Follini est restée enfermée sous terre, devenant ainsi la détentrice du record du monde de la plus longue isolation souterraine. Menée il y a trente et un ans, son expérience, organisée par la NASA dans le cadre de recherches sur les rythmes circadiens, consistait à vivre dans une cage en plexiglas enfouie dans une grotte du Nouveau-Mexique. Privée de tout repère pouvant la renseigner sur l'heure qu'il était ou le temps qui passait, la jeune femme avait pour seuls compagnons sa guitare, un ordinateur, deux souris, des grenouilles et des sauterelles. Pour réduire son ennui, Stefania Follini s'occupait aussi en découpant des personnages en carton. À sa sortie, son horloge biologique était totalement déréglée : un jour pour elle représentait trente heures, elle dormait dix heures et restait éveillée vingt heures. Elle avait perdu 8 kilos et son cycle menstruel s'était allongé. Elle pensait avoir passé deux mois sous terre quand plus de quatre s'étaient écoulés. Cette expérience a permis de démontrer que, livrée à elle-même, notre horloge interne retarde et qu'elle a besoin de signaux extérieurs pour fonctionner correctement.

DE LA VIANDE AVARIÉE EN PROVENANCE DE POLOGNE

Problèmes de maths du certificat d'études

Une fermière vend au marché 8 douzaines d'œufs à 2,16 F la douzaine, 3 kg de beurre à 7,60 F le kilo, 2 paires de poulets à 8,50 F l'un et 12 kg de pommes à 0,65 F le kilo. Avec le produit de cette vente, la fermière achète 3 m de drap à 18,40 F le mètre et des torchons à 3,50 F pièce. Au final, elle rapporte 4,68 F, alors qu'elle était partie avec 20 F.

Question : Combien de torchons a-t-elle achetés ?

Réponse : 12.

Sainte Clotilde – On fête aussi les Klotilda, Bréaca, Quirin

Le soleil se lève à **5 h 49** *et se couche à* **21 h 48**

« *À la Sainte-Clotilde, de fleur en buisson, abeille butine à foison.* »

ILS ONT DIT

« Être adultère, c'est avoir une femme de trop. Notez bien : être marié, c'est la même chose. »

François Forestier

Expressions du potager

Tout ça pour des prunes !

La prune a ses mystères ! Cette charmante expression, qui a été joliment chantée par Lio (*Les brunes comptent pas pour des prunes !*), remonterait au XIIe siècle : les Croisés revenus vaincus de Damas n'auraient rapporté de leur expédition que des plants de prunier, ayant fait le voyage « pour des prunes ». Cette explication est donnée partout, mais sans l'ombre d'une preuve. La vérité est sans doute tout simplement que, quand la saison est bonne, il y a pléthore de prunes et qu'elles ne valent pas cher sur le marché. Pas plus que les nèfles ou les haricots ! On en nourrit même le bétail. Ainsi, on rapporte la candide réplique d'une brave fermière corrézienne offrant au curé du village un plein panier de prunes : « C'est trop aimable, ma bonne dame, il ne fallait pas ! – C'est rien, Monsieur le Curé, les cochons n'en veulent plus ! »

Pièges de l'orthographe

Après la première fois : où ou que ?

Impossible de trancher entre « je t'ai aimé dès la première fois que je t'ai vu » et « je t'ai aimé dès la première fois où je t'ai vu », car les deux formules sont correctes ! C'est au Moyen Âge que le « où » a commencé à céder la place au « que », mais rien n'a été fixé. Jean de La Fontaine n'a-t-il pas écrit « du temps que les bêtes parlaient » ?

AUTANT DE RAISONS DE SE RÉJOUIR

Des émotions fortes en toute sécurité

Vous avez toujours rêvé de sauter en parachute sans jamais avoir osé le faire ? Trop cher, trop dangereux ? Dans ce cas, rendez-vous dans une soufflerie pour découvrir ce qu'est la chute libre ! Les attractions, uniques ou intégrées dans un parc thématique, vous permettent de vivre de vraies poussées d'adrénaline. Certaines peuvent être physiquement assez éprouvantes, voire déconseillées aux cardiaques ou sensibles du dos, comme les montagnes russes ou autres manèges à sensations, mais la plupart sont sans risques réels pour la santé. Et grâce au casque de réalité virtuelle, il est désormais possible de s'immerger dans un autre univers sans bouger de son canapé.

« *La rosée du matin fait mauvaise fin, la rosée du soir fait son devoir.* »

Expressions d'hier décryptées

Mettre à l'index

Quand on connaît cette expression, il est tentant de penser que l'index est le doigt qui désigne ce qu'on condamne ou ce qu'on exclut. Il s'agit en fait d'une référence à un décret du concile de Trente établissant en 1563 la liste des livres interdits, intitulé Index librorum prohibitorum. Y figurait ce que l'Église considérait comme une dangereuse propagande.

Rétro Vermot

Un fabricant de parfums a sorti un après-rasage baptisé *Ma chemise*. Quand on lui a demandé pourquoi un tel nom, il a répondu :
« Après un très sérieux sondage auprès de centaines de consommateurs, à la question "Que mettez-vous après vous être rasé ?", 92 % des hommes interrogés ont répondu : "Ma chemise !" »

LES VILLES ET LEURS SPÉCIALITÉS

U	E	Y	D	I	J	O	N	Z	E	J	P	E	Y
A	O	C	O	M	M	E	R	C	Y	A	G	F	P
E	N	N	N	C	Z	I	O	C	G	X	G	O	I
T	R	A	O	E	A	G	T	R	C	N	N	E	O
R	X	N	N	R	V	S	U	A	L	T	O	E	N
O	A	S	B	I	A	O	V	E	A	E	S	Y	S
M	S	M	F	V	B	A	R	V	R	P	A	I	L
V	A	N	I	S	I	A	E	P	E	A	G	N	A
C	E	R	A	L	E	N	Y	L	N	R	N	R	S
R	P	R	L	M	E	Y	E	O	A	E	P	D	N
S	T	O	D	M	B	T	O	T	N	A	X	L	E
S	N	L	E	U	T	E	N	R	J	N	G	I	E
U	L	U	T	E	N	O	R	O	T	Q	E	X	A
P	G	R	E	I	M	S	N	T	M	T	W	F	I

Solution page 180

Cherchez le nom de la ville à laquelle correspond la spécialité dans la grille ci-dessus. Vous trouverez les noms de villes soit horizontalement, soit verticalement ou encore diagonalement.

Notez que les villes sont dans l'ordre alphabétique dans la liste ci-dessous ; le nombre de lettres de chaque ville vous est aussi donné.

1. PRUNEAU D' ____ (4)
2. CALISSON D' ____ (13)
3. FOURME D' ____ (6)
4. HARICOT D' ____ (7)
5. JAMBON DE ____ (7)
6. BÊTISE DE ____ (7)
7. MELON DE ____ (9)
8. MADELEINE DE ____ (8)
9. MOUTARDE DE ____ (5)
10. PIMENT D' ____ (9)
11. ANDOUILLE DE ____ (7)
12. SEL DE ____ (8)
13. ROSETTE DE ____ (4)
14. RILLETTES DU ____ (4)
15. PRALINE DE ____ (9)
16. NOUGAT DE ____ (10)
17. SAUCISSE DE ____ (7)
18. BERGAMOTE DE ____ (5)
19. COTIGNAC D' ____ (7)
20. GALETTE DE ____ (8)
21. MARRON GLACÉ DE ____ (6)
22. BISCUIT ROSE DE ____ (5)
23. SAUCISSE DE ____ (10)
24. ANDOUILLETTE DE ____ (6)
25. DRAGÉE DE ____ (6)
26. ANDOUILLE DE ____ (4)

BLASON

« D'or à une couleuvre ondoyante d'azur en pal » : voici la description du blason de la famille Colbert, dont fit partie Jean-Baptiste, l'un des principaux ministres de Louis XIV. Sans rapport avec le caducée auquel il ressemble, le serpent fut choisi en raison de son nom latin, *coluber*, proche du patronyme. En revanche, l'histoire ne dit pas pourquoi cette couleuvre est bleue… (Voir code couleur en dernière page.)

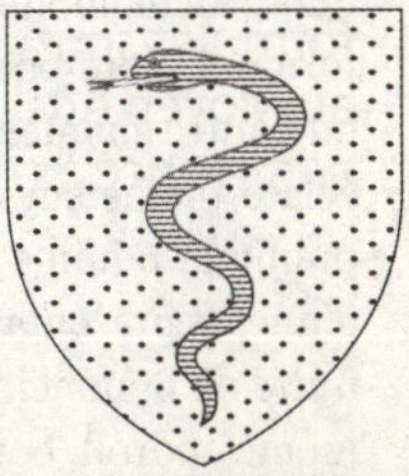

Saint Norbert – On fête aussi les Agobart, Bessarion, Goal

Le soleil se lève à **5 h 48** et se couche à **21 h 50**

« *Pluie à la Saint-Norbert inonde toute la terre.* »

Perles de sportifs

Leçon d'anatomie

Qui l'a dit ? Bacary Sagna, footballeur.

La perle : « Le fait de s'être crashé de cette manière-là, ça a fait un petit peu de bien à tout le monde. Ça nous a remis les épaules sur la tête. » Et cela ne fait pas trop mal, au moins ?

Argot-quiz…

Que sont des « lovés » ?

Réponse : de l'argent.

De l'or dans la voix

L'histoire de Francesca Cuzzoni et de Faustina Bordoni est celle de deux voix exceptionnelles, mais surtout d'une rivalité sans pareil. Alors que les deux chanteuses se produisent au début du XVIIIe siècle pour le King's Theatre anglais, elles se détestent avec une ardeur inouïe. Deux clans se forment alors pour soutenir l'une ou l'autre chanteuse, et un pugilat éclate même sur scène et dans le public le 6 juin 1727, à l'occasion d'une représentation de l'*Astianatte* de Bononcini. Deux divas au même endroit, bonjour les dégâts !

Aventuriers de l'impossible

Mary Kingsley, mordue d'Afrique

Chez les Kingsley, l'aventure est un truc de famille qui se transmet de père en fille… Le père de Mary avait commencé à écrire un livre destiné à recenser un maximum d'informations sur le continent africain qui le captivait, mais il mourut en 1892 avant d'avoir pu finir. Aussi passionnée que son père, sinon plus, Mary Kingsley décida alors de prendre le relai. Elle débarqua en Angola en 1893 et apprit de tribus locales les rudiments de la vie dans la jungle hostile. Il faut croire qu'elle fut bonne élève puisque, dans les mois qui suivirent, elle alla à la rencontre de peuples cannibales, se « promena » sur le fleuve Ogooué, où elle découvrit des poissons inconnus, et escalada le mont Cameroun par une route ignorée des Européens. À son retour au Royaume-Uni, elle fit un cycle de conférences sur ses aventures proprement extraordinaires pour l'époque et contribua à changer le regard que la société britannique portait alors sur l'Afrique.

Aux origines des Jeux olympiques

Sport, lauriers, guerre et mort tragique, voilà qui résume la vie de Milon de Crotone, athlète de la Grèce antique dont on disait qu'il pouvait porter une vache sur son dos et qu'il avait tenu le pilier d'un temple qui s'écroulait pour en sauver les prisonniers. Il était surtout un guerrier et un athlète exceptionnel, remportant cinq victoires en lutte et en pancrace. Il mourut tragiquement, dévoré par des bêtes sauvages, alors qu'il était bloqué par un tronc d'arbre qu'il venait d'essayer d'ouvrir à mains nues en guise d'entraînement et qui lui était retombé dessus. Quand on dit qu'il ne faut pas trop forcer à l'entraînement…

« *Limaçon aventureux, temps pluvieux.* »

ILS ONT DIT

« Un général ne se rend jamais, même à l'évidence. »
Jean Cocteau

Invisibles : les petites mains du pouvoir

Faire son service militaire à l'Élysée, une planque ? Que nenni ! Les quelques appelés ayant servi au palais avaient du pain sur la planche, dont quelques missions un peu spéciales. L'une d'elles consistait à aller chercher (discrètement) au restaurant étoilé *L'Archestrate* du coin de la rue la pitance de Jacques Chaban-Delmas, Pierre Messmer, Raymond Barre ou Jacques Chirac. Deliveroo de luxe avant l'heure ?

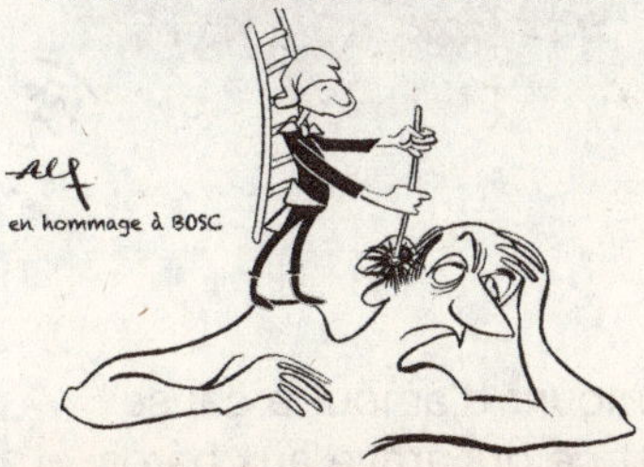

Solution sudoku [p. 173]

2	5	1	9	6	7	4	8	3
3	8	6	5	4	1	9	7	2
7	4	9	8	2	3	1	6	5
8	9	4	7	1	5	3	2	6
6	3	5	2	8	9	7	1	4
1	2	7	4	3	6	8	5	9
4	7	3	6	5	8	2	9	1
5	1	8	3	9	2	6	4	7
9	6	2	1	7	4	5	3	8

DRÔLE DE NOM POUR UNE VILLE !

Haleine

En bordure du Parc naturel régional de Normandie-Maine se trouve la petite commune d'Haleine, dans le département de l'Orne. Déjà habité en 1150, le lieu s'appelait alors *Halena* et semble tirer ses origines du nom d'un propriétaire de l'Antiquité nommé Haglinus, si on en croit le *Dictionnaire étymologique des noms de communes de Normandie* de René Lepelley.

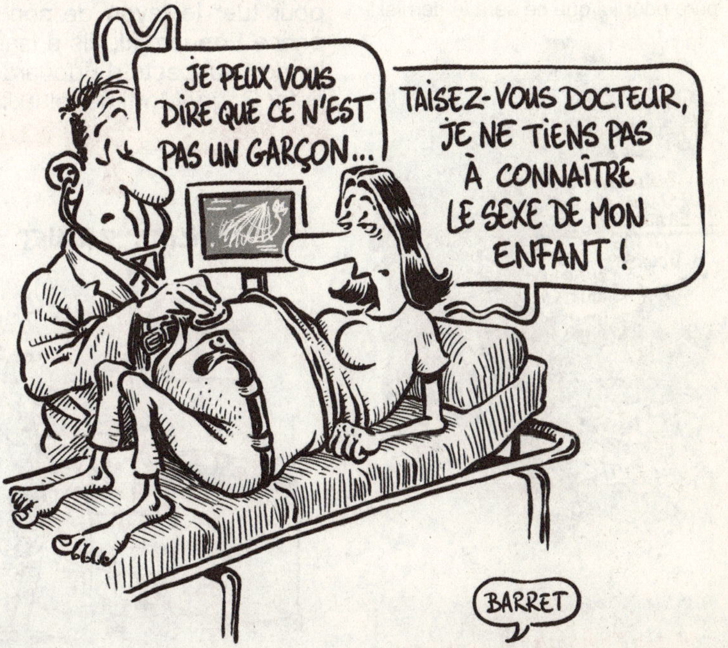

Histoire cochonne

En 2016, dans une étude publiée dans l'*International Journal of Comparative Psychology*, la neuroscientifique Lori Marino, de l'université Emory (États-Unis), explique que « les cochons partagent un nombre de capacités cognitives avec d'autres espèces intelligentes comme les chiens, les chimpanzés, les éléphants, les dauphins et même les humains ». Avant elle, des chercheurs de Cambridge (Grande-Bretagne) avaient déjà démontré qu'ils avaient conscience d'eux-mêmes grâce au test du miroir. Et, il y a 20 ans, lors d'une expérience, des cochons ont manipulé une manette afin de faire bouger un curseur sur un écran. Ne dites plus sale comme un cochon, mais malin comme un porc !

Le soleil se lève à **5 h 47** et se couche à **21 h 52**

« Pluie à la Saint-Médard, pluie quarante jours plus tard. »

Pimpon !

ANECDOTES DE POMPIERS

Rescapé de la route et de la langue française : « Vous imaginez ? C'est le deuxième accident mortel que je subis en moins d'un an ! » On espère pour lui que ce sera le dernier !

Mon Trésor (public) !

À une époque désormais révolue où les agents des impôts étaient chargés de contrôler les alambics et de les sceller entre deux saisons de distillation d'eau-de-vie, on raconte qu'un nouvel employé du Trésor fut chargé de la tournée de scellage. Les bouilleurs de cru s'en frottèrent les mains, car l'intéressé, n'y connaissant rien, posa mal les scellés, rendant possible la distillation sans avoir à les enlever. L'intersaison ne fut jamais aussi belle !

Les « Cruella » de l'histoire

La louve de France

Fille de Philippe IV le Bel, la superbe Isabelle de France (1295-1358) avait fait un beau mariage avec le roi Édouard II d'Angleterre. Le problème, c'est que ce dernier était plus attiré par le comte de Cornouailles, Pierre de Gaveston, que par sa jeune épouse. À la mort de son favori, Édouard II vécut un deuil douloureux. Isabelle espérait alors que son mari reviendrait vers elle, mais ce dernier se tourna vers un autre homme : Hugues le Despenser. Vexée, la reine décida de passer à l'action : avec l'aide de son amant Roger Mortimer, elle monta un guet-apens pour tuer le favori de son époux et destituer ce dernier. Le prince Édouard III, fils d'Isabelle, prit la succession. Alerté par la mort suspecte d'Édouard II en prison, le nouveau roi fit exécuter Roger Mortimer et exila sa mère. Quelle famille !

GILETS JAUNES ... FOULARDS ROUGES...

C'est tragique !

Mourir d'amour, c'est bien, mais mourir d'amour à cause d'un quiproquo, c'est ballot ! C'est ce qui arrive aux héros de la tragédie amoureuse la plus emblématique de la littérature : Roméo et Juliette. Amoureux de Juliette qui vient d'une famille ennemie, Roméo va rendre leur amour encore plus impossible en tuant en duel le cousin de sa dulcinée, Tybalt, lequel a déjà tué Mercutio, ami de Roméo. Cela fait déjà beaucoup de victimes. Et pourtant ce n'est pas fini : afin d'échapper à un mariage arrangé, Juliette prend un faux poison qui la fait passer pour morte. Mais c'est Roméo qui voit sa bien-aimée inanimée et qui se fait duper ! Fou de chagrin, il met fin à ses jours en avalant un vrai poison. Juliette, en se réveillant, découvre Roméo mort à ses côtés et, de désespoir, se tue avec le dague de Roméo. Pas facile de faire plus tragique…

Le soleil se lève à
5 h 47
et se couche à
21 h 52

Mardi **9 juin**

Sainte Diane – On fête aussi les Félicien, Éphrem, José, Josette, Malcolm

MOTS FLÉCHÉS

Ne fume plus
Fit la planche
Trait
Cétacés
Soif
Destinataire
Tour
Allait mal
Fait goutte
Jour républicain
Décision
Planta
Plie
Démonstratif
Baume
Faire sauter le train
Fin
Une des princesses Disney
Prend l'eau
Variante d'hermaphrodisme
Réputé pour ses frais
Désert rocheux
Touche
Revu
Bœuf cuit
Sortir de terre
Sur-le-champ
Rompai
Supprime
Critique
Récolte de blé
Saigne
Secret
Revers
Peut être salé
Femme russe
Vénération
Répondu
Tonique
Lieu de repos
Est tout feu tout flamme
Prendre couleur
D'un auxiliaire
Bord de cratère
Compliquer
Douchai
Foin
Joies
Boisson d'outre-Manche
Ancré
Suspension
Menhir
Met à l'abri
Remet d'aplomb
Région au Sahara
Coin de toilette
En fait baver
Instrument à cordes
Bordure
Couper
Profil de côte
Colore la mimolette
Tire les traits
Vont à l'école
Tient la barre
Type de moteur
Part d'héritage
A la tête fendue
Matière à palme
Extrémité de pinceau
Intercale
A des vers
Vagues

SOLUTION PAGE 185

Le soleil se lève à **5 h 47** *et se couche à* **21 h 53**

« *En juin, l'été travaille pour l'hiver.* »

Rétro Vermot

« J'ai connu une dame qui avait l'air très souple, mais qui se déplaçait très difficilement. C'est ce qu'on appelle une fausse alerte. »

Solution mots mêlés [p. 175]

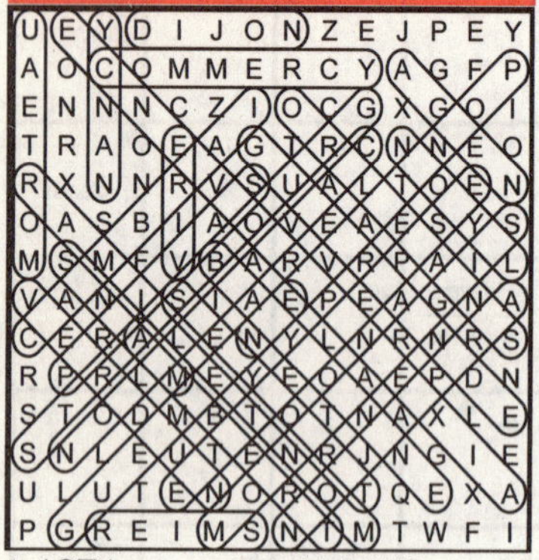

1. AGEN
2. AIX-EN-PROVENCE
3. AMBERT
4. ARPAJON
5. BAYONNE
6. CAMBRAI
7. CAVAILLON
8. COMMERCY
9. DIJON
10. ESPELETTE
11. GUÉMÉNÉ
12. GUÉRANDE
13. LYON
14. MANS
15. MONTARGIS
16. MONTÉLIMAR
17. MORTEAU
18. NANCY
19. ORLÉANS
20. PONT-AVEN
21. PRIVAS
22. REIMS
23. STRASBOURG
24. TROYES
25. VERDUN
26. VIRE

Recette de cuisine – Rochers coco

Pour 4 pers. (16 rochers) — 15 min de préparation — 20 à 25 min de cuisson

125 g de noix de coco râpée
2 blancs d'œufs
100 g de sucre semoule
1 pincée de sel

Préchauffez le four à 180 °C (th. 6). Montez les blancs en neige à l'aide d'un batteur électrique en leur ajoutant une pincée de sel. Il n'est pas utile que la neige soit ferme, il faut juste que les œufs soient bien battus.
Ajoutez ensuite le sucre et la noix de coco râpée, puis mélangez doucement.
Sur une plaque de four tapissée de papier sulfurisé, déposez des dômes de pâte en prenant soin de bien les espacer. Enfournez pour 20 à 25 minutes de cuisson. Surveillez bien, les rochers doivent dorer sans brûler.
Sortez la plaque du four et détachez les rochers rapidement pour qu'ils n'adhèrent pas au papier.

Conseil : une recette à préparer avec des enfants en un tour de main pour un goûter délicieux !
Variante : vous pouvez préparer cette recette sans œufs en utilisant de la compote de pomme (120 g) à la place des œufs; dans ce cas, ajoutez 1 cuillerée à soupe de fécule de maïs (type Maïzena®).

HOROSCOPE CHINOIS

SERPENT

Caractère : Mystérieux, énigmatique, rassurant, inquiétant, déconcertant, charismatique, calme, observateur, intuitif, réceptif, entier, piquant.

Les grandes tendances de l'année
2020 sera parfaite pour reprendre votre situation financière en main ou pour renflouer vos comptes. Le printemps, lui, vous donnera la possibilité de vous rapprocher de votre moitié ou des personnes que vous aimez. L'automne vous verra sortir plus souvent et voir vos amis. C'est une année riche pour les échanges en tout genre.

« *Blé fleuri à Saint-Barnabé, c'est abondance et qualité.* »

Étymolo-quiz…

Que veut dire le mot grec *alopex* qui a donné « alopécie » : « renard » ou « sans plumes » ?

Réponse : renard.

Pan Pan !

PERLES DE POLICIERS

Dans un rapport de police : « Le suspect s'est alors décidé à passer à des aveux complets pour nous prouver qu'il n'était pour rien dans cette affaire. » Élémentaire…

Les animaux de compagnie des présidents

Un chien de président, cela en voit des choses ! Si seulement il pouvait parler… L'un d'entre ces canidés privilégiés nous a pris au mot et a publié ses « mémoires » : *Le livre de Millie*, sous la dictée de Barbara Bush. Millie, une springer anglaise appartenant à George Bush père, a écoulé 400 000 exemplaires de cet ouvrage un peu particulier… Rassurez-vous, les bénéfices ont été reversés à des associations caritatives et Millie n'en a pas gardé une croquette !

Trouvailles scientifiques incongrues

Revigorant Viagra

Le citrate de sildénafil soulage les troubles de l'érection (à ne pas confondre avec le citrate de bétaïne, qui diminue les troubles de la digestion). Cette molécule, développée et commercialisée par les laboratoires Pfizer, est plus connue sous le nom de marque Viagra®. Initialement, ce médicament avait été développé pour soigner les angines de poitrine. Mais lors des essais cliniques, ses capacités à traiter ce problème cardiaque n'ont pas vraiment fait leur preuve. En revanche, de nombreux patients masculins auxquels on l'avait administré ont constaté qu'il avait pour effet secondaire de provoquer chez eux… une érection. C'est la première fois que l'on mettait au point un médicament efficace contre les défaillances masculines ! Pfizer n'a pas raté le coche et le succès commercial du Viagra® n'a jamais été démenti depuis.

LOISIRS TENDANCE

Un coup de laser et t'as perdu !

Jouer aux gendarmes et aux voleurs, aux cow-boys et aux Indiens, ou bien s'affronter sur une arène virtuelle dans un univers d'heroic fantasy… Les jeux de combat se transmettent entre enfants, de génération en génération, dans les cours de récré et désormais via Internet. Parmi les plus tendance, le jeu de tir au laser offre la possibilité de s'affronter « en vrai », mais sans danger, tout en étant moins salissant que le paintball. Le combat se déroule dans un labyrinthe enfumé et faiblement éclairé, et les armes sont des pistolets émettant des rayons lumineux. Il n'est donc pas question de vrais sabres laser (d'ailleurs impossibles à reproduire et fort heureusement pour les yeux !), mais le résultat est bluffant et séduiront les amateurs de *Star Wars* !

Vendredi 12 juin

Saint Guy – On fête aussi les Onuphre

Le soleil se lève à **5 h 46** et se couche à **21 h 54**

« *Beau mois de juin change herbe rare en beau foin.* »

Ça s'est passé

En 1820

À l'âge de 14 ans, l'Américain Joseph Smith a une révélation divine qui le conduit à fonder l'Église de Jésus-Christ des Saints des Derniers Jours, celle des mormons.

Le Chiffre

40 000

C'est le nombre de poissons par mètre carré, toutes espèces confondues, que l'on trouve dans la baie de Somme, selon l'Institut français de recherche pour l'exploitation de la mer (Ifremer). Soit 80 % de moins qu'il y a trente ans. Cette diminution considérable et inquiétante est directement liée à la hausse de la température de l'eau. Celle-ci s'est en effet accrue de près de 0,4 °C par décennie depuis 1990. Un réchauffement qui affecte particulièrement les espèces à croissance rapide comme la limande, le sprat ou le hareng… Ces espèces pourraient bien avoir totalement disparu de la baie avant la fin du siècle !

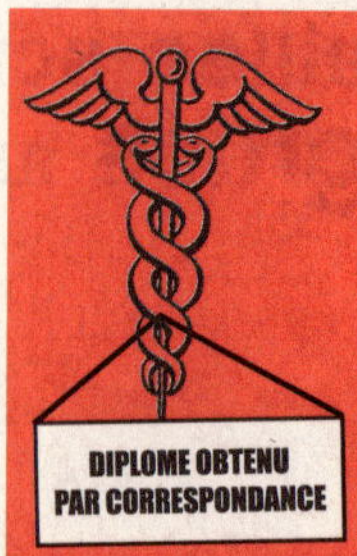

Vous êtes sûr, Docteur ?

Dans l'histoire de la médecine moderne, on constate que la progression de la recherche scientifique est étroitement liée aux événements géopolitiques. L'une des raisons est que l'être humain a toujours cherché à obtenir un avantage concurrentiel sur ses adversaires. Avec les progrès de la médecine depuis le début du XXe siècle, toutes les armées cherchent le Graal : la drogue qui rendra les soldats plus valeureux, forts et endurants. Pour l'Allemagne nazie, cette drogue est la pervitine. Première méthamphétamine de l'histoire, elle diminue la fatigue, booste la concentration et la confiance, et atténue la peur du risque. La pervitine est également prescrite en grandes quantités aux femmes au foyer un peu déprimées. À noter quelques (légers) effets secondaires : problèmes cardiaques et mort. Oups !

二千二十 2020 année du RAT

Le Rat de ville et le Rat des champs

« Fi du plaisir que la crainte peut corrompre. » Ainsi s'achève la fable de Jean de La Fontaine dans laquelle un rat citadin invite son homologue rural à un festin, malheureusement interrompu par un bruit inquiétant. En fait de rat, il pourrait plutôt s'agir de souris (une souris grise des villes recevant son cousin mulot). En effet, à l'époque, rats et souris sont considérés comme de la même espèce et seule leur taille apparente détermine l'usage d'un nom ou de l'autre. En outre, La Fontaine n'a rien inventé ! Il s'est inspiré pour cette histoire, comme pour d'autres, d'Ésope, auteur de l'Antiquité. Si vous avez oublié son nom, vous connaissez peut-être ce palindrome qui le met en scène : Ésope reste ici et se repose (à lire aussi de droite à gauche !).

Le soleil se lève à **5 h 46** et se couche à **21 h 55**

Samedi **13 juin**

Saint Antoine de Padoue – On fête aussi les Antonia, Anton, Anthony, Rambert

« *À la Saint-Antoine sale ton porc et enferme ton huile.* »

Brèves régions

Maine-et-Loire/ Le Cadre bleu, puis noir de Saumur

Depuis 1986, le Cadre noir est le nom officiel de ce qui s'appelait auparavant « les écuyers du Manège de Saumur » pour l'armée française. Le nom de cette école équestre d'élite est dû à la tenue noire créée en 1898 par le chef d'escadrons de Contades. Auparavant, les uniformes des cavaliers étaient bleus et l'école s'appelait le Cadre bleu. Entre le bleu et le noir, en 1888, avait été évoquée la possibilité d'appeler l'école le « Cadre d'or », en relation avec les éperons, viroles de cravaches et autres décorations dorées du képi et de la tunique.

Perles de sportifs

Jargon marron

Qui l'a dit ? Richard Virenque, à propos de Jan Ullrich, victime d'une gastro.

La perle : « Bah, comme on dit dans le jargon, je crois qu'il s'est fait dessus ! » Pas besoin d'un dessin…

AU PEIGNE FIN !

Avant que l'austérité ne frappe la chevelure des femmes à partir du XIe siècle et avant l'introduction d'un style religieux plutôt chaste dans les garde-robes, les nobles entretenaient avec soin leur longue chevelure, signe de fortune. Pour cela, elles utilisaient notamment de la graisse animale, comme le montre cette recette de Trotula de Salerne : « Chauffez du pain d'orge, du sel et de la graisse d'ours. Le cheveu deviendra plus gros et prendra une texture consistante en l'enduisant d'un mélange d'écorce d'orme, d'aigremoine, de racines de saule, d'huile de graines de lin et d'une racine de tige végétale. Faites cuire toutes ces choses avec le lait de chèvre ou l'eau et lavez le secteur (l'ayant d'abord rasé). »

[L'actu] Peste ou choléra ?

Ce n'est pas une mauvaise blague ! Au Pérou, lors des dernières élections, les habitants de Yungar ont dû choisir entre Lenin et… Hitler ! Cette coïncidence fâcheuse est due aux prénoms des deux prétendants à la mairie de ce village de 3 000 habitants, situé dans les Andes. Hitler Guesclin Alba Sánchez affrontait Lenin Vladimir Rodriguez Valverde. Le premier n'était pas un inconnu, puisqu'il avait déjà occupé la fonction entre 2011 et 2014. Et pour être réélu, il n'a pas hésité à utiliser un slogan très clair : « Je suis le gentil Hitler ! » L'homme politique a également expliqué que ses parents avaient choisi de le prénommer Hitler alors qu'ils n'avaient jamais entendu parler du dictateur allemand. Un argument qui n'a pas vraiment convaincu son adversaire, qui a fait placarder des affiches : « Attention, Hitler revient ! » Pas suffisant pour effrayer les électeurs qui ont finalement choisi Sánchez, le « bon Hitler » donc. Enfin… espérons !

« S'il pleut à la Saint-Élisée, les biens de la terre diminueront de moitié. »

ILS ONT DIT

« Au paradis, on est assis à la droite de Dieu : c'est normal, c'est la place du mort. »
Pierre Desproges

« C'EST BIEN, RETOURNE BROUTER... »

Charade

Répétitive

Mon premier est un homme furieux.

Mon deuxième est un homme extrêmement mécontent.

Mon troisième est un homme qui éprouve de la rage.

Mon quatrième est un homme qui est courroucé.

Mon cinquième est un homme qui jette feu et flammes.

Mon sixième est un homme en ébullition.

Mon septième est un homme hargneux.

Mon huitième est un homme qui fume.

Mon neuvième est un homme très irrité.

Mon dixième est un homme furibond.

Mon onzième est un homme fulminant.

Mon douzième est un homme déchaîné.

Mon tout est un drame judiciaire américain réalisé par Sidney Lumet et sorti en 1957 d'après une pièce de théâtre de Reginald Rose.

DOUZE HOMMES EN COLÈRE

Ça, c'est fait... divers

Après presque deux ans d'enquête, la justice helvète est enfin parvenue à élucider une étrange affaire révélée par la Tribune de Genève. Au printemps 2017, les employés d'un salon de thé genevois découvrent que les toilettes pour hommes sont obstruées par des billets déchirés. Ils « repêchent » 8500 euros. Dans les WC d'un restaurant voisin, une femme de ménage, aidée du cuisinier, récupère elle aussi 26000 euros. Un mois plus tard, ce sont les toilettes d'une pizzeria toute proche qui débordent : les employés retirent pour 60000 euros en billets trempés. Tous ces établissements sont situés à proximité d'une agence de la banque UBS dont les toilettes ont aussi été bouchées par des billets de 500 euros déchirés ! Grâce aux images de vidéosurveillance, les policiers ont pu identifier trois femmes et un homme. Citoyen espagnol, ce dernier s'est finalement présenté aux enquêteurs l'hiver dernier. Il leur a raconté que l'argent appartenait à sa famille, mais qu'il avait reçu des menaces de malfaiteurs en Espagne et avait préféré mettre son trésor à l'abri en Suisse. S'engageant à rembourser rubis sur l'ongle les établissements dont la plomberie avait été endommagée à cause des billets, il n'a en revanche pas expliqué pourquoi il les avaient déchirés et jetés dans des toilettes. La destruction de billets de banque n'étant pas illégal chez nos voisins, l'homme n'a fait l'objet d'aucune poursuite. Et comme il n'a pas réclamé la restitution de l'argent, la justice genevoise a décidé d'en faire don aux « découvreurs ». Ces veinards vont ainsi recevoir des billets tout neufs !

COMMENT LUTTER CONTRE LE DÉRÈGLEMENT CLIMATIQUE ?

Lundi 15 juin

Sainte Germaine – On fête aussi les Germina, Lothaire, Landelin

« Soleil à la Sainte-Germaine, beau temps pour toute la semaine. »

ILS ONT DIT

« [Blaise] Pascal aimait tellement l'Auvergne qu'il naquit à Clermont-Ferrand. »
Alexandre Vialatte

Brèves régions

Lot/Le Louvre en Quercy

Le château de Montal, près de Rocamadour dans le Lot, tombait en ruines lorsque Maurice Fenailles, riche industriel ami d'Auguste Rodin, le sauva en 1908 avant de le donner à l'État en 1913. Et c'est ici que plusieurs centaines d'œuvres d'art venues du Louvre trouvèrent refuge pendant la Seconde Guerre mondiale, afin d'éviter de les exposer aux bombardements et pillages nazis. La Joconde elle-même aurait passé une partie de la guerre cachée sous un lit du château ! Heureusement, l'œuvre de Léonard de Vinci retrouva sa place au Louvre le 15 juin 1945.

Solution mots fléchés [p. 179]

	D		P		F		S		B		S	
D	E	B	I	T	A		P	L	A	Q	U	A
	C	E	L	U	I	C	I		R	U	E	R
T	O	L	U		M	E	R	I	D	A		R
	L	U	M	P		D	E	S	A	R	M	E
R	E	G		U	R	E		S	I	T	O	T
	R	A	D	I	E		B	U	T	I	N	
D	E	S	E	S	P	E	R	E		D	O	S
			R	E	A	G	I		P	I	E	U
B	A	B	A		R	O	S	I	R		C	R
	D	E	C	O	U	R	A	G	E	A	I	
P	O	T	I	N		G	I	N		G	E	L
	R	E	N	T	R	E		E	R	G		I
C	A	L	E		E		T	E	O	R	B	E
	T		R	O	C	O	U		C	A	R	S
R	I	A		T	U	R	B	O		V	I	S
	O	R	T	E	I	L		P	O	E	M	E
E	N	C	A	R	T	E		E	R	R	E	S

LES GRANDS DE LA PETITE REINE

On dit que le cyclisme est un sport solitaire qui se gagne en équipe. La preuve en est l'histoire de René Vietto, un coureur français des années 1930. Favori du Tour 1934, il prend le départ sous les couleurs de l'équipe de France (cette année-là, les équipes nationales ont remplacé les traditionnelles équipes publicitaires) avec, entre autres, Antonin Magne. À l'arrivée dans le massif des Pyrénées, Magne est leader du général et Vietto quatrième. Exceptionnel grimpeur, ce dernier compte bien profiter de la montagne pour remonter au classement. Premier coup du sort : alors qu'il passe en tête le Puymorens, Magne tombe derrière lui et casse sa roue avant. Vietto lui donne alors la sienne, pour protéger le leader et attend sagement la voiture mécanique. Le lendemain, alors que Vietto arrive en bas du col des Ares, Magne casse cette fois sa chaîne au sommet. Sans hésiter, Vietto fait demi-tour, remonte et lui donne son vélo, tuant ainsi définitivement ses chances au classement général. Quelle classe…

MONSTRES CÉLÈBRES

Le Léviathan

Ce monstre biblique est généralement représenté comme une sorte d'immense dragon marin à plusieurs têtes. Le Léviathan serait responsable du chaos primitif et capable d'engloutir le Soleil, rien que cela ! Pour le tuer, il faut être un surhomme, voire un dieu… ou Dieu lui-même ! C'est en effet le Créateur qui met à mort la bête grâce à une épée en acier bien trempé. Comme tous les monstres célèbres, le Léviathan est porteur d'un symbolisme fort. Le philosophe britannique Thomas Hobbes (1588-1679) l'a notamment exploité pour illustrer la puissance de l'État, dont le pouvoir sur l'homme relève parfois de l'absolu.

« *Homme de juin, homme de vin, femme de juin, genre coquin.* »

Rétro Vermot

Un mari à sa femme :

«C'est extraordinaire comme le whisky peut te rendre douce, souriante, agréable, aimante…

– Tu es fou? Je n'en ai pas bu une goutte!

– Peut-être… Mais moi, j'en ai pris cinq verres!»

Secrets des chansons mythiques

On peut être un grand créatif et pratiquer le recyclage artistique et amoureux ! Serge Gainsbourg, sommé par sa maîtresse Brigitte Bardot (mariée à l'époque à Gunter Sachs) de lui écrire « la plus belle chanson qu'il puisse imaginer », s'exécute sans broncher avec le titre *Je t'aime… moi non plus.* Chanson qu'il chantera quelques années plus tard aux côtés de Jane Birkin, visiblement assez peu jalouse de rendre culte une chanson écrite pour une autre !

ILS ONT DIT

« Quand un homme et une femme sont mariés, ils ne font plus qu'un. La première difficulté est de savoir lequel. »

George Bernard Shaw

MALADIES ÉTRANGES

Avez-vous vu l'excellent film *The Truman Show* avec Jim Carrey ? Si non, courez-y sans tarder, c'est un chef-d'œuvre ! Dans ce film, le personnage principal mène une vie tout à fait paisible, jusqu'au jour où il se rend compte que tout ce qui la compose est mis en scène, que toutes les personnes qu'il côtoie sont des acteurs qui cachetonnent et que ses moindres faits et gestes sont filmés et retransmis en direct à des millions de téléspectateurs. Angoissant, non ? Eh bien figurez-vous que ce film a donné son nom à un syndrome : les personnes atteintes sont persuadées d'être à la place du héros du film, et donc que leur vie n'est qu'une mise en scène. La pression constante de l'illusion de la célébrité, sans aucun des avantages de sa réalité : quelle bien belle maladie…

CLASHS D'ARTISTES

Encore une querelle entre les Anciens et les Modernes ! En 1830, Victor Hugo, qui aspire avec d'autres jeunes écrivains à une révolution de l'art dramatique, scandalise les Classiques avec sa pièce *Hernani*, ses vers sans fin, son histoire qui s'étend sur plusieurs mois entre l'Espagne et l'Allemagne, sans parler du suicide des amants à la fin ! Lors des représentations, le théâtre se transforme en champ de bataille. Les amis du poète, Théophile Gautier en tête, invectivent leurs contemporains classiques présents dans la salle. Bientôt, les coups se mettent à pleuvoir entre les deux camps, tandis que les libelles contre « les romantiques » se multiplient. Un jeune hugolâtre perd même la vie dans un duel. La polémique va durer quatre mois. Pour certains historiens, cette bataille d'*Hernani* fait office de répétition générale de la révolution de Juillet.

LA DÉSINDUSTRIALISATION

« *En juin, quitte ta pelisse.* »

NOVLANGUES & JARGONS

Si, en réunion, vous entendez un collègue dire « je suis confortable avec cette proposition », ne pensez pas qu'il parle de l'assise de son nouveau fauteuil. Il est simplement victime de son époque, durant laquelle on emprunte des expressions anglaises comme *be comfortable with* (« être à l'aise avec »), que l'on traduit littéralement pour les utiliser dans une version qui râpe un peu les oreilles. Dites-vous qu'en ne le reprenant pas, vous êtes « en phase » avec votre époque !

Champions de la lose

L'Histoire a retenu les noms de Napoléon Ier, Napoléon II (l'Aiglon), Napoléon III, mais elle a oublié celui de « Napoléon Zéro », fils aîné illégitime du premier. Et pour cause : Léon Bonaparte a tout noté au cours de son existence. Né en 1806, il est l'enfant d'Éléonore Denuelle de la Plaigne, alors maîtresse de l'Empereur. D'abord choyé par son père, Léon est rejeté après la naissance de son petit frère en 1811, légitime lui. Enfant médiocre et désagréable, il devient un adolescent sans autre ambition que de dilapider la fortune familiale. Après des études de droit avortées, il entame une vie de débauche, s'attribuant le titre de « comte Léon » pour amadouer ses créanciers. Púis, il tente une carrière dans la garde nationale. Il est révoqué à cause de son mauvais caractère. Rattrapé par ses dettes, il passe deux ans en prison. En sortant, il se lance dans des escroqueries avec une magnétiseuse, intente un procès à sa mère pour obtenir une pension plus importante et se brouille avec son cousin Louis-Napoléon Bonaparte. Devenu Napoléon III, ce dernier n'accorde ni poste ni titre, tout juste quelques subsides, à Léon, sa femme et leurs six enfants. « Le bâtard infernal » finit sa vie dans un appartement miteux et succombe d'un cancer des intestins — un point commun avec son père.

Pièges de l'ort(h)ogra~~f~~(ph)e

Quand l'infinitif suit le participe passé

Savez-vous qu'un « s » peut tout changer ? Quand j'évoque des « enfants que j'ai vus manger », le pluriel rappelle que le complément d'objet direct est « enfants ». Ce sont donc des enfants en train de manger que j'ai vus…

Mots intraduisibles

Le karma, tout le monde connaît ou presque. C'est (en résumé grossier) l'idée selon laquelle nos actions, bonnes ou mauvaises, ont une influence sur les choses qui nous arrivent : plus on répand le bien, plus on a de chances que la vie nous renvoie du positif. Le mot « karma » vient du sanscrit et n'a aucun équivalent dans aucune autre langue. C'est d'ailleurs pour cela qu'il est souvent utilisé tel quel. Mauvais karma pour la langue de Molière ?

Jeudi 18 juin

Saint Léonce – On fête aussi les Osanna, Marselan

Le soleil se lève à **5 h 46** *et se couche à* **21 h 57**

« *Ne blâme pas Dieu d'avoir créé le tigre, mais remercie-le de ne pas lui avoir donné d'ailes.* »

Proverbe éthiopien

ILS ONT DIT

« La majorité a toujours tort. Parce qu'elle est composée d'imbéciles. La minorité aussi est composée d'imbéciles. Mais ils sont moins nombreux. »

Léo Campion

Au poil !

La question semble bête, mais elle mérite d'être posée : peut-on bâtir un empire grâce à quelques coups de rasoir ? L'empereur Alexandre le Grand (qui était lui-même imberbe) se rendit compte un jour que, lors de ses batailles contre ses ennemis de tout poil, ces derniers profitaient de la pilosité de ses soldats barbus pour s'accrocher à leur barbe, les immobiliser et les vaincre. En bon stratège, Alexandre le Grand donna l'ordre à toutes ses troupes de passer chez le barbier avant la bataille de Gaugamèles contre l'empereur Darius. L'histoire ne dit pas à quel point le coup de rasoir aida, mais toujours est-il que les soldats rasés de frais l'emportèrent !

LOISIRS TENDANCE

Gym du matin, je vais bien

Nous nous sommes tous un jour interrogés sur la présence matinale dans un parc de personnes en pyjama effectuant une chorégraphie au ralenti. Nous avons appris depuis qu'il s'agissait d'amateurs de tai chi, un art martial chinois centré sur la maîtrise de sa propre énergie (le Chi). Cette discipline est bénéfique pour la santé mentale et physique, tout en étant conviviale. Et si vous ne pouvez pas rejoindre un groupe, faites comme les Japonais qui pratiquent aujourd'hui le *rajio taisô* : cela consiste à effectuer — toujours tôt le matin — des exercices de gymnastique diffusés à la radio, à la télé ou sur Internet.

[L'actu] Ils sont déjà venus !

Un document publié sur le site officiel de la NASA par l'un de ses éminents scientifiques, le professeur Silvano P. Colombano, a provoqué une certaine agitation chez les ufologues. Selon lui, il est possible que des aliens aient déjà visité la Terre et qu'ils aient cohabité avec les humains, à leur insu. D'après ce chercheur, il pourrait s'agir d'une « entité superintelligente » et « extrêmement petite », qui ne serait pas produite par des organismes à base de carbone comme nous. Ces formes de vie extraterrestre auraient bien sûr approché de notre planète à bord d'ovnis. Toutes ces manifestations « ne peuvent être expliquées ou niées », souligne le professeur. Selon sa théorie, si les extraterrestres ont réussi à s'approcher de nous, cela signifie qu'ils ont mis au point des technologies bien plus avancées que les nôtres. « Si nous adoptons une nouvelle série d'hypothèses concernant une forme d'intelligence et une technologie supérieures que nous pourrions trouver, certains phénomènes pourraient correspondre à des hypothèses spécifiques, et on pourrait commencer des enquêtes sérieuses », conclut le scientifique. Il préconise une étude systématique des rapports de phénomènes aériens non identifiés. Même si, comme l'admet Colombano lui-même, « les chances d'identifier une technologie étrangère sont infinitésimales ».

« Qu'il pleuve à la Saint-Gervais, en partie sera pourri le blé. »

Perles de sportifs

Au voleur !

Qui l'a dit ? Teddy Riner, star française du judo mondial.
La perle : « Je me suis senti voler des ailes. » On espère que le voleur va bien !

Nos régions ont du talent

Chaque année, le carnaval de Dunkerque est un événement grandiose qui réunit tous les habitants de la région. Son origine remonte au XVIIe siècle, quand les armateurs offraient aux marins, à la veille du départ des bateaux pour six mois de pêche, un repas de fête accompagné du paiement de la moitié de leur solde. La soirée tournait alors à la folie et on se déguisait avant d'aller festoyer et danser. La bande-son de cette fête géante comprend encore à ce jour deux chansons traditionnelles : l'*Hommage au Cô* et la *Cantate à Jean Bart*. À vivre absolument, si vous le pouvez !

ILS ONT DIT

« Celui qui dans la vie est parti de zéro pour n'arriver à rien n'a de merci à dire à personne. »

Pierre Dac

Houah ah ah oh oh NOUVEAUX COMIQUES

Laura Laune

Avec son visage doux, ses cheveux blonds, sa petite robe et sa voix fluette, « on lui donnerait le Bon Dieu sans confession » ! Quand elle apparaît sur scène, Laura Laune semble être l'innocence incarnée. Mais l'humoriste belge cache bien son jeu, si l'on s'en réfère au titre de son premier one-woman-show, *Le diable est une gentille petite fille*, un spectacle d'humour noir, très noir… La jeune femme est « monstrueuse » : elle se frotte au racisme, à l'avortement, à la maltraitance ou à l'homophobie de manière crue, tout en conservant une fausse candeur hilarante. Récompensée dans plusieurs festivals d'humour, Laura Laune a été plébiscitée par le public de l'émission *La France a un incroyable talent* en 2017 et a terminé à la première place. Attention, nouveau petit démon du rire !

BIENTÔT LES ROBOTS LIVREURS

CITOYENS EXTRAORDINAIRES

S'il n'est pas toujours facile d'être journaliste aujourd'hui, imaginez un peu ce que c'était dans les années 1930… Xavier de Hauteclocque était un journaliste français qui écrivait pour le journal *Gringoire* et qui dénonça le régime nazi dès 1934. Après un voyage en Allemagne, il exposa la mécanique bien huilée du parti hitlérien pour éliminer les opposants, et prévint du danger que ce parti au pouvoir chez nos voisins allemands représentait pour la France et pour toute l'Europe. Il mourut en 1935 d'une septicémie dont il dit à sa femme qu'elle était le fruit d'un empoisonnement. En effet, juste avant cela, Hauteclocque avait rencontré deux officiers nazis pour obtenir des renseignements. Dommage que la France soit restée sourde à ses mises en garde.

« *Qui pêche en juin ne pêche que fretins.* »

Brèves régions

Pyrénées-Orientales/ La famille Arago

Aucune autre commune de 2 000 habitants à peine n'a vu naître autant de célébrités dans une même famille… À la fin du XVIIIe siècle, François Bonaventure Arago et sa femme Marie-Anne Roig donnèrent naissance à de nombreux enfants dont six devinrent des célébrités dans différents domaines : Jacques-Étienne-Victor Arago fut écrivain, dessinateur et explorateur ; François, astronome, physicien et homme politique ; Jean, militaire s'illustrant au Mexique ; Victor, polytechnicien et militaire ; Joseph, militaire comme son frère dans l'armée mexicaine ; et Étienne, dramaturge et homme politique, maire de Paris en 1870.

ILS ONT DIT

« Étant donné deux points A et B situés à égale distance l'un de l'autre, comment faire pour déplacer B sans que A s'en aperçoive ? »

Jean Tardieu

ÉLÉMENTAIRE !
Enquêteurs célèbres

Si quelques noms de policiers et détectives célèbres ont traversé le temps et les archives de la police pour parvenir jusqu'à nous, rares sont les noms de cette liste à être féminins… Il faut dire que, jusqu'au XXe siècle, la fonction de policier était considérée comme un métier d'homme, et il était impensable de voir une femme l'exercer. Aussi, quand Kate Warne se présenta dans les locaux de la célèbre agence Pinkerton, on pensa d'abord que c'était pour un poste de secrétaire. Que nenni ! Cette détective de talent cherchait bien un poste d'enquêteur ! Sa spécialité : se lier d'amitié avec les femmes et les maîtresses de suspects afin de collecter des informations sur leur filou de mari. Mais son plus grand fait d'armes est certainement d'avoir déjoué un attentat contre le président Lincoln en 1861, en déguisant ce dernier en infirme pour échapper aux instigateurs.

LES GRANDS ILLUSIONNISTES

Le malchanceux

L'illusionniste britannique Chung Ling Soo (W. E. Robinson de son vrai nom) a marqué l'histoire de la prestidigitation avec le tour risqué qui lui coûta la vie. Le 23 mars 1918, il s'effondrait sur scène, une balle en pleine poitrine, au cours de ce qui ne devait être que le simulacre d'un peloton d'exécution. Un spectateur gravait de ses initiales une balle de plomb, introduite dans un revolver avec lequel un assistant tirait sur le magicien. Au coup de feu, ce dernier faisait comme s'il arrêtait la balle de la main, avant de la présenter au public. La balle gravée était escamotée dès le début, mais une autre balle réelle était introduite dans le revolver, dont Chung Ling Soo avait modifié le mécanisme pour que seul un bruit d'explosion ait lieu. Mais l'usure prématurée de l'arme eut raison de lui car, cette fois-là, la balle partit…

« *S'il pleut en juin, le jardinier ronge son poing.* »

Verbes régionaux

LANTIBARDANER (SE)

Verbe du parler lyonnais, se « lantibardaner » a plusieurs sens. Originellement, il signifie se promener lentement, se balader. Progressivement, il a dérivé vers le sens de traîner et donc, comme le dit une expression locale, de « battre sa flemme ». Il y a beaucoup de nonchalance chez celui qui se « lantibardane », suscitant la moquerie des observateurs.

LE CAUCHEMAR DU MISOGYNE !

MÊLEZ-VOUS DE VOS AFFAIRES

Plusieurs associations humanitaires pour la démocratie dans le monde se sont intéressées à quelques chiffres : sur les 194 nations recensées par l'ONU, 49 étaient considérées, en 2015, comme des dictatures. Et sur cette même année, les États-Unis fournissaient de l'aide militaire à 36 d'entre elles ! Le rapport publié par les associations est donc formel : l'Amérique d'Obama est venue en aide à 73 % des dictatures mondiales. Un chiffre proprement hallucinant qui tempère certains beaux discours…

{ Mots qui changent de sens }

Quel est le point commun entre les mots « imbécile » et « béquille » ? Eh bien figurez-vous que les deux mots partagent leur origine étymologique et sont dérivés du latin imbecillus, *qui signifiait « faible ». En effet, un imbécile, dans le sens premier du mot, était quelqu'un qui n'avait pas de béquille (métaphorique) sur laquelle s'appuyer, qui était faible. De cette faiblesse physique, l'usage a ensuite fait une faiblesse intellectuelle.*

Le Chiffre

1,51 million

C'est en euros la somme record à laquelle a été adjugée l'édition originale du roman *Du côté de chez Swann* de Marcel Proust, lors d'une vente aux enchères à Drouot il y a quelques mois. Cet exemplaire rarissime, portant le numéro 1, était enrichi d'un envoi autographe de l'auteur à Lucien Daudet : « Mon cher petit, vous êtes absent de ce livre : vous faites trop partie de mon cœur pour que je puisse jamais vous peindre objectivement, vous ne serez jamais un "personnage", vous êtes la meilleure part de l'auteur », écrit notamment Proust. L'histoire de cet envoi est un roman dans le roman. Après la mort de Proust en 1922, Daudet se sépare de son exemplaire, mais conserve la dédicace. Vingt-cinq ans plus tard, il l'offre à son médecin. Toute sa vie, ce dernier va chercher l'exemplaire numéro 1 pour y replacer le précieux autographe. En vain… C'est Pierre Bergé, dont la bibliothèque était dispersée lors de cette vente, qui a réuni les deux, en 2013, en achetant d'abord le livre, puis en acquérant la dédicace auprès du fils du médecin. Le précédent record pour une œuvre originale en français était détenu depuis 2009 par une édition originale des *Fleurs du mal* de Baudelaire, adjugée à l'époque pour 775 000 euros.

Le soleil se lève à **5 h 47** et se couche à **21 h 58**

« *À la Saint-Alban, on peut poser ses vêtements.* »

ILS ONT DIT

« En justice correcte et régulière, un serment prêté n'est jamais rendu. Par contre, une parole donnée, même d'honneur, peut être reprise, et l'est souvent, à la première occasion donnée pour la reprendre. »

Pierre Dac

Johnny Hallyday

Chiffres et expressions

Cinq colonnes à la une

Autrefois, les journaux étaient plus grands. Chaque page comportait six colonnes de texte et, lorsqu'un événement était important, il figurait en « une ». Pour le mettre davantage en valeur, il occupait sur cette couverture la quasi-totalité de la surface de lecture en s'étalant sur cinq colonnes.

VERMOT'ROSCOPE

CANCER (22 juin – 22 juillet)

Caractère

Calme, réservé, sensible, sentimental, émotif, aimable, doux, aimant, protecteur, attaché à ses racines et à la famille, serviable, imaginatif, attachant, têtu, attentiste, lunatique, compliqué, mélancolique, rêveur, infantile.

Le message des astres

Ce devrait être une année intéressante qui vous permettra de mieux cerner votre entourage, de mieux comprendre vos attentes, ainsi que celles des autres. Mercure, qui vous tiendra compagnie en juin et en juillet, vous donnera une plus grande clarté d'esprit.

Vie relationnelle

Cette année, plus que les précédentes, les autres seront mis à l'honneur. Attendez-vous à être plus sollicité ou à devoir faire du tri dans vos relations. 2020 sera importante pour l'amitié. Pour certains, le dernier trimestre vous trouvera particulièrement sociable et communicatif.

Amour

À deux, il se peut que votre partenaire vous demande plus d'attention, à moins justement que vous ne cherchiez à attirer son regard. Pour certains d'entre vous, en 2020, vous renouvellerez vos vœux. Quoi qu'il en soit, c'est une année positive qui vous permettra de consolider votre relation. Célibataire, c'est une année de transition amoureuse qui vous attend. Sachez surfer sur la vague du changement. Donnez-vous la chance de faire une rencontre. Sortez, bougez, allez vers les autres, ouvrez-vous à d'autres émotions.

Famille

Vous désirerez évoluer dans un environnement propice à l'épanouissement et vous fuirez naturellement les tensions et les conflits. 2020 sera une excellente année pour changer votre rapport à vos proches. Vous serez donc amené à communiquer différemment et plus positivement.

Quotidien et vitalité

Vous aurez besoin d'être actif et occupé. Ainsi, vous multiplierez les entreprises et les loisirs. L'ennui ne sera donc pas au rendez-vous ! Très sollicité, vous devrez répondre à de nombreuses invitations. Durant une grande partie de l'année, les autres contribueront à votre bien-être et à votre épanouissement.

Budget

Le printemps vous permettra de renflouer vos comptes. Pour certains natifs, 2020 sera une belle période pour stabiliser les finances et retrouver l'équilibre. Vous devrez profiter des bonnes influences planétaires pour mettre au clair votre situation.

Comment optimiser votre année

Pour vivre au mieux 2020, c'est auprès de votre entourage que vous aurez l'occasion de puiser optimisme, énergie, bonne humeur, équilibre et bienveillance.

« À la Saint-Audrey, mieux vaut suer que grelotter. »

Les fautes des grands écrivains

Pour un auteur, et a fortiori pour un écrivain célèbre et reconnu, faire des fautes d'orthographe peut être mal vu. Et, alors que la plupart des écrivains n'avouent jamais leurs fautes ou tentent de les déguiser en « licence poétique », certains, au contraire, les revendiquent. C'est le cas, par exemple, du courageux Jean Cocteau qui, dans une lettre à son éditeur datée de 1952, le prévient : « Ma main écrit ce que lui dicte mon œil et non ce qu'elle devrait, si bien qu'il m'arrive souvent de faire des fautes auxquelles il faut veiller. » L'aveu est si joliment délivré qu'il est difficile de lui en tenir rigueur…

LES DANGERS DU LAIT 1ER ÂGE

ILS ONT DIT

« Arrêter de fumer est la chose la plus facile qui soit. J'en parle en connaissance de cause : je l'ai fait des milliers de fois. »

Mark Twain

AUTANT DE RAISONS DE SE RÉJOUIR

Apprendre à tout âge

« Le plastique, c'est fantastique… », chantait le groupe Elmer Food Beat dans les années 1990. On sait aujourd'hui que le plastique pollue et n'est donc plus aussi fantastique que cela. Mais ce qui reste formidable, c'est que, d'un point de vue métaphorique, notre cerveau est plastique ! Les découvertes les plus récentes dans le domaine des sciences cognitives ne cessent en effet de montrer son extraordinaire capacité à créer de nouveaux circuits de neurones, à en renforcer d'autres : c'est la « neuroplasticité ». L'âge n'est donc plus un obstacle lorsqu'il s'agit d'apprendre de nouvelles connaissances, d'acquérir d'autres compétences. Alors, qu'attendez-vous pour réaliser vos vieux rêves ? Qu'il s'agisse de jouer du piano, d'apprendre l'islandais ou de cuisiner japonais, tout est à la portée de votre fantastique cerveau !

INVENTIONS INSOLITES

Vous aimez les bougies parfumées, mais avez peur de l'accident quand vous n'êtes pas là pour les surveiller ? N'en dites pas plus, nous avons la solution technologique idéale à ce vrai problème de société : une bougie connectée que vous pouvez piloter à distance grâce à une application installée sur votre smartphone ou sur votre ordinateur. Comme par magie, vous pouvez donc l'allumer ou l'éteindre à distance (bien que l'intérêt d'allumer une bougie lorsqu'on n'est pas chez soi nous échappe un peu). Bien sûr, la bougie possède une sécurité qui la fait s'éteindre automatiquement lorsqu'elle « ressent » un mouvement, ce qui évite tout risque d'incendie. Le prix de ce bijou de technologie ? 99 dollars. Allons, ne vous indignez pas… Dites-vous, comme nous, que l'inutilité n'a pas de prix !

Le soleil se lève à **5 h 47** *et se couche à* **21 h 58**

« *Après la Saint-Jean, si le coucou chante, l'année sera rude et méchante.* »

Ça s'est passé

En 1420

L'empereur de Chine Yongle, troisième de la dynastie Ming, décide de transférer la capitale de son pays de Nankin à Pékin, où il fait construire la Cité interdite.

Mon Trésor (public) !

Adoptée en 2007, la loi TEPA avait pour objectif principal d'exonérer de droits de donation les dons d'argent jusqu'à 30 000 euros en faveur d'un petit-enfant ou d'un arrière-petit-enfant. Une initiative saluée par beaucoup qui n'exigeait que deux conditions : que le donateur soit âgé de moins de 65 ans et que le bénéficiaire soit âgé de plus de 18 ans. Pas évident de caler trois générations en moins de 47 ans... Heureusement, l'âge du donateur a ensuite été relevé à 80 ans.

ILS ONT DIT

« Les ordinateurs, plus on s'en sert moins, moins ça a de chance de mal marcher. »

Jacques Rouxel, proverbe Shadok

[L'actu] Mélodie pour un fromage

La musique adoucit les mœurs, dit-on, mais adoucit-elle le fromage ? C'est la question que s'est posée un producteur d'emmental suisse qui a décidé d'affiner ses fromages en musique. « Les bactéries sont responsables de la formation du goût du fromage, avec les enzymes qui influencent la maturation, et je suis convaincu que l'humidité, la température ou les nutriments ne sont pas les seuls éléments à avoir une influence sur le goût, mais que les sons, les ultrasons ou la musique peuvent aussi avoir des effets physiques », explique Beat Wampfler, le fromager mélomane. Au départ sceptique, la Haute école des arts de Berne a accepté de mettre en place un protocole expérimental en s'appuyant sur la « sonochimie », qui s'intéresse à l'effet des ondes sonores sur les corps solides. Pour l'expérience, chaque meule de fromage a donc son style musical : l'une est bercée par *La Flûte enchantée* de Mozart, une autre a droit à *Stairway to Heaven* de Led Zeppelin, d'autres encore sont « nourries » à la techno ou au rap. Les emmentals vont vieillir ainsi pendant plusieurs mois avant d'être dégustés par un jury d'experts. Fromage hip-hop ou Amadeus, quelle pâte dure sera la meilleure de la feuille ?

L'ÂGE DU DÉPART À LA RETRAITE BIENTÔT REPOUSSÉ ?

{ Mots qui changent de sens }

Emprunté au latin *causa*, la « cause » actuelle sert principalement à qualifier un intérêt à soutenir (défendre une cause) ou une « relation de cause à effet ». Pourtant, dans son sens originel, la cause était avant tout une affaire judiciaire, et le mot avait surtout sa place dans les tribunaux. On trouve encore des traces de ce sens dans les expressions « plaider sa cause » ou « mettre en cause dans une affaire ». Les sens modernes n'apparaîtront que plus tard sous l'effet de la déformation et de l'usage.

« *Un pré est bien vaurien quand, en juin, il ne donne rien.* »

ILS ONT DIT

« Quand on est vraiment méchant, il faut souhaiter le paradis à ses ennemis. Comme ça, on est sûr de ne plus jamais les croiser. »

Patrick Sébastien

Pan Pan!

PERLES DE POLICIERS

Dans un rapport de police : « L'homme nous déclara qu'il avait effectivement frappé son adversaire avec la manivelle, mais en faisant bien attention à ne pas lui faire mal. » On peut être criminel et prévenant…

BLASON

La commune d'Osny, dans le Val-d'Oise, tient son nom des aulnes qui poussaient le long de la Viosne. Lorsque la municipalité a décidé, en 1972, de se doter d'un blason, elle a utilisé cette étymologie pour créer un rébus approximatif en faisant sortir l'aulne d'un nid. La levrette, elle, a été empruntée aux armes des Nicolaÿ, qui étaient seigneurs du lieu au XVIIIe siècle. (Voir code couleur en dernière page.)

LES GRANDS DE LA PETITE REINE

La diététique sportive est, de nos jours, un élément essentiel et central de la préparation et de la récupération, et chaque gramme de ce qu'ingèrent les sportifs professionnels est savamment "pesé". Cela est d'autant plus vrai dans le cyclisme, où le poids des coureurs est une donnée déterminante. Mais aux commencements du cyclisme professionnel, les choses étaient diamétralement opposées : on considérait que plus l'effort allait être important, plus il fallait manger pour compenser. C'est ainsi que les coureurs du début du siècle adaptaient leur régime, ce qui donnait parfois de véritables banquets gargantuesques en fin de course. La preuve en est le menu traditionnel de récupération de Maurice Garin, premier vainqueur du Tour de France : 2 poulets, 4 steaks, une omelette de 10 œufs et 12 bananes. Précisons tout de même que le bonhomme faisait 1,69 m pour 61 kg…

Histoire cochonne

Déesse de l'Agriculture chez les Grecs anciens, Déméter avait la truie pour animal emblématique. Afin de s'attirer ses faveurs, en particulier lors des Mystères d'Éleusis, l'une des plus importantes célébrations pour les Athéniens, les prêtres immolaient un cochon. À Thèbes, on préférait jeter des cochons de lait dans une crevasse. Une fois décomposés, leurs restes étaient récupérés et les paysans les mélangeaient à leurs semences pour favoriser les moissons.

« *Qui en juin se porte bien, au temps chaud ne craindra rien.* »

NOVLANGUES & JARGONS

Vous avez téléphoné à votre petite-fille plusieurs fois, mais, comme d'habitude, elle ne répond jamais. Elle vous a juste envoyé un texto pour dire : « Je suis au bout de ma vie. » Non, elle n'est pas en train passer l'arme à gauche, elle est simplement débordée de travail. Elle aurait pu vous confondre davantage en employant « Je suis en PLS », soit en position de survie. Qu'il est compliqué d'être jeune…

GRÈVE SNCF : LES FRANÇAIS DEVIENNENT PHILOSOPHES…

ILS ONT DIT

« Contrairement à Villon qui stagnait dans le ruisseau, j'ai la chance d'habiter en plein Paris une maison qui donne sur un petit jardin. Quelle joie chaque matin d'ouvrir les volets pour entendre tousser les oiseaux. »

Pierre Desproges

Recette de cuisine

Rôti de bœuf aux échalotes

Pour 5-6 pers. 15 min de préparation 15 à 25 min de cuisson
5 min de repos

1 rôti de bœuf d'environ 1 kg
4 échalotes
20 g de beurre
20 cl de crème fraîche
Sel, poivre

Préchauffez le four à 250 °C (th. 8-9). Placez le rôti dans un plat à four avec le beurre. Salez et poivrez. Enfournez pour 10 à 15 minutes de cuisson à four très chaud.

Pendant ce temps, pelez et émincez les échalotes. Au bout de 10 à 15 minutes, sortez le plat du four, baissez la température à 160 °C (th. 5-6), répartissez les échalotes autour du rôti et ré-enfournez pour 5 à 10 minutes, en remuant les échalotes de temps à autre avec une cuillère en bois.

Sortez le rôti du four, puis du plat et posez-le sur une planche à découper. Déglacez le plat avec la crème. Coupez le rôti en tranches, mettez-les dans le plat, puis laissez reposer 5 minutes dans le four éteint, porte entrouverte.

Conseil : les temps de cuisson sont approximatifs car tout dépend de vos goûts en matière de viande rouge, du bleu au cuit à point, en passant par le saignant. Servez ce rôti avec des pommes de terre ou des tagliatelles.

PROBLÈMES DE MATHS DU CERTIFICAT D'ÉTUDES

Un vigneron laisse en héritage à ses trois enfants : une maison estimée 8 700 F, deux vignobles, du matériel estimé 1 650 F et un pré de 84 ares 25 centiares valant 0,54 F le m^2. L'un des vignobles est un rectangle de 120 m sur 80 et vaut 95 F l'are. L'autre est un carré de 360 m de périmètre et vaut 7 800 F l'hectare.

Question 1 : Quel est le montant de l'héritage ?

Question 2 : L'aîné des enfants prend la maison. Le cadet prend le vignoble rectangulaire et le pré. Le plus jeune prend le vignoble carré et le matériel. Les parts devant être de valeur égale, faire le partage.

Réponse 1 : 30 337,50 F.
Réponse 2 : Valeur d'une part : 10 112,50 F. L'aîné reçoit 1 412,50 F, le cadet rend 3 557 F et le plus jeune reçoit 2 144,50 F

« *Labour d'été vaut du fumier.* »

Les animaux de compagnie des présidents

C'est un rôle dont on n'entend que rarement parler dans les tabloïds anglais, et encore moins les autres, et pourtant ! Savez-vous qui porte le titre ronflant de *Chief Mouser to the Cabinet Office* ? Eh bien, c'est tout simplement un chat, employé traditionnellement dans la résidence du Premier ministre britannique, au 10 Downing Street, pour en chasser les souris. L'usage remonterait à Henri VIII, et si plusieurs chats peuvent officier en même temps, seul l'un d'entre eux possède le titre officiel, les autres étant considérés comme ses « assistants ». Une belle métaphore de la politique…

AVENTURIERS DE L'IMPOSSIBLE

Roald Amundsen : le premier à tout prix

En 1909, Roald Engelbregt Gravning Amundsen, marin et explorateur polaire norvégien, prépare avec enthousiasme son expédition à destination du pôle Nord, afin d'être le premier à atteindre ce point mythique. Mais en apprenant que son « concurrent » Robert Peary lui a volé la primeur, Amundsen ne se laisse pas démonter : puisque le Nord est déjà pris, cap au Sud ! Et le voici qui change tranquillement sa destination d'un pôle à l'autre et qui prépare sa nouvelle expédition en secret : hors de question de se refaire voler la vedette ! Deux ans plus tard, le 14 décembre 1911, Roald Amundsen devient donc le premier explorateur à atteindre le pôle Sud. Il est également, au cours de sa carrière, l'un des participants à l'expédition qui réalise le premier hivernage en Antarctique. Un homme qui, définitivement, n'a pas froid aux yeux (ni ailleurs !).

CLASHS D'ARTISTES

C'est leur conception différente de la révolte qui a ruiné l'amitié entre Jean-Paul Sartre et Albert Camus. D'abord proches, les deux auteurs commencent à diverger en 1947 à propos du stalinisme. Leur rupture est définitive avec la publication de *L'Homme révolté* par Camus, en 1951. Critiqué pour son idéalisme par des proches de Sartre, l'écrivain réagit en expliquant qu'il n'a pas de leçons à recevoir de la part d'intellectuels qui défendent des idées révolutionnaires, mais vivent dans le velours. Surtout, pour Camus, lorsqu'il y a injustice, il faut se révolter. Sartre lui réplique de manière assassine, remettant en cause ses compétences de philosophe. À court terme, c'est lui qui gagnera la bataille d'idées. Avec le recul, on réalise l'aveuglement de Sartre face au totalitarisme stalinien.

Pimpon !

ANECDOTES DE POMPIERS

Lexique médical revu et corrigé :

« J'ai été opéré cet hiver de la tyrolienne.

– Vous voulez dire de la thyroïde ?

– Non, pas de la typhoïde. La tyrolienne, je vous dis ! »

Dimanche 28 juin

Sainte Irénée – On fête aussi les Eigil, Irina

Le soleil se lève à **5 h 49** *et se couche à* **21 h 58**

« *Là où entre le soleil,*
le médecin n'entre pas. »

Perles de sportifs

Visa de couleur

Qui l'a dit ? Bernard Laporte, ancien entraîneur de rugby.

La perle : « Bon, les gars, cet après-midi, vous avez carte bleue ! » Génial, aujourd'hui, c'est shopping !

[L'actu] À (trop grosse) volonté

« Cher Monsieur Jaroslav, nous sommes sincèrement désolés d'avoir dû vous bannir de notre établissement, mais vous mangez toujours comme quatre ou cinq personnes. » C'est par ce message, un brin laconique, qu'un restaurant asiatique, situé à Landshut, en Bavière (Allemagne), a interdit ses portes à un client. Triathlète de 30 ans, celui-ci venait d'ingurgiter près de 100 plateaux de sushis grâce à la formule à volonté proposée par l'établissement pour 15,90 euros ! Après une trentaine de plats, le patron a tenté de dissuader Jaroslav de se resservir en ordonnant aux serveurs de ne plus débarrasser sa table. Mais cela n'a pas empêché l'ogre de continuer à engloutir ses sushis. En partant, l'ancien bodybuilder a voulu laisser un petit pourboire, mais il a été refusé. Le serveur lui a indiqué que, désormais, il était interdit dans ce restaurant, bannissement confirmé par un courriel quelques heures plus tard. Pour justifier son appétit, l'athlète a expliqué qu'il suivait un régime particulier selon lequel il jeûnait pendant vingt heures, puis mangeait jusqu'à être complètement plein. Aux dernières nouvelles, il aurait trouvé un autre restaurant adapté à son régime. Et à son porte-monnaie…

Brèves régions

Hautes-Alpes/Des noms christiques

L'histoire populaire raconte que le Christ gravit un jour à dos d'âne la côte de la Vance, dans l'actuel département des Hautes-Alpes. L'animal, aussi fatigué que têtu, s'arrêtait tout le temps. Au premier stop, son maître lui dit « monte, gredin ! » ; à la deuxième pause, le Christ dit « avançons ! » et à la troisième halte, « té, hue ! ». C'est ainsi, paraît-il, que sur la route se succèdent aujourd'hui les communes de Montgardin, Avançon et Théus…

Histoire cochonne

La viande de porc est toujours la première viande consommée en France, en Europe et dans le monde. Pourtant, avec 35 kg par an et par habitant, dont 75 % sous forme de charcuterie, les Français ont fortement réduit leur consommation de cochon ces dernières années. En Espagne, l'appétit pour la viande porcine a au contraire explosé. Avec 68 kg par an et par habitant, les Ibères engloutissent aujourd'hui 10 kg de porc de plus que les Allemands ou les Danois, pourtant grands consommateurs de saucisses et de saucissons !

« *Au mois de juin, la faux à la main.* »

Argot-quiz...

Que signifie « enjailler » : s'amuser ou poignarder ?

Réponse : s'amuser (dérivé de l'anglais « enjoy »).

ILS ONT DIT

« C'est une grande erreur que faire une confiance illimitée à la méchanceté des hommes : il est rare qu'ils nous fassent tout le mal qu'ils pourraient. »

Henry de Montherlant

Mon Trésor (public) !

L'avantage de taper ses courriers à l'ordinateur, c'est qu'on peut les reprendre facilement en cas d'erreur. Mais quand tout était rédigé à la main, attention aux fautes ! Un inspecteur des impôts, voulant terminer son courrier par « Je vous prie de bien vouloir déférer à ce souhait » remplaça malencontreusement le mot « déférer » par « déféquer »... Il ne relut pas son courrier, qui arriva ainsi dans la boîte aux lettres du contribuable concerné. Quand on dit que les impôts nous font ch... !

Expressions du potager

Ça sent la rose !

On l'utilise par antiphrase, sur le mode ironique ou explicite : « Dis donc, tu sens la rose aujourd'hui ! » Pourquoi la rose ? Car en matière de parfum, celle-ci a de sérieux concurrents : jasmin, magnolia, lilas, daphné, lis, mimosa… Mais en tant que reine des fleurs, la rose a la primauté sur ses cousines parfumées et reste la référence. Elle le mérite, car elle diffuse, par ses innombrables pétales, de sérieuses quantités d'eugénol et d'hexénol (molécules odorantes) à l'adresse des organes olfactifs des abeilles et, accessoirement, des humains. D'où la félicité extrême d'être « couché languissamment sur un lit de roses », comme dit Montesquieu, reprenant un vieux cliché venu de l'Antiquité. En revanche, se faire envoyer sur les roses est un peu moins agréable… L'expression est apparue au XIXe siècle, et si se faire expédier sur des fleurs paraît plus doux que d'être envoyé au diable, c'est vite oublier que les corolles embaumées cachent de cruelles épines. Qui s'y frotte s'y pique !

Invisibles : les petites mains du pouvoir

Sans eux, la politique française n'irait pas bien loin. Vous l'aurez compris, on ne parle non pas des élus, mais de ceux qui les conduisent partout : leurs chauffeurs. Vous avez peut-être déjà vu leur horde de berlines noires attendre sagement devant tel ou tel bâtiment officiel. Pour les reconnaître, c'est très simple : avec une cravate bleue, ils conduisent un député, avec une cravate rouge, un sénateur. L'une des conditions requises pour le recrutement : s'engager à ne jamais faire grève. En revanche, en cas d'excès d'imprudence non justifié, le tarif est le même que pour les autres chauffeurs, comme ce chauffeur qui s'est fait retirer son permis après avoir été flashé à 200 km/h en allant chercher un président !

Mardi 30 juin

Saint Martial – On fête aussi les Sloane, Adolphe, Othon

Le soleil se lève à **5 h 50** *et se couche à* **21 h 57**

« *Juin pluvieux, vide celliers et greniers.* »

Étymolo-quiz...

Que signifiait le mot gaulois *baccalaris* qui a donné notre « bachelier » en s'associant à « lauréat » : « jeune paysan » ou « jeune noble » ?

Réponse : jeune paysan.

Nos régions ont du talent

Aujourd'hui incontournable à l'heure de l'apéro en France, le pineau des Charentes est l'une des spécialités de la région. Selon la légende, il serait le fruit d'un heureux hasard datant de 1589 : un vigneron charentais renversa par erreur du moût de raisin dans une barrique contenant du cognac. À l'ouverture de la barrique plusieurs années plus tard, le premier pineau des Charentes fut servi, goûté et apprécié. Une prière lui est même dédié en Charente : « Mon Dieu, donnez-moi la santé pour longtemps, de l'amour de temps en temps, du boulot pas trop souvent, mais du pineau… tout le temps ! » Et la modération ?

[L'actu] Dauphin qui fait flipper

Il se prénomme Zafar et, pendant des mois, les habitants de Plougastel-Daoulas (Finistère) l'ont trouvé amusant et affectueux ! Il faut dire que ce jeune dauphin « ambassadeur », un mammifère marin protégé, était à la fois enjoué et sociable. Il accompagnait régulièrement les amateurs de sports nautiques en balade sur la mer d'Iroise. Un dauphin aussi sympathique que Flipper, en somme ! Mais l'animal de 3 mètres de long s'est déplacé vers Landévennec et, en modifiant son terrain de jeu, il a changé d'attitude. Plus imprévisible, agité, voire excité, le dauphin a multiplié les incidents avec les kayakistes et les baigneurs. Son obsession : se frotter frénétiquement aux embarcations et aux nageurs, le pénis en érection. En cause : les (premières) manifestations de sa (nouvelle) maturité sexuelle. Son petit déménagement a impliqué aussi un gros changement : Zafar est désormais un dauphin adulte et, comme tous les mâles de son espèce, c'est un obsédé sexuel, adepte des rapports furtifs, consentis ou non ! Y compris avec des humains ou des bateaux. Une partie du littoral a donc été interdite, en attendant que le jeune pervers à dorsale déménage et/ou apprenne à gérer ses pulsions avec ceux de son espèce.

Brèves régions

Morbihan/Le thon de Groix

Si vous allez un jour vous promener dans la ville de Groix, au centre de l'île du même nom, levez les yeux avant d'entrer pour visiter son église. Si vous voyez un poisson à la place du traditionnel coq au sommet du clocher, vous ne rêvez pas. Depuis 1768, c'est bien un thon, symbole de l'histoire groisillonne, qui surplombe l'église du bourg. L'économie de l'île est depuis longtemps liée à la pêche de ce poisson : en 1900, sur 268 thoniers bretons, 198 venaient de Groix.

« Premier juillet pluvieux, jours suivants douteux. »

ILS ONT DIT

« L'intelligence, c'est le seul outil qui permet à l'homme de mesurer l'étendue de son malheur. »

Pierre Desproges

L'ÉNIGME DE LA MACHINE À COUDRE

EPISODE 7

Alice s'était d'emblée sentie très à l'aise avec le jeune historien. Peut-être à cause de l'intonation chaleureuse de sa voix, ou du tissu souple de son vêtement… Et puis il y avait moi, *Vermot*, un sujet commun qui créait entre eux une sorte de lien invisible. Après lui avoir raconté dans le menu détail sa troublante aventure, Alice était passé au tutoiement avec naturel.

« Tiens, peux-tu jeter un œil là-dessus ? Je n'y comprends rien, c'est une légende découpée dans l'almanach de 1917 : Distractions du front : femme de la « danse à la bougie », venue du cirque d'hiver pour distraire les soldats. J'ai voulu chercher la photo correspondante aux archives, mais l'almanach de 1917 a disparu. C'est quand même un comble…

– 1917 ? Mais c'est incroyable ! C'est justement… Attends, je te montre.

Laurent tire une couverture rouge de sa sacoche.

– Le voilà, l'almanach que tu cherches ! Je l'avais apporté pour le montrer à Madame Tomrev. C'est mon grand-père qui me l'a donné, il ne s'en séparait jamais.

Alice n'en revient pas. Laurent continue :

– De grandes plumes ont écrit des histoires pour l'almanach, Alphonse Daudet, Alphonse Allais et le troisième… un Alphonse aussi, mais nettement moins célèbre, Fidusier, mon grand-père. Il adorait évoquer cette époque, même si cela faisait enrager ma grand-mère. "Ah, ce fichu almanach, c'est pas croyable le temps que tu y as passé ! Des balivernes…" L'almanach de 1917 était son préféré, je ne sais pas pourquoi… Il devait sûrement représenter quelque chose de spécial pour lui. Tiens, regarde, je pense que c'est la photo que tu cherches, à la page du 14 septembre. »

Alice scrute l'image, intriguée. Entourée par deux soldats, une femme à la chevelure sombre, très belle, les bras gracieux en couronne, un diadème sur le haut du crâne, des bracelets orientaux aux poignets, avec une jupe arlequin, éclairée par la flamme d'une bougie. Laurent observe Alice, médusé. Le corps en arrêt, elle répète en boucle : « C'est impossible, c'est impossible… »

(À suivre le mois prochain)

« *S'il pleut le 2 juillet, tout le mois sera noyé.* »

Rétro Vermot

« Pourquoi pleures-tu, mon petit?
– C'est à cause des rhumatismes, M'dame!
– Mon pauvre enfant! À ton âge, tu as déjà des rhumatismes?
– Non. Mais mon père m'a fichu une gifle parce que je ne savais pas l'écrire. »

Mon Trésor (public)!

Savez-vous que la prestigieuse place des Vosges à Paris, très prisée des touristes, tient son nom d'une histoire d'impôts? En effet, Napoléon et son gouvernement étant lourdement endettés en 1800, l'Empereur demanda aux départements de régler tous leurs arriérés d'impôts. Le département des Vosges fut le plus prompt à s'acquitter de la demande et de la dette, et en récompense de cette réaction exemplaire, Bonaparte rebaptisa l'ancienne « place Royale » en « place des Vosges ».

M. et Mme Dussant
Biochimistes
ont la joie de vous annoncer la naissance de leur fille

ANNA-LISE

Champions de la lose

Sans Géricault, qui se souviendrait du naufrage de *La Méduse*? Exposé en 1819, son tableau *Le Radeau de la Méduse* a provoqué un scandale esthétique à la mesure de la tragédie navale nouée trois ans plus tôt au large de l'actuelle Mauritanie. Le capitaine Duroy de Chaumareys porte une lourde responsabilité dans cette affaire : ce fervent royaliste, qui n'avait pas navigué depuis vingt-cinq ans, a cumulé incompétence et couardise. Dès le départ de la frégate, il s'est laissé distancer par le reste de la flotte; puis, incapable de lire une carte maritime (son penchant marqué pour la bouteille n'a pas dû l'aider à y voir clair), il s'est trompé de 110 kilomètres; enfin, il a confondu deux caps et a entraîné le navire vers les hauts-fonds. Le 2 juillet, *La Méduse* s'est échouée au banc d'Arguin avant de se fracasser sur des récifs. Alors que Chaumareys a réussi à embarquer sur l'un des rares canots de sauvetage, il a abandonné ses 149 passagers sur un radeau de fortune à moitié submergé, et donc destinés à une fin atroce. Confondu par le témoignage de deux survivants, Chaumareys a été condamné en 1817 à la dégradation et à trois ans de prison. L'année suivante, Géricault commence son *Radeau*.

PROBLÈMES DE MATHS DU CERTIFICAT D'ÉTUDES

Paul, Jacques et Louis se partagent un héritage de 11 286 F. La part de Jacques est la moitié de celle de Paul et cette dernière est le tiers de celle de Louis.

Question 1 : Quelle est la part de chacun?

Question 2 : Avec les 3/4 de ce qu'il reçoit, Louis achète un terrain rectangulaire valant 45 F l'are et dont la longueur mesure 209 m. Quel est, à 2,50 F le mètre, le prix de la clôture à acheter pour l'entourer?

Réponse 1 : part de Jacques : 1 254 F, part de Paul : 2 508 F, part de Louis : 7 524 F
Réponse 2 : 1 345 F.

Le soleil se lève à **5 h 52** et se couche à **21 h 56**

Vendredi **3 juillet**

Saint Thomas – On fête aussi les Thomasine, Anatole

« Soleil du jour de Saint-Anatole, pour la moisson joue un grand rôle. »

Expressions d'hier décryptées

Ne pas prendre Paris par Corbeil

Pendant les guerres de religion, en 1562, les protestants voulurent prendre Paris. Pour cela, ils s'attaquèrent à Corbeil, réputée pour conserver les grains destinés à alimenter les habitants de la capitale. Mais ils ne parvinrent pas à leurs fins et ne réduisirent pas les Parisiens à la famine. Ils ne purent pas « prendre Paris par Corbeil ».

Charade

Classique

Mon premier n'est pas ici.
Mon deuxième est une coupe.
Mon troisième pare le sol.
Mon quatrième est un sentiment de bien-être.
Mon cinquième est un accord allemand.
Mon tout est un grand événement historique français.

LA BATAILLE D'ALÉSIA (LÀ-BAS - TAILLE - DALLE - AISE - YA)

AVENTURIERS DE L'IMPOSSIBLE

Hiram Bingham : le vrai Indiana Jones ?

Rendu célèbre par Harrison Ford dans une série de films plus ou moins fantaisistes, le nom d'Indiana Jones ne vous est certainement pas inconnu. Ce que l'on sait moins, c'est que le personnage s'appuie sur la vie de véritables aventuriers, tels que Hiram Bingham, archéologue, explorateur et professeur américain. Diplômé de Harvard, Yale et Berkeley (rien que ça !), Hiram Bingham est surtout connu pour avoir découvert en 1911 la cité inca oubliée du Machu Picchu, dans les Andes péruviennes. La mise au jour de centaines de tombes et d'objets de culte ou du quotidien inca, ainsi que ses efforts pour cartographier la région et ses sites antiques ont apporté une lumière précieuse et inédite sur cette culture millénaire.

Ha! Ha! Ha!

Un patron a décidé de s'amuser aux dépens d'un salarié pas futé du tout. Il le convoque dans son bureau et lui propose le petit jeu suivant :

« Je te pose une question, et si tu ne peux pas répondre, tu me donnes un euro. Ensuite, tu me poses une question, si je ne peux pas répondre, je te donne mille euros. »

Le simplet accepte. Alors, le patron lui demande :

« Qui est Emmanuel Macron ? »

L'autre réfléchit un peu et répond :

« Je ne sais pas. Tenez un euro.

– C'est le président de la République ! Allez, à toi de me poser une question.

– Alors… heu… qu'est-ce qui a zéro patte le matin, trois pattes le midi et sept pattes le soir ? »

Le patron réfléchit, sort un feuille, fais des calculs, des croquis, se creuse la tête… Mais après une demi-heure, n'ayant toujours pas trouvé la réponse, il donne mille euros au simplet, puis lui demande :

« Quelle était la réponse ?

– Je ne sais pas, dit l'autre. Tenez un euro. »

« *À la Sainte-Berthe se cueille l'amande verte.* »

Devinette

Qui suis-je ?

Rarement magique,
Mais souvent pratique,
Rouge pour les honneurs,
Vert pour les joueurs.

Un tapis

Pièges de l'ortografe (h / ph)

Jours et mois

Les noms des mois et ceux des jours sont des noms communs qui s'accordent au pluriel. Je dois par exemple écrire que « je vais au supermarché tous les samedis » ou que je fais les soldes « tous les janviers ». En revanche, ce qui est relatif au jour ne s'accorde pas : je fais donc « la grasse matinée tous les samedis matin », car il n'y a qu'un seul matin par samedi !

Les « Cruella » de l'histoire

Marie la Sanglante

Écartée du trône d'Angleterre pour plusieurs raisons, parmi lesquelles sa foi catholique, Marie Tudor (1516-1558) ne fit pas dans la dentelle : sa cousine Jeanne ayant pris la succession de son frère Édouard VI, elle lui déclara la guerre et la fit décapiter (une habitude familiale, puisque son propre père, Henri VIII, avait fait raccourcir deux de ses six épouses !). Marie Ire (son autre petit nom) tenta à de multiples reprises d'imposer le catholicisme en Angleterre, n'hésitant pas à condamner au bûcher près de 300 personnes. Le fameux Bloody Mary, cocktail à base de vodka et de jus de tomate, aurait été nommé ainsi en hommage à ce personnage haut en couleur (à moins que ce ne soit en référence à la femme d'Ernest Hemingway, une autre Mary dont les colères pouvaient être redoutables… selon son époux).

CLASHS D'ARTISTES

Les Sex Pistols et The Clash sont à l'origine de l'éphémère mouvement punk, à la fin des années 1970. Les musiciens viennent du même milieu ouvrier, jouent dans les mêmes lieux et, en 1976, les Clash assurent la première partie des Pistols. Une interview de Joe Strummer, leader des Clash, va mettre le feu aux poudres. En 1977, il déclare en effet que son groupe détrônera les Pistols. Ces derniers prennent la mouche. Ils foncent chez l'impudent dans l'intention de le bastonner, mais se ravisent une fois sur place. Calmés ? Pas vraiment ! Car plus de 40 ans après, Johnny Rotten, l'ancien leader des Pistols, n'a toujours pas digéré. Il y a quelques mois, il affirmait : « C'est à cause des Clash que le punk s'est transformé en stéréotype pour petit bourgeois. » Et toc !

« *Frais juillet, épaisse tourte, mets peu de vin dans ta coupe.* »

Argot-quiz...

Que signifie en argot « décrocher ses tableaux » : se curer le nez ou s'appauvrir ?

Réponse : se curer le nez.

Woody Allen

Brèves régions

Doubs/ Le Fort Saint-Antoine

Construit entre 1879 et 1882 à 5 km de la Suisse et perché à 1 100 m d'altitude, ce fort enterré fut baptisé en 1887 « fort Lucotte », du nom d'un général de la Révolution et de l'Empire. Désaffecté 80 ans plus tard, il s'appelle aujourd'hui « fort Saint-Antoine », du nom de la commune sur laquelle il est situé. Depuis 1966, il a trouvé une nouvelle vocation grâce à un affineur de comté : ici, la température est comprise entre 6 et 9 °C toute l'année et les voûtes des anciennes casemates entretiennent l'humidité, tout en bénéficiant d'une ventilation naturelle et régulière assurée par les cheminées d'autrefois. Ouvert au public, le fort Saint-Antoine se visite aujourd'hui.

Le Chiffre

2,7 millions

C'est en euros le prix record atteint par un thon rouge de 278 kg lors d'une vente aux enchères au marché de Toyosu, à Tokyo. « C'est un beau thon, plus cher que prévu », a sobrement commenté l'acheteur, Kiyoshi Kimura, PDG de la chaîne de restaurants Sushi Zanmai. La somme déboursée équivaut à près de 10 000 euros le kilogramme. Du jamais vu ! La bête pêchée au large, dans le nord du Japon, a été découpée le jour même avant d'être servie en sushis dans trois établissements appartenant à l'enseigne. Au prix habituel. C'est aussi le premier record pour une vente à la criée établi par le nouveau marché de Toyosu, ouvert fin 2018 pour succéder au légendaire Tsukiji, qui a fermé ses portes après plus de 80 ans d'histoire. D'après le PDG de Sushi Zanmai, le nombre de très belles pièces comme ce thon rouge étant amené à se réduire, les prix vont encore s'envoler lors des prochaines années.

LA BAISSE DU NIVEAU DE VIE TOUCHE TOUT LE MONDE.

Histoire cochonne

Pendant le Moyen Âge, les procès intentés aux animaux se multiplient. Vol, homicide, accident… les bêtes sont jugées au même titre que les humains. Neuf fois sur dix, ces procès impliquent des cochons, le plus souvent condamnés pour infanticide. En 1266, un pourceau est ainsi brûlé à Fontenay-aux-Roses pour avoir dévoré un enfant. En 1386, pour le même motif, un juge de Falaise condamne une truie à être mutilée avant d'être pendue affublée d'un masque humain. En 1404, même scénario mais, cette fois, il y a trois coupables. Et en 1557, à Saint-Quentin, un pourceau est condamné à être enterré vivant. Ces procès ubuesques ne disparaîtront définitivement qu'au XVIIIe siècle.

Lundi **6 juillet**

Sainte Mariette – On fête aussi les Goar, Godiva, Dodelìève, Isaïe, Nolwenn

Le soleil se lève à **5 h 55** *et se couche à* **21 h 55**

« Chauve-souris en grand nombre annoncent le beau temps dans la nuit sombre. »

Rébus bande dessinée

CAVALIERS CAVALIERS
CAVALIERS CAVALIERS
CAVALIERS CAVALIERS
CAVALIERS

Les Sept Cavaliers

ONOMATOPÉES D'ANIMAUX

B	E	E	E	C	U	O	H	U	O	H	A	F	T
Z	E	F	T	C	L	A	G	I	R	A	A	A	H
Z	E	X	R	A	U	I	I	R	C	I	I	R	C
T	E	O	G	O	P	I	S	R	B	C	B	S	B
O	B	U	C	R	I	T	O	S	O	Z	P	Z	M
C	C	U	O	I	O	N	A	U	K	O	Z	E	A
P	O	I	I	L	R	I	C	P	U	S	A	Z	A
R	I	I	P	O	G	O	N	I	T	U	S	P	O
O	H	O	N	C	U	U	C	G	U	A	H	K	C
A	U	K	U	C	I	P	O	O	R	C	P	H	A
C	E	A	R	P	O	P	A	L	C	O	I	N	A
P	M	O	F	U	I	I	C	H	G	H	I	U	O
E	A	O	I	B	M	O	N	I	A	I	P	N	C
T	O	C	T	O	C	U	U	N	P	N	H	I	H

Solution page 212

BÊÊÊÊ
BZZZ
CLAP
COÂÂ-COÂÂ
COCORICO
COIN-COIN
COT-COT
COUCOU
CRII-CRII
CROÂ
CUI-CUI
GLOUGLOU
GROIN-GROIN
HI-HAN
HIIIIIII
HOU-HOU
KSS-KSS
MEUH
MIAOU
OUAF
OUUUH
PIC PIC PIC
PIOU-PIOU
POUIC-POUIC
RAAAH
RON RON
ROU-COU
TAP-TAP-TAP

DRÔLE DE NOM POUR UNE VILLE !

La Flotte

Quoi de plus naturel que la commune dénommée La Flotte, sur l'île de Ré, soit… en bord de mer ? Attention néanmoins, l'origine de son nom ne fait pas référence au terme populaire qui désigne l'eau, mais à une forte présence de la marine royale sur les côtes aux XVIIe et XVIIIe siècles pour protéger l'île des pillards. Le terme vient directement du latin *fluctus*.

AUX ORIGINES DES JEUX OLYMPIQUES

Peut-on être boxeur professionnel sans jamais porter ou recevoir un coup ? L'histoire unique de Melankomas de Karia plaide en la faveur de cette étrange théorie. En effet, ce boxeur de la Grèce antique avait une manière bien singulière de mener ses combats : il ne portait pas de coups à ses adversaires et n'en recevait jamais. Cet homme valeureux, qui considérait que blesser ou être blessé lors d'un combat était le signe d'un manque de courage et de valeur, avait mis au point une technique d'esquive particulièrement efficace. Si bien que ses adversaires s'épuisaient à essayer de le frapper, jusqu'à n'avoir plus de forces et être contraints à l'abandon. Loin d'être frustrés par ce manque de violence, les spectateurs se pressaient à ses combats sans coups et le considéraient comme un héros.

« *Soleil de juillet donne la fortune.* »

BLASON

La famille Racine aurait pu choisir des rhizomes pour illustrer son blason. Mais cela manquait sans doute d'élégance aux yeux des ancêtres du poète Jean Racine, qui préférèrent une mauvaise rime en choisissant au XVIe siècle… un rat et un cygne. Le dramaturge fit supprimer le rongeur pour ne rester paré que du cygne d'argent, qu'il fit rehausser de rouge au bec et aux pattes. (Voir code couleur en dernière page.)

{Mots qui changent de sens}

« Mais quel débile, celui-là », peut-on parfois entendre… Mais sait-on que ce mot, du latin *debilis*, signifiait au XIIe siècle « mutilé », « infirme », « incapable » ? C'est ce dernier sens qui est resté et s'est élargi au fil des siècles et des déformations pour donner notre débile moderne, en lieu et place de l'infirme que le mot désignait auparavant.

Recette de cuisine – Délices aux fruits rouges

Pour 4 pers. 15 min de préparation 6 h de réfrigération

- 2 œufs extra-frais
- 75 g de sucre
- 200 g de mascarpone
- 1 barquette de fruits rouges

Cassez les œufs en séparant les blancs des jaunes. Blanchissez les jaunes avec le sucre, puis ajoutez le mascarpone. Mélangez bien. Montez les blancs en neige ferme à l'aide d'un batteur électrique. Incorporez-les délicatement au mélange précédent à l'aide d'une maryse (une spatule en silicone), sans les casser.

Lavez les fruits et répartissez-les au fond de jolies verrines. Versez la préparation dessus et placez au frais pendant 6 heures.

Conseil : comme ils sont consommés crus, utilisez uniquement des œufs extra-frais.

Variantes : framboises, fraises, cassis, myrtilles, mûres… Vous pouvez les panacher à votre guise ou n'en utiliser qu'un seul, par exemple celui que vous préférez ou que vous avez la chance de faire pousser dans votre jardin.

LOISIRS TENDANCE

Tatoué, comme maman !

Les tatouages ont tellement de succès qu'on peut prévoir que la prochaine mode sera de ne pas en avoir un seul sur le corps ! Cette activité ne peut pas vraiment être considérée comme un loisir créatif, étant donné que l'on est généralement obligé de faire appel à un professionnel. Mais le choix du motif et de l'emplacement demande réflexion et fait souvent appel à la créativité. Mieux vaut ne pas se tromper ! Pour les indécis et les douillets, il existe des tatouages éphémères. Le choix va du mini-tatoo discret à la véritable fresque, en passant par les dates et coordonnées de naissance de ceux que l'on aime, à la manière d'Angelina Jolie. Car, comme toujours, ce sont les célébrités qui inspirent la tendance…

Mercredi 8 juillet

Saint Thibault – On fête aussi les Edgar, Aquila, Kilian, Landrade

Le soleil se lève à **5 h 56** *et se couche à* **21 h 54**

« *À la Saint-Thibault sème tes raves, arrache tes aulx.* »

Rétro Vermot

Dans le cabinet d'un chirurgien :

« C'est vrai que l'opération que vous voulez me faire ne réussit qu'une fois sur cent ?

– Oui ! Mais vous avez de la chance ! Justement, je l'ai déjà ratée quatre-vingt-dix-neuf fois ! »

Invisibles : les petites mains du pouvoir

Parmi les « petits » employés qui travaillent à l'Élysée au service du président de la République, on en trouve un qui a une importance particulière : le majordome du président. Ce personnage clé à la discrétion absolue est en charge du service dans les appartements privés, de la garde-robe, et doit répondre à toutes les demandes personnelles du président et de sa famille. C'est aussi lui qui fait le lien avec le chef de cabinet, le chef d'état-major ou encore le médecin. Nounou de président, en voilà un drôle de métier !

Les déserts exceptionnels

Sahara, le plus grand désert de sable du monde

Dunes ocre (ergs), montagnes rocheuses (regs), oasis inespérées, les paysages du Sahara sont célèbres pour leur puissance évocatrice et légendaire. Réparti sur dix pays du nord de l'Afrique, ce territoire s'étend de la Mauritanie, à l'ouest, à l'Égypte, à l'est. Plus vaste étendue de sable du monde, avec 8,6 millions de km², ce désert est souvent plébiscité pour sa beauté et ses abondantes ressources naturelles. Composé de sable, de pierre et de terre glaise, le Sahara renferme également des matières premières précieuses, comme les hydrocarbures, l'uranium et les phosphates. C'est d'ailleurs principalement de leur commerce que vivent les quelque cinq millions d'habitants sahariens. Outre les populations sédentaires installées dans les villes-oasis – comme Ghadamès, dite « la Perle du désert » –, des nomades, dont les célèbres Touaregs, parcourent cet étonnant territoire. À l'exception des palmiers-dattiers et de quelques arbustes résistants, la flore est rare sur ces contrées hostiles et seule une faune très adaptée y survit. Scorpions, serpents et autres insectes évoluent ainsi entre les roches, aux côtés des fameux dromadaires, emblématiques de la région.

HOROSCOPE CHINOIS

CHEVAL

Caractère : Changeant, fougueux, sauvage, difficile à comprendre, compétiteur, endurant, volontaire, boute-en-train, ruminant.

Les grandes tendances de l'année

2020 vous incitera à régler une situation sentimentale compliquée, notamment le dernier trimestre. Pour passer au mieux ce cap, misez sur le romantisme, la douceur et l'écoute. Pour d'autres natifs, vous aurez l'occasion de rompre avec la routine et vous chercherez à vous ouvrir à d'autres horizons. 2020 verra aussi vos finances s'améliorer.

« *Grand soleil, petit vent, petit soleil, grand vent.* »

Brèves régions

Val-d'Oise/ L'étrange blason de Chennevières-lès-Louvres

« De sinople à la tige de chanvre feuillée d'or accostée de deux fleurs de lys du même, au franc-canton cousu de gueules chargées d'un lion d'argent », telle est la description du blason de la commune Chennevières-lès-Louvres, située près de l'aéroport de Roissy. Son nom provient du latin *cannabria*, qui a donné… cannabis, d'où la représentation armoriée de la « feuille de chanvre ». Que l'on se rassure : historiquement, il s'agit du chanvre utilisé dans l'industrie textile et non de la plante psychoactive !

Perles de sportifs

Toucher avec les yeux, voir avec la voix

Qui l'a dit ? Bernard Laporte, ancien entraîneur de rugby et ancien ministre des Sports.

La perle : « Je voulais voir les Antilles de vive voix. » Mieux vaut éviter l'angine pour bien voir, alors…

LES GRANDS DE LA PETITE REINE

Si les organisateurs du Tour de France font tous les ans de leur mieux pour créer un parcours qui allie la performance sportive à l'histoire et à la géographie nationales, il arrive que ces dernières disciplines l'emportent tout simplement sur le programme habituel. Comme en 1960 où Jacques Goddet, directeur du Tour, prit la décision surprise d'arrêter le peloton dans l'étape qui reliait Besançon à Troyes dans un petit village nommé Colombey-les-Deux-Églises pour y rencontrer qui vous savez et se fendre d'un petit « bonjour, mon Général ». Surpris par cet arrêt inopiné qui faussait les données de l'étape, certains concurrents étrangers profitèrent alors de la pause pour… se soulager dans le parc du château du Général. Un autre petit malin, Pierre Beuffeuil, en profita même pour fausser compagnie au peloton et reprendre la route seul. Pas très fair-play…

NOUVEAUX COMIQUES

Houah ah ah oh oh

Christophe Alévêque

Avec 25 ans de carrière, Christophe Alévêque n'est plus tout à fait un « nouveau » comique. Mais l'humoriste fantasque, qui fait son miel de l'actualité sans masquer ses opinions politiques, est un cas à part. Toujours révolté et engagé, que ce soit à la radio ou sur scène, il revendique un humour ouvertement militant. Christophe Alévêque est un « comique de gauche », très à gauche, et le revendique. De fait, s'il ne ménage pas ses « amis », ses têtes de Turcs préférées sont les personnalités de droite, l'extrême droite, le libéralisme… Forcément ! Bien sûr, ce « super rebelle » – titre de son one-man-show en 2010 – est excessif et partisan, mais son humour acéré, sans langue de bois, fait mouche.

Vendredi 10 juillet

Saint Ulrich – On fête aussi les Canut, Rufine

Le soleil se lève à **5 h 58** *et se couche à* **21 h 53**

MOTS FLÉCHÉS

Miniature / Cherche la petite bête
Vénitien / Communiquer
Se jette au cou / Adulte
En haut de la boîte / Amène
Meunier
Hommes / À l'abri du danger
Dénote une certaine maîtrise

Transmettais / Faire marche arrière
Rassis / Offre

Prend l'air / Prenai une décision
Déridée

Notaire / Siècle de Louis XIV
Porte une charge / Monuments
Cours court / Religion
Tranche de salami / Lieu d'un crime

Brisé

Point brut / Ne prendra pas fin
Essai / Faisais le malin
Abondamment / Écarte

Déposédées / Reprendre le fil

Bolets
Émettra une lueur / Tissu
Miette / Tenaille

Oiseau coureur / Va aux U.S.A
Deuxième d'une série / Page d'histoire

Dur à avaler
Fonction / Qu'on peut donc fermer
Blanchit / Feriez route
Paillasse

Électriser / Pot d'échappement
S'empourpre

Au bout d'un trait / A son Pont
Endetterа / Aplanir

Tarte de poire / Distance
Hors de portée / Mise en bière

Agrémentez
Limée / Fleuve espagnol
Gomme / Fauche les épis

Sur le barbecue / Feu sacré

Nickel / Père de Dracula
A des bras mais pas de jambe
Trancha

Instruites

SOLUTION PAGE 217

« S'il pleut à la Saint-Benoît, il pleuvra trente-sept jours plus trois. »

Argot-quiz...

Que veut dire « suriner » ?

Réponse : poignarder.

Les animaux de compagnie des présidents

On a beau être chien de président, rester seul toute la journée, c'est déprimant ! Bo, le petit chien d'eau portugais de la famille Obama, était si agité qu'il obligea ses maîtres à lui prendre une compagne pour le calmer. Une fois en couple avec Sunny, une chienne de la même race que lui, le petit célibataire turbulent devint tout calme et tout mignon, pour le plus grand bonheur de ses maîtres qui purent enfin dormir sans aboiements. Ah, l'amour…

二千二十 2020 année du RAT

Petits rats de l'Opéra

Pourquoi de si jolies ballerines en chaussons et tutus sont-elles nommées « petits rats » ? Certes, le préfixe « petit » permet d'adoucir l'évocation, mais les danseurs et danseuses n'ont pas grand-chose à voir avec les rongeurs… Il y aurait deux explications. La première, c'est que les danseuses et les danseurs de l'Opéra de Paris avaient pour habitude de répéter sous les combles de l'Opéra Garnier. Et d'en dessous, les bruits de leurs pas et de leurs sautillements sur le plancher évoquaient à coup sûr le trottinement de petits rongeurs… La seconde, moins charmante, est à mettre en rapport avec le physique quelque peu décharné des petits rats de l'Opéra de Paris, lesquels étaient soumis à un régime alimentaire drastique pour garder la ligne, faisant ainsi référence aux rats qui n'auraient « que du pain à ronger ».

Rétro Vermot

« Pardon, mon ami ! C'est encore loin Melun ?
– Ah… Ça dépend !
– Comment cela, ça dépend ?
– Ben… Si vous tenez à continuer dans cette direction, c'est à 39980 kilomètres. Mais si vous allez dans l'autre sens, il y en a pour un quart d'heure. »

Brèves régions

Haute-Corse/Marie-Claude Pietragalla et Calvi

C'est au pied de la citadelle de Calvi qu'est né le père de la danseuse et chorégraphe Marie-Claude Pietragalla. L'étoile de l'Opéra a passé ici toutes ses vacances d'enfant. La Corse représentait pour elle « une respiration, une forme d'insouciance, une liberté en contrepoint de la rigueur de son cursus à l'école de danse ». Depuis le décès de son père en 2003, la maison de Calvi a malheureusement été vendue et « Pietra », comme on la surnomme, vient moins souvent sur l'Île de Beauté, même si elle sait que le lien qui l'unit à cette terre est viscéral. Elle se souviendra toute sa vie que son père avait inscrit une phrase de Napoléon sur le mur de sa chambre : « Quand on veut fortement, constamment, on réussit toujours. »

Dimanche 12 juillet

Saint Olivier – On fête aussi les Jason

Le soleil se lève à **6 h 00** *et se couche à* **21 h 51**

« *À la Saint-Olivier, rosée du matin est, dit-on, rosée de vin.* »

NOVLANGUES & JARGONS

Si, au détour d'un « debriefing », on vous glisse qu'il ne reste plus qu'à attendre le « REX » du client, n'imaginez pas voir débarquer un berger allemand à la prochaine réunion. « REX » est une abréviation utilisée par la nouvelle génération de travailleurs en entreprise qui signifie « retour d'expérience ». Il n'y a pas à dire, cela en fait du temps de gagné, quand on doit expliquer un acronyme plutôt que d'employer la version « longue », qui fait deux mots…

ILS ONT DIT

« C'est très curieux : ce sont toujours les célibataires qui vous donnent des conseils pour élever des enfants. »

Paul Claudel

Solution mots mêlés [p. 206]

130 – Cent-trente – CXXX

C'est, en milliards de dollars, le chiffre d'affaires généré par l'App Store, la boutique en ligne d'Apple destinée aux applications pour Smartphone, au cours des dix dernières années. Le nombre de téléchargements sur la même période dépasse les 170 milliards. En moyenne, chaque utilisateur d'iPhone a environ 100 applications installées et il en utilise entre 30 et 40 par mois. Tant par le nombre de téléchargements (31 %) qu'en termes de chiffre d'affaires (75 %), la catégorie des jeux est la plus prisée par les aficionados de la marque à la pomme. Il y a aujourd'hui plus de deux millions d'applications sur l'App Store. Et 77 % de ces applications sont des jeux. Les États-Unis sont, sans surprise, les plus gros consommateurs d'applications.

Trouvailles scientifiques incongrues

Goûter pour découvrir

Humecter son doigt pour saisir une feuille de papier après avoir manipulé des produits chimiques peut avoir des conséquences désastreuses sur la santé si ces derniers sont toxiques, mais cela peut aussi changer la face de l'industrie agroalimentaire ! C'est ainsi que l'Américain James Schlatter découvre en 1965 l'aspartame, alors qu'il travaille sur la conception d'un médicament destiné au traitement des ulcères. Deux ans plus tard, un Allemand révèle de la même manière l'acésulfame K. En 1976, un étudiant en chimie d'origine indienne et travaillant en Angleterre sur la mise au point d'un insecticide traduit mal une consigne. On lui demande de tester le produit (test), mais il comprend qu'il faut… le goûter (*taste*) ! Il n'en meurt pas, mais découvre ainsi la sucralose.

« *Si le chat se frotte l'oreille, le mistral se réveille.* »

AU PEIGNE FIN !

L'image d'Épinal de Jeanne d'Arc la représente ornée d'une coupe au bol à l'esthétique discutable. Mais ne vous méprenez pas, cela ne veut pas dire que cette coupe était à la mode pour les femmes de l'époque. Au contraire, c'était une coiffure habituellement réservée aux hommes et très prisée par les chevaliers et autres soldats. Elle était cependant assez mal vue, puisque souvent synonyme de manque de fonds pour aller chez le coiffeur. Pourtant, c'est entre autres ce choix capillaire qui a permis à Jeanne de s'affirmer vis-à-vis des hommes et des femmes du peuple, alors qu'on sait qu'elle était sans aucun doute proche de la famille royale, et que son personnage n'en était qu'un…

Pièges de l'orthographe

Le pluriel des marques… démarque !

Si j'écris sur un Post-it, puis sur un autre, aurais-je alors deux « Post-its » ou deux « Post-it » ? L'Académie française précise que les noms de marques sont invariables, sauf s'ils sont « si courants qu'ils deviennent des noms communs ». Et de conclure qu'on peut avoir « deux frigidaires » mais seulement « deux iPhone »… pour le moment.

ILS ONT DIT

« Lorsque la bêtise gifle l'intelligence, alors l'intelligence a le droit de se comporter bêtement. »

Avicenne

Charade

Répétitive

Mon premier est surpris.

On en a bouché un coin à **mon deuxième.**

Mon troisième est donc stupéfait.

On a coupé le souffle à **mon quatrième**.

Mon cinquième s'ébahit.

Mon sixième trouve cela étrange.

Mon septième s'exclame.

Mon huitième est abasourdi.

Mon neuvième est médusé.

Mon dixième est sidéré.

Mon tout est un composé chimique.

DICÉTONE (DIX S'ÉTONNENT)

[L'actu] Coup de palet

Se défendre face à un fusil d'assaut avec des palets de hockey ? C'est la solution proposée par l'université d'Oakland à ses étudiants lors d'une formation consacrée aux tueries de masse, nombreuses et récurrentes aux États-Unis, les établissements scolaires étant particulièrement frappés. L'université a distribué 2 500 palets de hockey aux étudiants afin qu'ils les utilisent comme projectiles en cas d'attaque. « Tout objet lourd qui peut être lancé causera des dégâts et des blessures. Un palet est petit, maniable, mais le recevoir dans la tête, ça fait très mal ! », a expliqué aux médias locaux Mark Gordon, responsable de la formation et… ancien entraîneur de hockey. « Prenez tout ce que vous avez sous la main. Un livre, une agrafeuse… Tout ! Et soyez prêt ! », a-t-il ajouté. Dans un communiqué, l'université a tenu à préciser que la formation mise en place privilégiait avant tout la fuite et des techniques pour se cacher, le lancer de palet n'intervenant qu'en ultime recours…

Sainte Camille de Lellis – On fête aussi les Cameron

Le soleil se lève à **6 h 02** et se couche à **21 h 49**

Fête nationale

« À la Sainte-Camille, toujours le soleil brille. »

Rétro Vermot

Un couple se dispute depuis un bon moment. Excédée, l'épouse se met à hurler :
« Sans mon argent, nous n'aurions pas ce beau canapé ni tous les autres jolis meubles... et encore moins ce magnifique appartement !
– Figure-toi que, sans ton argent, moi non plus, je ne serais pas là ! »

Verbes régionaux

MACHUQUER

En patois picard, la massue est devenue la « machuque », qui donna naissance au verbe « machuquer ». Celui-ci avait initialement le sens de meurtrir, provoquer des contusions et, progressivement, il s'est étendu aux traces que laissaient les coups et même les maladies. Aujourd'hui, au sens figuré il signifie plus généralement « endommager ».

CHIFFRES CROISÉS

Solution page 220

Utilisez les définitions pour compléter la grille avec les résultats des opérations.

Horizontalement

1. 2020 x 75 %. $\sqrt{(2020 + 5)}$.
2. (2020 x 100) + le nombre de syllabes dans un haïku. (2020 + 320) ÷ 130.
3. Résultat de la deuxième définition du 1 horizontal – (2020 ÷ 101). Résultat de la définition précédente multiplié par 2. (2020 ÷ 5) + le nombre du premier billet en euro, où figure un pont antique.
4. (2020 ÷ 101) x 2. 2020 + (½ x 2020).
5. (2020 ÷ 202) x le nombre de musiciens dans un octuor. 2020 x 2.
6. 2020 + 130. Résultat de la deuxième définition du 2 horizontal multiplié par deux.
7. 2020 ÷ 4.
8. (2020 ÷ 101) – le nombre de pyramides de Gizeh. [2020 + (2020 ÷ 2)] x (2020 ÷ 20) + [2020 + (2020 ÷ 2)] + le résultat de la deuxième définition du 6 horizontal.
9. 2020 ÷ 2. Le résultat de la définition précédente + le résultat de la première définition du 8 horizontal x 10.

Verticalement

A. (2020 ÷ 2) + (2020 ÷ 10) + le nombre de tentacules d'une pieuvre. 2020 + résultat de la troisième définition du 3 horizontal + le n° du département du Tarn-et-Garonne.
B. 2020 x 0,25. (2020 x 40) + (le nombre correspondant au terme nonante x 3).
C. Résultat de la deuxième définition du 6 horizontal divisé par trois. (2020 x 2) + le n° du département du Cantal.
D. 2020 + le résultat de la deuxième définition du 4 horizontal. Le résultat de la première définition du 5 horizontal, moins le résultat de la deuxième définition du 3 horizontal.
E. 2020 ÷ 202. Le résultat de la première définition du 4 horizontal + le résultat de la deuxième définition du D vertical.
F. Le résultat de la deuxième définition du 1 horizontal + le numéro du talonneur au rugby à XV. (2020 ÷ 10) + (2020 ÷ 20). [(2020 ÷ 4) – (2020 ÷ 5)] – (2020 ÷ 202).
G. 2020 ÷ 5. Un vingtième de 2020.
H. ([(2020 x 10) ÷ 2] + 200) + $\sqrt{9}$. ([(2020 ÷ 101) + (2020 ÷ 202)] x 3) + ((2020 ÷ 505) x 2).
I. 2020 – 130. 2020 x 3.

« Quand on a soif, l'eau vaut le vin. »

Perles de sportifs

Eau de boudin

Qui l'a dit ? Jacques Delmas, ancien entraîneur de football.
La perle : « Il ne faut pas jeter le bébé avec l'eau du boudin. » Il ne faut surtout pas cuisiner dans la salle de bains, Jacques !

Chiffres et expressions

Tourner sept fois la langue dans sa bouche

Le chiffre 7 symbolise la perfection comme les 7 merveilles du monde, ou la fin d'un cycle comme le 7e jour de la semaine. C'est donc une étape au-delà de laquelle il est difficile d'aller sans réfléchir. « Tourner sept fois la langue dans sa bouche » avant de parler, c'est analyser les conséquences de ses mots avant de les prononcer.

MALADIES ÉTRANGES

Vous aimez les plats les plus raffinés jusqu'à ne plus pouvoir avaler ni même regarder le rôti-purée du dimanche préparé avec amour par votre moitié ? On vous accuse d'être un snob dispendieux aux goûts de luxe ? La prochaine fois, plutôt que de subir la critique, targuez-vous d'être victime du rare et étrange « syndrome du gourmet ». Cette affection, qui ne touche pas grand monde, est due à une lésion du lobe frontal (survenant généralement après un choc) et a comme conséquences de donner aux patients qui en souffrent un goût irrépressible pour les mets les plus fins et les créations culinaires des plus grands restaurants. Autant dire que, pour vivre correctement quand on est atteint de cette maladie, mieux vaut ne pas être trop désargenté…

GRANDS VOYAGEURS

Ernest Hemingway, écrivain écorché vif

De correspondant de guerre à prix Nobel de littérature, Ernest Hemingway a marqué le XXe siècle de son œuvre tragique et puissante, au style littéraire novateur. Né dans la banlieue de Chicago en 1899, Ernest Hemingway publie ses premiers écrits au lycée et se fait embaucher, son diplôme en poche, au *Kansas City Star*. En 1918, il intègre la Croix-Rouge italienne et rejoint le front, où il est blessé. En tant que journaliste, il témoigne des conflits qu'il couvre au cours de sa carrière. Dans les années 1920, il vit à Paris et se rapproche de la Génération perdue (Fitzgerald, Joyce, Steinbeck…). Traumatisé par la guerre, il y consacre plusieurs de ses grands romans – *L'Adieu aux armes*, *Pour qui sonne le glas*. Le prix Nobel lui est décerné en 1954 pour *Le Vieil Homme et la Mer*, immense succès public déjà récompensé par le prix Pulitzer. Très malade à la fin de sa vie, il y met un terme en 1961.

Le soleil se lève à **6 h 04** et se couche à **21 h 48**

« *S'il pleut le premier jour de la canicule, il pleuvra six semaines durant.* »

BLASON

Le blason de la famille de Poitiers, issue de la région de Valence et n'ayant aucun rapport avec le Poitou, se lit « d'azur à six besans d'argent posés 3, 2 et 1, au chef d'or ». Pour en comprendre la signification, il faut imaginer que les besans n'étaient pas des pièces à l'origine, mais des pois, posés en trois séries, donc… en tiers. On lit alors le rébus : pois-tiers. (Voir code couleur en dernière page.)

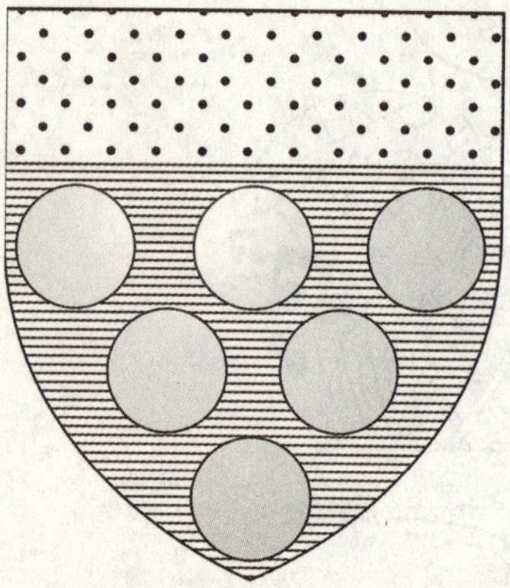

Vous êtes sûr, docteur ?

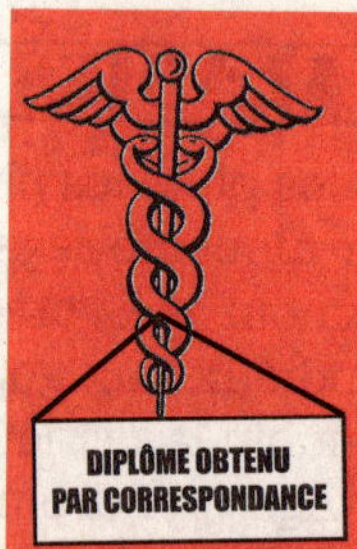

La médecine a commencé à s'intéresser aux opiacées dès la découverte de la morphine, en 1804, par un jeune pharmacien allemand, Friedrich Wilhelm. Dès le début, les effets antidouleurs de la morphine sont si puissants que ce nouveau remède capte rapidement l'attention de tout le monde médical. Pourtant, la molécule présente un léger problème : le risque d'addiction dès la première prise est très élevé. Ni une ni deux, pour contrer cet effet indésirable, les laboratoires Bayer décident d'en sortir un dérivé, présenté (et accepté) comme moins dangereux et surtout moins addictif. Son nom ? L'héroïne. Celle-ci reste sur les étals sous forme de pilules anti-toux ou de somnifères pour enfants (oui oui !) jusqu'à la fin des années 1910. Rétrospectivement, on peut dire que ce n'est pas la meilleure idée de l'histoire pharmaceutique…

Verbes régionaux

CROUILLER

Le mot « crouillectz » était autrefois employé par les menuisiers pour désigner l'usage du loquet servant à fermer les portes ou les barrières. Disparu du français contemporain, il a donné le verbe « crouiller », utilisé dans le patois angevin pour signifier de la même manière « fermer ». À l'inverse, on « décrouille » une porte quand on déverrouille sa serrure.

MONSTRES CÉLÈBRES
Le kraken

Le célèbre pirate Jack Sparrow fait face à un kraken monumental dans *Pirates des Caraïbes 2*. Vous voyez de quel monstre il s'agit ? Évoqué dès le Moyen Âge dans les légendes scandinaves, on le rencontre dans de nombreuses œuvres, dont *Vingt mille lieues sous les mers* de Jules Verne (1870) : ce monstre marin, sorte de pieuvre géante, broie les coques des navires au moyen de ses tentacules ou les fait couler dans le tourbillon qu'il provoque en s'enfonçant dans les flots. Dans la nature, les pieuvres ne sont jamais gigantesques, mais leurs cousins les calmars peuvent mesurer quinze mètres de long, tels le calmar géant (*Architeuthis dux*) et le calmar colossal (*Mesonychoteuthis hamiltoni*). Ces céphalopodes vivent dans les grandes profondeurs, ce qui explique que les observations soient rares et concernent surtout des cadavres échoués.

« *Il y a plus de bonheur à donner qu'à recevoir.* »

Ça s'est passé Le 17 juillet 1720

Le système de Law s'effondre. Mis en place pour liquider la dette laissée par Louis XIV, il était fondé sur l'utilisation, nouvelle pour l'époque, du papier-monnaie.

Mots intraduisibles

Savez-vous ce que veut dire *to tartle* en anglais ? Pour vous donner un indice, il ne se dit pas dans tout le Royaume-Uni, mais surtout en Écosse. Toujours pas ? Eh bien, figurez-vous que ce mot intraduisible dans notre langue décrit une situation on ne peut plus précise (et gênante !) : hésiter lorsqu'on présente une personne à une autre ou à une assemblée parce qu'on a oublié son nom. Et attention, quand on *tartle*, on passe vite pour une pomme !

Solution mots fléchés [p. 210]

	E		D		B		B		O		E	
E	N	T	O	M	O	L	O	G	I	S	T	E
	L	E	G	U	A	I	S		D	U	R	S
C	U	L	E	R		A	S	P	I	R	E	
	M	E		I	O	N		R	U		S	A
D	I	X	S	E	P	T	I	E	M	E		M
	N	E	T		T	E	S	T		D	R	U
D	U	R	E	R	A		L	E	S	E	E	S
	R		L	U	I	R	A		O	N	C	E
C	E	P	E	S		E	M	O	U		R	E
		U	S	A	G	E		B	L	E	U	
B	O	L		I	O	N	I	S	E	R		M
	U	P	A	S		G	R	E	V	E	R	A
A	V	E	N		L	A	I	D	E		U	T
	R		U	S	A	G	E	E		O	T	E
P	A	R	S	E	M	E	Z		G	R	I	L
	N	I		M	E	R		R	E	G	L	A
S	T	O	K	E	R		C	A	L	E	E	S

ÉLÉMENTAIRE !
Enquêteurs célèbres

L'identité judiciaire, procédé permettant le fichage de délinquants et de criminels, est aujourd'hui un outil essentiel des forces de police pour la résolution de crimes et de délits. En effet, on considère que près des trois quarts des cas sont résolus grâce à un relevé d'empreintes ou à l'analyse d'une trace ADN. On doit la paternité de cette discipline à Alphonse Bertillon, un policier de la fin du XIXe siècle, qui a mis en place dès 1883 une méthode de fichage des criminels nommée « bertillonnage » et consistant en la prise de photographies et de mesures physiologiques précises dont : la taille, l'envergure, la longueur du buste, ou de la tête. Certaines semblent bien fantaisistes, comme la longueur de l'oreille droite ou du pied gauche… Pourtant, le bertillonnage a été utilisé jusqu'en 1970, avec quelques ajouts, comme celui des empreintes digitales (technique à laquelle Bertillon était d'ailleurs farouchement opposé).

CITOYENS EXTRAORDINAIRES

C'est un fait divers qui peut, hélas, paraître bien banal : deux enfants en difficulté dans la mer sont en train de se noyer, et une femme plonge à leur secours, sauvant un enfant avant de périr dans les vagues. Ce qui rend l'événement exceptionnel à plus d'un titre, c'est l'identité de la sauveteuse sacrifiée : Anne Dufourmantelle. Cette philosophe s'était fait une spécialité de l'étude de la notion de risque et de dépassement de soi. Ce jour de juillet 2017, quand elle a accompli son geste héroïque, elle a non seulement mis sa vie au service des enfants qu'elle tentait de sauver, mais elle a surtout agi en conformité avec son œuvre. Un comportement héroïque qui ne peut qu'être salué avec respect.

Samedi **18 juillet**

Saint Frédéric – On fête aussi les Fred, Arnoul

Le soleil se lève à **6 h 06** *et se couche à* **21 h 46**

« *Le sage sait qu'il est fou de vouloir être sage tout seul.* »

Étymolo-quiz…

Vrai ou faux : le mot « canapé » vient du latin *can*, qui veut dire « chien ».

Réponse : vrai. En mettant littéralement les « chiens aux pieds », les Romains se réchauffaient lors des longues soirées d'hiver.

Secrets des chansons mythiques

En général, quand un homme déclare sa flamme à la femme d'un de ses amis, les choses s'enveniment rapidement. Sauf, peut-être, s'il est chanteur de rock. C'est le cas d'Eric Clapton, qui n'hésita pas à déclarer son amour à Pattie Boyd, épouse à l'époque de son copain George Harrison (l'un des Beatles) dans la chanson *Layla*. Pas certain que ce dernier ait apprécié l'hommage… Toujours est-il que la chanson est devenue un véritable tube planétaire !

ILS ONT DIT

« Un homme sur deux reconnaît avoir déjà été infidèle. L'autre n'a pas pu répondre, il était chez sa maîtresse. »

Mathieu Madénian

Expressions du potager

Il m'a vendu ses salades !

Ce n'est pas parce que le mot « salade » vient de l'italien *insalata* (qui désigne tout simplement un aliment salé) qu'il faut en conclure que les Italiens ont tendance à débiter des salades (avec force gestes) ! L'expression, apparue sans doute vers la fin du XIXe siècle, évoque plutôt les aboyeurs de foire, les bonimenteurs, passés maîtres dans l'art de servir un discours alléchant avec des arguties variées, comme on mélange les ingrédients d'une salade composée, afin d'engager le chaland à entrer dans leur baraque pour admirer les nains, les géants ou la femme à barbe. Vendre sa salade était aussi le fait des vendeurs à la sauvette, qui débitaient leur baratin pour écouler leurs foulards ou leurs cravates, étalés dans un parapluie, tandis que leur comparse, à quelques pas, guettait les képis de la maréchaussée. Si les pandores se montraient les plus rapides, le malheureux délinquant se retrouvait dans le panier à salade (grillagé, comme l'objet à secouer la laitue) : il était bon comme la romaine !

Brèves régions

Calvados/Souvenir américain à Colleville-sur-Mer

Le cimetière américain de Colleville-sur-Mer est le cimetière emblématique du sacrifice des soldats américains de la Seconde Guerre mondiale en Europe. Plus d'un million de visiteurs par an viennent rendre hommage aux combattants sur cet espace mémoriel de 70 hectares situé au-dessus de la plage d'Omaha Beach. Il a été inauguré le 18 juillet 1956 en remplacement d'un cimetière provisoire, établi dès le 8 juin 1944 à Saint-Laurent-sur-Mer. Parmi les 9388 personnes inhumées ici, on dénombre 307 inconnus et 4 femmes. Géré par l'American Battle Monuments Commission, il occupe une concession perpétuelle accordée par la France aux États-Unis d'Amérique.

« *On ne prend pas les mouches avec du vinaigre.* »

ILS ONT DIT

« La raison du plus fou est toujours la meilleure. »
Raymond Devos

Nos régions ont du talent

Lorsqu'on évoque le patrimoine artisanal de l'Aubrac, il est un nom à côté duquel il est impossible de passer : celui de Laguiole. Nom d'un village, c'est surtout celui d'un couteau célèbre, créé par Pierre-Jean Calmels, habitant de Laguiole en 1829. Inspiré des couteaux traditionnels de la région et de la *navaja* espagnole, il doit son succès à une conception robuste et à l'exportation qu'en firent les Aveyronnais lors de leur « conquête » des cafés parisiens. Le modèle phare comporte une lame, un poinçon et un tire-bouchon.

Pimpon !

ANECDOTES DE POMPIERS

Accident du travail ou romance cachée ? « Ici, l'imprimerie Legrand. On a deux employés qui sont coincés depuis 35 minutes dans le local de reproduction ! Impossible de les faire sortir ! »

Isabelle Huppert

[L'actu] Années maudites

Selon Michael McCormick, archéologue et historien médiéval à Harvard, l'année 536 fut la pire de tous les temps pour les hommes. En effet, une immense nappe de brouillard a empêché le soleil de briller sur l'Europe, le Moyen-Orient et certaines parties de l'Asie et a fait chuter les températures sur ces continents pendant toute l'année. Les conséquences (sécheresse, arrêt de la production agricole, famine) ont entraîné le déclin d'une grande partie de la planète. Ce nuage de brouillard a stagné 18 mois. Selon le magazine *Science*, qui a publié l'étude, les températures ont chuté de 1,5 à 2,5 degrés durant l'été 536 et la décennie qui a suivi a été la plus froide que le monde ait connue au cours des 2300 dernières années. En Irlande, il n'a pas été possible de faire du pain de 536 à 539 ! Mais comment ce nuage de brouillard calamiteux a-t-il pu ainsi couvrir une si grande partie du monde ? Tout simplement à cause d'une intense activité volcanique dans l'Antarctique et au Groenland, qui a engendré une immense quantité de cendres. Pour couronner le tout, la peste bubonique a pris le relais et a frappé le port de Pelusium en Égypte, cinq ans plus tard. En se propageant très rapidement, cette épidémie a décimé près de la moitié de la population de l'Empire romain oriental.

ÉCONOMIES DRASTIQUES DANS LES HÔPITAUX

DE L'OR DANS LA VOIX

Les grandes voix de l'histoire de la musique ont souvent une personnalité de la même envergure que leur talent, c'est-à-dire énorme ! C'est le cas par exemple de Montserrat Caballé, soprano espagnole dont José Carreras dit qu'elle fut la plus talentueuse du siècle. Il faut dire que la cantatrice savait tout chanter, des compositions de Bellini jusqu'à des duos improbables avec des stars populaires comme Freddie Mercury, le chanteur du groupe Queen. Imprévisibles divas...

Le soleil se lève à **6 h 09** *et se couche à* **21 h 44**

« Tant qu'il reste un cheveu, on ne peut pas dire qu'on soit chauve. »

Brèves régions

Cantal/Les chaudes « aigues »

En langue d'oc, « aigues » signifie « eaux » et la ville de Chaudes-Aigues porte bien son nom puisqu'elle compte sur son territoire pas moins d'une trentaine de sources d'eaux dont la température est comprise entre 45 et 82 °C. À la pointe du progrès, les habitants utilisent cette chaleur naturelle pour chauffer une partie des bâtiments municipaux depuis le XIVe siècle. Ils sont sans aucun doute les pionniers de la géothermie !

Solution chiffres croisés [p. 214]

1	5	1	5	■	4	5	■	1
2	0	2	0	1	7	■	1	8
2	5	■	5	0	■	4	0	9
0	■	4	0	■	3	0	3	0
■	8	0	■	4	0	4	0	■
2	1	5	0	■	3	■	3	6
5	0	5	■	7	■	1	■	0
1	7	■	3	0	9	0	9	6
1	0	1	0	■	1	1	8	0

Ça, c'est fait… divers

Octogénaire, diabétique et malade du cœur, Samuel Little croupit dans un pénitencier du Texas depuis 2012 et y finira sans doute ses jours puisqu'il doit purger trois peines de prison à vie prononcées contre lui pour trois meurtres commis dans les années 1980. Mais les enquêteurs sont convaincus de son implication dans au moins 27 autres, d'autant que lui-même en a désormais avoué près de… 70 ! Ce qui en ferait le plus grand tueur en série de l'histoire des États-Unis. Samuel Little a passé quarante ans à tuer sans jamais être inquiété. Pire, alors qu'il était directement mis en cause dans deux assassinats au début des années 1980, l'homme, qui traînait déjà un lourd casier de délinquant violent, a été blanchi. Dès lors, il n'a cessé de semer la mort sur sa route dans au moins quatorze États américains. Ses victimes ? Toujours des femmes, celles des quartiers pauvres, des toxicomanes, des prostituées, des jeunes mères isolées, des « invisibles » pour lesquelles personne ne réclamait justice. Si Little a finalement été arrêté, alors qu'il vivait dans un refuge pour sans-abri du Kentucky, c'est grâce au progrès de la police scientifique. Son ADN a fini par correspondre dans trois affaires non résolues, datant des années 1990. S'il a commencé par nier son implication, le vieillard a fini par avouer. Avant d'en reconnaître, toujours précis dans les détails, un quatrième, puis un cinquième, puis un sixième, etc. Little n'a jamais émis le moindre regret. Au contraire, selon les enquêteurs, il lui arrive même d'avoir comme un gloussement de plaisir à l'évocation de ses crimes…

Mardi 21 juillet

Saint Victor – On fête aussi les Trifin, Hector, Néot

« *Quand le coq chante le soir, la pluie lui court au derrière.* »

Ça s'est passé Le 21 juillet 1920

Un incendie détruit la nef de l'abbaye bénédictine Sainte-Marie-Madeleine de Vézelay (Yonne), causant la mort d'un millier de personnes.

{ Mots qui changent de sens }

Aujourd'hui, pas de tergiversations, un timbre est un petit bout de papier que l'on colle sur une enveloppe pour l'affranchir. Mais au XVIIe siècle, « timbre », qui est dérivé du latin *tympanum*, était employé en tant que traduction littérale de ce mot, à savoir « tambour ». Au XIXe siècle, le sens du mot a évolué pour désigner une « calotte de métal frappé par un petit marteau pour jouer le rôle de sonnette ». Comment le « timbre » s'est-il ensuite retrouvé à La Poste ? Si vous le savez, envoyez une lettre (timbrée) à la rédaction !

ILS ONT DIT

« L'alcool ne résoudra aucun de vos problèmes. Cela dit, le lait non plus. »

Sammy Davis Junior

PROBLÈMES DE MATHS DU CERTIFICAT D'ÉTUDES

Jean, Paul et Robert font une excursion à frais communs. Jean paie les places de chemin de fer : 3 billets aller et retour à 6,30 F l'un sur lesquels la compagnie fait 30 % de réduction. Paul paie le déjeuner : 3 repas à 4,60 F l'un, 2 bouteilles de vin à 1,35 F l'une, le tout majoré de 10 % pour le service. Robert s'acquitte des autres frais, soit 5,75 F.

Question 1 : Quelle est la dépense totale pour l'excursion ?

Question 2 : Les frais étant partagés également, combien chacun doit-il donner ou recevoir ?

Question 3 : Jean avait 20 F en partant, Paul le double et Robert les 3/5e de ce que possédait Paul. Que reste-t-il à chacun d'eux ?

Réponse 3 : il reste à Jean 7,62 F, à Paul 27,62 F et à Robert 11,62 F.
Réponse 2 : Jean reçoit 0,85 F, Paul reçoit 5,77 F et Robert donne 6,62 F.
Réponse 1 : 37,14 F.

INVENTIONS INSOLITES

Dans les années 1960, avec le développement des techniques industrielles et la libération des mœurs, on a assisté à un véritable boum des inventions et des créations de gadgets des plus utiles aux plus farfelus. Dans cette dernière catégorie, on en trouve une qui a au moins le mérite d'être ingénieuse et de faire sourire : le sein en plastique qui palpite pour imiter le rythme cardiaque. Non, rassurez-vous, nous ne faisons pas ici la promotion de quelque sex-toy étrange, mais d'une invention destinée aux bébés. Le but : imiter le sein de leur mère pour les apaiser quand l'attribut réel n'est pas disponible. Pointilleux, les inventeurs avaient même prévu plusieurs tailles de seins pour mieux « duper » les bébés !

Mercredi **22 juillet**

Sainte Marie-Madeleine – On fête aussi les Magda, Madelon

Le soleil se lève à **6h11** *et se couche à* **21h41**

« *S'il pleut à la Sainte-Madeleine, la figue est fort en peine.* »

Les animaux de compagnie des présidents

L'ancien Premier ministre François Fillon a bien failli être à l'origine d'un scandale à son arrivée à Matignon. Un scandale non financier, précisons ! Selon les dires d'un voisin, le chien qu'il possédait dans la Sarthe s'appelait… Chirac. Une information qui fit grand bruit à son arrivée dans les rédactions. Un pied de nez que l'intéressé et sa famille ont bien sûr nié, revendiquant pour le labrador le doux nom de Paddy. Vu le pedigree de l'animal (celui du chien nous est inconnu), on vous laisse juge…

ILS ONT DIT

« La jeunesse est courte. C'est la vie qui est longue… »
Françoise Giroud

[L'actu] Allaitement piquant

Contrairement aux mammifères, les araignées ne sont pas réputées pour être spécialement de bonnes mères, certaines espèces allant même jusqu'à dévorer une partie de leur progéniture. Des entomologistes de l'Académie chinoise des sciences viennent pourtant de découvrir que la *Toxeus magnus*, une espèce d'araignée sauteuse de Singapour, est un modèle de dévouement maternel. Après avoir pondu, la mère dépose des gouttelettes de lait à l'intérieur de son nid jusqu'à l'éclosion des œufs ; après quoi, les jeunes araignées se regroupent sur elle pour téter. La mère allaite ses petits jusqu'à leur adolescence (20 jours). Selon la même étude, ce « lait d'araignée » est particulièrement riche en protéines, quatre fois plus que le lait de vache. Bientôt des yaourts au lait d'araignée dans nos supermarchés ?

Brèves régions

Seine-et-Marne/Le coquelicot de Nemours

Aussi fragile que jolie, la fleur de coquelicot est une spécialité du Gâtinais. Les cuisiniers s'en donnent à cœur joie pour accommoder les pétales rouges dans d'originales préparations, la plus célèbre étant sans aucun doute ce bonbon de sucre cuit, plat et rectangulaire, aux angles coupés, de couleur rouge, inventé vers 1850 par le confiseur François-Étienne Desserey pour lutter contre la toux, la fleur de coquelicot étant réputée pour ses vertus apaisantes. La cueillette des coquelicots s'effectue dans la région de Nemours sur des terres en jachère de mai à début juillet, uniquement en milieu de matinée pour éviter la rosée et la chaleur. Sont ainsi récoltés chaque année jusqu'à 350 kg de cette fleur, que l'on transforme ensuite en arôme naturel.

« *S'il pleut le jour de la Sainte-Brigitte, il pleuvra six jours de suite.* »

Chiffres et expressions

Dix de der

C'est aux joueurs de cartes, et de belote en particulier, que l'on doit cette expression. Chaque partie totalise 162 points répartis entre les joueurs. Dix de ces points sont spécifiquement comptabilisés pour le dernier pli. C'est donc pour annoncer l'augmentation de son score de 10 que celui qui remporte cet ultime pli emploie l'expression « dix de der ».

Charade

À tiroirs

Mon premier calme les esprits.

Mon deuxième tourne les têtes.

Mon tout est un écrivain et philosophe français du XVIIIe siècle.

VOLTAIRE. Mon premier est Vol car Vol tempère (Voltampère). Mon second est Ter car Ter est belle (Térébelle).

VERMOT'ROSCOPE

LION (23 juillet – 22 août)

Caractère

Enflammé, flamboyant, passionné, charismatique, généreux, sociable, mondain, séducteur, déterminé, volontaire, observateur, créatif, affairiste, ambitieux, dynamique, autoritaire, susceptible, égocentrique, colérique.

Le message des astres

Si Uranus vous oblige à modifier certains aspects de votre quotidien, Mars, qui vous accompagnera dès la fin septembre, vous permettra de garder le contrôle de votre situation, quoi que vous viviez.

Vie relationnelle

D'un bout à l'autre de l'année, vous aurez besoin de vous sentir entouré de personnes sincères et fiables. Ainsi, vous fuirez naturellement les relations superficielles en privilégiant l'authentique et le solide. Certains auront même l'occasion de consolider des amitiés créées en 2019.

Amour

À deux, vous ne devriez pas manquer d'idée pour mettre un peu de fantaisie dans votre vie conjugale. Certains opteront pour les sorties, les vacances et les tête-à-tête le plus souvent possible avec leur moitié. D'août à décembre, vous donnerez un nouvel élan à votre relation et vous serez amené à explorer de nouveaux possibles à deux. Célibataire, ce n'est pas une année exceptionnelle qui vous attend et votre vie amoureuse sera mise entre parenthèses. Profitez-en pour vous retrouver, vous recentrer sur vous-même et prendre soin de vous.

Famille

Vous éprouverez le besoin de ramener un peu de lien dans vos relations avec vos proches. Ainsi, 2020 vous verra vous rapprocher des personnes que vous aimez. Vous privilégierez les moments de partage et de complicité, notamment à partir de septembre.

Quotidien et vitalité

Vous donnerez la priorité à vos activités préférées, à vos loisirs et aux différents projets qui vous tiennent à cœur. Conséquence : vous serez occupé une grande partie de 2020. L'ennui ne sera donc pas au rendez-vous. C'est une année intense qui vous attend, et ce, pour votre plus grand plaisir. N'oubliez pas de vous reposer de temps en temps afin de ne pas entamer vos réserves d'énergie.

Budget

Pas de gros nuages à l'horizon. Les astres vous donnent l'occasion de préserver votre équilibre financier. 2020 sera une période parfaite pour faire vos comptes avec plus de régularité et de sérieux.

Comment optimiser votre année

Vous devrez rester en alerte et donc attentif aux événements. Comptez sur votre intuition et sur votre flair pour bien vivre les différentes échéances de 2020. Ne cherchez pas à maîtriser quoi que ce soit, mais adaptez-vous.

Vendredi **24 juillet**

Sainte Christine – On fête aussi les Ségolène, Gwengalon

Le soleil se lève à **6 h 14** *et se couche à* **21 h 39**

« *À la Sainte-Christine mûrit l'aubépine.* »

Pan Pan!

PERLES DE POLICIERS

Dans un rapport de police : « Arrêté par les gendarmes, le voleur les a menacés d'appeler la police. » C'est ce qui s'appelle pousser la guerre des services…

MÊLEZ-VOUS DE VOS AFFAIRES

La France et les États-Unis ont-il été les complices d'Hissène Habré, ancien dictateur du Tchad jugé et condamné pour crimes contre l'humanité en 2016? C'est ce que dénonce un rapport d'Human Rights Watch, qui affirme que le dictateur a reçu tout au long de son « règne » l'aide et l'amitié des deux pays occidentaux. On le voit même sur des photos de 1987 aux côtés de Ronald Reagan, à l'intérieur même de la Maison-Blanche. On a vu mieux, comme discrétion!

MORT DU DIESEL ANNONCÉE

Rétro Vermot

Une dame arrive avec son fils de 4 ans à une consultation d'ophtalmologie :

« Bonjour Madame, la consultation, c'est pour vous ou pour ce jeune homme?

– C'est pour le petit, mais comme il ne sait pas lire, c'est moi qui lirai les lettres! »

~~VRAI~~ ou FAUX ? Les *fake news* de l'histoire

La mémoire de l'eau

En juin 1988, de très sérieuses publications, dont la revue *Nature*, diffusent une découverte scientifique : « la mémoire de l'eau ». L'enjeu commercial est crucial : cela prouverait scientifiquement l'efficacité de l'homéopathie, fondée sur la dilution extrême des principes actifs. Or les travaux du médecin-chercheur Jacques Benveniste ont été financés en partie par des laboratoires, spécialisés dans… l'homéopathie. La polémique enfle, car l'expérience est non reproductible et la qualité du protocole remise en question. D'ailleurs, de nos jours encore, seul l'effet placebo des minuscules granules est attesté scientifiquement.

Ça, c'est fait… divers

Des religieuses qui piquent dans la caisse pour aller flamber au casino! Ce pourrait être le pitch d'une comédie italienne, c'est pourtant une véritable histoire américaine. Deux sœurs, qui officiaient dans une école catholique près de Los Angeles, se sont servies dans les fonds de l'établissement pour s'offrir des virées dans des casinos à Las Vegas. Leurs détournements, qui dépassent les 500 000 dollars, ont duré plus d'une dizaine d'années sans que personne ne s'aperçoive de rien. Il faut dire que la principale accusée, sœur Mary Margaret Keuper, était… la principale de l'établissement, où elle a travaillé pendant vingt ans. Avec sa très bonne amie, sœur Lana Chang, professeur en classe de quatrième, elles ont subtilisé et falsifié des centaines de chèques pour assouvir leur passion du jeu. C'est un audit réalisé après leur départ à la retraite qui a révélé leurs filouteries. Créé en 1650 en France au Puy-en-Velay, l'ordre des Sœurs de Saint Joseph de Carondelet, auquel appartiennent les deux religieuses au moins doublement pécheresses, a promis qu'il rembourserait l'école intégralement, assurant que l'éducation des enfants ne serait pas affectée par ces événements. Les nombreuses familles qui ont préféré transférer leur progéniture ailleurs ne sont apparemment pas du même avis.

« *Tu ne peux pas empêcher l'oiseau de malheur de voler au-dessus de ta tête. Mais tu peux l'empêcher de faire son nid dans tes cheveux.* »

ILS ONT DIT

« L'amour au cinéma, c'est nécessaire. Mais le cinéma dans l'amour, c'est débecquetant. »

Frédéric Dard

Secrets des chansons mythiques

Pour un chanteur, l'inspiration se trouve partout. Par exemple, Gilbert Bécaud a rencontré dans un avion une jeune actrice, Elga Andersen, qui venait d'être quittée par son fiancé. Touché (et peut-être opportuniste ?), Bécaud l'invite chez lui au Chesnay, à côté de Versailles. La jeune femme, désespérée, se penche alors sur le piano en murmurant : « Et maintenant, que vais-je faire ? » La chanson du même nom sera écrite dans la journée par un Bécaud apparemment très inspiré par le malheur de son invitée !

Étymolo-quiz...

Vrai ou faux : le mot « bagne » est issu de l'italien *bagno* qui veut dire « bains ».

Réponse : vrai.

[L'actu]

L'équation parfaite

Après la pizza militaire de l'armée américaine (voir p. 31), la « pizza parfaite » d'un groupe de physiciens italiens ! Pour trouver l'équation de cette merveille de la cuisine italienne, l'équipe a utilisé la technique de recherche *provando e riprovando*, que l'on peut traduire par « essayer et réessayer ». Fondée sur l'observation de pizzaiolos italiens suivie de discussions avec eux, la formule aboutit selon eux à la cuisson d'une pizza parfaite, y compris à la maison. Les auteurs se sont concentrés sur la fabrication de la basique Margherita. Comme on pouvait s'y attendre, un four en briques est largement préférable à un four métallique. La chaleur y est plus uniforme. Ce four doit être à la température idéale de 620 °C et la Margherita doit cuire exactement deux minutes pour être parfaite. Chez vous, les conditions d'un four en briques peuvent être reproduites dans un four en métal, en réduisant la chaleur à 450 °C, mais en laissant cuire la pizza pendant 50 secondes de plus. Attention : le temps de cuisson doit être augmenté de quelques dizaines de secondes si vous ajoutez des garnitures !

C'est tragique !

Apollon avait pourtant prévenu Œdipe de la malédiction qui pesait sur lui : il allait tuer son père et épouser sa mère. Bien que ce funeste destin lui fût clairement annoncé (comme dans bon nombre de tragédies grecques), cela n'empêcha pas qu'il s'accomplisse. Alors qu'Œdipe fit tout pour conjurer le mauvais sort, celui-ci s'abattit inexorablement sur notre héros tragique : il tua son père sans savoir que c'était lui, épousa sa mère en ignorant qui elle était réellement, devint même père de quatre enfants, forcément maudits, et finit par se crever les yeux. Il y en a qui n'ont vraiment pas de chance !

Dimanche 26 juillet

Sainte Anne et Saint Joaquim – On fête aussi les Annie, Éraste, Joris

Le soleil se lève à **6 h 16** *et se couche à* **21 h 36**

« *Si les fourmis s'agitent à la Sainte-Anne, l'orage descend de la montagne.* »

Rétro Vermot

À l'hôpital :
« Vous êtes dingue ! Ce malade a une extinction de voix ! Je vous avais dit de lui donner un gargarisme ! Pourquoi est-ce que vous lui administrez un lavement ?
– Mais Docteur… il est ventriloque ! »

BLASON

Savez-vous pourquoi le blason de la ville de Saint-Calixte, au Québec, représente des coupes dorées posées sur une croix rouge, elle-même sur fond argenté ? Simplement parce qu'il a été créé sous forme « d'armes parlantes », à la manière d'un rébus approximatif : « cinq calices » évoquent le nom de la municipalité fondée en 1855, dont la sainteté est rappelée par la croix. (Voir code couleur en dernière page.)

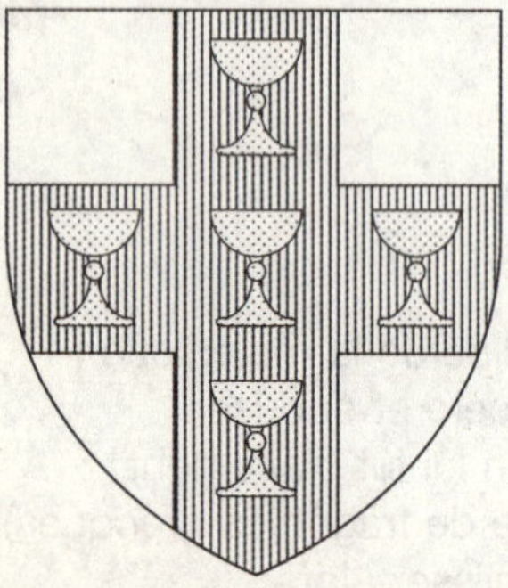

ILS ONT DIT

« Passer pour un idiot aux yeux d'un imbécile est une volupté de fin gourmet. »
Georges Courteline

LES GRANDS DE LA PETITE REINE

Le but des maillots distinctifs et des classements alternatifs est de mettre en lumière des coureurs ne pouvant prétendre au classement général, mais ayant des aptitudes particulières : sprinteur, grimpeur, meilleur jeune, etc. Si certains coureurs sont si exceptionnels qu'ils peuvent prétendre à plusieurs de ces distinctions, un seul jusqu'à aujourd'hui a réussi l'exploit de remporter à la fois le maillot jaune du gagnant du Tour de France et celui à pois du meilleur grimpeur. Il s'agit bien sûr d'Eddy Merckx, « le Cannibale », qui, en 1969, passa la ligne d'arrivée au vélodrome municipal de Vincennes en tête non seulement du classement général, mais aussi de celui de la montagne. Il dira rétrospectivement, en toute simplicité : « J'étais vraiment fort cette année-là… » Tu l'as dit, Eddy !

LES GRANDS ILLUSIONNISTES

Le professeur

Le Canadien Dai Vernon (1894-1992) avait de multiples talents, notamment en matière de cartomagie (la manipulation des cartes) et de *close-up* (la magie rapprochée, c'est-à-dire au plus près du spectateur). Surnommé « le professeur », il était aussi reconnu pour la qualité de sa routine dans le fameux tour des gobelets, qui consistait à faire apparaître et disparaître de petits objets avec des gobelets posés sur une table. Mais il était surtout l'homme qui avait vaincu la sagacité du grand Houdini. Ce dernier se targuait de pouvoir comprendre n'importe quel tour de magie après l'avoir vu exécuter trois fois. Or, Dai Vernon lui présenta sept fois d'affilée l'un de ses tours, « la carte ambitieuse », sans que jamais ce dernier ne comprenne le truc ! Fier de son succès, il l'exploita en se décrivant sur ses affiches comme « l'homme qui a trompé Houdini » !

« À la Sainte-Nathalie, temps joli. »

Mon Trésor (public) !

De nos jours, les toilettes publiques payantes peuvent paraître abusives : pourquoi payer pour satisfaire un besoin naturel ? Le capitalisme n'a donc pas de limites ? L'idée est cependant tout sauf nouvelle car, dans la Rome antique déjà, l'empereur Vespasien imposait tout usage des latrines publiques sur le territoire. Il fallait surtout faire attention de ne pas laisser traîner le reçu avec le papier toilette…

Pierre Desproges

Pièges de l'ortografe (h / ph)

Merci

Selon la règle, lorsque « merci » précède un verbe à l'infinitif, il est toujours suivi de la préposition « de ». On écrira donc « merci de me pardonner » comme si le pardon était acquis. En revanche, si le mot qui suit merci est un nom, on peut utiliser « de » ou « pour ». Il semble que « pour » indique que l'action a déjà été accomplie : « merci pour votre attention »…

AVENTURIERS DE L'IMPOSSIBLE

Isabella Bird : atteinte de bougeotte aiguë ?

Généralement, quand on a une santé fragile, les médecins conseillent de ne pas trop voyager. Dans le cas d'Isabella Bird, une aventurière du XIXe siècle, ce fut plutôt le contraire : de faible constitution, ce n'est que dans les aventures les plus périlleuses que sa santé trouvait à s'améliorer, celle-ci ne se dégradant que lorsqu'elle cessait de voyager ! Dès 1860, cette exploratrice atteinte de bougeotte sévère visita le Canada, les États-Unis, l'Australie, Hawaï, la Chine, le Viet-Nam et le Japon, où elle se lia avec le peuple Aïnou, alors persécuté. À la fin des années 1890, elle se rendit en Inde où elle fonda un hôpital ouvert à tous, puis continua de voyager : Tibet, Turquie, Perse, Kurdistan et tant d'autres destinations… Isabella Bird écrivit de nombreux livres sur tous ses périples et fut même la première femme à rejoindre la Royal Photographic Society de Londres en 1897.

Au poil !

À la grande période de la Rome antique, le raffinement était à son comble, et les règles de style et de mode ne manquaient pas. Elles se succédaient d'ailleurs à un rythme effréné, ce qui mettait les précieux à rude épreuve ! L'une d'elles, lorsqu'on était un homme, avait une importance particulière : celle de la « gestion » de sa barbe. Le premier coup de rasoir des jeunes hommes à la puberté était organisé lors d'une cérémonie solennelle, censée représenter le passage à l'âge adulte. Ensuite, le Romain devait conserver sa barbe et l'entretenir jusqu'à ses 49 ans, âge auquel il redevenait acceptable de se raser pour paraître plus jeune. Pas facile quand on n'aimait pas la barbe à cette époque-là, qu'on soit homme ou femme d'ailleurs !

« À la Saint-Samson, le temps est bon. »

NOVLANGUES & JARGONS

Lorsque vos interlocuteurs finissent leurs messages par « merci de votre retour » ou « dans l'attente de votre retour » ou encore « pouvez-vous revenir vers moi ? », il n'est pas nécessaire que vous rentriez de vacances plus tôt ni que vous apparaissiez en chair et en os devant eux. Ils veulent tout simplement dire qu'ils attendent une réponse de votre part. Bizarre…

ILS ONT DIT

« Les bonnes résolutions ne gagnent pas à être différées. »
Jules Romains

Recette de cuisine – Taboulé d'été

Pour 4 à 6 pers. 15 min de préparation 2 h de réfrigération

- 500 g de graines de couscous moyen
- 1 belle grappe de tomates
- 1 concombre
- 1 bouquet d'herbes fraîches : persil, menthe ou basilic
- Quelques oignons grelots
- 3 citrons (jus)
- 15 cl d'huile d'olive
- 1 petite boîte de pois chiches
- Sel, poivre

Préparez la semoule dans un grand saladier en suivant les recommandations du paquet.
Lavez le concombre et hachez-le. Pelez les tomates et hachez la chair. Nettoyez et ciselez les herbes fraîches. Hachez les oignons grelots. Pressez les citrons.
Quand la semoule s'est bien hydratée, versez l'huile d'olive et le jus de citron. Remuez en égrainant à la fourchette. Ajoutez le concombre, les tomates, les herbes, les oignons et les pois chiches égouttés. Assaisonnez et mélangez bien le tout.
Placez le saladier au réfrigérateur 2 heures avant de déguster.

Suggestion : raisins secs, épices, moutarde… N'hésitez pas à agrémenter ce taboulé selon vos goûts !

Verbes régionaux

SINCER

Quand on sait que, dans le Poitou, une « since » (aussi orthographiée « cinse ») est une serpillière, on comprend vite que demander à quelqu'un de « sincer », ou de « cinser », équivaut à lui demander de laver le sol avec une serpillière. Appelée « wassingue » dans le Nord et « bâche » en Champagne, la serpillière a également (et logiquement) donné les verbes « wassinguer » et « bâcher ».

LOISIRS TENDANCE

Mettez-vous vite à l'eau !

On vous l'a toujours dit, rien de tel que la natation pour se muscler en profondeur et en douceur. Le problème, c'est que faire des longueurs n'est vraiment pas votre tasse de thé… Peut-être n'aimez-vous pas ou ne savez-vous pas nager, ou bien détestez-vous avoir la tête dans l'eau ? Dans ce cas, testez ou reprenez l'aquagym. Ce sport n'est pas nouveau, mais il est de plus en plus tendance ! La tête hors de l'eau, vous effectuerez, en rythme et sur les conseils d'un coach, des exercices adaptés à votre condition physique. Le tout dans une ambiance détendue et bienveillante : personne n'étant vraiment sous son meilleur jour en maillot de bain, autant ne pas s'en faire !

« *Au mois de juillet, bouche noire, gosier sec.* »

Pimpon !

ANECDOTES DE POMPIERS

Technique parentale discutable : « Est-ce que je peux vous passer mon fils ? Ce petit con redouble sa 5e et ne fout rien au collège. Vous pourriez lui dire que, s'il continue comme ça, il va finir pompier à s'occuper de la merde des autres ? »

Brèves régions

Landes/ La forêt de pins

Le massif forestier des Landes de Gascogne s'étend sur près d'un million d'hectares, ce qui en fait la plus grande forêt artificielle d'Europe. « Artificielle », car ses pins ont été plantés sous Napoléon III, au XIXe siècle, pour assécher les marais, éradiquer le paludisme et fixer les dunes de la côte. Le vaste triangle que forme cette forêt couvre trois départements (Gironde, Landes et Lot-et-Garonne), dont les sommets sont matérialisés au nord par la pointe de Grave, au sud par Hossegor et à l'est par Nérac.

[L'actu]

Moines à la diète

Énorme débat de société en Thaïlande : les moines bouddhistes deviennent obèses à cause des offrandes ! La raison : le changement de nature des dons qui leur sont distribués par des millions de Thaïlandais. La traditionnelle obole de riz s'est transformée ces dernières années en paniers-repas de *junk food* (chips, gâteaux, boissons sucrées). Selon une étude réalisée dans le nord-est du royaume, sur plus de 3 500 moines examinés, 15 % sont obèses. Dans certains monastères, ce taux atteint même les 48 % ! Un enjeu de santé publique qui affole d'autant plus les autorités que les fidèles sont vivement encouragés à faire des offrandes, considérées comme de « bonnes actions » portant chance. Dans les supermarchés, on trouve même des rayons consacrés aux offrandes, une nourriture bien terrestre souvent riche en sucres et en graisses. Afin de lutter contre le phénomène, le gouvernement a publié une charte de la santé des moines, les enjoignant à prendre soin de leur corps. Sauf que les religieux sont censés accepter tous les dons et… ne pratiquer aucun sport ! Et, dans les monastères, les statues de Bouddha le montrent en général joufflu et dodu. Pas le meilleur exemple…

NOTRE POUVOIR D'ACHAT NE CESSE D'AUGMENTER

Histoire cochonne

Wim Delvoye est un artiste belge réputé pour ses réalisations au goût douteux. Créateur de Cloaca, une « machine à excréments », le plasticien a présenté il y a quelques années une « œuvre » constituée de cochons tatoués. Élevés et engraissés dans une ferme en Chine, les porcs, filmés en continu, sont passés sous l'aiguille de professionnels et de l'artiste pendant plusieurs mois afin d'être intégralement tatoués. Une fois le travail terminé, les bêtes ont été saignées, leurs peaux récupérées et tannées. Quelques-uns ont été empaillés. Des œuvres d'art donc…

Jeudi 30 juillet

Sainte Juliette – On fête aussi les Abdallah, Abdoulaye, Giulietta

Le soleil se lève à **6 h 21** *et se couche à* **21 h 31**

« *En canicule pas d'excès, et en tout temps pas de procès.* »

Nos régions ont du talent

Vous ne l'avez peut-être jamais entendu, mais le nom de Paccard est aujourd'hui synonyme d'excellence en Savoie. Cette famille, propriétaire d'une fonderie de cloches établie à Quintal depuis 1796, est à l'origine de l'une des spécialités de la région : la cloche, dont elle a coulé plus de 120 000 exemplaires. C'est d'ailleurs la Fonderie Paccard qui fabriqua la gigantesque cloche du Sacré-Cœur à Paris, surnommée la Savoyarde et pesant près de 19 tonnes. Niveau savoir-faire, il s'agirait de ne pas prendre les Savoyards pour des… jambons (et non, c'était trop facile!).

Rétro Vermot

«Je dois devenir sourd, Docteur. Je n'entends plus ma femme quand elle me parle.
Vous devriez sortir plus souvent, aller au café, courir les filles…
– Et vous croyez que je l'entendrai mieux?
– Oui, car, quand vous rentrerez, votre femme criera plus fort.»

L'UTILISATION DE TABLETTES ET SMARTPHONES RESPONSABLE DU RETARD DE LANGAGE CHEZ LES JEUNES ENFANTS

Expressions du potager

Je suis dans les choux!

C'est possible d'y être sans jamais mettre les pieds dans les champs! Car le chou n'est convoqué ici que pour être substitué à «échouer», son cousin euphonique. Et pas de référence non plus à la chose culinaire quand on fait chou blanc : il faut y voir une simple déformation de «coup blanc», peut-être une expression du jeu de quilles, quand la boule n'en renverse aucune (au bowling, cela s'appelle faire un pneu!). En revanche, c'est bien du bon vieux chou pommé dont on parle quand on va planter ses choux, c'est-à-dire que l'on reprend ses billes et que l'on se met au vert… chou! Et c'est lui aussi que l'on confronte à Blanchette (tout en ménageant une belle allitération!) quand on ménage la chèvre et le chou! Mais est-ce au fondant de ses feuilles que ce légume rond doit d'être la star des expressions tendresse : mon chou, mon p'tit chou, mon bout'd'chou, mon chou-chou, mon chou à la crème? Non, à la vérité. C'est plutôt, croyons-nous, que, pour prononcer le mot, on avance les lèvres en les arrondissant… comme pour un bisou!

Invisibles : les petites mains du pouvoir

Si un service de police spécialisé est spécifiquement dédié à la sécurité du chef de l'État, il revient traditionnellement depuis 1848 à la Garde républicaine d'assurer la sécurité générale du palais de l'Élysée. Reconnaissables à leur képi blanc ou à leur casque d'apparat à plumet rouge, ces soldats sont notamment chargés de filtrer les entrées. Pour les courses-poursuites, pas sûr que le cheval soit le plus efficace, mais après tout… pourquoi pas!

« Au mois de juillet, faucille au poignet. »

Ça s'est passé Le 31 juillet 1920

Pour encourager le repeuplement de la France, une loi réprimant « la provocation à l'avortement et à la propagande anticonceptionnelle » est promulguée.

Les fautes des grands écrivains

On attribue volontiers la formule « qu'importe le flacon, pourvu qu'on ait l'ivresse » à Charles Baudelaire, mais c'est pourtant Alfred de Musset qui en est l'auteur dans *La Coupe et les Lèvres*. Il est vrai que Baudelaire entretenait une relation très étroite et régulière avec la boisson (alcoolisée s'entend), et c'est peut-être à cause de cela qu'il a écrit dans *Le Cygne* : « Eau, quand pleuveras-tu ? » Le grand poète, peu accoutumé à l'eau, avait peut-être un peu de mal à se familiariser avec cet élément et donc à le décrire correctement…

ILS ONT DIT

« Si tous les fous étaient enfermés, que de vide dans le monde ! »

Charles Régismanset

CLASHS D'ARTISTES

Une controverse agite le monde de la musique à Paris à la fin du XVIIIe siècle : on l'appela la querelle des gluckistes et des piccinnistes. Elle opposait moins les compositeurs Gluck et Piccinni que leurs partisans respectifs, d'un côté ceux qui considéraient que les Allemands étaient les seuls « vrais » musiciens; de l'autre, les tenants de la musique italienne et de son idéal. Alimenté par la presse de l'époque, le conflit, latent en 1776, s'est envenimé en 1779, lorsque les deux compositeurs proposèrent chacun une partition sur le thème d'Iphigénie en Tauride. Leur rivalité fut exacerbée par leurs soutiens à travers libelles et pamphlets. Donnée la première, l'œuvre de Gluck rencontra un immense succès. Deux ans plus tard, la version de Piccinni fut un échec. Mais, si l'opéra « dramatique » (Gluck) avait, a priori, pris l'avantage sur l'opéra « musical » (Piccinni), l'œuvre suivante de Gluck fut un tel fiasco qu'elle mit un terme à cette bataille, ne distinguant ni gagnant ni perdant entre les deux compositeurs. Tout ça pour ça !

Ha! Ha! Ha!

Au cours d'une soirée étudiante, un élève d'une école de commerce s'approche discrètement d'une jolie fille et l'embrasse sans prévenir.
À la fois surprise et agacée, la jeune fille lui lance :
« Mais t'es fou ! Pourquoi t'as fait ça ?
– Marketing direct !, réplique aussitôt le gars hilare.
La jeune fille se retourne, fait quelques pas, se ravise, revient vers lui rapidement et lui flanque un coup de pied dans l'entrejambe. Le jeune gars, qui n'a rien vu venir, se plie en deux sous la douleur. Après un moment, encore suffoquant, il lui dit :
« Mais t'es folle ! Pourquoi t'as fait ça ?
– Retour client », répond la jeune fille avec un petit sourire.

« *Au mois d'août, n'ôte ta flanelle qu'en cas de chaleur torrentielle.* »

L'ÉNIGME DE LA MACHINE À COUDRE

EPISODE 8

Bouleversée, Alice sort fébrilement une photo de son portefeuille.
« Laurent, regarde : sur cette photo, c'est moi. J'avais imaginé cette mise en scène pour ma nouvelle collection de vêtements Arlequinade. »
Laurent observe la posture, le regard charbonneux, les traits du visage, le diadème, les bracelets… et la tenue Arlequin ! Ne manquent que les deux soldats sur les côtés ! Cette photo en couleurs montrait la même femme que celle sur l'image sépia du *Vermot* prise 60 ans avant !
« Comment expliquer une telle coïncidence ? Serait-il possible que…
– Cette femme est forcément de ta famille… Ta grand-mère maternelle peut-être ? Une telle ressemblance… Je ne vois pas d'autre explication…
– Et cette obsession que j'ai toujours eue, dès l'enfance, des motifs Arlequin… Elle travaillait donc dans un cirque, c'est fou ! Y aurait-il une mémoire des tissus comme il y a une mémoire des corps ?
– Oui, bien sûr ! Moi, j'y crois. J'ai beaucoup travaillé autour de la psychogénéalogie, j'ai lu des témoignages bouleversants à ce sujet : les anciens, sans connaître leurs descendants, leur transmettent leurs talents, leurs traumatismes… C'est une question de mémoire cellulaire, de transmission inconsciente.
– Ok, donc admettons que cette femme sur la photo soit ma grand-mère, comment savoir qui elle était ? Son nom n'est écrit nulle part sur cette photo, ni dans la légende… Pourquoi Célia m'a-t-elle menée vers elle ?
– Aucune idée. »
Alice répète « ma grand-mère », la gorge un peu nouée. La nuit tombe, la bouteille de bergerac est vide, la tête d'Alice tourne un peu… Elle propose à Laurent de rester dormir sur le canapé – proposition cavalière, certes, mais, de toute, façon cette journée était folle – parce qu'elle ne veut pas rester seule, avec l'obsession de cette grand-mère sortie soudain d'une légende. Elle se sent tellement en confiance avec cet homme, c'est troublant. Il accepte.
« Alice, tu as sommeil ?
– Non, pas vraiment. Et toi ?
– Non. On continue à chercher ? »

(À suivre le mois prochain)

Le soleil se lève à **6 h 25** et se couche à **21 h 27**

Dimanche **2 août**

Saint Julien Eymard – On fête aussi les Julianne, Friard, Secondel

« *Il faut cueillir les choux l'un des trois premiers jours d'août.* »

ILS ONT DIT

« Ceux qui font des généralités sont des imbéciles... généralement ! »

Raymond Devos

Chiffres et expressions

Être treize à table

« Être treize à table » est devenu signe de mauvais augure, en référence au dernier repas du Christ où, entouré de ses douze apôtres, Jésus était le treizième convive et le plus jeune de tous. Peu de temps après ce fameux repas, il mourut, trahi par Judas. Aujourd'hui encore, certains préfèrent éviter de funestes conséquences en n'étant jamais treize à table.

Expressions du potager

J'ai la pêche !

On n'a pas la pêche depuis très longtemps. Il y a deux ou trois siècles, « avoir la pêche », c'était posséder le droit de pêche sur un territoire – ce qui n'a aucun rapport avec la canne du pêcheur, contrairement à ce que pensent certains pêcheurs en eau trouble qui attribuent à tout un sens obscène caché... Au sens où on l'entend aujourd'hui, on n'a la pêche que depuis les années 1960. On avait déjà la frite depuis quelque temps, on enchaîna avec la gnaque (terme d'origine occitane) et la banane (avec background obscène, pour le coup !). Alors, pourquoi la pêche ? Sans doute parce qu'elle est gonflée à bloc, ferme et ronde comme le poing. D'ailleurs, quand on a la pêche, on n'hésite pas à « mettre une pêche » aux casse-pieds et autres enquiquineurs ! Dans un autre registre, il est évidemment beaucoup moins glorieux de poser une pêche (avec sans doute une allusion au fruit trop mûr cette fois !). Mais à l'opposé, dans un domaine plus galant, même si l'on n'est pas pêcheur, on peut avoir une touche et se laisser tenter par l'attrait et la douceur d'un teint de pêche – et à tout péché miséricorde !

Rétro Vermot

« Docteur, je suis inquiète, mon mari se prend pour un cheval de course : il hennit, dort sur de la paille et mange même du foin !

– Ne vous inquiétez pas, dit le psychiatre, je peux le guérir, mais il faudra de nombreuses séances, ça va vous coûter cher...

– Oh, Docteur, l'argent n'est pas un problème, il a déjà gagné trois courses à Auteuil ! »

Brèves régions

Hauts-de-Seine/Une momie aux encombrants

C'est une histoire à peine croyable qui est arrivée aux agents municipaux de Rueil-Malmaison en l'an 2000. Lors du ramassage des encombrants dans la commune, ils ont trouvé... une momie égyptienne ! Après avoir été étudiée par les spécialistes, la transcription de l'inscription qu'elle portait a révélé le nom et le sexe du défunt, une petite fille de l'époque ptolémaïque nommée Ta-Iset, c'est-à-dire « Celle d'Isis ». De plus, l'étude osseuse et dentaire a dévoilé son âge, entre 4 et 5 ans. Elle est aujourd'hui conservée au musée de la ville dans une salle aménagée spécialement pour elle.

Lundi 3 août

Sainte Lydie – On fête aussi les Nicodème, Euphrone, Lydéric

Le soleil se lève à 6 h 27 et se couche à 21 h 25

« *Au mois d'août, on se mettrait dans un puits.* »

DRÔLE DE NOM POUR UNE VILLE !

Mâle

La commune de Mâle se situe dans l'Orne. En 1968, époque où l'on voulut gommer l'aspect trop viril du nom, des habitants souhaitèrent revenir à sa forme ancienne, « Masle ». Mais la Commission de révision des noms de communes n'approuva pas ce choix qu'elle jugeait « contraire à l'évolution de la langue française ». Même en restant Mâle, les femmes y sont les bienvenues !

0 2 0 BINAIRO

Cette grille ne contient que des 0 et des 2.
Il y a autant de 2 et de 0 sur chaque ligne et sur chaque colonne.
Il n'y a pas plus de 2 chiffres identiques côte à côte.
2 lignes ou colonnes ne peuvent être identiques. Le chiffre dans chaque zone pointillée est égal à la somme des chiffres de la zone correspondante.

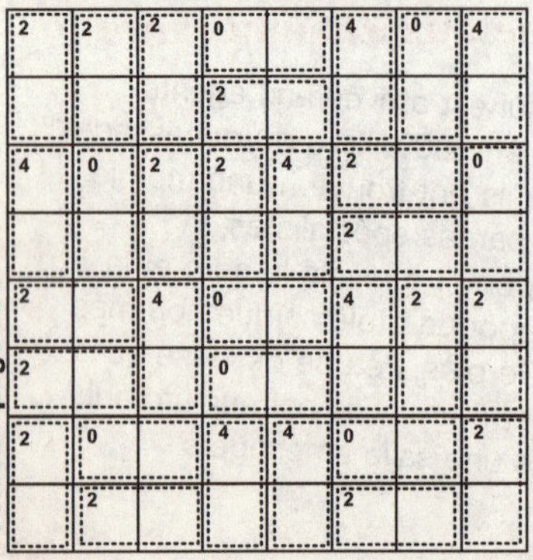

Solution page 239

LES GRANDS DE LA PETITE REINE

Courir l'intégralité du Tour de France est long et forcément éprouvant, et ce depuis les débuts de l'épreuve. C'est sûrement pour s'accorder un peu de répit dans cette course folle que quatre coureurs français, Maurice Carrère, Henri Gauban, Julien Gabory et Gaston Tuvache, ont décidé de concert, lors de l'édition de 1906, de « couper le fromage » en prenant le train plutôt que de pédaler entre Vesoul et Dijon. Pas de chance : le chef de gare, qui était un fervent amateur de cyclisme, a tout de suite reconnu nos « lascars ». Il s'est empressé de prévenir l'organisation du Tour, qui, non seulement a disqualifié les quatre coureurs, mais les a invité à « rentrer par le même chemin », à leurs frais bien sûr…

UN TRAVAILLEUR INDÉPENDANT SUR CINQ EST FINALEMENT DÉPENDANT

Le Chiffre

122

C'est le nombre de clous qui ont été extraits de l'estomac d'un homme après plusieurs heures d'opération dans un hôpital d'Addis-Abeba, en Éthiopie. Chaque clou mesurait une dizaine de centimètres. Les chirurgiens ont également récupéré quatre punaises, deux aiguilles, un cure-dent, plusieurs morceaux de verre brisé et des petits bouts de métal. Opéré à l'hôpital Saint-Pierre, l'homme souffrait de pica (du latin *pica*, la pie), un trouble mental, sévère dans son cas, caractérisé par l'ingestion régulière de substances non nutritives et non comestibles. D'après les médecins, le patient avait arrêté de prendre ses médicaments depuis deux ans, ce qui explique la quantité impressionnante d'objets coupants retrouvés dans son estomac. Et c'est un miracle qu'aucun d'entre eux n'ait endommagé des organes ! « J'imagine qu'il a consommé ces objets en buvant de l'eau », a expliqué un des chirurgiens. Si, en plus, les clous avaient rouillé…

« *C'est le soleil d'août qui donne aux pommes leur goût.* »

Rébus bande dessinée

DUDUCHE ←

DUDUCHE

DUDUCHE

Le Grand Duduche

Pièges de l'ortograxe (h, ph)

En mode est à la mode

C'est aujourd'hui à la mode d'être « en mode week-end », « en mode stressé », « en mode découverte », etc. Nos amis Québécois nous rappellent pourtant que la locution est en réalité un anglicisme calqué sur *to be in…* mode. Il n'existe donc aucune raison structurelle d'utiliser cette formule en français car elle n'a pas d'étymologie dans notre langue.

Perles de sportifs

Plaie au nasme

Qui l'a dit ? Franck Ribéry, l'idole de cette rubrique de perles.

La perle : « Il faut avancer de l'avant, parce qu'il nous reste une finale à préparer. » Remarquez, nous sommes durs avec le pauvre Franck, il a déjà trouvé le bon sens pour avancer !

[L'actu] Mauvaise manie

Renifler régulièrement ses chaussettes peut avoir de graves conséquences ! Cette très mauvaise habitude a en effet conduit un Chinois à l'hôpital pour une grave infection pulmonaire. Ce cas médical singulier a été rapporté il y a quelques mois par les médias nationaux. L'homme a consulté un médecin, car il avait une toux et mal dans la poitrine. Le traitement qu'il a reçu ne l'a pas aidé. Une semaine plus tard, son état s'est aggravé et il s'est retrouvé à l'hôpital. Une radio a révélé que ses poumons étaient infectés par un champignon. À force d'humer tous les soirs les chaussettes qu'il avait portées toute la journée, des spores ont colonisé ses poumons. Après l'avoir guéri, les médecins lui ont conseillé de cesser sa manie toxique. Avec une cure en tongs pour commencer ?

CLASHS D'ARTISTES

Au début des années 1990, ils étaient tous les deux leaders de leurs groupes de black metal norvégien, un mouvement musical un brin sataniste. Et les deux hommes semblaient s'apprécier, collaborant sur des morceaux à plusieurs reprises. Mais, en 1993, Kristian « Varg » Vikernes, leader de Burzum, assassine à coups de couteau « Euronymous », guitariste de Mayhem. À l'origine de cette détérioration soudaine de l'amitié entre Vikernes et Aarseth : sans doute la jalousie du second à l'égard du premier, alors leader du mouvement black métal, peut-être aussi le conflit financier lié à leurs collaborations musicales… La motivation précise du meurtre n'a jamais pu être établie. Vikernes sera condamné à vingt-et-un ans de prison – la peine la plus lourde en Norvège.

Mercredi **5 août**

Saint Abel – On fête aussi les Oswald, Ahès

Le soleil se lève à **6 h 29** *et se couche à* **21 h 22**

« Août pluvieux, cellier vineux. »

Expressions d'hier décryptées

Faire une conduite de Grenoble

Cette expression signe l'exclusion de quelqu'un d'une société. Dans son Livre du compagnonnage paru en 1841, Agricol Perdiguier précise que « cette conduite se fait, dans une société, à un de ses membres qui a volé ou escroqué. » Selon Michelet, la tradition remonte à des rixes qui opposèrent les Compagnons du Devoir aux cordonniers de Grenoble.

Pan Pan!

PERLES DE POLICIERS

Dans un rapport de police : « Comme il devait être pris en charge au plus vite par un asile d'aliénés, il a été conduit à la gendarmerie. Ses papiers, même s'ils étaient faux, étaient parfaitement en règle. » On peut être faussaire et appliqué !

Ha! Ha! Ha!

De retour de pèlerinage, un jeune et beau curé accompagné d'une jeune nonne s'arrête dans l'hôtel d'un petit village pour la nuit. Malheureusement, il n'y a plus qu'une chambre avec un lit.
– Ce n'est pas grave, dit le prêtre. Je dormirai sur le tapis et vous, ma sœur, vous prendrez le lit.
Une fois dans la chambre, les deux religieux s'installent sagement chacun à sa place pour dormir. Au bout de quelques minutes, la bonne sœur dit :
– Mon père, j'ai froid dans mon lit !
– Pas de problème, dit l'homme de Dieu. Je vais arranger ça.
Il se lève, va à l'armoire, en sort une couverture et la donne à la religieuse.
Dix minutes plus tard, la bonne sœur recommence :
– Mon père , j'ai encore froid dans mon lit.
– Pas de problème, dit le curé. Je vais arranger ça.
Il se relève, va à l'armoire, prend une autre couverture et la lui apporte.
Mais dix minutes plus tard, elle insiste :
– Mon père, j'ai toujours froid dans mon lit !
– Écoutez, ma sœur, nous allons faire comme si nous étions un couple, commence le prêtre.
Et tandis que la nonne se sent déjà tout émoustillée, il ajoute :
– Va la chercher toi-même, ta couverture !

PROBLÈMES DE MATHS DU CERTIFICAT D'ÉTUDES

Une maison se compose de 4 appartements habités : le premier par 3 personnes, le deuxième par 5 personnes, le troisième par 6 personnes, et le dernier par 4 personnes. La consommation d'eau pour le 1er trimestre a été de 126 m³, à répartir proportionnellement au nombre de locataires de chaque appartement. Le m³ d'eau vaut 0,40 F et la location du compteur s'élève à 3 F.

Question 1 : Quelle est la consommation de chaque appartement ?

Question 2 : Combien chaque famille doit-elle verser ?

Réponse 1 : appt 1 : 21 m³, appt 2 : 35 m³, appt 3 : 42 m³, appt 4 : 28 m³.
Réponse 2 : appt 1 : 8,90 F, appt 2 : 14,83 F, appt 3 : 17,80 F, appt 4 : 11,87 F

« *Dans la poussière, on voit les poules, avant l'orage, qui se roulent.* »

Étymolo-quiz...

Vrai ou faux : le mot « chevet » vient du latin *caput* qui signifie « tête ».

Réponse : vrai. C'est littéralement la partie du lit où l'on pose la tête.

BLASON

Il faut être anglophone pour comprendre le lien qui existe entre la famille Shakespeare et son blason. Créé par le père du célèbre William, il représente une lance posée en diagonale sur l'écu. Ainsi, l'arme n'est pas droite, immobile et figée, mais paraît en mouvement. Le blason peut être lu alors comme celui de la famille qui « secoue la lance », la famille « *shake spear* ». (Voir code couleur en dernière page.)

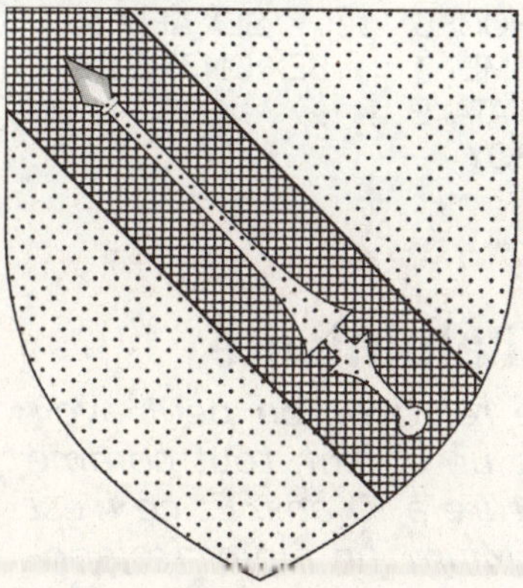

ILS ONT DIT

« Une fois rien, c'est rien ; deux fois rien, ce n'est pas beaucoup, mais pour trois fois rien, on peut déjà s'acheter quelque chose, et pour pas cher. »

Raymond Devos

Champions de la lose

Au mauvais endroit, au mauvais moment. Et à deux reprises. Le Japonais Tsutomu Yamaguchi est la seule personne reconnue comme ayant survécu aux deux bombardements atomiques de Hiroshima et Nagasaki. Le 6 août 1945, cet ingénieur installé dans la seconde ville est en voyage d'affaires dans la première. Alors qu'il est dans un tramway, Little Boy est larguée sur Hiroshima et fait 140 000 morts. Tsutomu a une partie du corps brûlée au troisième degré. Après 48 heures d'errance, il réussit à regagner sa ville de résidence pour, pense-t-il, être en sécurité chez lui. À Nagasaki donc. Mais le 9 août, les États-Unis larguent justement Fat Man, la seconde bombe atomique de l'histoire, sur la cité portuaire. Bilan : 40 000 morts. Tsutomu Yamaguchi y perd les cheveux et ses brûlures s'aggravent, mais il en réchappe. Reconnu *hibakusha* (« survivant de la bombe ») pour ce bombardement en 1957, il a dû patienter jusqu'en 2009 pour que le gouvernement le considère aussi comme victime de celui d'Hiroshima. Tsutomu Yamaguchi est décédé l'année suivante, à Nagasaki.

Histoire cochonne

La ville de Naples a longtemps entretenu une relation particulière avec les porcs. Dès la fin du Moyen Âge, l'animal y fait office d'éboueur municipal. « C'est le seul balayeur de rue », s'exclama, quatre siècles plus tard, Alexandre Dumas lors de son séjour dans la cité, dont il fit le décor de plusieurs de ses romans. À son époque, la plupart des maisons avaient un cochon attaché au bout d'une corde ; celle-ci était assez longue pour lui permettre de nettoyer tout autour. Les porcs napolitains ne seront définitivement interdits de divagation qu'au début du XXe siècle. Depuis, gangrénée par la mafia, Naples a bien du mal à gérer ses déchets...

« Les prunes et le melon mettent la fièvre en la maison. »

Verbes régionaux

DÉBÉYER

Dans le Nord, vers la frontière belge, le verbe « débéyer » est employé comme synonyme de serrer, pour des vêtements ou des chaussures, par exemple. Son origine se trouve dans le verbe « bâiller », couramment utilisé en français pour qualifier quelque chose de lâche, comme un vêtement trop ample. Et donc, avec le préfixe d'opposition, ce qui ne bâille pas « débéye »…

Devinette

Qu'est-ce que c'est ?

N'a pas le moyen de se propulser,
Ce qui ne l'empêche pas de circuler,
On le qualifie de liquide,
Mais il n'a rien de fluide.

L'argent

COCKTAILS COQUINS

R	H	N	U	B	L	O	W	J	O	F	U	J	E
E	H	O	O	S	N	R	R	Y	R	R	L	S	U
N	L	C	N	I	P	G	U	E	O	E	U	E	Q
D	H	A	A	E	S	A	O	I	L	S	T	C	A
E	S	F	T	E	Y	S	M	L	U	S	X	O	I
Z	S	T	J	A	B	M	A	V	Y	E	O	N	S
V	I	E	Y	G	F	E	O	P	D	R	J	E	I
O	K	R	J	B	P	N	H	O	H	A	R	D	D
U	H	S	E	P	O	L	O	T	N	C	C	T	O
S	C	E	A	H	T	J	A	I	N	M	N	I	R
A	N	X	Y	I	C	D	W	Y	S	O	R	U	H
Z	E	F	D	D	X	N	B	O	B	S	X	N	P
S	R	R	Z	K	U	M	O	X	L	O	A	E	A
L	F	T	Q	R	R	E	I	M	R	B	Y	P	S

Solution page 244

AFTER SEX
AMOUR
APHRODISIAQUE
BLOW JOB
BOSOM CARESSER
FRENCH KISS
HONEYMOON
MON CHÉRI
NUIT DE NOCES
ORGASME
PASSION FATALE
PLAY-BOY
PUNCH PASSION
RENDEZ-VOUS
SEX APPEAL
SEX ON THE BEACH

AVENTURIERS DE L'IMPOSSIBLE

Papi fait de l'alpinisme

L'âge est une notion toute relative : on peut avoir 100 ans et se sentir encore un enfant, tout comme l'on peut être déjà très mature à 10 ans. Et ce n'est certainement pas Yūichirō Miura, un alpiniste japonais, qui va nous contredire sur ce point ! En effet, en 2013, ce fou d'alpinisme et de hauts sommets, fils de Keizō Miura, légende du ski nippon, est devenu l'alpiniste le plus âgé à conquérir l'Everest à l'âge de 80 ans, battant son propre record établi 5 ans plus tôt. Il faut dire que l'homme n'a pas attendu un âge canonique pour enchaîner les exploits. C'est notamment lui, en 1975, qui devient le premier homme à skier sur l'Everest depuis un point de départ situé à 8 000 m d'altitude. Quand on a l'aventure dans le sang…

« *À la Saint-Dominique, ne te plains pas si le soleil te pique.* »

Nos régions ont du talent

Outre ses nombreuses spécialités culinaires, la Savoie est une région particulièrement riche dans le domaine artisanal. L'une de ses particularités a même fait le tour du monde, et s'est vendue à ce jour à près de 400 millions d'exemplaires. Vous avez deviné? Il s'agit bien sûr du fameux Opinel, créé en 1890 par Joseph Opinel dans le hameau d'Albiez-le-Vieux, en Savoie. L'entreprise, fidèle à ses racines, est aujourd'hui encore implantée à Chambéry et fait plus de 20 millions d'euros de chiffre d'affaires annuels. La tradition a de l'avenir!

Argot-quiz…

À quelle partie du corps correspond « l'esgourde » ?

Réponse : l'oreille.

Solution binairo [p. 234]

2	0	2	0	0	2	0	2
0	2	0	2	0	2	0	2
2	0	2	0	2	0	2	0
2	0	0	2	2	0	2	0
0	2	2	0	0	2	0	2
0	2	2	0	0	2	2	0
2	0	0	2	2	0	0	2
0	2	0	2	2	0	2	0

LES SUPER-HEROS IMPROBABLES

AUX ORIGINES DES JEUX OLYMPIQUES

Une légende venue de la Grèce antique et mise en avant par Pierre de Coubertin assure que les athlètes de l'Antiquité ne recevaient rien d'autre en guise de récompense pour leurs exploits qu'une couronne de lauriers, la récompense matérielle allant à l'encontre de l'esprit originel des Jeux. En effet, comme chacun sait, l'important, c'est de participer… C'est une belle histoire, mais qui n'est pas tout à fait exacte. Car si les athlètes victorieux ne recevaient pas dans l'enceinte du stade d'autre récompense que les lauriers, ils étaient, à leur retour dans leurs cités respectives, traités en véritables dieux, et recevaient un nombre incalculable d'offrandes et de privilèges. Certains avaient même le soutien de ce qu'on peut considérer comme l'ancêtre des sponsors, qui leur payait le matériel, leur procurait des installations pour l'entraînement et faisait venir les meilleurs entraîneurs à grands frais de toute la Grèce.

– …7…8…9…10…11…12…13…14…

Les animaux de compagnie des présidents

Scandale dans les hautes sphères de la politique! Jacques Chirac aurait-il été victime d'une manipulation? Mais qu'est-ce qui a bien pu provoquer une telle polémique après l'apparition à la télévision de l'ex-président chez Michel Drucker en 2009? Pendant cette émission, le présentateur (et proche de Jacques Chirac) a offert à son invité un petit bichon maltais. Pourquoi pas? Sauf que… selon des rumeurs, le chiot offert au président n'aurait été qu'un figurant. Alors, info ou intox? Jacques Chirac a pourtant bien été vu en compagnie d'une petite chose frisée après l'émission. Mais d'un chien, pas de nouvelles!

Dimanche 9 août

Saint Amour – On fête aussi les Herlé, Ruben

Le soleil se lève à **6 h 35** et se couche à **21 h 15**

« Un mois d'août sans rosée donne une mauvaise année. »

Pan Pan!

PERLES DE POLICIERS

Dans un rapport de police : « Le plaignant, visiblement en état d'ébriété, prétendait s'appeler Jésus et signa le formulaire d'une croix. » Analphabète ou messie ?

Invisibles : les petites mains du pouvoir

Savez-vous ce qu'est ou fait un vaguemestre ? D'une manière générale, le titre désigne un militaire chargé du service postal dans une unité militaire ou un navire de guerre. Mais quand le bateau se nomme Élysée, le rôle change un peu. Le vaguemestre présidentiel est en effet chargé d'assurer la liaison du courrier entre le palais présidentiel et les différents ministères et préfectures. On en dénombre 11 au sein de l'Élysée. Du porte-avions aux salons dorés, on peut parler d'une belle promotion !

ILS ONT DIT

« Quand on va se baigner, on a chacun droit à son mètre carré. Quelqu'un voudrait se noyer qu'il ne pourrait pas. »

Fernand Raynaud

Houah ah ah oh oh

NOUVEAUX COMIQUES

Jérôme Commandeur

Pilier du rire sur Europe 1 depuis une dizaine d'années, Jérôme Commandeur a percé à la fin des années 1990 grâce à l'émission *Graines de star* sur M6. Son univers comique, à la fois grinçant et décalé, lui a ouvert les portes de France 2 et de Canal+, mais surtout du cinéma. Depuis 2007, le natif d'Argenteuil a en effet enchaîné les rôles dans des comédies à succès comme *Bienvenue chez les Ch'tis*, *Rien à déclarer*, *Les Tuche* ou encore *Turf*. En 2017, pleinement reconnu par le public et adoubé par ses pairs, Jérôme Commandeur officie comme maître de cérémonie des César. Puis, en 2019, l'acteur à l'humour parfois lunaire figure au casting impressionnant de *Toute Ressemblance*, la comédie sur l'univers des médias réalisée par Michel Denisot. Et dire qu'adolescent, il rêvait de devenir… commandant de bord !

INVENTIONS INSOLITES

Dans le domaine de la chasse aux rongeurs indésirables, on constate aujourd'hui que les solutions létales restent les options de référence pour ceux qui veulent obtenir des résultats. Pourtant, ce n'est pas faute d'avoir exploré d'autres possibilités moins cruelles pour les animaux, et ce depuis de nombreuses décennies. Parmi ces tentatives avortées dont il ne reste plus grande trace aujourd'hui, on trouve cette invention de 1963 qu'on pourrait croire sortie de l'imagination d'un enfant : la machine à miauler. L'argument commercial de son inventeur était simple : en plaçant l'appareil qui imite le chant du chat jusqu'à dix fois par minute et qui fait briller deux faux yeux de félin à proximité des lieux d'infestation, les souris prendraient peur et déserteraient l'habitation. Une machine si efficace qu'elle n'existe plus !

« Saint-Laurent partage l'été par le milieu. »

Ça s'est passé

Le 10 août 1920

Le traité de Sèvres signe la fin de l'Empire ottoman, fondé à la fin du XIIIe siècle et qui s'est allié à l'Allemagne pendant la Première Guerre mondiale.

NOVLANGUES & JARGONS

Super, votre petit-fils a enfin trouvé du travail, avec un vrai contrat à la clé ! Il revient tout fier pour vous l'annoncer et précise qu'il s'agit d'un contrat « agile ». Ah… Il devient acrobate ? Vous qui le croyiez dans la finance… Mais non, « agile » veut tout simplement dire « souple » : le contrat de travail « agile », plébiscité par le MEDEF, est en fait un contrat plus souple pour l'employeur qui peut le rompre plus facilement. Ou l'art de donner l'illusion du progrès…

Recette de cuisine

Galettes à la courgette et à la pomme de terre

Pour 2 à 4 pers. 15 min de préparation 10 min de cuisson

- 300 g de pommes de terre
- 1 carotte
- 1 courgette
- 2 œufs
- 2 cuil. à soupe de farine
- 1 cuil. à soupe d'ail semoule
- 1 pincée de cumin en poudre
- Huile d'olive
- Sel, poivre

Épluchez les pommes de terre, la carotte et la courgette. Mixez-les. Mettez-les dans un saladier, ajoutez les œufs, la farine, l'ail, le cumin, du sel et du poivre. Mélangez soigneusement.
Prélevez une grosse cuillerée du mélange et déposez-la dans une poêle bien chaude avec de l'huile d'olive. Appuyez fermement avec une spatule sur la galette. Faites griller 5 minutes sur chaque face.
Déposez les galettes au fur et à mesure sur du papier absorbant.

Conseils : versez assez d'huile dans la poêle pour que les galettes n'attachent pas et, avec une spatule, vous devriez les retourner facilement. Le nombre de galettes qui cuisent en même temps dépendra de la taille de votre poêle et de celle de vos galettes. À servir en entrée ou en plat, avec une belle salade.

C'est tragique !

Quelle leçon tirer de la Phèdre mythologique grecque ? Peut-être que la vengeance est un plat qui se mange froid… mais qu'il peut surtout se renverser sur les genoux de celui qui le mange ! Rejetée par son bel Hippolyte, qu'elle aime mais qui n'est intéressé que par la chasse, Phèdre demande à Poséidon de le tuer sur des motifs inventés, ce que le dieu s'empresse de faire en lui envoyant une créature marine. Mais, ne supportant pas cette mort qu'elle a pourtant elle-même ordonnée, Phèdre met fin à ses jours. Peut-être aurait-elle pu y réfléchir un tout petit peu avant… Une morale à garder bien en tête avant d'envoyer un dieu tuer vos ex !

« Si, le jour de la Sainte-Claire, la journée est chaude et claire, comptez sur les fruits à couteau, à coup sûr, ils seront beaux. »

Étymolo-quiz…

Avec quel mot « cimetière » partage-t-il son étymologie grecque *koimêtêrioon* : « cime » ou « dortoir » ?

Réponse : dortoir.

Mon Trésor (public) !

Dans l'Égypte antique, on utilisait le niveau du Nil pour établir le taux d'imposition des paysans. En effet, grâce au nilomètre, les Égyptiens pouvaient mesurer le niveau du fleuve et en déduire si les récoltes à venir seraient bonnes ou mauvaises. Selon le résultat, le gouvernement décidait alors du montant de l'impôt à demander à chacun : important quand le fleuve était haut, faible quand il était bas. Est-ce pour cela qu'on dit souvent qu'on est « noyé sous les impôts » ?

ILS ONT DIT

« Quand la tour de Pise penche à droite, c'est qu'il va pleuvoir. Quand elle penche à gauche, c'est que vous arrivez de l'autre côté de la rue. »

François Cavanna

二千二十 2020 année du RAT

« Tas de riz, tas de rats… »

L'origine du mot « rat » est incertaine. Toujours est-il que ce terme court, monosyllabique, est bien pratique, car « il se faufile partout ». Il permet ainsi de compléter une grille de mots croisés ou fléchés, ou bien de participer à divers jeux de langage, parmi lesquels ce fameux virelangue : « Tas de riz, tas de rats. Tas de riz tentant, tas de rats tentés. Tas de riz tentant tenta tas de rats tentés. Tas de rats tentés tâta tas de riz tentant. Tas de riz tentant. Tas de rats tentés. Tas de riz tâté. » À prononcer le plus vite possible. Voilà un exercice idéal pour s'entraîner à articuler. Un autre virelangue plus ancien, mais tout aussi plaisant et compliqué : « Rat vit rôt. Rôt tenta rat. Rat mit patte à rôt. Rôt brûla patte à rat. Rat s'coua patte et quitta rôt. »

Brèves régions

Mayenne/La perle du Maine

La cité médiévale de Sainte-Suzanne, dans le département de la Mayenne, est classée dans la catégorie des plus beaux villages de France. Édifiée sur un promontoire qui surmonte le bocage, elle porte le surnom bien choisi de « Perle du Maine », car elle constitue un joyau historique et architectural conservé dans un écrin de verdure. Qui se promène ici ne doit pas manquer d'arpenter les ruelles pittoresques ponctuées de demeures anciennes et de suivre la jolie promenade de la Poterne, au pied des remparts, pour admirer les magnifiques points de vue sur la campagne alentour. Le donjon roman de Sainte-Suzanne, datant du XIe siècle, lui a permis d'être la seule place forte à avoir résisté aux assauts des troupes de Guillaume le Conquérant.

MOTS FLÉCHÉS

Dans cette grille, les mots déclencheurs sont des anagrammes. Vous devez donc d'abord résoudre chaque anagramme pour compléter la grille.

GENEUR / BAISER		ACDIIT / SAN		ELTON / EMISE		EM		OVIDE / AT		PALEUR / LOI		AUNAT
						ETOILA / SOURDS						
CEENNS / IINSTTTU							ADEIU / TROY					
								LUTE / USA				
DEEFI		AMOOORS / FROLA								AR / DURE-MERE		
					DUR / EEN				ADN / DEFINUX			
BEHIOPS	CEHOT		BDLOO	DENOYA / DEEI							ELBE	RUSE
							ILV	MUBI / EENT				
DOREE / LACEE						EEESVX / PANAS						
					EILNNPU / EEEIIMSZ							
COMO		ADEEE-LRRST / ACHLLOR										
				NE / EMUT			EEU / RAS				AILIER	TINTAS
AABBD-LRUZ	TARSE		AMIS / SBIRE					EFRT / SUD				
									CIRU	IL / REAA		
TRIOS / RESISTE						TSUICA / NOS						
							SAURE / IN					
ARS / ELFE				NOM				RANI				
				INVERSAI								

SOLUTION PAGE 249

« *Chaleur d'août,*
c'est du bien partout. »

Secrets des chansons mythiques

Quand on est un couple de chanteurs, on peut se parler sans même s'adresser la parole. Ce fut le cas, par exemple, de Véronique Sanson et Michel Berger, qui ont dialogué par chansons interposées pendant près de cinq ans. La « conversation » a commencé avec *Amoureuse*, écrite par Véronique en 1972, à laquelle Michel répondra *Si tu t'en vas…* en 1973, quelques mois seulement avant leur rupture. S'en suivirent *Ma musique s'en va* de Sanson, puis *Seras-tu là ?* de Berger, à laquelle la chanteuse répondra par l'affirmative avec *Je serai là* en 1976. Étonnant, d'autant que les deux artistes ne se parlaient même plus « en vrai »…

Au poil !

L'empereur Hadrien, qui régna sur l'Empire romain au IIe siècle et qui laissa à la postérité un mur portant son nom en Angleterre, a relancé la barbe qui avait disparu au fil des modes. Mais sa raison n'était pas vraiment stylistique, au contraire ! Sa barbe lui permettait de dissimuler les nombreuses tâches et cicatrices qui le défiguraient et qui rendaient difficile la bonne administration de ses affaires et l'obtention du respect de ses sujets. Qu'il est difficile d'être laid quand on est empereur ! Plusieurs de ses illustres descendants ont d'ailleurs suivi la même voie, comme Julien l'Apostat, surnommé « la Chèvre » quand il visita Antioche, dont les habitants se rasaient de près.

Ha! Ha! Ha!

Un bègue entre dans le cabinet d'un médecin et lui dit : « Do-Do-cteur mes bé-bé-gaiements me provoquent une é-énorme dou-dou-leur dans la go-gorge, aidez-moi si-s'il vous plaît ! »

Le médecin l'examine méticuleusement et, au bout de quinze minutes, déclare :

« Monsieur, c'est à cause de votre sexe. Il est trop gros. Il utilise trop de sang qui devrait normalement irriguer votre cerveau. Cela engendre la douleur et les bégaiements. Pour vous soulager, il faut vous opérer et en retirer au moins la moitié. »

L'homme accepte. Un mois après l'opération, il retourne voir le médecin pour un bilan et soupire :

« Docteur, cette opération a vraiment soulagé mon bégaiement et la douleur. Mais ma femme n'apprécie pas du tout la nouvelle situation. Peut-on recoudre le morceau amputé ?

– Dé-dé-solé, ce n'est pa-pas po-po-ssible… »

Solution mots mêlés [p. 238]

R	H	N	U	B	L	O	W	J	O	F	U	J	E
E	H	O	O	S	N	R	R	Y	R	R	L	S	U
N	L	C	N	I	P	G	U	E	O	E	U	E	Q
D	H	A	A	E	S	A	O	I	L	S	T	C	A
E	S	F	T	E	Y	S	M	L	U	S	X	O	I
Z	S	T	J	A	B	M	A	V	Y	E	O	N	S
V	I	E	Y	G	F	E	O	P	D	R	J	E	I
O	K	R	J	B	P	N	H	O	H	A	R	D	D
U	H	S	E	P	O	L	O	T	N	C	C	T	O
S	C	E	A	H	T	J	A	I	N	M	N	I	R
A	N	X	Y	I	C	D	W	Y	S	O	R	U	H
Z	E	F	D	D	X	N	B	O	B	S	X	N	P
S	R	R	Z	K	U	M	O	X	L	O	A	E	A
L	F	T	Q	R	R	E	I	M	R	B	Y	P	S

Le soleil se lève à **6 h 42** et se couche à **21 h 07**

Vendredi **14 août**

Saint Évrard – On fête aussi les Alfred, Assunta

« *En août, de l'aube au soir, on n'a qu'une heure pour s'asseoir.* »

Perles de sportifs

Cuisine de terroir

Qui l'a dit ? Yoann Lachor, footballeur.
La perle : « Cette fois, ça y est, je crois que les carottes sont mortes. » Mais est-ce qu'elles étaient cuites, au moins ?

Les fautes des grands écrivains

Difficile de trouver une faute dans les écrits d'Émile Littré, lexicographe très à cheval sur les règles grammaticales et orthographiques, grand défenseur et analyste de la langue française ! Une anecdote à son sujet raconte qu'il corrigeait les fautes de tout le monde, y compris dans les situations les plus incongrues : alors que sa femme, Madame Littré, le découvre un jour dans la chambre avec la bonne, elle s'exclame : « Ah, Monsieur, je suis surprise ! » Et le regretté Littré, se rajustant, de lui répondre : « Non, Madame, vous êtes étonnée. C'est nous qui sommes surpris… » Même pris en faute, restons précis.

MALADIES ÉTRANGES

Connaissez-vous ou avez-vous déjà entendu parler du « syndrome de Stendhal » ? Rassurez-vous, il n'est ici nul besoin d'être un expert en littérature ni d'avoir dévoré de bout en bout l'intégralité des écrits de l'auteur, puisque nous ne parlons pas de culture, mais bel et bien de médecine ! Non, les personnes qui en souffrent ne voient pas tout en rouge et noir (laissons cela au syndrome Jeanne Mas), mais souffrent d'accélérations du rythme cardiaque, de palpitations, de bouffées de chaleur, de rougeurs, de vertiges et même d'hallucinations. La cause de tout cela ? Tout simplement la surexposition à un nombre important d'œuvres d'art. Pensez-y la prochaine fois que vous voulez sécher la visite d'un musée, c'est une excuse imparable !

Trouvailles scientifiques incongrues **Attachant Velcro**

En 1941, alors que la Seconde Guerre mondiale fait rage, l'ingénieur suisse George de Mestral a la chance de pouvoir vivre paisiblement au bord du lac Léman. Se promenant souvent avec son chien, il passe un temps fou à retirer les capitules de bardane qui restent accrochés au pelage de ce dernier ou sur ses propres vêtements. Comment ces petites boules s'agrippent-elles aussi tenacement ? C'est en les observant au microscope qu'il découvre qu'elles sont dotées d'une multitude de pointes à l'extrémité recourbée. De là lui vient l'idée de créer un nouveau système de fermeture. Il se compose de deux bandes : la surface de l'une est recouverte de crochets de ce type, tandis que celle de l'autre l'est de boucles de fils. C'est ainsi que le Velcro, contraction de velours et de crochet, est né !

Samedi 15 août

Sainte Marie – On fête aussi les Macha, Marielle, Myriam

Le soleil se lève à 6 h 43 et se couche à 21 h 05

Assomption

« *Août mûrit les fruits, septembre les cueille.* »

Pièges de l'ortografe
h ph

Le pluriel des mots composés

Lorsque les mots composés sont des noms ou des adjectifs, ils prennent la marque du pluriel. En revanche, les verbes, pronoms ou adverbes sont invariables. Quand le mot composé comporte un verbe et un nom, alors le verbe est invariable et le nom s'accorde. Ainsi, nous écrirons par exemple que « des cerfs-volants font des va-et-vient dans le ciel ».

BLASON

Chaource, dans l'Aube, est connue pour le fromage crémeux qui y est produit. Sans doute des chats arpentèrent ses rues, mais nul ne sait si un ours y mit un jour une patte. Son blason est uniquement basé sur le jeu de mots et s'énonce : « D'or à un ours de sable, au chef d'azur chargé de deux chats affrontés d'argent, se léchant l'un la patte droite et l'autre la patte gauche. » (Voir code couleur en dernière page.)

Ça, c'est fait… divers

Pendant deux ans, les habitants de Guînes, dans le Pas-de-Calais, ont été confrontés à un serial voleur plutôt singulier. Finalement condamné pour « seulement » une demi-douzaine de vols, le quadragénaire, lui-même habitant de la commune, est soupçonné d'en avoir commis au moins le triple. Sa spécialité ? Dérober tout et n'importe quoi. Surtout n'importe quoi, d'ailleurs. L'homme, confondu par son ADN, ne s'intéressait en effet ni aux objets onéreux, ni aux choses rares. Au contraire, il a été condamné pour avoir volé, dans le désordre : du thé, des lunettes de soleil, deux citrouilles, un autoradio, du café, un nain de jardin, des CD, dix paquets de cigarettes, une douzaine de salades, un GPS, des bornes solaires miniatures, trois poules ou encore des bouteilles d'alcool. C'est d'ailleurs, d'après lui, son fort penchant pour la boisson qui l'aurait poussé à commettre ces larcins. Pas exactement une bonne excuse aux yeux du tribunal de Boulogne-sur-Mer, qui lui a offert une cure de sobriété derrière les barreaux pendant six mois.

Brèves régions

Corse-du-Sud/La Vierge à la guirlande

C'est au Palais Fesch, musée des beaux-arts d'Ajaccio, que vous pouvez admirer l'une des toutes premières œuvres de jeunesse de Sandro Botticelli, célèbre peintre italien né en 1445 : *La Vierge à l'Enfant soutenu par un ange sous une guirlande*. Les scènes présentant la Vierge Marie avec l'Enfant Jésus étaient à l'époque fréquemment acquises par des familles florentines. Botticelli a amélioré son style à force de commandes, mais cette œuvre initiale reste un modèle du genre. Elle faisait partie de la collection du cardinal Joseph Fesch qui l'a léguée à la ville d'Ajaccio en 1839.

« En moissonnant se passe août. »

Argot-quiz...

Que fait-on en argot lorsqu'on « affûte les meubles » : on mange ou on fuit ?

Réponse : on mange.

De l'or dans la voix

Amateurs de musique, le nom de Tim Storms vous dit quelque chose ? Cet homme possède une voix extraordinaire, au point de détenir le record de la note la plus basse jamais chantée. La note en question a une fréquence de 0,189 Hz. Cela ne vous « parle » peut-être pas, mais c'est vraiment exceptionnel : seuls certains animaux peuvent l'entendre ! Et ce n'est pas tout : Tim Storms est aussi connu pour un autre exploit, celui de couvrir 12 octaves. Il détient donc le record de la plus grande gamme vocale enregistrée à ce jour.

Ils ont dit

« Pour lutter contre le mal de mer, sucez une noix de muscade (sans l'avaler, c'est toxique). Si vous n'avez pas de noix de muscade, allez-y à bicyclette. »

Pierre Desproges

130 – Cent-trente – CXXX

C'est le nombre de courts extraits de films cultes assemblés par la jeune cinéaste Alizée Lafon dans un court-métrage qui raconte sa propre histoire. Dans ce « supercut » – compilation de clips dans le jargon cinématographique – intitulé *Fragments*, on retrouve des scènes de *Pierrot le Fou* de Jean-Luc Godard, *Orange mécanique* de Stanley Kubrick, *Vol au-dessus d'un nid de coucou* de Milos Forman, *Requiem for a Dream* de Darren Aronofsky ou encore des bribes de plusieurs films d'Alfred Hitchcock. Se lever du lit, allumer une cigarette, prendre le bus, courir, entamer une discussion amoureuse, s'embrasser… l'enchaînement de séquences très courtes assemblées par la réalisatrice compose un film émouvant et un bel hommage au septième art. L'atmosphère étrange est bercée par le *Trio pour piano et cordes n° 2* de Franz Schubert, qui rythmait déjà l'inoubliable *Barry Lyndon* de Stanley Kubrick. *Fragments* est notamment visible gratuitement sur www.rollingstone.fr/video-130-films-dans-une-video.

Citoyens extraordinaires

Si, aujourd'hui, les discours politiques peuvent sembler creux et sans substance, il en est d'autres qui, au contraire, ont changé le cours de l'histoire. Jugez plutôt celui tenu par le citoyen Danton en 1792 : « Tout s'émeut, tout s'ébranle, tout brûle de combattre. Vous savez que Verdun n'est point encore au pouvoir de vos ennemis. […] Le tocsin qu'on va sonner n'est point un signal d'alarme, c'est la charge sur les ennemis de la patrie. Pour les vaincre, il nous faut de l'audace, encore de l'audace, toujours de l'audace et la France est sauvée ! » Moins de deux semaines plus tard, la bataille de Valmy fut gagnée et la Révolution sauvée des armées prussiennes.

« *Sec août est de vin, humide août est d'huile.* »

ILS ONT DIT

« L'amour du prochain consiste à ne pas s'attacher à son conjoint actuel, mais à aimer déjà le suivant ! »

Vincent Roca

Pimpon !

ANECDOTES DE POMPIERS

Dialogue de sourds :

« Avez-vous des antécédents médicaux ?

– Non… je suis tout seul avec mon chien. »

{ Mots qui changent de sens }

Dans la vie, il n'y a pas de « hasard », dit-on. Mais de quel sens du mot parle la sagesse populaire ? Car si notre utilisation moderne ne fait plus vraiment débat et que le mot sert à désigner un événement fortuit, en ancien français, il en était tout autrement. En effet, au XVIIIe siècle, « hasard » servait plutôt à évoquer un danger, un risque qui pourrait se matérialiser. Ce n'est qu'avec l'usage que le côté aléatoire est resté au détriment du sens originel.

MONSTRES CÉLÈBRES
Le yéti

Hommes velus ? Singes géants ? Hommes-singes ? Ou bien autre chose ? Le yéti népalais et son cousin nord-américain, Bigfoot ou Sasquatch, intriguent. Tous deux vivraient à l'écart des hommes, dans des zones montagneuses ou boisées. Ces géants poilus ne cessent d'alimenter les rumeurs quant à leur existence. Mais si « l'homme des neiges » a mauvaise réputation, c'est avant tout parce qu'on lui a collé l'adjectif « abominable » après une mauvaise traduction du tibétain. En effet, le yéti n'a jamais fait la preuve d'actes répréhensibles, le principal grief à son encontre visant son extrême discrétion !

[L'actu] Stérilité fertile

Si certains attendent quatre ans pour avoir un enfant parce qu'ils font l'amour dans le mauvais sens (voir au 2 juin), d'autres peuvent avoir une tripotée d'enfants alors qu'ils sont… stériles. Lors d'une consultation chez un urologue, un enseignant marocain, père de neuf enfants et marié depuis trente-cinq ans, a appris qu'il était stérile depuis toujours. Sous le choc, l'homme a demandé des examens complémentaires qui ont confirmé le diagnostic : atteint d'une varicocèle au niveau d'un testicule depuis plus de cinquante ans, il ne pouvait avoir d'enfant. Et, par conséquent, être le père des siens ! Après avoir porté plainte contre sa femme auprès du procureur du roi, l'instituteur a non seulement obtenu le divorce, mais il a également rompu son lien de parenté avec « ses » neuf enfants. S'il a admis avoir eu quelques doutes sur la fidélité de sa femme alors qu'ils avaient peu de relations sexuelles, le cocu a expliqué qu'il n'aurait jamais imaginé avoir été trompé autant de fois ! Au moins neuf…

« *À la Sainte-Hélène, la noix est pleine et le cerneau se met dans l'eau.* »

Clashs d'artistes

En 2002, le jury du Goncourt surprend par son choix audacieux : il prime *Les Ombres errantes* de Pascal Quignard, premier tome d'un ensemble inclassable qui s'annonce infini. Pour l'auteur, « c'est une joie inespérée ». Pour Jorge Semprun, l'un des jurys, « c'est une imposture ! » et il ne se gêne pas de le faire savoir dans les médias. Sauf que, dans cette affaire, Semprun règle aussi – surtout ? – une vieille querelle politique : dans sa jeunesse, Quignard était proche d'un groupe d'intellectuels, dont Marguerite Duras, hostile à Jorge Semprun parce qu'il était à l'origine de leur exclusion du Parti communiste. Quignard l'avait sûrement oublié. Pas Semprun.

Loisirs tendance

Coups et rebondissements

Encore peu connu en France, le padel compte déjà des millions d'adeptes dans les pays hispanophones. Attention, rien à voir avec le paddle, cette planche de surf géante propulsée par une pagaie (également présentée dans votre *Vermot*). Le padel est aussi un sport, mais de raquette ! Conçu par un Mexicain, il tient à la fois du tennis et du squash. On y joue toujours en double, avec une raquette pleine (sans cordes), sur un terrain de 20 mètres sur 10, entouré de parois en verre ou grillagées. La balle ressemble à celle utilisée au tennis, mais peut être jouée après avoir rebondi sur les parois grillagées qui délimitent le terrain. C'est très physique !

La difficulté de diriger la France

Solution mots fléchés [p. 243]

	G		D		L		M		V		P	
B	R	A	I	S	E		E	T	I	O	L	A
	E	N	C	E	N	S		A	D	I	E	U
I	N	S	T	I	T	U	T		E	L	U	T
	U		A	M	O	R	O	S	O		R	A
D	E	F	I	E		D	R	U		D	A	N
		L			N	O	Y	A	D	E		
P	H	O	B	I	E	S			I	M	B	U
	E	R	O	D	E		V	E	X	E	E	S
E	C	A	L	E		P	I	N	N	U	L	E
	T		D	E	S	A	L	T	E	R	E	R
M	O	C	O		E	N		E	U	E		
		H		M	I	S	A		F	R	E	T
B	A	L	B	U	Z	A	R	D			L	I
	S	O	R	T	I		S	U	C	A	I	T
S	T	R	I	E	E	S		S	U	E	R	A
	R	A	S		M	O	N		I	R	A	N
F	E	L	E		E	N	I	V	R	A	I	S

Inventions insolites

Ah, qu'il est agréable de déguster une bonne glace quand le temps est à la canicule ! Toutefois, tous les amateurs et amatrices de cônes glacés conviendront que le mangeur de glace fait face à un cruel dilemme : manger rapidement sa glace pour éviter qu'elle ne fonde et ne coule partout, ou bien prendre le temps de la déguster et se retrouver avec les mains couvertes de liquide collant… Un VRAI problème. Heureusement qu'on peut compter sur les inventeurs pour répondre à tous les besoins, même ceux qui n'existent pas ! La trouvaille : un cône de glace rotatif automatisé. Grâce à lui, vous n'aurez plus besoin de tourner votre glace pour la lécher et tenter d'éviter sa fonte aux endroits qui ne sont pas directement face à vous. Avouez qu'il fallait y penser, non ?

Le soleil se lève à **6 h 49** *et se couche à* **20 h 57**

« *Jamais d'août la sécheresse n'amènera la richesse.* »

Chiffres et expressions

Se marier à la mairie du 21e arrondissement

Sachant que la plus grande ville de France, Paris, ne compte que 20 arrondissements, il est impossible de naître, mourir ou se marier dans le 21e… L'expression était utilisée, notamment au XIXe siècle, pour désigner un couple qui vivait en union libre, sans avoir officialisé sa relation dans une mairie officielle.

Pimpon !

ANECDOTES DE POMPIERS

Appel aux urgences : « Venez vite, s'il vous plaît, je me suis suicidé ! » Apparemment, c'est raté !

Charade

Charade-piège ou pseudo-charade

Mon premier patauge dans la mare.

Mon second a étudié à l'école d'ingénieurs ESSA.

Mon troisième pousse dans les Landes.

Mon quatrième est parti pour la guerre.

Mon cinquième est le sommet le plus élevé des Andes.

Mon tout est un site français qui produit plusieurs milliers de tonnes de sel chaque année.

MARAIS SALANTS DE GUÉRANDE (MARE - ESSA - LANDES - GUERRE - ANDES)

Brèves régions

Nièvre/L'hôpital de Saint-Parize-le-Châtel

Non loin du circuit automobile de Magny-Cours, c'est sur la commune de Saint-Parize-le-Châtel, dans la Nièvre, que fut installé l'un des plus grands hôpitaux de campagne américains de France. Édifiés de janvier à août 1918 sur 330 hectares, plus de 700 baraquements devaient accueillir jusqu'à 40 000 blessés encadrés par près de 8 000 personnes. Heureusement, la guerre se termina plus tôt que les Américains l'avaient prévu et l'hôpital n'accueillit « que » 37 000 blessés. Il n'en reste plus rien aujourd'hui, à l'exception d'un château d'eau.

Houah ah ah oh oh

NOUVEAUX COMIQUES

Claudia Tagbo

C'est une boule d'énergie qui rouspète, gronde, grimace, chante, danse et, surtout, qui balance des vannes ! Révélée, comme beaucoup, grâce au Jamel Comedy Club, Claudia Tagbo a pourtant débuté sa carrière en jouant dans des tragédies. Déterminée à devenir comédienne, la franco-ivoirienne a enchaîné les apparitions au cinéma et dans des séries télé. Elle a interprété notamment le personnage de la flic gay de la série *R.I.S, police scientifique* sur TF1, entre 2005 et 2010. Mais Claudia, humoriste dans l'âme, est d'abord attirée par la scène. Depuis 10 ans et son premier one-woman show, *Claudia Comedy Gospel*, elle s'amuse à faire rire avec le quotidien d'une femme africaine en France. Sur scène, toujours positive et sans cynisme, la comédienne est un remède à la déprime. Son dernier spectacle s'intitule d'ailleurs *Lucky*, tout simplement.

« Pluie de Saint-Bernard fait déborder la mare. »

ILS ONT DIT

« Il est facile de prendre une résolution généreuse ; il est difficile de ne jamais la regretter. »

Eugène Marbeau

Mots intraduisibles

Même si notre langue est considérée (à tort ou à raison) comme l'une des plus riches des langues occidentales, il nous manque encore quelques mots pour pouvoir tout exprimer simplement. C'est le cas, par exemple, pour dire le plaisir de déguster une bière fraîche au soleil, au moment du retour des beaux jours. Les Norvégiens savent le résumer en un simple mot : *utepils*. Vu la météo norvégienne, ils ne doivent pas l'employer tous les mardis, mais la performance est quand même à saluer !

BIEN COMPRENDRE LE BREXIT

AVENTURIERS DE L'IMPOSSIBLE

Laura Dekker, jeunesse en haute mer

Il est courant de dire que les adolescents de 15 ans n'ont que de basses préoccupations. Si c'est parfois vrai, il peut aussi en être tout à fait autrement. Laura Dekker, par exemple, a tout simplement décidé de passer ses 15 ans sur un bateau... en faisant un tour du monde en solitaire. Partie le 20 août 2010, soit un mois jour pour jour avant son quinzième anniversaire, elle a bouclé en 519 jours de voyage un tour du monde à la voile sans escales et en passant par les trois caps, devenant ainsi la plus jeune navigatrice à inscrire cet exploit à son palmarès. Le plus impressionnant dans l'histoire est que Laura voulait partir un an plus tôt, mais une décision de justice avait considéré qu'elle était encore trop jeune !

ÉLÉMENTAIRE !

Enquêteurs célèbres

Si on vous dit Corse, il y a fort à parier que vous penserez à quelques criminels qui peuplent l'île. Mais qui dit criminels, dit policiers. Il n'est donc pas étonnant que l'Île de Beauté soit le berceau de certains grands flics. C'est le cas notamment de Pierre Ottavioli, ex-directeur de la brigade criminelle, qui ne fut pas n'importe quel policier. Au cours de sa carrière, Pierre Ottavioli fut au centre d'un nombre hallucinant d'affaires de premier plan. Parmi elles, la lutte contre l'OAS, le guet-apens du Petit-Clamart visant le général de Gaulle, l'affaire Ben Barka, l'affaire Carlos, l'enlèvement du baron Empain, la prise d'otages de l'ambassade d'Irak en 1978... Un flic d'exception, donc, qui reçut assez logiquement les hommages républicains à sa mort, en 2017.

Vendredi 21 août

Saint Christophe – On fête aussi les Gracia, Ahmed, Pie, Noémie

Le soleil se lève à **6 h 52** *et se couche à* **20 h 54**

« *Quiconque en août s'endormira, en janvier s'en repentira.* »

Nos régions ont du talent

Connaissez-vous la maouche (ou maôche) ? Cette spécialité culinaire du sud du Massif central est un estomac de porc farci, selon les variantes qui changent d'un canton à l'autre, de chair à saucisse, de légumes (carottes, choux, pommes de terre), de pruneaux et relevé de baies de genièvre. Ainsi rempli, l'estomac est bouilli ou cuit à la vapeur, puis rôti au four et coupé en tranches avant d'être servi. Une spécialité qui ne vous restera pas sur l'estomac (pas sûr que le cochon en dise autant !).

ILS ONT DIT

« On ne peut être et avoir été ? Mais si ! On peut avoir été un imbécile et l'être toujours. »

Léon Bloy

[L'actu] Ciné-vélo

Pédaler pour voir un film, en voilà une idée ! Attention, on ne vous parle pas d'aller au cinéma à bicyclette, mais bien d'assister à une projection à la seule force des mollets. Imaginée par la Maison du vélo de Toulouse, cette initiative vise à promouvoir les énergies alternatives à travers un mode de transport non polluant. Au cours de ces séances, les spectateurs doivent donc pédaler afin que les films puissent être diffusés sur l'écran. C'est l'association Cinécyclo qui a développé le concept avec un vélo générateur d'électricité qui alimente le projecteur. À tour de rôle, les spectateurs se transforment en cyclistes afin d'assurer la bonne retransmission des images et du son. Un effort indispensable pour nos cinéphiles s'ils veulent découvrir un documentaire sur… la petite reine !

Vous êtes sûr, Docteur ?

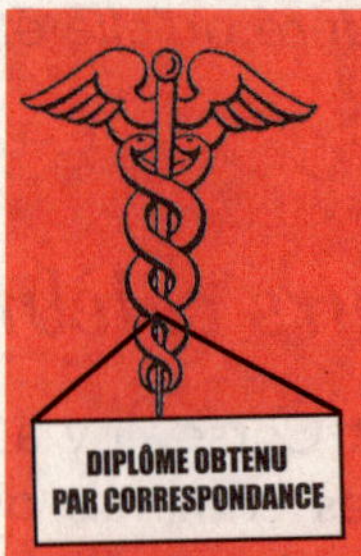

Répertoriée aujourd'hui comme drogue dure, la cocaïne et ses effets psychoactifs, ainsi que ses effets secondaires délétères, sont connus de tous, et plus particulièrement des médecins. Pourtant, si vous viviez à la fin du XIXe siècle et que vous alliez voir votre médecin en vous plaignant de maux de dents, de gorge ou d'aphtes, c'est bien des pilules à base de cocaïne qu'il vous aurait prescrit ! Pire encore, la cocaïne était le principe actif favori des médecins et des pharmaciens pour traiter les douleurs dues à la poussée dentaire chez le nourrisson ! Elle était également recommandée pour augmenter la concentration des étudiants. Posologie : un cachet par heure. Comme les journées devaient être longues pour les professeurs de ces élèves…

« *Belettes blanches de la Saint-Symphorien annoncent que l'hiver est en chemin.* »

Ça s'est passé Le 22 août 1920

La première édition du festival de musique de Salzbourg a lieu. Elle commence par la représentation du *Jedermann* d'Hofmannsthal, sur la place de la cathédrale de la ville.

Mon Trésor (public) !

Les costumes disco du groupe ABBA n'ont pas été choisis par les membres du groupe pour des raisons purement esthétiques. En effet, si ces costumes bariolés et brillants ont participé à leur notoriété, l'objectif était avant tout fiscal, selon l'un des membres du groupe : en différenciant radicalement leurs tenues de ville de leurs tenues de scène, ils pouvaient déduire la valeur de ces dernières en les catégorisant comme « vêtements professionnels ». *Money, money, money*, comme dans la chanson !

Ils ont dit

« Une erreur peut être vraie ou fausse selon que celui qui l'a commise s'est trompé ou non. »

Pierre Dac

Le Chiffre 42

C'est le nombre ahurissant des variations de limitation de vitesse relevé sur la route départementale 974 par le magazine *Auto Plus*. Ces 42 changements sur une distance de 36 km établissent un record national. Cela représente une modification dans la vitesse autorisée tous les 800 mètres ou toutes les 45 secondes à une vitesse de 80 km/h. D'après les automobilistes qui empruntent régulièrement cette route, cette inflation délirante depuis quelques années a multiplié par deux leur temps de trajet. Pire, d'après certains, à devoir surveiller sans cesse les panneaux, ils ne regardent pratiquement plus la route ! Un comble ! Cette succession de nouvelles limitations est d'autant plus stupéfiante que la D 974 serpente entre les fameux villages viticoles de Nuits-Saint-Georges, Vosne-Romanée, Chambolle-Musigny, Gevrey-Chambertin et Vougeot. Et qu'il n'est pas conseillé d'avoir le tournis avant et encore moins après avoir visité les caves de la région. Cela étant dit, pour profiter vraiment de cette route des grands crus, mieux vaut ne pas prendre le volant !

Horoscope chinois

Chèvre

Caractère : Cabotin, clown, rusé, curieux, espiègle, joueur, blagueur, communicatif, bavard, influençable, insatisfait, inconstant.

Les grandes tendances de l'année

Belle année qui vous verra vous épanouir en société. Ainsi, les sorties, les invitations et les échanges rythmeront 2020. Février et mars seront parfaits pour vous refaire une santé et gagner en vitalité. Le printemps, lui, sera idéal pour filer le parfait amour avec votre moitié. De novembre à décembre, la famille sera à l'honneur.

Dimanche 23 août

Sainte Rose de Lima – On fête aussi les Rosa, Rosy, Rosemonde

Le soleil se lève à **6 h 55** et se couche à **20 h 50**

« *Pluie d'août fait truffes et marrons.* »

Verbes régionaux

MOUZER

De même que le verbe bouder tient son origine de l'ancien mot « bod », désignant quelque chose d'enflé comme la lèvre de celui qui fait la tête, le verbe « mouzer » vient de la moue. Dans le nord de la France, là où ce verbe est employé, celui qui « mouze » est celui qui boude. On peut y voir également une parenté avec l'expression « faire le museau », de signification identique.

SANTÉ

Pièges de l'ort(h)ogra~~f~~(ph)e

Parfois

« Des fois ça va, des fois ça ne va pas » est une formule aussi incorrecte que « des fois qu'il y aurait un problème ». Dans le premier cas, il faut préférer écrire « parfois ça va, parfois ça ne va pas » et, dans le second, « au cas où il y aurait un problème ». Seule l'expression « Non, mais des fois ! » est autorisée, « des fois » signifiant alors une alternative.

VERMOT'ROSCOPE

VIERGE (23 août – 22 septembre)

Caractère

Posé, réfléchi, ancré, logique, méticuleux, précis, perfectionniste, discipliné, volontaire, serviable, disponible, travailleur, dévoué, idéaliste, fiable, prudent, cérébral, critique, entier, calculateur, réservé, timide, distant, maniaque, nerveux, angoissé.

Le message des astres

Cette année plus que la précédente, vos projets vous inciteront à vous ouvrir à d'autres horizons. Jupiter, Saturne, Pluton et Uranus seront vos alliés pour insuffler du dynamisme à votre vie de tous les jours. Ce sera la bonne période pour innover, entreprendre, créer et initier.

Vie relationnelle

Les six premiers mois de 2020 seront propices aux échanges et aux rencontres en tout genre. Profitez-en pour renouveler votre cercle amical et lier de nouvelles connaissances. Après l'été, vous vous laisserez porter par les événements, vivant au fil des invitations et des rencontres, sans rien préméditer.

Amour

À deux, ce devrait être une merveilleuse année pour booster votre vie conjugale. Les projets (loisirs, voyages, évasions amoureuses, déménagement…) vous donneront l'occasion de relancer votre relation en lui donnant un nouveau souffle. De février à avril, misez sur le dialogue et exprimez simplement vos sentiments ou vos émotions. Célibataire, vous allez devoir ouvrir les yeux et accepter les cadeaux que vous « offrira » cette nouvelle année. Février ou avril sera parfait pour une belle rencontre. Faites en sorte de ne pas la rater. Ouvrez les yeux ! Et surtout, acceptez les invitations et les sorties.

Famille

Vous saisirez toutes les occasions de consolider vos liens. Pour y parvenir, vous miserez sur les échanges et l'écoute. Au fil des mois, vous verrez vos relations s'améliorer et la complicité ainsi que la douceur seront au rendez-vous.

Quotidien et vitalité

C'est en multipliant les loisirs et les activités que vous romprez avec votre train-train quotidien. Cette année vous trouvera en pleine possession de vos moyens. Pour certains, le printemps permettra de retrouver un bel équilibre et un rythme de vie plus adéquat.

Budget

Vos finances se porteront bien et vous en profiterez pour vous faire plaisir sans courir de risques. D'un bout à l'autre de l'année, vous resterez optimiste et confiant en votre situation financière. En octobre et en novembre, attention aux imprévus.

Comment optimiser votre année

C'est en multipliant les projets, en étant dans l'action et en relevant les défis que vous parviendrez à bien vivre 2020.

« *Cigognes à la Saint-Barthélémy, un doux hiver est promis.* »

AU PEIGNE FIN !

Si vous vous retrouvez à parcourir les allées d'un magasin d'électroménager aujourd'hui, vous y trouverez sans aucun doute des kilomètres de rayon dédiés à la coiffure féminine. Pourtant, nous n'avons pas inventé grand-chose, car on retrouve dès la Grèce antique des traces de fers à friser. Ces derniers consistaient en un tuyau de métal dans lequel on enfonçait une tige chauffée et autour duquel était enroulée une mèche de cheveux. Après un temps de pose, on retirait la tige, on enlevait le tuyau… la mèche était bouclée ! Cela dit, on imagine sans peine que cette proximité entre fer rouge et cheveux fragiles ait dû rendre plus d'une femme grecque chauve !

SANTÉ : MANGER MOINS POUR VIVRE PLUS LONGTEMPS

ILS ONT DIT

« J'ai retiré plus de choses de l'alcool que l'alcool ne m'en a retirées. »

Winston Churchill

Ça, c'est fait… divers

Pendant dix ans, Crystal DiGregorio-Bassette a connu une belle carrière sous le nom de scène Nadia Hilton. Sa spécialité : les films pour adultes. La jeune femme a travaillé pour toutes les grandes sociétés de production pornographique aux États-Unis. Puis, il y a quatre ans, Crystal, aujourd'hui âgée de 35 ans, est allée à l'église pour Pâques. Et subitement, devant l'autel, touchée par la grâce divine, elle a éclaté en sanglots. D'après elle, elle a non seulement pris conscience qu'elle vivait dans le pêché mais, surtout, elle a compris que, désormais, elle devait prêcher la bonne parole. Cristal s'est donc reconvertie en prédicatrice chrétienne. Dans ses sermons, l'ex-star du X, qui ne veut pas s'aliéner son ancien public, explique que « la pornographie est une castration insidieuse de la population masculine ». Et elle invite chacun à s'ouvrir auprès d'elle : « N'importe qui peut venir à moi et tout me dire, sans se préoccuper du fait que je puisse le juger. » Amen !

AUTANT DE RAISONS DE SE RÉJOUIR

Une créativité sans limite…

L'être humain a ceci de bien, c'est qu'il sait s'adapter à son environnement grâce à sa créativité. Notre espèce s'est développée partout ou presque sur Terre et s'aventure dans l'espace, poussant toujours plus loin la science et la technicité. Plutôt que de constater avec fatalisme les problèmes climatiques ou technologiques, exploitons à fond nos ressources créatives pour trouver des solutions ! Utilisons aussi cette aptitude pour agir plus durablement au quotidien, dans nos tâches les plus anodines, mais également de manière globale et profonde, en revoyant même les fondements de nos sociétés. Au point où nous en sommes, choisissons l'optimisme constructif !

« *À la Saint-Louis, le foin non rentré est à moitié gâté.* »

Perles de sportifs

Expression libre

Qui l'a dit ? Emmanuel Petit, ancien footballeur.

La perle : « J'ai peur que ça se termine en queue de boudin. » Peut-il nous montrer de quel côté cela se situe ?

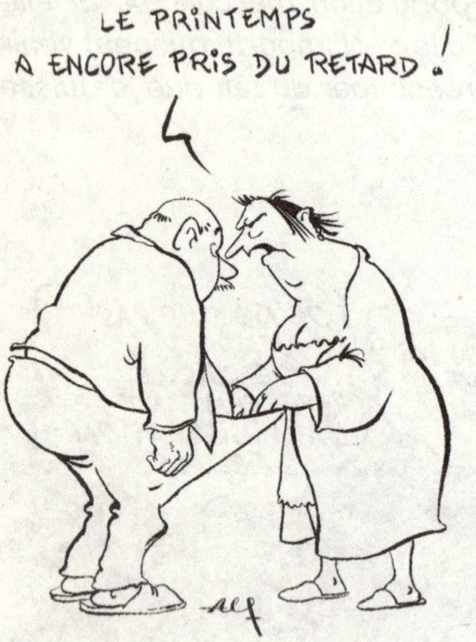

Recette de cuisine

Salade de melon aux graines de chia

Pour 6 pers. 10 min de préparation 1 à 3 h de réfrigération

1 gros melon (ou 2 petits)
2 citrons verts (jus)
1 cuil. à soupe de cassonade
1 racine de gingembre
6 cuil. à soupe de graines de chia

Coupez le melon en deux et pressez les citrons.
Avec une cuillère parisienne ou, à défaut, à l'aide d'une petite cuillère, taillez des billes de melon et placez-les dans un saladier avec le jus de citron et la cassonade. Mélangez bien, puis râpez le gingembre dessus.
Couvrez et placez au frais jusqu'au moment de servir.
Servez cette salade de melon dans des verrines ou des petits bols et saupoudrez les graines de chia dessus. Dégustez sans attendre.

Conseil : la fraîcheur du melon se marie parfaitement avec la saveur exotique du gingembre et le croquant des graines de chia. Voilà un dessert diététique délicieux ! Pensez à panacher différents melons (du melon charentais avec du melon espagnol, par exemple).
Variante : taillez des billes de melon espagnol, placez-les dans le jus de citron et ajoutez des feuilles de basilic émincées. Placez le tout au frais.

Brèves régions

Puy-de-Dôme/Le Versailles d'Auvergne

Situé près d'Issoire, au sud de Clermont-Ferrand, le château de Parentignat possède plusieurs particularités qui le rendent remarquable. D'une part, il est la propriété de la même famille, les Lastic, depuis sa construction au début du XVIIIe siècle jusqu'à aujourd'hui ; d'autre part, il a été surnommé le « petit Versailles d'Auvergne » par l'écrivain Henri Pourrat, qui était tombé amoureux de son architecture. Parentignat est aujourd'hui ouvert à la visite, ainsi que ses magnifiques jardins à la française.

~~VRAI~~ ou FAUX ? Les *fake news* de l'histoire

Des Luniens par milliers

Le 25 août 1835, le quotidien américain *The Sun* fait sa une sur un scoop extraordinaire : la Lune est habitée ! Pendant plusieurs jours, de longs articles richement documentés détaillent les caractéristiques des habitants lunaires… Les articles sont signés par un célèbre astronome britannique, John Herschel. En réalité un homonyme, car les responsables finissent par être démasqués. Il s'agit d'un canular mis en place pour relancer les ventes. Un vrai succès ! *The Sun* atteint des niveaux records pour l'époque. Et malgré le scandale, il est resté le journal américain au plus gros tirage jusqu'en 1950.

« *Quand le puits est sec, on connaît la valeur de l'eau.* »

Rétro Vermot

Deux fous regardent le ciel :
« Tiens, dit le premier, voilà une hélicoptère.
– Non, rectifie le second, voilà UN hélicoptère.
– Ah bon ? Peut-être que tu as raison... En tout cas, tu peux te vanter d'avoir une bonne vue ! »

Invisibles : les petites mains du pouvoir

Être chef de rang dans un restaurant prestigieux, c'est l'assurance de côtoyer quelques hauts personnages. Mais pour l'un de ces petits chanceux, aller au travail signifie servir le gratin de la République tous les jours ! Or, la buvette parlementaire de l'Assemblée, malgré sa fréquentation hors norme, reste avant tout un restaurant, avec ses impératifs et ses petites mains (et vu le profil de certains de nos parlementaires, les plateaux doivent parfois être lourds à porter !).

ILS ONT DIT

« La connerie, c'est la décontraction de l'intelligence. »

Serge Gainsbourg

LES GRANDS ILLUSIONNISTES

Le plus tendre et drôle

Le magicien franco-espagnol Garcimore (1940-2000) a marqué de nombreux téléspectateurs français par ses tours de magie, mais peut-être et surtout aussi par sa personnalité tendre et faussement naïve. C'est lui qui fit connaître le tour de cartes le plus facile à exécuter : il suffit de poser le tas par terre et d'en faire le tour ! Garcimore était un artiste complet : magicien spécialisé dans les tours prétendument « ratés », vrai musicien (premier prix du conservatoire de Madrid) et chanteur à succès ! Si ses tours ne sont pas restés dans les annales de la prestidigitation, on se souvient en revanche de l'une de ses tournures favorites, « décontrasté ! », de son accent très prononcé et surtout de son rire contagieux, notamment lorsqu'il se trouvait à l'écran en compagnie de la speakerine Denise Fabre.

L'ÉCONOMIE DE LA DÉBROUILLE GAGNE DU TERRAIN

Les « Cruella » de l'histoire

Draculette

La comtesse Élisabeth Báthory de Ecséd (1560-1614) était une riche héritière hongroise qui vivait dans les Carpates et avait sinistre réputation. Sadique, elle aurait passé son temps à torturer et tuer des jeunes femmes. On dit même qu'elle se baignait dans du sang humain, qu'elle considérait comme un élixir de jeunesse. Parmi ses centaines de victimes figurerait son propre époux, Ferenc Nádasdy. Elle fut condamnée et emprisonnée jusqu'à sa mort. Était-elle vraiment si sanguinaire ? Il faut rester prudent car, en cette période où l'on faisait avouer les gens sous la torture, on ne peut être sûr de rien. Un complot a peut-être été monté pour déposséder de tous ses biens cette femme un peu trop puissante... Quoi qu'il en soit, sa vie inspira en partie Bram Stoker, le créateur du personnage de Dracula.

Jeudi 27 août

Sainte Monique – On fête aussi les Mona, Guérin

Le soleil se lève à **7 h 00** et se couche à **20 h 42**

« Ce qu'août ne mûrit pas, septembre ne fera pas. »

Chiffres et expressions

Vingt dieux

Selon les linguistes, deux étymologies sont possibles pour cette expression qui marque la surprise. La première déplore que l'action de Dieu soit impuissante, sous la forme « vain Dieu » ; la seconde, considérée comme blasphématoire et païenne, oppose au Dieu unique une vingtaine de divinités, auxquelles on ferait appel quand on cherche à expliquer un phénomène.

ILS ONT DIT

« Pour bien nager, un joli caleçon de bain ne vaudra jamais une étendue d'eau. »

Léo Campion

[L'actu] Salade sicilienne

Inauguré il y a quelques mois dans le très chic 7e arrondissement de Paris, un restaurant suscite la polémique. Spécialisé dans la cuisine italo-sicilienne servie dans une ambiance feutrée, l'établissement se nomme *Corleone*. Là n'est pas le vrai problème, car ce n'est pas la première fois qu'un restaurant italien ou une pizzeria emprunte son nom à la commune devenue célèbre avec le roman de Mario Puzo, *Le Parrain*, porté à l'écran par Francis Ford Coppola. En revanche, le fait que le *Corleone* soit dirigé par la fille de l'un des plus célèbres parrains de Cosa Nostra interpelle. La patronne, Lucia Riina, est en effet la benjamine de « Totò » Riina, l'un des tristement célèbres chefs de la mafia sicilienne décédé en prison en 2017. Et la ville de Corleone était bien sûr son fief. Surnommé « *la Belva* » (la bête sauvage) pour sa férocité, Riina a fait régner la terreur pendant vingt ans. Il a notamment ordonné les meurtres des juges anti-mafia Falcone et Borsellino en 1992. Cette stratégie marketing douteuse n'est pas nouvelle dans la famille : il y a trois ans, la sœur de Lucia a tenté de lancer la marque de café « Zù Totò » (« Oncle Toto »), projet avorté face au tôlé en Italie.

PROBLÈMES DE MATHS DU CERTIFICAT D'ÉTUDES

Un forgeron emploie un ouvrier qu'il paie 2,50 F par heure de travail. L'ouvrier travaille 8 h/jour, tous les jours sauf le dimanche.

Question 1 : Quel a été le salaire brut de l'ouvrier pendant le mois d'octobre qui commençait un jeudi ?

Question 2 : Combien l'ouvrier gagne-t-il s'il verse 6 % de son salaire brut à la Sécurité sociale ?

Question 3 : Combien le patron a-t-il déboursé au total s'il paie 35 % de charges sur le salaire brut de son ouvrier ?

Réponse 1 : 540 F – Réponse 2 : 507,60 F – Réponse 3 : 729 F

« *À la Saint-Augustin, le soleil a grillé le serpolet et le thym.* »

Étymolo-quiz...

Vrai ou faux : clavicule, cheville et clavier ont la même origine ?

Réponse : vrai. Ils viennent tous les trois du latin *clavicula*, qui signifie « petite clé ».

PARC D'ATTRACTION TERRESTRE

BLASON

À Allos, dans les Alpes-de-Haute-Provence, on ne s'est embarrassé ni de l'étymologie du nom, ni de l'origine de la ville, ni de son histoire lorsqu'il a été décidé de créer son blason. Un jeu de mots a suffi pour y faire figurer une aile rouge déployée au-dessus d'un os noir. L'ensemble se lit : « D'argent au demi-vol de gueules soutenu d'un os de sable posé en fasce. » (Voir code couleur en dernière page.)

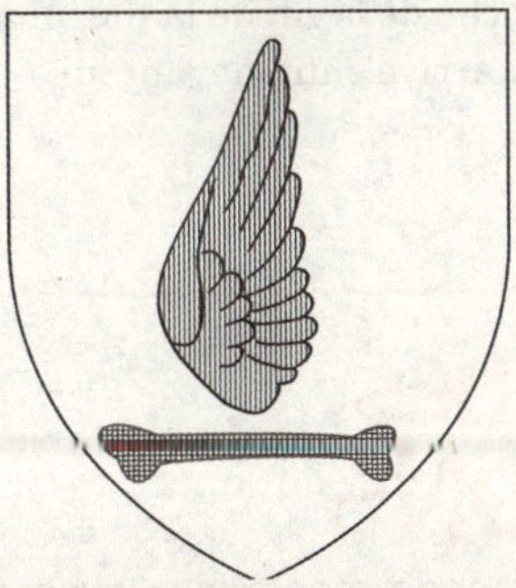

Perles de sportifs

Gratitude

Qui l'a dit ? Greg Norman, joueur de golf australien.

La perle : « Je dois beaucoup à mes parents, surtout à mon père et à ma mère. » Il est sûr de n'avoir oublié personne ?

LES GRANDS DE LA PETITE REINE

L'une des règles des premières éditions du Tour de France était l'interdiction formelle et absolue de recevoir tout type d'aide mécanique de l'extérieur. Nombreux sont ceux qui, pour rien ou pas grand-chose, ont été disqualifiés au nom de cette règle. En 1913, alors qu'il est leader virtuel au général, le Français Eugène Christophe casse sa fourche au début de la descente du Tourmalet. Afin d'éviter la disqualification, il décide alors de prendre son vélo sur le dos (imaginez le poids d'un vélo de l'époque !) et de parcourir à pied les 14 km qui le séparent du village le plus proche. Il y trouve une forge, qu'il utilise pour réparer seul sa fourche. Après 4 heures d'un travail de forçat (pendant lesquelles il refuse que le juge du Tour, qui l'observe, aille manger afin de ne pas perdre de temps), il peut enfin repartir. Le plus fou dans cette histoire est qu'il reçut quand même 10 minutes de pénalité, car le fils du forgeron avait actionné le soufflet de la forge pendant que lui réparait sa fourche…

Les fautes des grands écrivains

Si cela n'enlève rien à la qualité et à l'influence toujours forte de son œuvre conséquente, il faut croire qu'Honoré de Balzac avait certaines lacunes (ou indifférences) dans le domaine de la faute d'accord, qu'il semait par-ci par-là au détour de ses œuvres. La preuve en texte avec ces deux fautes relativement grossières, relevées respectivement dans une lettre à Madame Hanska et dans le roman la *Cousine Bette* : « Allons adieu, vous, une de mes consolations secrètes, vous vers qui vole mon âme et ma pensée. » « Ta pension de retraite et le peu que j'ai, en mon nom, nous suffira. » Vous les avez vues ? Aïe aïe aïe…

« *Pluie à la Sainte-Sabine est une grâce divine.* »

Pan Pan!

PERLES DE POLICIERS

Dans un rapport de police : « Il est à noter que les deux véhicules sont entrés en collision l'un avec l'autre exactement le même jour. » Il y a de ces coïncidences, tout de même !

Ça s'est passé

En 1620

Le *Novum organum* est publié. Il s'agit de l'œuvre majeure du philosophe britannique considéré comme le fondateur de l'empirisme moderne : Francis Bacon.

Ha! Ha! Ha!

Alors qu'il circule sur une route verglacée, un car qui transporte de nombreuses personnes fait plusieurs tonneaux avant de s'embraser. Tous les passagers meurent carbonisés. Arrivés au ciel, Dieu leur dit :
« Puisque vous êtes tous morts d'une manière atroce, j'accorde à chacun un vœu avant qu'il entre au Paradis. »
La première personne de la file, une femme particulièrement laide s'approche de Dieu et dit : « Je souhaite être très belle. »
Et Dieu lui accorde son vœu. La personne suivante, une femme également, hésite, n'arrive à pas à choisir et finalement décide de faire le même vœu : devenir très belle. À ce moment, le dernier type de la file commence à rire. Le couple suivant, voyant à quel point les deux femmes sont devenues sublimes, demande également à devenir très beau. L'homme au bout de la file s'esclaffe plus fort. Les uns après les autres, les gens souhaitent tous la même chose. Plus Dieu s'approche de la fin de la file, plus l'homme est mort de rire. Quand Dieu arrive enfin devant lui, il lui demande :
« Quel est votre souhait, Mon Fils ?
– Qu'ils deviennent tous laids ! »

Secrets des chansons mythiques

L'explication la plus répandue de la chanson *Il jouait du piano debout* de France Gall, sortie en 1980, est que la chanteuse y fait référence à Elton John, qui avait en effet l'habitude de jouer debout. Et pourtant, il n'en est rien, puisque c'est de Jerry Lee Lewis, un rockeur américain des années 1950-1960, dont il est question. C'est en effet en voyant la retransmission d'un concert hommage à ce dernier que Michel Berger a eu l'idée d'écrire les paroles de ce titre devenu culte.

NOVLANGUES & JARGONS

Dans la publicité, monde merveilleux avec ses codes uniques et ô combien farfelus, on peut avoir le plaisir et l'honneur d'entendre au détour des conversations des phrases telles que « le wording est confusant ». Kézako ? C'est une bien vilaine manière de dire que le choix des mots (pour un slogan ou autre) embrouille plus qu'il n'explique. Ne trouvez-vous pas cela assez ironique d'utiliser une expression si obscure pour demander de la clarté ?

« *À la Saint-Fiacre, soleil ardent; pour huit jours encore, du beau temps.* »

M. Cratif
Conseiller financier
a la joie de vous annoncer
la naissance de son fils

LUC

Les animaux de compagnie des présidents

La hantise de tout propriétaire attaché à son animal de compagnie est la même, quel que soit son rang ou son métier : perdre son précieux compagnon. Pour éviter cela, nombreux sont ceux qui équipent leur animal d'un collier sur lequel ils écrivent leur adresse, et parfois aussi le nom de l'animal. Franklin Roosevelt ne faisait pas exception, et il choisit donc avec humour de faire porter un collier à sa chienne Fala qui disait très sobrement mais sans équivoque : « Fala, White House » (en français : « Fala, Maison-Blanche »).

Expressions du potager

Il a un petit pois dans la tête

On comprend sans peine, même quand on a un pois chiche (frère presque jumeau du petit pois) dans la calebasse. Et un pois dans une boîte creuse, c'est un grelot, symbole de la folie et porté par les fous officiels, les bouffons médiévaux. C'est d'ailleurs peut-être ce « côté grelot » qui a poussé à mettre le pois en musique : « Ah ! Les p'tits pois, les p'tits pois, les p'tits pois, C'est un légume bien tendre… », chanson « patriotique (!) » de Mortreuil et Spencer, créée par Dranem en 1901 et qualifiée de géniale par Boris Vian. Mais malgré son moelleux, le pois n'est pas aisé à mettre sous la dent, surtout quand il est bouillant (à l'instar de la célèbre patate chaude) : « Il mange des pois chauds », comme dit M. de La Rochefoucauld quand quelqu'un ne sait que répondre. Dixit Mme de Sévigné, qui fut en son temps « la fleur des pois » (la plus belle et la plus distinguée). Et c'est sans doute regrettable… mais « Ah ! Les p'tits pois, les p'tits pois, les p'tits pois, Ça n'se mange pas avec les doigts ! ».

Histoire cochonne

C'est la truie la plus célèbre du petit écran : Miss Piggy dans la version originale américaine, Peggy la cochonne chez nous. Vedette du *Muppet Show*, la marionnette est une caricature de diva au caractère fantasque et aux crises de colère légendaires. Follement éprise de Kermit la grenouille, son « Kermitou d'amour » avec lequel elle s'est mariée puis a divorcé, Miss Peggy a récemment été récompensée pour « son rôle de précurseur pour la cause des femmes dans la société ». La cochonne, doublée par Micheline Dax, était donc une féministe ! Qui l'eût cru ?

Lundi **31 août**

Saint Aristide – On fête aussi les Aidan, Aricie, Zaïdane

Le soleil se lève à **7 h 06** *et se couche à* **20 h 34**

« J'étais furieux de ne pas avoir de souliers, alors j'ai rencontré un homme qui n'avait pas de pieds, et je me suis trouvé content de mon sort. »

Proverbe chinois

Argot-quiz...

Qu'entend-on en argot par « avoir les portugaises ensablées » ?

Réponse : ne rien entendre.

Charade

Classique

Mon premier est le petit de la chèvre.

Mon deuxième est une boisson désaltérante.

Mon troisième est une boisson nutritive.

Mon tout est une automobile.

CABRIOLET (CABRI - EAU - LAIT)

ILS ONT DIT

« Un mec fidèle, c'est souvent un mec qui n'a pas d'opportunités. »

Jean-Luc Lemoine

[L'actu]

La truffe révélée

« Faire l'histoire des truffes serait entreprendre celle de la civilisation du monde », avançait Alexandre Dumas. Cent-cinquante ans après la mort du père des *Trois Mousquetaires*, une équipe de l'Institut national français de la recherche agronomique (INRA) vient de décoder une partie de l'histoire biologique du « diamant de la cuisine ». Publiée dans la revue *Nature Ecology and Evolution*, l'étude dirigée par Claude Murat révèle certains mystères du génome de cinq espèces de truffes — dont la truffe blanche d'Alba, les truffes noires de Bourgogne et du Périgord. Si elles sont déjà mentionnées sur des tablettes sumériennes (3 700 ans avant notre ère), leur ancêtre commun date de plus de... 150 millions d'années. La truffe naît et prospère sous terre, entretenant une relation souterraine unique avec un arbre hôte. Si les spores des champignons sont disséminées par le vent, celles de la truffe le sont par les animaux qui la déterrent pour la manger. Pour cela, elle doit être trouvée, d'où ses arômes subtils et puissants. Les travaux de l'INRA démontrent que ce parfum, propre à chaque espèce, provient d'un cocktail complexe impliquant une cinquantaine de molécules dont la synthèse varie selon les bactéries et levures présentes sur la surface des truffes. Et ce microbiome est à l'origine d'un « effet terroir ». Exactement comme pour le vin !

Brèves régions

Finistère/Le cairn de Barnenez

En Bretagne, les cairns sont de grands monuments de pierre sèche qui recouvrent entièrement un ou plusieurs dolmens à couloir. Le cairn de Barnenez, sur la commune de Plouezoc'h, à quelques kilomètres au nord de Morlaix, est long de 75 m, ce qui en fait le plus grand mausolée mégalithique après celui de Newgrange, en Irlande. Selon les spécialistes, c'est aussi le plus vieux monument d'Europe, puisqu'il date d'environ 4 700 ans avant J.-C., soit deux millénaires avant la plus ancienne pyramide d'Égypte !

« *À la Saint-Gilles, s'il fait beau, cela durera jusqu'à la Saint-Michel.* »

L'ÉNIGME DE LA MACHINE À COUDRE

EPISODE 9

Alice se remémore Victor Hugo dans sa maison de Guernesey cherchant à communiquer avec le fantôme de sa fille Léopoldine par le biais d'une table tournante. « Et si on essayait de communiquer avec l'esprit de Célia ? », lance-t-elle à tout hasard.
Laurent part d'un grand éclat de rire :
« Tu veux faire du spiritisme ?! Tu plaisantes, Alice ?
– Non, enfin… oui, un peu…
– En même temps, c'est étonnant ce que tu viens de dire. La coïncidence est troublante… »
Laurent lui remet sous les yeux la page où se trouve la photo de sa grand-mère. Au-dessus, un encadré indique : « Divination par le moyen d'un coq : faire un cercle avec toutes les lettres de l'alphabet à base de grains d'orgeat, puis mettre un coq au centre, attendre qu'il mange les grains, les lettres qui resteront formeront une phrase qui répondra à la question que vous vous posez. »
« Bon, on n'est pas couché… Mais on n'a pas vraiment un coq sous la main !
– Attends, lis la phrase du jour, à côté.
– Ça alors, c'est complètement fou ! Une citation de Victor Hugo. »
Alice lit : « Pensée en escalier : "la tendresse est une sensitive qui se fane au moindre brouillard, le dévouement est une immortelle dont nul hiver ne flétrit le calice." »
« C'est beau, on dirait un serment amoureux. » Puis Alice reprend en murmurant pour elle-même, « pensée en escalier », et si… et si… Elle a l'intuition qu'il faut chercher du côté de la machine à coudre New Home, sous l'escalier, là où tout a commencé… Les deux acolytes, munis de bougies, se retrouvent à quatre pattes à scruter avec attention chaque marche. Soudain, Alice s'écrie :
« Laurent, là ! Sur le mur ! Le papier peint à fleurs… Dans l'un des motifs, il y a un VH gravé, comme Victor Hugo ! Et juste en dessous, la latte de l'escalier laisse passer un peu de jour… Tu crois que… ? »
Laurent la soulève d'un coup sec. La cachette étroite recèle deux lettres manuscrites recouvertes de poussière. Ils n'en croient pas leurs yeux !

(À suivre le mois prochain)

Le soleil se lève à **7 h 09** *et se couche à* **20 h 30**

« *Septembre détruit les ponts ou tarit les fontaines.* »

Ha ! Ha ! Ha !

Deux vieux entrent dans une boutique d'accessoires médicaux et demandent :
« Vous avez des béquilles ?
– Oui, répond le vendeur, j'ai des béquilles.
– Et vous avez des bassins, si on est alités ?
– Oui, bien sûr...
– Et vous avez des déambulateurs aussi ?
– Bah oui ! Mais pourquoi me demandez-vous ça ?
– Parce qu'on va bientôt se marier et on ne savait pas où déposer notre liste. »

1886 : la 1re édition de l'Almanach Vermot. Découvrez l'édition collector disponible dans toutes les bonnes librairies !

ILS ONT DIT

« L'administration est un lieu où les gens qui arrivent en retard croisent dans l'escalier ceux qui partent en avance. »

Georges Courteline

Recette de cuisine

Buns de pizza au poulet

Pour 4 pers. 10 min de préparation 30 min de cuisson

- 2 pâtes à pizza (rondes ou rectangulaires)
- 4 escalopes de poulet
- 1 poivron rouge
- 1 oignon blanc
- 1 cuil. à café de cumin en poudre
- 80 g de gruyère râpé
- Huile d'olive
- Sel, poivre

Préchauffez le four à 210 °C (th. 7). Coupez les escalopes de poulet en morceaux. Lavez le poivron, pelez l'oignon et émincez le tout. Dans une poêle chaude avec un peu d'huile d'olive, faites revenir l'oignon, ajoutez les dés de poivron, puis le poulet. Salez et poivrez, puis ajoutez le cumin.
Coupez les pâtes à pizza en deux. Répartissez la poêlée sur les 4 morceaux de pâte. Refermez la pâte en l'étirant et formez une boule. Saupoudrez de gruyère, puis enfournez pour 25 minutes.

Conseil : cette recette plaît à tous, petits et grands. L'effet de surprise est garanti. Servez-la avec une belle salade verte.
Variante : pour une version encore plus gourmande, ajoutez de la crème fraîche ou de la sauce tomate sur la poêlée en fin de cuisson.

HOROSCOPE CHINOIS

SINGE

Caractère : Drôle, blagueur, vif, observateur, pétillant, malicieux, créatif, ingénieux, adaptable, calculateur, curieux, émouvant, émotif, bavard.

Les grandes tendances de l'année

Sur le premier trimestre, vous élargirez votre cercle relationnel ou amical. Sociable, vous communiquerez facilement. Juin et juillet vous permettront de consolider les liens qui vous unissent à votre moitié, à moins que vous ne fassiez une belle rencontre. Le dernier trimestre de 2020 sera plus axé sur la famille.

« Août mûrit, septembre vendange. En ces deux mois, tout bien s'arrange. »

Chiffres et expressions

Vingt-deux, v'la les flics

C'est à l'imprimerie d'autrefois, où l'on utilisait les caractères en plomb pour composer les journaux, que l'on doit cette expression. En effet, la taille des lettres pour mettre en valeur un titre était le corps « 22 ». Certains ont repris l'image des gros caractères pour attirer l'attention et annoncer une arrivée inattendue, voire problématique !

Grands voyageurs

Nicolas Bouvier, globe-trotter littéraire

Passionné d'histoire, l'écrivain-voyageur Nicolas Bouvier (1929-1998) est issu d'une famille d'universitaires. Il grandit en Suisse, à Genève notamment, et commence à voyager dès l'adolescence. Son métier de journaliste lui permet de découvrir le monde au travers de reportages ponctuels, mais ce sont les expéditions au long cours qui l'inspirent. En 1951, accompagné de l'illustrateur Thierry Vernet, il rejoint Istanbul au départ de Venise et en tire un premier recueil de textes et de dessins. Deux ans plus tard, au volant d'une Fiat, il relie Belgrade à Kaboul pendant plus d'un an – un parcours qu'il décrira dans *L'Usage du monde*. Nicolas Bouvier découvre ensuite l'Inde et le Japon pendant deux ans (*Chronique japonaise* et *Le Poisson-scorpion*). Après son mariage, il voyage aux côtés de sa femme, Éliane Petitpierre, et relate ses observations dans plusieurs ouvrages. Récompensée notamment par le prix Rambert, son œuvre est considérée comme un classique de la littérature de voyage.

MON CHAUFFEUR : LE NOUVEAU SERVICE DE LA SNCF

Charade

Classique

On bâtit des châteaux en Espagne avec **mon premier**.

Il y a beaucoup de **mon deuxième** dans l'*Almanach Vermot*.

Mon troisième marque la négation.

Mon quatrième a son chant.

Mon cinquième est essentiel pour la vie.

Mon sixième a un corps aplati et évolue dans mon cinquième.

Mon tout est l'une des *Diaboliques*.

SIMONE SIGNORET (SI - MOT - NE - CYGNE - EAU - RAIE)

Brèves régions

Seine-Saint-Denis/La nécropole de Noisy-le-Grand

Dans son *Histoire des Francs*, Grégoire de Tours précisait dès la fin du VIe siècle qu'il existait une « villa royale » à Noisy-le-Grand, dans l'actuel département de Seine-Saint-Denis. Une affirmation vérifiée récemment par les archéologues de l'Inrap, qui étudient depuis 2009 une importante nécropole du haut Moyen Âge (entre le VIe et le XIe siècle). En moins de 10 ans, plus de 700 sépultures ont été mises au jour et les fouilles se poursuivent sur la partie sud de ce gigantesque cimetière médiéval, dont on ne connaît pas encore les limites.

Vendredi 4 septembre

Sainte Rosalie – On fête aussi les Iris, Hermione, Moïse

Le soleil se lève à **7 h 12** *et se couche à* **20 h 25**

« C'est au bout de l'ancienne corde que l'on tisse la nouvelle. »

Devinette

Qui suis-je ?

Je suis une construction,
Qui offre une protection,
Si je résulte
d'une substitution,
Je suis le sujet
d'une rectification.

Une coquille

Expressions d'hier décryptées

Oignez vilain, il vous poindra ; poignez vilain, il vous oindra.

Finalement peu moral, cet adage confirme que dire du bien d'une personne malhonnête ne rapporte rien alors qu'en dire du mal peut attirer ses faveurs. « Oignez » vient du verbe oindre, c'est-à-dire enduire le corps d'huile, ce qui facilite les choses, alors que « poignez » rappelle le poing qui menace et qui frappe.

Perles de sportifs

Tourisme et Bescherelle

Qui l'a dit ? Franck Ribéry, footballeur et star de la grammaire. La perle : « Le Touquet, c'est toujours une ville que j'aime bien venir. » Nous aussi, Franck, nous aussi.

[L'actu] Musée du dégoût

Soupe aux yeux de moutons, vin de souriceaux, hamster rôti, fromage grouillant d'asticots… Voilà quelques-unes des « œuvres » exposées au musée de la Nourriture dégoûtante, en Suède. L'objectif est de « permettre aux gens d'explorer le monde de la nourriture » et de se rendre compte des « biais culturels » d'après Samuel West, son concepteur. Pour lui, « le dégoût est toujours subjectif. Il dépend de ce avec quoi on a grandi. C'est comme si l'on avait été endoctriné. » L'exposition présente 80 spécialités culinaires plus ou moins étranges aux yeux et aux palais des Occidentaux : à côté des « classiques » époisses, homards, escargots, cuisses de grenouilles et autres bonbons gélatineux, on découvre un fromage sarde enveloppé dans une tripe séchée, une assiette de requin moisi, des têtes de lapin farcies — un régal en Islande ! —, un émincé de pénis de taureau, des tarentules frites, etc. Si la plupart des mets sont montrés « frais », quelques-uns, comme le cœur palpitant de cobra — à déguster avec son sang ! — ou la soupe de chauve-souris, ne sont visibles qu'en vidéo pour des raisons légales et pour épargner, un peu, les visiteurs. Délicate attention de l'organisateur : le billet d'entrée à l'exposition est un sac à vomi.

Secrets des chansons mythiques

Une rumeur tenace qui tourne dans le milieu musical voudrait que la chanson *Angie* des Rolling Stones ait été écrite par Mick Jagger pour déclarer sa flamme à Angel, alors épouse de David Bowie. Aussi intéressante que cette anecdote puisse paraître, elle n'est pourtant pas vraie, puisque c'est de la fille de Keith Richards, véritable auteur de la chanson, dont il s'agit. Heureusement que Madame Bowie n'est pas tombée dans le panneau…

Samedi 5 septembre

Sainte Raïssa – On fête aussi les Iraïs, Bertin, Raïa

« *Septembre le vaillant surmène le paysan.* »

Rébus bande dessinée

Aigles
Aigles ⟵

Les Aigles décapitées

DRÔLE DE NOM POUR UNE VILLE !

Routier

C'est en sillonnant les chemins du département de l'Aude que vous pouvez profiter d'une halte à Routier. Le nom de cette commune pourrait provenir du latin *via rupta*, évoquant un croisement de chemins. Mais d'autres préfèrent y voir la subsistance de Rotharius, propriétaire de l'Antiquité dont le domaine se serait étendu autrefois sur le territoire de la commune.

SUDOKU MOYEN

2		6			4	3		
						9	4	
	4		3					1
					1		7	8
			4		9			
5	7		6					
6					7		8	
	8	2						
		3	9			6		4

Solution page 271

Ha! Ha! Ha!

Raymond et Roger, 85 ans tous les deux, ont décidé d'aller à Amsterdam pour une dernière virée sexuelle dans une maison close. La tenancière de l'établissement, voyant qu'elle a affaire à deux vieillards, décide de remplacer deux vraies filles par deux poupées gonflables, se disant que, vu leur âge, dans le noir, ils ne feront pas la différence. Après avoir fait ce qu'ils devaient, chacun dans sa chambre, Raymond et Roger se retrouvent à la sortie du lupanar.
« Comment c'était pour toi ? Moi, la mienne, j'ai cru que c'était une morte.
– Et moi, la mienne, je crois que c'était une sorcière !
– Une sorcière ? Mais pourquoi une sorcière ?
– Eh bien, je me suis approché, je lui ai mordillé le téton et pfffuiiitt, elle s'est envolée par la fenêtre. »

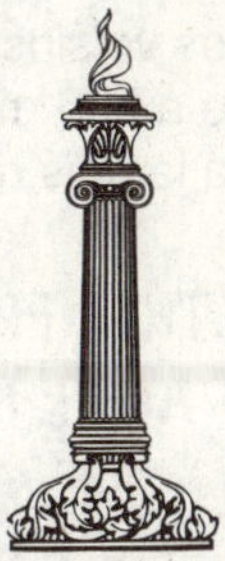

AUX ORIGINES DES JEUX OLYMPIQUES

La sélection des villes où se tiendront les jeux Olympiques est aujourd'hui un business à plusieurs milliards d'euros, et il n'est pas rare de voir émerger des scandales sur les pratiques discutables du CIO. Mais cette bataille pour la tenue des Jeux n'a rien de nouveau et avait déjà cours durant l'Antiquité, dès les premières éditions des Jeux. Au IVe siècle après J.-C., par exemple, la cité d'Élis (sur le territoire de laquelle se trouve le site d'Olympie) fit irruption au beau milieu de l'épreuve de pentathlon pour réclamer la récupération de l'organisation des Jeux qui lui avait été retirée au profit de Pisa. Il ne fait aucun doute que les raisons qui motivaient la colère d'Élis étaient avant tout financières, tant le profit annexe tiré de la visite de milliers d'athlètes et de spectateurs sur plusieurs semaines était important.

Dimanche **6 septembre**

Saint Bertrand – On fête aussi les Ève, Évelyne, Bee, Onésiphore

Le soleil se lève à **7 h 14** *et se couche à* **20 h 21**

« *L'hirondelle de septembre abandonne le ciel refroidi de l'automne.* »

Verbes régionaux

OUILLER

Le verbe « ouiller », dérivé d'« œil », est employé dans le milieu vinicole et plus particulièrement dans la région bordelaise. Quand le niveau d'une barrique de vin baisse en raison de l'évaporation, le viticulteur va « ouiller », c'est-à-dire ajouter le complément de vin nécessaire pour qu'il ne reste pas d'air dans le tonneau, ce qui serait néfaste à la qualité.

BLASON

Dans la catégorie des « armes parlantes », les illustrations sont très nombreuses, jusqu'en Suède ! Au sud-ouest du pays, la commune côtière de Falkenberg a choisi de faire figurer sur son blason un faucon de gueules (rouge) posé sur un mont de sinople (vert), le tout sur fond d'argent. Chacun aura compris qu'en suédois, le faucon se dit *falken* et le mont *berg*. (Voir code couleur en dernière page.)

AVENTURIERS DE L'IMPOSSIBLE

Rosie Swale-Pope court toujours

L'histoire de Rosie Swale-Pope ressemble un peu à l'une des aventures du héros de Forrest Gump, incarné par Tom Hanks. Sauf que l'histoire de Rosie est vraie ! Cette aventurière britannique, née en 1946, a réussi l'incroyable exploit de faire un tour du monde… en courant. Partie en 2003, elle a conclu son périple en 5 ans après avoir parcouru environ 36 000 km à la seule force des jambes, en tirant un chariot à roulettes derrière elle. En plus d'être tout simplement incroyable, son aventure s'est inscrit dans une démarche altruiste et généreuse, puisque ce projet a eu pour but de lever des fonds pour un orphelinat russe. Grâce à l'exposition médiatique de son tour du monde, Rosie Swale-Pope a levé près de 300 000 euros pour sa cause ! Pour faire mieux, on peut toujours courir…

Le Chiffre

859 km/h

C'est la vitesse hallucinante à laquelle a été flashé un Luxembourgeois circulant l'an passé sur une route belge ! L'automobiliste roulait dans la banlieue de Bruxelles quand il a été flashé à 914 km/h par un radar. Après vérification, la vitesse enregistrée a été révisée, puisque celle retenue par les autorités belges est de « seulement » 859 km/h. Selon le procès-verbal, c'est 789 km/h au-dessus de la vitesse autorisée sur la route concernée. Si l'automobiliste a reconnu avoir roulé un peu vite, il a engagé une action en justice pour faire reconnaître l'extravagance de la mesure. Ce n'est pas la première fois qu'un radar s'emballe chez nos voisins. Déjà en mai 2018, une jeune femme avait été flashée à 696 km/h au volant d'une Opel Astra. Une voiture de série n'a jamais roulé au-dessus de 447 km/h. Sauf en Belgique donc.

« Si tu ne peux pas être une étoile au firmament, sois une lumière à la maison. »

Étymolo-quiz...

Avec quel mot « foie » partage-t-il son origine latine : « déféquer » ou « figue » ?

Réponse : figue. Les deux viennent de ficatum.

Pièges de l'ortograhphe

En première

La championne de ski peut tout aussi bien « arriver en première » ou « arriver en premier », mais le sens sera différent. Dans le premier cas, elle aura pris un moyen de transport avec plusieurs classes et aura occupé une place dans la première de ces classes. Dans le second cas, elle aura battu toutes ses concurrentes dans l'épreuve à laquelle elle participait.

Pan Pan ! Perles de policiers

Appel à Police Secours :

« Je vous appelle pour un accident.

– Il y a des blessés ?

– Un blessé matériel, ma voiture. »

Expressions du potager

C'est un cœur d'artichaut !

Une personne volage qui ne meurt pas où elle s'attache, mais qui volète de l'un à l'autre, ou de l'une à l'autre, comme l'oiseau-mouche va de fleur en fleur… Ce n'est certes pas la fine fleur de la morale bourgeoise, mais est-ce pour autant un condensé de luxure ? À la vérité, on se le demande, car l'artichaut, avec sa bonne tête feuillue, n'est pas si innocent. Ce que l'on appelle le cœur, ou le fond, était jadis dénommé « cul d'artichaut » – et pourtant, disait Voltaire, « il ne ressemble pas plus à un cul [….] que les rues sans passage » (à un cul-de-sac). En outre, le légume était jadis considéré comme aphrodisiaque. Alors, est-ce vraiment un petit bout « de son cœur » que l'on donne à chacun avec ses feuilles ? Ajoutons que la dégustation ressemble diablement à un strip-tease, comme on en exécute au cabaret, pour un peu… d'artiche ! Georges Brassens, sur ce thème, évoque une Saint-Barthélemy de l'amour : « Cœur d'artichaut tu donnes une feuille à tout l'monde… De Pierre à Paul, en passant par Jul'et Félicien, embrasse-les tous, embrasse-les tous, Dieu reconnaîtra le sien ! »

Brèves régions

Loire/Les autres châteaux de la Loire

Quand on dit « châteaux de la Loire », on pense immédiatement à Blois, Chambord ou Cheverny. C'est oublier un peu vite que d'autres demeures remarquables sont construites très en amont du fleuve, dans le département… de la Loire. Il suffit de voir le château de la Roche à Saint-Priest-la-Roche, près de Roanne, pour comprendre que le fleuve a parfois inspiré en amont et en aval des architectures semblables, car celui-ci est relié à la rive par un pont, exactement comme le château de Chenonceau !

Mardi 8 septembre

Nativité Notre-Dame – On fête aussi les Hadrien, Belinda

Le soleil se lève à **7h17** *et se couche à* **20h17**

« *Septembre se montre souvent comme un second et court printemps.* »

Ça s'est passé

Le 8 septembre 1920

Le Congrès national indien adopte le programme de lutte non violente, fondé sur la désobéissance civile, prôné par Gandhi pour obtenir l'indépendance du pays.

Mon Trésor (public) !

Depuis 1957, il existe au Mexique un programme spécial permettant aux artistes de payer leurs taxes directement en œuvres d'art ! Réservé habituellement aux artistes désargentés et ne rencontrant pas vraiment le succès, le programme stipule que tout artiste ayant vendu moins de cinq œuvres dans l'année doit en donner une. Ceux ayant vendu entre 6 et 8 œuvres doivent en donner deux, et ainsi de suite. L'histoire ne dit cependant pas qu'ils sont obligés de donner les plus réussies…

ILS ONT DIT

« J'ai cinquante ans, ce qui n'est pas mal pour un homme de mon âge. »

Sacha Guitry

LES FROMAGES D'AUVERGNE

E	J	L	T	S	D	N	O	S	I	A	M	U	F
E	N	E	A	S	A	R	A	S	S	O	N	S	O
N	S	G	R	G	R	V	D	T	N	S	A	E	U
L	I	B	R	R	U	G	A	T	N	I	A	S	R
O	A	V	Y	E	R	Y	B	R	N	N	G	R	M
U	I	T	A	W	V	R	W	T	O	M	G	E	E
P	S	N	N	P	I	U	N	R	O	N	N	L	D
E	R	I	O	A	N	E	A	N	H	E	O	A	A
Y	E	V	C	R	C	B	T	D	H	I	T	S	M
R	J	A	A	T	E	S	F	C	U	R	A	U	B
O	L	L	A	H	A	P	X	G	O	E	L	J	E
U	B	I	C	L	F	U	A	V	C	V	L	N	R
E	R	O	V	L	O	L	A	G	W	A	Y	B	T
E	R	Y	N	D	W	L	F	L	A	V	O	R	E

Solution page 276

BLEU D'AUVERGNE
CANTAL
DOUX CHÊNE
FOURME D'AMBERT
FUMAISON
GAPERON
JERSIAIS
LAGUIOLE
LAVORT
LOU PEYROU
MONTBRIAC
MONTSALVY
PAVIN
ROCHEBARON
SAINT AGUR
SAINT-NECTAIRE
SALERS
SARASSON
SAVARON

Histoire cochonne

Le Porcellian Club (« Club des cochons » en français) est une confrérie de la prestigieuse université de Harvard. C'est probablement la plus ancienne du genre. Fondée en 1791 par des étudiants qui voulaient éviter le réfectoire, elle devrait son nom à un cochon rôti servi aux convives lors d'un repas arrosé. La devise du club, « *Dum vivimus vivamus* » (« vivons, vivons »), est totalement épicurienne. Ses membres arborent des cravates ornées de petits cochons roses. Parmi ces privilégiés, on compte d'éminentes personnalités américaines comme… le président Theodore Roosevelt !

« *Brouillards d'automne beau temps nous donnent.* »

Rétro Vermot

L'ophtalmologue demande à sa cliente :

« Y a-t-il longtemps que vous louchez, Madame ?

– Eh bien… Tout a commencé lorsque mes jumeaux se sont mis à marcher… »

Invisibles : les petites mains du pouvoir

Quand on pense aux employés du Sénat, on ne les imagine pas forcément avec la main verte, et encore moins dans une salopette. Pourtant, le Sénat, qui gère le jardin du Luxembourg attenant, emploie 80 jardiniers, qui ne sont pas maltraités : ils gagnent 2 500 euros net en début de carrière (soit presque le double des jardiniers « ordinaires » de la Ville de Paris) et bénéficient de 9 semaines de congés payés. « Sénat-porte quoi ! »

Solution sudoku [p. 267]

2	1	6	8	9	4	3	5	7
8	3	5	7	1	6	9	4	2
9	4	7	3	2	5	8	6	1
3	6	9	2	5	1	4	7	8
1	2	8	4	7	9	5	3	6
5	7	4	6	3	8	1	2	9
6	9	1	5	4	7	2	8	3
4	8	2	1	6	3	7	9	5
7	5	3	9	8	2	6	1	4

Problèmes de maths du certificat d'études

Pour venir travailler à Paris, Jacques, qui habite la banlieue, paie chaque semaine 8,50 F de chemin de fer et 2 cartes d'autobus à 2,40 F l'une.

Question 1 : Sachant que Jacques travaille 48 semaines de 5 jours par an, calculer sa dépense annuelle totale et sa dépense quotidienne en frais de transport.

Question 2 : Jacques décide d'acheter un cyclomoteur de 420,20 F. Pour venir au travail, il effectuera 2 fois par jour un trajet de 25 km. Il dépensera, en moyenne, 1,20 F de carburant aux 100 km et paiera 36 F d'entretien par an. Quelle économie annuelle réalisera-t-il alors sur ses frais de transport ?

Question 3 : Au bout de combien de mois aura-t-il amorti sa machine ?

Réponse 1 : Dépense annuelle : 638,40 F. Dépense quotidienne : 2,66 F.
Réponse 2 : 458,40 F
Réponse 3 : 11 mois.

BIENTÔT LA CANTINE À UN EURO ?

Inventions insolites

C'est bien connu, les États-Unis sont les rois de l'automobile. Outre le nombre de constructeurs et la taille impressionnante des routes américaines, la vie y est presque totalement construite autour de ce moyen de locomotion. Les zones commerciales sont faites pour être sillonnées en voiture, et une grande partie de la population se nourrit régulièrement aux drive-in, ces guichets de restaurants qui vous donnent votre nourriture directement dans votre voiture. Mais si les constructeurs ont bien pensé à mettre des porte-verres, où poser le reste du repas ? À tout problème (existentiel) une solution : un « porte-frites » est désormais disponible pour 1,99 dollar et s'adapte dans les porte-verres classiques. Inutile au possible, donc essentiel !

Jeudi 10 septembre

Sainte Inès – On fête aussi les Aubert, Pulchérie

Le soleil se lève à **7h20** *et se couche à* **20h13**

« *Pluie de septembre, joie du paysan.* »

NOVLANGUES & JARGONS

En allumant votre télévision ou en ouvrant un journal ces dernières années, vous êtes forcément tombé sur un article traitant de «l'empowerment» des femmes. Ah, mais c'est super, ça! Mais qu'est-ce que c'est? Dérivé de *power* («pouvoir» en anglais), ce mot désigne le fait de s'accorder ou de se voir accorder du pouvoir. On ne peut que se réjouir pour les femmes, mais pourquoi vouloir leur imposer un barbarisme dans l'optique de leur accorder plus de pouvoir? La modernité a ses raisons....

ILS ONT DIT

«Ne faites pas à autrui ce que vous pouvez faire le jour même.»

Francis Blanche

Pan Pan! PERLES DE POLICIERS

Dans un rapport de police: «Quand le contrevenant a crié "espèce de gros con!" dans son dos, le brigadier de service a aussitôt cru se reconnaître et a verbalisé.» On n'est jamais trop prudent!

Champions de la lose

« La défaite est notre destinée », proclamait Giampaolo Mazza, entraîneur de l'équipe de football de Saint-Marin entre 1998 et 2013. Et l'homme savait exactement de quoi il parlait : en quinze ans à la tête de la sélection « nationale » de ce micro-État enclavé à l'intérieur de l'Italie, l'homme a perdu 82 fois sur 85 matchs. Sous l'ère Mazza, la « Serenissima » (« la Sérénissime », rien que ça !) a essuyé ses pires raclées : 10 buts à 1 contre la Belgique en 2001, 13 à 0 contre l'Allemagne en 2006 ou encore à 11 à 0 contre les Pays-Bas en 2012. Après cette énième humiliation, « l'entraîneur le plus malchanceux du monde », selon les médias italiens, a pris sa retraite... au grand désespoir des supporters saint-marinais. Car, en dépit de son bilan calamiteux, Mazza est, à ce jour, le seul coach avec lequel leur équipe a remporté une rencontre : 1 à 0 contre le Liechtenstein. Pas de chance, c'était un match amical !

CITOYENS EXTRAORDINAIRES

Qui a dit que les adolescents ne pensaient qu'à eux-mêmes? Malala Yousafzai a prouvé le contraire: cette jeune Pakistanaise, née en 1997, s'est fait une spécialité de la dénonciation du traitement des femmes dans son pays, notamment l'impossibilité pour les jeunes filles d'accéder à une vraie éducation. Pour son travail et sa vie héroïque – elle a été grièvement blessée dans un attentat en 2012 –, elle a été la plus jeune lauréate du prix Nobel de la paix, qu'elle a reçu en 2014 à l'âge de 17 ans. Malala avait commencé relativement tôt: ses premiers écrits dénonçant les Talibans ont été publiés sur des blogs politiques dès ses 11 ans! Le talent et la sagesse n'attendent donc pas le nombre des années.

« *Pluie du matin n'arrête pas le pèlerin.* »

Les fautes des grands écrivains

Est-ce une erreur ou bien une physionomie plutôt originale qui s'invite dans le roman de Zola *La Débâcle* ? Ici, nous sommes assez partagés, mais jugez plutôt la phrase supposément fautive pour vous faire une idée : « (…) puis c'était un capitaine, le bras gauche arraché, le flanc droit percé jusqu'à la cuisse, étalé sur le ventre, qui se traînait sur les coudes. » On n'a jamais essayé, c'est vrai, mais se traîner sur les coudes avec un bras en moins, si ce n'est pas une faute, cela relève au moins de l'exploit !

Perles de sportifs

Jalousie embrouillée

Qui l'a dit ? Johan Cruyff, à propos de Zlatan Ibrahimović.

La perle : « Pour un mauvais footballeur, il a une très bonne technique. Mais pour un bon footballeur, il a une mauvaise technique. » Il faudrait savoir, c'est un compliment ou une insulte ?

[L'actu] Fuite du cerveau

Cette étude doit encore durer plusieurs années, mais ses résultats préliminaires, à vrai dire pas totalement surprenants, sont pour le moins inquiétants : sur les IRM, le cerveau des enfants qui passent beaucoup de temps sur les écrans apparaît modifié. L'étude menée par 21 instituts nationaux américains de la santé et portant sur un total de 11 000 enfants âgés de 9 et 10 ans montre notamment un amincissement prématuré du cortex chez les enfants passant plus de sept heures par jour devant un écran (Smartphone, tablette, ordinateur, télévision). Or, l'amenuisement du cortex est en général considéré comme un processus de vieillissement. De même, selon les chercheurs, l'utilisation d'un Smartphone peut avoir un effet addictif, car le temps passé devant un écran stimule le dégagement de dopamine, l'hormone du plaisir. De fait, un enfant surexposé aux écrans a plus de risque d'agir impulsivement et d'utiliser les réseaux sociaux de manière compulsive qu'un enfant peu exposé. Déjà accusée, études à l'appui, d'occasionner des troubles du sommeil, de l'alimentation et/ou de l'attention chez les plus jeunes, la dépendance croissante aux écrans pourrait devenir, selon de nombreux experts, un problème de santé publique majeur. Réjouissant…

Les animaux de compagnie des présidents

La princesse Anne est le premier membre de la famille royale britannique à avoir jamais écopé d'une amende. Mais savez-vous pourquoi ? Propriétaire de plusieurs bull-terriers qui aimaient se promener librement dans le parc du château de Windsor, la princesse a été tenue responsable de la morsure d'un visiteur par l'un de ses protégés connu pour son agressivité. Un vrai coup de dents dans l'histoire de la monarchie britannique !

Samedi 12 septembre

Saint Apollinaire – On fête aussi les Ailbe, Elvis

Le soleil se lève à **7 h 23** *et se couche à* **20 h 09**

MOTS FLÉCHÉS

Enceinte de mouton / Intensément
Signe / Cri hostile
Sert à boire / Personnel
Allonger / À taille courte
Sèche
Infuse / Passé d'un auxilaire
Éprouve
Planerai / Nœud
Mesure
Vont droit au but
Vit vieux / Sont à tu et à toi
Solo vocal
Désordonné
Lie / Personne placide et molle
Bien à venir
Crier bêtement / Pièce
Ajournement
Joint / Premier repas
Pousse
Dénote une certaine maîtrise
Résistance / Plante le décor
Est mal dans sa peau / Accorderais
Crêpe farcie
Dresseront
Pot de colle
Sultans / Arbre
Base d'échafaudage / Aide
Cervidés / Portemanteau
Succès
Prénom féminin / Arrivent à la fin du repas
Reposerait / Nécessaire
Sans qu'on le sache (À l'_ de)
Appréhendée
Contraceptif / Soif
Point de ramification
Guide / Point lumineux
Rapport oral ou écrit / Coloré
Groupe d'étoiles / Mot pour défendre
Restes de feu / Grecque
Un inconnu / Parti en éclats
Dégage de la fumée / Familier du cercle
Possessif
Rejeter / Oppressa
Sarigue
Éminence crétoise

SOLUTION PAGE 281

Dimanche 13 septembre

Saint Aimé – On fête aussi les Farid, Darrell, Lidoire

« À la Saint-Aimé, point de moutons affamés. »

Nos régions ont du talent

Autrefois, en Picardie, se tenait dans la commune d'Auchonvillers une tradition régionale aujourd'hui disparue connue sous le nom de cérémonie des jarretières. Le principe : les jeunes hommes du village allaient faire du porte-à-porte dans les maisons où vivaient des jeunes filles « en âge de danger » pour collecter leurs jarretières. Le « butin » était ensuite vendu lors d'une vente aux enchères au cours du bal qui suivait, et chaque acheteur pouvait obtenir une danse de la propriétaire de la jarretière qu'il venait d'acquérir.

Perles de sportifs

Géométrie

Qui l'a dit ? Guy Roux, ancien entraîneur et footballeur.
La perle : « Les joueurs sont regroupés dans un carré de quarante mètres sur trente. » Il n'y a pas à dire, Guy Roux, en géométrie, il est carré !

LES GRANDS DE LA PETITE REINE

Dans le cyclisme, tous les paramètres sont importants, du plus évident au plus anecdotique. Si, bien sûr, tous les membres du peloton des grands tours passent un temps non négligeable à reconnaître les parcours, à apprendre les topographies et les difficultés qu'ils vont rencontrer, certains cherchent à collecter un maximum d'informations supplémentaires non seulement sur la course, mais aussi sur leurs concurrents. C'était le cas de « Poupou », Raymond Poulidor, dont il est connu qu'il avait l'habitude de profiter de ses bonnes relations avec les autres coureurs pour faire le tour des chambres le soir et demander les braquets que chacun avait prévu pour le jour suivant. Pas certain que la technique fonctionnerait encore aujourd'hui auprès des coureurs modernes…

AU PEIGNE FIN !

Si, aujourd'hui, les produits pour décolorer les cheveux et blondir sont légion, cela ne date pas d'hier. Dans un manuel du XVIe siècle, on trouve les conseils suivants « pour faire les cheveux blonds comme filz d'or, et luysans et longs » : « Prenez racines d'alcanne, et la pilez, et la faictes bouillir en une pinte de vin blanc : puis prenez du lard bien pilé et pelé, et le faictes bouillir avec ledict vin, puis mettez dedans environ une once d'huile d'olive et la faictes bouillir avecq ledit vin, puis coullerez le tout. Et après qu'aurez très bien lavé vos cheveux et essuyez, mettez de la composition dessusdicte dessus vos mains, et en oignez vos cheveux, et ils deviendront blons, luysans et longs. » On le saura !

Lundi 14 septembre

La Sainte Croix – On fête aussi les Corneille, Cornaline, Materne

Le soleil se lève à 7 h 26 et se couche à 20 h 04

« Lorsque beaucoup d'étoiles filent en septembre, les tonneaux sont trop petits en novembre. »

Brèves régions

Somme/L'agneau des prés salés

Comme celle du Mont-Saint-Michel, la baie de Somme accueille de nombreux agneaux qui paissent dans des prairies inondées par les marées. La salinité de l'herbe donne à la viande son goût si délicat et particulier. Une appellation d'origine contrôlée (AOC) encadre depuis 2007 cette production dont l'existence est attestée depuis le xve siècle. Le cycle annuel est simple : de novembre où commencent les agnelages jusqu'à mars, les animaux sont élevés au lait dans la bergerie puis, dès le printemps, ils sont menés en transhumance dans les pâturages dits « prés salés », où ils restent au moins deux mois et demi avant d'être vendus aux fins gastronomes et grands cuisiniers.

Solution mots mêlés [p. 270]

E	J	L	T	S	D	N	O	S	I	A	M	U	F
E	N	E	A	S	A	R	A	S	S	O	N	S	O
N	S	G	R	G	R	V	D	T	N	S	A	E	U
L	I	B	R	R	U	G	A	T	N	I	A	S	R
O	A	V	Y	E	R	Y	B	R	N	N	G	R	M
U	I	T	A	W	V	R	W	T	O	M	G	E	E
P	S	N	N	P	I	U	N	R	O	N	N	L	D
E	R	I	O	A	N	E	A	N	H	E	O	A	A
Y	E	V	C	R	C	B	T	D	H	I	T	S	M
R	J	A	A	T	E	S	F	C	U	R	A	U	B
O	L	L	A	H	A	P	X	G	O	E	L	J	E
U	B	I	C	L	F	U	A	V	C	V	L	N	R
E	R	O	V	L	O	L	A	G	W	A	Y	B	T
E	R	Y	N	D	W	L	F	L	A	V	O	R	E

{Mots qui changent de sens}

Une langue dont l'usage se perpétue sur plusieurs siècles connaît des évolutions dans le sens de ses mots, en dépit de l'étymologie. Par exemple, si je vous demande d'où vient le mot « énervé », il y a fort à parier que vous n'aurez pas de mal à identifier le préfixe « é » suivi de « nerver ». Littéralement, « énerver » veut donc dire « enlever le nerf », ce qui, en ancien français, revenait à « ôter l'énergie de quelqu'un, l'affaiblir ». Mais à force d'énervement, voici que c'est la colère qui prend le dessus, faisant oublier à tous ce sens originel…

MALADIES ÉTRANGES

Ce n'est un secret pour personne, les accents étrangers ont quelque chose d'attrayant. L'accent français est d'ailleurs très apprécié de nos amis anglophones. N'ayez donc pas de complexes ! En revanche, des neurologues ont pu constater qu'à la suite d'un accident vasculaire cérébral ou d'un traumatisme crânien, certains patients étaient atteints d'une aphasie (difficulté à parler) bien particulière : ils se mettaient à parler leur langue maternelle avec un pseudo-accent étranger, voire recourraient à une langue toute autre, qu'ils avaient pu apprendre dans leur enfance mais qu'ils ne pratiquaient plus depuis longtemps. Pourquoi ? Parce que chaque langue que nous apprenons serait « stockée » dans une zone de notre cerveau différente. Il s'agit donc de ne pas se tromper de « tiroir »…

« Pour faire le labour d'automne, attends qu'un beau temps Dieu nous donne. »

Mots intraduisibles

Vous attendez le retour d'un proche et l'excitation vous fait regarder votre montre et la porte d'entrée toutes les cinq secondes. Nul besoin d'aller consulter un médecin, mais votre cas nécessite peut-être l'intervention d'un linguiste, qui vous dira que vous êtes simplement atteint de *iktsuarpok*, un concept inuit qui décrit « l'attente fébrile du retour d'un être proche qui fait agir de manière contraire à la raison ».

Verbes régionaux

DÉRAMBOULER

À Lyon, on dit de ceux qui descendent les escaliers en glissant sur la rampe qu'ils « déramboulent ». L'origine du mot est inconnue, mais on peut y voir le verbe débouler qualifiant la vitesse de la descente et, au cœur de celui-ci, la première syllabe du mot rampe. Débouler sur la rampe, c'est « dérambouler ».

二千二十 2020 année du RAT

Il y a rat et [ra]

Même si, dans les films catastrophes, les rongeurs semblent constituer des vagues déferlant à toute vitesse dans les rues, le mot rat n'a rien à voir avec le raz ou ras breton, qui a donné la locution raz-de-marée, synonyme du terme japonais tsunami… En revanche, ce raz-là est à rapprocher du terme anglais *race*, qui signifie « course ». L'idée de RApidité est bel et bien là ! Le ras-el-hanout, ou raz-el-hanout, est quant à lui d'origine arabe, *ras* signifiant « tête » et *hanout* « épicerie », le terme voulant dire en quelque sorte « la crème de la crème » ! Le « r. à. z. » est, lui, un terme informatique qui signifie « remise à zéro ». Pour le reste, RAS (rien à signaler) ou presque. Il y a un autre [ra], et pas des moindres : Râ (ou Rê) est le roi des dieux, le dieu Soleil, bref rien de moins que le roi des dieux dans l'Égypte antique !

Monstres célèbres
La Mouche

En soi, une mouche n'est pas vraiment un monstre, bien qu'en l'observant au microscope… D'ailleurs, le démon Belzébuth serait nommé ainsi, car il est « le seigneur des mouches ». Mais que se passe-t-il quand on laisse entrer une mouche dans une cabine de téléportation, alors qu'on se trouve soi-même dedans ? Grâce au film *La Mouche* de David Cronenberg (1986), on sait que cela ne donne rien de bon, puisque Seth Bundle, incarné par Jeff Goldblum, se transforme peu à peu en un monstre hybride mi-homme mi-mouche, les deux ADN ayant été mélangés ! Un résultat peu ragoûtant mais très efficace, qui a marqué l'histoire du film fantastique.

« *Regretter le passé, c'est courir après le vent.* »

Ça s'est passé Le 16 septembre 1620

Le *Mayflower* quitte l'Europe pour la Nouvelle-Angleterre, avec à son bord une centaine de passagers qui seront considérés comme les fondateurs des États-Unis.

De l'or dans la voix

Savez-vous qui est Audrey Luna ? Cette chanteuse lyrique détient le record de la note la plus haute jamais atteinte. Avec son *la* sorti des tréfonds des possibilités vocales humaines, Luna a non seulement fait de *The Exterminating Angel*, l'opéra dans lequel elle reproduisit régulièrement l'exploit au Metropolitan Theater de New York, un succès, mais elle s'est aussi assuré une place dans le rang des grandes voix. Pour écouter, mieux vaut tout de même avoir du double vitrage !

Méthanisation : la nouvelle ruée vers l'or du monde agricole…

Ils ont dit

« Une fois qu'on a passé les bornes, il n'y a plus de limites. »

Alphonse Allais

Secrets des chansons mythiques

Chanson ô combien culte du répertoire musical français qui a fait danser et chanter en rythme des générations entières, *Les Sunlights des Tropiques* doit pourtant être prise avec quelques pincettes en ce qui concerne ses références géographiques. En effet, Gilbert Montagné chante avec l'entrain qui le caractérise qu'il voudrait vivre « sous l'Équateur du Brésil, entre Cuba et Manille ». Problème : ces deux destinations se trouvent au nord de l'Équateur…

– VOUS FABRIQUEZ QUOI ?
– DES FILTRES ANTI-POLLUTION !

[L'actu] French loser

Selon une étude du département Genre, sexualités et santé sexuelle de l'Ifop menée sur un panel de 6 000 femmes, les Françaises seraient les Européennes les moins épanouies sexuellement. Elles sont en effet 31 % à se déclarer insatisfaites. D'une manière générale, les chiffres ne sont bons dans aucun pays latin, les Espagnoles et les Italiennes se déclarant elles aussi peu heureuses en amour. Des résultats qui pourraient être liés au fait que nombre d'entre elles ont des rapports sans en avoir envie. C'est le cas pour 24 % des Espagnoles, 20 % des Françaises et 18 % des Italiennes. À l'opposé, la Hollande et l'Allemagne se hissent dans le haut du tableau : 38 % des Hollandaises et 35 % des Allemandes s'estiment pleinement satisfaites. Ce n'est pas vraiment une surprise, car les pays où les femmes s'avouent les plus épanouies sur le plan sexuel sont ceux où l'on respecte leur désir. Enfin, en plus d'être les moins heureuses sexuellement, les Françaises sont aussi les Européennes les plus mécontentes de leur vie affective (28 % d'insatisfaites). Carton rouge pour le *French lover* !

Le soleil se lève à **7h30** et se couche à **19h58**

Jeudi **17 septembre**

Saint Renaud – On fête aussi les Hildegarde, Ronald, Lambert

« *Si Saint-Lambert est pluvieux, suivent neuf jours dangereux.* »

Rétro Vermot

Un homme admire la dextérité d'une jeune femme en train de jongler avec cinq massues.
«Ah! Mademoiselle… comme j'aimerais avoir votre adresse.
– 69, rue des Figuiers, à Pontoise. »

ILS ONT DIT

« Qu'est-ce qu'ils ont tous à pleurer autour de mon lit ? C'est déjà bien assez triste de mourir… S'il faut encore voir pleurer les autres ! »

Marcel Pagnol

Chiffres et expressions

À six pieds sous terre

Dans les mesures françaises d'autrefois, avant la Révolution et l'instauration du système métrique, et encore aujourd'hui en Grande-Bretagne, un «pied» est équivalent à environ 30 centimètres. Six pieds correspondent alors à environ 1,80 mètre, soit la profondeur moyenne d'une sépulture. On est donc au plus bas, quand on est «à six pieds sous terre».

Trouvailles scientifiques incongrues **L'hélice à pales**

Les premiers modèles de bateaux à hélice étaient propulsés par une hélice en forme de vis d'Archimède (ou «vis sans fin»). Convaincu de la supériorité de ce système sur la roue à aubes, l'inventeur britannique Francis Pettit Smith conçut son propre bateau muni d'une telle hélice. Mais lors d'un essai en conditions réelles sur la Tamise, l'embarcation fut projetée par le courant contre le quai et la vis d'Archimède se brisa. Cet échec se transforma aussitôt en aubaine : Pettit Smith eut l'heureuse surprise de constater que, malgré son hélice amochée, son bateau continuait d'avancer. Mieux encore : il se déplaçait plus rapidement que lorsque l'hélice était entière ! Pettit Smith venait sans le vouloir d'inventer la première hélice à pales, celle qui continue d'équiper les navires modernes.

Au poil !

Mise à part son œuvre monumentale, si l'on peut bien définir Victor Hugo par l'un de ses traits physiques, ce serait sans aucun doute par sa barbe blanche. Et pourtant, sachez que l'écrivain n'a pas choisi ce style pour des raisons d'apparat uniquement : la légende raconte qu'il comptait sur cette barbe pour éviter les redoutables angines britanniques lors de son exil outre-Manche ! Une autre raison avancée par les historiens est que le ministre de l'Instruction de l'époque avait pour souhait de ne plus voir un professeur barbu, tant il trouvait que cela faisait négligé. Se protéger des angines tout en provoquant les bien-pensants, coup double pour l'ami Hugo !

Vendredi **18 septembre**

Sainte Nadège – On fête aussi les Ariana, Ariane, Nadine

Le soleil se lève à **7 h 31** *et se couche à* **19 h 56**

« *Froid de la Sainte-Nadège annonce bientôt la neige.* »

Brèves régions

Morbihan/Fouquet à Belle-Île

Peut-être pourrons-nous bientôt visiter le manoir de Nicolas Fouquet, à Belle-Île-en-Mer. La bâtisse, élevée pour le surintendant des finances de Louis XIV, propriétaire de l'île entière de 1658 à 1661, n'a jamais été habitée par celui qui en avait commandé la construction. En effet, Fouquet tomba en disgrâce et fut emprisonné avant même d'y être allé une seule fois. En ruine, l'édifice parvint cependant à intéresser l'architecte Kevin Velghe, qui conçut en 2018 (donc très récemment !) un projet de construction de maison contemporaine à ossature en bois, utilisant les murs anciens.

ILS ONT DIT

« Si vous ne vous sentez pas bien, faites-vous sentir par quelqu'un d'autre. »

Pierre Dac

Recette de cuisine

Tarte aux noix et au sirop d'érable

Pour 4 à 6 pers. 15 à 30 min de préparation (pour la pâte)
25 à 30 min de cuisson 30 min de repos (pour la pâte)

Pour la pâte :
300 g de farine
3 cuil. à soupe de sucre
½ cuil. à café de sel
150 g de beurre à température ambiante
8 cl de lait

Pour la garniture :
2 œufs + 1 jaune
35 cl de sirop d'érable
150 g de noix (ou un mélange noix-noisettes)

Préparez la pâte à tarte : dans un saladier, mélangez la farine, le sucre et le sel. Ajoutez le beurre et pétrissez avec les doigts jusqu'à obtenir une consistance de semoule grossière. Versez le lait tout doucement et travaillez la pâte jusqu'à ce qu'elle ait la consistance souhaitée. Laissez reposer 30 minutes au frais.
Préchauffez le four à 180 °C (th. 6). Étalez la pâte avec un rouleau à pâtisser et foncez un moule à tarte.
Battez les œufs et le jaune, puis ajoutez le sirop d'érable et mélangez bien.
Concassez les noix et répartissez-les sur la pâte. Versez les œufs dessus et enfournez pour 25 à 30 minutes de cuisson.

Conseil : si vous êtes pressé, utilisez une pâte à tarte toute prête.

Problèmes de maths du certificat d'études

L'année dernière, un fermier a employé 15 ouvriers payés chacun 10,80 F par jour pendant 18 jours pour faire sa moisson. Cette année, ayant acheté une moissonneuse pour un montant de 5916 F, il n'a employé que 6 ouvriers payés 12,40 F par jour pendant 12 jours, et a compté 51,20 F de frais d'entretien pour la machine.

Question : Si les conditions de travail restent les mêmes, combien d'années lui faudra-t-il pour amortir le prix de sa moissonneuse ?

Réponse : 3 ans.

« Beau temps à la Sainte-Émilie donne du fruit à la folie. »

Charade

À tiroirs

Mon premier est un petit rat de l'Opéra.

Mon second recueille des dons.

Mon troisième est en colère.

Mon quatrième est un leader.

Mon cinquième éclate.

Mon tout est un fromage élaboré avec le lait des chèvres des Causses, du Quercy et du Rouergue.

CABÉCOU D'AUTAN. Mon premier est Ca car Ca danse (Cadence). Mon second est Bé car Bé quête (Becquète). Mon troisième est Cou car Cou rage (Courage). Mon quatrième est Do car Do mène (Domaine). Mon cinquième est Tan car Tan pète (Tempête).

Les « Cruella » de l'histoire

La grand-mère ricaneuse

L'Américaine Nannie Doss (1905-1965) aimait faire le ménage autour d'elle, c'est le moins que l'on puisse dire! En effet, elle a reconnu le meurtre de huit personnes dans son entourage proche : quatre de ses cinq maris, sa mère, l'une de ses quatre sœurs, l'une de ses belles-mères et l'un de ses petits-fils. Elle fut également soupçonnée de la mort d'au moins un autre petit-fils. Démasquée en 1954 après l'autopsie du corps de son cinquième mari, dont le tube digestif comportait des traces importantes de mort-aux-rats, elle a échappé à la peine de mort parce qu'elle était une femme. Elle mourut d'une leucémie au bout de dix ans de captivité. Mais au fait, pourquoi l'appelait-on « la grand-mère ricaneuse »? Parce qu'elle passait son temps à rire nerveusement pendant son procès…

Autant de raisons de se réjouir

Tous cultivés !

Que ce soit par l'intermédiaire des réseaux de médiathèques ou de sites Internet de qualité – par exemple ceux des plus grands musées du monde –, il est à la fois facile et peu onéreux d'accéder à toutes sortes de connaissances, de découvrir quantité d'œuvres d'art, et ce sans avoir à se rendre sur le lieu de leur exposition. Par ailleurs, les différents médias de chaque commune ou communauté d'agglomérations regorgent d'opportunités pour participer à des événements festifs ou culturels gratuits ou presque. À défaut de les lire de fond en comble, prenons au moins le temps d'y jeter un coup d'œil!

Solution mots fléchés [p. 274]

	B		D		S		E		E		I	
V	E	H	E	M	E	N	T	E	M	E	N	T
	R	O	D	E	R	A	I		A	U	N	E
A	G	U	I		D	I	R	E	C	T	E	S
	E		C	H	E	N	E		I		E	T
A	R	I	A		A		R	E	E	R		E
	I	N	C	L	U	S		M	E	U	S	
T	E	T	E	E		O	H	M		M	U	E
		I		G	L	U		E	M	I	R	S
N	E	M		S	I		E	L	A	N	S	
	L	E	A		B	A	S	E	R	A	I	T
D	E	S	S	E	R	T	S		I	N	S	U
	V		S	T	E	R	I	L	E	T		B
R	E	D	O	U	T	E	E		R	E	N	E
	R	E	C	I	T		U	S	A		O	S
R	O	S	I		O	N		P	I	P	E	
	N	I	E	R		O	P	O	S	S	U	M
E	T	R	E	I	G	N	I	T		I	D	A

Dimanche 20 septembre

Saint Davy – On fête aussi les Eustache, Egat, Gwenlaouen

Le soleil se lève à **7h34** *et se couche à* **19h52**

« Gelée blanche pour Saint-Eustache, grossit le raisin qui tache. »

Rétro Vermot

Le journaliste à une célèbre actrice :
« Que pensez-vous de l'amour ?
– Je n'en sais rien, je n'ai pas encore trompé mon mari. »

BLASON

Le blason de la famille écossaise Bowes-Lyon, d'où était issue la mère de la reine Élisabeth II, bien que graphiquement complexe, se lit de manière simple. S'y succèdent des arcs, *bows* en anglais, et des lions. Bien sûr, le seul rapport avec Bowes-Lyon est… la phonétique ! Les pattes d'hermine qui parsèment le blason rappellent la fourrure des manteaux princiers et royaux. (Voir code couleur en dernière page.)

Vous êtes sûr, Docteur ?

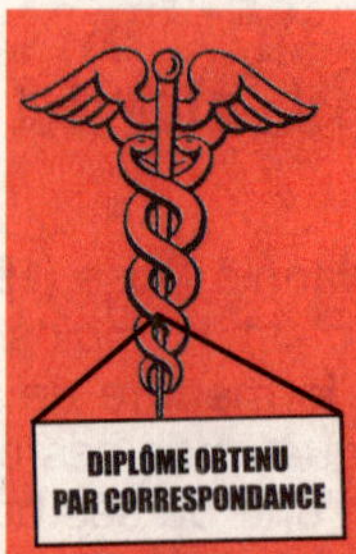

De nos jours, si certains alcools artisanaux continuent d'afficher un titrage exceptionnellement élevé, jusqu'à plus de 60 % vol. parfois, on ne trouve dans le commerce que très peu d'alcools titrant plus de 40 % vol. destinés à être bus. Mais jusque dans les années 1920, il n'était pas rare pour un médecin ou un pharmacien de prescrire des verres d'alcool à 45 ou 50 % vol. pour traiter les problèmes d'anxiété ou de nervosité de tout type. Cela était bien sûr valable pour les adultes, mais aussi pour les enfants auxquels on ne rechignait pas à servir cet intelligent remède. Bon point pour les parents : ils pouvaient être certains que leur progéniture n'aurait plus de problèmes de sommeil. De gueule de bois, en revanche… certainement !

BIENTÔT LA FERMETURE DE L'ENA ?

Ha! Ha! Ha!

Trois mères juives vantent les mérites de leurs fils respectifs :
« Tout le monde devrait avoir la chance d'avoir un fils comme mon Simon, déclare la première. Une fois par semaine, il m'offre un énorme bouquet de fleurs et m'emmène trois fois par semaine au restaurant pour dîner.
– C'est très gentil, en effet, dit la deuxième, mais ce n'est rien comparé à mon Samuel. Chaque matin, il me téléphone pour savoir ce que je veux déjeuner et il réserve un restaurant pour nous. Tous les soirs, il vient me chercher pour aller dîner, puis me raccompagne. Il est exceptionnel.
– Écoutez, dit la dernière, je ne veux pas vous décevoir, mais mon David, lui, fait quelque chose d'exceptionnel. Deux fois par semaine, il paye quelqu'un 100 euros de l'heure pour s'allonger sur son canapé et parler. Et il ne parle que de moi ! »

« *Le lendemain de Saint-Matthieu, tu sèmes, je sème.* »

Étymolo-quiz...

Vrai ou faux : « famille » et « serviteur » ont une origine latine commune.

Réponse : vrai. La *familia* romaine désignait les habitants d'une même maison et, avant cela, l'ensemble des serviteurs d'un maître.

Mêlez-vous de vos affaires

Le 21 septembre 1979, un certain David Dacko accède au trône de Centrafrique avec un très gros coup de pouce de l'armée française, qui l'aide à chasser son oncle Jean-Bedel Bokassa du pouvoir. Ironie de l'histoire, on soupçonne la même armée française, et son gouvernement de l'époque, d'avoir participé activement en 1966 à un coup d'État de Bokassa contre… Dacko. De l'ingérence, oui, mais pas trop de rancune !

ILS ONT DIT

« Le fou se croit sage et le sage reconnaît lui-même n'être qu'un fou. »
William Shakespeare

Le Chiffre

66

C'est en années-lumière la distance qui sépare notre Soleil d'une super-Terre découverte par l'Observatoire européen austral (ESO) installé au Chili. Baptisée Étoile de Barnard b, cette exoplanète a été débusquée dans la constellation d'Ophiuchus. Selon l'équipe espagnole qui l'a détectée, elle aurait une masse similaire à 3,2 fois celle de la Terre. Mais il s'agit d'un « monde froid et obscur », car cette super-Terre est très faiblement éclairée par son étoile, une naine rouge au moins deux fois plus vieille que notre Soleil. Sa température de surface ne dépasserait pas les -170 °C, ce qui exclut d'y trouver de l'eau à l'état liquide et donc la vie telle que nous la connaissons. Il n'empêche qu'elle est à ce jour l'exoplanète connue la plus proche de nous après Proxima b, découverte en 2016 et qui orbite autour de l'étoile Proxima du Centaure. Une voisine de palier, elle, car éloignée de 4,2 années-lumière seulement, soit environ 40 000 milliards de kilomètres.

C'est tragique !

Bien qu'il garde dans l'inconscient collectif une image de traître et de manipulateur, le héros Brutus du *Jules César* de Shakespeare est en fait (si l'on veut) un brave garçon victime de ses valeurs et de la manipulation d'hommes politiques plus fins que lui. S'il décide de tuer César, ce n'est pas de gaieté de cœur, mais avant tout par amour pour Rome et son peuple. Ce qu'il n'a pas anticipé, c'est que le peuple de Rome se retourne contre lui : il est chassé de la ville et sa bataille contre Antony est perdue d'avance. Il est tué à la fin de l'histoire et son ennemi, dans une dernière manipulation vicieuse, demande qu'il soit enterré en héros. Le cynisme tragique dans toute sa splendeur !

« *Pluie de septembre travaille à vigne et à semailles.* »

Nos régions ont du talent

Bien avant que Coca-Cola® et le marketing moderne ne donnent autant de place au grand bonhomme rouge censé apporter les cadeaux aux enfants, chaque région avait sa figure mythique de Noël. En Savoie, c'était le père Chalande (Chalande signifie Noël en arpitan) qui était chargé de la mission importante de distinguer les bons des mauvais enfants. Sa venue était célébrée par une bûche creusée, dans laquelle on mettait des sucreries et des fruits secs. Une fois que le feu avait ouvert la bûche, les jeunes y piochaient les friandises.

[L'actu] Baby-super-boom

Demain, les maternités seront particulièrement occupées. Et pour cause, le 23 septembre est le jour de l'année qui voit le plus de naissances en France. Le phénomène a été observé dès les années 1970 et l'Institut national des études démographiques (Ined) l'explique ainsi : il y a deux fois plus de naissances en septembre que le reste de l'année, car il y a deux fois plus de conceptions pendant la nuit du Nouvel An. La date du 23 septembre s'explique par simple déduction : la moyenne de gestation est de 265 jours et le 23 septembre est… le 265e jour de l'année. Les données concernant le pic des accouplements sont moins statistiques : si Noël est la fête des enfants, le Nouvel An rassemble plus traditionnellement les amis. Des couples se forment parfois. Surtout, on célèbre le vivant, l'avenir, le renouveau, l'amour…

LES SUPER-HÉROS IMPROBABLES

Perles de sportifs

Accords perdus

Qui l'a dit? Matt Moussilou, footballeur.

La perle : « Il faut qu'on parvienne à jouer dans les intervalles… euh, dans les intervaux ! » Un bon point d'intention pour la volonté de se corriger !

Brèves régions

Haut-Rhin/Le château Burrus

Avec ses murailles, ses quatre grosses tours rondes et ses créneaux, le château Burrus fait bel effet sur la commune de Hombourg. Mais en s'approchant plus près, l'œil comprend qu'aucune pierre de taille n'a été utilisée pour sa construction puisqu'il est fait… exclusivement de béton ! On le doit au directeur de la banque du Rhin, l'industriel Maurice Burrus, qui était passionné par la période médiévale et qui s'est amusé, dans les années 1930, à construire cette curiosité. Le plus amusant de l'histoire, c'est qu'il ne l'a pas bâti pour en faire sa résidence, mais une ferme modèle accueillant plus de 150 animaux.

« *Orages de septembre, neige en décembre.* »

Argot-quiz...

Que veut dire « bézef » : beaucoup ou peu ?

Réponse : beaucoup

Pièges de l'ortografe (h, ph)

Pronom relatif

Une faute courante nous conduit à écrire « c'est moi qui fait les courses », alors que la conjugaison correcte est « c'est moi qui fais les courses ». Remplacer « je » par « nous » permet d'éviter l'erreur, car on dira alors « c'est nous qui faisons les courses » et non « c'est nous qui fait les courses ». Le pronom relatif est bien « je » et surtout pas « qui » !

Pimpon !

ANECDOTES DE POMPIERS

Les ravages du cinéma : « Venez vite, mon fils s'est jeté contre un mur, il voulait aller à Poudlard, comme Harry Potter ! »

VERMOT'ROSCOPE

BALANCE (23 septembre - 22 octobre)

Caractère

Pondéré, calme, émotif, sensible, esthète, artiste, séducteur, charmant, sentimental, doux, diplomate, curieux, communicatif, sociable, compréhensif, de bonne écoute, juste, droit, adaptable, sincère, honnête, aspirant à l'équilibre, mélancolique, influençable.

Le message des astres

Cette année, vous pourrez compter sur la présence de Mercure, de juin à juillet, ainsi que de Mars, de septembre à fin décembre, pour pouvoir affronter les tensions planétaires de la triade : Jupiter, Saturne, Pluton.

Vie relationnelle

Attendez-vous à avoir une vie sociale ou amicale intense. Ainsi, tout au long de l'année, vous serez très sollicité et vous devrez répondre à de nombreuses invitations. D'avril à juillet, vous serez parfaitement à votre aise en société et vous aurez l'occasion de vous épanouir au contact de vos amis.

Amour

En couple, si le premier trimestre vous voit réfléchir à votre vie conjugale et à la manière dont vous souhaitez la voir évoluer, le second semestre vous verra prendre les choses en main et modifier en profondeur certaines de vos habitudes (déménagement, achat immobilier, changement de rythme…). Célibataire, beaucoup seront à la croisée des chemins. Une page de votre vie se tournera. Vous devrez accepter de passer à autre chose. Si vous dites oui aux sorties et aux invitations sur la fin du printemps, vous pourriez faire une rencontre prometteuse.

Famille

Votre début d'année sera propice aux échanges et à la complicité. Cependant, une fois l'été venu, vous éprouverez plus de difficultés à comprendre vos proches et vous communiquerez moins facilement. Vous devrez faire plus d'efforts d'écoute pour préserver l'harmonie et la cohésion familiales.

Quotidien et vitalité

Cette année, vous serez plus sensible au stress et donc facilement fatigué. Vous devrez prendre soin de vous et avoir une bonne hygiène de vie. Pour éviter la morosité, sortez, bougez et multipliez les activités. Plus que jamais, vous devrez apprendre à cultiver la pensée positive, notamment durant la dernière partie de l'année.

Budget

2020 sera l'année parfaite si vous désirez faire le point sur vos finances. « Construisez-vous » un budget clair et cohérent. Soyez rigoureux et méthodique dans la gestion de vos comptes.

Comment optimiser votre année

Trouvez les bons partenaires, les bonnes personnes pour franchir les grandes étapes de 2020. Donnez la priorité aux partages d'idées et à la fantaisie. Faites preuve d'audace.

Le soleil se lève à 7 h 40 et se couche à 19 h 43

« On ne cueille point de noisettes sur les ronciers. »

Rétro Vermot

Une jolie blonde entre dans une pharmacie et demande :
« Avez-vous des lunettes ?
– Pour le soleil ?
– Non, non, pour moi ! »

Charade

Répétitive

Mon premier s'appelle janvier.
Mon deuxième s'appelle mai.
Mon troisième s'appelle septembre.
Mon quatrième s'appelle décembre.
Mon cinquième est une période de sept jours.
Mon sixième commence lundi et finit dimanche.
Il y a cinquante-deux de **mon septième** dans une année.
Mon huitième s'appelle mardi.
Mon neuvième s'appelle samedi.
Mon tout est un film de Cristian Mungiu sorti en 2007.

4 MOIS, 3 SEMAINES, 2 JOURS (MOIS, MOIS, MOIS, MOIS, SEMAINE, SEMAINE, SEMAINE, JOUR, JOUR)

Histoire cochonne

La ville de Poussan (Hérault) a pour animal totémique le cochon. Son origine serait liée à l'association des mots Poussan et porcèl, le nom occitan du petit cochon. Selon la légende, un certain Lulius Porcius aurait été le propriétaire, durant l'Antiquité romaine, d'un élevage de cochons dans le village. Une autre légende raconte qu'un porc qui traversait Poussan le jour du carnaval fut tant effrayé par le tumulte qu'en s'enfuyant, il causa un chahut encore plus grand. Une fois capturé, les habitants consacrèrent le cochon « roi du carnaval » et il devint leur emblème.

LES GRANDS ILLUSIONNISTES

L'humourillusionniste

Né en 1976, Éric Antoine se présente en toute modestie comme «le plus grand magicien du monde». En effet, il mesure 2,07 m ! Il raconte que c'est au cours d'une forte poussée de croissance, qui l'a contraint à rester plusieurs mois alité, qu'il a dévoré des livres de magie. Il a perfectionné ensuite ses talents de prestidigitateur et, après des études de psychologie et un passage par la case théâtre, il s'est lancé dans le monde du spectacle de magie. Depuis 20 ans, celui qui se présente comme un «humourillusionniste» met en scène un univers singulier et délirant, alliant l'humour aux tours de passe-passe. Sur scène, son assistant, Bernard Black, qui se croit invisible car vêtu de noir de la tête aux pieds, n'est autre que... son épouse ! Aujourd'hui, entre music-hall et stand-up, guéridon volant et vannes à gogo, le clown au look de savant fou ébouriffé a définitivement imposé son style «magicomique».

« *En septembre, le raisin ou la figue pendent.* »

Rétro Vermot

Un monsieur entre chez un tailleur :
« Je voudrais la chemise lilas qui est en vitrine...
– Il n'y a pas de chemise lilas.
– Mais si, voyons... la troisième en partant de la droite...
– Mais, Monsieur, cette chemise est blanche...
– Et alors ? Vous n'avez jamais vu de lilas blanc ? »

Secrets des chansons mythiques

Le Beatle Paul McCartney s'est réveillé un beau matin avec une chanson en tête, si précise et complète qu'il était au début persuadé de l'avoir entendue quelque part. Ne voulant pas plagier un autre artiste, il a fait alors le tour des maisons de disques, qui n'ont pas reconnu l'air. Après quelques mois de recherches, McCartney a commencé à croire que c'était bien une chanson originale qui avait germé dans son cerveau pendant son sommeil. Il en a donc écrit les paroles, *Yesterday* était née.

[L'actu] Japoniaiserie le retour !

En matière de bizarreries techno-sociétales, le pays du Soleil-Levant a souvent une longueur d'avance sur le reste du monde. Il y a quelques mois, un fonctionnaire de 35 ans a épousé Hatsune Miku, une chanteuse aux cheveux turquoise très populaire dans l'Archipel. Si l'union entre un modeste employé et une diva peut surprendre, c'est surtout à cause de la nature de la dame : Hatsune Miku n'existe pas vraiment, c'est un personnage numérique, l'avatar d'un logiciel de synthèse vocale, une créature virtuelle qui apparaît dans des concerts sous forme d'hologramme. Notre homme a donc convolé avec une sorte de cloche sous laquelle apparaissait l'hologramme de sa chanteuse préférée ! Celle-ci peut prononcer quelques phrases telles que « bonne journée », « bonsoir », « il a fait beau aujourd'hui », mais aussi piloter une partie de l'électroménager. Suffisant, apparemment, pour combler son époux qui, à propos des femmes bien réelles, déclare : « Je ne les déteste pas, mais je ne les considère pas comme de potentielles partenaires. » Près de 4 000 mariages de ce type ont déjà été célébrés dans le pays. Des unions qui n'ont aucune valeur juridique. Pour l'instant...

{Mots qui changent de sens}

Si, de nos jours, « jaloux » n'est guère plus employé que pour parler de jalousie amoureuse, son étymologie nous ramène à un usage bien différent de celui que nous connaissons. En effet, « jaloux » vient du latin *zelus*, qui signifie littéralement « plein de zèle ». En ancien français, il était donc surtout utilisé dans ce sens. Il dériva lentement pour prendre celui de « qui tient beaucoup à quelque chose », puis son sens moderne. Faut-il en déduire que les Français sont trop zélés en amour ?

« *À la Saint-Côme et Saint-Damien, on trouve des noix plein les chemins.* »

Pimpon !

ANECDOTES DE POMPIERS

Les risques du métier : « Bipés en pleine nuit après le déclenchement d'une téléalarme, nous entrons dans le domicile de la personne. La porte se ferme brusquement et la lumière s'allume. Je me prends une poêle dans la figure. La vieille dame, à moitié sourde, avait malencontreusement déclenché le système d'appel et pensait que nous étions des cambrioleurs. » Aïe !

Chiffres et expressions

Se mettre sur son trente-et-un

Même s'il est d'usage de s'habiller de manière raffinée pour changer d'année et passer la soirée de la Saint-Sylvestre, l'expression n'a rien à voir avec le 31 décembre ! Elle tire son origine du tissu médiéval composé de trente fois cent fils, destiné aux vêtements de luxe : le « trentain ». Celui qui arborait de tels habits se faisait remarquer.

ÉLÉMENTAIRE ! *Enquêteurs célèbres*

Si les noms d'Izzy Einstein et de Moe Smith restent relativement inconnus de ce côté de l'Atlantique, pour nos amis américains, ils sont ceux des policiers les plus emblématiques de l'époque de la prohibition. En effet, ces deux inspecteurs, bien en chair et ne payant pas de mine (c'était leur stratégie, ils prétendaient que personne ne se méfierait de sympathiques types un peu bedonnants), explosèrent tous les records d'arrestations et de saisies d'alcool de contrebande. Les chiffres parlent d'eux-mêmes : on estime à 4932 le nombre de criminels arrêtés par le duo et à près de 5 millions celui de bouteilles saisies. Le taux de condamnation des criminels passés entre leurs mains était de près de 95 % ! Ironie de l'histoire, les deux policiers étaient réputés pour être… de bons buveurs !

130 – Cent-trente – CXXX

C'est le nombre de membres, exclusivement des filles, qui composent AKB48, un groupe de J-pop, la pop japonaise destinée aux adolescents. AKB48 signifie « Akihabara 48 », Akihabara étant un quartier du centre de Tokyo. Spécialement recrutées, les jeunes artistes sont formées, formatées et dispatchées dans plusieurs sous-groupes qui se produisent simultanément à travers le pays. Chacune d'entre elles est soumise à une pression constante : elle peut se faire éjecter du groupe après un sondage de popularité, régulièrement réalisé auprès des fans après une prestation. En outre, les jeunes femmes ont l'interdiction absolue d'avoir une relation amoureuse. En 2013, l'une des membres du groupe a dû se raser la tête et présenter des excuses publiques pour avoir enfreint cette règle.

« *En septembre, si tu es prudent, achète grains, bois et vêtements.* »

Les animaux de compagnie des présidents

Si de nombreux présidents américains ont surtout eu des chiens pendant leur mandat, il y eut tout de même trois chats (officiellement) à la Maison-Blanche. Le premier était celui de Theodore Roosevelt, le deuxième celui de la famille Clinton et le troisième celui de George W. Bush. Socks, le chat Clinton, était tellement populaire qu'il reçut près de 300 000 lettres à son nom au cours des mandats de son maître, et un timbre à son effigie fut même publié en République centrafricaine. Quand les chiens ne sont pas là, les chats profitent de la gloire !

ILS ONT DIT

« Pour qu'il y ait le moins de mécontents possible, il faut toujours taper sur les mêmes. »

Jacques Rouxel, proverbe Shadok

Ça, c'est fait… divers

« C'est drôle, parce que j'ai pu assister à ma propre mort. » Fernando Nuno La-Fuente, footballeur espagnol du FC Ballybrack dans la banlieue de Dublin (Irlande), préfère s'amuser de l'entourloupe morbide organisée sur son dos par son club. Afin d'obtenir le report d'un match prévu le samedi, l'un des dirigeants a annoncé le vendredi par communiqué que le club était « dévasté par le décès tragique » du joueur survenu le jour même dans un accident de moto. La Ligue régionale a non seulement validé la demande de report, mais elle a aussi organisé une minute de silence le week-end sur tous les terrains de la région. Le lundi, le président de la Ligue a contacté le FC Ballybrack, car il souhaitait se rendre aux obsèques. On lui a expliqué que le corps avait déjà été rapatrié et que l'enterrement avait déjà eu lieu ! Mort un vendredi matin en Irlande et enterré le lundi matin en Espagne ? Le président a flairé l'arnaque et n'a pas tardé à confondre son interlocuteur, qui a fini par avouer. Le joueur, de son côté, a juré que le club avait fait cela à son insu et qu'il avait appris « sa mort » par un ami, alors qu'il jouait au foot sur sa console de jeux vidéo…

LOISIRS TENDANCE

Le selfie fait des petits

Autoportrait moderne, le selfie fait désormais partie des activités les plus universelles et se décline aujourd'hui en plusieurs tendances. Parmi elles, le « helfie » (mot-valise, de *hair*, cheveux, et de selfie), qui consiste à mettre sa chevelure particulièrement en valeur, et le « nailfie », pour faire profiter les autres de sa manucure… À quand le « toefie » (pour les doigts de pied) et le « earfie » (pour les oreilles) ? Et pourquoi pas le « sexfie » pendant qu'on y est ?

Le soleil se lève à 7 h 46 et se couche à 19 h 35

« *Mois de septembre pluvieux, an fructueux.* »

Argot-quiz…

Que signifie « artiche » : quelqu'un de bête ou de l'argent ?

Réponse : de l'argent.

Mon Trésor (public) !

Certaines décisions en apparence bonnes ont un revers : en 1978, un lobby immobilier estima que les impôts fonciers étaient trop élevés en Californie, et il fut décidé de soumettre un projet de modification de la constitution de l'État pour réduire ces impôts de moitié. Soutenue par un référendum populaire, la proposition fut adoptée sans surprise. Effet secondaire : plusieurs milliers de fonctionnaires furent renvoyés l'année suivante en raison des importantes baisses des recettes fiscales…

ILS ONT DIT

« La seule manière que j'ai trouvée pour être sûr d'avoir mon train, c'est de manquer le précédent. »

G. K. Chesterton

LES GRANDS DE LA PETITE REINE

Pour les coureurs cyclistes favoris, l'arrivée des grands tours peut être un véritable marathon : presse, spectateurs, coéquipiers… c'est une foule compacte et animée qui attend systématiquement les héros du jour. Mais lorsqu'on vient de tout donner sur plus de 200 km face aux meilleurs cyclistes du monde et qu'on doit remonter en selle dès le lendemain matin, l'exercice du bain de foule peut vite tourner au cauchemar. Pour y échapper, Eddy Merckx a trouvé une astuce : victorieux de l'étape du jour au sommet du mont Ventoux en 1970, il a simulé un malaise pour rentrer directement à l'hôtel sans passer par la case interviews et signature d'autographes. Fourbe ? Peut-être, mais pas inutile, puisque Merckx a gagné ce jour-là près d'une heure de repos de plus que ses camarades ! C'est ce qui s'appelle « filer à la belge ».

Nouveaux comiques

Alex Lutz

Initié au théâtre dès son plus jeune âge, Alex Lutz crée sa première compagnie à 18 ans. Après plusieurs spectacles dans sa région, le Strasbourgeois s'installe à Paris, où il collabore bientôt avec Sylvie Joly et Pierre Palmade. En 2007, il joue son premier one-man-show. Récompensé par un Molière, Alex Lutz remplit les salles parisiennes pendant 10 ans, en l'adaptant constamment. Entre-temps, ce touche-à-tout boulimique de travail est devenu incontournable sur Canal+ avec la revue de presse de *Catherine et Liliane*. À l'affiche d'une vingtaine de films, Alex Lutz est également passé derrière la caméra avec *Le Talent de mes amis* (2015) et surtout *Guy* (2018), un faux documentaire sur un chanteur de variétés pour lequel son auteur a reçu le César 2019 du meilleur acteur.

« *De la Saint-Michel à la Toussaint, laboure grand train.* »

Ça s'est passé Le 29 septembre 1920

Pour la première fois en France, des appareils de radiodiffusion sont commercialisés. D'abord réservés aux plus riches, ils vont peu à peu se démocratiser.

Le pot-au-feu

NOVLANGUES & JARGONS

Après l'invasion du concept sur nos écrans de télévision et dans nos journaux, il y a fort à parier que vous ayez déjà entendu parler de « burn-out », voire que vous en ayez été victime. Ce syndrome moderne peut être traduit par « épuisement professionnel ». Mais connaissez-vous le petit nouveau, le « bore-out » ? *Bore* voulant dire « ennui » en anglais, on pourrait traduire la formule par « ennui professionnel extrême ».

« Alors, ce concert ?
– Écoute, c'était d'un lent! J'étais en bore-out complet à la fin! »

[L'actu] Bon élève pour rien

Le Bhoutan, minuscule État montagneux de 800 000 habitants enclavé entre deux géants (la Chine et l'Inde), est un pays modèle en matière d'écologie. Grâce à ses forêts vertes qui recouvrent 72 % de son territoire, le royaume himalayen absorbe trois fois plus de dioxyde de carbone qu'il n'en produit. Une situation unique au monde! Particulièrement soucieuse de l'environnement, l'une des composantes du « bonheur national brut » instauré dans le pays en 1972, la Constitution du Bhoutan stipule qu'au moins 60 % de sa superficie doit être occupée par des forêts. Afin de préserver ce patrimoine naturel unique, les autorités ont également imposé depuis de nombreuses années une limitation très stricte du tourisme. Pour la prochaine décennie, elles ambitionnent de réduire considérablement les importations de combustibles fossiles par le développement de l'hydroélectricité et du solaire. Un vrai « premier de la classe » ! Mais cela ne l'empêche pas de subir de plein fouet le changement climatique. Ici comme ailleurs sur la planète, les modifications de l'atmosphère deviennent une réalité de plus en plus visible : fonte de glaciers, modifications de l'agriculture, expansion de maladies transmises par les moustiques… « Nous n'avons rien fait, mais nous devons payer pour d'autres! Nous sommes punis, alors que nous devrions être récompensés! », s'indignent aujourd'hui les autorités. Avec un PIB de 5,9 milliards, qui place le pays au 162e rang mondial, on doute que les cancres des émissions de CO_2 et des gaz à effet de serre se sentent vexés…

PARTOUT DANS LE MONDE, LES DÉPENSES MILITAIRES AUGMENTENT

{Mots qui changent de sens}

Si, aujourd'hui, le mot « fier » désigne celui qui ressent de l'orgueil par rapport à ses actions, en ancien français, il voulait dire « farouche », « cruel » ou « intrépide ». C'est ainsi qu'au XVIe siècle, on parlait plus facilement de « perdrix fières », c'est-à-dire difficiles à approcher à la chasse parce que sauvages et farouches.

Mercredi 30 septembre

Saint Jérôme – On fête aussi les Géronima

Le soleil se lève à 7h49 et se couche à 19h30

« Septembre nous produit le plus délectable des fruits. »

Perles de sportifs

Contradictoire

Qui l'a dit? Bernard Laporte, ancien entraîneur de rugby et ministre des Sports.

La perle : « Isole-toi si tu veux, mais jamais seul. » D'accord, coach, mais concrètement, je fais comment?

Invisibles : les petites mains du pouvoir

Tous ceux qui ont déjà travaillé en entreprise connaissent l'importance d'un bon service informatique. Mais lorsque votre entreprise est l'Élysée, alors les choses prennent une autre dimension! C'est pourquoi, dans cette rubrique, nous souhaitions rendre hommage aux équipes du service informatique présidentiel qui jouent un rôle central dans la politique du pays, comme en 2011 lorsqu'elles ont découvert un mouchard caché dans certains ordinateurs du cabinet présidentiel… Heureusement pour nous qu'elles ont eu la puce (informatique) à l'oreille!

AVENTURIERS DE L'IMPOSSIBLE

Thomas Edward Lawrence, entre mythe et réalité

Le personnage de Lawrence d'Arabie, tout le monde connaît, ou presque. Mais la véritable histoire de Thomas Edward Lawrence, l'homme derrière le mythe, est moins connue. Avant de prendre le rôle auprès des révoltés arabes de 1916, qui le rendra célèbre, et de revêtir l'habit traditionnel arabe, l'homme a eu une carrière accomplie d'explorateur et d'archéologue pour le compte de la Couronne britannique. Spécialisé dans les territoires et les peuples arabes, il en étudia et intégra tous les us et coutumes, allant même jusqu'à combattre à dos de chameau. De ses campagnes arabes, Lawrence écrivit un livre devenu célèbre, Les Sept Piliers de la sagesse, *qui fit de lui un théoricien reconnu de l'insurrection. Toutefois, le reste de l'histoire est un peu flou, et certains de ses exploits sont même contestés par des biographes. Entre mythe et réalité, la vie de Lawrence d'Arabie avait tout ce qu'il fallait pour entrer dans la légende.*

Brèves régions

Haute-Marne/La cascade de Rolampont

Située sur la commune de Rolampont, à mi-chemin entre Langres et Chaumont, cette curiosité géologique naturelle est la plus importante formation tufeuse du département de la Haute-Marne. Ici, depuis des siècles et sans doute des millénaires, l'eau coule en cascade dans les bois, pétrifiant tout sur son passage. Si une branche d'arbre vient à tomber dans la cascade, elle est vite recouverte d'une couche de calcaire, qui va s'épaissir au fil du temps pour la transformer en pierre.

« *Octobre vaillant surmène le paysan.* »

L'ÉNIGME DE LA MACHINE À COUDRE

EPISODE 10

En retenant son souffle, Alice déplie la première lettre.

«À Paris, le 9 novembre 1917. Chère danseuse à la bougie, ma démarche va vous paraître bien téméraire, mais je ne peux faire autrement. Depuis que j'ai découvert votre photo dans l'almanach en ce fameux jour du 14 septembre 1917, votre image me poursuit tel un chant de sirènes qui dirait: «C'est elle, c'est elle…» J'ai tenté en vain de faire taire cette mélodie entêtante. J'en ai perdu l'appétit et le sommeil. Je sais que c'est totalement déraisonnable – je suis marié et l'heureux père d'un garçon prénommé Gaspard –, mais c'est ainsi. Follement amoureux de votre reflet de papier je suis tombé. Alors, je suis parti en quête de votre être de chair. J'ai remonté petit à petit le fil. De votre numéro de danseuse plein d'humour au cirque d'hiver – *Au pays des merveilles*, avec tout ce jeu de costumes habiles que vous aviez dessinés et grâce auxquels vous vous transformiez comme par magie – à ce petit film tourné par Georges Méliès autour de votre prouesse artistique… C'est grâce à lui, un de mes amis, que je me suis procuré vos coordonnées. Je sais que vous êtes mariée également, mais j'ai l'espérance folle que vous me répondiez. Veuillez recevoir, Alice, mes plus sincères salutations, votre dévoué Alphonse Fidusier.»

Laurent, en entendant la signature, sursaute, comme cueilli par cette intrusion inattendue de son aïeul dans la pièce. Puis il rompt le silence avec un voile dans la voix :

«Elle s'appelait donc Alice et mon grand-père l'aimait. J'ai du mal à réaliser…

– Est-ce que tu veux bien lire la seconde lettre?», lui demande Alice dans un murmure.

Cette seconde lettre, qui était de nombreuses fois raturée, devait être un brouillon. Lisant par-dessus l'épaule de Laurent, Alice note une étrange similitude entre cette écriture et celle de Célia, cette manière si élégante, presque dansante, de former les «l» et les «d» majuscules…

(À suivre le mois prochain)

Vendredi 2 octobre

Saint Léger – On fête aussi les Bérégise, Ruth

Le soleil se lève à **7h52** et se couche à **19h26**

« *Si les feuilles tombent à la Saint-Léger, suivra une bonne année.* »

AUX ORIGINES DES JEUX OLYMPIQUES

Si les infrastructures olympiques modernes rivalisent de gigantisme et de technologie, durant l'Antiquité, c'était une autre histoire ! En effet, les stades étaient dépourvus de toit et la chaleur qui y régnait était étouffante. De nombreux spectateurs faisaient des malaises, parfois mortels, en regardant les épreuves. Mais cette rudesse n'était pas pour déplaire aux puristes grecs, qui considéraient qu'il fallait être fort en toutes circonstances. La preuve, quand un riche mécène fit installer une canalisation permettant d'acheminer de l'eau fraîche depuis les collines voisines jusqu'au milieu de l'arène olympique, il fut accusé de vouloir « transformer les Grecs en femmes », puisque de vrais hommes pouvaient affronter la soif sans peur. Si ces détracteurs voyaient les stades modernes, ils en perdraient sans aucun doute leur latin...

Chiffres et expressions

S'en moquer comme de l'an quarante

Ne cherchez pas ce qui s'est passé en l'an 40 pour trouver l'origine de l'expression, tout le monde s'en moque ! « L'an quarante » est en fait une déformation de l'ancien mot « Alcoran », qui désignait le Coran, livre sacré des Musulmans. Le désintérêt pour celui-ci de la part des croisés et la déformation linguistique ont forgé l'expression.

Étymolo-quiz...

Quel mot féminin est l'équivalent de « garçon », étymologiquement parlant : « grâce » ou « garce » ?

Réponse : garce (qui, précisons-le, n'avait à l'origine aucune connotation péjorative et ne l'a prise qu'au fil des siècles).

Brèves régions

Loire-Atlantique/Machecoul, demeure de Barbe bleue

Tout le monde connaît le conte de Charles Perrault *La Barbe bleue*, qui narre l'histoire d'un homme puissant et sanguinaire. Plusieurs personnages ont inspiré ce personnage hors normes, dont le roi Henri VIII d'Angleterre, mais aussi le maréchal de France Gilles de Rais. Sorte de « docteur Jekyll et M. Hyde », ce dernier se distingua d'abord au combat, notamment aux côtés de Jeanne d'Arc, mais aussi par les nombreux meurtres d'enfants qu'il commit et qui ternirent grandement sa réputation. Gilles de Rais naquit et vécut au château de Machecoul, dans l'actuel département de la Loire-Atlantique. C'est pourquoi cette vénérable demeure est parfois appelée « château de Barbe bleue ».

« À la Saint-Gérard, les noix sont mûres pour toi et moi. »

Rétro Vermot

À la fac de médecine, un professeur questionne ses étudiants :
« Vous êtes en 3e année, vous allez pouvoir me répondre : qu'est-ce qui provoque la transpiration chez l'être humain ?
– Vos questions, répond un étudiant. »

Pièges de l'ortogra~~f~~e (h, ph)

Je m'en souviens et je me le rappelle

La différence entre « je m'en souviens » et « je me le rappelle » tient au sujet qui est l'objet de cette mémoire. S'il s'agit d'une chose inanimée, on préférera « se le rappeler », alors qu'on « se souviendra » d'une personne ou d'un être vivant.
De plus, la préposition « de » n'est utilisée qu'avec « se souvenir » et pas avec « se rappeler ».

Les déserts exceptionnels

Namib, le plus vieux désert du monde

Vieux de 80 millions d'années, le Namib est le doyen des déserts de la planète. Des dunes de sable orange de Sossusvlei, hautes de 300 m, au rivage de l'océan Atlantique, ses panoramas sont époustouflants. Cette langue de sable de quelque 2000 km de long borde la partie ouest de la Namibie et plonge dans l'océan. On surnomme d'ailleurs le nord de cette région « la côte des Squelettes », en référence aux nombreux naufrages qui y ont lieu, ainsi qu'aux ossements de baleines échouées. Parmi les étrangetés de ce désert, on rencontre le *Welwitschia mirabilis*, une plante capable de vivre 2 500 ans, avec seulement deux longues feuilles. Lézards, geckos et gerbilles prolifèrent aux côtés de plus rares éléphants du désert, gazelles oryx, hordes de chevaux sauvages et hyènes tachetées. Plusieurs millions d'années auparavant, des poissons vivaient également au cœur de ce désert, dans des lacs aujourd'hui asséchés. Dernier vestige de cette ère, le lac Deadvlei, cuvette d'argile blanche plantée d'arbres morts, comme figés dans le temps. Enfin, parmi les ressources naturelles du Namib, les diamants, le tungstène et l'uranium sont les plus recherchées.

ILS ONT DIT

« Prenons garde à ne pas faire de l'intelligence notre dieu ; elle est très musclée, bien sûr, mais elle n'a pas de personnalité. »
Albert Einstein

DE L'OR DANS LA VOIX

Pour les connaisseurs, Nicolai Gedda, de son vrai nom Harry Gustaf Nikolai Ustinoff, était l'un des plus grands ténors de tous les temps. Parlant plus de dix langues, il était connu pour avoir une technique irréprochable et pour pouvoir atteindre avec une facilité déconcertante les registres aigus et suraigus de la voix. Il était aussi l'artiste lyrique ayant enregistré le plus de disques au cours de sa très longue carrière (de 1951 à 2005). C'est ce qui s'appelle tenir la note !

Dimanche 4 octobre

Saint François d'Assise – On fête aussi les Francis, Paco, Oriane, Auriane

Le soleil se lève à **7h55** et se couche à **19h22**

Fête des Grands-Pères

« *Pour la Saint-François, fais le haricot, paysan.* »

Verbes régionaux

DÉTRISSER

C'est en Lorraine qu'on rencontre le verbe « détrisser ». Il est formé sur un autre verbe local, « trisser », qui signifie éclabousser. Le préfixe « dé » renforce le verbe et qualifie donc une forte éclaboussure. Par une analogie imagée, « détrisser » veut également dire dégager, partir vite. Ainsi, celui qui part à la course à pleine vitesse « détrisse ».

LES PSITTACIFORMES

P	S	P	E	T	U	N	D	E	O	P	A	I	S
L	I	A	O	L	E	Y	S	N	N	E	R	E	T
G	L	N	H	K	U	U	D	L	L	O	I	M	I
O	L	O	C	C	T	C	Q	B	L	U	I	N	E
A	Y	I	Z	C	I	E	A	O	O	C	S	P	R
R	R	F	E	P	N	R	R	T	R	E	E	F	U
C	O	L	Q	O	A	I	T	O	T	R	W	S	N
R	C	U	Z	P	Q	P	P	T	R	I	E	N	O
E	E	A	E	U	E	S	E	U	I	O	S	P	C
T	M	S	E	U	I	L	C	G	T	S	A	P	I
A	N	T	Q	T	A	H	A	A	E	K	P	A	A
I	E	I	T	P	E	R	C	D	A	A	G	M	Q
P	A	E	A	I	A	A	I	K	Z	A	I	T	U
C	P	P	M	C	C	A	M	A	Z	O	N	P	E

Solution page 301

AMAZONE
ARA
CACATOÈS
CAÏQUE
CONURE
CORYLLIS
CRICK
ÉCLECTUS
INSÉPARABLE
KAKAPO
KÉA
LORI
LORIQUET
MICROPSITTE
PALETTE
PAPEGEAI
PERROQUET
PERRUCHE
PIONE
PSITTACULE
PSITTRICHAS
TOUI

Les animaux de compagnie des présidents

Les Français aiment les chats : on en dénombre 2 millions de plus que de chiens dans les foyers du pays. Pourtant, les animaux officiels de l'Élysée sont toujours des chiens. Pourquoi les présidents français n'ont-ils jamais de chats ? La raison est double, selon un communicant qui commentait l'adoption du chien Nemo par Emmanuel Macron. D'une part, il est question de perpétuer la tradition et, d'autre part, le chat, en politique, pose un problème symbolique de stature, là où son homologue canin est censé donner une image de chef. Pas sûr que le chihuahua de Carla Sarkozy soit d'accord…

{ Mots qui changent de sens }

Aujourd'hui, le mot « accident » a une connotation tellement négative qu'on ne peut le souhaiter à personne. Mais au XIIe siècle, ce dérivé du latin *accidere* (survenir) servait à décrire un événement fortuit, une chose inattendue qui survient par hasard. Ce n'est que plus tard (à force de mauvaise fortune ?) que le français moderne a donné sa connotation négative systématique au mot « accident ».

Le soleil se lève à **7 h 56** et se couche à **19 h 20**

Lundi **5 octobre**

Sainte Fleur – On fête aussi les Azalée, Cerise, Clémentine, Placide

« Quand arrive la Sainte-Fleur, pour aller au verger, ce n'est plus l'heure. »

BLASON

Selon des experts en généalogie médiévale, la famille Médicis remonterait à un médecin, d'où l'origine de son nom. Une hypothèse que confirme son blason où figurent six ronds représentant des pastilles, c'est-à-dire des médicaments : cinq rouges pour le poumon, le foie, le cœur, l'estomac et les intestins, une bleue pour la panacée. Cette dernière fut ensuite remplie de lys. (Voir code couleur en dernière page.)

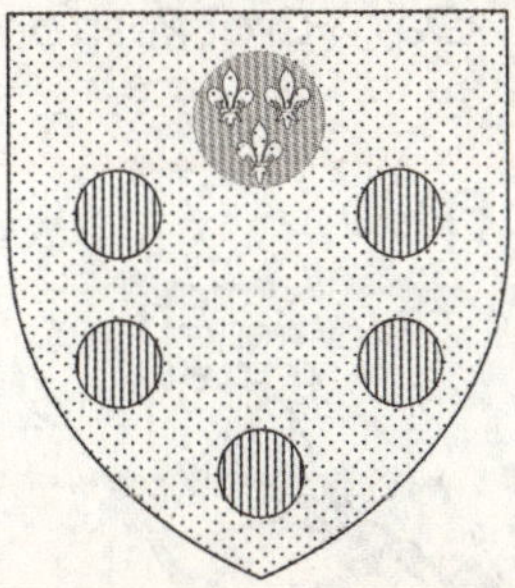

Rétro Vermot

Il faut très bien connaître les hommes avant d'avoir le courage d'être seulement et simplement soi-même.

Charade

Classique

On se sert de **mon premier** pour se maquiller.

Mon deuxième est une chaîne de montagnes d'Amérique du Sud.

Mon troisième est un vestibule.

Mon tout est une danse traditionnelle provençale.

FARANDOLE (FARD - ANDES - HALL)

Recette de cuisine

Risotto au chorizo et aux échalotes

Pour 4 pers. — 20 min de préparation — 25 min de cuisson

400 g de riz à risotto (arborio ou carnaroli)
100 g de chorizo (fort ou doux, selon vos goûts)
2 échalotes
1 noix de beurre
1 l de bouillon de légumes
Parmesan
Sel et poivre du moulin

Ôtez la peau du chorizo et coupez-le en rondelles, puis coupez chaque rondelle en quatre. Pelez les échalotes et émincez-les. Dans une sauteuse, faites fondre le beurre et revenir les échalotes. Versez le riz dans la sauteuse et, dès qu'il est translucide, ajoutez une première louche de bouillon de légumes et mélangez. Quand le bouillon s'est partiellement évaporé, ajoutez le chorizo.

Poursuivez la cuisson en mouillant le riz au fur et à mesure de l'évaporation du bouillon, sans cesser de remuer. Le risotto est crémeux, mais les grains de riz doivent rester fermes (comptez une vingtaine de minutes de cuisson).

En fin de cuisson, salez, poivrez et parsemez de parmesan. Mélangez bien et servez chaud, sans attendre.

Variante : faites cuire le riz seul et préparez les échalotes au chorizo dans une poêle. Mélangez avant de servir.

HOROSCOPE CHINOIS

COQ

Caractère : Séduisant, sociable, aimable, orgueilleux, théâtral, autoritaire, direct, combatif, belliqueux, susceptible.

Les grandes tendances de l'année

En février et en mars, vous devrez répondre à de nombreuses sollicitations et invitations. Votre vie sociale sera intense. En mai, vous devrez être plus attentif à votre rythme de vie car, d'août à octobre, les astres vous rendront plus sensible au stress. Attention aux coups de pompe ! Tout au long de 2020, l'ennui ne sera pas au rendez-vous.

Mardi 6 octobre

Saint Bruno – On fête aussi les Arthaud, Brunehaut, Foy

Le soleil se lève à **7h57** *et se couche à* **19h18**

« *En octobre, il faut que l'homme vite s'habille quand le mûrier se déshabille.* »

Devinette

Qui suis-je ?

Parfois délicate et ineffable,
Parfois épaisse et durable,
Tantôt un abri appréciable,
Tantôt un piège implacable.

Une toile

0 2 0 FUTOSHIKI

Cette grille ne contient que des 0 et des 2.
Il y a autant de 2 et de 0 sur chaque ligne et dans chaque colonne.
Il n'y a pas plus de 2 chiffres identiques côte à côte.
2 lignes ou colonnes ne peuvent être identiques.
Il faut respecter les signes d'inégalité entre les cases.

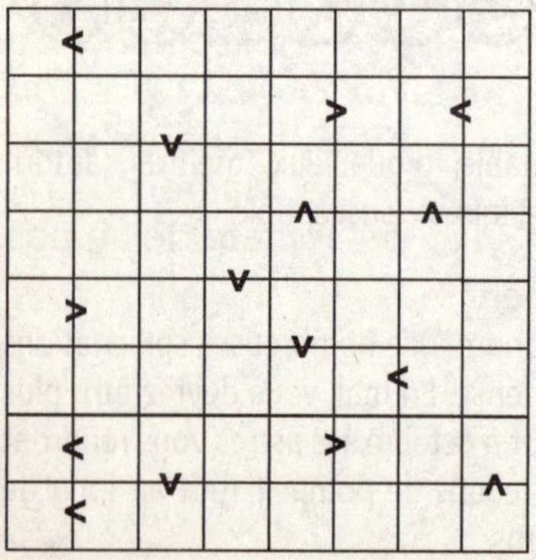

Solution page 304

AVENTURIERS DE L'IMPOSSIBLE

Hugh Glass : un trappeur plutôt coriace

Si certains aventuriers planifient leurs expéditions dans le but d'accomplir un exploit, d'autres sont tout simplement poussés par la nécessité, qui révèle leurs facultés exceptionnelles. C'est le cas par exemple du trappeur Hugh Glass, dont l'histoire a été adaptée au cinéma dans The Revenant *en 2015. Laissé pour mort par son expédition après une attaque de grizzli, il se réveilla sans arme, avec une jambe cassée et le dos tailladé par les griffes de l'animal. Il rassembla ses forces et parcourut plus de 300 km sur la terre et sur l'eau pour rejoindre la civilisation. Pour ce faire, il dut affronter le froid, les loups, les bisons, les indigènes hostiles et la douleur que lui causaient ses blessures. Davy Crockett peut bien aller se rhabiller !*

Les « Cruella » de l'histoire

La sorcière de Buchenwald

Durant la Seconde Guerre mondiale, plus de 50 000 personnes ont trouvé la mort dans le camp de concentration nazi de Buchenwald, en Allemagne. Les conditions de survie y étaient épouvantables et la cruauté SS continuelle. Dans cet enfer, une femme opérait : Ilse Koch, l'épouse du commandant du camp. Elle était surnommée « la sorcière » ou « la chienne » de Buchenwald. Contrairement à d'autres femmes de dignitaires nazis, Ilse Koch, qui avait commencé sa « carrière » comme gardienne de camp, s'impliquait personnellement dans les actes de torture perpétrés dans ce sinistre lieu. La sorcière s'intéressait tout particulièrement aux tatouages des prisonniers, qu'elle aurait collectionnés… Condamnée à la prison à perpétuité en 1951, elle s'est suicidée dans sa cellule en 1967, à l'âge de 60 ans.

Le soleil se lève à 7h59 et se couche à 19h16

Mercredi 7 octobre

Saint Serge – On fête aussi les Gustave, Bacchus, Ke

« *À la Saint-Serge, la charrue en terre pour niveler les taupinières.* »

Étymolo-quiz...

Que signifie le mot latin *putare* qui a donné « disputer » : « penser » ou « tisser » ?

Réponse : penser.

Les fautes des grands écrivains

Si certaines fautes de français des grands écrivains sont bien des erreurs commises lors de l'écriture, il existe un autre type de faute : les coquilles qui s'invitent après des corrections multiples. À la décharge de Balzac, nous pensons que la suivante est de celles-là, lorsqu'il écrit dans *La Vieille Fille* : « Le souvenir de ses tripotages dans les gouvernements républicains lui nuisirent, il ne fut jamais reçu à la Préfecture. » Le pluriel du verbe « nuire » n'a pas lieu d'être puisque ce n'est bien que le souvenir qui « nuisit » au personnage en question. Mais l'était-ce déjà dans les premières versions ? Il n'y a qu'Honoré qui le sache !

Ha! Ha! Ha!

Un Parisien qui vient d'arriver en vacances est en train de pêcher lorsqu'un papi du coin s'approche et lui dit :
« Alors, on aime la pêche ?
– Eh bien oui, ça me détend… »
Le petit vieux fait demi-tour et s'éloigne. Quelques minutes plus tard, il revient et demande :
« Alors, on aime la pêche ?
– Ben oui, ça me permet d'être tranquille, calme, loin de Paris. »
Le papi fait demi-tour, s'éloigne puis au bout d'un petit moment revient et dit :
« Alors, on aime la pêche ? »
Cette fois, le Parisien craque, il plie ses gaules, enfourche son vélo et attaque la très longue côte qui mène à son gîte. Arrivé en haut, en nage après son effort, il se retourne et, tout en bas, il voit le vieil homme qui lui fait des grands signes.
« Mince, j'ai dû oublier quelque chose en bas… » Il fait demi-tour et redescend la grande côte. Arrivé en bas, il s'arrête à côté du petit vieux qui lui dit : « Alors, on aime le vélo ? »

Au poil !

« Plus le menton est broussailleux, plus la sagesse est grande », aurait dit l'un des plus illustres représentants de la race des penseurs poilus. Vous avez deviné ? Il s'agit de Socrate, à qui l'on attribue la formule. Sa barbe était si caractéristique qu'on le surnommait « le Maître poilu ». Pourtant, Parménide reprochait au jeune Socrate de ne pas suffisamment s'intéresser à la philosophie. Il lui dit même dans le dialogue homonyme de Platon : « C'est que tu es jeune encore, Socrate. La philosophie ne s'est pas encore emparée de toi comme elle le fera, si je ne me trompe, lorsque tu ne mépriseras rien de ces choses. » Une prédiction au poil de barbe près !

« *En octobre, brume passe, beau temps passe.* »

DRÔLE DE NOM POUR UNE VILLE !

Tiercé

En Maine-et-Loire, coincée entre l'Anjou et les premiers contreforts du Massif armoricain, Tiercé court entre les rivières Sarthe et Loir. Contrairement à ce que l'on pourrait croire, le nom de cette commune ne vient ni de la course de chevaux ni même du chiffre trois. Appelée *Teceium* en 1236, elle correspond au « domaine de Tessius », nom d'un propriétaire romain.

Expressions du potager

Quelle noix !

Quelle meilleure image du cerveau humain que le cerneau de noix ? On en a conclu jadis que manger des noix rendait intelligent. Mais pourquoi alors traiter de « noix », voire de « pauvre noix », le crétin, le benêt, le balourd ou même l'andouille ? C'est peut-être une allusion à une tête de faible volume (mais on ne traite personne de noisette) ou à une tête dure comme la coque du fruit qui résiste au casse-noix. Et « un truc à la noix » n'est pas beaucoup plus clair. On l'explique en disant que la noix est chose de peu de valeur, mais ce n'est guère convainquant, surtout dans la variante « à la noix de coco » (qui coûte cher !). D'autant qu'un gâteau aux noix, c'est délicieux. En revanche, on comprend mieux que l'on appelle aussi « noix » diverses parties plus ou moins sphériques du corps (qui n'ont rien à voir avec la noix de bœuf), ce qui donne des tournures excédées comme « tu me casses les noix », ou simplement « tu m'les casses ».

ANECDOTES DE POMPIERS

L'urgence est avant tout une question de point de vue :

« Les pompiers, j'écoute.

– Bonjour Monsieur, j'ai absolument besoin de savoir où est la FNAC.

– Mais Madame, ici, c'est un numéro d'urgence, pas d'informations !

– Oui, mais justement, il s'agit d'une urgence ! Si je n'y suis pas dans une heure, ma commande sera annulée ! »

AUTANT DE RAISONS DE SE RÉJOUIR

Un animal, c'est bon pour la santé !

La compagnie d'un animal nous aide à combler nos besoins affectifs, à développer notre empathie et notre estime de soi, et même, comme le montrent les recherches effectuées à ce sujet, à diminuer notre stress et à renforcer notre immunité. Avoir un chien nous permet également de rester en forme en nous contraignant à marcher tous les jours. Le ronronnement du chat, quant à lui, est réputé pour ses vertus apaisantes, surtout lorsqu'il est combiné à des caresses. Plus étonnant : ses basses fréquences pourraient accélérer la cicatrisation et la réparation des fractures – ce sont les mêmes que celles employées en chirurgie !

« Qui sème à la Saint-Denis compterа les semis. »

NOVLANGUES & JARGONS

Fut une époque où avoir deux boulots n'était pas forcément bon signe. Mais aujourd'hui, dans le monde merveilleux des start-up, on ne dit plus «j'ai deux boulots» – trop connoté négativement –, mais plutôt «je suis un slasher». Ce mot barbare vient de l'anglais *slash*, qui est le signe de ponctuation «/». Comme l'on trouve ce signe notamment entre les intitulés des gens ayant deux emplois (charcutier/informaticien par exemple), ces derniers sont devenus des «slashers». C'est beau l'inventivité, tout de même… surtout quand elle ne sert à rien!

[L'actu]

No limit en matière de défense

La bonne santé de certains secteurs économiques n'est pas forcément une bonne nouvelle. Selon le dernier rapport du cabinet IHS Markit, les budgets alloués à la défense des États ont connu l'an passé leur plus forte hausse depuis dix ans. Le rapport fait état d'une croissance de 4,9% dans le monde, correspondant à 1780 milliards de dollars. Les pays membres de l'OTAN en ont été les locomotives avec 5,8% de hausse en moyenne, principalement grâce aux États-Unis (702 milliards). En 2020, les dépenses des pays membres de l'organisation politico-militaire dépasseront les 1000 milliards. Parmi les évolutions notables – et inquiétantes –, on peut noter qu'en 2018, l'Arabie Saoudite a dépassé la France en termes de budget de défense, prenant la cinquième place dans le classement, avec 56 milliards de dollars consacrés au secteur contre 53,6 pour l'Hexagone, qui a pourtant accru ses dépenses en la matière. De même, l'Iran a désormais dépassé Israël et le Canada pour apparaître à la quinzième place.

CHANTEUR ENGAGÉ

Solution mots mêlés [p. 296]

P	S	P	E	T	U	N	D	E	O	P	A	I	S
L	I	A	O	L	E	Y	S	N	N	E	R	E	T
G	L	N	H	K	U	U	D	L	L	O	I	M	I
O	L	O	C	C	T	C	Q	B	L	U	I	N	E
A	Y	I	Z	C	I	E	A	O	O	C	S	P	R
R	R	F	E	P	N	R	R	T	R	E	E	F	U
C	O	L	Q	O	A	I	T	O	T	R	W	S	N
R	C	U	Z	P	Q	P	P	T	R	I	E	N	O
E	E	A	E	U	E	S	E	U	I	O	S	P	C
T	M	S	E	U	I	L	C	G	T	S	A	P	I
A	N	T	Q	T	A	H	A	A	E	K	P	A	A
I	E	I	T	P	E	R	C	D	A	A	G	M	Q
P	A	E	A	I	A	A	I	K	Z	A	I	T	U
C	P	P	M	C	C	A	M	A	Z	O	N	P	E

Problèmes de maths du certificat d'études

Une fermière vend au marché 15 douzaines d'œufs à 2,40 F la douzaine, 2 paires de poulets à 9,50 F l'un, 2 canards à 10,50 F l'un, 6kg de beurre à 7,60 F le kg et 24kg de noix à 1,80 F le kg.

Elle achète 2 douzaines de mouchoirs à 15 F la douzaine, 4 draps à 20 F l'un, 3 paires de sabots à 3 F la paire et un coupon de velours coûtant 8,30 F le mètre.

Question : La fermière avait 25 F en partant au marché et revient avec 40 F. Combien de mètres de velours a-t-elle achetés?

Réponse : 6m.

« *Âne qui brait, pluie et vent.* »

Étymolo-quiz...

Vrai ou faux : « gigot » et « gigue » ont la même origine étymologique.

Réponse : vrai. Ils viennent tous deux de *gibbicare*, qui signifiait « secouer les jambes et les bras ».

Brèves régions

Calvados/Le cochon de Bayeux

Le cochon de Bayeux fait partie des six dernières races locales porcines françaises. Il est issu d'un croisement entre le porc normand et le porc noir du Berkshire. Élevé au petit lait, aux céréales et aux orties, il est reconnaissable à sa robe blanche parsemée de taches noires de forme arrondie. On lui fait sa fête chaque deuxième week-end d'octobre, à Bayeux.

Perles de sportifs

Vaches à viande

Qui l'a dit ? Pierre Salviac, commentateur de rugby sur France 2. La perle : « Chacun chez soi, et les mouches seront bien gardées. » Tant qu'il ne passe pas son temps à enfiler les vaches...

Champions de la lose

Pas vraiment vernie, Violet Constance Jessop ! La Britannique est en effet « célèbre » pour avoir vécu les naufrages des trois principaux navires de la White Star Line au début du XXe siècle. Engagée comme serveuse à bord de l'*Olympic* en 1911, la jeune femme connaît son premier accident maritime lorsque son navire heurte un croiseur dans le port de Southampton. L'année suivante, elle s'engage sur le *Titanic*. Affectée au service des passagers de première classe, elle réussit à embarquer sur l'un des canots de sauvetage avant d'être repêchée. Enfin, en 1916, le transport des voyageurs se faisant rare pendant le conflit, elle s'engage comme infirmière sur le *Britannic*, paquebot converti en navire-hôpital par la Croix-Rouge anglaise. Après trois semaines de mer, l'embarcation saute sur une mine au large de la Grèce. Violet en réchappe miraculeusement. Après une pause sur la terre ferme pendant quatre ans, cette femme courageuse retournera sur les flots jusqu'à sa retraite en 1952. Sans plus jamais reboire la tasse...

~~VRAI~~ OU FAUX ? Les *fake news* de l'histoire

Le faux canular

L'ornithorynque est une créature si insolite qu'on a longtemps cru que c'était une *fake news* zoologique ! En effet, cet étrange animal a le corps poilu d'un mammifère, un bec de canard, une queue de castor et des pattes palmées. Il pond des œufs, n'a pas de mamelles, mais allaite ses petits... Comme le premier spécimen avait été apporté de très loin (Australie), il était facile d'imaginer que c'était un faux. Quelle surprise pour les scientifiques quand d'autres spécimens vivants ont pu être observés ! En réponse à autant d'excentricités, on créa pour lui et quelques autres un groupe spécial de mammifères : les monotrèmes.

Dimanche 11 octobre

Saint Firmin – On fête aussi les Agilbert, Firmiane, Firminie

« Quand octobre voit le prunellier fleurir, l'hiver va sévir. »

Rétro Vermot

À la chasse :
« Ce que vous êtes maladroit! Vous avez encore raté cette alouette !
– Je l'ai ratée, d'accord... Mais si ç'avait été un éléphant, il prenait la balle en plein cœur ! »

Invisibles : les petites mains du pouvoir

En France, pays ambassadeur de la gastronomie, rompre le pain avec ses invités officiels est un acte fort. Mais attention : pas question de servir de la baguette ordinaire aux chefs d'État en visite à l'Élysée ! Le boulanger sélectionné chaque année par concours pour fournir le palais présidentiel est soumis à une exigence fixe : ne jamais saupoudrer de farine sur son pain pour que les invités ne ressortent pas avec des traces blanches sur leurs costumes noirs… Certes, il fallait y penser !

ILS ONT DIT

«Je préfère les vieux aux jeunes. A-t-on, en effet, déjà hérité d'un jeune ?»
Olivier de Kersauson

[L'actu] Touristo-phobie

Selon les médias nippons, le guichetier du jardin impérial de Shinjuku Gyoen aurait laissé passer 160 000 touristes étrangers gratuitement pendant deux ans et demi parce qu'il en avait peur ! Finalement dénoncé par un collègue intrigué par son comportement étrange vis-à-vis des visiteurs, l'homme a déclaré aux enquêteurs qu'un incident survenu il y a quelques années avec un touriste européen l'avait traumatisé : mécontent que le guichetier lui demande de payer l'entrée, celui-ci lui aurait hurlé dessus dans une langue étrangère. Terrorisé à l'idée de revivre une telle scène, l'homme avait décidé de distribuer gratuitement des billets d'entrée aux étrangers. Mis dans la confidence, un collègue compréhensif, ayant accès à la base de données du jardin, annulait ses «ventes» afin d'éviter tout écart entre les bénéfices enregistrés et les profits réels. L'homme, qui a depuis pris sa retraite, a été condamné à reverser tous les mois 10 % de sa pension à son ancien employeur pour le rembourser. Et des panneaux «entrée payante» en plusieurs langues ont été installés.

Secrets des chansons mythiques

La Vie en rose est encore aujourd'hui l'une des chansons phares de la chanteuse Édith Piaf. C'est surtout celle d'une nouvelle ère artistique pour elle, la première qu'elle ait véritablement écrite pour elle-même, après avoir chanté celles que les paroliers lui proposaient. Son inspiration : son tout nouvel amant, Yves Montand, avec lequel la chanteuse filait le parfait amour dans une France tout récemment libérée de l'occupation nazie. Ça en fait des raisons de voir la vie en rose, non ?

Lundi **12 octobre**

Saint Wilfried – On fête aussi les Edwin, Edwina, Eddy

Le soleil se lève à **8 h 06** *et se couche à* **19 h 06**

« *Octobre est bon s'il est de saison.* »

Ça s'est passé

Le 12 octobre 1920

Georges Carpentier est le premier Français à devenir champion du monde de boxe dans la catégorie des mi-lourds. Il vainc l'Américain Battling Levinsky par K.-O.

Rétro Vermot

« Ah ! Ma pauvre petite ! Tu n'as vraiment pas eu de chance dans la vie : quatre maris empoisonnés par les champignons ! J'espère que tu seras heureuse avec le nouveau.

– Oh ! C'est un gentil garçon. Malheureusement, il y a quelque chose qui m'ennuie beaucoup…

– Allons bon !

– Oui. Il déteste les champignons. »

Solution futoshiki [p. 298]

0 <	2	2	0	0	2	2	0
2	0	2 v	0	2 >	0	0 <	2
2	0	0	2	0 ^	2	0 ^	2
0	2	0	2 v	2	0	2	0
2 >	0	2	0	2 v	2	0	0
2	0	0	2	0	0 <	2	2
0 <	2	2	0	2 >	0	2	0 ^
0 <	2	0	2	0	2	0	2

AU PEIGNE FIN !

Si le Moyen Âge était une période chaste en termes de style, la Renaissance est au contraire l'explosion du raffinement sous toutes les coutures. Mode, art, architecture… toutes les disciplines prennent alors un essor nouveau après des siècles d'austérité médiévale. Il n'y a pas de raison que les cheveux échappent à cette frénésie créatrice mondiale ! C'est pourquoi on voit naître, à partir du XIIIe siècle, des coiffures ornementales d'une complexité rare, fourrées de pierres précieuses, de fleurs, de lianes et autres décorations de toutes sortes, dont la beauté (et surtout la cherté) est censée refléter celle de la dame qui les porte.

LES GRANDS ILLUSIONNISTES

Le plus riche

Né en 1956, David Seth Kotkin a commencé très jeune sa carrière d'illusionniste. Il a emprunté son nom de scène au chef-d'œuvre de Charles Dickens, *David Copperfield*, et a connu un succès fulgurant, devenant rapidement le magicien le plus riche de l'histoire, avec une carrière très médiatisée dans les années 1980 et 1990. Particulièrement attaché à la mise en scène, David Copperfield est réputé pour ses tours grandioses et spectaculaires : on lui doit l'escamotage d'un avion de ligne et même, en 1983, de l'un des plus importants symboles des États-Unis, la statue de la Liberté ! On lui connaît aussi une liaison de plusieurs années avec le top model allemand Claudia Schiffer. Mais la rumeur dit que c'était un moyen pour eux de faire carrière hors de leurs pays d'origine respectifs. Liaison illusoire ou réelle idylle ? Le doute subsiste encore…

Le soleil se lève à **8 h 08** *et se couche à* **19 h 04**

Mardi **13 octobre**

Saint Géraud – On fête aussi les Fauste, Guérande

MOTS FLÉCHÉS

Scanda
Jeu de dames
Brunie
Chante
Peut être salé
Précédé de deux
Instruments à vent
Biens
Croûte
Contourne le cratère
Ne durent pas longtemps

Ouvres l'œil
Proche de Rameau

Se bat dans l'arène
Parrainer
Pas une veste d'intérieur
Mijotée

Récompense de matador
Qualifie un jaune

Point essentiel
Promise
Basané
Relatif à la Vierge Marie
Île polynésienne

Amendes
Pour le moine copiste
Pièce d'eau
Pièce d'échafaudage

Corrigeais
Voiture d'enfant
Extrémité d'une branche maîtresse
Exprime l'indifférence
Tourne facilement la tête

Cellule
Soigner

Allai dedans
Agrandit
Standardise
Suit un rythme
Épouse

Se tient du bout des doigts
Rangeons
Stimuler sexuellement

En orbite
Peut être d'arrêt
En peu de mots
Participer à un parti

Fait sur place
Serre la pompe
Méprisable

Propulsé
Bien fait !
Mouture
Source de la loi musulmane
Appel
Mènent le train

Boîte à sel
Constant
Gaz naturel
Roule sa bosse

Acide aminé
Se mettent à la page
Bouffon italien
Fouetta

Manies la brosse
Vieux oui

Toast
Battit
Passe l'éponge

Parler de nouveau

SOLUTION PAGE 311

« En octobre, le vent met la feuille au champ. »

Pièges de l'ortografe

Par rapport à…

La locution « par rapport à » implique une comparaison : on évalue un élément A au regard d'un élément B. Impossible donc d'utiliser cette formule sans que deux éléments soient examinés l'un « par rapport à » l'autre. Aussi, contacter quelqu'un « par rapport à sa demande » ou « rapport au sujet qui l'intéresse » est incorrect. Il faut utiliser « à propos de ».

Verbes régionaux

PÉGUER

À l'origine exclusivement utilisé dans le sud-est de la France, le verbe « péguer » s'est étendu depuis quelques années à une large partie du territoire. Tout ce qui est poisseux, collant, « pègue ». D'ailleurs, l'étymologie du verbe se trouve dans l'occitan « pegar », qui se traduit par coller. Certains utilisent également « péguer » dans une forme dérivée signifiant puer.

Expressions du potager

Mêle-toi de tes oignons !

Ah ! Les petits oignons rissolés, confits… Délicieux ! Du nanan ! C'est pourquoi l'on dit d'une personne affriolante à souhait qu'elle est aux petits oignons. Ou encore, dans un sens plus général et sur le mode parodique, comme Zola dans *L'Assommoir*, en parlant d'une femme qui en corrige une autre : « …et qu'elle la graffigne, et qu'elle la déplume, oh ! mais aux petits oignons ! » Toutefois, les oignons dont on conseille de se mêler n'ont rien à voir avec la gastronomie, puisque le mot désignait jadis les arpions ou le bas du dos, et que l'expression signifie tout simplement « occupe-toi de tes pieds ou de tes fesses ». Mais le bulbe représente aussi une autre partie du corps, que l'on dénomme classiquement l'oigne, en élidant la finale (et même parfois l'oignar ou l'oignasse), ou l'olive ou l'œillet (pour rester dans le végétal), ou encore l'as de pique, le berlingot ou le trou du souffleur, et où l'on conseille souvent de se mettre diverses choses…

Brèves régions

Indre/La pierre à sexe

On ne saura sans doute jamais si cette curieuse pierre trouvée dans un bois du Berry, au lieu-dit La Jozière près du Blanc, est d'origine naturelle ou a été taillée par l'homme. Décrite en 1911 par le maire adjoint de Pouligny-Saint-Pierre, dans l'Indre, elle est un parfait modèle minéral en trois dimensions pour représenter un sexe féminin… de 90 cm de longueur sur plus de 50 cm de largeur. Pour certains, elle est l'œuvre d'un sculpteur de l'époque néolithique afin d'être utilisée dans le cadre d'un culte de la fécondité. Pour d'autres, elle se serait formée par simple érosion au jurassique supérieur, il y a 155 millions d'années.

Jeudi 15 octobre

Sainte Thérèse d'Avila – On fête aussi les Cannat, Conogan

« *Le colchique d'automne fleurit, le raisin mûrit.* »

Nos régions ont du talent

Dans le Midi, à Mardi gras, on peut encore aujourd'hui observer une tradition qui remonte à l'Antiquité : la danse candiote. Le principe est simple : un conducteur, précédé d'un tambour, mène les danseurs reliés par un mouchoir qu'ils tiennent dans la main. Lors de la danse, il guide la chaîne dans des tours et détours, jusqu'à former un véritable labyrinthe dont il doit ensuite sortir, accompagné de la jeune fille qui le suit immédiatement. Une tradition qui fait tourner la tête !

Vous êtes sûr, Docteur ?

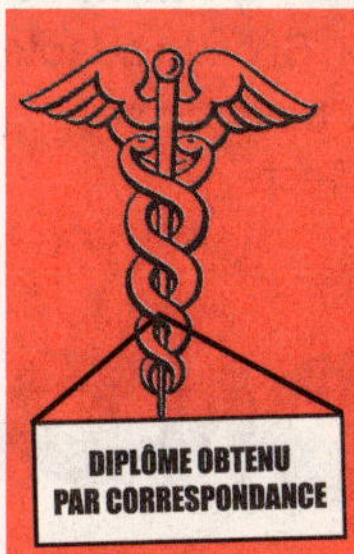

Le premier réflexe de la ménagère, lorsqu'elle aperçoit une toile d'araignée accrochée dans un coin de son salon, est bien évidemment de l'en retirer avec un balai. Si vous vous trouvez dans cette situation, à partir de maintenant réfléchissez-y à deux fois. Non pas parce que, comme il se dit habituellement, ces petites bêtes participent à l'éradication des moustiques, mais plutôt parce qu'au XVIe siècle, elles étaient des ingrédients de choix pour les médecins et les apothicaires. En effet, pour faire baisser la fièvre, on préconisait d'ingérer de la poudre d'arachnide broyé et, pour nettoyer les plaies, il fallait appliquer dessus une large quantité de toile fraîche. Euh... c'est remboursé par la Sécu ?

Les grands de la petite reine

Le public du Tour de France est passionné, mais parfois un peu chauvin... En 1950, sur l'étape du Tour reliant Pau à Saint-Gaudens, les spectateurs admirent une lutte acharnée entre le Français Jean Robic et les Italiens Bartali et Magni. Au programme : ovations pour le coureur tricolore, sifflets et insultes pour les autres. Et quand, au sommet, Bartali et Robic s'accrochent et chutent, les choses prennent une tournure encore moins bon enfant : le public se rue sur Robic pour l'aider, et sur Bartali pour l'empêcher de remonter. Le coureur dira même à l'arrivée que certains spectateurs étaient armés de couteaux et que d'autres profitaient de la mêlée pour lui donner des coups de pieds et de poings ! Bien qu'il ait gagné l'étape, il décide d'abandonner, trouvant le public français un peu trop virulent à son goût...

Ils ont dit

« L'homme est bon, mais le veau est meilleur. »

Bertolt Brecht

Le soleil se lève à
8h13
et se couche à
18h58

« *Si octobre s'emplit de vent, du froid tu pâtiras longtemps.* »

BLASON

La commune d'Eberbach, en Allemagne, utilise des armes parlantes. En effet, ici, le sanglier se dit *eber* et le ruisseau *bach*. Quoi de plus naturel alors que de contempler sur l'écu un sanglier de sable (noir) trottant sur une rivière d'azur (bleue)? Un blason d'autant plus réaliste que la rivière Neckar traverse cette région très boisée où les sangliers sont légion. (Voir code couleur en dernière page.)

Chiffres et expressions

Tous les trente-six du mois

Le trente-six d'un mois n'existe pas plus que la « semaine des quatre jeudis ». L'expression est née autrefois pour se moquer de ceux qui promettent quelque chose et dont on sait que l'engagement ne sera jamais tenu. Il est alors facile d'ironiser sur leur compte en annonçant que leur échéance imaginaire se réalisera « le trente-six du mois ».

[L'actu] Anthropophobiques!

Selon une étude publiée dans la revue *Science*, de plus en plus de mammifères deviennent nocturnes pour éviter les humains. Sur les 62 espèces de mammifères observées, l'étude révèle que tous les continents sont touchés par cette mutation du comportement animal, à l'exception de l'Antarctique. Ours, antilope, éléphant, coyote, sanglier ou tigre, les animaux évoluant en dehors de réserves, et donc confrontés à la présence humaine, semblent avoir trouvé ce moyen pour éviter l'homme. Selon Kaitlyn Gaynor, l'écologue américaine qui a dirigé les travaux, en notre présence, « les animaux perçoivent une menace, même en l'absence de danger ». Si cette adaptation du comportement peut faciliter la survie de certains mammifères, à plus long terme, tout leur écosystème pourrait en être affecté.

Citoyens extraordinaires

L'histoire d'Aymen Latrous nous prouve que l'on peut être un citoyen extraordinaire sans pourtant être… citoyen. En 2015, ce jeune sans-papiers tunisien de 25 ans a héroïquement sauvé deux enfants et leur mère de l'incendie de leur domicile à Fosses, dans le Val-d'Oise. Parti juste après son acte héroïque sans demander son reste de peur d'être confronté à la police et donc expulsé, il a par la suite été retrouvé par la mère des enfants qui souhaitait lui montrer sa gratitude. Cela n'empêcha cependant pas notre héros de se voir notifié par la préfecture de son obligation de quitter le territoire français moins de deux ans après. Heureusement, la mobilisation populaire en sa faveur lui permit d'obtenir un titre de séjour définitif. Tout est bien qui finit bien.

Samedi 17 octobre

Saint Baudouin – On fête aussi les Austrude, Osée

« *En octobre, qui ne fume rien ne récolte rien.* »

ILS ONT DIT

« Le concombre doit être coupé en tranches fines, assaisonné avec du vinaigre, du sel, du poivre, puis jeté à la poubelle. »

Samuel Johnson

Les fautes des grands écrivains

« Résoudre » et « dissoudre » ont ceci en commun que leur présent du subjonctif prend une forme quelque peu originale, qui peut perturber les écoliers qui l'apprennent, et causer de nombreuses erreurs dans les copies de français au collège. Mais pour un grand écrivain, cela ne devrait pas être un souci. Pourtant, en lisant *Dieu* de Victor Hugo, on peut douter puisque l'illustre barbu écrit : « Jusqu'à ce qu'il s'en aille en cendre et se dissoude. » D'accord, l'auteur était un rebelle qui rejetait bon nombre d'institutions universitaires, mais là, quand même… ça fait un peu mal aux yeux et aux oreilles !

Trouvailles scientifiques incongrues

Bulles d'encre

Vous souvenez-vous des imprimantes matricielles et de leur bruit infernal ? La seule alternative était alors l'impression laser, ultra-coûteuse. Mais un nouveau système est apparu dans les années 1980 : la technologie à jet d'encre. Un ingénieur japonais, qui travaillait pour Canon, fit un jour tomber son fer à souder chaud sur une seringue remplie d'encre : des gouttelettes furent projetées. Surpris par ce phénomène, il le reproduisit en le filmant pour voir au ralenti ce qui se passait : l'encre avait été éjectée après vaporisation. Un ingénieur américain, chez Hewlett-Packard, eut à la même période la même idée en regardant sa cafetière électrique. Les deux entreprises s'engagèrent dans une course au brevet avant de s'entendre pour imposer cette technique sur le marché. Un vrai succès !

[L'actu]

Mousse au confit

L'an passé, à l'occasion de l'Octobière, festival dédié aux bières artisanales organisé à Toulouse, des brasseurs ont présenté La Cassoul'ale, une bière au cassoulet. Imaginée par deux brasseries régionales – La Garonnette et Hopscotch –, la boisson comporte tous les ingrédients du célèbre plat occitan : haricots, canard, saucisse, couenne, ail, oignon, carottes, bouquet garni… et armagnac ! Bien sûr, et fort heureusement, cette bière est principalement composée de malt d'orge, de houblon et d'eau. Et c'est bon ? D'après les privilégiés qui l'ont goûtée, c'est… « particulier » ! En revanche, au nez, la bière a bien l'arôme du cassoulet et elle procure aussi… quelques flatulences !

« *À la Saint-Luc, il faut semer, que la terre soit molle ou dure.* »

ILS ONT DIT

« Le cheveu rare, ça donne l'air intellectuel, à défaut d'être intelligent. »

Anne Roumanoff

C'est tragique !

Le problème des prophéties, c'est qu'elles manquent souvent de précision, et qu'on y entend ce qu'on veut entendre. Vous nous direz, c'est un peu le principe… Macbeth, le personnage tragique de Shakespeare, est de ceux qui ont commis l'erreur de croire en une prophétie en leur faveur sans prendre garde aux nuances et interprétations. Trois sorcières lui ont assuré qu'il serait roi. Résultat : poussé par sa femme, Macbeth assassine le roi Duncan, son propre ami le général Banquo et la famille de Macduff – un noble qui le soupçonnait du régicide –, pour au final être battu et tué par ce dernier. Les prophéties sont comme un contrat : il faut savoir lire entre les lignes, au risque de se faire avoir…

Pan Pan !

PERLES DE POLICIERS

« Madame, il faut que vous alliez déposer plainte contre X », dit un policier du 17 à une requérante, qui rétorque : « Vous avez déjà trouvé qui a fait le coup ? »

Étymolo-quiz…

Quelle est l'origine commune de « manigance » et de « manipuler » ?

Réponse : le mot latin *manus* qui signifie « main ».

二千二十 2020 année du RAT

La mort-aux-rats

Le rat n'ayant jamais eu bonne presse, l'homme a toujours essayé de s'en débarrasser. Mais cet animal est intelligent : lorsque de la nourriture est trouvée, un seul individu la goûte. Et s'il en meurt, les autres ne se laissent pas berner ! C'est pourquoi il faut ruser pour composer la mort-aux-rats. Ce nom a le mérite d'être explicite, puisqu'il s'agit d'un produit raticide (on dit aussi « rodenticide »). Autrefois, on utilisait de l'arsenic ou du thallium, des poisons aussi nocifs pour eux que pour nous. De nos jours, on préfère une substance « à retardement », tel un anticoagulant : tous les individus du groupe s'empoisonnent avant de se rendre compte de quelque chose. Hélas, nos animaux de compagnie peuvent aussi se faire avoir. Dans ce cas, allez illico chez le véto, qui administrera de la vitamine K1, seul antidote.

« Beaucoup de pluie en octobre, beaucoup de vent en décembre. »

ILS ONT DIT

« Les bonnes choses ne finissent pas en "um" comme "muséum", elles finissent en "or" comme "côte de porc". »
Homer Simpson

Les fautes des grands écrivains

Si la lettre est forcément le fort de l'écrivain, il n'en est pas forcément de même pour le chiffre. Exemple avec Stendhal qui, dans son roman *Vie de Henry Brulard* écrit sans boulier ni machine à calculer : "Tout le mal n'est que dans ces cinq lettres B, R, U, L, A, R, D, qui forment mon nom." Le compte n'est pas vraiment bon, mais l'intention y est. On va dire que c'est ce qui compte !

Solution mots fléchés [p. 305]

	A		O		P		O		A		S	
T	R	I	C	T	R	A	C		V	O	I	S
	T	O	R	E	E		A	N	O	R	A	K
A	I	D	E	R		O	R	E	I	L	L	E
	C	I	E		C	U	I	V	R	E		T
D	U	E		M	A	R	N	E	S		W	C
	L		L	A	N	D	A	U		B	A	H
R	A	T	U	R	A	I	S		T	O	L	E
		E	T	I	R	E		P	O	U	L	S
E	N	T	R	A	I		M	A	R	L	I	
	O	E	I	L		C	O	N	C	I	S	E
C	R	A	N		M	A	I	S	O	N		R
	M	U		L	I	S	T	E	L		H	O
N	A		S	A	L	O	I	R		R	O	T
	L	E	U	C	I	N	E		Z	A	N	I
S	I	G	N	E	T	S		P	E	I	N	S
	S	A	N	T	E		O	U	B	L	I	E
M	E	L	A		R	E	C	A	U	S	E	R

ÉLÉMENTAIRE !
Enquêteurs célèbres

Et si le « vrai » Sherlock Holmes n'était pas détective, mais médecin ? Pas si farfelue, comme idée, puisqu'on sait qu'Arthur Conan Doyle s'est inspiré d'un médecin écossais, Joseph Bell, pour créer son personnage mythique. En effet, Bell a été le premier à avoir mis au point la méthode déductive dont Holmes est le plus célèbre ambassadeur. Il l'utilisait pour comprendre les pathologies de ses patients, ainsi que leur caractère et de surprenants éléments de leur vie sans avoir besoin de leur adresser la parole. Conan Doyle a été un fervent admirateur des travaux de Bell, et a même assisté à ses cours à partir de 1877. Pas étonnant donc que le détective britannique de fiction ressemble autant à Bell, qui a d'ailleurs préfacé un volume de Sherlock Holmes. Élémentaire, mon Cher Docteur !

Brèves régions

Haute-Saône/L'aurore boréale

Le 19 octobre 1726 eut lieu l'aurore boréale la plus spectaculaire de tous les temps, que l'on vit jusqu'à Cadix en Espagne. Voici le récit qu'en fit le curé de Quers, en Saône-et-Loire : « Un phénomène fort extraordinaire et surprenant a paru dans le ciel. Il commença un peu avant le jour par une rougeur qui parut du côté du septentrion semblable à un grand incendie. Au coucher du soleil, on vit le ciel tout enflammé du côté du couchant et cette inflammation augmenta si fort que, sur les huit heures du soir, des flammes s'avancèrent par intervalles et semblaient devoir inonder la terre. À travers ces flammes, on voyait le ciel clair et quelques étoiles, mais la rougeur du ciel du côté du couchant augmenta si fort qu'on eut dit qu'il eut dû pleuvoir du feu ou du sang. »

Mardi **20 octobre**

Sainte Adeline – On fête aussi les Aline, Adelin

Le soleil se lève à **8h19** et se couche à **18h50**

« *En octobre, qui n'a pas de manteau doit en trouver un bientôt.* »

Argot-quiz…

Que veut dire « bédave » : fumer de l'herbe ou crier ?

Réponse : fumer de l'herbe.

NOVLANGUES & JARGONS

Aujourd'hui, ce que recherche une entreprise, c'est avant tout la « synergie » avec ses clients. Super ! Si seulement on savait ce que cela veut dire… En anatomie, une synergie est l'action coordonnée de plusieurs organes qui conduisent à une action. Mais pour une entreprise qui vend un produit à un client, l'expression prend le sens plus large d'être « sur la même longueur d'ondes ». Comment est-on passé de l'un à l'autre ? Mystère… Il faudra demander à Orwell !

Pimpon ! ANECDOTES DE POMPIERS

Pressé, mais attentionné quand même !

« Bonsoir, il y a eu un accident, vous pouvez venir ?

– Est-ce qu'il y a des blessés, Monsieur ?

– Aucune idée, je ne me suis pas arrêté, je n'ai pas que ça à faire ! »

[L'actu] Y'a d'la joie !

Selon une étude publiée récemment dans *Journal of Epidemiology and Community Health*, les Français estiment que leur qualité de vie s'est dégradée ces vingt dernières années. Les chercheurs ont utilisé un questionnaire composé de 36 questions et l'ont soumis à trois reprises (en 1995, 2003 et 2016) à un échantillon représentatif de la population. Ce questionnaire cherche à traduire le ressenti des individus interrogés en intégrant notamment des aspects psychologiques et sociaux. Parmi les questions, on trouve par exemple : « Dans quelle mesure votre état physique ou mental a-t-il perturbé vos relations avec la famille, les amis, les voisins, etc. au cours du mois écoulé ? ». Ou encore : « Ces quatre dernières semaines, étiez-vous quelqu'un d'heureux ? Étiez-vous fatigué(e) ? Épuisé(e) ? En paix ? » Cette dégradation de la qualité de vie est particulièrement ressentie par les actifs âgés de 35 à 54 ans, mais aussi par les 18 à 24 ans. À l'inverse, chez les 65 à 84 ans, on constate une stagnation, voire une amélioration. Comme quoi, vieillir a aussi de bons côtés !

MONSTRES CÉLÈBRES

Le monstre métamorphe de *The Thing*

Parmi les monstres les plus célèbres de l'histoire du cinéma, la Chose, du film de John Carpenter sorti en 1982, tient le haut du pavé. Terrifiante et sans pitié, elle trucide les êtres vivants qu'elle côtoie et peut même prendre leur apparence, ce qui complique la tâche des rescapés pour l'éliminer. Film culte du cinéma d'horreur, *The Thing* a pourtant connu un échec commercial à sa sortie. Deux semaines plus tôt, le public avait découvert sur grand écran le plus adorable des « monstres » du septième art : E.T. l'Extraterrestre !

« Brouillards d'octobre et pluvieux novembre font bon décembre. »

Ça s'est passé

Le 21 octobre 1520

Le navigateur portugais João Álvares Fagundes débarque sur ce qu'il baptise « l'archipel des Onze Mille Vierges », qui deviendra Saint-Pierre-et-Miquelon.

« QUAND ON EST UN PETIT CANARI JAUNE, ON ÉVITE DE SURVOLER UN TERRAIN DE TENNIS ! TU VOIS CE QUI ARRIVE. »

Nos régions ont du talent

Quand on pense à Nice, on voit la plage et la promenade des Anglais ornée de palmiers. Mais la ville est aussi le berceau de l'un des carnavals les plus réputés au monde. Réunissant plusieurs centaines de milliers de spectateurs autour de ses chars thématiques, ses costumes et ses confettis (d'ailleurs inventés pour l'occasion), il tire son origine d'une tradition catholique qui veut que l'on festoie une dernière fois avant le Carême. C'est Alphonse Karr qui eut l'idée de l'agrémenter de sa désormais célèbre bataille de fleurs. À voir absolument !

Recette de cuisine

Cabillaud au lait de coco et au gingembre

Pour 4 pers. 10 min de préparation 15 à 20 min de cuisson

- 4 dos de cabillaud
- 1 racine de gingembre
- 2 citrons verts
- 20 cl de lait de coco
- Sel, poivre

Préchauffez le four à 180 °C (th. 6). Préparez 4 rectangles de papier sulfurisé. Déposez un dos de cabillaud sur chacun. Râpez le gingembre dessus. Salez et poivrez. Versez le lait de coco. Pressez ½ citron vert sur chaque dos de cabillaud.

Fermez soigneusement les papillotes (sinon le lait de coco pourrait couler), puis disposez-les sur une plaque de four. Enfournez pour 15 à 20 minutes. Servez aussitôt, avec du riz, des pâtes ou une purée, par exemple.

Conseil : pour une papillote parfaite, pliez le rectangle de papier sulfurisé en deux. Disposez au centre de la moitié gauche le poisson et sa garniture, puis repliez la feuille afin de recouvrir le tout. En bas du pli, cassez l'angle droit en rabattant le papier vers le poisson. Continuez ainsi jusqu'à l'autre extrémité, fermez hermétiquement en rabattant le dernier angle sur la feuille.

Histoire cochonne

Dans le monde, on dénombre environ 350 races porcines différentes. Il existe trois caractéristiques principales pour les différencier : la position des oreilles (droites, inclinées ou tombantes), la couleur de la peau (rose, noire ou tachetée) et la morphologie. Dans les élevages, trois races, « améliorées » depuis le XVIIIe siècle, dominent largement : le large white d'origine anglaise, le landrace français et le piétrain, un porc blanc tacheté de noir. Quelques anciennes races locales subsistent néanmoins, comme le cul noir du Limousin, le porc basque, le blanc de l'Ouest… sans oublier le célèbre cochon corse !

Le soleil se lève à 8h22 et se couche à 18h47

« Froid d'octobre tue les chenilles. »

Étymolo-quiz...

Avec quel autre mot « gargouille » partage-t-il son étymologie : « gosier » ou « grouiller » ?

Réponse : gosier.

Mon Trésor (public) !

De Blaise Pascal, on sait surtout qu'il était philosophe et qu'il aurait peut-être inventé la machine à calculer (selon les sources). Ce que l'on sait moins, ce sont les raisons qui ont poussé ce penseur à s'essayer à l'invention technique : il l'aurait fait dans le but d'aider son cher père, collecteur des impôts, dans sa tâche quotidienne de calcul des taxes et impositions. Rendre la vie plus facile aux impôts, en voilà une drôle de marque laissée dans l'histoire !

1886

la 1re édition de l'Almanach Vermot. Découvrez l'édition collector disponible dans toutes les bonnes librairies !

ILS ONT DIT

« Les Français ont la manie de juger, d'apprécier, de condamner et d'absoudre. En tout Français, il y a un juré qui s'ignore. »

Alfred Capus

[L'actu] Le Pape fait place nette

Jusqu'à ces dernières années, le Vatican et sa fameuse banque, l'Institut pour les œuvres de religion (IOR), ressemblaient à un petit paradis tranquille et discret pour le blanchiment d'argent sale. Mais, après une série de scandales portant sur l'argent de clients mafieux, le Saint-Siège s'est enfin décidé à faire le ménage. Le Vatican a ainsi fermé près de 5000 comptes plus que douteux depuis 2015. Plus récemment encore, la justice du micro-État a condamné un entrepreneur italien à deux ans et demi de prison pour blanchiment d'argent. C'est la première fois dans l'histoire du Vatican que ce délit est sanctionné. Alléluia !

Ha! Ha! Ha!

Un homme s'échappe du bagne où il était enfermé depuis 15 ans. Il s'introduit dans une maison pour chercher de l'argent. À l'intérieur, il tombe sur un jeune couple au lit. Il ordonne à l'homme de sortir du lit et l'attache à une chaise. Puis, il attache la jeune femme au lit, lui parle à l'oreille, se lève et va dans la salle de bains. Pendant qu'il est sorti, le mari chuchote :

« Ma Chérie, cet homme est très dangereux. Il a probablement passé beaucoup de temps en prison et n'a pas vu de femme depuis des années. S'il veut du sexe, surtout ne lui résiste pas, fais tout ce qu'il te demande, même si cela te dégoute. S'il se fâche, il nous tuera tous les deux. Sois forte, ma chérie. Je t'aime ! »

Sa femme répond :

« Mon Chéri, ne t'inquiète pas pour moi. J'ai fait ce qu'il m'a demandé. Il m'a dit qu'il était gay et qu'il te trouvait mignon. Il m'a demandé si nous avions de la vaseline. Je lui ai dit qu'elle était dans la salle de bains. Sois fort mon Chéri. Je t'aime aussi ! »

« *Octobre doux, hiver en courroux.* »

Brèves régions

Finistère/Les moulins d'Ouessant

Afin de pouvoir vivre en toute autonomie, chaque famille de l'île d'Ouessant disposait de son propre moulin jusqu'au début du XXe siècle. Ainsi, des céréales au pain, de la fourche à la fourchette, chacun pouvait produire sa nourriture. Aujourd'hui, ces moulins sont protégés et restaurés. Ils ont la particularité d'être les plus petits du monde, car ils ne servaient qu'à moudre pour un foyer.

Perles de sportifs

Marseille en Grèce

Qui l'a dit ? Laurent Robert, footballeur.

La perle : « Ça remonte aux calanques grecques. » Ou quand l'histoire croise la géographie…

ILS ONT DIT

« On compare souvent le mariage à la loterie. C'est une erreur, car, à la loterie, on peut parfois gagner. »

George Bernard Shaw

VERMOT'ROSCOPE

SCORPION (23 octobre-22 novembre)

Caractère

Combatif, volontaire, mystérieux, intuitif, réceptif, intelligent, observateur, curieux, profond, adaptable, passionné, impliqué, émotif, hypersensible, piquant, ironique, possessif, endurant, angoissé, nerveux, colérique, jaloux, autoritaire, autodestructeur.

Le message des astres

Avec Uranus en face de votre signe, Jupiter, Saturne et Pluton en signes amis, il se peut que votre vie amicale ou sentimentale change, voire se transforme. Ce sera une année propice à la nouveauté dans tous les domaines de votre vie.

Vie relationnelle

Dès le début de l'année, vous aurez envie de faire de nouvelles rencontres et vous aurez l'occasion d'aller vers des personnes hautes en couleur. Au fil des mois, vous nouerez des relations solides qui vous porteront tout au long de 2020. Octobre et novembre seront parfaits pour dire oui aux invitations ou pour vous faire de nouveaux amis. Profitez-en !

Amour

À deux, vous saisirez toutes les occasions qui vous permettront de sortir votre couple de ses habitudes. C'est une année où vous multiplierez les sorties en amoureux, les escapades romantiques et les déplacements en tout genre. Mars et avril vous donneront la possibilité de faire de nombreux projets à deux. En novembre, vous parviendrez à mieux vous comprendre. Célibataire, vous donnerez cette année la priorité à l'amitié. Ainsi, les sorties et les moments privilégiés avec des personnes qui vous sont chères seront à l'honneur.

Famille

D'un bout à l'autre de l'année, l'ambiance devrait être bon enfant. Ainsi, vous aurez l'occasion de vous épanouir au quotidien auprès de ceux et de celles que vous aimez. C'est une excellente période pour retrouver une certaine forme de complicité.

Quotidien et vitalité

Véritable pile électrique, vous aurez du mal à tenir en place. Ainsi, vous aurez besoin d'action. D'un bout à l'autre de 2020, vous ferez la chasse à l'ennui et aux habitudes. C'est une excellente année pour sortir, multiplier les loisirs et les activités, ainsi que les voyages, surtout au printemps.

Budget

Vous parviendrez à bien gérer votre budget. L'équilibre sera au rendez-vous, quoi que vous viviez. D'avril à août, vous chercherez à améliorer votre cadre de vie.

Comment optimiser votre année

Vous devrez apprendre à lâcher prise et à ne pas tout maîtriser. Pensez à vous entourer de personnes positives qui sauront réveiller la meilleure partie de vous-même.

Samedi 24 octobre

Saint Florentin – On fête aussi les Magloire, Gloria, Florestan, Renobert

Le soleil se lève à **8 h 25** *et se couche à* **18 h 43**

« *À la Saint-Renobert, mets les choux par terre.* »

ILS ONT DIT

« Tout homme marié sait pourquoi l'on donne des prénoms féminins aux typhons. »
Art Buchwald

Michel Serrault

Charade

De position

Mes première, deuxième, troisième, quatrième, cinquième, sixième, dixième et treizième lettres donnent un aliment destiné surtout à la nourriture des enfants en bas âge.

Mes huitième, dixième, onzième et treizième lettres donnent un vent froid qui prit la cigale au dépourvu.

Mes cinquième, septième, huitième, neuvième et douzième lettres indiquent un endroit éloigné.

Sans mes première, deuxième, troisième, quatrième, sixième, huitième et neuvième lettres, je suis utile pour promener les chiens.

Avec mes 13 lettres, je suis une recette de cuisine de la Provence méditerranéenne.

BOUILLABAISSE : BOUILLIE, BISE, LÀ-BAS, LAISSE

LOISIRS TENDANCE

À fond la costumade!

Aujourd'hui, on ne se déguise plus seulement pour des fêtes costumées, le carnaval ou Halloween. Une nouvelle tendance s'impose : le *cosplay* (« costumade » en français). Cela consiste à revêtir le costume de son personnage de fiction préféré, généralement issu d'un manga, d'un jeu vidéo, d'une série ou d'un film, et de déambuler ainsi, notamment lors de foires-expositions consacrées à cette œuvre de fiction. Les puristes en la matière n'utilisent qu'une seule fois le costume créé. On assiste aussi à des variantes, comme le *crossplay*, qui consiste par exemple pour un homme à se travestir en personnage féminin, ou inversement.

Le Chiffre **108**

C'est l'âge du plus vieux coiffeur du monde, toujours en activité. Aujourd'hui employé dans un salon à deux heures de New York, Anthony Mancinelli a donné ses premiers coups de ciseaux en 1922. Il avait 11 ans et commençait à travailler pour aider sa famille d'origine italienne tout juste débarquée aux États-Unis. Et depuis près d'un siècle, le plus que centenaire a toujours exercé ce métier. Anthony Mancinelli, qui ne prend aucun médicament et n'a jamais porté de lunettes, raconte qu'il y a encore quelques années, il pouvait réaliser plus de 30 coupes en une journée. D'après sa patronne : « Il n'est jamais malade, jamais épuisé et il travaille sans cesse quand les plus jeunes, entre deux clients, sont sur leur téléphone. » Pour expliquer son étonnante vitalité, le centenaire dit n'avoir jamais fumé ni bu avec excès. « Coiffeur, c'est toute ma vie ! » Alors pas question de la perdre, en lâchant ses ciseaux !

« *Automne en fleurs, hiver plein de rigueurs.* »

Rétro Vermot

Une dame s'inquiète des manières un peu désinvoltes de déménageurs : « Hé là ! Faites donc attention ! Vous ne voyez pas que ces caisses sont fragiles !
– Allons, ne vous effrayez pas, Madame ! Des caisses, ça fait dix ans qu'on en manie, et on n'en a encore jamais cassé une seule ! »

Pièges de l'orthogra~~f~~phe

Le retour de la réponse

Aux dépens ou aux dépends ? Quand une personne utilise vos biens à son bénéfice, vous pourriez penser qu'elle dépend de vous et qu'elle vit donc à vos « dépends »… Lors d'un procès, l'individu « condamné aux dépens » doit payer à son adversaire les frais occasionnés. Le mot vient du latin *dispensum*, « ce que l'on dépense ». Celui qui vit à vos dépens bénéficie donc de votre générosité financière, sans pour autant se sentir redevable ou dépendant de vous. Vous lui payez sa liberté…

ILS ONT DIT

« Quelle belle chose la jeunesse ! Quel crime de la laisser gâcher par les jeunes ! »
George Bernard Shaw

INVENTIONS INSOLITES

Il n'y a aucun domaine auquel la créativité humaine ne s'attaque pas, pour le meilleur et parfois pour le pire. Les professionnels de l'invention inutile tentent même de nous vendre des produits pour « améliorer » l'une des fonctions les plus basiques de l'organisme humain : la défécation. Attention : nous ne parlons pas de médecine pour guérir tel ou tel problème digestif, mais bien d'inventions cosmétiques. La première est une pilule qui contient des paillettes et dont l'unique but est, selon la marque qui la commercialise « de faire caca des paillettes ». Tout un programme ! Mais ce n'est pas tout : une autre société propose très sérieusement des capsules censées… parfumer les flatulences. Suspecte, cette odeur de violette qui flotte en réunion ? Peut-être…

Histoire cochonne

Star de l'art contemporain, Jeff Koons est aussi un plagiaire. En cause, *Fait d'hiver*, une sculpture en porcelaine réalisée en 1988, qui représente un cochon affublé d'un tonnelet portant secours à une jeune femme allongée dans la neige. Soit la même image (l'artiste a ajouté deux pingouins et un collier de fleurs) qu'une photographie pour la marque Naf-Naf réalisée trois ans auparavant. En 2018, le tribunal de grande instance de Paris a finalement estimé que le plasticien américain avait bien contrefait cette publicité. Jeff Koons a donc été condamné à verser 135 000 euros au photographe lésé. Sachant que, dix ans plus tôt, sa « copie » avait été adjugée à 3 millions d'euros lors d'une vente aux enchères, on peut dire qu'il s'en sort bien !

Le soleil se lève à 7 h 28 et se couche à 17 h 39

« On ne coupe pas l'arbre pour avoir le fruit. »

M. et Mme Rogne
Viticulteurs
vous annoncent la naissance
de leur fils

Yves

Ha! Ha! Ha!

Deux petites vieilles se présentent à la caisse d'un cinéma :
« Vous faites quelque chose pour les personnes âgées ?
– Oui, bien sûr ! On les réveille à la fin du film. »

Brèves régions

Haute-Savoie/La hauteur du mont Blanc

C'est en 1863, après l'annexion de la Savoie par la France, que la hauteur du plus haut sommet de notre pays fut indiquée dans tous les livres scolaires : 4 807 m. Mais il est en réalité impossible de mesurer avec exactitude le mont Blanc, car l'épaisseur de la neige sur son dôme peut varier suivant les saisons et les effets du vent à son sommet peuvent même modifier son altitude d'un jour à l'autre ! Il mesurait officiellement 4 810 m en 2001 et 4 008,73 m en 2016.

ILS ONT DIT

« Il y a deux sortes de justice : vous avez l'avocat qui connaît bien la loi, et l'avocat qui connaît bien le juge ! »

Coluche

MALADIES ÉTRANGES

Ah, Paris ! Ville lumière à la beauté inégalable qui attire des millions de touristes étrangers chaque année, dont la plupart repartent ébahis par tout ce qu'ils y ont vu. Oui, mais... pas tous. Pour un nombre important de touristes, en particulier chinois, les attentes sont tellement fortes qu'une fois sur place, ils se retrouvent profondément déprimés et déçus d'être dans une « vraie ville » avec ses défauts, ses déchets, ses automobilistes qui s'insultent, ses pickpockets, et pas dans un décor de cinéma. La chose est tellement répandue qu'elle a désormais un nom, le « syndrome de Paris », et les pauvres touristes qui en souffrent passent généralement leur séjour dans leur chambre d'hôtel ou à l'hôpital. On a vu mieux comme vacances !

[L'actu] Vie en rose vs ville rose

Selon une étude effectuée par un célèbre site de rencontres en ligne, Toulouse est la ville la plus chère de France pour un rendez-vous amoureux. Prix moyen du rencard dans la ville rose : 103 euros, soit 11 euros de plus que la moyenne nationale. Le coût de la rencontre est calculé en additionnant le prix moyen d'un dîner pour deux, de deux tickets de cinéma, d'une bouteille de vin et d'un trajet en taxi de 8 km. Toulouse est donc plus chère que sa voisine Montpellier (102 euros) et même que Paris (99 euros). À l'inverse, les villes les moins coûteuses pour démarrer une histoire d'amour sont Lille (85 euros), Bordeaux (80 euros) et Nantes (79 euros). Toulouse est aussi la ville française où les célibataires sont les plus nombreux… Ceci explique peut-être cela.

« *Octobre de froid pas chiche, ne fait pas le vigneron riche.* »

Invisibles : les petites mains du pouvoir

Être l'un des plus hauts personnages de l'État ne vous autorise pas à faire ce que vous voulez chez vous. Par exemple, à l'Élysée, pas question de refaire la déco soi-même. Dans ce cas-là, c'est le Mobilier national qu'on appelle, un service ultra-spécialisé qui autorise les aménagements, fournit les meubles et entérine les répartitions et déménagements qui peuvent prendre une nuit… ou plusieurs mois !

Brèves régions

Aveyron/Brousse-le-Château

Classée parmi les plus beaux villages de France depuis 1997, Brousse-le-Château est une commune située au cœur du Parc naturel régional des Grands Causses, à une soixantaine de kilomètres de Rodez, de Millau et d'Albi. Cet exemple d'architecture datant du Moyen Âge est admirable par son unité et son intégration dans le paysage naturel. Perchés sur un éperon rocheux entre les rivières du Tarn et de l'Alrance, les toits en lauzes des maisons et leurs façades de grès, de gneiss ou de schiste illustrent la richesse géologique de la région. Pour qui se promène ici, ce village de 150 habitants est une escale incontournable.

Expressions d'hier décryptées

Tailler des croupières

Sachant que la croupière est une lanière destinée à fixer la selle entre croupe et garrot sur le dos d'un cheval, on comprend facilement que l'expression « tailler des croupières » signifie « s'approcher pour entraver des projets ». En effet, autrefois lors des combats équestres, si l'ennemi s'approchait et coupait la croupière, le cavalier tombait.

Problèmes de maths du certificat d'études

Pour relever le plan de mon jardin, je trace un rectangle de 26 cm de long et de 14 cm de large.

Question 1 : Sachant que la longueur réelle du jardin mesure 104 m, calculer l'échelle de mon plan et la surface réelle du jardin.

Question 2 : Tout autour de celui-ci se trouve une allée sablée de 2 m de large. Quels seront, sur mon plan, le périmètre de la partie cultivable et la surface de l'allée ?

Question 3 : Au milieu du jardin est bâtie une maison figurée sur mon plan par un rectangle de 10 cm de périmètre et de 2 cm de large, la longueur du rectangle étant parallèle à celle du jardin. À quelle distance des bords de la partie cultivable se trouvera la maison sur le terrain ? Quelle sera la surface totale utilisable restante ?

Réponse 1 : Échelle : 1/400, surface réelle : 5824 m².
Réponse 2 : Périmètre partie cultivable : 76 cm, surface de l'allée : 39 cm².
Réponse 3 : Distance des largeurs : 44 m, distance des longueurs : 22 m, surface utilisable restante : 5104 m².

Mercredi 28 octobre

Saint Simon et Saint Jude – On fête aussi les Simone, Faron

Le soleil se lève à 7 h 31 et se couche à 17 h 36

« *À la Sainte-Simone, il faut savoir rentrer ses pommes.* »

Ça s'est passé

En -2520

Le pharaon Khéphren prend la succession de son père Khéops sur le trône d'Égypte. Il fait construire sur le plateau de Gizeh une deuxième pyramide, ainsi que le Sphinx.

Les animaux de compagnie des présidents

Passionnés d'animaux et d'histoire politique, il existe un lieu que vous devez absolument visiter : le musée des Animaux de compagnie présidentiels américains. Dans ce musée pas comme les autres ouvert en 1999, on trouve des objets ayant appartenu aux premiers animaux du pays, ainsi qu'une foultitude d'anecdotes et d'histoires incroyables présentées parmi des œuvres d'art animalier. Pour les amateurs, un quiz est même publié chaque semaine, qui permet de tester ses compétences sur les animaux présidentiels !

Ça, c'est fait... divers

La justice a récemment condamné à cinq ans de prison, dont trois avec sursis, un quadragénaire qui, pendant des années, a mené une double vie entre Annecy et Lyon. Cet agrégé de mathématiques a fait croire à sa première épouse qu'il avait été recruté par la DGSE, les renseignements extérieurs français, un travail d'agent secret qui l'obligeait à s'absenter pour de longues périodes. En parallèle, le manipulateur a également dupé sa seconde épouse, avec laquelle il a pu se marier grâce à de faux documents. Car, pour bien mener sa double vie, notre bigame a falsifié, avec talent, acte de naissance, livret de famille, passeport, bulletins de salaire et multiples factures. C'est lors d'un rendez-vous à la Caisse d'allocations familiales que sa première femme a découvert le pot aux roses. Sur place, un conseiller lui a appris, copie du jugement à l'appui, qu'elle était divorcée de son mari depuis trois ans ! Une fois chez elle, l'épouse a fouillé dans les affaires de son mari et a trouvé plusieurs documents compromettants, dont une déclaration d'impôts aux noms de son mari et de son autre femme. Elle s'est rendu le jour même au commissariat et l'enquête a été rapidement bouclée, le faux espion avouant d'emblée ses mensonges et falsifications. Au passage, les policiers ont révélé que notre menteur avait aussi escroqué deux anciens collègues pour plusieurs centaines de milliers d'euros et qu'il percevait des allocations chômage après un licenciement fictif d'une société qui n'existait pas. Pour la psychologue qui l'a examiné, l'escroc serait un surdoué. Un génie de l'entourloupe sans aucun doute !

« Octobre en brumes, mois à rhumes. »

Argot-quiz…

Qu'est-ce qu'un « blase » ?

Réponse : un nom et/ou un surnom.

BLASON

Au nord de la ville d'Agde, dans l'Hérault, la petite commune de Florensac s'est dotée d'un blason très coloré. Des fleurs bleues, blanches et rouges, symboles de la trilogie républicaine, et un feuillage vert semblent sortir d'un sachet : ce sont les « fleurs en sac ». Le créateur a malheureusement pris quelques libertés avec l'art héraldique, notamment au niveau des couleurs. (Voir code couleur en dernière page.)

AVENTURIERS DE L'IMPOSSIBLE

Jack London, l'aventurier vagabond

Si on vous dit Jack London, vous répondrez sans doute du tac au tac Croc-Blanc, *titre de son livre le plus célèbre. Pourtant, la vie de London fut tellement truffée d'aventures et de périples incroyables qu'il serait réducteur de la résumer à cela. En effet, l'écrivain était avant tout un explorateur, qui voyagea partout, notamment dans les montagnes glaciales d'Alaska et du Klondike, mais aussi dans les mers du Sud, au Japon et en Corée. Vivant longtemps de petits boulots, il travailla dur pour devenir écrivain et s'inspira de ses nombreux voyages pour écrire une œuvre importante, dont les particulièrement sombres* Contes des mers du Sud, *qu'il rédigea alors qu'il était atteint de la malaria (contractée à Tahiti). Il meurt en 1916 dans son ranch californien de Glen Ellen, dans un état de délabrement avancé dû aux nombreuses maladies attrapées pendant ses périples, dont la syphilis. Une vie plus que pleine, qui mérite clairement qu'on s'y intéresse de près.*

« COMMENT ÇA, C'EST PAS RESSEMBLANT ? »

MONSTRES CÉLÈBRES

La Chimère

Si les Grecs et les Romains de l'Antiquité ne sont pas vraiment réputés pour leur humour, ils ont en revanche des talents reconnus en matière d'horreur. Parmi les monstres qui tiennent une bonne place dans leur mythologie, la Chimère est l'un des plus célèbres hybrides : tête de lion qui crache du feu, corps de chèvre et queue de dragon se terminant par une tête de serpent. Un joli patchwork ! Cet animal cruel, issu de l'union de Typhon et d'Échidna, empêchait les habitants de la Lycie de dormir sur leurs deux oreilles. Si Bellérophon est le héros grec qui en vint à bout, son nom est moins connu que celui de sa monture : Pégase, le cheval ailé.

Vendredi **30 octobre**

Saint Bienvenue – On fête aussi les Maéva

Le soleil se lève à **7 h 34** *et se couche à* **17 h 32**

« *S'il neige en octobre,*
l'hiver sera sobre. »

Perles de sportifs

Partage des tâches

Qui l'a dit ? Ingo Anderbrügge, footballeur allemand.
La perle : « Je marque 70 % des buts, et Wilmots les 40 % restants. » C'est ce qui s'appelle se donner à 110 % !

Mon Trésor (public) !

Aux États-Unis, les impôts sont aujourd'hui calculés informatiquement. Ironie de l'histoire, le contribuable américain le plus emblématique de l'informatique est aussi celui qui en a fait découvrir les limites à sa caisse d'impôts. L'appareil servant à compiler les données fiscales des contribuables n'était pas assez puissant pour gérer celles de Bill Gates, aux ramifications complexes. Il fallut utiliser un serveur spécial pour le faire... L'histoire ne dit pas si c'est lui qui l'a fourni, mais si c'est le cas, bien joué !

~~VRAI~~ ou FAUX ? Les *fake news* de l'histoire

Les Martiens débarquent à New York

Le 30 octobre 1938 est un jour de panique en Amérique : les Martiens ont débarqué et leurs intentions ne sont pas vraiment pacifiques ! Les nouvelles en temps réel de l'évolution de la situation sont diffusées par la radio. En vérité, il ne s'agit pas d'informations, mais d'une adaptation radiodiffusée d'un roman de H. G. Wells, *La Guerre des mondes*. La qualité de l'adaptation est telle (c'est le grand Orson Welles qui est aux commandes) que les auditeurs y croient dur comme fer et tentent de fuir les villes. Il faut dire que nous sommes dans une période tendue, à quelques mois du début de la Seconde Guerre mondiale...

Ha! Ha! Ha!

Un jeune gars qui appartient à une troupe de chippendales assez célèbre reçoit une lettre de sa petite copine alors qu'il est en tournée depuis quelques mois. En termes peu sympathiques, la demoiselle lui explique qu'elle le quitte, parce qu'elle a rencontré un homme formidable et plus intelligent que lui et qu'elle souhaite récupérer toutes ses photos. Le jeune éconduit va voir les autres danseurs de la troupe et leur demande les photos des groupies les plus laides qu'ils aient reçues. Il sélectionne les clichés des vingt filles les plus affreuses, plus ou moins habillées, et les expédie à son ex avec ce petit mot : « Je ne me souviens plus de qui tu es. S'il te plaît, enlève ta photo et renvoie les autres. »

Le soleil se lève à **7 h 36** et se couche à **17 h 31**

Samedi **31 octobre**

Saint Quentin – On fête aussi les Quincy

« *Quand octobre prend sa fin, la Toussaint est au matin.* »

ILS ONT DIT

« Le lit est l'endroit le plus dangereux du monde : 80 % des gens y meurent. »
Mark Twain

Brèves régions

Oise/La chapelle Sixtine française

Qui peut imaginer que la petite chapelle Sainte-Marie, cachée derrière les ruines de l'église de Chaalis, dans l'Oise, abrite de sublimes fresques de la Renaissance ? Bâtie au milieu du XIIIe siècle, elle devient en 1541 la propriété d'Hippolyte d'Este, archeveque de Milan lié à la famille de France. C'est lui qui engage de somptueux travaux d'embellissement qu'il confie à Francesco Primaticcio, dit Le Primatice, peintre originaire de Bologne. Aujourd'hui, on peut admirer sur tous les plafonds et murs de la chapelle un ensemble de fresques de cet artiste, qui ne sont pas sans rappeler celles de la chapelle Sixtine, à Rome.

{ Mots qui changent de sens }

Comment deux mots si proches que « succès » et « succession », partageant une étymologie commune, peuvent-il avoir dans le langage moderne des significations si différentes ? À l'origine, *successus*, qui a donné les deux mots, servait à qualifier en latin « quelqu'un qui a bien réussi », comme dans le sens actuel de « succès ». La « succession » était la transmission de ce « succès » d'une génération à une autre. Ce n'est que plus tard que le mot « succession » a pris son sens actuel de « suite ou série de gens ou de choses ».

LES GRANDS DE LA PETITE REINE

Pour gagner une course cycliste, d'autant plus un grand tour, il faut une combinaison de tout un tas de facteurs. Talent et préparation sont au centre de l'équation, bien sûr, mais la chance (ou la malchance) joue également un vrai rôle. Le cas de Napoléon Paoli, coureur corse des années 1920, est connu comme étant un concentré de malchance. Lors du Tour de 1920, au cours de l'étape qui reliait Bayonne à Luchon, Paoli a percuté un âne qui traversait la route. Il a chuté de son vélo et s'est retrouvé sur le dos de l'âne qui, prenant peur, est parti en trombe. Dans le sens inverse de la course. Parvenu à descendre de sa nouvelle monture et à en récupérer une plus réglementaire, il a pu continuer sa route. Mais une pierre s'est détachée de la paroi de la montagne et l'a assommé. Ce jour-là, son retard était tel qu'il a dû monter le Tourmalet à pied, de nuit ! Arrivé au bout, exténué, il a heureusement trouvé refuge dans une cabane et a pu y passer la nuit.

Dimanche 1er novembre

Toussaint – On fête aussi les Harold, Bénigne

Le soleil se lève à **7 h 38** *et se couche à* **17 h 29**

« À la Toussaint commence l'été de la Saint-Martin. »

L'ÉNIGME DE LA MACHINE À COUDRE

EPISODE 11

« À Saint-Paul-Lizonne, le 2 décembre 1918. Cher Alphonse, je t'écris dans un grand tourment d'esprit et de corps. J'ai pris la fuite. Mon amie la sculptrice Jane Poupelet m'a recueillie chez elle en Dordogne. Tu sais, Jane, je t'ai déjà parlé d'elle, j'admire son humanisme, elle crée des masques pour les soldats « gueules cassées », je lui fais souvent les esquisses de visages en amont… Bref, là n'est pas l'essentiel. Mais par où commencer pour ne pas te noyer dans mon désespoir ? M'en tenir aux événements. Quand Georges rentre du front, je veux tout lui dire, lui expliquer, nous, notre passion depuis un an. Il devient fou, incontrôlable. Je le tue. C'est un accident. Mais je le tue. Te rends-tu compte, je l'ai tué ! Quand je réalise, je panique. Je ne veux pas qu'on m'enferme dans une prison ou un asile. Je n'y survivrai pas. Alors, je prends la fuite. Je dépose ma fille devant la porte de l'orphelinat. C'est insupportable. Je suis comme déchirée de l'intérieur. Voilà où j'en suis, Alphonse. Je ne sais pas si nous allons nous revoir, je ne sais plus grand-chose. Pour ne pas être retrouvée, je change d'identité, de vie. Ma métamorphose est cette fois-ci bien réelle et non plus un tour de prestidigitation dans un numéro de cirque. Je m'appelle désormais Célia Tomrev. Et je voulais surtout te dire qu'Alice est morte, mais elle t'aime… Ta danseuse à la bougie. »

Laurent commente à voix haute, éberlué :

« Alice, Célia… Ce sont les mêmes lettres mélangées… Et Tomrev, si l'on inverse le nom comme dans un miroir, cela donne… Vermot ! Et nous n'avons rien vu !

– Non, nous n'avons rien vu », reprend Alice en écho, soudain secouée de forts sanglots.

Laurent la prend dans ses bras, la réchauffe maladroitement, leurs deux corps en équilibre sur cette marche d'escalier… Il approche son visage du sien et embrasse ses fossettes trempées. Ils n'ont pas besoin de se parler, les choses sont évidentes. Elles dépassent leurs mots et viennent de corps anciens.

(À suivre le mois prochain)

« *Étoiles pâles, mauvais temps.* »

Rétro Vermot

Soucieux de développer le sens poétique chez ses élèves, un instituteur leur présente une jolie feuille morte de platane et la laisse choir :
« À quoi cela vous fait-il penser ?
– Ben, à une feuille, c't'idée !
– Non, à un oiseau, Monsieur !
– Et toi, Jojo ?
– À l'amour !
– L'amour, quelle idée, et pourquoi ?
– Je ne pense qu'à ça. »

DRÔLE DE NOM POUR UNE VILLE !

La Tombe

Choisir La Tombe comme lieu de sépulture est peut-être le comble du perfectionnisme. Toujours est-il qu'il n'y a pas qu'un cimetière dans cette commune de Seine-et-Marne, où vivent un peu plus de 200 habitants appelés les Tombiers. C'est ici que fut signé le 26 mai 1418 un traité de paix entre le roi de France Charles VII et le duc de Bourgogne, dit « Jean sans Peur ».

ILS ONT DIT

« L'intelligence, ça ne se remplace pas, mais ça s'imite. »

François Cavanna

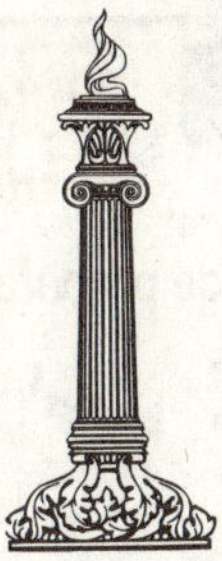

AUX ORIGINES DES JEUX OLYMPIQUES

Le champion Théagène, originaire de l'île de Thasos, était un athlète olympique émérite, champion de boxe et de pancrace (un sport de combat où presque tous les coups sont permis), dont le succès lui attira des ennemis jusqu'après sa mort. Un habitant jaloux essaya en effet de desceller sa statue, mais celle-ci lui tomba dessus et le tua. On y vit bien sûr un signe de la puissance de l'athlète qui s'exprimait depuis l'au-delà. Grèce antique oblige, la famille du vandale défunt attaqua la statue en justice et obtint gain de cause : la statue fut jetée à la mer. Mais, lorsque la famine frappa l'île quelque temps plus tard, les prêtres exigèrent que la statue soit récupérée pour calmer les dieux. Il ne faut pas énerver un champion, même mort…

Histoire cochonne

Lorsqu'on pense tirelire, on songe bien sûr au petit cochon en porcelaine de notre enfance. Cette tradition a deux origines distinctes qui se rejoignent : en Chine, en raison de sa rondeur, le porc est un symbole d'opulence. Les tirelires en forme de cochon y existent depuis la dynastie Song (960-1279). En Grande-Bretagne, leur nom, *piggy bank*, est dérivé de l'ancien *pygg* qui signifie « argile », car, autrefois, on gardait souvent de l'argent dans des récipients en terre appelés *pygg bank*. Au XVIIIe siècle, avec la faïence, la mode de la tirelire s'est développée dans les familles bourgeoises, et le *pygg* s'est mué en *pig*, le mot « cochon » en anglais, puis en *piggy*, son diminutif. Ces *piggy bank* deviendront nos « cochons tirelires » en traversant la Manche.

Mardi 3 novembre

Saint Hubert – On fête aussi les Gwenaël, Gwenaëla, Papoul, Pirmin

Le soleil se lève à **7h41** *et se couche à* **17h26**

« *Novembre est un beau mois. Mais il faut aimer le gris.* »

Gilles Vigneault

Chiffres et expressions

Une blague à cent balles

Cette expression est apparue à l'époque où notre monnaie était le franc et où «cent balles» représentaient 100 francs. Mais déjà le franc n'avait plus beaucoup de valeur et «cent balles» ne symbolisaient pas grand-chose. La qualité d'une «blague à cent balles» est donc assez médiocre et, s'il fallait payer pour l'entendre, peu d'argent suffirait.

Charade

Classique

Mon premier protège du gel.
Mon deuxième est un sujet très personnel.
Mon troisième est le nombre de joueurs d'une équipe de rugby union prononcé par quelqu'un d'enrhumé.
Mon quatrième est une agglomération rurale.
Mon tout est un auteur-compositeur-interprète français qui a un goût pour la provocation.

SERGE GAINSBOURG (SERRE - JE - QUINZE [GUINZE] - BOURG)

Recette de cuisine

Spaghettis aux boulettes de bœuf à la sauce tomate

Pour 4 pers. 15 min de préparation 20 à 25 min de cuisson

400 g de spaghettis
Sel, poivre du moulin
Pour les boulettes :
500 g de bœuf haché
1 oignon
2 œufs
1 cuil. à soupe de persil haché
1 cuil. à soupe de cumin en poudre
Huile d'olive
Sel, poivre
Pour la sauce :
2 tomates
1 cuil. à soupe de concentré de tomate

Pelez et hachez l'oignon. Placez la viande dans un saladier avec l'oignon, les œufs, le persil et le cumin. Assaisonnez et malaxez ce mélange entre vos mains. Façonnez des boulettes et réservez-les au frais le temps de préparer la suite.
Préparez la sauce : plongez les tomates dans l'eau bouillante. Quand la peau se détache, égouttez et pelez les tomates. Puis mixez-les avec le concentré de tomate. Assaisonnez.
Faites chauffer une poêle avec de l'huile, puis faites rissoler les boulettes en les retournant. Versez la sauce tomate sur les boulettes, mélangez et laissez mijoter à feu doux 15 minutes.
Pendant ce temps, faites cuire les spaghettis dans une grande casserole d'eau bouillante salée.
Servez les pâtes avec les boulettes à la sauce tomate.

HOROSCOPE CHINOIS

CHIEN

Caractère : Posé, doux, calme, attentif, intelligent, affectueux, agréable à vivre, fidèle, droit, émotif, pétillant, optimiste, sociable.

Les grandes tendances de l'année

Attendez-vous à du mouvement et à du changement dans votre univers relationnel ou amical. 2020, et surtout le quatrième trimestre, marque la fin de certaines relations et le début de nouveaux liens. Certains en profiteront pour faire du tri. Le printemps vous donnera l'occasion de faire plus attention à votre hygiène de vie.

« Quand, en novembre, la pluie noie la terre, ce sera du bien pour tout l'hiver. »

Expressions d'hier décryptées

Ils ont l'air de revenir de Pontoise

Cette très ancienne expression qualifiait autrefois les gens qui avaient une piteuse mine, en référence aux habitants de Pontoise qui durent fuir leur ville le 29 juillet 1419 lorsque celle-ci fut pillée par les Anglais. Arrivés à la porte Saint-Denis à Paris, épuisés par le chemin parcouru, certains de ces malheureux, parfois blessés, avaient bien triste allure.

Ha! Ha! Ha!

« Bonjour ! Vous voulez faire un don pour les maisons de retraite ?
– Jean-Claude, prépare ta valise, on vient te chercher ! »

1 2 3 SUDOKU 3 1 MOYEN

SPÉCIAL VERMOT 130 ANS

	T	E	V		O	3		
	1		0		E	T	V	O
		3			M	0		
	E					1		0
M	O	1	3				E	
		0	R			V	O	
E							0	
	0	T	O	M				1
	M			0	R			

Solution page 332

[L'actu] Recyclage culotté

Nimègue, aux Pays-Bas, est une ville particulièrement verte et écolo. En 2018, celle qui est aussi la plus ancienne ville du pays et un havre pour 30 000 étudiants néerlandais et étrangers a d'ailleurs obtenu le titre de « capitale verte de l'Europe ». Un climat propice à l'innovation environnementale ! Une entreprise locale vient ainsi de se lancer dans le recyclage des couches pour bébé usagées. Grâce à un système de réacteur qui utilise de la vapeur à haute pression, le plastique des couches est séparé des matières organiques et recyclé en mobilier de jardin et en pots de fleurs. Les urines et les matières fécales sont transformées en engrais et le gaz émis pour leur transformation devient du carburant pour les centrales électriques. La société espère pouvoir traiter ainsi environ 15 000 tonnes de déchets par an, soit environ 10 % des couches usagées jetées par les foyers néerlandais chaque année.

Clashs d'artistes

Incompatibles, Voltaire et Rousseau l'étaient d'humeur, de goût et d'esprit. Une catastrophe naturelle va faire basculer leur méfiance réciproque en haine recuite : le tremblement de terre à Lisbonne en novembre 1755 et ses 50 000 victimes. Voltaire compose aussitôt un long poème dans lequel il s'interroge sur la providence et considère avec ironie « l'optimisme » de certains sur la nature humaine. Rousseau, à qui Voltaire envoie son poème, voit rouge. Ce texte, écrit-il, le « réduit au désespoir ». Entre les deux philosophes, la rupture est consommée et leurs échanges épistolaires cessent. Quelques mois plus tard, le citoyen de Genève décide de rompre avec toute la « clique » des Encyclopédistes.

Jeudi **5 novembre**

Sainte Sylvie – On fête aussi les Silvina, Zacharie, Géric

Le soleil se lève à **7 h 44** *et se couche à* **17 h 23**

« *Le 5, tu sauras quel mois tu auras.* »

Verbes régionaux

DINTRAR

Dans tout le grand Sud-Ouest, on utilise le verbe « dintrar » en lieu et place d'entrer. La racine « intra » se retrouve d'ailleurs en français dans tout ce qui est lié à l'intérieur. « Dintrar » est souvent accompagné d'un autre verbe, comme dans la formule « chabatz dintrar » pour finissez d'entrer, invitant les visiteurs à franchir le seuil de la maison.

BLASON

Lorsqu'il fit créer son blason personnel, Dwight D. Eisenhower, président des États-Unis de 1953 à 1961, fit un retour sur les origines germaniques de ses ancêtres. Son patronyme, originellement orthographié Eisenhauer, se compose du mot *eisen*, signifiant acier, et *hauer*, tailleur. Il choisit donc pour emblème une enclume de forgeron symbolisant le travail du fer. (Voir code couleur en dernière page.)

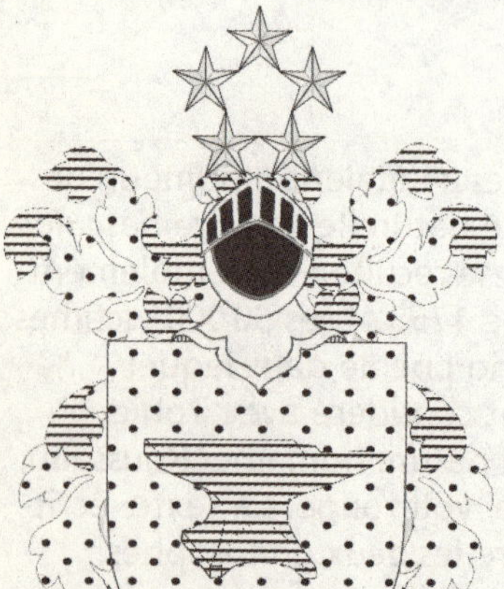

AVENTURIERS DE L'IMPOSSIBLE

James Cameron, cinéaste-explorateur à succès

De James Cameron, le grand public a surtout retenu ses grands succès hollywoodiens, comme Avatar *ou* Titanic. *Mais la vie du cinéaste est pourtant bien plus riche que ses accomplissements cinématographiques. Ce passionné d'océans et fan du commandant Cousteau est surtout un grand explorateur des fonds marins. À son palmarès, on peut par exemple inscrire la construction d'un sous-marin capable de descendre à 11 000 m de profondeur, ou l'exploit d'avoir été le premier homme à plonger en solitaire au fond de la mystérieuse fosse des Mariannes. Passionné d'épaves, il étudia également de nombreux mois le* Titanic *pour préparer son film et fit de nombreuses plongées près du cuirassé* Bismarck *afin d'en comprendre (et d'en raconter) l'histoire vraie. Une star du cinéma qui ne manque pas… de profondeur !*

PREMIER VOTE DE LA JOURNÉE POUR LES EURODÉPUTÉS

INVENTIONS INSOLITES

L'inactivité causée par un mode de vie par trop sédentaire est l'un des grands maux de ce siècle. En effet, il est largement prouvé que le fait de rester assis à un bureau pendant des journées entières sans compenser par une activité physique régulière a des effets très délétères sur la santé et le corps. Plutôt que de repenser la façon dont nous vivons et travaillons, le monde moderne n'a de cesse de proposer des solutions inutiles à de vrais problèmes. Parmi elles, le téléphone-haltère, dont le nom est parfaitement explicite : c'est un téléphone dont le combiné peut être lesté avec une haltère. Le principe : faire de la musculation tout en répondant à ses appels. Note aux usagers : pensez surtout à changer de bras régulièrement !

Vendredi 6 novembre

Saint Léonard – On fête aussi les Bertille

« *Le flocon de neige est insignifiant, mais dans la tempête, si des milliers de flocons de neige s'accumulent sur un arbre, ils le font ployer.* »

Rébus bande dessinée

LUC

LUC LUC ←

LUC

Luc Orient

Pièges de l'ortografe

h ph

La répétition des prépositions

Parfois, la répétition ne nuit pas, elle est obligatoire ! C'est le cas des prépositions « à », « de » et « en » qui doivent impérativement être répétées devant chaque complément dans une énumération.
Il faut, par exemple, écrire pour les vœux « à mon père, à ma mère, à mon frère et à ma sœur » et non pas « à mon père, ma mère, mon frère et ma sœur ».

Perles de sportifs

Gentillesse et géographie

Qui l'a dit ? Denis Balbir, en parlant de Jean-Claude Darcheville.
La perle : « Le Guyanais qui repartira bientôt dans son île. » L'intention, la réalisation, tout est mauvais dans cette perle !

LES ÎLES DE LA MÉDITERRANÉE DE 300 KM² OU PLUS

R	D	X	F	G	D	U	Y	E	O	K	K	R	E
S	Q	J	A	Q	Q	E	N	K	M	M	C	I	S
K	A	H	E	A	S	G	E	A	Y	H	N	O	O
S	L	M	V	R	I	O	J	R	Y	O	S	K	I
Y	I	Q	O	A	B	O	X	P	L	A	R	L	R
E	D	C	D	S	R	A	R	A	H	K	E	H	C
L	T	R	I	Q	M	E	H	T	N	S	O	E	E
S	A	E	U	L	U	P	A	H	B	D	U	S	T
S	O	E	R	B	E	Z	J	O	E	Q	R	W	E
C	Z	N	E	C	I	U	S	S	R	B	M	O	E
Y	H	E	M	B	W	S	C	O	R	F	O	U	S
Y	C	I	I	E	E	T	N	A	Z	K	M	N	T
W	S	I	O	R	L	I	C	N	D	U	A	Q	F
X	D	V	C	S	M	X	X	F	U	E	S	E	T

Solution page 335

ANDROS
BRAČ
CÉPHALONIE
CHIOS
CHYPRE
CORFOU
CORSE
CRES
CRÈTE
DJERBA
EUBÉE
HVAR
IBIZA
KARPATHOS
KRK
LEMNOS
LESBOS
LEUCADE
MAJORQUE
MINORQUE
NAXOS
RHODES
SAMOS
SARDAIGNE
SICILE
THASOS
ZANTE

Le Chiffre

85 km/h

C'est la vitesse inquiétante à laquelle a été enregistrée une trottinette électrique sur l'A86, à proximité de Paris. L'homme au guidon de l'engin ne portait ni casque ni protection. La vitesse a été relevée par un chauffeur de taxi qui a filmé la scène avant de la diffuser sur les réseaux sociaux. Ce dernier risque d'ailleurs une amende pouvant aller jusqu'à 750 euros et trois points en moins sur son permis pour avoir filmé en conduisant !
Le conducteur de la trottinette, lui, risque une amende de deuxième classe, soit… entre 35 et 150 euros. L'an passé, cinq personnes sont décédées et près de 300 ont été blessées dans des accidents impliquant des trottinettes électriques.

Samedi 7 novembre

Sainte Carine – On fête aussi les Ernest, Engelbert, Amaranthe

Le soleil se lève à **7 h 47** et se couche à **17 h 20**

« *Quel que soit le temps qu'il fasse en novembre, commence le feu dans la chambre.* »

Mon Trésor (public) !

Avant 1848, Monaco faisait environ douze fois sa taille actuelle. En perdant Menton et Roquebrune, la principauté perdit surtout une grande part de ses revenus, dont ceux issus du fameux citron de Menton. Pour compenser cette perte importante, elle autorisa alors l'implantation de casinos, interdits en France. Jackpot : les recettes furent telles que Monaco put abolir les impôts personnels et fonciers. C'est ce qui fit la réputation de Monaco et qui en fait encore aujourd'hui un repère de très riches très peu imposables.

[L'actu] Saga nordique

Avec un tel prénom, le destin promettait de belles aventures à cette fillette suédoise. L'été dernier, la jeune Saga a donc naturellement fait son entrée dans l'histoire, ou plutôt l'archéologie, de son pays natal. Alors âgée de 8 ans, Saga jouait au bord du lac de Vidöstern, dans la province de Småland, au sud du pays, lorsqu'elle a trouvé un « drôle de bâton pointu à la fin, qui avait une poignée et était tout rouillé », comme elle l'a expliqué aux médias locaux. Intriguée, elle a montré l'objet à ses parents qui, interloqués par la trouvaille, ont contacté le musée historique de Jönköping. Après examen, ce dernier a rendu son verdict : le bâton ramassé par Saga est une épée fabriquée au vᵉ ou viᵉ siècle de notre ère, au début de l'âge des Vikings. En ratissant la zone, les chercheurs du musée ont d'ailleurs trouvé une broche datant de la même période. En revanche, impossible pour l'heure d'expliquer la présence des artéfacts. Le lac était-il un lieu de sacrifice ? La dépouille d'un noble a-t-elle été immergée dans ses eaux ? L'histoire de Saga recèle d'autres mystères…

Étymolo-quiz…

Vrai ou faux : « agréer » et « gréement » ont la même étymologie.

Réponse : faux. « Agréer » vient du latin *gratus* qui signifie « reconnaissant », et « gréement » dérive d'un terme de marin suédois.

Brèves régions

Dordogne/La vraie sauce Périgueux

Épluchez et coupez très finement 2 carottes et 8 échalotes avant de les faire revenir dans du beurre à feux doux, en les saupoudrant de farine. Lorsque le mélange commence à roussir, ajoutez 40 cl de vin blanc sec et la même quantité de fond de veau. Laissez cuire à feu doux jusqu'à ce que l'ensemble réduise de moitié. Ajoutez ensuite 4 cuil. à soupe de madère, une grosse noix de beurre et 50 g de truffe du Périgord coupée en petits morceaux. Laissez frémir une dizaine de minutes et servez chaud avec une viande de qualité.

« Oignon bien habillé verra fortes gelées. »

Argot-quiz...

Que signifie « marave » : taper ou voler ?

Réponse : taper.

Rétro Vermot

« Je me demande ce qui m'arrive, Docteur... Depuis quelque temps, même quand j'ai à peine marché, je ne sens plus mes pieds... Vous croyez que c'est grave ?

– Oh non ! Je vais simplement vous déboucher le nez. »

Secrets des chansons mythiques

Dans l'hymne punk culte incarné par la chanson des Sex Pistols *God Save the Queen*, on entend à un moment *no future*, expression qui deviendra par la suite le slogan des années punk repris en chœur par la jeunesse. Oui, mais l'intention du groupe n'était pas du tout d'exprimer qu'eux et les jeunes qu'ils représentaient « n'avaient pas de futur », mais bien de dire que c'était la monarchie qui n'en avait pas en tant que système politique dans un monde moderne. *Damned* !

Problèmes de maths du certificat d'études

Un épicier reçoit un fût plein d'huile de 117 kg. Le poids du fût vide correspond aux 2/9e du poids total et on sait qu'un litre d'huile pèse 0,91 kg.

Question 1 : Quelle est la capacité du fût ?

Question 2 : L'huile étant avariée, l'épicier la rend à son fournisseur et reçoit en échange 150 kg de sucre qu'il vend à 1,20 F le kg et 14 kg de beurre qu'il vend 2 F les 250 g. Il fait alors un bénéfice de 22 F. Quel était le prix d'un litre d'huile ?

Réponse 1 : 100 litres.
Réponse 2 : 2,70 F.

Brèves régions

Corse/L'éducation autrefois

Dans son numéro du 8 novembre 1844, la *Gazette du Languedoc* consacrait un article à l'éducation en Corse : « L'observateur qui aurait visité cette île il y a dix ans la reconnaîtrait à peine aujourd'hui : là où l'Instruction primaire était nulle, on voit aujourd'hui régner, florissantes et sans rivales, les écoles des Frères de la Doctrine-Chrétienne, où commence l'importante éducation de l'enfance ; c'est peut-être là le premier bienfait rendu à la Corse ; on n'y connaissait pas les communautés religieuses plus spécialement vouées à l'éducation des filles ; plusieurs, aujourd'hui, reçoivent au milieu d'elles les enfants des premières familles du département. [...] On a vu disparaître de bizarres anomalies ; si le prêtre a été rendu à toute sa dignité, si le clergé des montagnes rivalise avec celui des villes, pour le bien de la religion et des bonnes mœurs, il a été facile de mettre chacun à sa place et de priver l'autorité civile de certains honneurs usurpés, insolite importation des mœurs toscanes dans une île française. »

Lundi 9 novembre

Saint Théodore – On fête aussi les Mathurin

Le soleil se lève à **7 h 50** et se couche à **17 h 17**

« *À la Saint-Mathurin, des fruits rouges c'est la fin.* »

Nos régions ont du talent

Alors que les enfants de France et de Navarre attendent pour la plupart le père Noël, il existe quelques exceptions régionales notables. En Franche-Comté par exemple, c'est la tante Airie (ou Arie), une bonne fée folklorique censée être la réincarnation de la comtesse Henriette de Montbéliard (morte en 1444), qui vient apporter les cadeaux aux enfants sages et aux familles qui lui ouvrent leur porte lorsqu'elle vient y frapper déguisée en indigente.

L'Intelligence artificielle capable aujourd'hui de concurrencer l'intelligence humaine...

Ha! Ha!

Un matin, une gentille grand-mère téléphone à la clinique Saint-Joseph et demande timidement :
« Est-il possible de prendre des nouvelles d'un patient ?
– Je vais demander au médecin de garde, Madame, répond la standardiste. Quels sont le nom et le numéro de chambre de ce malade ? »
La grand-mère, de sa petite voix, dit :
« Jeanne Lanvin, chambre 201. »
Après quelques minutes, la standardiste reprend le combiné :
« Bonne nouvelle. Le médecin m'a dit que Mme Lanvin va très bien. Ses analyses sanguines sont excellentes. Elle doit sortir demain. »
La grand-mère se réjouit :
« C'est merveilleux. J'étais si inquiète. Merci pour cette excellente nouvelle !
– Je suis heureuse de vous avoir fait plaisir, dit la standardiste. C'est une amie ?
– Non. Je suis Jeanne Lanvin de la chambre 201. Mais personne ne me dit rien ! »

Trouvailles scientifiques incongrues

La poisse jusqu'au bout

Le chimiste américain Charles Goodyear, passionné par le caoutchouc, cherchait à améliorer ce matériau qui supporte très mal les variations de température. En 1834, on avait découvert qu'en y ajoutant du soufre, le caoutchouc perdait son caractère collant. Un jour de 1839, las de ses essais infructueux pour faire mieux, Goodyear jeta de rage du caoutchouc soufré contre son poêle brûlant. Sans le vouloir, il venait d'inventer un nouveau procédé : la vulcanisation ! Ainsi traité, le caoutchouc était enfin capable de supporter le chaud et le froid. Mais Goodyear n'avait pas la fibre commerciale et Thomas Hancock déposa avant lui le brevet pour la vulcanisation. Il mourut ruiné en 1860 et ne connut donc pas la florissante entreprise de pneus Goodyear, fondée en 1898, dont le nom fut choisi pour lui rendre hommage.

Solution sudoku [p. 327]

0	T	E	V	1	O	3	M	R
R	1	M	0	3	E	T	V	O
O	V	3	T	R	M	0	1	E
V	E	R	M	O	T	1	3	0
M	O	1	3	V	0	R	E	T
T	3	0	R	E	1	V	O	M
E	R	O	1	T	3	M	0	V
3	0	T	O	M	V	E	R	1
1	M	V	E	0	R	O	T	3

« À la Saint-Léon, mets tes artichauts en monts. »

Invisibles : les petites mains du pouvoir

Dans les couloirs de service de l'Élysée, on croise parfois des femmes qui sont les véritables piliers de la République : les lingères. En plus de laver les slips du président et de sa famille, ces petites mains doivent surtout gérer 22 000 pièces de linge de maison, dont des nappes gigantesques (parfois près de 30 m de long), des torchons, des serviettes, des liteaux de cuisine, etc. Bien évidemment, on ne recrute pas n'importe qui pour cette tâche délicate, les prétendantes doivent montrer patte blanche !

ILS ONT DIT

« Les artichauts, c'est un vrai plat de pauvres. C'est le seul plat que, quand t'as fini de manger, t'en as plus dans ton assiette que quand t'as commencé ! »

Coluche

MONSTRES CÉLÈBRES
Le xénomorphe d'Alien

La créature imaginée par l'artiste suisse H. R. Giger est l'une des plus terrifiantes du septième art. C'était pour le film *Alien, le huitième passager* (Ridley Scott, 1979), dont l'affiche avait une aguiche… aguichante : « Dans l'espace, personne ne vous entend crier… » Inspirateur du courant biomécanique, qui mêle l'organique à la technologie, Giger a conçu un monstre dont le cycle évolutif est aussi riche qu'horrifique : d'abord sorte d'araignée-ventouse qui s'agrippe à un visage, puis grosse larve dentée qui s'extrait du corps parasité de manière aussi spectaculaire que sanglante, et enfin bipède à tête géante et gueule gigogne… Charmante bestiole !

二千二十 2020 année du RAT

Le nouveau meilleur ami de l'homme ?

Le rat n'a pas fini de nous surprendre ! Savez-vous que son odorat est encore plus sensible que celui d'un chien ? Les scientifiques et les chercheurs s'y intéressent de très près, notamment pour le dépistage de certaines maladies, ainsi que dans des domaines particulièrement périlleux comme la détection de mines antipersonnel. En Afrique, et plus spécifiquement au Mozambique, des rats sont dressés pour repérer ces engins de mort. Outre l'acuité de leur odorat et leur faible coût d'entretien, ils présentent un autre avantage : leur poids étant insignifiant pour une mine, ils ne sont pas « détectés » par l'engin, qui n'explose pas. Les rats ne sont donc pas sacrifiés pour ce job ! Ce qui est une bonne nouvelle, car n'oublions pas que le rat fait aussi partie de ce que l'on appelle les nouveaux animaux de compagnie (NAC).

« À la Saint-Martin, tire ton vin, saint Martin le met en chemin. »

Brèves régions

Îlle-et-Vilaine/ Les grandes marées de Saint-Malo

C'est à Saint-Malo qu'on peut assister aux plus grandes marées d'Europe. En effet, sur une échelle de 20 à 120, les coefficients de marées atteignent ici régulièrement 110. Les grandes marées surviennent environ tous les quinze jours, offrant des paysages époustouflants.

A. de Saint-Exupéry

Verbes régionaux

TOUPINER

Le verbe « toupiner » est présent dans plusieurs langues locales avec des significations très différentes. Dans la majorité des cas, il signifie virevolter, car il évoque le mouvement de la toupie. Mais dans le Sud-Ouest, il faut le traduire par cuisiner, ce qui n'a rien à voir. En Suisse, dans le patois vaudois, il a une troisième signification : somnoler.

Champions de la lose

Henri Deledicq, ou comment entrer dans l'histoire en faisant une grosse boulette ! Incorporé en 1917, le soldat lillois est rapidement affecté comme secrétaire au Conseil supérieur interallié puis, en 1918, au commandement du maréchal Foch. C'est à ce titre qu'il se retrouve dans la clairière de Rethondes le 11 novembre. Deledicq est chargé de taper le texte de l'Armistice négocié entre les délégations allemandes et françaises. Mais, trop ému par l'événement et pressé par son supérieur qui lui répète « chaque minute qui passe, ce sont des soldats qui meurent », le jeune soldat se trompe de sens avec les carbones de sa machine à écrire. Résultat : les doubles de l'accord sont totalement indéchiffrables, à moins d'utiliser un miroir. Dans le wagon, les chefs de guerre n'y voient que du feu. Foch pour les Alliés et Erzberger pour l'Allemagne signent ces copies en texte inversé. Par une curieuse ironie de l'histoire, Henri Deledicq sera pendant de longues années le dernier témoin vivant de ce grand jour, un survivant auquel un jour férié viendra rappeler tous les ans sa boulette.

DE L'OR DANS LA VOIX

Le vibrato est une modulation périodique du son d'une note de musique. Plus simplement, ce sont les vibrations qui résonnent lorsqu'on tient une note. À ce sujet, c'est Freddie Mercury, le chanteur de Queen, qui nous donne une leçon : une très sérieuse étude scientifique a étudié sa voix et a découvert que son vibrato était 20 % plus rapide que celui des chanteurs classiques ou pop avec 7,04 Hz contre 5,4 en moyenne. Résultat : un style vocal unique et des performances encore cultes à ce jour. Comme quoi, les grandes voix ne se trouvent pas toutes sur une scène d'opéra !

« *Quand il tonne entre Toussaint et Noël, l'hiver est en retard.* »

Les animaux de compagnie des présidents

Parfois, les animaux présidentiels s'invitent dans les débats politiques. Pas en personne, bien sûr, mais en substance. Comme lors du débat de l'entre-deux tours de 1988 lors duquel François Mitterrand tint avec humour ces propos à son opposant, Jacques Chirac, qui dénonçait la TVA sur les croquettes : « Vous avez parlé des chiens et des chats, moi aussi je les aime beaucoup. D'ailleurs, je crois que nous avons des chiens de la même race, Dieu sait si l'on s'y attache… Mais vous n'avez pas le monopole du cœur des chiens et des chats. » Une belle référence, et un beau pied de nez !

Jacques Uzzes
Procureur

LES GRANDS DE LA PETITE REINE

Tous les cyclistes, qu'ils soient amateurs ou professionnels, savent que le mont Ventoux est une montagne cruelle et violente. Toutes les conditions sont réunies pour faire de son ascension un enfer : le soleil, l'absence d'ombre, le vent puissant qui frappe ses pentes… Tom Simpson, coureur américain, y a d'ailleurs laissé la vie lors du Tour de France de 1967. Affaibli depuis plusieurs jours, au bord de l'épuisement, le coureur a abordé les pentes du géant de Provence en piteux état. Après une première chute, il a décidé néanmoins de continuer, encouragé par des spectateurs. Mal lui en a pris, car la chute suivante a été la dernière. Le coureur est mort sur les pentes du Ventoux, où une stèle a été construite depuis, à sa mémoire. Notons tout de même qu'on a trouvé une grosse poignée d'amphétamines – la drogue de choix de l'époque pour les cyclistes – dans la poche de son maillot…

IMPLANTATION D'UN CŒUR ARTIFICIEL : PREMIÈRE MONDIALE

Au poil !

Si l'on dit de quelque chose de décevant que c'est comme « un baiser sans moustache », ce n'est pas pour rien ! La moustache occupe une place particulière dans notre histoire, notamment au début du XIXe siècle, période de faste et de création pileuse pendant laquelle les dandys ont introduit tous types de styles, des plus traditionnels aux plus extravagants. La tendance a même trouvé son chemin jusqu'aux plus hautes marches du pouvoir en la personne de Napoléon III, neveu de Bonaparte. Les images les plus connues de lui ne le montrent-elles pas arborant une magnifique moustache longiligne, aux pointes acérées et agrémentée d'un bouc long et dense ? Tonton, plus adepte des rouflaquettes, n'aurait peut-être pas validé…

Solution mots mêlés [p. 329]

R	D	X	F	G	D	U	Y	E	O	K	K	R	E
S	Q	J	A	Q	Q	E	N	K	M	M	C	I	S
K	A	H	E	A	S	G	E	A	Y	H	N	O	O
S	L	M	V	R	I	O	J	R	Y	O	S	K	I
Y	I	Q	O	A	B	O	X	P	L	A	R	L	R
E	D	C	D	S	R	A	R	A	H	K	E	H	C
L	T	R	I	Q	M	E	H	T	N	S	O	E	E
S	A	E	U	L	U	P	A	H	B	D	U	S	T
S	O	E	R	B	E	Z	J	O	E	Q	R	W	E
C	Z	N	E	C	I	U	S	S	R	B	M	O	E
Y	H	E	M	B	W	S	C	O	R	F	O	U	S
Y	C	I	I	E	E	T	N	A	Z	K	M	N	T
W	S	I	O	R	L	I	C	N	D	U	A	Q	F
X	D	V	C	S	M	X	X	F	U	E	S	E	T

« *À la Saint-Brice, le temps sera celui du Jour de l'An.* »

Perles de sportifs

Y'a l'feu au lac!

Qui l'a dit? Jean Perron, ex-entraîneur canadien de hockey. La perle : « C'est la goutte d'eau qui a mis le feu aux poudres. » Des propos qui brisent la braise et éteignent la glace.

Charade
À tiroirs

Mon premier est fatigant.
Mon second est un adhésif.
Mon troisième polit.
Mon quatrième est un masseur-kinésithérapeute.
Mon cinquième met une lettre à la boîte.
Mon sixième est embarrassant.
Mon tout est une actrice et chanteuse française. Elle a traversé l'histoire du cinéma parlant de 1931 à 2010.

DANIELLE DARRIEUX. Mon premier est Da car Da lasse (Dallas). Mon second est Ni car Ni colle (Nicol). Mon troisième est El car Elle astique (Elastique). Mon quatrième est Da car Da masse (Damas). Mon cinquième est Ri car Ri poste (Riposte). Mon sixième est Eu car Eu gêne (Eugène).

GRANDS VOYAGEURS

Amelia Earhart, pilote d'exception

La pilote américaine (1897-1937) est repérée en 1928 par un éditeur, qui lui propose de devenir la première femme à traverser l'Atlantique en avion, aux côtés de deux pilotes masculins. La seule tâche qui lui est confiée est celle d'écrire un journal de bord. Elle s'exécute, mais le défi est loin d'être à la hauteur de ses ambitions. Quatre ans plus tard, en 1932 (soit cinq ans après Charles Lindbergh), elle décolle seule de Harbour Grace à bord d'un Lockheed Vega et survole pendant 14h56 l'océan Atlantique, jusqu'en Irlande. Elle devient alors la première femme pilote à traverser l'Atlantique en solitaire. Parmi ses nombreux records, elle réalise aussi le tout premier vol en solitaire d'Hawaï à la Californie. Deux ans plus tard, elle se lance, aux côtés de son navigateur Fred Noonan, dans un tour du monde en avion. Malheureusement, un mois après son départ, le contact radio est perdu alors qu'elle survole le Pacifique. Aujourd'hui encore, sa disparition reste un mystère.

BIENTÔT LES LIVRAISONS PAR DRONES

Histoire cochonne

Dans les records détenus par des cochons, on a Big Bill, le plus grand porc et le plus lourd jamais enregistré à ce jour. Haut de 1,5m, la bête pesait 1 157 kilos! Lors de l'exposition agricole de Chicago en 1933, il était si lourd que l'une de ses pattes s'était cassée. Big Bill dut être abattu. Un couple de Calgary peut, lui, se targuer d'avoir possédé le cochon ayant vécu le plus longtemps. Leur truie vietnamienne s'en est allée en 2015 à l'âge de 23 ans. Plus improbable : le record décroché par Kotetsu, un porc élevé dans une ferme au Japon. En 2004, il a franchi 70cm au saut en hauteur!

Les mots déclencheurs en majuscules sont des anagrammes. Les mots en minuscules sont des définitions.

MOTS FLÉCHÉS

- NAN-CEIEN / Détourné
- LAVIT / Carreleur
- Psitt / REASSE
- Fin d'une fugue / ARC
- AIENT
- BIFFER
- REALES
- RARE / EBAVURE
- Voilier / Mauve
- LI / Paralysa
- BRIFFEE / PECULES
- SELLE / ENA
- SATIRE
- TAPEE / RUAS
- REG / SERT
- URNES / Mordu
- RUEE / LACET
- INSU
- Démons-tratif / Sacra
- AVEU / Détestées
- DESUNI
- CAILLAIS
- Plagiaire
- TOUCHES / RECALI-ONS
- EN / Contrac-tion
- ANIS / Argot anglais
- AM / Veine
- GAIES / ISOBARE
- DUS / COUTEE
- TEXEL / AGUI
- POINTS
- BITAI / Farce
- CAS / Flâner
- Rapport de cercle / ALE
- LIONS / SEES
- OIT / SUR TERRE
- SUGGERE / SUE
- Possédée
- ETAT / ET
- Paresseux / PRESU-REES
- ETES
- Donne le choix
- NUE

SOLUTION PAGE 343

Dimanche **15 novembre**

Saint Albert – On fête aussi les Adalbert, Léopold, Arthur, Victoire

Le soleil se lève à **8h00** *et se couche à* **17h09**

« *À tous ceux pour qui le 15 novembre est un 1er janvier, bonne et heureuse année.* »
Albert Brie

Étymolo-quiz…

Quel mot français vient de l'expression latine *male astrucus* qui signifie littéralement « né sous une mauvaise étoile » ?

Réponse : malotru.

Rétro Vermot

Dans le bureau du directeur :
« Je réorganise le service de surveillance de nos magasins… Pour le diriger, il me faudrait quelqu'un de très viril, de très autoritaire, de très agressif ; une personne avec une main de fer et un cœur de pierre… À votre avis, qui est-ce que nous pourrions mettre ?
– Ben, Monsieur le Directeur… Je ne vois que votre femme… ou la mienne. »

130 – Cent-trente – CXXX

C'est le montant estimé en milliards de dollars du trésor en pièces et lingots d'or censé reposer à plus de 400 mètres de profondeur au large de la Corée du Sud. C'est une société sud-coréenne, Shinil Group, qui a fait cette annonce fracassante il y a quelques mois, affirmant avoir la preuve que 5 000 caisses de lingots et 200 tonnes de pièces d'or gisent avec l'épave du *Dimitri Donskoï*, un croiseur de la marine impériale russe coulé par la flotte japonaise en 1905. Afin de financer un repêchage particulièrement coûteux, Shinil Group a annoncé un emprunt auprès du public à travers une monnaie virtuelle créée pour l'occasion. En quelques jours, 125 000 gogos sont tombés dans le panneau. Car, de trésor, surtout d'une quantité aussi invraisemblable (10 % du poids de tout l'or extrait dans le monde !), la société n'a jamais eu la moindre preuve. Et les dirigeants de Shinil Group ont disparu…

Brèves régions

Loir-et-Cher/La salamandre, emblème de François Ier

Animal discret mais très présent dans nos campagnes, la salamandre a toujours été protégée et admirée. Aussi à l'aise sur terre que dans l'eau, les Anciens lui attribuaient des pouvoirs magiques, y compris celui de pouvoir résister au feu. En effet, il n'était pas rare qu'une salamandre sorte autrefois des flammes de la cheminée, réveillée par la chaleur alors qu'elle hibernait dans une grosse bûche qu'on venait de mettre dans l'âtre. Ainsi, à Chambord, François Ier voulant associer son image à celle de la salamandre, en fit son emblème avec la devise « *Nutrisco et extinguo* », c'est-à-dire : « Je me nourris du bon feu, j'éteins le mauvais. »

« À la mi-novembre passée, il peut neiger et venter à souhait. »

{Mots qui changent de sens}

Quelqu'un de généreux, c'est quelqu'un qui n'hésite pas à donner, de son temps, de sa personne ou de sa richesse. Pourtant, jusqu'au XVIIIe siècle, le mot était surtout employé comme synonyme de « noble ». Faut-il croire que les nobles aient été si généreux pendant des siècles que leur noblesse de naissance ait pu se confondre dans le langage courant avec le don ? L'hypothèse est intéressante, mais l'histoire n'est pas franchement d'accord !

ILS ONT DIT

« Si l'on veut garder intacte sa gentillesse, il faut expectorer au moins une grosse méchanceté par jour. »

Philippe Bouvard

LOISIRS TENDANCE

Ça te zen ?

La méditation de pleine conscience est une activité qui devrait être conseillée à tous en raison des immenses bienfaits qu'elle procure, dès lors qu'elle est pratiquée régulièrement. Elle consiste à se recentrer sur l'instant présent, en étant attentif avant toute chose à sa propre respiration. En revanche, il ne s'agit pas, contrairement à une idée reçue, de se vider la tête de toutes les pensées : c'est impossible ! Quand les pensées arrivent ou quand des émotions sont ressenties, considérez-les comme des nuages qui défilent dans le ciel. C'est ainsi que vous parviendrez à devenir plus zen, voire à méditer pour de bon !

Expressions du potager

Elle est aux pommes !

« Ma pomme, c'est moi… J'suis plus heureux qu'un roi. » C'est Maurice Chevalier qui chante (paroles de Fronsac et de Rigot), en 1936, et pour lui, ma pomme, c'est évidemment bibi, mézigue, mécolle, mégnace, mézigot, alias mézingue… Car la pomme, par sa rotondité, représente la bobine, la trombine, la fiole, la binette ou encore la poire – qui doublonne volontiers avec la pomme, dans le lexique comme au verger. C'est pourquoi on peut se payer la pomme de trucmuche ou de tartempion, ou en avoir gros sur la pomme (comme sur la patate). Une pauvre pomme, en revanche, est un naïf, davantage encore qu'un pigeon, alors que c'est l'inverse pour la poire ! Mais la pomme en chausson, en tarte ou en beignet, c'est aussi un vrai délice, le fin du fin de la fine gueule, ce qui fait dire qu'« être aux pommes », c'est être parfait, fameux, exquis, comme une fille que l'on trouve à son goût parce qu'elle a une superbe paire de pommes rondes et fermes, « deux pommes d'albâtre », comme dit Voltaire. De quoi tomber dans les pommes !

Mardi **17 novembre**

Sainte Élisabeth – On fête aussi les Élise, Hilda, Aignan

Le soleil se lève à **8 h 03** *et se couche à* **17 h 07**

« Sainte-Élisabeth nous montre quel bonhomme sera l'hiver. »

Les fautes des grands écrivains

Si l'on trouve parfois quelques petites fautes de français dans les romans des grands écrivains, elles se font plus fréquentes dans leurs correspondances, qui sont forcément moins léchées, relues et surtout corrigées. C'est sans doute pour cette raison que l'illustre Balzac écrivit un jour, dans une lettre en réponse à sa mère : « Ma Chère Mère, une de tes dernières lettres contenaient des promesses et des offres que pour rien au monde je n'accepterais. » La lettre de sa mère lui promettait-elle de lui offrir des cours de français ?

Perles de sportifs

Pas d'exception, sauf…

Qui l'a dit ? Gary Lineker, ex-international de football.

La perle : « Il n'y a pas de milieu, ou t'es bon, ou t'es mauvais. Nous, on a été moyens. » C'est bien de se donner les moyens de la médiocrité !

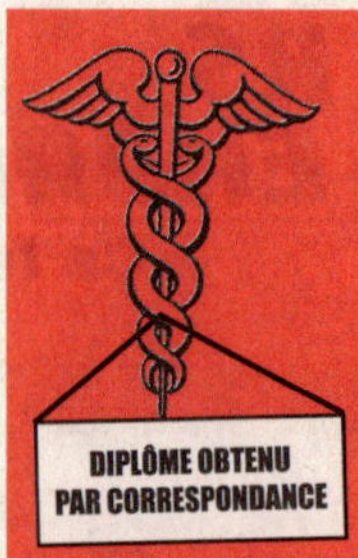

Vous êtes sûr, Docteur ?

Le Schweppes, dont nos amis Anglais sont friands quand il est mélangé à un fond de gin et une rondelle de concombre, n'est pas un soda comme les autres. Vous aurez sûrement remarqué sur l'étiquette que la boisson contient de la quinine. Argument commercial anecdotique aujourd'hui et à peine évoqué dans les publicités, cette caractéristique faisait pourtant de l'eau de Schweppes un véritable médicament lorsqu'il fut commercialisé à la fin du XVIIIe siècle. Parmi ses prétentions thérapeutiques, on trouve le traitement des maladies rénales, de la vésicule, des indigestions, de la goutte, du paludisme et d'autres maladies exotiques. Dans ce cas, vous reprendrez bien un petit gin tonic ? Puisqu'on vous dit que c'est médical !

Ha! Ha! Ha!

Un Belge qui roule avec un ami s'arrête dans une station-service pour prendre de l'essence. Le pompiste lui annonce que, s'il fait le plein, il peut participer à une tombola dont le premier prix est une heure de sexe. Le Belge accepte de jouer. Après avoir fait le plein, le pompiste lui dit de choisir un chiffre entre 0 et 10 pour le tirage au sort. « Six », dit le Belge.

– Ah dommage, il fallait répondre « 7 », lui dit l'autre.

Une semaine plus tard, le Belge et son ami repassent par la station pour essayer de gagner une heure de sexe contre un plein. Cette fois, le Belge choisit le « 4 ».

« Pas de chance, fait le pompiste, c'est le « 8 » aujourd'hui !

– C'est bidon son jeu, dit alors le copain du Belge.

– Non non ! lui répond celui-ci. La semaine dernière, ma femme a gagné deux fois ! »

« *La journée de Sainte-Aude d'ordinaire n'est pas chaude.* »

Argot-quiz...

Qu'est-ce qu'un « pardingue » ?

Réponse : un pardessus.

Brèves régions

Somme/Les Ypsiloniens

Le gentilé est le nom donné aux habitants d'une commune. Dans la Somme, à Y, ville au nom le plus court de France, les habitants s'appellent les Ypsiloniens et les Ypsiloniennes. Leur dénomination provient de l'origine de la lettre Y, correspondant dans la langue grecque à *upsilon*, aussi écrit *ypsilon*.

Ça, c'est fait... divers

C'est une bien curieuse scène qui a été découverte par les gendarmes à Yvignac-la-Tour, près de Dinan, dans les Côtes-d'Armor : un septuagénaire avait piégé sa maison d'explosifs artisanaux... pour se protéger des cambrioleurs ! C'est par hasard que l'impressionnant dispositif a été découvert : alors qu'ils venaient de pénétrer par effraction dans la maison en question, des cambrioleurs ont été mis en fuite par l'arrivée de gendarmes avertis par des voisins. Ce qui leur a peut-être sauvé la vie ! Car les militaires, venus constater le cambriolage, ont découvert des dizaines d'engins explosifs artisanaux dissimulés un peu partout. Appelés sur place afin de sécuriser l'endroit et de désamorcer les bombes, les démineurs se sont aperçus que l'homme avait judicieusement disposé ses explosifs afin de pouvoir nuire gravement à d'éventuels intrus. Homme assez mystérieux et rarement présent à Yvignac-la-Tour, d'après ses voisins, le septuagénaire a expliqué lors de son interrogatoire que personne ne pouvait ignorer le risque : il avait en effet installé plusieurs panneaux « Attention, zone piégée ! » dans son jardin. Et même des têtes de mort tout autour de sa demeure !

Pan Pan ! PERLES DE POLICIERS

Dans un rapport de gendarmerie : « Si nos gendarmes n'étaient pas intervenus, le viol n'aurait sûrement jamais eu lieu. » Euh... merci ?

NOVLANGUES & JARGONS

Les jeunes, occupés qu'ils sont, n'ont bien sûr pas le temps d'employer la version complète des expressions qu'ils utilisent. C'est pourquoi nous vivons à l'ère de l'acronyme-roi. Parmi les plus récents et courants, on trouve « OKLM » qui se lit « okahèlème » et signifie « au calme », « tranquille », « posé », ou encore « TMTC », qui signifie « toi-même tu sais ». Oui, on sait, la dernière lettre devrait être un S pour que ce soit un véritable acronyme. Ce n'est pas grave, « TKT » (« t'inquiète »).

Jeudi 19 novembre

Saint Tanguy – On fête aussi les Eudeline, Eudes

Le soleil se lève à **8h06** *et se couche à* **17h05**

« *Quand novembre aura fleurs nouvelles, morte saison sera cruelle.* »

{ Mots qui changent de sens }

Non, la révolution industrielle n'a pas seulement changé la face du monde, elle a aussi profondément transformé le langage. Le mot « industrie » lui-même a changé radicalement de sens avec l'industrialisation. Auparavant, il était surtout employé pour désigner « l'adresse » ou « la dextérité » à faire quelque chose. Depuis la fin du XVIIIe siècle, il est désormais utilisé dans le sens de « manufacture et arts mécaniques ». Il y a au moins une chose que les machines ne peuvent pas faire : déformer le langage aussi bien que nous !

AUTANT DE RAISONS DE SE RÉJOUIR

Rencontrer l'amour à tout âge

L'allongement de la durée de la vie et l'émancipation des femmes ont eu de nombreux effets sur la société, parmi lesquels la possibilité de refaire sa vie après une séparation ou un veuvage. Les divers sites et applications de rencontres, même s'ils sont critiquables par certains aspects, ne sont pas nécessairement pires que les rendez-vous arrangés par l'entourage. Si le sujet est encore assez tabou, de plus en plus de couples osent annoncer qu'ils se sont formés par cet intermédiaire. L'amour tardif connaît également une autre révolution, chimique celle-là, avec les pilules boostant la vigueur masculine !

MONSTRES CÉLÈBRES

Elephant Man

Ce monstre-là est le seul de cette rubrique dont l'existence est avérée, puisqu'il s'agit d'un homme, Joseph Merrick, atteint d'horribles difformités qui causèrent sa mort prématurée (1862-1890). Ce n'est que dans les années 1980, grâce à des analyses ADN, que l'on a découvert qu'il était atteint du syndrome de Protée, une maladie génétique rarissime. Alors qu'en temps normal, les cellules du corps humain se renouvellent régulièrement selon un cycle qui dépend de leur fonction, celles de Joseph Merrick se multipliaient à tout-va sans que la destruction des cellules anciennes soit assurée. Une anarchie cellulaire tristement spectaculaire…

[L'actu] Poisson-pilote

La compagnie de croisière norvégienne Hurtigruten, l'une des plus importantes au monde, espère devenir neutre en carbone avant 2050 en utilisant un carburant à base de restes de poissons morts. Les déchets sont mélangés à d'autres matières, comme le bois et les copeaux de bois, pour créer du biogaz liquide. Aussi étrange que cela puisse paraître, cette méthode s'avère efficace et l'industrie norvégienne de la pêche, en pleine expansion, produit suffisamment de déchets de poissons pour les transformer en carburant pouvant alimenter des dizaines de navires. Un premier bateau de croisière au biogaz de poissons morts a appareillé en 2019 et cinq autres doivent suivre d'ici 2021. Ce recyclage étonnant présente néanmoins deux gros inconvénients : d'abord, la production de ce biocarburant n'est pas complètement verte, car elle génère du dioxyde de carbone ; mais surtout, le processus de création du combustible est particulièrement malodorant. Cela engendre une insupportable odeur de… poisson pourri !

Vendredi 20 novembre

Saint Edmond – On fête aussi les Octave, Benward

« *Le vent de novembre arrache la dernière feuille.* »

ILS ONT DIT

« Certaines femmes aiment tellement leur mari que, pour ne pas l'user, elles prennent ceux de leurs amies. »

Alexandre Dumas fils

Recette de cuisine – Mousse chocolat-café

Pour 4 à 6 pers. 10 min de préparation 2 ou 3 h de réfrigération

200 g de chocolat
½ tasse à café d'expresso très fort
4 œufs extra-frais (jaunes et blancs)
1 sachet de sucre vanillé

Faites fondre le chocolat au bain-marie : pour cela, cassez le chocolat en morceaux dans un récipient que vous placerez dans une casserole contenant de l'eau. Mettez la casserole sur feu doux. Quand le chocolat est fondu, ôtez-le du feu et versez le café fort dedans. Mélangez.

Cassez les œufs en séparant les blancs des jaunes. Battez les jaunes avec le sucre vanillé et mélangez-les au chocolat fondu.

Montez les blancs en neige, puis incorporez-les délicatement à l'aide d'une maryse (spatule en silicone) au mélange chocolaté, sans les casser.

Placez le tout au frais quelques heures, soit dans un saladier, soit dans des verrines.

Conseils : le chocolat craint d'être exposé à une trop forte température, faites-le toujours fondre très doucement au bain-marie, faute de quoi il brûlerait. Quant aux œufs, comme ils sont consommés crus, utilisez uniquement des œufs extra-frais.

Solution mots fléchés [p. 337]

	A		V		H		S		T		B	
I	N	D	I	R	E	C	T		E	R	R	A
	C	A	T	A	M	A	R	A	N		I	L
L	I	L	A	S		R	E	B	I	F	F	E
	E	L	L	E	S		T	R	A	I	E	S
A	N	E		E	P	A	T	E		G	R	E
	N	U	R	S	E		E	U	R	E		R
F	E	R	U		C	E		V	E	A	U	
			S	O	U	C	H	E	T		N	E
C	I	S	A	I	L	L	A		S	A	I	N
	M	A		G	E	A	I	S		U	S	D
F	I	L	O	N		T	E	L	E	X		U
	T	I	B	I	A		S	A	C		P	I
F	A	C	E	T	I	E		N	O	L	I	S
	T	O	I		G	R	E	G	U	E	S	
T	E	R	R	E	U	R	S		T	A	T	E
	U	N	A	U		E	S	T	E		O	U
P	R	E	S	S	U	R	E	E		U	N	E

PROBLÈMES DE MATHS DU CERTIFICAT D'ÉTUDES

Au moment où maman commence à rincer son linge, le compteur d'eau marque 627,0 m^3. Quand elle a fini, au bout de 1 h 40, il marque 629,1 m^3.

Question 1 : Quel est le débit d'eau par heure du robinet ?

Question 2 : Maman fait 4 lessives semblables dans le mois. Pour chacune, elle utilise : 1,5 m^3 de gaz à 0,40 F le m^3, un paquet et demi de lessive à 1,20 F le paquet et un morceau de savon de 1,50 F. L'eau est facturée 0,50 F le m^3. À combien se monte la dépense mensuelle pour laver le linge ?

Réponse 1 : 720 litres par heure.
Réponse 2 : 18 F

Samedi 21 novembre

Présentation de Marie – On fête aussi les Gélase, Rufus

Le soleil se lève à **8 h 09** *et se couche à* **17 h 03**

« Novembre est un mauvais mois pour les brebis tondues. »

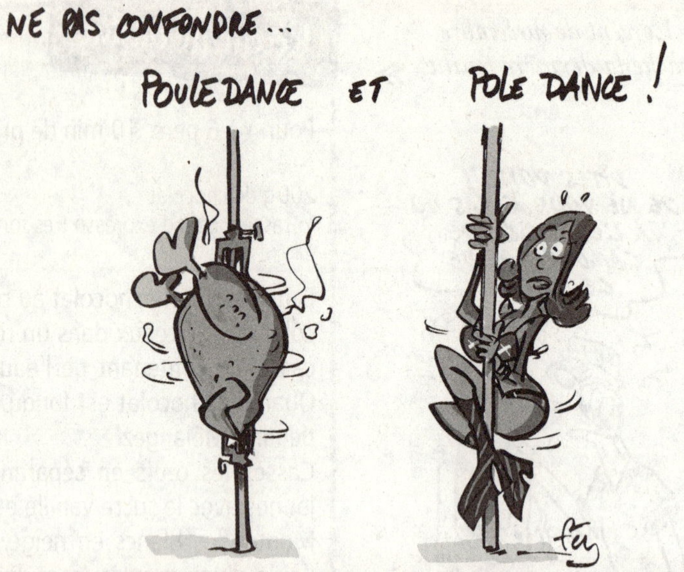

Ça s'est passé Le 21 novembre 1920

En pleine guerre d'Indépendance irlandaise, les Britanniques tirent sur la foule lors d'un match à Croke Park (Dublin). Bilan : 14 morts et 65 blessés.

Citoyens Extraordinaires

Des grandes figures de la Révolution, si quelques noms masculins sont connus de tous, on connaît moins bien Anne-Josèphe Théroigne de Méricourt, qui fut pourtant l'une des protagonistes de la prise des Tuileries. Son discours résolument féministe avant l'heure à la Société fraternelle des Minimes en 1792 sonne encore aujourd'hui parfaitement juste, jugez plutôt : « Armons-nous ! Nous en avons le droit par la nature et même par la loi. Montrons aux hommes que nous ne leur sommes inférieures ni en vertu, ni en courage : montrons à l'Europe que les Françaises connaissent leurs droits et sont à la hauteur des lumières du XVIIIe siècle, en méprisant les préjugés qui, par cela seul qu'ils sont préjugés, sont absurdes, souvent immoraux. »

Secrets des chansons mythiques

La *Neuvième Symphonie* de Ludwig van Beethoven est certainement sa création la plus célèbre. Ce qui l'est moins, c'est la lutte contre le handicap qu'elle représente. Alors que son audition baisse dès 1802, le compositeur se trouve piégé : il ne veut pas avouer son handicap de peur d'être critiqué. Il s'isole alors deux ans et écrit sa *Neuvième Symphonie*, entièrement de mémoire. À la fin de la première représentation, il reste immobile plusieurs minutes face à l'orchestre, sans se rendre compte que le public, dans son dos, lui fait un triomphe. *Bravissimo, maestro !*

Nouveaux Comiques

Houah ah ah oh oh

Arnaud Tsamere

Diplômé en droit, Arnaud Tsedri occupe un poste de commercial dans une entreprise de fournitures scolaires, avant de choisir l'humour pour gagner sa vie sous le nom d'Arnaud Tsamere. Vingt ans après ses débuts sur scène, on peut dire que le Bordelais a plutôt bien réussi sa reconversion. D'abord comédien dans plusieurs pièces dont *Le Comique* de Pierre Palmade, cet adepte de l'humour absurde et des improvisations a parcouru les petites scènes avec *Chose promise*, son one-man-show. À partir de 2010, l'émission *On n'demande qu'à en rire* sur France 2 a boosté sa carrière de comique : Arnaud Tsamere détient le record du nombre de passages toutes saisons confondues ! Depuis, il dispense surtout son humour décalé comme chroniqueur radio et s'amuse souvent à distiller sa fantaisie inclassable dans les spectacles de ses comparses humoristes.

« Terre retournée et blé semés, le ciel peut neiger. »

ILS ONT DIT

« Une femme qui se croit intelligente réclame les mêmes droits que l'homme. Une femme intelligente y renonce. »

Colette

Étymolo-quiz…

Avec quel autre mot « infarctus » partage-t-il son étymologie latine : « fracture » ou « farcir » ?

Réponse : farcir. *Farcire*, assorti du préfixe in, a donné « infarctus ».

Charade

Répétitive

Mon premier est une rose.
Mon deuxième est une pivoine.
Mon troisième est une jacinthe.
Mon quatrième est une giroflée.
Mon cinquième est un lys.
Mon sixième est une marguerite.
Mon tout est une personne qui boit beaucoup.

SIFFLEUR (SIX FLEURS)

[L'actu]

Peine très alternative

Obligation de couper sa queue de cheval pour l'une, d'aller à l'église pendant dix ans pour un autre, de déambuler en ville habillés en femme pour deux jeunes hommes… Les juges américains font parfois preuve d'une certaine « créativité » dans les peines infligées aux délinquants. Il n'est donc pas surprenant qu'un juge du Missouri ait condamné un braconnier à visionner une fois par mois tout au long de sa peine d'un an d'emprisonnement le dessin animé *Bambi*, de Walt Disney. Une sentence adaptée à ce cas qualifié de « scandaleux » par le procureur. Arrêté en compagnie de trois complices, après une enquête menée sur plusieurs années, l'homme a massacré plusieurs centaines de cervidés illégalement dans trois États américains et une partie du territoire canadien. Le plus souvent abattus la nuit, les cerfs étaient décapités et leurs têtes emportées comme trophées. Ce genre d'individu peut-il être bouleversé par la mort tragique de la maman du célèbre petit faon ? Même après 12 visionnages, un énorme doute subsiste…

Nos régions ont du talent

La papillote de Noël s'invite aujourd'hui sur toutes les tables de fête françaises, pour le bonheur de tous. Mais saviez-vous que cette spécialité provenant de Lyon était à l'origine une création née de l'amour ? Eh oui, un chocolatier lyonnais voulant déclarer sa flamme a eu l'idée d'entourer un chocolat d'un mot d'amour avant de l'offrir à sa belle. Depuis, l'idée du papier imprimé a été conservée, mais la déclaration d'amour a été remplacée par une anecdote ou une blague. Tant qu'il reste le chocolat…

« *Or de novembre, plomb de décembre.* »

Rétro Vermot

Un homme envoie son fils à la chasse au lion. Ce dernier revient bredouille. « Pourtant, dit le père, je t'avais tout expliqué ! Tu te mets aux aguets, le soir, et tu attends… Quand tu vois deux yeux briller dans le noir, tu vises entre les deux, et là, le lion est cuit ! – Peut-être, mais, maintenant, ils connaissent le truc, ils avancent côte à côte, chacun fermant un œil… »

Chiffres et expressions

Attendre cent sept ans

La durée de « cent sept ans », qui peut paraître longue quand on attend quelqu'un, fait référence à la construction de la cathédrale Notre-Dame de Paris. En effet, celle-ci a nécessité plusieurs générations d'ouvriers car, entre la pose de la première pierre, en 1163, et la fin des travaux, en 1270, se sont écoulés 107 ans !

VERMOT'ROSCOPE

SAGITTAIRE (23 novembre-21 décembre)

Caractère

Vif, entreprenant, enthousiaste, curieux, généreux, spontané, communicatif, disponible, pédagogue, avant-gardiste, ouvert sur le monde, bienveillant, optimiste, gai, bon vivant, gourmand, direct, franc, indépendant, aventureux, risque-tout, impulsif, pressé, hyperactif, enflammé, colérique.

Le message des astres

Cette année, votre planète fétiche, Jupiter, s'active dans le signe voisin du vôtre, indice que vous continuez votre évolution dans le nouveau cycle commencé en 2019. Ainsi, alliée à Saturne, Pluton, Uranus et Neptune, elle vous permettra de poser des jalons pour consolider votre situation.

Vie relationnelle

Cette année, vous serez plus introverti ou plus solitaire. Seuls quelques amis auront le privilège de vous voir et de passer du temps avec vous. Certains d'entre vous seront très sélectifs dans leurs relations. Sur la fin de l'année, vous serez en quête d'amitiés solides, sincères et fiables. Ainsi, vous fuirez la superficialité de certaines relations.

Amour

En couple, vous aurez envie d'évoluer dans un environnement propice à la douceur, à la bonne humeur et au partage. Vous chercherez donc à être plus complice de votre moitié. Sur la seconde partie de 2020, la passion fera son grand retour dans votre vie amoureuse. Certains trouveront les moyens de donner un nouvel élan à leur relation. Célibataire, vous préférerez vivre à votre rythme et en fonction de vos envies. L'amour ne sera pas votre priorité.

Famille

Ce devrait être une année sympathique et agréable qui se profile à l'horizon. Ainsi, vous devriez être satisfait de vos échanges avec vos proches. La douceur, la bonne humeur et le partage vous accompagneront tout au long de 2020.

Quotidien et vitalité

En 2020, vous aurez l'occasion de trouver le bon rythme. Vous aurez tout le loisir de vous recentrer sur vous et d'être plus à l'écoute des besoins de votre organisme. C'est donc une belle année pour mieux vous connaître et avancer dans des projets qui vous captiveront.

Budget

Belle année où l'argent rentrera et où vous serez satisfait de votre situation financière. Pour certains, vos revenus augmenteront. De septembre à décembre, certains chercheront à faire des placements financiers intéressants.

Comment optimiser votre année

Pour que tout se passe pour le mieux, vous devrez faire preuve de patience et de sagesse. Privilégiez l'organisation et évitez de tout laisser au hasard. Efforcez-vous de bien gérer votre temps, et ce, dans tous les domaines de votre vie.

« *À la Sainte-Flora, plus rien ne fleurira.* »

Pièges de l'ort**h**ogra~~f~~**ph**e

Impossible de faire sens

Si on peut « faire peur » ou « faire plaisir », impossible de « faire sens » ou de « faire problème ». Même en prétextant qu'il s'agisse d'anglicismes, ni les dictionnaires ni l'Académie ne les reconnaissent. Il faut définitivement préférer « prendre du sens » et « poser un problème » pour respecter la langue. « Poser question » est également incorrect.

AVENTURIERS DE L'IMPOSSIBLE

Graham David Hughes, voyageur pas pressé

Aujourd'hui, voyager dans n'importe quelle partie du monde est devenu possible, et même souvent facile grâce aux liaisons aériennes régulières permettant de rejoindre presque tous les coins du globe, même les plus reculés. Mais cela était sûrement trop facile pour Graham David Hughes, un aventurier britannique qui détient depuis 2012 un drôle de record. Le projet de cet explorateur excentrique était de visiter l'intégralité des 193 nations recensées aux Nations Unies sans utiliser de vol ! Parti en 2008, il mit 1492 jours pour boucler son périple hors du commun, pendant lequel il utilisa principalement ses pieds comme moyen de transport. Sur son chemin, il rencontra tant d'obstacles que son voyage fourmille d'anecdotes : par exemple, il dut revenir sur ses pas sur près de 3000 km dans le Sahara pour une histoire de visa, ou encore il fut mis en prison pendant une semaine dès son arrivée au Cap-Vert… Vive l'imprévu !

AU PEIGNE FIN !

Les modes capillaires historiques ont souvent pour origine telle souveraine ou courtisane particulièrement raffinée qui, aimant un style, le fit se répandre dans tout le royaume. C'est le cas par exemple des tresses enroulées et plaquées sur les oreilles, coiffure ô combien symbolique de l'époque victorienne qui fut lancée par la reine Victoria, laquelle raffolait de ce style de coiffure inspiré du début du Moyen Âge. Sous son haut patronage capillaire, toutes les femmes du royaume se sont alors mises à l'imiter, jusqu'à ce qu'un âge avancé ne fasse renoncer la souveraine à persister dans sa coquetterie pour adopter une coupe plus « digne ».

Pimpon !

ANECDOTES DE POMPIERS

Nous sommes en intervention et la victime est conditionnée dans l'engin. Nous partons pour le CHU. En plein trajet, un message radio retentit : « VSAV098, vous n'avez rien oublié ? » Le conducteur me passe la radio dans la cellule pour que le chef puisse répondre. Mais je ne comprends pas car, pour moi, il est assis devant, à côté du conducteur. Ah, non… On a oublié le chef sur les lieux !

« *Pour la Sainte-Catherine, le porc couine.* »

Ça s'est passé Le 25 novembre 1120

La *Blanche-Nef*, qui transportait Guillaume Adelin, l'héritier au trône d'Angleterre, fait naufrage, causant la mort de 300 personnes et entraînant le pays dans une guerre civile.

BLASON

C'est un curieux cheminement qui a conduit les édiles de la commune de Hensdbroek, aux Pays-Bas, à choisir les « meubles » du blason de leur ville. Le toponyme est formé sur le prénom « Hein » et pourrait être littéralement traduit par « le ruisseau d'Henri ». Mais les têtes pensantes locales ont préféré découper le nom en *hens*, les poules, et *broek*, le pantalon… (Voir code couleur en dernière page.)

ILS ONT DIT

« Les juges ont de ces genres ! Les uns vous disent « la procédure… » et les autres « le procès dure… ».

Roland Bacri

Les « Cruella » de l'histoire

Gare à Catherine !

Quel personnage que Catherine II de Russie (1729-1796) ! Cultivée, fervente défenseuse de l'orthodoxie, elle était réputée pour sa nymphomanie – qu'elle ne niait pas – et pour sa dureté. Elle complota contre son propre mari, l'empereur Pierre III, petit-fils de Pierre le Grand mais qui, selon elle, n'était pas à la hauteur de son grand-père. Avec l'aide de son amant Grigori Orlov, elle soudoya l'armée impériale qui se retourna contre le souverain et l'assassina. Tout cela pour monter sur le trône à la place de son propre fils, Paul Ier (qui lui succédera quand même après sa mort). La haine entre la mère et son fils fut accentuée lorsque Catherine II retira à Paul ses deux enfants. Par ailleurs, elle expédia en Sibérie Alexandre Radichtchev, auteur hostile à son régime autoritaire. Une impératrice à poigne !

LES ENTREPRISES SE RÉAPPROPRIENT LES CENTRES-VILLES

[L'actu] Peine alternative, le retour

L'originalité de certaines sentences prononcées par des juges américains fait des émules en Argentine. Baby Etchecopar, un animateur de radio connu pour ses propos misogynes, vient d'être condamné par la justice à laisser des féministes intervenir dix minutes dans son émission pendant cinq mois, sans les interrompre pour les critiquer ni les couper par des publicités. Il doit par ailleurs s'abstenir de tout propos offensant envers les femmes pendant un an et faire un don d'au moins 350 euros à une association luttant contre les discriminations liées au genre. Le procureur qui l'a fait condamner a expliqué qu'il voulait que les auditeurs fans de Baby Etchecopar puissent écouter d'autres voix et d'autres explications. D'après lui, « c'est une idée non punitive qui vise à améliorer la tolérance ».

« Brouillard en novembre, l'hiver sera tendre. »

Mots intraduisibles

Pour le Français moyen, le tchèque est une langue complexe et difficilement assimilable, aux allures parfois un peu barbares. Et pourtant, elle réserve de belles surprises à ceux qui s'y intéressent d'un peu plus près. Prenons par exemple le mot *litost*, intraduisible pour nous, mais que l'écrivain Milan Kundera décrit ainsi : « Un état tourmentant né du spectacle de notre propre misère soudainement découverte. » Tout un concept !

FANTÔMES

Verbes régionaux

PIGNOCHER

L'ancien verbe français « espinocher », qui signifiait s'occuper de bagatelles, a donné pinailler, mais aussi picorer, pour parler de ceux qui mangent avec parcimonie. Dans le Jura, aux confins de la Suisse, c'est le verbe « pignocher » qui s'est développé sur la même base. Il qualifie celui qui mange lentement par petits morceaux, sans appétit.

Le Chiffre

380 000

C'est en euros le montant auquel a été adjugé l'an passé un tableau peint par une intelligence artificielle ! Une première qui bouscule le monde de l'art. Proposée par la prestigieuse maison Christie's lors d'une vente aux enchères à New York, la toile conçue par un ordinateur est signée d'une mystérieuse formule mathématique. Près de 15 000 portraits ont été rentrés dans l'ordinateur afin que le logiciel en apprenne les règles et compose cette œuvre. Intitulé *Portrait d'Edmond de Belamy*, le tableau montre un visage flou en col blanc et en habits noirs, celui d'un jeune notable du XIXe siècle (peut-être). Et le résultat est bluffant ! Et un peu inquiétant… Des œuvres artificielles vont-elles remplacer celles des Vinci, Van Gogh et Picasso dans nos musées ? Rassurez-vous, derrière le portrait créé par l'algorithme, il y a encore de vrais auteurs : un collectif d'artistes français. Mais ce ne sera peut-être plus le cas demain…

INVENTIONS INSOLITES

Si la France est sans aucun conteste reconnue comme étant le pays de la gastronomie, on peut sans prendre de risque affirmer que les États-Unis, eux, sont le pays de la « malbouffe ». Il n'y a qu'à voir leur héritage culinaire exporté dans tous les pays du monde sous la forme de milliers de fast-foods et de produits étranges. Ils sont tellement friands de leurs spécialités qu'ils en ont déclinées certaines en bougies parfumées : ainsi trouve-t-on dans le commerce des bougies diffusant un délicieux fumet de pâtes aux nuggets de poulet… Incroyable ? Non, américain !

« *Brumes en novembre, Noël en décembre.* »

Ça s'est passé Le 27 novembre 1520

François de Magellan franchit le détroit qui portera son nom à bord de la *Victoria*. Il est le premier à relier les océans Atlantique et Pacifique par la mer.

Mon Trésor (public) !

Sur les quelque 2500 habitants de l'île de Saint-Barthélemy (Saint Barth' pour les intimes), seuls quelques centaines déclarent leurs impôts. La raison à cela est historique : lors de la cession de l'île par la Suède à la France en 1878, la couronne suédoise a posé une condition : exonérer les habitants pour toujours. C'est pourquoi une grande partie des habitants, mettant en avant ce contrat, refusent toujours de s'acquitter de leurs impôts. Un comble quand on sait que l'île est peuplée de nantis !

ÉLÉMENTAIRE !
Enquêteurs célèbres

Allan Pinkerton est un nom qui est resté gravé à jamais dans l'histoire de la police et des détectives privés. La notoriété de ce détective privé américain était telle que son nom fut pendant des décennies utilisé comme synonyme de détective. La devise de l'agence qu'il créa en 1850 était « *We never sleep* » (« Nous ne dormons jamais ») et symbolisait l'acharnement de Pinkerton à résoudre toutes les affaires qui lui étaient présentées. Il parvint notamment à déjouer un complot contre Abraham Lincoln et joua un rôle (aujourd'hui assez contestable) dans la lutte contre les mouvements sociaux de la fin du XIXe siècle. Anti-communiste radical, il profita de son métier pour servir le gouvernement et les intérêts économiques privés du pays. Sa mort, elle, n'a rien d'héroïque, puisque c'est une gangrène qui l'a emporté après qu'il s'est mordu la langue…

MALADIES ÉTRANGES

Est-ce que, comme bon nombre de Français impatients, vous êtes agacé par la lenteur de la personne qui attend devant vous à la caisse du supermarché ? Il faut dire qu'elle sort chaque article hyper lentement de son panier, comme si elle était filmée au ralenti… Avant de vous énerver, attendez de voir si elle ne souffre pas de dyschronométrie, une maladie très rare et bien étrange qui consiste en une « altération de la gestion des paramètres temporels du mouvement volontaire ». Une expression médicale complexe pour dire que les gens qui souffrent de ce syndrome sont particulièrement lents dans tous leurs mouvements. Autant dire que, si vous cherchez quelqu'un pour vous passer le sel, choisissez une autre personne, ce sera plus rapide !

« *C'est étrange que certains commettent des délits quand il y a tellement de façons parfaitement légales d'être malhonnête.* »

Georges Courteline

Étymolo-quiz...

Vrai ou faux : « lunettes » est un mot directement dérivé de « lune » ?

Réponse : vrai.

NOVLANGUES & JARGONS

« Ubérisation. » Les chaînes d'info n'ont plus que ce mot à la bouche ! Pauvres téléspectateurs… Et sait-on au moins d'où il vient ? C'est tout simplement un dérivé du nom de l'entreprise Uber, un service de voitures avec chauffeurs qui n'emploie que des indépendants plutôt que des salariés et qui ne possède rien en propre. Le principe est de mettre en relation les chauffeurs et les clients dans un temps très court, quasi immédiat. Plus largement, l'ubérisation désigne désormais le processus de précarisation des emplois et de dématérialisation.

ILS ONT DIT

« La seule industrie française qui ne connaisse pas le sous-emploi est la méchanceté. »

Albert Camus

Ha! Ha! Ha!

« Bonjour ! Je m'appelle Simone, annonce une dame âgée au jeune homme assis à côté d'elle dans l'avion. Je suis ravie de vous rencontrer ! Je vais à Nice pour le troisième anniversaire de mon petit-fils. Je suis vraiment très heureuse ! Je me souviens encore lorsqu'il était nourrisson et, maintenant, il a déjà trois ans ! C'est incroyable comme le temps passe vite ! Vous savez, mon petit-fils est un ange. Il est mignon comme tout. Attendez, je dois avoir une photo dans mon sac. Oui, la voici ! Regardez-le, n'est-il pas adorable ? Vous avez vu sa fossette sur sa joue droite ? Je pourrais regarder sa photo des heures entières. Et puis, vous devriez l'entendre au téléphone ! Il est craquant ! Avec sa petite voix toute mignonne, il me dit "bisous mamie !" Cela me met des larmes aux yeux. »

Au bout d'une demi-heure ainsi, alors que le jeune homme est à bout, Simone finit par se rendre compte qu'elle parle un peu trop :

« Oh, excusez-moi ! dit-elle. Je parle beaucoup. Et vous n'avez rien dit. Alors vous ? Vous en pensez quoi de mon petit-fils ? »

Brèves régions

Isère/Le musée de la Houille blanche

En matière de production d'énergie, on qualifie de « houille blanche », par opposition à la houille classique alimentant les centrales à charbon, l'énergie hydraulique produite par les barrages. Avec son relief accidenté, l'Isère est très bien placée pour valoriser cette énergie propre qui contribue à une production d'électricité sans CO_2. C'est à Vaujany, dans l'Oisans, que le musée EDF Hydrélec fait découvrir l'épopée de l'énergie hydroélectrique. Des machines restaurées, un spectacle audiovisuel et des outils multimédias fascinent petits et grands qui le visitent.

Dimanche 29 novembre

Saint Saturnin – On fête aussi les Sernin

Avent

Le soleil se lève à **8 h 20** *et se couche à* **16 h 57**

« *En novembre, si la première neige ne prend pas, de l'hiver elle ne prendra.* »

Invisibles : les petites mains du pouvoir

Pour entretenir les ors de la République, il faut mobiliser tout un tas de métiers anciens, dont le savoir-faire a été transmis de génération en génération. L'un de ces métiers, tapissier, est central dans le maintien du faste du décorum national. Ce sont souvent de petits artisans qui sont choisis, comme Gabriel Ravet, un tapissier du Perche qui a dirigé la réfection de certaines tapisseries de l'Élysée, après avoir travaillé pour le Vatican. Voilà un métier qui nécessite d'avoir… de l'étoffe !

Perles de sportifs

Lapsus ?

Qui l'a dit ? Richard Virenque, cycliste à l'insu de son plein gré.

La perle : « J'aime me défoncer sur un vélo. » Les mauvaises langues penseront qu'il ne parlait pas d'effort intense…

[L'actu] Le poids des hommes

Combien pèsent tous les êtres vivants sur Terre ? C'est à cette question que trois chercheurs ont tenté de répondre dans une étude publiée récemment dans la revue scientifique de référence *Proceedings of the National Academy of Sciences* (PNAS). D'après leurs calculs, la masse totale de la vie sur notre planète – la biomasse – est égale à environ 550 milliards de tonnes de carbone. Et les plus lourds sont… les végétaux qui représentent à eux seuls 82 % du total. Loin derrière, on trouve les bactéries (70 milliards de tonnes) et les champignons (12 milliards de tonnes). Et les animaux alors ? Toutes espèces confondues, ils pèsent moins de 0,5 % du total, l'ensemble de l'humanité ne représentant que 60 millions de tonnes de carbone. Mais c'est sans compter les centaines de millions de tonnes de déchets qu'elle produit chaque année !

LES GRANDS DE LA PETITE REINE

Les années 1990 n'ont pas été une grande décennie pour le cyclisme professionnel, en particulier sur la fin avec les scandales de tricherie et de dopage à répétition. L'une des affaires célèbres est celle de Richard Virenque qui tenta, au beau milieu d'une étape vosgienne du Tour 1997, d'acheter la victoire d'étape auprès du favori du jour, Marco Pantani, pour contrer son concurrent direct, Jan Ulrich. 1 500 euros pour un deal qui n'intéressa pas Pantani et qui laissa Ulrich gagner l'étape. Vertueux, le Pirate ? Pas vraiment, puisqu'on sait qu'il avait accepté une offre similaire de Virenque quelques jours plus tôt, lequel s'acheta ainsi littéralement la victoire à Courchevel. *Money, money, money…*

« *Neige de Saint-André peut cent jours durer.* »

Pimpon !

ANECDOTES DE POMPIERS

L'amour du risque : aujourd'hui, à 3 h du matin, nous sommes bipés pour « défenestration ou tentative ». À notre arrivée, un homme menace de sauter si nous approchons. Il est accroché à sa fenêtre, au bord du vide… au rez-de-chaussée.

Secrets des chansons mythiques

En 1973, la mode était au duo amoureux et, avouons-le, parfois un peu à la guimauve et au dégoulinant. Sylvie Vartan et Johnny, couple mythique s'il en est, durent se plier à cette exigence du public en enregistrant *J'ai un problème* en 1973. Leur problème principal était surtout qu'ils trouvaient tous deux la chanson écrite par Jean Renard très ringarde, à tel point qu'ils durent l'enregistrer séparément, puisqu'ensemble, en studio, ils étaient pris de fous rires incontrôlables !

ILS ONT DIT

« La mort est un manque de savoir-vivre. »

Pierre Dac

Expressions du potager

J'lui a mis une bonne châtaigne !

Notre Astérix national annonce à un notable romain dédaigneux que le village lui « offre sa spécialité… la châtaigne », en illustrant bien entendu son propos d'un formidable crochet au menton. Si « mettre une châtaigne » à quelqu'un ne remonte pas à la Gaule, c'est tout de même une expression ancienne, qui a la même origine (occitane) que la castagne. Mais pourquoi a-t-on assimilé ce fruit à un coup de poing ? Pour sa dureté ? Parce qu'on se battait en lançant des châtaignes ? La petite histoire ne le dit pas. En revanche, elle révèle que le terme de marron (qui a pris exactement le même sens) a été introduit en français par Rabelais, lequel ne se prive pas de plaisanter grassement sur les généreuses flatulences que favoriserait ce fruit farineux. Ainsi, Panurge présente une mariée en disant qu'elle ne risque pas de péter. Pourquoi ? demande Pantagruel. « Parce qu'elle est bien entamée. (…) Les châtaignes qu'on fait cuire au feu, si elles sont entières, elles pètent que c'est rage : et pour les engarder [empêcher] de péter, on les entame. »

Les animaux de compagnie des présidents

Pour ceux qui suivent la politique américaine, il ne fait pas vraiment de mystère que la ligne de Donald Trump est en décalage avec ce qui se faisait avant. En ce qui concerne les animaux, il en est de même. Trump est en effet le premier président américain à ne pas avoir d'animal de compagnie à la Maison-Blanche, rompant ainsi avec une tradition chère au cœur du peuple américain, qui adore les mascottes en général, et les mascottes présidentielles en particulier si l'on en croit les nombreux courriers qui leur sont envoyés. Peut-être n'y avait-il tout simplement pas la place pour deux roquets sous le même toit blanc ?

« Tel Avent, tel printemps. »

L'ÉNIGME DE LA MACHINE À COUDRE

EPISODE 12

Le regard d'Alice glisse sur la New Home qui trône sous l'escalier. Elle s'attarde sur celle qui est à l'origine de tout, de sa plongée dans l'univers du *Vermot*, de ce voyage imprévu avec Laurent, telle une machine à recoudre les costumes d'arlequin et le temps passé. Elle a envie de lui dire merci, comme à sa grand-mère Célia… Laurent interrompt sa pensée :

– Tu entends ? Un coq qui chante… Il doit être 5 heures du matin. Tu veux qu'on aille le chercher avec quelques grains d'orge pour lui poser une question sur l'avenir ?

Alice sourit.

– Oui. Il me manque encore certaines explications. Par exemple, comment Célia est-elle devenue illustratrice pour le *Vermot* ?

– Peut-être que mon grand-père a voulu l'aider. Elle dessinait sous pseudo, elle ne risquait rien, et puis elle était douée. Il suffit de regarder ses portraits de « gueules cassées » accrochés au mur.

– Oui, tu as sans doute raison. Par contre, on ne sait pas s'ils ont pu continuer à s'aimer en cachette…

– Non, c'est leur secret. Je crois que ta grand-mère aimait les mystères… Moi, la question que j'aimerais poser à ce coq auquel nous allons bientôt tordre le cou, c'est : comment allons-nous les appeler ?

– Qui ?

– Nos enfants.

Alice éclate de rire.

– Ah carrément ! Tu ne crois pas que tu vas un peu vite ?

– Non. Quand je vois l'énergie qu'a déployée Célia pour nous réunir, je me dis que si nous lui étions reconnaissants, nous devrions attaquer dès maintenant !

Voilà, il est temps que je reprenne la main pour conclure ce récit, moi, l'almanach *Vermot*. Vous avez vu comme je peux me faire discret ? Avouez que vous m'aviez presque oublié ! Vous avez envie de savoir ce que deviennent Alice et Laurent ? Eh bien, ils ont emménagé tous les deux dans leur belle « New Home » en Dordogne et ont pris un abonnement à vie à mes éditions pour les longues soirées d'hiver au coin du feu. Je blague ! Mais il faut se méfier de l'eau qui rigole, j'ai encore beaucoup d'histoires tendres cachées dans mes tuyaux… de poêle !

FIN

Une histoire créée par Emmanuelle Pavon-Dufaure

« *La probabilité de réussir la mise sur orbite d'une fusée est d'une chance sur un million. Dépêchons-nous de rater 999 999 lancements !* »

Jacques Rouxel, proverbe Shadok

Devinette

Qu'est-ce que c'est ?

On peut s'en servir comme litière,
Ou quand on se désaltère,
On peut lui confier notre sort,
Ce qui peut nous faire du tort.

Une paille

0 2 0 FUTOSHIKI

Cette grille ne contient que des 0 et des 2.
Il y a autant de 2 et de 0 sur chaque ligne et dans chaque colonne.
Il n'y a pas plus de 2 chiffres identiques côte à côte.
2 lignes ou colonnes ne peuvent être identiques.
Il faut respecter les signes d'inégalité entre les cases.

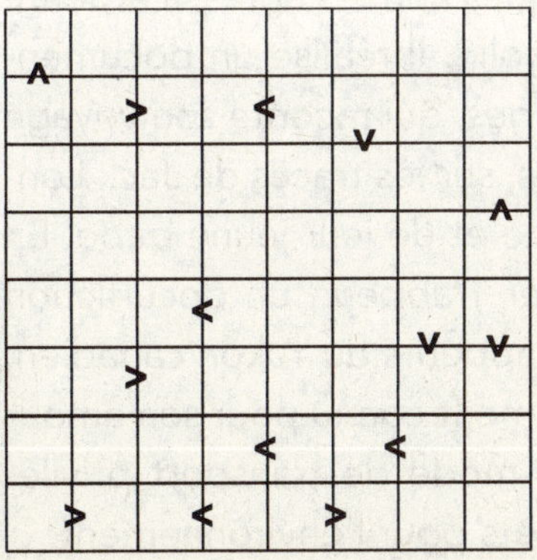

Solution page 360

DE L'OR DANS LA VOIX

Quelle chanteuse surnommait-on la Divina Assoluta ? Les amateurs le savent, il s'agit bien sûr de Maria Callas, ou La Callas, dont la vie et l'œuvre sont impossibles à résumer brièvement. De Cecilia Sophia Anna Maria Kalogeropoulos (son vrai nom), née le 2 décembre 1923 à New York, on se souvient surtout qu'elle pouvait tout chanter, de la Brünnhilde de Wagner à l'Elvira de Bellini, et que sa vie était tumultueuse, digne de la diva qu'elle était ! Son talent était tel qu'on apprend aujourd'hui aux apprenties chanteuses à ne surtout pas l'imiter, au risque de tomber dans le ridicule. Inimitable Callas...

« C'EST GENTIL D'AVOIR PENSÉ À MOI, POUR NOËL. UN ARBRE, RIEN QUE POUR MOI TOUT SEUL ! »

AUX ORIGINES DES JEUX OLYMPIQUES

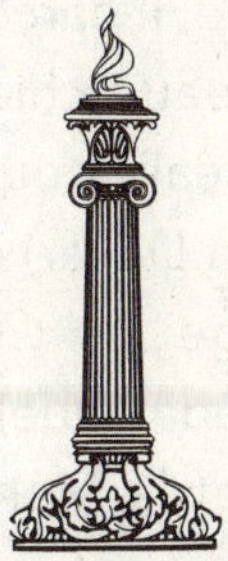

À l'origine, les jeux Olympiques étaient destinés à renforcer l'unité nationale grecque et à faire vivre et promouvoir la culture hellène par-delà les frontières. C'est dans ce but de promotion notamment que les provinces grecques éloignées avaient pour habitude de créer des stades et des installations sportives pour entraîner les athlètes sur place et les envoyer aux jeux Olympiques le moment venu. Mais l'hégémonie grecque sur les Jeux prit fin au IIe siècle avant J.-C., lorsque la citoyenneté romaine fut étendue à tous les habitants de l'Empire romain. De fait, il fallut alors élargir la participation aux Jeux aux Romains, puis aux autres nationalités, un peu à l'image de nos Jeux modernes. Le dernier lauréat d'Olympie, en 385 après J.-C., vainqueur de l'épreuve de boxe, était d'ailleurs un Perse d'Arménie nommé Varazdates.

Jeudi 3 décembre

Saint François-Xavier – On fête aussi les Birin

Le soleil se lève à 8h25 et se couche à 16h55

« Blanche gelée est de pluie passagère. »

Rétro Vermot

Chez le cordonnier :

« Oh, les chaussures neuves, quel supplice les trois premiers jours!

– Mais Monsieur, il ne faut les mettre que le quatrième jour. »

Les fautes des grands écrivains

Quand on lit cette lettre de Jules Verne adressée à ses parents datée du 3 décembre 1851, on pourrait penser qu'en disant «les maisons sont criblées de bals» il évoque simplement une ferveur populaire ou une quelconque fête nationale qui aurait eu lieu dans son quartier au moment de la rédaction… Pourtant, les amateurs d'histoire auront tout de suite fait le rapprochement entre la date de cette lettre et les événements du moment : en effet, Jules Verne rédige ces mots au lendemain du coup d'État bonapartiste du 2 décembre 1851, ce sont donc les impacts de «balles» qui ornaient les murs ! Certainement troublé par la situation, on lui pardonne aisément les tremblements de sa plume, pourtant savante…

LOISIRS TENDANCE

Art collectif éphémère

Non, le *flash mob*, ce n'est pas défiler à toute vitesse à mobylette ! C'est une création artistique éphémère, collective et très ludique. Par exemple, vous assistez à un *flash mob* lorsque, patientant dans un hall de gare ou vous promenant dans la rue, vous avez la surprise de voir les autres passants se lancer dans une chorégraphie millimétrée avant de se disperser, comme si de rien n'était. Cette « mobilisation éclair » est organisée via les réseaux sociaux. Marrant, non ?

GRANDS VOYAGEURS

Nicolas Vanier, amoureux du Grand Nord

À 30 ans, Nicolas Vanier traverse la Laponie à pied ; la même année, il parcourt le Grand Nord québécois en canoë et en traîneau à chiens. Cette passion pour les régions nordiques, le réalisateur la cultive depuis son enfance (naissance en 1962 à Dakar) et il y consacre sa vie entière. Son premier ouvrage, *Le Coureur des bois*, raconte ses expéditions au Canada. Quelques années après, il arpente l'Alaska, la Sibérie et la Mongolie. Il réalise un documentaire en 1994, *L'Enfant des neiges*, qui raconte son voyage d'un an à travers les Rocheuses, sur les traces de Jack London, accompagné de sa femme et de leur jeune bébé. En 2004, Vanier réalise *Le Dernier Trappeur*, un docu-fiction consacré à l'un des derniers trappeurs du Yukon canadien. Le cinéaste-écrivain est notamment connu pour son amour des chiens de traîneau – son mode de transport privilégié–, ainsi que pour ses combats pour l'environnement.

« *Chaque chose en son temps, les navets et les choux pour le mois de l'Avent.* »

Expressions d'hier décryptées

Vêpres de Sicile, Matines de France

Les Vêpres de Sicile sont un soulèvement de l'île contre la domination du roi Charles d'Anjou, d'origine française, au soir du 31 mars 1282. Les Matines de France évoquent le massacre des protestants à l'aube du 24 août 1572, jour de la Saint-Barthélemy. Ce vieil adage rappelle ainsi que les premières échouèrent, mais pas les secondes.

Charade

Classique

Mon premier marque l'hésitation.

Mon deuxième constitue un obstacle.

Mon troisième est un instrument de musique à cordes et à frettes joué à l'aide d'un archet.

Mon quatrième est la partie latérale d'un bâtiment.

Mon cinquième est un titre de noblesse.

Mon tout est l'un des architectes français les plus célèbres du XIXe siècle. Il restaura la cité de Carcassonne.

EUGÈNE VIOLLET-LE-DUC (EUH - GÊNE - VIOLE - AILE - DUC)

Brèves régions

Manche/Le hangar à dirigeables

À Écausseville, dans la Manche, se visite un monument totalement atypique : un hangar à dirigeables. C'est en décembre 1916 que fut créé sur le territoire du hameau de la Bazineric un centre destiné à accueillir les dirigeables que les militaires souhaitaient employer pendant la Première Guerre mondiale pour chasser les sous-marins allemands. Deux hangars furent construits ainsi qu'une usine à hydrogène et deux gazomètres. Désaffecté en 1927, le site fut occupé par les Allemands de 1940 à 1944, puis le hangar eut une nouvelle vie entre 1967 et 1969 pour la mise au point des ballons destinés aux essais de la bombe H à Mururoa. Il est aujourd'hui géré par une association qui l'entretient et le fait visiter.

Le prix du beurre s'envole...

Les « Cruella » de l'histoire

La Dame de fer

Contrairement aux autres personnalités évoquées dans cette rubrique, Margaret Thatcher (1925-2013) n'a semble-t-il étranglé ni empoisonné personne ! Chantre du libéralisme, la première femme « Premier ministre » britannique (de 1979 à 1990) avait néanmoins un sang-froid et une fermeté à toute épreuve : elle résista sans faiblir aux grèves des mineurs opposés à la fermeture des puits de charbon, à la menace des Argentins qui envahirent les îles Malouines, ainsi qu'à la grève de la faim menée par des prisonniers issus de l'IRA pour obtenir le statut de prisonniers politiques (dix d'entre eux en moururent)... On ne l'appelait pas la « Dame de fer » pour rien : ce qualificatif, octroyé en 1976 par un journal russe en raison de son anticommunisme, fait ainsi référence à sa légendaire inflexibilité.

« *Il faut les avents froids et secs si l'on veut boire sec.* »

Pièges de l'ortografe (h / ph)

Soi-disant

Pour savoir s'il faut ou non un t à « soi » dans l'expression « soi-disant », il suffit de considérer la formule équivalente « qui se prétend tel » et comparer « soi » à « se » : il s'agit bien de pronoms personnels et non du verbe être. Quant au pluriel, « disant » étant un participe présent, il ne s'accordera jamais, ni au féminin ni au pluriel.

Chiffres et expressions

Faire les quatre cents coups

Après avoir tiré « quatre cents coups », les canons d'hier n'étaient plus garantis par leurs fabricants. Tout pouvait donc arriver au sein des armées si on continuait à les utiliser. Par analogie, le soldat qui a passé longtemps sous les drapeaux et vécu auprès de ses camarades les pires expériences a eu le temps de « faire les quatre cents coups ».

LES POLITICIENS

LES CHANSONS DE JOHNNY HALLIDAY

E	G	R	E	Q	U	E	I	M	S	S	J	C	Q
D	M	U	E	K	B	D	U	X	E	A	R	H	S
X	E	W	E	I	O	N	L	R	M	E	H	A	H
U	D	N	D	E	T	I	D	A	C	O	R	R	Y
E	B	O	M	N	S	N	I	N	M	B	A	L	N
V	L	D	O	Y	E	S	E	M	N	B	L	I	M
E	P	E	Z	T	H	M	E	P	A	O	U	E	E
H	L	R	S	B	M	I	K	N	R	X	R	D	A
C	P	N	O	O	U	W	D	N	N	A	V	H	R
A	O	I	C	Q	Y	O	K	U	T	E	H	V	D
Q	S	E	E	E	N	C	X	I	J	Q	T	C	N
U	N	R	U	N	O	G	U	T	D	A	E	I	E
E	I	X	E	R	W	G	E	U	Q	S	A	M	I
J	A	M	I	A	S	N	I	T	A	M	J	C	V

Solution page 363

Tous les noms de la liste sont distincts dans la grille, c'est-à-dire qu'aucun nom n'est complètement inclus dans un autre.

1. Le Chanteur ______
2. Aussi dur que du ______
3. Les ______ en croix
4. Cours plus vite ______
5. Si j'étais un ______
6. La Fille aux ______ clairs
7. L'Hôtel des ______ brisés
8. Pour moi, la vie va ______
9. La Fille de l'été ______
10. La ______ fait mal
11. Ça ne change pas un ______
12. L' ______ à l'amour
13. L' ______ des jeunes
14. Je n'ai ______ pleuré
15. J'en mettrai pas ma ______ au feu
16. Quand le ______ tombe
17. J'la croise tous les ______
18. Mon plus beau ______
19. Quand revient la ______
20. ______ pour un fou
21. Le Bon Temps du ______
22. Je suis né dans la ______
23. Tes ______ années
24. Quelque chose de ______
25. Un jour ______
26. Mes ______ sont fous

Dimanche 6 décembre

Saint Nicolas – On fête aussi les Nikolaï, Colas, Nicole

« *Neige à la Saint-Nicolas donne froid pour trois mois.* »

Verbes régionaux

ÉCLAFOIRER

Le moins que l'on puisse dire, c'est que la sonorité du verbe «éclafoirer» est parlante. Utilisé dans le Massif central, il constitue une contraction des verbes éclater et foirer. Ce qui «éclafoire» commence à éclater, mais finit par foirer comme un pétard mouillé. Si quelqu'un s'écrase mollement sur le sol, on dit volontiers qu'il s'est «éclafoiré» par terre.

Nos régions ont du talent

En raison de leur histoire et de leur position géographique toutes deux sensibles, l'Alsace et la Lorraine ont mêlé dans leurs traditions les influences germaniques et françaises. C'est ainsi que l'on célèbre Saint-Nicolas le 6 décembre dans ces deux régions en lieu et place du père Noël «classique». Afin de recevoir leurs cadeaux (trois semaines avant tout le monde), les petits veinards alsaciens doivent placer leurs bottes devant la porte de leur maison afin que saint Nicolas y dépose offrandes et friandises. «Dis, Maman, on peut déménager?»

Recette de cuisine

Tarte soleil version flammekueche

Pour 4 pers. 15 min de préparation 25 à 30 min de cuisson

- 2 pâtes feuilletées
- 1 bel oignon blanc
- 125 g de lardons fumés
- 100 g de crème fraîche épaisse
- 20 g de fromage râpé
- 1 jaune d'œuf (pour dorer)
- Huile (pour la cuisson)
- Sel, poivre

Préchauffez le four à 180 °C (th. 6). Pelez et émincez l'oignon. Faites-le dorer avec un peu d'huile dans une poêle, puis ajoutez les lardons. Laissez cuire quelques minutes.

Déroulez 1 pâte feuilletée sur une plaque de four. Étalez la crème, répartissez le contenu de la poêle, puis couvrez avec la seconde pâte en appuyant bien partout pour souder l'ensemble.

Déposez un verre au centre de la tarte et découpez des parts étroites en partant du verre. Torsadez ensuite ces «parts» de pâte en les tournant délicatement, en veillant à ne jamais les détacher du centre de la tarte.

Badigeonnez le tout de jaune d'œuf à l'aide d'un pinceau et saupoudrez de fromage râpé.

Enfournez la tarte pour 25 à 30 minutes de cuisson, jusqu'à ce qu'elle soit bien dorée.

BLASON

En 1951, en réfléchissant à doter leur ville d'un blason, les élus locaux de Seinäjoki, ville de l'ouest de la Finlande, sont revenus sur l'étymologie du toponyme. Celui-ci est effectivement l'assemblage de *seinä* qui signifie le mur, avec *joki*, désignant la rivière en finnois. Faut-il comprendre qu'autrefois la rivière séparait, tel un mur, la ville en deux parties ? (Voir code couleur en dernière page.)

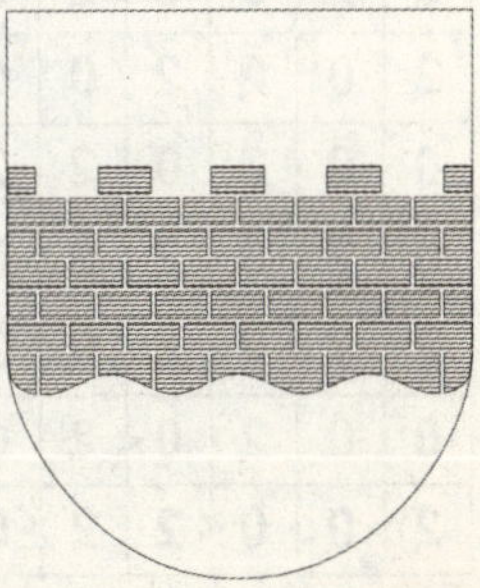

« *À la Saint-Ambroise, du froid pour huit jours.* »

Pan Pan!

PERLES DE POLICIERS

Dans un rapport de gendarmerie : « C'est à l'intersection des deux routes que le mur a violemment heurté la voiture. » Attention aux murs sauvages, on ne le dira jamais assez !

Secrets des chansons mythiques

Quand Claude François nous décrit cette année-là dans la chanson du même nom, il commet une petite faute historique. En effet, il évoque à un moment « la musique d'un oiseau qu'on appelait Spoutnik » et qui passerait dans le ciel de cette belle année 1962. Sauf que le fameux Spoutnik soviétique et son bip-bip célèbre datent de 1957… Comme quoi, on peut être dans la lune et ne pas savoir ce qui se passe dans l'espace !

ILS ONT DIT

« Le mariage, c'est un CDI, couple à durée interminable. »
Anne Roumanoff

Solution futoshiki [p. 355]

0	2	2	0	0	2	0	2
∧ 2	2 >	0	0 <	2	2 ∨	0	0
2	0	2	2	0	0	2	0
0	0	2	0	2	2	0	∧ 2
0	2	0 <	2	0	0	2 ∨	2 ∨
2	2 >	0	2	0	2	0	0
0	0	2	0 <	2	0 <	2	2
2 >	0	0 <	2	2 >	0	2	0

ÉLÉMENTAIRE !

Enquêteurs célèbres

Si le nom de Jay J. Armes ne vous dit rien, nous vous conseillons de faire quelques recherches à son sujet, car cet homme est exceptionnel. Amputé des deux mains à l'âge de 7 ans après un accident avec des feux d'artifices, Armes s'est d'abord lancé dans une carrière d'acteur avant de créer en 1978 une agence de détectives privés, qui connut un succès retentissant. Armes, bon vivant et excentrique, avait pour habitude de porter des prothèses exotiques, équipées d'armes, de crochets ou d'autres accessoires. Devenu le détective des stars à la fin de sa carrière, il fallait avancer pas moins d'un million de dollars pour qu'il réfléchisse seulement à suivre une affaire. Parmi ses clients fameux, Marlon Brando, Elvis Presley et John Lennon. Stan Lee, le créateur de Spiderman, lui demanda même l'autorisation de créer un personnage à son image – comme seule l'Amérique sait en produire !

Le Chiffre

230 000

C'est en kilomètres carrés la superficie d'un gigantesque réseau de termitières découvert récemment au Brésil. Soit pratiquement la taille de la Grande-Bretagne ! Les chercheurs l'ont déniché dans la Caatinga, une forêt dense et basse dans la région de Fortaleza, au nord-est du pays. Ce réseau a été mis à jour après que de nombreuses terres du secteur ont été défrichées pour le pâturage. Il compterait environ 200 millions de termitières sous forme de monticules mesurant environ 2,5 mètres de haut et 9 mètres de large. Selon les scientifiques, les plus anciens d'entre eux auraient été construits par les termites il y a près de 4 000 ans.

« *Moins le poste que vous occupez sera élevé, plus votre absence sera remarquée.* »
Georges Courteline

Perles de sportifs

Ballon rond et raquette

Qui l'a dit ? Gérard Houllier, entraîneur de football.
La perle : « C'est comme un tennisman : on voit la ligne d'arrivée et on se demande si on va la franchir. » Une métaphore qui mérite un carton jaune de l'arbitre de ligne de fond !

Mon Trésor (public) !

Les impôts, ça peut parfois donner l'impression de jeter l'argent par les fenêtres... Et vous ne croyez pas si bien dire ! Après la Révolution, il fut instauré en France un impôt sur les portes et fenêtres : plus on avait d'ouvertures dans sa maison, plus on payait cher. Pour échapper à cela, certains habitants des villes bouchaient alors leurs fenêtres et les remplaçaient par des trompe-l'œil. Moins efficaces en termes de luminosité et d'aération, mais nettement plus économiques !

Aventuriers de l'impossible

Ahmed Gamal Gabr se jette à l'eau

Les plus grands explorateurs sont souvent ceux qui parcourent le plus de kilomètres, mais, parfois, il ne faut pas aller bien loin pour être un véritable aventurier et laisser une trace dans l'histoire. Dans le cas de l'Égyptien Ahmed Gamal Gabr, la distance n'est pas tellement impressionnante puisqu'elle n'est que de quelques centaines de mètres... Mais lorsqu'on sait que l'homme est un multiple détenteur de records d'apnée libre, les choses prennent une autre dimension. Son plus grand accomplissement : le record de la plongée en apnée la plus profonde avec un incroyable 335,35 m, établi en 2016 (à 44 ans) en mer Rouge. Mais ce ne fut pas sans risque. On le laisse raconter : « Je fus atteint de symptômes narcotiques à une profondeur de 290 m. Mais lorsque j'ai constaté que je pouvais toujours bouger les doigts et toucher le bouton de mon gilet stabilisateur, j'ai décidé de continuer la plongée. Je suis arrivé à 335,35 m, puis j'ai commencé à remonter à la surface. Un centimètre de plus et j'y passais. »

Invisibles : les petites mains du pouvoir

Si certains employés passent la journée sous les ors du palais de l'Élysée, d'autres, en revanche, ne voient littéralement jamais le jour (ou presque). Il s'agit des six archivistes qui travaillent à temps plein pour récupérer, archiver et classer tous les documents officiels, dont les 2 000 discours (environ) lus par le président au cours d'un quinquennat, et fournir aux conseillers les ouvrages qu'ils demandent parmi les 10 000 disponibles sur place. Leur terrain de jeu : 2 km de couloirs et de dossiers lézardant dans les sous-sols du palais. De là à les traiter de taupes, il n'y a qu'un pas !

Mercredi 9 décembre

Saint Pierre Fourier – On fête aussi les Léocadie

Le soleil se lève à **8h32** *et se couche à* **16h53**

« *En décembre, fais du bois et endors-toi.* »

Argot-quiz…

« Rade » peut désigner deux choses : un bateau et….

Réponse : un bar.

Brèves régions

Lot-et-Garonne/Le meunier de Barbaste

Le meunier de Barbaste ou, plus exactement, « Lou moulié dé Barbasto » était un surnom affectueux d'Henri IV. Le roi possédait effectivement ce lieu comme héritier descendant de la famille d'Albret, qui le détenait depuis 1308.
Barbaste n'était pas un simple moulin, mais une construction fortifiée placée au carrefour stratégique de deux anciennes voies romaines, l'une reliant la Garonne aux Pyrénées et l'autre Bordeaux à Auch.

M. et Mme DUPONT
Poissoniers
ont six enfants
Colin, Julienne, Lorette, Loth, Omar, Sandre

[L'actu] Exhibitionnisme légal !

La ville de Guadalajara (Mexique) a récemment adopté une mesure plutôt singulière. Le conseil municipal a tout simplement autorisé les relations sexuelles dans les lieux publics en modifiant la loi régissant les « actes allant à l'encontre de la dignité et de la coexistence sociale ». En vertu de la nouvelle législation locale, les relations sexuelles et les actes d'exhibitionnisme de nature sexuelle, dans les lieux publics ou vacants, dans les véhicules ou à l'intérieur de lieux privés visibles de l'extérieur, ne sont considérés comme des délits que si quelqu'un vient s'en plaindre. Dans le cas contraire, les forces de l'ordre ont pour consigne de ne rien faire. Officiellement, il s'agit justement de permettre à la police locale de s'occuper des « crimes et délits sérieux ». Officieusement, la mesure vise à mettre fin à certaines pratiques d'extorsion : les agents utilisaient fréquemment le texte de loi précédent pour racketter les couples qui s'embrassaient, en les menaçant de poursuite pour attentat à la pudeur.

HOROSCOPE CHINOIS

COCHON

Caractère : Entier, épicurien, têtu, affectueux, doux, idéaliste, optimiste, naïf, naturel, simple, terre à terre.

Les grandes tendances de l'année

Attendez-vous à une année compliquée pour les échanges, notamment d'août à septembre où les tensions seront à leur maximum. Vous devrez faire preuve de tact ou apprendre à reconnaître vos torts pour éviter que les choses s'enveniment. Février sera un mois parfait pour vous fixer de nouveaux objectifs de vie et prendre des résolutions.

Jeudi 10 décembre

Saint Romaric – On fête aussi les Eulalie, Koulizh

« *En décembre, mieux valent gel et glace que soleil vivace.* »

Ça s'est passé

Le 10 décembre 1920

Léon Bourgeois, président du Sénat français et du premier Conseil de la Société des Nations, concepteur de la théorie du solidarisme, reçoit le prix Nobel de la paix.

ILS ONT DIT

« Il est presque impossible de rendre heureux son propre mari ; c'est infiniment plus facile avec le mari d'une autre. »

Zsa-Zsa Gabor

Solution mots mêlés [p. 358]

E	G	R	E	Q	U	E	I	M	S	S	J	C	Q
D	M	U	E	K	B	D	U	X	E	A	R	H	S
X	E	W	E	I	O	N	L	R	M	E	H	A	H
U	D	N	D	E	T	I	D	A	C	O	R	R	Y
E	B	O	M	N	S	N	I	N	M	B	A	L	N
V	L	D	O	Y	E	S	E	M	N	B	L	I	M
E	P	E	Z	T	H	M	E	P	A	O	U	E	E
H	L	R	S	B	M	I	K	N	R	X	R	D	A
C	P	N	O	O	U	W	D	N	N	A	V	H	R
A	O	I	C	Q	Y	O	K	U	T	E	H	V	D
Q	S	E	E	E	N	C	X	I	J	Q	T	C	N
U	N	R	U	N	O	G	U	T	D	A	E	I	E
E	I	X	E	R	W	G	E	U	Q	S	A	M	I
J	A	M	I	A	S	N	I	T	A	M	J	C	V

1. Abandonné 2. Bois 3. Bras
4. Charlie 5. Charpentier
6. Cheveux 7. Cœurs
8. Commencer 9. Dernier
10. Guitare 11. Homme
12. Hymne 13. Idole 14. Jamais
15. Main 16. Masque 17. Matins
18. Noël 19. Nuit 20. Requiem
21. Rock'n'roll 22. Rue
23. Tendres 24. Tennessee
25. Viendra 26. Yeux

MALADIES ÉTRANGES

Non, les morts-vivants ne se croisent pas que dans les films et séries de science-fiction les plus fantaisistes et alarmistes nous annonçant la fin du monde, mais aussi parfois dans les hôpitaux… Bien sûr, n'ayez pas peur, il ne s'agit pas de « vrais » morts-vivants qui en veulent à votre cerveau pour le petit déj, mais de personnes atteintes du syndrome du mort-vivant. Une maladie rarissime associée à un délire psychotique, dans laquelle le patient est intimement persuadé soit d'être mort, soit que certaines parties de son corps ou certains de ses organes le sont. L'une des conséquences de ce syndrome est que les gens atteints, persuadés d'être morts, sont convaincus d'être… immortels ! Et beaucoup se « suicident » sans le vouloir. « Regarde, maman, je vole ! » Heu… non.

Ha! Ha! Ha!

Un ministre africain rend visite à un ami politique français dans sa superbe villa et remarque tout de suite les toiles de maître.

« Comment as-tu fait pour te payer de telles œuvres en faisant de la politique ? demande t-il à son ami.

– Tu vois l'autoroute, au loin ? Eh bien, elle a coûté 500 millions d'euros. J'ai pris 10 % en pot-de-vin. »

Quelques temps plus tard, le politique français se rend chez son ami ministre en Afrique. Celui-ci vit dans un immense château en marbre décoré avec des sculptures anciennes de grande valeur. Il lui demande :

« Comment as-tu réussi à t'enrichir autant en faisant de la politique ? »

Le ministre africain répond en montrant la fenêtre :

« Tu vois l'autoroute, là-bas ?

– Non…, répond le politicien français étonné.

– Bah voilà ! »

Le soleil se lève à 8h34 et se couche à 16h53

« Visite les ruches à la Saint-Daniel, mais garde-toi de leur ôter le miel. »

Rétro Vermot

Chez l'avocat :

« Mais Madame, vous ne pouvez pas vous remarier… Sinon, votre mari l'a bien spécifié dans son testament, sa fortune reviendra à son frère.

– Justement… C'est le frère que j'épouse. »

{ Mots qui changent de sens }

Quelqu'un de niais, dans le sens moderne du mot qui est le plus répandu aujourd'hui, est quelqu'un de bête, de candide, qui ne connaît pas les usages du monde. Mais à l'origine, « niais » est avant tout un terme de fauconnerie qui désigne un oiseau qui a été pris directement dans le nid et qui porte encore du duvet sur la tête. « Cui-cui, les petits oiseaux », pourrait-on dire….

Ils ont dit

« Il est bien difficile de dire si l'homme naît méchant ou s'il le devient tout de suite. »
Henry Becque

LES GRANDS ILLUSIONNISTES

Le démystificateur

Parmi les prestidigitateurs français contemporains, Gérard Majax est l'un de ceux qui ont marqué les années 1980 et 1990. Outre ses talents de magicien, dont il a régalé le grand public en participant à de nombreuses émissions télévisées, il est également réputé pour son intérêt pour la zététique, « l'art du doute », c'est-à-dire l'étude scientifique et rationnelle des phénomènes qui sont présentés comme surnaturels, paranormaux. On doit ainsi à Gérard Majax la fameuse démystification en direct du soi-disant médium Uri Geller : alors que ce dernier avait exposé ses « pouvoirs » (déformation de cuillère en acier, notamment), l'illusionniste démontra que cela relevait de la supercherie. C'était en 1987, mais il fallut attendre près de vingt ans pour que Geller admette avoir trompé son monde sur la nature de ses talents.

LES GRANDS DE LA PETITE REINE

Pendant un grand tour sur plusieurs semaines, chaque cycliste a ses propres objectifs. Il y a bien sûr les prétendants au titre général, les sprinteurs, les montagnards et les équipiers dont le but est de soutenir le champion de leur équipe. Pour Federico Bahamontes, l'Aigle de Tolède, on ne rigolait pas avec les objectifs. Quand, au cours du Tour 1954, arrivé large premier en haut du col de Romeyère, il s'arrêta pour déguster une glace et attendre ses concurrents, le public et la presse s'étonnèrent de cet étrange comportement encore jamais vu. Il leur répondit simplement en « franspagnol » dans le texte : « Le directeur sportif, il a demandé à moi de gagner le Grand Prix de la montagne. Moi, il a marqué beaucoup de points. » *Pragmatico, l'amigo* !

« À la Saint-Corentin, le plein hiver glace le chemin. »

Pimpon !

ANECDOTES DE POMPIERS

Lors d'un interrogatoire pour établir un diagnostic :
« Sur une échelle de 1 à 10, où situez-vous la douleur ?
- À la hanche. »
En même temps…

Les animaux de compagnie des présidents

« Emmanuel Macron et sa poule » titraient les journaux en légende d'une photo du président au Salon de l'Agriculture en février 2018. Rassurez-vous, il n'y apparaissait pas en compagnie de sa femme Brigitte, mais en celle d'Agathe, une poule de Loué offerte au président par le directeur général des Fermiers de Loué. L'occasion d'un bon coup de pub, bien sûr, mais surtout de la réaffirmation de l'autonomie du président par rapport au premier de ses ministres. Pensez-donc, les œufs présidentiels étaient jusque-là fournis par le poulailler de la place Beauvau !

二千二十 2020 année du RAT

Le « roi des rats »

Le « roi des rats » est une étrange composition de plusieurs cadavres de rats reliés les uns aux autres par la queue et formant un nœud inextricable… On ne sait si ce phénomène relève du canular (pas drôle) d'humains (tordus) ou d'une excentricité de la nature. Des zoologistes se sont penchés sur la question, sans succès. Quant à son nom, il ferait référence à une légende selon laquelle le roi de ces rongeurs se déplacerait en utilisant comme mode de transport un tel équipage vivant. Le plus grand spécimen a été trouvé en Allemagne en 1828 et compte 32 rongeurs. En 1986, un roi des rats de 12 bêtes a été trouvé par un dératiseur dans une ferme en Vendée, puis donné au musée de Nantes, où il est aujourd'hui exposé. Vous pouvez donc admirer par vous-même cette bizarrerie et vous forger votre propre opinion !

LA JUSTICE AMÉRICAINE ENQUÊTE SUR GOOGLE

AU PEIGNE FIN !

Tous ceux qui ont ouvert un livre d'histoire en ont déjà l'intuition : le XVIIIe siècle était LA période de toutes les excentricités capillaires (et pas que…), bien que les cheveux naturels ne se fissent que rarement apercevoir, dissimulés qu'ils étaient sous les imposantes perruques, tellement travaillées qu'elles en devenaient presque importables. Parmi ces créations atteintes de gigantisme, on trouvait de doux noms qui fleuraient bon la simplicité, par exemple : le hérisson à quatre boucles, le parterre galant, le pouf à la chancelière, le bonnet à fusée, le casque à la Minerve ou à la dragonne, la Daunière, ou le chapeau en berceau d'amour orné de fleurs… Un siècle tout en extravagance !

« *L'eau bouillante est-elle moins bouillante en hiver qu'en été ?* »

Pierre Dac

Ça s'est passé Le 13 décembre 1920

L'Allemand Hans Riegel fonde à Bonn une usine de confiserie qui se développera jusqu'à devenir une multinationale prospère : Haribo.

BLASON

Les armes de l'archidiocèse de Hartford, instance de l'église catholique installée dans le Connecticut, aux États-Unis, représentent un cerf traversant un cours d'eau. C'est une transcription graphique du nom de la ville si on considère que « hart » désigne le cerf et « ford » le gué. La mitre surmontant le blason et une croix près de l'animal rappellent son sens religieux. (Voir code couleur en dernière page.)

ILS ONT DIT

« Manger de l'ail. Ça rajeunit l'organisme et ça éloigne les importuns. »

Alexandre Vialatte

PROBLÈMES DE MATHS DU CERTIFICAT D'ÉTUDES

Pour confectionner un costume d'homme, un tailleur utilise 3,25 m de drap à 32 F le mètre, 1,50 m de doublure à 8 F le mètre et 6 F de fournitures diverses. L'ouvrier tailleur qui fait le travail gagne 2,50 F de l'heure, mais son patron verse en plus 12 % de cette somme à la Sécurité sociale.

Question 1 : À combien revient le costume si l'ouvrier y travaille 25 h ?

Question 2 : Combien (au franc près) paierai-je mon costume chez ce tailleur si le patron prend un bénéfice de 30 % et si je dois en plus payer une taxe locale de 2 % ?

Réponse 1 : 192 F
Réponse 2 : 255 F

« TU AURAIS QUAND MÊME PU ATTENDRE QUE LE GOSSE SOIT LEVÉ.
– J'AVAIS FROID ! »

[L'actu] Mastication perpétuelle

Les chewing-gums qui ne perdent jamais leur goût, c'est pour bientôt ! Des chercheurs japonais viennent de mettre au point une « gomme électrique illimitée » qui conserve son goût tant qu'elle est mastiquée. Le faux chewing-gum stimule électriquement les récepteurs gustatifs de la langue pour créer une saveur qui n'existe pas. Cette gomme à mâcher synthétique est composée de matériaux innovants connus pour leur qualité piézoélectrique, caractéristique qui leur permet de générer une impulsion électrique lorsqu'ils sont déformés — par le mâchonnement dans le cas présent. Les 80 volontaires qui ont testé ce chewing-gum éternel ont « presque tous » ressenti une saveur et n'ont éprouvé « aucune douleur » selon les chercheurs. Néanmoins, la plupart des sujets ont estimé que la gomme à mâcher avait un goût de poisson séché… Les scientifiques se sont remis au travail pour obtenir d'autres saveurs perpétuelles. Ils s'intéressent surtout aux arômes « fromage », « sauce soja » et « champignon shiitake », très populaires au Japon.

« Quand à la Sainte-Odile tombe la neige, le gel est souvent du cortège. »

Pan Pan!

PERLES DE POLICIERS

Dans un rapport de police : « Le cadavre ne semblait pas en possession de toutes ses facultés, nous n'avons donc pas pu l'interroger. » Il y en a vraiment qui ne font aucun effort!

NOVLANGUES & JARGONS

Dans son livre *1984*, George Orwell décrit la « novlangue », un langage modifié et détourné s'articulant autour de cinq piliers : les mots trompeurs, qui ont changé de sens et qui signifient souvent le contraire de ce qu'ils exprimaient auparavant; les mots subliminaux, utilisés pour produire certains effets de répulsion ou d'approbation chez le destinataire; les mots marqueurs, exprimant l'idéologie dominante; les mots tabous, que l'idéologie dominante s'efforce de supprimer; et les mots sidérants, qui visent à disqualifier les adversaires du système. Vous reconnaissez quelque chose?

Les fautes des grands écrivains

Vous pensez que les jeunes d'aujourd'hui ne maîtrisent plus l'orthographe et charcutent allègrement notre belle langue avec leurs néologismes et leurs réformes ? C'est peut-être vrai, mais l'idée d'une jeunesse destructrice du langage n'est pas franchement nouvelle. Ainsi, en 1913, un critique littéraire un peu pointilleux sur le « bien écrire » a fustigé le roman *Du côté de chez Swann*, de Marcel Proust : « Visiblement, les jeunes ne savent plus du tout le français », écrivit-il. « La langue se décompose, se mue en un patois informe et glisse à la barbarie. » Rétrospectivement, la remarque porte à sourire quand on connaît le succès de Proust et son influence sur la littérature française…

Trouvailles scientifiques incongrues
Du palu… au tissu!

Dans les années 1850, l'étudiant en chimie William Henry Perkin travaillait d'arrache-pied pour essayer de synthétiser la quinine, une substance naturelle utilisée dans le traitement du paludisme. Cette maladie faisait alors des ravages chez les soldats envoyés aux Indes britanniques. Le jeune Anglais n'atteignit pas son objectif mais, au cours de ses recherches, il mit au point par hasard… le premier colorant synthétique ! Il donna le nom de mauvéine à cette substance très efficace pour colorer les tissus en violet. Surtout, il breveta son invention et fut le premier à fonder une entreprise de colorants de synthèse, devenant l'un des pionniers de la chimie industrielle. Ainsi, à défaut d'avoir laissé son nom dans l'histoire de la médecine, William Henry Perkin a marqué d'une pierre violette celle de la chimie industrielle… et de la mode !

Mardi 15 décembre

Sainte Ninon – On fête aussi les Nina, Mesmin

Le soleil se lève à **8 h 37** *et se couche à* **16 h 54**

MOTS FLÉCHÉS

Ferai comme Gaston
On en fait des bombes
Cloison
Lésion hémorragique de la peau
Brouillard néfaste
Mesure chinoise
Île corallienne
Mettre en pièces
Au pied !
On-dit
Mise
Pari hippique
Prudent
Impétueux
Coupe de cheveux
A sa planche
Glisser
Patois français
Piqûre d'héroïne
Étais favorable
Montent à la tête
Saignant
Sucre
Définition
Est mise au trottoir
Ogresse
Caillou
Couvrent
Gaz inerte
Converser
Pouvoir
Souderez
Petite pomme
Bel emplumé
A donc plu
Roule sa bosse
Livraient au public
Soufflent
Faire la bête
État second
Ici
Parente
D'un auxiliaire
Paresseux
Degré phonétique
Distrairai
Veine
Présente à la naissance
Grecque
État religieux
Grecque
On se découvre quand il arrive
Tâchez
Surface
Évacuée
Place d'armes
Décret
Fait grincer les dents
Peut être à découvert
Poèmes de Pindare
Au bout de la ligne
Souche
Est à la côte
Animal ou végétal
Étape
Qui ne dure pas
Va loin
Canton Suisse
Ut
Gourde
Répandues
A sa place au soleil
Il a son œillet

SOLUTION PAGE 374

Le soleil se lève à **8h38** et se couche à **16h54**

Mercredi **16 décembre**

Sainte Alice – On fête aussi les Adélaïde, Aïda, Alizée

« *Lune dans le halo, pluie au galop.* »

Brèves régions

Hautes-Pyrénées/ Les enclaves de Bigorre

C'est une curiosité géographique et politique à la fois : cinq communes situées dans les Pyrénées-Atlantiques appartiennent en fait aux Hautes-Pyrénées. Escaunets, Luquet, Séron, Gardères et Villenave-près-Béarn refusent, malgré leur immersion en pays béarnais, de quitter le pays bigourdan qui est historiquement le leur. Elles forment deux enclaves de 19 et 23 km² qui résistent, depuis la Révolution, au découpage administratif des départements. Une situation qui n'est pas sans poser de problèmes « politiques » aujourd'hui, car elles sont situées, de fait, en Nouvelle-Aquitaine mais votent et payent leurs impôts… en Occitanie !

ILS ONT DIT

« Bouillabaisse : seul plat français permettant de facturer la rouille au prix du fer forgé. »

Philippe Bouvard

Vous êtes sûr, Docteur ?

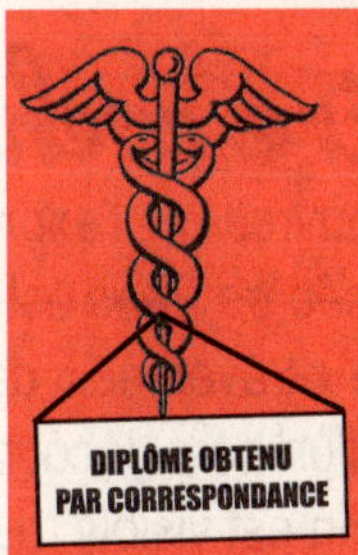

Le vin Mariani, ça vous dit quelque chose ? Non ? Particulièrement apprécié par les coureurs cyclistes du début du XXe siècle, cet ancêtre alcoolisé de notre très inoffensif (ou presque) Coca-Cola® était une boisson tonique créée en 1863 par un pharmacien du même nom. La recette ? Du vin de Bordeaux mélangé à des feuilles de coca (la plante dont est dérivé la cocaïne). Le succès du vin Mariani était tel qu'il se vendait plus de 10 millions de bouteilles par an avant la Première Guerre mondiale ! Des publicités prétendaient, à tort ou à raison, que nombre de personnalités, dont le maréchal Foch, la joueuse de tennis Suzanne Lenglen et même le pape Benoît XV, étaient de fervents amateurs. Allez, une gorgée pour le Père, une pour le Fils, et une dernière pour le Saint-Esprit de la médecine !

Citoyens Extraordinaires

Pour beaucoup, Spartacus symbolise le citoyen exceptionnel qui, oppressé et enchaîné par le pouvoir, se révolte et guide le peuple vers la liberté et la justice. Personnage important de Thrace devenu soldat, il déserte, puis devient gladiateur après avoir été capturé lors d'une bataille en 75 avant J.-C. Deux ans plus tard, il mène une révolte de 300 esclaves gladiateurs qui se transforme, par jeu d'alliances, en une armée de près de 120 000 hommes. Ce qu'on a appelé par raccourci historique la « révolte des esclaves » s'est terminée dans le sang en moins de deux ans malgré la bravoure et l'ardeur de ses dirigeants. Spartacus est tué lors d'un combat les armes à la main en 71 avant J.-C. Son rôle et la symbolique de « libérateur » qui lui sont attribués perdurent encore de nos jours.

Jeudi 17 décembre

Saint Judicaël et Saint Gaël – On fête aussi les Brian, Wivine

Le soleil se lève à **8 h 39** *et se couche à* **16 h 54**

« *Manteau de neige dans les prés, manteau de foin l'été.* »

Étymolo-quiz…

Vrai ou faux : « mélancolie » et « kohl » ont la même origine grecque ?

Réponse : faux. « Mélancolie » vient du grec *melagkholia*, qui signifie « bile noire » et « kohl » de l'arabe *kuhl*, qui veut dire « antimoine ».

ILS ONT DIT

« Il faut rire de la mort ! Surtout quand c'est celle des autres. »

Guy Bedos

Verbes régionaux

POTONAR

Le « poton », en occitan, est dérivé du mot ancien « pot », qui signifiait lèvre. Il a donné le verbe « potonar », que l'on traduira par donner un baiser, embrasser. Et, bien naturellement, tous ces mots ont une origine commune avec le « poutou », mot familier de la langue française qui désigne également un gentil bisou.

Histoire cochonne

« Salauds de pauvres ! » : l'expression lancée par Jean Gabin dans *La Traversée de Paris* est devenue culte. Quant au prétexte de cette géniale « traversée » de la capitale par le duo Bourvil-Gabin, il s'agit d'un porc découpé et réparti dans quatre valises. Si un seul cochon est visible, au début du film, huit en réalité ont été sacrifiés pour la séquence. Ces pauvres bêtes supportant mal la lumière des projecteurs, un nouveau porc a dû être livré chaque matin aux studios pendant plus d'une semaine. Et chaque soir, la « star » du jour était trucidée.

Bientôt des contraventions pour usage de Cannabis…

[L'actu] Clic-clac dans la boîte !

C'est un prédateur d'un nouveau genre qui fait au moins cinq fois plus de victimes par an que le requin, selon les données d'une étude indienne publiée il y a quelques mois. Entre 2011 et 2017, il a causé la mort de 259 personnes à travers le monde contre une petite cinquantaine pour les squales. Les pays les plus touchés sont la Russie, les États-Unis, le Pakistan et l'Inde, qui représente à elle seule 50 % des cas. Ce qui explique aussi l'origine de cette première étude. Plus inquiétant encore, d'après les chercheurs : leur décompte ne représente que « la partie visible de l'iceberg », car de très nombreuses morts ne sont ni médiatisées ni attribuées au phénomène. Ce *serial killer* est devenu la coqueluche de centaines de millions d'humains dans le monde et s'appelle… le selfie. Chaque année, cette manie de plus en plus meurtrière, en particulier chez les 15-25 ans en quête permanente de l'autoportrait instantané, entraîne des dizaines de noyades, de chutes, de collisions ou de coups de feu fatals. Vraiment trop mortel, le selfie !

« *À la Saint-Gatien, le temps ne vaut rien.* »

Ça s'est passé Le 18 décembre 1920

La France inaugure à proximité de Bordeaux la station TSF la plus puissante du monde, baptisée « La Fayette ». Elle comporte huit pylônes de 250 m de haut.

1886 : la 1re édition de l'Almanach Vermot. Découvrez l'édition collector disponible dans toutes les bonnes librairies !

Rétro Vermot

« Comment avez-vous fait pour visiter tout Paris en deux jours ?

– C'est bien simple. Ma fille a visité les monuments et les musées, ma femme les magasins et moi les quartiers chauds. »

Invisibles : les petites mains du pouvoir

La santé d'un président, c'est important ! Voilà pourquoi on compte parmi le millier de personnes qui travaillent chaque jour à l'Élysée pas moins de trois médecins et cinq infirmières qui se relaient pour soigner les bobos présidentiels et ceux de la première famille. Bien sûr, les collaborateurs peuvent en profiter en cas d'urgence, mais sinon, ils sont priés d'aller prendre rendez-vous ailleurs, comme tout le monde !

Ça, c'est fait… divers

Un crime commis devant plusieurs témoins, une victime identifiée, des coupables connus, mais une police annonçant officiellement qu'il n'y aura aucune enquête, car il faut préserver les meurtriers : scénario improbable dans une grande démocratie et pourtant véridique. Les autorités indiennes ont en effet renoncé à toute investigation et poursuite pour le meurtre de l'Américain John Allen Chau sur North Sentinel, l'une des îles Andaman, dans le golfe du Bengale. La raison : il faut protéger la tribu autochtone qui y vit des conséquences d'un contact avec le monde moderne. Pourtant, ce sont ces chasseurs-cueilleurs qui ont transpercé de flèches le jeune missionnaire qui voulait leur apporter le message du Christ. Les pêcheurs qui l'ont déposé sur la plage où il a été assassiné sont formels. Et les autorités n'ont aucun doute : le peuple des Sentinelles, qui compterait 150 âmes, est le seul à occuper l'île. Depuis plus de 10 000 ans, 60 000 d'après certains spécialistes. Cet état d'autarcie exceptionnel, l'un des derniers de la planète, le gouvernement indien tient à le conserver. Sous peine de décimer cette tribu qui ne supporterait ni nos maladies ni notre modernité. Les Sentinelles eux-mêmes ne veulent aucun contact : au cours des dernières décennies, ils ont systématiquement manifesté une hostilité violente à l'égard de tout intrus qui posait le pied sur leur île. L'Inde a fini par la sanctuariser et l'interdire. Y compris à sa propre police.

Samedi 19 décembre

Saint Urbain – On fête aussi les Samantha

Le soleil se lève à **8 h 40** et se couche à **16 h 55**

« *À la Saint-Urbain,*
ce qui reste à la vigne
ne vaut rien. »

ILS ONT DIT

« Il est à noter qu'on met la femme au singulier quand on a du bien à en dire et qu'on en parle au pluriel sitôt qu'elle vous a fait quelque méchanceté. »

Sacha Guitry

C'est tragique !

De l'héroïne tragique Andromaque, il existe plusieurs versions, dont une de Sénèque ou une autre encore de Virgile pour les plus anciennes. Mais la plus célèbre reste à ce jour celle de Racine, présentée au Louvre en 1667 devant des courtisans et un public enthousiastes. Le résumé contenu dans cette formule devenue célèbre est à la fois on ne peut plus simple et en même temps annonciatrice de la terrible complexité des destins propre à la tragédie : « Oreste aime Hermione, qui aime Pyrrhus, qui aime Andromaque, qui aime Hector, qui est mort. » Il n'y a pas à dire, l'amour, c'est parfois compliqué…

Le Chiffre

5 000

C'est le nombre de visages que nous sommes, en moyenne, capables de reconnaître selon la première étude sur le sujet publiée dans le journal *Proceedings* de la Royal Society britannique. Pour obtenir ce chiffre, les chercheurs de l'université d'York ont demandé à des volontaires de noter tous les visages dont ils se souvenaient dans leur vie personnelle. Les participants ont ensuite été invités à faire de même avec des personnes qu'ils pouvaient identifier sans les connaître personnellement. On leur a également montré des milliers d'images de personnages célèbres en leur demandant qui ils avaient reconnu. Chacun des participants testés a pu se rappeler d'un nombre de visages allant de 1000 à… 10 000, la grande majorité en identifiant donc environ 5 000. D'après les chercheurs, avec suffisamment d'entraînement, il serait possible pour certaines personnes d'apprendre à reconnaître un nombre quasi illimité de visages. Avec, selon eux, une fiabilité peut-être supérieure à celle des logiciels de reconnaissance faciale !

MONSTRES CÉLÈBRES
Le loup-garou

Le loup-garou (ou lycanthrope pour faire plus savant) est un personnage métamorphique : homme le jour, loup monstrueux les nuits de pleine lune. Sous sa peau de bête se cache un être cruel, sanguinaire et… amnésique : il ne se souvient pas de ses forfaits une fois sa forme humaine retrouvée ! On trouve dans les annales de la justice française le cas unique d'un homme condamné après des meurtres commis alors qu'il pensait être un loup-garou : Gilles Garnier (mort en 1574), plus connu sous le nom du Loup-Garou de Dole. Petite anecdote linguistique, le mot « loup-garou » est une sorte de pléonasme, car « garou » signifie « homme-loup ».

« *Brouillards dans les Avents font pommes à l'avenant.* »

ILS ONT DIT

« La justice, c'est comme la Sainte Vierge : si on ne la voit pas de temps en temps, le doute s'installe. »

Frédéric Dard

Charade

Je suis un nom de 9 lettres

Mes troisième, quatrième, cinquième, sixième et huitième lettres donnent un poisson des mers chaudes à bec osseux et aux couleurs vives.

Mes première, deuxième, quatrième, huitième et neuvième lettres donnent le trépas d'une personne.

Sans mes deuxième, troisième, quatrième, sixième et neuvième lettres, je suis le moment précis d'un événement.

Mes deuxième, quatrième, cinquième, sixième et septième lettres donnent une déviation par rapport à un comportement idéal.

Avec toutes mes lettres, je suis un mathématicien, physicien et philosophe français du XVIIe siècle.

DESCARTES : SCARE, DÉCÈS, DATE, ÉCART

AVENTURIERS DE L'IMPOSSIBLE

Antoine de Saint-Exupéry, écrivain mais pas que !

De la vie d'Antoine de Saint-Exupéry, on retient surtout l'œuvre littéraire. Mais c'est faire injustice à ce grand aventurier devant l'éternel que d'oublier ses exploits d'aviateur et de découvreur. En effet, en 1926, il est le premier homme à survoler en biplan le désert du Sahara, aventure dont il tirera le roman Courrier Sud*. Quelques années plus tard, c'est en Amérique du Sud qu'il se rend et crée une nouvelle ligne aérienne reliant l'Argentine à la Patagonie, région reculée et hostile. Sa dernière aventure aérienne reste également sa plus mystérieuse : parti de Corse en 1944 pour une mission de reconnaissance vers Grenoble, il disparaît en mer dans des circonstances inconnues. Des restes de son avion furent retrouvés au début des années 2000, mais le mystère de sa disparition reste entier. Peut-être le dernier pied de nez d'un homme aux multiples secrets…*

Au poil !

Si vous pensez qu'aujourd'hui, les modes se succèdent à un rythme effréné, voyez donc comme les hommes devaient se plier la barbe en quatre pour correspondre aux canons très changeants du XVIIe siècle ! On peut suivre les rapides évolutions des tendances pileuses en observant, entre autres, les portraits de Pierre Séguier, chancelier de France, peint à différentes périodes de sa vie : en 1635, il arborait un bouc en pointe assorti de moustaches en croc (c'est-à-dire relevées), qu'il abaissa en 1640, pour ne laisser qu'une moustache droite et un toupet de barbe sur le menton. Et pour finir, en 1655, il ne portait plus qu'une simple moustache droite et une mouche sous la lèvre. Une vraie *fashion victim* !

Lundi 21 décembre

Saint Pierre Canisius – On fête aussi les Thémistocle

Hiver

Le soleil se lève à **8 h 41** *et se couche à* **16 h 56**

« *Si décembre est sous la neige, la récolte se protège.* »

ILS ONT DIT

« Le mariage est la cause principale de divorce. »
Oscar Wilde

BLASON

Le blason de la ville de Magenta, dans le département de la Marne, utilise une couleur inhabituelle en héraldique : le magenta. En effet, la codification des couleurs était autrefois contrainte par la technique de l'émail et ne pouvait admettre n'importe quelle fantaisie. Dans ce cas récent, la description précise : « Une barre d'argent chargée d'une barre magenta au naturel. » (Voir code couleur en dernière page.)

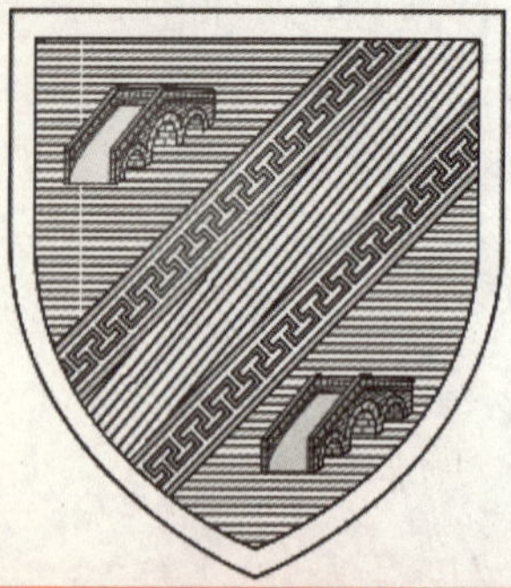

Solution mots fléchés [p. 368]

	G		P		S		A		D		I	
N	A	P	A	L	M		T	I	E	R	C	E
	F	U	R	I	O	S	O		P	A	I	N
A	F	R	O		G	A	L	L	E	C		J
	E	P	I	S		G	L	U	C	O	S	E
C	R	U		H	I	E		G	E	N	O	U
	A	R	G	O	N		V	E	R	T	U	
D	I	A	L	O	G	U	E	R		A	R	A
			O	T	E	N	T		T	R	I	P
Z	E	B	U		N	I	E	C	E		A	I
	D	E	T	O	U	R	N	E	R	A	I	
F	I	L	O	N		E	T	A		P	S	I
	T	E	N	T	E	Z		N	E	E		N
B	A	R	N		X		E	S	T	R	A	N
	I		E	S	T	O	C		E	T	R	E
V	E	R		C	A	D	U	C		U	R	I
	N	I	A	I	S	E		A	D	R	E	T
E	T	A	L	E	E	S		P	O	E	T	E

[L'actu]

Art sur ordonnance

Depuis quelques mois, des médecins québécois prescrivent des expositions à certains patients souffrant de dépressions, mais également de maladies chroniques ou de diabète. Ce projet-pilote a été mis en place par le musée des Beaux-Arts de Montréal en partenariat avec l'association des Médecins francophones du Canada (MFDC). « De plus en plus d'études le démontrent : le contact avec les œuvres d'art a un réel impact sur l'état de santé physique et mentale de la population », explique le MFDC. L'exposition à la culture permettrait d'augmenter le taux de sérotonine et de cortisone chez les patients, les hormones responsables de notre bien-être. D'après le MFDC, la contemplation d'œuvres d'art peut s'avérer aussi bénéfique qu'une activité sportive. Pour encourager les patients à adopter cette « thérapie muséale », l'ordonnance leur donne droit à une entrée gratuite pour eux et un accompagnant. Ils peuvent même s'y rendre avec leurs enfants.

Brèves régions

Vendée/L'abbaye de l'Île-Chauvet

Fondée vers 1130 par des bénédictins, l'abbaye Notre-Dame de l'Île-Chauvet est située sur la commune de Bois-de-Céné, dans le département de la Vendée. Actuellement en pleine terre, elle était autrefois sur une île, d'où son nom. Endommagée durant la guerre de Cent Ans, incendiée en 1588, elle fut alors désertée par les moines et laissée à l'abandon jusqu'à la Révolution, où elle fut vendue comme bien national. Il ne reste plus aujourd'hui de son église que les murs extérieurs qui donnent au site une allure aussi majestueuse que fantomatique.

« *C'est en forgeant qu'on devient forgeron, mais ce n'est pas en se mouchant que l'on devient moucheron, ni en sciant que Léonard devint scie.* »

Francis Blanche

Étymolo-quiz...

D'où vient le mot « mansarde » : du latin *mansarus* ou du nom propre Mansart ?

Réponse : de Mansart, qui était un architecte du XVIIe siècle.

Pan Pan! PERLES DE POLICIERS

Dans un rapport de police : « Un violent coup de marteau l'avait cloué au lit pendant deux jours. » On ne peut pas croire que celle-ci ne soit pas faite exprès !

LES JEUNES FRANÇAIS EN 2020

Mots intraduisibles

« Mets un sous-verre, tu vas faire un *culaccino*. » Voilà ce que vous pouvez entendre si vous allez en Italie. Intraduisible en français, le *culaccino* désigne la trace ronde laissée sur une table par un verre ou une tasse. La prochaine fois que vous dégusterez un capuccino, vous y penserez et ne laisserez pas de *culaccino* sur la table du *caffè* !

VERMOT'ROSCOPE

CAPRICORNE *(22 décembre-20 janvier)*

Caractère

Réservé, timide, calme, méfiant, posé, maîtrisé, concentré, franc, respectueux, travailleur, observateur, solide, résistant, déterminé, ambitieux, sincère, fiable, hypersensible, critique, cérébral, intransigeant, matérialiste, buté, entier, solitaire.

Le message des astres

Encore une année où les astres seront aux petits soins pour vous. Saturne, votre planète, Jupiter et Pluton vous tiendront la main, tandis qu'Uranus et Neptune vous feront de jolis clins d'œil. 2020 sera propice aux nouveaux projets, à l'amour et à l'épanouissement personnel.

Vie relationnelle

Jusqu'à mars, si vous avez envie de lier de nouvelles connaissances, ce sera la bonne période pour aller vers les autres. Après, vous devrez consolider vos liens amicaux. De février à juillet, les échanges seront au rendez-vous. Certains seront d'ailleurs très sollicités par leurs amis.

Amour

À deux, ce sera une année importante pour votre vie de couple. Ainsi, beaucoup passeront un cap clé de la vie conjugale (anniversaire de mariage, officialisation de votre relation, emménagement à deux…). Profitez de cette année pour faire de nouveaux projets. Le premier semestre sera parfait pour ramener le dialogue au sein de votre relation. Beaucoup devront faire un effort de communication. Célibataire, les astres pourraient bien vous faire une fleur en mettant une personne importante sur votre chemin. À vous d'aller plus loin ou pas.

Famille

Ce sera une année coupée en deux. Le premier semestre verra vos échanges facilités. Profitez-en car, dès juillet, l'ambiance deviendra plus compliquée et les tensions seront au rendez-vous. Durant cette période, vous devrez faire preuve de plus d'écoute et d'une plus grande ouverture d'esprit.

Quotidien et vitalité

Les astres vous donneront la possibilité de vous refaire une santé et de gagner en confiance, en détermination, en force et en résistance. Ainsi, vous saurez faire face aux grandes échéances de 2020 sans grande difficulté. Au printemps, vous devrez toutefois faire un peu plus attention à la manière dont vous gérerez votre énergie et votre quotidien.

Budget

Sérieux, comme toujours, d'un bout à l'autre de l'année, vous saurez garder la maîtrise de vos finances. Entre octobre et décembre, il pourrait être question d'un investissement.

Comment optimiser votre année

Faites-vous confiance. Soyez plus sûr de vous. Battez-vous. Multipliez les entreprises. Prenez des initiatives. Donnez-vous les moyens d'avancer. Sachez saisir votre chance.

« Chandail : vêtement que doit porter un enfant lorsque sa mère a froid. »
Pierre Desproges

Mon Trésor (public) !

Le nom de l'humoriste Coluche reste encore et toujours associé dans l'inconscient collectif à la générosité. La preuve en est la « loi Coluche » proposée par le chanteur en 1986 et adoptée peu après sa mort, en 1988, qui permet que tous les dons aux associations, aidant des personnes en difficulté en leur fournissant des soins, de la nourriture ou un logement, soient convertis en réduction d'impôts de 75 %. Quand la générosité paie, on dit « oui » !

Ha ! Ha ! Ha !
La jeunesse, c'est quatre membres souples et un raide. La vieillesse, c'est le contraire.

DRÔLE DE NOM POUR UNE VILLE !

Verrue

Le mot latin *verruca* est aussi bien à l'origine du nom commun désignant une excroissance de peau que du toponyme Verrue, une commune de la Vienne, située à l'ouest de Châtellerault. Dans ce pays de plaines et de vallons boisés, le plus petit sommet, la moindre colline ou la plus fugace hauteur surgit forcément dans le paysage comme une excroissance, d'où ce nom.

LES GRANDS DE LA PETITE REINE

De nos jours, il est impensable sur une course cycliste professionnelle de voir un coureur prendre un bidon ou une musette tendu(e) par un membre du public ou qui que ce soit qui ne fasse pas partie de son équipe officielle. Pourtant, il y a quelques décennies, les choses étaient plus simples : en cas de soif ou de faim, on pouvait toujours compter sur un spectateur ou un local pour le ravitaillement. Mais cela n'était pas dénué de risques pour autant. En 1911, Paul Duboc, le grand favori du Tour, domine, non, écrase la concurrence jusqu'aux Pyrénées. Mais dans le légendaire Tourmalet, pris d'horribles crampes d'estomac, le champion doit s'arrêter et perd 45 minutes sur ses poursuivants, ce qui lui coûte le Tour qu'il finit à la seconde place. Selon lui, on lui aurait tendu un bidon empoisonné. Ironie de l'histoire, le surnom de Duboc était « la pomme ». Une pomme empoisonnée ? En voilà une histoire !

INVENTIONS INSOLITES

Les couples le savent : il n'y a rien de plus réconfortant que de s'endormir paisiblement sur le canapé, à la plage ou ailleurs en posant sa tête sur les cuisses de sa compagne ou de son compagnon. Pour les célibataires endurcis qui voudraient tout de même avoir ce plaisir, une société (japonaise, bien évidemment) a inventé un coussin en silicone moulé en forme de cuisses d'homme ou de femme. Ainsi, chacun peut profiter de ce moment de douceur simulant la présence de l'être aimé sans pour autant avoir à le supporter « pour de vrai ». Option disponible pour les plus pointilleux (et les plus riches) : le chauffage intégré, qui reproduit la température corporelle humaine. On n'arrête pas le progrès !

« *Il est difficile d'attraper un chat noir dans une pièce noire, surtout s'il ne s'y trouve pas.* »

Proverbe chinois

Nos régions ont du talent

Alors que la plupart des Français terminent leur repas de Noël avec une bûche, glacée ou non, en Provence perdure une tradition ancestrale qui consiste à clore le réveillon par treize desserts, dont les quatre mendiants (figue, amande, noix et raisin sec), la fougasse, le nougat blanc et noir, les dattes, les calissons d'Aix, la pâte de coing, du raisin blanc, des oranges ou des clémentines et des fruits confits. Bien sûr, cette liste varie d'un canton à l'autre, mais constitue une trame commune à tous les Noëls provençaux typiques.

Ils ont dit

« Quand tu es jeune, tu profites de tout ; quand tu es vieux, tout te profite. »

Anne Roumanoff

Recette de cuisine

Bûche de Noël

Pour 6 pers. 25 min de préparation 10 à 12 min de cuisson 2 h de réfrigération

Pour la génoise :
3 œufs
100 g de sucre en poudre
100 g de farine
1 cuil. à café de levure chimique

Pour la mousse et la garniture :
100 g de chocolat noir
20 cl de crème liquide
Des lutins et autres accessoires pour décorer

Préchauffez le four à 180 °C (th. 6). Préparez la génoise : fouettez les œufs avec le sucre au batteur électrique pendant 5 minutes. Tamisez la farine et la levure chimique au-dessus des œufs et remuez délicatement. Versez la génoise sur une plaque de four tapissée de papier sulfurisé. Enfournez pour 10 à 12 minutes. Démoulez la génoise refroidie sur un plan de travail.

Préparez la mousse : faites fondre le chocolat. Montez la crème en chantilly. Versez le chocolat tiédi en plusieurs fois sur la chantilly et mélangez délicatement.

Versez la mousse sur la génoise, puis roulez-la soigneusement. Enfermez le rouleau dans du film alimentaire et laissez reposer 2 heures au frais.

Dressez la bûche sur un plat et décorez-la.

Problèmes de maths du certificat d'études

À 11 h, maman place des haricots à feu vif sur un brûleur à gaz qui débite 500 l par heure à feu vif et 42 l par heure en veilleuse. À 11 h 15, elle met un rôti dans le four qui débite 900 l à l'heure à feu vif. À 11 h 30, maman met le brûleur en veille sous les haricots. À 12 h 15, elle baisse le débit du four de 2/3. À 12 h 30, elle éteint le four et sort le rôti. À 12 h 45, elle éteint le brûleur et sert les haricots.

Question : À 0,40 F le m³ de gaz, combien maman a-t-elle dépensé pour préparer ce repas ?

Réponse : 5,11 F

Vendredi **25 décembre**

Noël – On fête aussi les Emmanuel, Jésus, Jacopone

Le soleil se lève à **8 h 43** *et se couche à* **16 h 58**

« *À Noël les moucherons, à Pâques les glaçons.* »

Pimpon !

ANECDOTES DE POMPIERS

Anecdote de pompier : « Dimanche soir, d'astreinte pour la première fois, je tourne en boucle dans mon quartier depuis 20 heures pour retrouver mon chien qui a fugué. 20 h 56, mon bip sonne pour une capture d'animal, je fonce à la caserne. Ma première intervention aura donc été la récupération de mon propre chien. » On n'est jamais mieux servi que par soi-même !

Verbes régionaux

VEUSOUNER

En patois angevin, et plus particulièrement à Rochefort-sur-Loire, à une quinzaine de kilomètres au sud-ouest d'Angers, le verbe « veusouner » ou « veuzouner » a un double sens. Il peut être comparé au français chantonner ou signifier émettre continuellement un son. Son origine se trouve dans la vielle, dite « vèse », instrument de musique ancien à jeu continu.

ILS ONT DIT

« La jeunesse est un défaut… Mais le défaut de l'âge, c'est de voir les défauts de la jeunesse. »

Thomas Bernhard

[L'actu]

Crime de lèse-père Noël

Contester publiquement l'existence du père Noël devant des enfants peut vous conduire en prison. Aux États-Unis du moins. L'an dernier, dans la ville de Cleburne, au Texas, Aaron Urbanski, 32 ans, a été interpellé et placé en détention pour avoir dit à un groupe d'enfants que le père Noël n'existait pas, que c'était un personnage irréel, inventé pour leur raconter des sornettes. La scène s'est déroulée lors d'un goûter organisé devant une église. Après avoir tenté de convaincre les bambins, l'individu s'en est vertement pris aux adultes qui les accompagnaient, les accusant d'inculquer des mensonges aux plus jeunes. Appelée à la rescousse par une mère de famille, la police locale a préféré intervenir pour sauver la fête et la magie de Noël. L'hérétique, lui, a passé sa nuit du réveillon derrière les barreaux.

Histoire cochonne

C'est une institution où l'on dévore, dit-on, la meilleure cochonnaille de Paris. *Au Pied de Cochon* est une brasserie installée au cœur des Halles depuis 1947. La genèse de cette adresse mythique mérite d'être contée. Dans les années 1920, Clément Blanc, boucher en gros, achète des locaux, près de Saint-Eustache pour servir de cantine à ses employés. Son épouse cuisine les bas morceaux de porc pour tout le monde. Et comme elle est un fin cordon bleu, la nouvelle ne tarde pas à se répandre dans le quartier. Après la guerre, flairant la bonne affaire, Monsieur Blanc transforme sa cantine en restaurant et baptise ce dernier *Au Pied de Cochon*.

« *À la Saint-Étienne, les jours croissent d'une aiguillée de laine.* »

Chiffres et expressions

Je te le donne en mille

« Je te le donne en mille » n'a rien à voir avec « en plein dans le mille ». La première expression fait référence au chiffre 1000, la seconde au milieu. Il s'agit ici d'une ellipse pour signifier « je te donne la solution entre mille », évoquant la chance qu'il faut pour trouver une réponse à une question rapidement alors que 1000 choix sont possibles.

{Mots qui changent de sens}

Une injure, aujourd'hui, est une insulte, un outrage adressé à quelqu'un. Mais ce sens moderne n'apparaît qu'à partir du XVIIe siècle, avant lequel « injure » était employé en tant que synonyme d'injustice au sens littéral, c'est-à-dire une « violation du droit ». Par extension, faire injure à quelqu'un est devenu l'équivalent de lui faire injustice, puis outrage.

Brèves régions

Eure-et-Loir/Le collège royal de Stéphane Bern

Situé dans l'enceinte de l'abbaye de Thiron-Gardais, dans l'Eure-et-Loir, ce collège militaire a été fondé en 1629, sous l'impulsion d'Henri de Bourbon-Verneuil, fils naturel d'Henri IV et d'Henriette d'Entragues. Il fut agrandi sous Louis XVI, un siècle et demi plus tard, et accueillit chaque année jusqu'à la Révolution une centaine de garçons de 7 à 15 ans. On y enseignait le français, l'anglais, l'allemand, les mathématiques, mais aussi le dessin, la danse, la musique, le greffage et la conduite des arbres fruitiers ainsi que l'escrime, dans le but de former des cadets de l'école royale militaire de Paris et des gentilshommes accomplis. Depuis 2013, c'est un autre gentilhomme qui en est le propriétaire : Stéphane Bern.

TOUR DE FRANCE :
LES COUREURS VONT DE PLUS EN PLUS VITE AUJOURD'HUI

APRÈS LES FÊTES...

NOUVEAUX COMIQUES

Houah ah ah oh oh

Jérémy Ferrari

L'humour noir poussé à l'extrême, tel est le credo de Jérémy Ferrari. Ce natif de Charleville-Mézières, découvert lui aussi grâce à l'émission *On n'demande qu'à en rire* sur France 2, a écrit et joué son premier spectacle, *Moi Méchant ?*, à 18 ans. Suivront *Mes 7 péchés capitaux, Hallelujah Bordel !* et, en 2018, *Vends 2 pièces à Beyrouth*. Des one-man-shows aux titres éloquents ! Dans ses sketchs, l'humoriste ne lésine pas sur les provocations et aborde des thèmes souvent considérés comme tabous, tels que l'extrémisme religieux, le terrorisme, la guerre, les discriminations, la misère sociale ou la solitude des personnes âgées. Jérémy Ferrari fascine autant qu'il irrite et admet être obsédé par l'injustice, un terreau tragique avec lequel il déclenche des éclats de rire. Effet poil à gratter garanti, un peu comme Coluche il y a 40 ans !

« *Entre Noël et la Chandeleur, il n'y a plus de laboureur.* »

Rétro Vermot

L'ascenseur est en panne. Une brave dame monte péniblement les huit étages de l'immeuble et sonne chez le docteur. On ouvre : «Ah Docteur, je n'ai plus de souffle. Ces huit étages m'ont complètement épuisée! Qu'est-ce que je peux faire?
– Le mieux, chère Madame, serait d'acheter une paire de lunettes parce que, voyez-vous, le docteur est au premier étage!»

Pièges de l'ortographe

Trait d'union des nombres

On oublie parfois que les nombres composés de plusieurs mots s'écrivent avec des traits d'union entre chacun d'entre eux, comme «dix-neuf» ou «trente-deux». Cette règle s'applique exclusivement en dessous de cent, avec toutefois une exception : quand «et» entre dans leur composition comme pour «trente et un» ou «soixante et onze».

Expressions du potager

Elle va au persil!

Avoir du persil dans les oreilles, ou plus de persil sur le caillou, tout le monde comprend, mais aller au persil n'est plus usité, même si l'activité désignée par l'expression reste bien actuelle. Zola l'explicite dans *Nana* : «À cette heure, elle ne se gênait plus. […] C'était la grande retape, le persil au clair soleil, le raccrochage des catins illustres, étalées dans le sourire de tolérance et dans le luxe éclatant de Paris.» Aller au persil, faire son persil, ou encore persiller, c'est donc faire le trottoir, racoler les michés, faire le pavé. Il s'agit là de l'argot de la fin du XIXe siècle, celui des souteneurs, des marlous, des julots ou des messieurs, et des pierreuses, des lorettes, des marcheuses, des gisquettes ou, précisément, des persilleuses. Mais pourquoi le persil? L'herbe aromatique a sans doute désigné l'argent (comme l'oseille et les épinards). Toutefois, à Pantruche, vers 1880, avoir du persil dans les pieds signifiait avoir les pieds sales, ce qui était souvent le cas des malheureuses «faucheuses de persil».

MONSTRES CÉLÈBRES

La goule

Cette femme monstrueuse est l'une des protagonistes des contes des *Mille et Une Nuits*. Créature aux pieds fourchus et au corps changeant de forme, elle se nourrit de chair de cadavres qu'elle va chercher dans les cimetières. Les Détraqueurs de la saga *Harry Potter* sont, en quelque sorte, une version relookée et planante de la goule. Ces êtres immondes sans visage flottent dans les airs tels des fantômes noirs, laissant leurs victimes au mieux dépressives, car ils se nourrissent de leur joie, ou vont jusqu'à aspirer leur âme.

« *Les jours entre Noël et les Rois indiquent le temps des douze mois.* »

ILS ONT DIT

« Le mariage, la confiance n'y est pas. Il faut des témoins, comme dans les accidents. »

Coluche

Rébus bande dessinée

CINÉPHAGE

L'Ombre du cinéphage

LOISIRS TENDANCE

Se bouger les fesses

Le twerk n'est pas le jerk, mais il lui doit son nom, une contraction de twist et jerk. Disons-le tout de suite, cette danse consiste à remuer son popotin de manière quasi pornographique, en effectuant des mouvements rapides de va-et-vient suggestifs. On est loin de la danse des canards ! Popularisé par des vidéoclips, le twerk est certes assez incitatif, mais c'est aussi un sport qui muscle grandement les fessiers et renforce les hanches. Car ce n'est pas si évident de bouger ses fesses en rythme tout en étant accroupi ! On comprend pourquoi cette danse n'en finit pas d'enflammer les discothèques.

[L'actu] Alerte aux superbactéries

« La résistance aux antibiotiques constitue aujourd'hui l'une des plus graves menaces pesant sur la santé mondiale, la sécurité alimentaire et le développement », selon l'Organisation mondiale de la santé (OMS). Pour un nombre croissant d'infections comme la pneumonie, la tuberculose, la septicémie, certaines MST et de nombreuses maladies d'origine alimentaire, « le traitement devient plus difficile, voire impossible parfois, du fait de la perte d'efficacité des antibiotiques », alerte l'OMS qui redoute l'avènement « d'une ère post-antibiotique dans laquelle des infections courantes et des petites blessures seront à nouveau mortelles ». Ce constat repose sur des données collectées dans 65 pays et montre une différence importante de consommation, qui va de quatre doses définies journalières (DDJ) pour 1 000 habitants au Burundi à plus de 64 en Mongolie. La surconsommation d'antibiotiques dans certains pays et la sous-consommation dans d'autres entraînent l'émergence de « superbactéries » mortelles et leur propagation. Pour l'agence onusienne, les États et les grands laboratoires pharmaceutiques doivent d'urgence créer une nouvelle génération de médicaments capables de lutter contre ces mutants ultra-résistants. « Le temps presse et le monde va bientôt manquer d'antibiotiques efficaces », avertit l'OMS.

Brèves régions

Var/Les anches d'Ollioules

Le saxophone, le hautbois, la clarinette, la bombarde, l'harmonica et l'accordéon sont des instruments à anche. Leur son est produit par une anche (ou deux) qui vibre au passage de l'air. Depuis les années 1950 s'est développée à Ollioules une industrie florissante de fabrication de anches en roseau varois comme matière première.

Mardi 29 décembre

Saint David – On fête aussi les Abigaël

Le soleil se lève à **8h43** et se couche à **17h01**

« *Belle nuit en hiver, jour qui suit souvent couvert.* »

ILS ONT DIT

« Il suffit d'ajouter « militaire » à un mot pour lui faire perdre sa signification. Ainsi, la justice militaire n'est pas la justice, la musique militaire n'est pas la musique. »

Georges Clemenceau

Secrets des chansons mythiques

Dans la chanson *Né en 17 à Leidenstadt*, le chanteur Jean-Jacques Goldman évoque la Première Guerre mondiale avec une émotion qui a fait de la chanson un succès. Émotion, d'accord, mais pas sans prendre quelques libertés d'artiste, puisque non seulement il n'y a pas eu de champ de bataille en Allemagne pendant la Grande Guerre, mais plus fort encore, la ville de Leidenstadt n'existe tout simplement pas, ni en Allemagne, ni ailleurs.

130 – Cent-trente – CXXX

Des années pour l'histoire, bien davantage pour le peuple Sioux et pour tous les « Peaux-Rouges » des États-Unis. C'est en effet en décembre 1890, le 15 précisément, que Sitting Bull, le chef des Indiens Sioux, le dernier grand résistant à l'armée américaine, héros amérindien de la bataille de Little Bighorn (1876), fut assassiné dans « sa » réserve du Dakota par un agent de la police indienne. Sa mort provoqua des émeutes dans plusieurs réserves. Déjà soupçonnée d'attiser la haine contre les Blancs, la « Danse des Esprits » (*Ghost Dance*), un mouvement religieux qui annonçait l'arrivée d'un sauveur amérindien, se propagea et se radicalisa. Deux semaines plus tard, le 29 décembre 1890, à Wounded Knee, dans le Dakota toujours, le 7e régiment de cavalerie des États-Unis, celui-là même qui avait été décimé à Little Bighorn, massacra 300 Indiens, dont plusieurs dizaines de femmes et d'enfants, pourtant tous venus se soumettre pacifiquement. Ce carnage est généralement considéré comme l'événement qui mit fin à 400 ans de guerres indiennes. Dès lors, les derniers représentants des peuples autochtones nord-américains furent déportés dans des réserves, devenant à jamais les oubliés du « rêve américain ».

NOVLANGUES & JARGONS

« Attends, Mamie, je vais te montrer un truc complètement WTF ! » Hein, pardon, qu'entends-je ? Rassurez-vous, ce que votre petit-fils ou petite-fille veut vous dire, c'est tout simplement qu'il a quelque chose d'incroyable, de décalé à vous montrer. L'acronyme WTF vient de « *what the fuck* », une expression familière marquant l'étonnement en anglais américain. Il est désormais utilisé à peu près tout le temps pour décrire ce qui sort de l'ordinaire.

« *Décembre aux pieds blancs s'en vient, an de neige est en de bien.* »

Devinette

Qui suis-je ?

Au départ une irritation,
Qui mène à
une cristallisation,
Je suis un modèle de qualité,
Ou un exemple de stupidité.

Une perle

ILS ONT DIT

« Il vaut mieux gâcher sa jeunesse que de n'en rien faire du tout. »

Georges Courteline

CONTRE LA MONTRE

[L'actu]

Vent (très) mauvais

En Angleterre, il flotte une odeur nauséabonde dans le milieu des joueurs professionnels de fléchettes. Et outre-Manche, l'affaire fait grand bruit. Gary Anderson et Wesley Harms, deux champions de la discipline, s'accusent mutuellement d'avoir « mis les gaz » lors du tournoi de Wolverhampton. Afin de déstabiliser l'adversaire, chaque joueur aurait multiplié les pets malodorants au cours de la confrontation. Battu 10-2, Harms a le premier dénoncé les flatulences fétides (et volontaires) d'Anderson, expliquant à l'issue du tournoi que leur puanteur avait affecté sa concentration et diminué son adresse. « Cela provenait certainement de la table, on aurait dit des œufs pourris, mais ça ne venait pas de moi ! Je pensais que c'était lui », a répliqué Anderson. Et pour étayer sa défense, ce dernier a expliqué que, s'il lui était déjà arrivé d'avoir des soucis intestinaux en plein match, à chaque fois il avait prévenu son adversaire. Réponse de Harms : « S'il pense que j'ai pété, il se trompe à 1 000 %. Je jure sur la vie de mes enfants que ce n'était pas de ma faute. J'ai eu mal au ventre une fois pendant un match et je l'ai dit. Je ne vois pas pourquoi je mentirais aujourd'hui… » Les accusations et arguments un brin fumeux des deux champions ont finalement poussé la Fédération anglaise des jeux de fléchettes à mettre son nez dans cette affaire qui pourrait révéler un gigantesque scandale : le dopage aux lentilles et haricots blancs.

Ha ! Ha ! Ha !

Un père divorcé dit à sa fille :
« Tiens, t'as 18 ans, dis à ta mère que c'est le dernier chèque que je fais. Et tu me diras la tête qu'elle a faite ! »
La mère prend le chèque et dit à sa fille :
« Bon, c'est bien, maintenant tu peux lui dire qu'il n'est pas ton père. »

Brèves régions

Charente-Maritime/La tour de Broue

Lorsqu'elle fut construite, au XIe siècle, la tour de Broue dominait le golfe de Brouage et faisait partie de l'ancien château fortifié destiné à protéger le port du lieu. Le canal était alors encore navigable mais, au fil des années, l'ensablement progressif du golfe fit reculer l'eau. Aujourd'hui, bien qu'elle reste majestueuse, la tour de Broue se trouve à plus de 15 km de l'océan, sur la commune de Saint-Sornin, en Charente-Maritime.

Saint Sylvestre – On fête aussi les Colombine, Yona, Colombe

Le soleil se lève à **8h44** *et se couche à* **17h03**

« *Saint-Sylvestre ne peut être qu'une fois l'an, c'est la veille du premier de l'an.* »

Argot-quiz...

Que signifie « abouler » : prendre ou donner ?

Réponse : donner.

Les animaux de compagnie des présidents

Quand on choisit un animal, on le fait en fonction de nos envies et de nos besoins. Que penser alors du choix des femmes respectives des présidents américains George Washington (1789-1797) et James Madison (1809-1817), lesquelles ont toutes deux opté pour… des perroquets ? ! Peut-être en avaient-elles marre que leur président de mari soit toujours absent et cherchaient-elles quelques bonnes âmes avec lesquelles elles pourraient enfin échanger quelques mots…

Perles de sportifs

Un peu gros

Qui l'a dit ? Richard Virenque.
La perle : « Ça va passer comme une boîte aux lettres à la Poste. » Ça ne va pas passer facilement, alors…

Champions de la lose

En 2011, l'énorme loterie de Noël espagnole, connue sous le nom d'El Gordo (la grosse), a offert un superbe cadeau aux habitants du petit village de Sodeto. Tous s'étaient en effet cotisés pour acheter plusieurs billets dont… le gagnant. Avec 900 millions d'euros à se partager, les habitants de Sodeto sont donc tous devenus riches. Tous sauf un : Costis Mitsotakis. Ce cinéaste grec, installé dans le village depuis plusieurs années par amour pour une femme, avait été oublié par ses voisins lors de la collecte pour les billets. N'ayant pas participé à l'opération, Costis n'a donc pas eu droit à sa part du très gros lot. Mais l'argent des uns faisant parfois les affaires des autres, l'homme n'a pas tout perdu : une semaine après avoir empoché leurs gains, plusieurs villageois lui ont proposé d'acquérir ses terrains qu'il essayait de vendre, jusqu'ici sans succès. Et Costis a bien sûr fait grimper les enchères !

Histoire cochonne

Pour la dernière de nos « histoires cochonnes », intéressons-nous à la symbolique du cochon. L'animal, selon les religions et les continents, est assimilé à nombre de croyances. Pour les Chinois, c'est un vecteur positif. Une année lui est même consacrée. Au Tibet, le porc représente au contraire l'ignorance. Pour les juifs et les musulmans, il est carrément impur ! Interdite par l'Ancien Testament, sa consommation est autorisée par le Nouveau, dans l'Évangile selon Matthieu notamment. Ce qui n'empêchera pas les catholiques d'associer le cochon au diable pendant le Moyen Âge, puis les « cochonneries » à la luxure à partir du XVIe siècle, rapprochement qui a la peau dure…